农业生态环境保护系列丛书

U0275389

美国自然资源
保护措施汇编

（中册）

农业农村部农业生态与资源保护总站
中国农业生态环境保护协会 编 译

高尚宾 等 主编译

中国农业出版社
北 京

目录

第一章
水资源保护

一、水资源管理与高效灌溉

此类措施的目的在于帮助合理设计、安装并维护灌溉系统，以确保水资源得以均匀且有效分配，从而实现节约用水、保护水资源。请注意，仅针对农田或牧草种植地使用时，才使用《泵站》（533）安装。

二、水质保护

水质是环境健康的指标，反映土壤情况。农业中的主要水质问题集中于沉积物、养分、农药、病原体方面，以及某些地区水体中的盐分问题。采取保护措施，以环保方式改善土地质量，从而改善饮用水水质，以及休闲、野生动物、渔业和工业用水水质。

覆盖

（484，Ac., 2017年10月）

定义

覆盖是指土地表层覆盖植物残枝或其他合适材料。

目的

本实践适用于达到以下目标：

- 提高湿度管理。
- 减少田间作业和农/牧作业消耗的灌溉水。
- 提高灌溉用水利用率。
- 避免输水管道对河岸的过度侵蚀。
- 减少集中水流侵蚀。
- 减少水蚀和风蚀。
- 提高植物的生产力和健康水平。
- 有机物含量应保持不变或有所增加。
- 减少颗粒物的排放。

适用条件

本实践适用于所有需要覆盖的土地。

准则

适用于上述所有目的的总体准则

覆盖材料的选择主要取决于覆盖的用途、土地情况以及材料的实用性。覆盖材料可以是纯天然的，也可以是人工制成的，覆盖面积广（深度和宽度）且耐用，以达到计划时间内的预期目的。

覆盖前，土壤表面应做好相应处理以达到预期目的。

均匀铺上覆盖材料。如果需要，可以使用固化剂、乳化剂、钢钉、网结、卷边或其他固定方法，在计划时间内固定覆盖材料。

覆盖层(如表层的塑料覆盖层)的集中水流会引起沟渠侵蚀,应采取适当措施保护沟渠及其排水口。

根据制造商要求使用合规的人造材料。

下一季作物收割前，清除人造覆盖材料。不要在土壤中混入（如圆盘状）人造覆盖材料。

覆盖材料是木制品时，如木屑、树皮、刨花或其他木材材料，应至少保持 2 英寸的厚度，避免在大雨或强风天气时被刮走。

主要由砾石或其他无机覆盖材料组成的覆盖材料，其最小尺寸是 0.75 英寸，最浅深度为 2 英寸。

谷物秸秆或干草覆盖时，应达到 70% 的最低地面覆盖率。现有的侵蚀预测技术可辅助确定覆盖率。

切勿在排水处使用碳（C）氮（N）比小于 20：1 的植物基覆盖材料。

提高水分管理效率、减少农/牧作业和田间作业中使用的灌溉水或提高灌溉水有效利用率的附加准则

应达到至少 90% 的覆盖率，减少潜在的蒸发。细密结构的覆盖物（如稻壳）允许使用较粗的材料，避免氧气渗透，但厚度不应超过 2 英寸。

提高植物生产力和健康水平的附加准则

覆盖时，应至少达到最少 70% 的覆盖率，以保护土壤和径流不受侵蚀，同时保证苗床有充足的

光线和空气，确保植物的发芽和生长。

维持或增加有机物含量的附加准则

鉴于为土壤增加有机质，植物覆盖物的数量适宜，质量优良，并为土壤生物提供食物和庇护所，保护土壤表面不受雨滴的影响，结成硬壳，同时保证土壤足够的透气性。

使用当前认可的土壤调节指数（SCI）程序对系统进行评估，参照结果为零或更高。

注意事项

评估覆盖对蒸发量、渗入量和径流的影响。覆盖材料可能影响土壤表面的微生物活动，增加渗入，减少径流、侵蚀和蒸发。地表径流的温度也可能随之降低。

低渗透率的覆盖材料可能会对植物的需水量产生不利影响。

避免覆盖过厚或过密的材料，以免在潮湿天气下导致土壤表面的潮湿、无氧渗入或防止水分不足时，降雨或架空灌溉等水分无法渗入土壤。

碳氮比小于 20 : 1 的有机物会释放硝酸盐氮，导致水质下降。

细小的植物残枝（如木屑）和富含可溶性碳水化合物的植物残枝（如新生的绿高粱、玉米或其他草类），其碳氮比例大于 30 : 1 时，会阻碍土壤对氮的吸收，此时，需要添加氮。较粗的材料，如谷物秸秆和尖锐的灌木，通常不会降低作物有效氮水平，除非它们是在耕作或培植过程中混入土壤。

覆盖物还可以为生物提供栖息地并抑制害虫。

为地面甲虫、蜘蛛和其他杂草种子和农作物害虫的捕食者提供栖息地时，需使用足够面积的地面覆盖层和适合目标物种的厚度。避免覆盖过厚或过密，干扰地面甲虫和其他有益生物的活动，增加农作物病虫害的发生。只有覆盖材料和施用率不造成虫害的情况下，才考虑种植覆盖作物。

在频繁捕食杂草种子和食草动物最活跃时期，应避免使用农药或接触农药，以免对杂草种子的捕食造成不利影响。

低渗透性的覆盖物（如塑料）可能会增加非覆盖区域的水流集中和侵蚀。

反光的覆盖物，如白色或镀铝的塑料薄膜或浅色的稻草可以阻止一些害虫。

覆盖材料对作物周围生物群落或存在潜在的有益或有害影响，有益影响包括土壤微生物和宏观生物体，有害方面指植物病原体和植物害虫。这些影响是特定于场地、覆盖物和作物的，可能会增强土壤微生物活跃度，增加或降低作物病虫害程度，以及影响作物、杂草或其他有益或有害生物的异株克生性。

覆盖物和植物茎冠的距离应保持 3 ~ 6 英寸，以防止疾病和害虫问题。在植物周围可能需要加强对杂草的控制。

深层覆盖为穴居啮齿动物提供了筑巢栖息地，这些动物通常咀嚼树干和树根。入冬后，用浅色的覆盖物可以防止啮齿类动物筑巢。

一些覆盖材料可能会改变水的化学性或产生水生污染物，从而对水生环境产生不利影响，应考虑将覆盖物放置在影响最小的地方。

鉴于土壤物理、化学和生物特性的潜在影响，应参照土壤调查数据作为评估区域的初步规划工具。详细的土壤壤质信息，请咨询土壤科学家或访问土壤调查网站：http：//websoilsurvey.nrcs.usda.gov/app。

对于有机操作或过渡性有机操作，应遵循所有国家有机项目的规定。

计划和技术规范

在实施要求文件中为每个现场和目的制定规范，文档必须包括以下内容：

- 覆盖目的。
- 覆盖物材料类型。
- 覆盖材料的厚度及覆盖率，视情况而定。
- 实施时间。

- 现场准备。
- 网结、固化剂清单或其他固定覆盖物的方法。
- 运行和维护。

运行和维护

定期检查覆盖区域，并根据需要重新调整或修复覆盖区域，以达到预期目的。

评估覆盖物的有效性（应用、覆盖物数量、耐用性等），调整管理或覆盖物的种类，以更好地达到预期目的。

清理或使用与预期目的和现场条件一致的仿真材料。

不要在覆盖物附近运行设备，以免影响覆盖物的预期用途。

防止火灾发生，造成损坏时及时修复覆盖材料。

完成预期目标后，适时地回收并处理合成覆盖材料。

监测和控制覆盖地区的杂草生长。

参考文献

Agriculture and Agri-Food Canada. 2000. Plastic mulches for commercial vegetable production. Canada-Saskatchewan Irrigation Diversification Centre. Outlook, Saskatchewan.

Flanagan , D.C., Nearing , M.A. USDA-Water Erosion Prediction Project, Hillslope Profile and Watershed Model Documentation, NSERL Report #10, July 1995.

Renard, K.G., G.R. Foster, G.A. Weesies, D.K. McCool, and D.C. Yoder, Coordinators. 1997. Predicting soil erosion by water： A guide to conservation planning with the Revised Universal Soil Loss Equation （RUSLE）. U.S. Department of Agriculture, Agriculture Handbook No. 703.

Shaffer , M.J., W.E. Larson. 1987. NTRM, a soil-crop simulation model for nitrogen, tillage and crop residue management. USDA Conserv. Res. Rep. 34-1. USDA-ARS.

Toy, T.J., and G.R. Foster.（Ed.）1998. Guidelines for the use of the Revised Universal Soil Loss Equation （RUSLE）Version 1.06 on mined lands, construction sites, and reclaimed lands. USDI, OSMR.

USDA, NRCS. 2011. National Agronomy Manual. 190-V, 4th Ed. Washington, D.C.

保护实践概述
（2017年10月）

《覆盖》（484）

覆盖是指使用植物残体或者其他适用材料覆盖土地表面。

实践信息

本实践适用于所有受到侵蚀和需要额外保护的高径流土地。覆盖可用于实现一个或多个目的。实施本实践的目的包括：

- 控制改善土壤侵蚀情况。
- 保护作物。
- 改善水分控制。
- 减少灌溉能源。
- 防止输水渠道对堤岸的过度侵蚀。

- 保持或增加有机质。
- 植物生产力和健康状况欠佳。

覆盖材料可由具备足够尺寸（深度或厚度）和耐久性的天然或人工材料组成，以便能在所需时间内达到预期目的。

常见相关实践

《覆盖》（484）通常与有关植被建植的其他实践操作一并使用，例如《关键区种植》（342）、《引水渠》（362）、《乔木 / 灌木建植》（612）、《防风林 / 防护林建造》（380）及其他。

保护实践的效果——全国

土壤侵蚀	效果	基本原理
片蚀和细沟侵蚀	4	土壤覆盖层能够减少水流侵蚀。
风蚀	4	土壤覆盖层能够减少水流侵蚀。
浅沟侵蚀	0	不适用
典型沟蚀	0	不适用
河岸、海岸线、输水渠	0	不适用
土质退化		
有机质耗竭	1	减少土壤侵蚀以及通过有机覆盖物增加生物质将有助于提高土壤中有机质的含量。
压实	0	不适用
下沉	0	不适用
盐或其他化学物质的浓度	1	减少蒸发可以减少盐分积聚，增加有机质含量会缓冲盐分。
水分过量		
渗水	-1	增加渗透能导致更多的水流经剖面。
径流、洪水或积水	1	提高渗透性，减少径流量和积水。
季节性高地下水位	-1	增加渗透能导致更多的水流经剖面。
积雪	0	不适用
水源不足		
灌溉水使用效率低	2	增加渗透和减少蒸发可获得更多的可用水资源。
水分管理效率低	2	增加渗透和减少蒸发可获得更多的可用水资源。
水质退化		
地表水中的农药	2	这一举措可减少径流、侵蚀和农药的需求量。不透水覆盖物可能会导致径流增加。
地下水中的农药	0	不适用
地表水中的养分	2	这一举措能够减少侵蚀和径流，防止溶解养分和沉积物结合养分从现场土壤中流失。
地下水中的养分	-1	这一举措能够提高有助于养分浸析的渗透作用。同时，高有机碳会促进微生物固定养分。
地表水中的盐分	1	径流较少，可防止可溶盐的流失。
地下水中的盐分	-1	更好的渗透性能提高养分浸析潜力。
粪肥、生物土壤中的病原体和化学物质过量	0	不适用
粪肥、生物土壤中的病原体和化学物质过量	0	更好的渗透性可提高养分浸析，但是因此增加的微生物活性也会加剧与病原体之间的竞争。
地表水沉积物过多	2	减少侵蚀和径流，防止沉积物搬运。
水温升高	0	不适用
石油、重金属等污染物迁移	0	不适用
石油、重金属等污染物迁移	0	不适用

（续）

空气质量影响	效果	基本原理
颗粒物（PM）和 PM 前体的排放	2	覆盖可以稳定土表，减少颗粒物的产生。
臭氧前体排放	0	不适用
温室气体（GHG）排放	0	不适用
不良气味	0	不适用
植物健康状况退化		
植物生产力和健康状况欠佳	2	覆盖材料改善生长条件，有助于提高植物的健康和活力水平。
结构和成分不当	0	不适用
植物病虫害压力过大	2	厚度大的或不通透覆盖层可以防止长出不需要的物种。
野火隐患，生物量积累过多	0	不适用
鱼类和野生动物——生境不足		
食物	1	覆盖能够提高任何种植食用食物的产量。
覆盖 / 遮蔽	1	覆盖改善了覆盖 / 遮蔽条件。
水	0	不适用
生境连续性（空间）	0	不适用
家畜生产限制		
饲料和草料不足	0	不适用
遮蔽不足	0	不适用
水源不足	0	不适用
能源利用效率低下		
设备和设施	0	不适用
农场 / 牧场实践和田间作业	0	不适用

CPPE 实践效果：5 明显改善；4 中度至明显改善；3 中度改善；2 轻度至中度改善；1 轻度改善；0 无效果；–1 轻度恶化；–2 轻度至中度恶化；–3 中度恶化；–4 中度至严重恶化；–5 严重恶化。

实施要求
（2016年1月）

生产商：_____ 项目或合同：_____

地点：_____ 国家：_____

农场名称：_____ 地段号：_____

实践位置图
（显示预计进行本实践的农场 / 现场的详细鸟瞰图，显示所有主要部件、布点、与地标的相对位置及测量基准）

索引
□ 封面
□ 规范
□ 运行维护

公用事业安全 / 呼叫系统信息

工作说明：

仅自然资源保护局审查

设计人：＿＿＿＿＿＿＿＿＿＿＿＿＿＿＿＿ 日期 ＿＿＿＿＿＿＿＿＿＿＿＿＿＿＿＿

校核人：＿＿＿＿＿＿＿＿＿＿＿＿＿＿ 日期 ＿＿＿＿＿＿＿＿＿＿＿＿＿＿＿＿＿

审批人：＿＿＿＿＿＿＿＿＿＿＿＿＿＿＿ 日期 ＿＿＿＿＿＿＿＿＿＿＿＿＿＿＿＿＿

实践目的（勾选所有适用项）：

☐ 保持土壤湿度。

☐ 降低灌溉能源利用。

☐ 控制土壤侵蚀。

☐ 促进植被建植。

☐ 改善土壤健康。

☐ 减少空气中的颗粒物。

场地号：＿＿＿＿＿＿＿＿＿＿＿＿＿＿＿＿＿＿＿＿＿＿＿＿＿＿＿＿＿＿＿

	计划	使用
1. 覆盖材料 / 类型		
2. 覆盖量		
• 每 1000 英尺 ^{2}		
• 每英亩		
3. 覆盖物使用方法		
4. 锚固类型		
5. 锚固率		

田地准备：＿＿＿＿＿＿＿＿＿＿＿＿＿＿＿＿＿＿＿＿＿＿＿＿＿＿＿＿＿＿

施用时间：＿＿＿＿＿＿＿＿＿＿＿＿＿＿＿＿＿＿＿＿＿＿＿＿＿＿＿＿＿＿

是否需要围护：＿＿＿＿＿＿＿＿＿＿＿＿＿＿＿＿＿＿＿＿＿＿＿＿＿＿＿＿

☐ 是 ☐ 否

其他建议：＿＿＿＿＿＿＿＿＿＿＿＿＿＿＿＿＿＿＿＿＿＿＿＿＿＿＿＿＿＿

运行维护

☐ 定期检查区域，并根据需要重新安装覆盖物或进行修复，以达到预期目的。

☐ 评估覆盖物施用效果，必要时对管理进行调整。

☐ 应按照预期目的和实际条件移除或添加覆盖材料。

☐ 应避免操作影响实践预期目的的设备。

☐ 防止维修作业或者任何火情损坏覆盖材料。

☐ 在达到预期目的后，应正确地收集以及处置覆盖物中的人造材料。

☐ 监测和控制覆盖区的不良杂草。

工作说明书—— 国家模板

（2017年10月）

此类可交付成果适用于个别实践。其他规划实践的可交付成果参考具体的工作说明书。

设计
可交付成果

1. 能够证明符合自然资源保护局实践中相关准则并与其他计划和应用实践相匹配的设计文件。
    a. 保护计划中确定的目的。
    b. 客户需要获得的许可证清单。
    c. 符合自然资源保护局国家和州公用设施安全政策（《美国国家工程手册》第503部分《安全》A子部分"影响公用设施的工程活动"第503.00节至第503.06节）。
    d. 制订计划和规范所需的与实践相关的计算和分析，包括但不限于：
        i. 材料类型、覆盖率或者厚度
        ii. 施用时机和田地准备
        iii. 覆网、增黏剂清单或者锚固方法
        iv. 保持土壤湿度、调节土壤温度、控制侵蚀、抑制杂草、建立植被、改善土壤条件和增加土壤肥力的附加要求
2. 向客户提供书面计划和规范书包括草图和图纸，充分说明实施本实践并获得必要许可的相应要求，应根据保护实践《覆盖》（484）制订计划和规范，并记录在484号标准的实施要求文件中。
3. 运行维护计划。
4. 证明设计符合实践和适用法律法规的文件。
5. 安装期间，根据需要进行的设计修改。
    注：可根据情况添加各州的可交付成果。

安装
可交付成果

1. 与客户进行的实施前会议。
2. 验证客户是否已获得规定许可证。
3. 根据计划和规范（包括适用的布局注释）进行定桩和布局。
4. 根据需要提供的应用指南。
5. 协助客户和原设计方并实施所需的设计修改。
6. 在安装期间，就所有联邦、州、部落和地方法律、法规和自然资源保护局政策的合规性问题向客户/自然资源保护局提供建议。
7. 证明施用过程和材料符合设计和许可要求的文件。
    注：可根据情况添加各州的可交付成果。

验收
可交付成果

1. 实施记录。
    a. 实践单位

   b. 使用和进行覆盖的实际表面处理类型

2. 证明施用过程符合自然资源保护局实践和规范并符合许可要求的文件。

3. 进度报告。

注：可根据情况添加各州的可交付成果。

参考文献

NRCS Field Office Technical Guide（eFOTG）, Section IV, Conservation Practice Standard – Mulching, 484.

National Agronomy Manual.

NRCS National Environmental Compliance Handbook.

NRCS Cultural Resources Handbook.

注：可根据情况添加各州的参考文献。

保护实践效果（网络图）

（2017年10月）

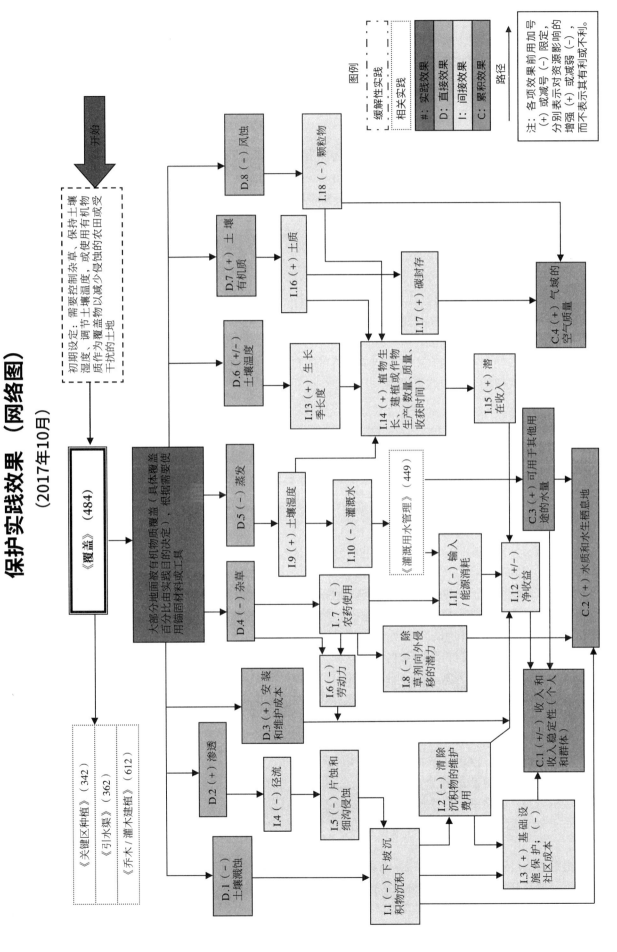

图例

- 缓解性实践
- 相关实践
- #：实践效果
- D：直接效果
- I：间接效果
- C：累积效果

路径

注：各项效果前用加号（+）或减号（-）限定，
（+）或减号表示对资源影响的
分别表示对资源影响的
增强（+）或减弱（-），
而不表示其有利或不利。

初期设定：需要控制杂草、保持土壤
湿度、调节土壤温度，或使用有机物
质作为覆盖物以减少侵蚀的农田或遭受
干扰的土地

开始

《覆盖》（484）

大部分地面被有机物质覆盖（具体覆盖
百分比由实践目的决定），根据需要使
用箔固材料或工具

《关键区种植》（342）
《引水渠》（362）
《乔木/灌木建植》（612）

D.8（-）风蚀
I.18（-）颗粒物

D.7（+）土壤有机质
I.16（+）土质
I.17（+）碳封存
C.4（+）气域的空气质量

D.6（+/-）土壤温度
I.13（+）生长季长度
I.14（+）植物生长、建植或作物生产（数量、质量、收获时间）
I.15（+）潜在收入

D.5（-）蒸发
I.9（+）土壤湿度
I.10（-）灌溉水
《灌溉用水管理》（449）
C.3（+）可用于其他用途的水量

D.4（-）杂草
I.7（-）农药使用
I.11（-）输入/能源消耗
I.12（+/-）净收益
C.2（+）水质和水生栖息地

I.6（-）劳动力
I.8（-）除草剂向外侵移的潜力

D.3（+）安装和维护成本

D.2（+）渗透
I.4（-）径流
I.5（-）片蚀和细沟侵蚀
I.2（-）清除沉积物的维护费用
I.3（+）基础设施保护；社区成本
C.1（+/-）收入（个人收入稳定性和群体）

D.1（-）土壤溅蚀
I.1（-）下坡沉积物沉积

养分管理

（590，Ac., 2019年5月）

定义

管理施用植物养分和土壤改良剂的使用率、来源、放置和时间，同时减少对环境的影响。

目的

本实践是为了实现下列一个或多个目的：

- 提高植物的健康和生产力。
- 减少地表水和地下水中多余的养分。
- 减少有害气味的排放。
- 减少微粒物质（PM）和 PM 前体的排放。
- 减少温室气体（GHG）的排放。
- 减少臭氧前体的排放。
- 降低粪便、生物固形物或堆肥中的潜在病原体进入地表水和地下水的风险。
- 改善或保持土壤中的有机质。

适用条件

适用于施用植物养分和土壤改良剂的所有领域。不适用于在种植永久植被时，一次性施用养分的区域。

准则

适用于上述所有目的的总体准则

制订氮（N）、磷（P）和钾（K）的养分管理计划，该计划阐述了所有已知的可测量来源和这些养分物质的去除。

养分来源包括（但不限于）商业肥料（包括启动肥和犁沟启动肥／弹出式肥料）、动物肥料、豆科植物固氮作用、绿肥、植物或作物残余物、堆肥、有机副产品、市政和工业生物固形物、废水、有机材料、预估的植物可利用的土壤养分和灌溉用水。

灌溉时，减少养分流失到地表水和地下水。

在容易受污染的地区施用养分时，如湖泊、池塘、河流和溪流、沉洞、井口、典型的水沟、沟渠或地表进水口等指定的水质敏感区，应遵守所有适用的国家要求和规定。

土壤和组织检测与分析

根据赠地大学（LGU）的指导意见或 LGU 认可的工业实践，以及当前的土壤测试结果，制订养分管理计划。在制订新的养分管理计划时，使用的土壤测试数据不能超过 2 年。根据 LGU 的指导，使用组织试验（如适用），或根据 LGU 认可的工业实践来监测或调整养分管理计划。

对于养分管理计划的修订和维护，在 LGU 建议的间隔时间或根据当地法规的要求进行土壤测试。

根据 LGU 的指导或工业实践，收集、准备、储存和运输所有土壤和组织样本。试验分析必须包括用于监测或修订年度养分计划的相关信息，遵循 LGU 关于所需分析和测试解释的指导原则。

对于土壤测试分析，测试的实验室必须满足北美水平测试计划的要求和性能标准，并且有美国土壤科学学会和美国自然资源保护局（NRCS）的支持，或者使用一个替代的 NRCS 或国家认可的认证计划，考虑实验室的性能和熟练度，以确保土壤测试结果的准确性。替代认证计划必须有利益相关者的稳定支持（例如，美国农业部、LGU、水质控制实体、NRCS 国家工作人员、种植者等），并且在州或地区的范围内。

土壤 pH 应保持在有效范围内，可以提高植物或作物养分的有效性和利用率。

粪肥、有机副产品、生物固形物检测与分析

根据 LGU 的指导或工业实践，收集、准备、储存和运输所有粪便、有机副产品和生物固形物。若无指导，应至少每年进行一次检测，或根据需要增加检测次数，以考虑到操作上的变化（例如，饲料管理、动物类型、粪便处理策略等），影响粪肥养分浓度。除非联邦、州或地方法规要求多次检测，否则，如果没有操作上的改变，并且操作连续 3 年能够记录稳定的养分浓度水平，可以减少粪肥检测的频率。遵循 LGU 关于必要的分析和测试解释的指导原则，至少分析全氮、全磷、全 P_2O_5、全钾或 K_2O 和固体百分比。

当计划新的或改良的家畜操作，并且还没有肥料测试，可以使用地理区域内的类似操作的结果和分析，但前提是结果和分析可以准确估计养分建议操作的结果，或使用了 NRCS（如 NRCS 农业废弃物管理现场手册）和 LGU 认可的"账面价值"。

在肥料分析方面，使用的实验室必须满足肥料测试实验室认证项目的要求和性能标准，并且获得尼苏达州农业部或其他项目（经 NRCS 批准）的支持，同时，要考虑实验室的性能和熟练度，以确保肥料测试结果的准确性。

综合养分管理计划适用于动物喂养操作（AFO），作为它的组成部分，养分管理计划须遵循 NRCS 指导的《通用手册》（GM）190，第 405 部分，"综合养分管理计划"中的政策。计划必须包括所有养分进出口和农场转移的文件。

养分流失风险评价

使用现有的 NRCS 批准的氮、磷和土壤侵蚀风险评估工具，以评估特定地点养分和土壤流失的风险。

在计划进行养分管理的所有领域，完成 NRCS 批准的氮元素的养分风险评估，除非 NRCS 与国家水质控制部门合作，确定了氮浸出对水质（包括饮用水）不构成威胁的特定条件。

当满足下列条件之一时，对磷元素进行 NRCS 批准的养分风险评估：

- 磷肥施用量超过规划作物的 LGU 肥料施用率指南。
- 规划区域在磷受损的流域内。
- 若 NRCS 没有与国家水质控制部门合作，确定磷损失风险低的现场特定条件。

任何不需要进行磷风险评估的领域，都必须根据土壤磷测试和 LGU 养分建议，提供文件证明对磷的农艺需求。

就使用粪肥的土地而言，磷风险评估结果等于：

- 低风险——磷的施肥率可以高于作物需求量的速度，但是不超过后续作物对氮的需求量。
- 中风险——施肥率不得超过轮作作物的脱磷率或土壤磷试验的推荐速率。
- 高风险——如果符合以下要求，施肥率不能超过作物脱磷率。
- 为作物轮作制订、记录和实施了减少土壤中磷含量的策略。
- 实施所有确定需要的缓解措施，对养分和土壤流失进行特定地点的评估，以保护水质。
- 若与高风险要求出现任何偏差，将会增加径流中的磷含量，因此是否允许出现偏差须经过 NRCS 领导的批准。

4R 养分管理体系

根据 4R 养分管理体系对养分进行管理——在适当的时间、适当的地点以适当的速度施用符合要求的养分源——提高作物的养分利用率，减少养分流失到地表、地下水和大气中。

养分源

选择与施用时间、耕作和种植制度、土壤性质、作物、作物轮作、土壤有机物含量和当地气候相适应的营养源，以最大限度降低环境风险。

在土地施用前，测定所有养分源（例如商业肥料、肥料、有机副产品、生物固形物）的价值。

测定覆盖作物、前茬作物残体和土壤有机质的养分供应量。

按照美国农业部的国家有机项目及其规定，应用和管理养分源。

对于高效肥料（EEF）产品，产品作为 EEF 使用时，须经过美国植物食品控制管理协会界定，并由州立 LGU 推荐使用。

在盐渍化问题严重的地区，选择限制土壤盐分积累的养分源。当施用肥料时，需要监测土壤含盐量，以防止潜在的植物或作物损害和降低土壤质量。

在豆科植物上施用肥料或有机副产品，施用率不得高于收获植物生物量中 LGU 估计的脱氮率，不得超过磷的风险评估限度。

任何单一施用液体养分时（例如，液体肥料、灌溉水中的养分、施肥）：

- 不要超过土壤的入渗率或持水量。
- 施用时，养分渗透不能超过目前作物生根的深度。
- 避免径流或流失到地下排水管。

养分率

LGU 认证后，使用 LGU 推荐或工业实践的氮、磷、钾计划养分施用率。如果养分施用率低于推荐值，并且可以达到客户目标，这是完全可行的。

施用率至少要根据作物／作物序列、当前的土壤测试结果和 NRCS 批准的养分风险评估来确定。在适用的情况下，使用现实的产量目标。

如果 LGU 无法对新作物或品种提供指导，可以使用工业证明的产量和养分吸收信息。

预估现实产量潜力或现实产量目标，可以使用 LGU 程序或基于历史产量或生长数据、土壤生产力信息、气候条件、养分测试结果、管理水平或本地研究结果（考虑管理和生产条件的可比性）。

养分施用时机和施用方式

考虑养分源、管理和生产系统的限制、土壤性质、气候条件、排水系统、土壤生物学和养分风险评估，以制定最佳的养分时间。就氮而言，施用氮肥后，植物和作物可以马上吸收氮肥。施用磷时，计划好时间，在地表施用。定时施用所有养分，以最大限度地减少土壤压实的可能性。

对于一年内种植的作物轮作或多种作物，如果添加的养分满足所有作物的养分需求量，则不需要继续添加磷肥。

为了避免盐害，按照 LGU 推荐的时间、配置、种肥中氮和钾的施用率实施，或者遵循 LGU 认可的工业实践。

当存在径流风险时，包括在下列情况下，不要在地表施用养分。

- 土壤冻结。
- 土壤有积雪。
- 土壤顶部 2 英寸是饱和的。

若该区域满足特定的条件，同时采取了适当的养护措施，防止养分的非现场输送，这种情况下，可对与地表施用养分有关的上述标准进行例外处理。NRCS 将与国家水质监督部门合作，制定适当的处理水平和规定的条件，以便在上述 3 种情况下施用肥料。至少必须考虑下列地点和管理因素：

- 气候（长期）。
- 天气（短期）。
- 土壤特性。
- 土坡。
- 集中流区。
- 有机残体和生活覆盖物。

- 施用的养分量和来源。
- 保护本地水质的避让距离。

减少农业面源污染和地下水污染的附加准则

当养分运输有重大风险时，应用保护实践控制和捕获养分，防止养分通过地表、淋滤或地下排水（如瓷砖、岩溶）流出农田。

减少来自粪便、生物固形物或堆肥的潜在病原体到达地表和地下水的风险的附加准则

在适用的情况下，合理遵循 NRCS 指令 GM-130，第 403 部分，H 部分，《生物安全准备和应对》中规定的生物安全措施。

在生产新鲜可食作物时，使用肥料、生物固形物或堆肥应遵守所有适用的联邦、部落、州和地方法律和政策。

若肥料、生物固形物或堆肥不用于生长活跃的作物，那么需在土壤干扰最小的情况下或通过注入土壤的方式施用，使用后保证至少有 30% 的残留物存在，或种植 75% 以上面积的活覆盖作物（必须是纤维根系）。如果 24 小时内会发生风暴，请不要在地面施肥。

减少有害气味、PM 和 PM 前体、GHG 和臭氧前体排放的附加准则

解决因气味、氮、硫和微粒排放而引起的空气质量问题；调整养分的来源、时间、数量和位置，以减少这些排放对环境和人类健康的负面影响。

不要使用固体养分源，包括商业肥料、粪肥或类似干燥 / 密度的有机副产品，因为风可能会把这些物质和排放物吹到室外。当风可能吹掉洒水器的液滴或其他场外适用的方法时，不要使用液体养分源。

使用或放置易挥发的养分源时，要放置在低温、潮湿的地方，减少易挥发的可能性。

改善或维持有机物质的附加准则

设计植物或作物管理系统，使土壤调节指数（SCI）有机质亚因子为正。

施用肥料、堆肥或其他有机养分源时，将施用速度和干扰降到最低，但不超过可接受的氮、磷损失风险，有助于改善土壤有机质。

对于低残留量的植物或种植制度，应用足够的养分来优化植物或作物残留物的生产，以保持或增加土壤有机质。

注意事项

一般注意事项

考虑由保护管理部门（CMU）制订养分管理计划。CMU 是一个或一组区域，或其他土地用途相同的土地单位，并有类似的处理需要和计划管理。CMU 是规划人员为简化规划活动和促进保护管理系统的开发而组成的一个小组。CMU 有明确的边界，如围栏、排水、植被、地形或土壤线。

利用产量监测系统、多光谱图像或其他方法绘制特定地区的产量图。利用这些数据进一步划定低产区和高产区，并进行必要的管理变更。基于地点特定因素变异性变量施肥。见 NRCS 制定的农业技术说明（TN）190，AGR.3，《精确的养分管理计划》。

根据 NRCS GM-190《国家养分政策》第 402 部分中的养分管理，使用适应性养分管理学习过程来提高农场的养分利用效率。考虑使用一种适应的方法来调整养分的比例、时间、形式和位置，作为土壤的生物功能和土壤有机质随时间的变化。见 NRCS 制定的农学技术说明（TN）190，AGR.7，《适应性养分管理过程》。

在制订新的养分管理计划时，考虑使用不超过 1 年的土壤试验信息（不是 2 年）。

制订整个农场的养分预算（养分质量平衡），包括所有进口和出口的养分。进口可能包括饲料、肥料、动物和床铺料，而出口可能包括农作物清除、动物产品、动物销售、粪肥和堆肥。

根据保护实践《饲料管理》（592），调整动物饲料饮食，减少粪便的养分含量。

对所有出口的养分源（肥料或其他材料）进行养分分析。

一些养分元素过量会导致其他养分元素的缺乏（例如，土壤中的磷含量过高可能会导致玉米中缺

乏锌）。

利用土壤试验、植物组织分析和野外观察来检查继发性植物养分缺失或毒性，可能会影响植物生长或初级养分的有效性。

在钾含量过高（大于土壤测试钾的推荐值）导致作物或牧草养分不平衡的情况下，不要施用钾肥。如施用，使用生物反应器和多级排水策略，以减轻养分流失途径。

利用豆科作物和覆盖作物，通过生物固氮的方式提供氮。碳氮比低于 20：1 的覆盖作物在被耕翻或耕作后，如果没有活跃生长的作物来吸收养分，就会释放大量可溶性氮，从而增加硝酸盐的流失量和氧化亚氮的排放量。氧化亚氮的排放通常发生在高土壤湿度的环境中，比如在秋天或早春，犁倒豆科植物覆盖的作物时。为了避免这些损失，混合种植草—豆科植物或草—豆科植物—牧草，使碳氮比更加平衡。

用耐寒草皮覆盖作物，在经济作物生长季节后吸收多余的氮，促进氮对下一个作物的作用。

使用保护措施，例如减缓径流、减少侵蚀和增加渗透（过滤带、等高线耕作或等高线缓冲带）。

注意施用方法、时机、技术或策略以减少养分移动或流失的风险，例如：

- 分批施用养分。
- 带状施用。
- 在地表下注入养分。
- 在计划的施用时间内，若预测会发生降水，导致径流产生或侵蚀，此时也应视为地表的养分来源。
- 高效灌溉系统和技术。
- 增效肥料。
- 缓释或控释肥料。
- 硝化抑制剂。
- 脲酶抑制剂。
- 排水管理。
- 组织检测、叶绿素计或实时传感器。
- 病原管理的注意事项。

当再生产品（例如堆肥）被用作粮食作物的养分来源或作为人类或动物的食物时，应确保病原体水平已降低到可接受的水平（参考食品和药物管理局的《食品安全现代化法案》，网址：www.fda.gov/FSMA）。当再生产品来自另一个农场时，实施生物安全措施，评估可能导致植物或动物疾病的病原体转移的风险。

使用减少粪便中病原体含量的粪肥处理系统。

推行土壤健康管理系统，以减少耕作或其他土壤干扰，包括轮作作物和覆盖作物，保持一年四季的根系生长，并保持土壤覆盖，以减少养分流失，并改善：

- 养分利用率、生根深度和养分有效性。
- 土壤有机质水平。
- 从有机来源获取养分的有效性。
- 集料的稳定性与土壤结构。
- 土壤剖面的入渗、排水和通气。
- 土壤生物活性。
- 水分利用效率和有效水分。

使用有针对性或规定的牲畜放牧，以加强养分循环和改善土壤养分循环功能。

土壤磷含量升高可能导致菌根真菌群丛减少，并固定一些微量养分，如铁、锌和铜。

施用肥料、堆肥或其他养分来源，将施用速度降到最低，最大限度减少土壤干扰，以改善土壤有机质，但不超过可接受的氮、磷损失风险。

计划和技术规范

在养分管理计划中，文件应包括：

- 场地的航拍图、图像、地形图或站点地图。
- 场地土壤测量图。
- 土壤信息包括：土壤类型、地表质地、排水等级、渗透率、有效水容量、地下水位深度、限制性特征，以及洪涝和积水频率。
- 指定敏感区域的位置及相关的养分应用限制和阻碍。
- 附近的住所或其他可能有人类定期出现的地点，气味或 PM 的飘散可能会造成影响。
- 经批准的氮、磷和侵蚀损失风险评估工具的结果。
- 如果磷的施用量超过作物需要量，则磷转移到当地水源的风险很低。
- 当前和计划的植物生产顺序或作物轮作。
- 所有可用的试验结果（如土壤、水、堆肥、肥料、有机副产品和植物组织样本分析）都是养分预算和管理计划的基础。
- 当土壤磷水平高于农艺水平时，应包括与磷积累相关的风险的讨论和提出的磷减量策略。
- 作物的现实产量目标（适用于制订养分管理计划）。
- 对整个作物生产序列或作物轮作的氮、磷、钾的养分建议。
- 所有计划使用的养分源（包括所有高效肥料产品）的清单、施用量、施用方法和时间安排，以及所有养分源的进出口和现场转移的文件。
- 实施、运行和维护以及记录的指南。

对于变量养分管理计划，亦包括：

- 地理参考字段边界和收集的数据被处理和分析为 GIS 层或图层，以生成每个管理区域的养分或土壤修正建议。必须包括使用土壤数据的特定地点的产量图、当前的土壤试验结果，以及使用 GPS 接收器的产量监测系统，以便将田间位置与产量联系起来。
- 养分推荐指南和推荐方程用于将 GIS 的基础数据层或图层转换为养分源材料推荐的 GIS 层或图层。
- 在实施后，提供每个管理区域的施用记录或单独的农田边界（或电子记录）内的施用地图，记录使用所有养分或土壤改良剂的来源、时间、方法和施用率。

如果土壤磷水平的增加预期高于农艺水平（例如，当使用以氮为基础的比率时），应包括以下文件：

- 土壤磷水平，在该水平下，希望转换为基于磷的规划。
- 根据作物的生产力和产量，制定长期战略和建议的实施时间表，减少土壤磷检测的次数。
- 管理活动或技术，减少磷流失的可能性。
- 对 AFO 来说，对超过作物养分需求的肥料进行量化。

运行和维护

定期审核或修订计划，确定是否需要调整或修改。对每个土壤试验周期、肥料管理、产量或分析、植物和作物或植物和作物管理方面的变化进行必要的审查和修订。

根据 LGU 的指导原则和国家法律，监测接收动物粪便和生物固形物的区域，监测其重金属和磷的累积量。

在动物饲养操作中，动物数量、管理和饲料管理方面的重大变化将需要额外的肥料分析，以确定修订后的平均养分含量。

校准应用设备，确保按计划的速度准确分配肥料。对于那些太危险而无法校准的产品，请按照 LGU 或设备制造商的指导进行适当的设备设计、管道修理和维护。

记录养分施用量。当施用率与计划的速率不同时，在文档中解释差异。

保护工人的安全，避免与养分源不必要的接触。在处理无水氨或处理储存在不通风的容器、蓄水池或其他围封物中的有机废物时，要格外小心。

用安全、环保的方式使用清洁养分应用设备生产的材料。以适当的方式收集、储存或使用多余的材料。

按照国家和地方的指导方针或规定回收或处理养分容器。

记录计划的运行和维护，并保存至少 5 年。记录必须包括：

- 所有测试结果（土壤、水、堆肥、肥料、有机副产品和植物组织样本分析）都是养分管理计划的基础。
- 所有计划使用的养分源（包括所有高效肥料产品）的清单、施用量、施用方法和时间安排，以及所有养分源的进出口和现场转移的文件。
- 所有养分施用的日期、方法和地点。
- 气候条件和施用时的土壤湿度，从施肥到降雨或灌溉所需的时间。
- 种植植物和作物的种植日期和收获日期、产量、收获的生物量的养分分析，以及植物或作物的残留物的清除。
- 计划审核的日期、审核人员的姓名，以及审核结果的建议调整。

对于变量养分管理计划，还包括：

- 地图，确定了所有植物和作物养分应用的可变应用地点、来源、时间、数量和位置。
- 基于 GPS 的农作物产量地图，可以对作物的产量进行数字采集。

参考文献

Association of American Plant Food Control Officials（AAPFCO）. 2017. AAPFCO Official Publication no. 70. AAPFCO Inc., Little Rock, AR.

Follett, R.F. 2001. Nitrogen transformation and transport processes. In Nitrogen in the environment; sources, problems, and solutions,（eds.）R.F. Follett and J. Hatfield, pp. 17-44. Elsevier Science Publishers. The Netherlands：520.

Schepers, J.S., and W.R. Ruan,（eds.）2008. Nitrogen in agricultural systems. Agron. Monogr. no. 49, American Society of Agronomy（ASA）, Crop Science Society of America（CSSA）, Soil Science Society of America（SSSA）. Madison, WI.

Sims, J.T.（ed.）2005. Phosphorus：Agriculture and the environment. Agron. Monogr. no. 46. ASA, CSSA, and SSSA, Madison, WI.

Stevenson, F.J.（ed.）1982. Nitrogen in agricultural soils. Agron. Series 22. ASA, CSSA, and SSSA, Madison, WI.

USDA, NRCS. Agronomy Technical Note 3, Precision Nutrient Management Planning. 2010. Washington, DC. NRCS eDirectives under Technical Notes, Title 190（https：//policy.nrcs.usda.gov/）.

USDA, NRCS. Agronomy Technical Note 7, Adaptive Nutrient Management Process. 2013. Washington, DC. NRCS eDirectives under Technical Notes, Title 190（https：//policv.nrcs.usda.gov/）.

USDA, NRCS. Nutrient Management Technical Note 7, Reducing Risk of E. coli O157：H7. 2007. Washington, DC. NRCS eDirectives under Technical Notes, Title 190（https：//policy.nrcs.usda.gov/）.

USDA, NRCS. Title 190, General Manual,（GM）, Part 402, Nutrient Management. 2011. Washington, DC. NRCS eDirectives under General Manual, Title 190（https：//policy.nrcs.usda.gov/）.

USDA, NRCS. Title 190, National Instruction（NI）, Part 313, Nutrient Management Policy Implementation. 2017. Washington, DC. NRCS eDirectives under National Instruction, Title 190（https：//policy.nrcs.usda.gov/）.

保护实践概述

（2019年5月）

《养分管理》（590）

管理植物养分和土壤改良剂的施用速率、来源、施用位置和时机，同时减少环境影响。

实践信息

养分管理可用于施用任何植物养分和土壤改良剂的土地区域。养分管理可用于提高作物产量和改善土壤有机质，同时减少环境影响。养分来源包括但不限于商品肥料（包括种肥、犁沟种肥、快施肥料）、畜肥、豆科固氮、绿肥、植物或作物残茬、堆肥、有机副产品、市政及工业生物固体、废水、有机物质、估计植物可利用的土壤养分，以及灌溉水。

养分管理以 4R 养分管理为基础——在适当的时间、适当的地点以适当的速度施加适当的养分来源，以提高作物的养分利用效率，并减少地表水、地下水和大气的养分损失。

运行维护要求在每个土壤测试周期中，必须根据需要审查和修订养分管理计划，粪肥管理、数量分析、植物和作物的改变，或者植物作物管理。必须保存至少 5 年的资料，以记录跟踪计划的实施情况。

所有养分管理活动必须遵守国家、州和地方的水质管理规定。

常见相关实践

《养分管理》（590）通常与以下保护实践一并使用，包括《残留物和耕作管理——免耕》（329）、《残留物和耕作管理——少耕》（345）、《保护性作物轮作》（328）、《过滤带》（393）、《覆盖作物》（340）、《等高种植》（330）和《等高缓冲带》（332）。

保护实践的效果——全国

土壤侵蚀	效果	基本原理
片蚀和细沟侵蚀	0	通过土体扰动施加肥料，能使土壤疏松并掩埋表面残渣，从而增加侵蚀。其他施肥方法不会造成侵蚀。
风蚀	0	通过土体扰动施加肥料，能使土壤疏松并掩埋表面残渣，从而增加侵蚀。其他施肥方法不会造成侵蚀。
浅沟侵蚀	0	通过土体扰动施加肥料，能使土壤疏松并掩埋表面残渣，从而增加侵蚀。其他施肥方法不会造成侵蚀。
典型沟蚀	0	不适用
河岸、海岸线、输水渠	0	不适用
土质退化		
有机质耗竭	2	控制 pH 和施用足够的养分将维持或提高生物量产量。
压实	-2	在潮湿土壤上进行田间作业会导致土壤压实。
下沉	0	不适用
盐或其他化学物质的浓度	2	将植物需求与养分施加相匹配，可以减少营养过剩，减少盐分和其他污染物。

（续）

水分过量	效果	基本原理
渗水	0	不适用
径流、洪水或积水	0	不适用
季节性高地下水位	0	不适用
积雪	0	不适用
水源不足		
灌溉水使用效率低	0	过量的氮素能够促进与根系生长有关的茎枝生长。
水分管理效率低	0	过量的氮素能够促进与根系生长有关的茎枝生长。
水质退化		
地表水中的农药	0	不适用
地下水中的农药	0	不适用
地表水中的养分	5	数量、来源、施加位置和时机（4R）管理能够保证在植物最需要的时候提供相应养分。
地下水中的养分	5	养分施用量和施肥时机与植物需要相互平衡。
地表水中的盐分	1	如果养分来源含有盐分，应采用适当施肥的方式降低盐度。
地下水中的盐分	1	如果养分来源含有盐分，应采用适当施肥的方式降低盐度。
粪肥、生物土壤中的病原体和化学物质过量	1	如果营养源中含有病原体，则应减少施用量。
粪肥、生物土壤中的病原体和化学物质过量	1	这一举措限制了可施用粪肥的数量，从而降低病原体的危害程度。
地表水沉积物过多	0	适当施用养分可以减少径流造成的损失。
水温升高	0	不适用
石油、重金属等污染物迁移	2	改变 pH 会改变金属溶解度。必要时，这一举措能够降低重金属的施用量。
石油、重金属等污染物迁移	2	控制 pH 会改变金属溶解度。必要时，这一举措能够降低重金属的施用量。
空气质量影响		
颗粒物（PM）和 PM 前体的排放	3	适当施用氮肥可以显著减少氨的排放，适当的施用技术也可以减少固体粪肥和肥料的微粒排放量。
臭氧前体排放	2	适当施用氮肥可以显著减少氮氧化物（NO_x）的排放。适当的施用技术还可以减少粪肥中挥发性有机化合物（VOC）的排放。
温室气体（GHG）排放	4	养分管理能够优化土壤碳的储存。正确施氮可以减少一氧化二氮的排放。
不良气味	4	适当施用氮肥可以减少氨的排放。适当的施用技术还可以减少粪肥中挥发性有机化合物和其他恶臭化合物的排放。
植物健康状况退化		
植物生产力和健康状况欠佳	2	优化养分和土壤改良剂以提高所需作物物种的健康和活力水平。
结构和成分不当	2	优化养分和土壤改良剂以提高适合的所需作物物种的健康和活力水平。
植物病虫害压力过大	0	不适用
野火隐患，生物量积累过多	0	不适用
鱼类和野生动物——生境不足		
食物	1	管理能够提高任何种植食用作物的产量。
覆盖/遮蔽	1	管理改善了覆盖/遮蔽条件。
水	0	不适用
生境连续性（空间）	0	不适用
家畜生产限制		
饲料和草料不足	4	进行养分管理以保障家畜所食用草料的最佳产量和营养价值。
遮蔽不足	0	不适用
水源不足	2	养分管理可以改善家畜用水水质。
能源利用效率低下		
设备和设施	0	不适用
农场/牧场实践和田间作业	0	不适用

CPPE 实践效果：5 明显改善；4 中度至明显改善；3 中度改善；2 轻度至中度改善；1 轻度改善；0 无效果；−1 轻度恶化；−2 轻度至中度恶化；−3 中度恶化；−4 中度至严重恶化；−5 严重恶化。

实施要求

（2016年9月）

生产商：_____   项目或合同：_____

地点：_____   国家：_____

农场名称：_____   地段号：_____

实践位置图
（显示预计进行本实践的农场 / 现场的详细鸟瞰图，显示所有主要部件、布点、与地标的相对位置及测量基准）

索引
☐ 封面
☐ 规范
☐ 运行维护
☐ 认证声明

公用事业安全 / 呼叫系统信息

工作说明：

仅自然资源保护局审查

设计人：_____   日期 _____

校核人：_____   日期 _____

审批人：_____   日期 _____

实践目的（勾选所有适用项）：
☐ 植物生产预算和养分供应。
☐ 减少农业非点源污染（水质）。
☐ 改善空气质量（气味、颗粒物、氮氧化物）。
☐ 利用粪肥 / 有机物质作为营养来源。
☐ 维持或改善土壤条件。

表 1　现场条件和建议

作物顺序 / 轮作（圈出当前作物）					预期产量
当前土壤测试水平（百万分比浓度或磅 / 英亩）					
N	P	K	pH	S.O.M.%	EC
推荐养分 / 改良剂以满足预期产量					
N	P_2O_5	K_2O	石灰	其他	其他

表 2　养分来源

数值	N	P₂O₅	K₂O
-		磅 / 英亩	
1. 来自以前耕种豆类作物的氮			
2. 长期施用粪肥后的残留物			
3. 灌溉水			
4. 其他（如大气沉积、生物固体、有机副产品）			
5. 总值	总计	总计	总计

施用于田间的有效养分	N		P₂O₅		K₂O	
（圈出按照土地所有者的决定进行填写的栏）	试验 A	试验 B	试验 A	试验 B	试验 A	试验 B
6. 数值（5 行及以上）						
7. 肥料　种肥						
其他						
8. 粪肥 / 有机物质						
9. 小计（第 6、7、8 行之和）						
10. 建议养分（取自表 1）						
11. 养分状况（第 9 行减去第 10 行）						

如果第 11 行为负数，则该数值是满足作物推荐养分所需的额外营养量。

如果第 11 行为正值，则该数值是超过作物所需养分量的多余养分量。

拟施用量（磅 / 英亩）	N		P₂O₅		K₂O
—					

施用方法、形式、时机：

运行维护

☐　进行定期的计划评审，以确定是否需要对计划进行调整或修改。应至少做到，必须根据需要在每个土壤测试周期对计划进行审查和修订，包括粪肥量或分析作物或作物管理的变化。

☐　施用畜肥或生物固体的土地必须根据赠地大学指南和相关州法律法规监测重金属和磷的累积情况。

☐　如果出现饲喂动物数量、饲养管理和饲料管理方式的重大改变，必须对粪肥进行额外分析，以明确调整变化后的平均养分含量。

☐　校准施肥设备，确保其能以计划速度准确分配肥料。

☐　记录养分施用量。当实际施用量与计划施用量不同时，提供针对此差异性的支撑性文档资料。

☐　必须保存至少 5 年的资料，以记录跟踪计划的实施和维护情况。

工作说明书——国家模板

（2012年1月）

此类可交付成果适用于个别实践。其他规划实践的可交付成果参考具体的工作说明书。

设计
可交付成果

1. 能够证明符合自然资源保护局实践中相关准则并与其他计划和应用实践相匹配的设计文件。
   a. 保护计划中确定的目的。
   b. 客户需要获得的许可证清单。
   c. 制订计划和规范所需的与实践相关的计算和分析，包括但不限于：
      i. 客户提供的适用取样、分析和试验结果
      ii. 作物进行养分施用的实际产量目标
      iii. 计划养分和土壤改良剂的施用量、方法和施用时机与养分预算相平衡
      iv. 当使用粪肥或其他有机物质作为养分来源时，针对磷素运移的现场风险评估
      v. 适用于粪肥或有机物质、非点源污染、土壤条件和空气质量的其他要求
2. 应向客户提供的充分说明实施本实践并获得必要许可的相应要求的书面计划和规范。计划和规范包括：
   a. 标识养分施用区域的地图。
   b. 退行区或其他受养分施用限制的敏感地区的位置。
   c. 营养物质施用指南，适用于退行区或其他敏感领域。
   d. 氮、磷和钾的养分预算，将推荐养分施用量与计划养分施用量进行比较。
   e. 运行维护计划指南。
   f. 保护实践《养分管理》（590）列出的其他要求。
3. 证明设计符合实践和适用法律法规的文件。
4. 安装期间，根据需要所进行的设计修改。

注：可根据情况添加各州的可交付成果。

安装
可交付成果

1. 为审查计划而与客户进行的实施前会议。
2. 验证客户是否已获得规定许可证（如安装需要）。
3. 有关湿地、水体、溪流和其他营养敏感地区倒退需求的定位和沟通。
4. 根据需要制订的安装指南。
5. 协助客户和原设计方并实施所需的设计修改。
6. 在安装期间，就所有联邦、州、部落和地方法律、法规和自然资源保护局政策的合规性问题向客户／自然资源保护局提供建议。
7. 证明施用过程和材料符合设计和许可要求的文件。

注：可根据情况添加各州的可交付成果。

验收
可交付成果

1. 实施记录。

   实践单位（英亩）

2. 记录保存指南（生产商或代理商保存的实施记录）。

   a. 作物生产记录、种植和收获日期、产量、残留物管理

   b. 用于执行计划的重复性土壤测试和其他测试（如针对粪肥、植物组织、水的测试）的记录

   c. 推荐养分施用量记录

   d. 养分施用记录，包括用量、养分分析及所施用的养分来源、施用的日期和方法

   e. 计划的定期审查记录，包括审查日期、审查执行人、审查后提出的建议等

3. 证明施用过程符合自然资源保护局实践和规范并符合许可要求的文件。

4. 进度报告。

注：可根据情况添加各州的可交付成果。

参考文献

NRCS Field Office Technical Guide , Section IV, Conservation Practice Standard – Nutrient Management, 590.

NRCS General Manual Title 450, Part 402（Nutrient Management）and Title 190, National Instruction, Part 302（Nutrient Management Policy Implementation）.

NRCS National Planning Procedures Handbook（NPPH）, CNMP Technical Guidance Document.

NRCS National Agronomy Manual（NAM）Section 503C, Nutrient Management.

NRCS Agricultural Waste Management Field Handbook, Chapter 4 – Agricultural Waste Characteristics.

NRCS National Environmental Compliance Handbook.

NRCS Cultural Resources Handbook.

注：可根据情况添加各州的参考文献。

保护实践效果（网络图）

（2019年5月）

《养分管理》（590）

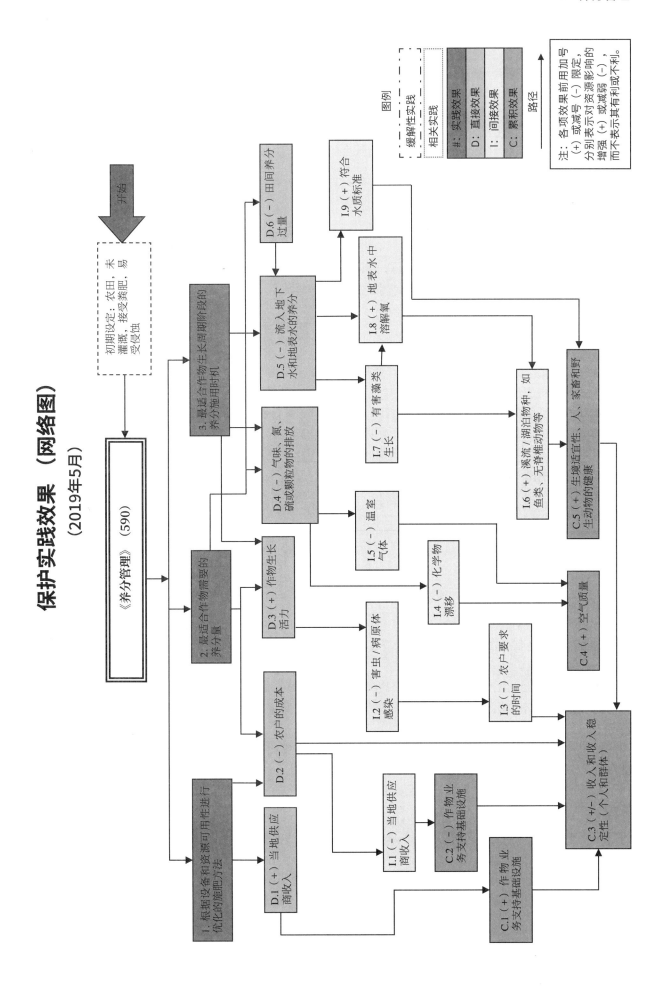

初期设定：农田，未灌溉，接受粪肥，易受侵蚀

开始

图例

缓解性实践

相关实践

#: 实践效果
D: 直接效果
I: 间接效果
C: 累积效果

路径

注：各项效果前用加号（+）或减号（−）限定，（+）或减号（−）表示对资源的增强（+）或减弱而不表示其有利或不利。

1. 根据设备和资源可用性进行优化的施肥方法

2. 最适合作物需要的养分量

3. 最适合作物生长周期阶段用的养分施用时机

D.1（+）当地供应商收入

D.2（−）农户的成本

D.3（+）作物生长活力

D.4（−）气味、氮、硫或颗粒物的排放

D.5（−）流入地下水和地表水的养分

D.6（−）田间养分过量

I.1（−）当地供应商收入

I.2（−）害虫/病原体感染

I.3（−）农户要求的时间

I.4（−）化学物漂移

I.5（−）温室气体

I.7（−）有害藻类生长

I.6（+）溪流/湖泊物种，如鱼类、无脊椎动物等

I.8（+）地表水中溶解氧

I.9（+）符合水质标准

C.1（+）作物业务支持基础设施

C.2（−）作物业务支持基础设施

C.3（+/−）收入和收入稳定性（个人和群体）

C.4（+）空气质量

C.5（+）生境适宜性、人、家畜和野生动物的健康

农场二级防护设施

（319，No.，2014年9月）

定义

一种旨在对农场使用的原油和石油产品进行二级隔离的永久设施。

目的

尽量降低在农业活动中原油和石油产品意外泄漏的风险，并实现以下目标：

- 通过防止石油和成品油意外泄露，来防止地下水和地表水污染。
- 为安全、有效和及时清理溢油或泄露提供一些设施。

适用条件

本实践可运用的农业区域有：

- 石油和成品油储存设施将用于实现农业目标。
- 石油和成品油的溢出将会污染土壤、地下水或地表水。

根据美国国家环境保护局的泄露、预防、控制和对策（SPCC）方案（40CFR112 防止石油污染），农场的成品油包括柴油、汽油、润滑油、液压油、辅助油、作物油、植物油或动物脂肪。

本实践不适用于现有的石油和石油储罐的拆除（迁移）。

本实践不适用于地下储罐。

本实践不适用于商业供应商或多个土地所有者的仓储设施。

准则

法律与法规

计划、设计和建造二级隔离设施，须遵守所有联邦、州和地方的法律法规。业主或经营人负责提供所有所需的许可证或批准文件，并按照这些法律和规章执行。

一些农场需要自行认证或通过专业工程师编制和认证的 SPCC 计划，可以参考美国国家环境保护局的 SPCC 方案（40CFR112）。如果 40CFR112 要求，则必须有一份 SPCC 计划来实施本实践。

一般隔离

仅使用为建造、生产或制造含有油、燃料或其他农场的石油产品的隔离系统。

将非移动式储油罐固定到二次隔离设施底部，以防止储罐在发生灾难性泄漏或在发生意外泄漏时漂浮。

储罐位于干净、坚硬或压实的表面上，方便检测、收集和控制泄漏。在车辆填充区域的任何管道或附件的下方可使用类似的土壤。

暴露于雨水的围护结构将有助于去除累积雨水。除水系统的类型可包括集水坑和水泵、阀门和出水管。

防止来自等于或小于 25 年一遇、一次持续 24 小时的暴雨径流进入二级隔离设施。

位置

位于有 100 年历史的河漫滩高程之上。但是，如果场地限制要求在洪泛区内进行选址，就要修建保护设施，防止 25 年一遇的洪水淹没和破坏。

评估与农场计划或现有石油产品相关的水质潜在风险。建立二级隔离设施：

- 切实可行的地方如河流、池塘、湖泊、湿地、水坑和水井，最小回程距离为 100 英尺。
- 距农场交通距离为 25 英尺，距主要的农场交通距离为 75 英尺。

- 距离任何建筑物 10 英尺，以限制火灾蔓延。

容量大小

使用双壁储罐，上层有盖子，四周设立不透水层，其尺寸可 100% 容纳储罐的最大容量，或一个开盖的容器，可 100% 容纳储罐的最大容量，以及 25 年一遇、一次持续 24 小时的降水量。

结构设计

解决影响结构性能的所有因素，包括预期荷载、储罐尺寸、材料性能和施工质量。根据保护实践《废物储存设施》（313）和《顶盖和覆盖物》（367）中的标准，对隔离结构［包括土堤和屋顶结构（如适用）］进行基础设计。

安全性

在存储设施上进行适当标记，在加油区附近张贴禁止吸烟的标志。根据 API1637 号标准，确保所有填充口都有适当的涂料代码。

提供安全措施，在未经授权的情况下，限制进入的储罐和二级隔离设施，如安全照明、围栏和加油机锁。

保护储罐免于车辆、拖拉机和其他农用设备的损坏。

因为灌装、排空或大气温度变化使压力超过设计压力，所以在屋顶结构中需有良好的通风，以防止过量气体的积聚和真空度或压力加大。

注意事项

二级隔离设施可以加盖屋顶，四周设立保护层或使用其他覆盖物，以防止雨水、雪和碎片堆积在储罐的外部中。

油罐应该有液位计。连接管道的管道应该位于储罐顶部，以防止泄漏。将管道和控制装置安装到地面上的所有阀门和二级隔离措施结构内。

考虑提升卧式储罐以便于检查泄漏。

在电动分配器上安装自动切断阀。

计划和技术规范

农场二级防护设施的计划和技术规范应符合应用实践的要求以达到预期目的，描述应用实践达到预定目的的要求。至少应提供以下内容：

- 系统布局的平面图。
- 所有部件的结构和材料细节，包括图纸和规格。
- 管道及附件的位置、大小和类型。
- 基础准备和处理要求。
- 安全特征、栅栏和标志。
- 公用设施的位置和通知要求。

运行和维护

编制运行和维护计划，包括具体场所使用的组件。为运行和维护零部件，提供说明，确保其正常使用。

为每个二级隔离设施准备一个清单，列出所有储罐的容量和产品。

根据 SPCC 计划中列出的时间表定期检查储罐，至少每月检查一次储罐，并及时进行维修：

- 泄漏。
- 生锈或腐蚀。
- 垃圾或杂草的积聚。
- 适当的标签和标牌。
- 阀门、配件和软管的状况。

- 降水收集。

在拆除储罐之前，提供测试所有累积雨水污染的说明。典型的污染测试可能涉及对雨水的现场分析，包括通过目视测定确定水面上的变色或光泽，或是水中是否有石油产品的气味。

进行必要的维修。保存检查和维修记录。

参考文献

American Petroleum Institute（API），Standard 1637，"Using the API Color-Symbol System to Mark Equipment and Vehicles for Product Identification at Gasoline Dispensing Facilities and Distribution Terminals."

Underwriters Laboratories, Standard No. 142, "Standard for Steel Aboveground Tanks for Flammable and Combustible Liquids."

Environmental Protection Agency, The Spill Prevention, Control, and Countermeasure（SPCC）rule. http://www.epa.gov/emergencies/content/spcc/index.htm.

保护实践概述
（2014年10月）

《农场二级防护设施》（319）

农场二级防护设施是一种永久性设施，旨在为农场使用的石油和石油类产品提供二次隔离。

实践信息

农场二级防护设施可将所储存石油和石油类产品发生意外泄漏的风险降至最低。该类设施能够控制石油和石油类产品的意外泄漏，防止地下水和地表水受到污染，并能提供安全、有效和及时的泄漏清理措施。

根据美国环境保护署（EPA）发布的《油类泄漏、预防、控制和对策（SPCC）条例》，

可划定为农场用油的产品包括：柴油、汽油、润滑油、液压油、辅助油、作物油、植物油或动物油脂。EPA 的 SPCC 条例（40 CFR 112）规定了农场需要进行自我认证或由专业工程师进行编制并认证的 SPCC 计划的相关标准。如果 40 CFR 112 要求，那么必须根据 SPCC 计划实施本项实践标准。

一旦发生泄漏，农场二级防护设施将能控制泄漏，并形成一种干净、坚硬或压实的表面，以便于对泄漏情况进行检测。设施的设置应充分考虑农场的交通条件，并远离溪流、池塘、湖泊、湿地、天坑和水井。

设施的操作和必要的维护内容包括定期检查设施的泄漏情况和设施工况，以及适当处置任何泄漏物。

常见相关实践

《农场二级防护设施》（319）通常与《燃烧系统改进》（372）、《农场能源改进》（374），以及《泵站》（533）等保护实践一起使用。

工作说明书——国家模板

（2014年9月）

此类可交付成果适用于个别实践。其他规划实践的可交付成果参考具体的工作说明书。

设计
可交付成果

1. 能够证明符合自然资源保护局实践中相关准则并与其他计划和应用实践相匹配的设计文件。
   a. 保护计划中确定的目的。
   b. 按照美国环境保护署下发的《油类泄漏、预防、控制和对策（SPCC）条例》（40 CFR 112）要求，客户需要获得许可证清单，包括自我认证或者由专业资格工程师编制并认证的 SPCC 计划。
   c. 符合自然资源保护局国家和州公用设施安全政策（《美国国家工程手册》第 503 部分《安全》A 子部分"影响公用设施的工程活动"第 503.00 节至第 503.06 节）。
   d. 制订计划和规范所需的与实践相关的计算和分析，包括但不限于：
      i. 地质与土力学（《美国国家工程手册》第 531a 子部分）
      ii. 结构、机械和配件设计
      iii. 最大限度调用净水
      iv. 水力负荷
      v. 环境因素（例如位置、空气质量与水质）
      vi. 植被
2. 向客户提供书面计划和规范书包括草图和图纸，充分说明实施本实践并获得必要许可的相应要求。
3. 合理的设计报告和检验计划（《美国国家工程手册》第 511 部分，B 子部分"文档"，第 511.11 节和第 512 节，D 子部分"质量保证活动"，第 512.30 节至第 512.32 节）。
4. 运行维护计划。
5. 证明设计符合实践和适用法律法规的文件［《美国国家工程手册》A 子部分第 505.03（b）（2）节］。
6. 安装期间，根据需要所进行的设计修改。

注：可根据情况添加各州的可交付成果。

安装
可交付成果

1. 与客户和承包商进行的安装前会议。
2. 验证客户是否已获得规定许可证和 SPCC 计划（若需要）。
3. 根据计划和规范（包括适用的布局注释）进行定桩和布局。
4. 安装检查（酌情根据检查计划开展）。
   a. 实际使用的材料
   b. 检查记录
5. 协助客户和原设计方并实施所需的设计修改。
6. 在安装期间，就所有联邦、州、部落和地方法律、法规和自然资源保护局政策的合规性问题向客户 / 自然资源保护局提供建议。

7. 证明安装过程和材料符合设计和许可要求的文件。

注：可根据情况添加各州的可交付成果。

验收
可交付成果

1. 竣工文档。

    a. 实践单位

    b. 图纸

    c. 最终量

2. 证明安装过程符合自然资源保护局实践和规范并符合许可要求的文件［《美国国家工程手册》A 子部分第 505.03（c）（1）节］。

3. 进度报告。

注：可根据情况添加各州的可交付成果。

参考文献

NRCS Field Office Technical Guide （eFOTG）, Section IV, Conservation Practice Standard – Agrichemical Handling Facility - 309.

NRCS National Engineering Manual （NEM）.

NRCS National Environmental Compliance Handbook.

NRCS Cultural Resources Handbook.

注：可根据情况添加各州的参考文献。

保护实践效果（网络图）

（2014年10月）

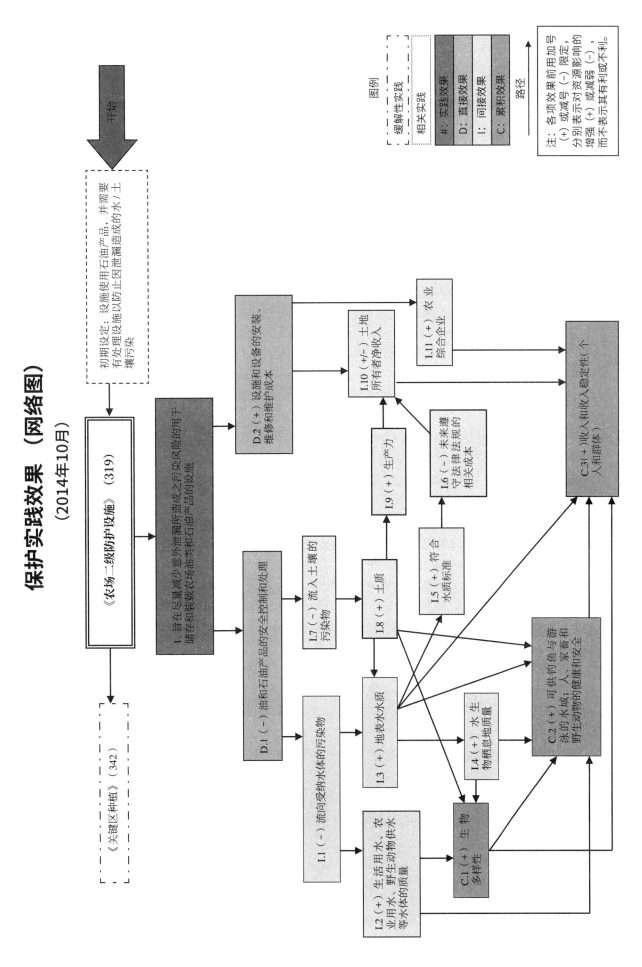

图例

缓解性实践 / 相关实践

实践效果
D: 直接效果
I: 间接效果
C: 累积效果

路径

注：各项效果前用加号
（+）或减号（-）限定，
（+）表示对资源增强的
分别表示对资源减弱的（-），
增强（+）或减弱，
而不表示其有利或不利。

《农场二级防护设施》（319）

《关键区种植》（342）

开始

初期设定：设施使用石油产品，并需要
有处理设施以防止因泄漏造成的水／土
壤污染

1. 旨在尽量减少意外泄漏所造成之污染风险的用于
储存和装载农场油类和石油产品的设施

D.2（+）设施和设备的安装、
维修和维护成本

D.1（-）油和石油产品的安全控制和处理

I.7（-）流入土壤的
污染物

I.8（+）土质

I.9（+）生产力

I.10（+/-）土地
所有者净收入

I.11（+）农业
综合企业

I.5（+）符合
水质标准

I.6（-）未来遵
守法律法规的
相关成本

I.1（-）流向受纳水体的污染物

I.3（+）地表水质

I.4（+）水生
物栖息地质量

C.2（+）可供钓鱼与游
泳的水域；人、家畜和
野生动物的健康和安全

C.3（+收入和收入稳定性（个
人和群体）

I.2（+）生活用水、农
业用水、野生动物供水
等水体的质量

C.1（+）生物
多样性

病虫害治理保护体系

（595，Ac., 2019年5月）

定义

结合病虫害综合防治（IPM）决策过程与自然资源保护的系统，用以解决虫害及其环境影响。

目的

本实践用于实现以下一个或多个目的：

- 减轻植物病虫害压力。
- 减少对有益生物的伤害。
- 减少农药渗入地表水和地下水。
- 减少颗粒物（PM）和PM前体的排放（化学雾滴漂移）。
- 减少臭氧前体排放（农药挥发）。

适用条件

使用赠地大学（LGU）开发的作物病虫害综合防治系统或科学病虫害综合防治专业指导来管理病虫害的土地。

准则

适用于所有目的的一般准则

利用赠地大学或科学病虫害综合防治专业认可的资源，开发基于预防、规避、监测和抑制（PAMS）策略的病虫害管理保护体系（PMCS）。

调整病虫害综合防治系统以适应特定地点的特定作物或作物轮作，并且遵守赠地大学标准中的适用要素和指导方针。在没有赠地大学标准的情况下，使用适合作物和区域的科学标准。

识别植物、昆虫和病原体等目标病虫害，获取目标病虫害生命周期及其在受影响地区天敌的有关信息。

评估和记录作物系统病虫害管理保护体系选择的预防、规避、监测和抑制技术。

在选择耕作或土壤还田活动时，利用自然资源保护局现行风蚀和水蚀预测技术评估影响，进行系统规划，解决由此产生的土壤侵蚀的资源问题。

记录防止病虫害恶化及虫抗性管理的所有活动和资源。

附加准则：减少/停用对水体、动物或空气自然资源有潜在环境影响的病虫害管理活动，或减轻其影响。

当病虫害管理保护体系包含使用农药时，使用现行农药风险评估工具［Windows农药筛选工具（WIN-PST）］来评估选定农药对特定地点的水质影响。Windows农药筛选工具凭借美国环境保护局农药标记数据、美国农业部土壤勘察数据以及当地观察到的土壤性质，通过农药流失的4种路径之一来预测农药喷洒后的运动方式。这4种流失路径有：

- 浸析。
- 溶液径流。
- 土壤吸附径流（农药吸附到土壤上，进而被携带到地表径流水中）。
- 漂移。

确定计划用于规划区的农药是否对人或鱼类有潜在影响，并判定其潜在流失路径。

使用下列技术说明评估现行或计划使用的技术以及现有或计划使用的保护实践风险缓解价值。制订辅助技术以进一步缓解至少一种资源问题，例如（但不限于）水质、有益的生物栖息地等问题。

- 农艺技术说明 5（190 号标题）《保护规划过程中的病虫害管理》。
- 表 1 "减少农药环境风险的病虫害综合防治技术"。
- 表 2 "减少农药环境风险的保护实践"。
- 农艺技术说明 9（190 号标题）《利用病虫害综合防治等保护实践防止或缓解农药对传粉昆虫的潜在负面影响》。
- 表 2 "作业区域内的风险缓解实践及传粉昆虫保护技术"。
- 表 3 "作业区域外的风险缓解实践及传粉昆虫保护技术"。

注意事项

赠地大学或推广机构的病虫害综合防治指南可辅之以有资质的专业人员（推广专家、认证作物顾问、技术服务提供商等）提供的信息。

保护自然有益生物，尤其是那些被纳入害虫控制策略的有益生物。使用适当的生境评价工具评估目标害虫捕食者和寄生性天敌种类是否有足够的幼虫和成虫栖息地。

改善益虫的栖息地可能包括邻近土地上的绿篱和保护层栽培，以及作物田里诸如作物轮作、间作、覆盖作物和植被覆盖的实践。

对于农田来说，不同作物轮作是最大限度地减少杂草、昆虫、疾病和线虫等害虫压力的有效手段。

充足的植物养分和土壤湿度，包括有利的土壤酸碱度和健康的土壤，可以减轻作物胁迫，提高植株生长强度，并增加植物对害虫的整体耐受能力。

设计水管理来消除利于疾病发展的条件，并尽量减少场外污染物运移。土壤排水不良可能增加在潮湿条件下滋生的土传疾病（如多种根腐病）。

为防除杂草和其他物理土体扰动而进行的耕作减少了菌根真菌的存在和土壤有机质（即损失于大气中的碳）的含量，这对土壤和植物的健康都有好处。

在向有机生产商提供技术援助时，应遵循美国农业部农业营销服务国家有机计划标准，包括但不限于：

- 改善土壤健康。
- 减少主要害虫栖息地和增加天敌栖息地的多种作物轮作。
- 创造有益的生物栖息地。
- 种植适应当地情况的抗虫害作物品种。

抗性管理技术包括但不限于：

- 利用农作物轮作打乱宿主植物／害虫的循环，减少每一季都使用相同农药的情况。
- 管理土壤和作物／植物残体以最大限度保护目标和有益生物，同时减少害虫种群。
- 种植认证（或经过认证实验室测试过）的作物、覆盖作物和传粉昆虫栖息地植被，减少害虫栖息杂草的引入。
- 通过减少种子投入来管理土壤种子库。管理土壤和作物环境以减少杂草滋生，提高杂草烂种和采食。
- 在某些情况下，放牧动物可减少（某些）杂草的数量。
- 条件允许的情况下使用科学验证的方法对害虫种群进行抽样，并在施用农药之前将其与作物损害的经济估计数相关联。
- 在所选农药最有效的害虫生活期进行喷洒施用（例如，监测诱捕器中检测到成虫羽化、使用度日模型预测卵沉积或幼虫羽化，或在天气模型预测到条件似乎有利于疾病的发展时使用预防性杀菌剂）。
- 在农药施用前后进行考察以正确识别害虫并确定施药是否提供了有效的控制。
- 在特定害虫的发展过程中监测有利的环境条件，例如使用可促进疾病恶化的温度、相对湿度和降水量（如适用）等经过验证的天气预报模型。

- 根据当地病虫害综合防治顾问的建议对作物进行管理以提高作物的整体活力、恢复力和竞争力。
- 如果某种害虫没有可供的阈值，则为每种典型害虫提供一般决策指南，帮助确定何时需要进行治理。
- 根据咨询病虫害综合防治专家的结果，轮作具有不同作用模式（MOA）的产品。

计划和技术规范

为每种作物制订计划，并将信息记录在实施要求文档或同等文件中，包括赠地大学或科学型资源的建议。

每种作物的病虫害管理保护体系必须包括：

- 如适用，本实践的实施地规划和土壤图（如果条件允许，请使用保护规划图）。
- 敏感资源和逆境的位置。

确定用于指导系统开发的资源关注点。

- 按作物或耕作制度列出的清单，需包括：
- 所关注的或在规划土地上确定的或在该地区或州内历史上存在的特定病虫害（杂草、昆虫和致病病原体）。
- 为减少虫害压力而计划的预防和规避活动。
- 用于监测和侦察每一种典型的可能造成与土地使用、作物或植物群落相关的经济损失或环境退化的有害生物的计划表。
- 阈值说明或在需要治疗之前确定阈值的方法说明。
- 如果某种害虫没有可供的阈值，则为每种典型害虫提供一般决策指南，帮助确定何时需要进行治理。
- 确定害虫的抑制技术。
- 环境影响分析，包括病虫害综合防治计划中确定为抑制替代方案在内的所有农药的 Windows 农药筛选工具报告。当存在多种土壤类型时，需包括针对每种土壤 / 农药组合的 Windows 农药筛选工具。
- 完成实施要求文件记录。
- 对已实施的病虫害综合防治计划进行评估的结果，注意用于控制目标昆虫、线虫、疾病和杂草害虫的方法的效力。

运行和维护

- 制订符合本实践目的、预期寿命、安全要求和设计准则的运行维护计划。
- 生产商和施用者有责任遵守所有农药标签的限制和说明，并遵守所有适用的联邦、州和地方法规。
- 最低限度是当作物、虫害压力或管理选择发生变化时，必须根据需要对计划进行审查和修订。
- 为实现保护规划的各种目的，至少要保存实施本实践当年和 1 年后的记录。要求保留至少 2 年的联邦限制使用农药（RUPs）的使用记录。农药施用记录应符合美国农业部农业营销服务的农药记录保存计划（见 https：//www.ams.USDA.gov/rules-regulations/pecidentice-records），以及任何州和地方的要求。

参考文献

USDA NRCS. 2014. Agronomy Technical Note No. 5（Title 190）. Pest Management in the Conservation Planning Process. Washington, D.C. https：//directives.sc.egov.usda.gov/OpenNonWebContent.aspx?content=35618.wba.

USDA NRCS. 2014. Agronomy Technical Note 9（Title 190）. Preventing or Mitigating Potential Negative Impacts of Pesticides on Pollinators Using Integrated Pest Management and Other Conservation Practices. Washington, D.C. http：//directives.sc.egov.usda.gov/OpenNonWebContent. aspx?content=34828.wba.

USDA NRCS. 2011. National Agronomy Manual, Part 503, Section 503D, Integrated Pest Management. Washington, D.C. https：//directives. sc.egov.usda.gov/OpenNonWebContent.aspx?content=29608.wba.

USDA NRCS. 2009. General Manual（Title 190）, Part 404, Pest Management Policy. Washington, D.C.

http：//directives.sc.egov.usda.gov/RollupViewer.aspx?hid=17015.

USDA Agricultural Marketing Service. Organic Regulations. Washington, D.C.

https：//www.ams.usda.gov/rules-regulations/organic.

Xerces Society for Invertebrate Conservation, Beneficial Insect Habitat Assessment Form and Guide. Portland, OR.（http：//www.xerces.org/wp- content/uploads/2015/07/HAG_BeneficialInsects_June2015_web.pdf）.

Xerces Society for Invertebrate Conservation. 2016. Habitat Planning for Beneficial Insects：Guidelines for Conservation Biological Control. Portland, OR.（http：//xerces.org/habitat-planning-for-beneficial-insects/）.

Council for Agricultural Science and Technology. 2017. Crop Protection Contributions Toward Agricultural Productivity, Issue paper no. 58. Ames, IA. Go to http：//www.cast-science.org/publications/ and search for document title.

National Roadmap for Integrated Pest Management. 2018.

https：//www.ars.usda.gov/ARSUserFiles/OPMP/IPM%20Road%20Map%20Final.pdf.

USDA Regional IPM Centers. A national umbrella site for the regional IPM centers.

https：//www.ipmcenters.org/index.cfm/.

University of California Integrated Pest Management program. Davis, CA. http：//www.ipm.ucdavis.edu/.

USDA Agricultural Marketing Service, National Organic Program, National List of Allowed and Prohibited Substances. Washington, D.C. www. ams.usda.gov/rules-regulations/organic/national-list.

保护实践概述
（2019年5月）

《病虫害治理保护体系》（595）

病虫害治理保护体系（PMCS）是结合病虫害综合防治（IPM）决策过程与自然资源保护的体系，用于防控害虫和降低环境影响。

实践信息

PMCS 使用和预防、规避、监测和抑制（PAMS）技术有关的保护实践方法来解决有害生物和自然资源问题，所采用的策略是将害虫数量控制在经济损失或历史水平以下。PMCS 可以减少使用对自然资源造成影响的抑制技术，并能最大限度地减少害虫抗性。

PMCS 围绕作物、土壤或土地使用情况，并遵循为当地赠地大学或推广机构所接受的适用要素和方针指南。

常见相关实践

《病虫害治理保护体系》（595）通常与《保护性作物轮作》（328）、《养分管理》（590）、《保护层》（327），以及《覆盖作物》（340）等保护实践一起使用。

保护实践的效果——全国

土壤侵蚀	效果	基本原理
片蚀和细沟侵蚀	2	通过改变害虫管理方式可以减少片蚀和细沟侵蚀。
风蚀	3	通过改变害虫管理方式可以减少风蚀。
浅沟侵蚀	2	消除集中渗流情况，多余水量输排至安全排水口。
典型沟蚀	0	不适用
河岸、海岸线、输水渠	0	不适用
土质退化		
有机质耗竭	2	通过改变害虫管理方式可以减少有机质耗竭。
压实	2	通过改变害虫管理方式可以降低土壤压实度。
下沉	0	不适用
盐或其他化学物质的浓度	0	不适用
水分过量		
渗水	0	不适用
径流、洪水或积水	0	不适用
季节性高地下水位	0	不适用
积雪	0	不适用
水源不足		
灌溉水使用效率低	0	不适用
水分管理效率低	0	不适用
水质退化		
地表水中的农药	5	通过改变害虫管理方式可以减少农药残留量。
地下水中的农药	5	通过改变害虫管理方式可以减少农药残留量。
地表水中的养分	0	不适用
地下水中的养分	0	不适用
地表水中的盐分	0	不适用
地下水中的盐分	0	不适用
粪肥、生物土壤中的病原体和化学物质过量	0	不适用
粪肥、生物土壤中的病原体和化学物质过量	0	不适用
地表水沉积物过多	0	不适用
水温升高	0	不适用
石油、重金属等污染物迁移	0	不适用
石油、重金属等污染物迁移	0	不适用
空气质量影响		
颗粒物（PM）和 PM 前体的排放	2	减少农药的使用可以减少液体颗粒的化学物漂移。
臭氧前体排放	2	降低农药用量可以减少挥发性有机化合物。
温室气体（GHG）排放	0	不适用
不良气味	0	不适用
植物健康状况退化		
植物生产力和健康状况欠佳	2	优化养分和土壤改良剂以提高所需作物物种的健康和活力水平。
结构和成分不当	2	优化养分和土壤改良剂以提高适合的所需作物物种的健康和活力水平。
植物病虫害压力过大	0	不适用
野火隐患，生物量积累过多	0	不适用
鱼类和野生动物——生境不足		
食物	2	IPM 减少了对鱼类和野生动物食物来源数量和质量的不良影响。
覆盖 / 遮蔽	0	不适用
水	0	不适用
生境连续性（空间）	0	不适用

（续）

家畜生产限制	效果	基本原理
饲料和草料不足	0	不适用
遮蔽不足	0	不适用
水源不足	0	不适用
能源利用效率低下		
设备和设施	0	不适用
农场／牧场实践和田间作业	0	不适用

CPPE 实践效果：5 明显改善；4 中度至明显改善；3 中度改善；2 轻度至中度改善；1 轻度改善；0 无效果；−1 轻度恶化；−2 轻度至中度恶化；−3 中度恶化；−4 中度至严重恶化；−5 严重恶化。

工作说明书——国家模板

（2010年1月）

此类可交付成果适用于个别实践。其他规划实践的可交付成果参考具体的工作说明书。

设计

可交付成果

1. 能够证明符合自然资源保护局实践中相关准则并与其他计划和应用实践相匹配的设计文件。
   a. 保护计划中确定的目的。
   b. 客户需要获得的许可证清单。
   c. 制订计划和规范所需的与实践相关的计算和分析，包括但不限于：
      i. 目标物种的识别
      ii. 控制方法（例如生物、栽培、化学、机械）
      iii. 计划控制方法的环境风险评估
      iv. 缓和技术（如有必要）
2. 向客户提供书面计划和规范书包括草图和图纸，充分说明实施本实践并获得必要许可的相应要求，应根据保护实践《病虫害治理保护体系》（595）的要求制订计划和规范。
3. 所需运行维护工作的相关文件。
4. 证明设计符合实践和适用法律法规的文件。
5. 安装期间，根据需要所进行的设计修改。

注：可根据情况添加各州的可交付成果。

安装

可交付成果

1. 与客户进行的实施前会议。
2. 验证客户是否已获得规定许可证。
3. 有关湿地、水体、溪流和其他虫害防治敏感地区倒退需求的布局和沟通。
4. 根据需要提供的应用指南。
5. 协助客户和原设计方并实施所需的设计修改。
6. 在安装期间，就所有联邦、州、部落和地方法律、法规和自然资源保护局政策的合规性问题向客户／自然资源保护局提供建议。

7. 证明施用过程和材料符合设计和许可要求的文件。

注：可根据情况添加各州的可交付成果。

验收
可交付成果

1. 实施记录。
   a. 实践单位
   b. 使用的实际材料／控制方法／缓和技术
   c. 施用量、施用方法和时机
2. 证明施用过程符合自然资源保护局实践和规范并符合许可要求的文件。
3. 进度报告。

注：可根据情况添加各州的可交付成果。

参考文献

NRCS Field Office Technical Guide（eFOTG）, Section IV, Conservation Practice Standard – Integrated Pest Management, 595.

NRCS General Manual 190, part 404.

NRCS Windows Pesticide Screening Tool （WIN-PST）.

NRCS National Environmental Compliance Handbook.

NRCS Cultural Resources Handbook.

USDA-AMS National Organic Program, National List of Allowed and Prohibited Substances.

National Information System for the Regional IPM Centers – IPM Elements and Guidelines.

Using Farming Bill Programs for Pollinator Conservation.

注：可根据情况添加各州的参考文献。

保护实践效果（网络图）

（2014年3月）

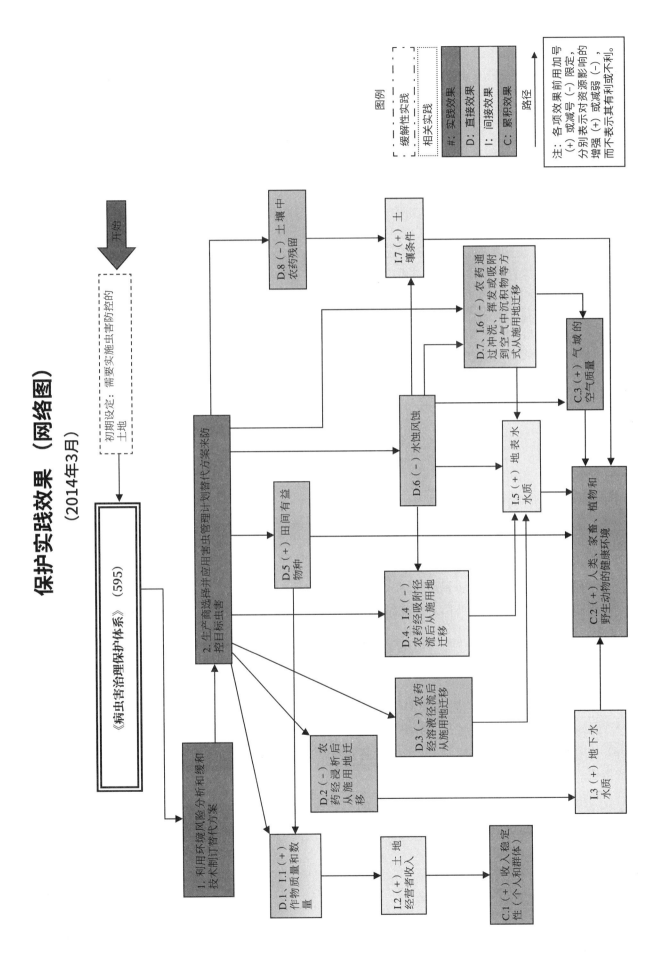

计划放牧

（528，Ac., 2017年3月）

定义

为实现特定的生态、经济和管理目标，用放牧或食草动物进行植被收割管理。

目的

作为养护管理系统的一部分，实施本实践，以实现下列一项或多项目标：

- 改善或维持植物群落理想物种组成、结构和活力。
- 改善或维持饲用植物的数量和质量，以维持食草动物的健康水平和生殖能力。
- 改善或维持地表和地下水的水质和水量。
- 改善或维持河岸和流域水体功能。
- 减少土壤侵蚀，保持或改善土壤健康状况。
- 改善或保持可供野生动物食用的食物和地表植物的数量、质量和连通性。
- 对于燃料负荷进行管理以达到理想条件。

适用条件

本实践适用于所有对放牧管理的场地。

准则

适用于上述所有目的的总体准则

管理放养率和放牧期以调整强度、频率、时间、持续时间以及放牧区域的分布，实现包括放牧在内的植物群落和相关资源的计划目标。

根据场地生产限制、植物生长速率、饲用植物的生理需要和动物的营养需要来去除牧草。

为饲用植物植被恢复提供足够时间，以实现计划目标。可为处于生长季的部分或全部主要植物提供恢复期。在动植物生长需求的关键时机，设定延牧、休牧期。

根据植物生长速度，可用饲草和既定目标（如利用率、株高或现存生物量、剩余干物质含量和动物生产性能）来管理牲畜。

管理放牧或食草动物以保持敏感区域（即河岸、湿地、关注的栖息地和喀斯特地区）的植被覆盖充足。

在占用期间保证饮用水充足，水质良好。

制订应急措施以应对预期的突发性干扰事件（如干旱、野火、虫害等）。

启用监测计划，根据确定的生态触发和阈值直接支持适应性管理决策，以便为选定的目的优化保护效果。

符合所有适用的联邦、州、部落和地方法律，寻求措施以避免对濒危灭绝物种和候选物种及其栖息地产生不利影响。

改善或维持理想物种的健康和活力的附加准则

将放牧或食草强度、频率、时间和持续时间建立在所需的植物健康水平、预期生殖能力和主要物种组成的基础上，以满足管理目标。

在放牧和偶发事件（如野火或严重干旱）发生之后，计划定期推迟放牧以维持或恢复植物群落的理想物种。

在适当的情况下，定期测试土壤的营养状况和土壤反应，并根据土壤试验结果施用肥料或用土壤改良剂来改善或维持植物长势。

改善或维持牧草的数量和质量以提高牧场的生产率及动物的健康水平的附加准则

根据生产者的需要在资源能力范围内规划放牧和食草，符合相应的饲草数量和质量目标。

通过规划放牧和食草的强度、频率、时间和持续时间，增强放牧地和牧草植物的多样性，以优化动物摄取的养分质。

计划放牧或食草的强度、频率、时间和持续时间，以减少因有毒植物而造成动物应激，降低死亡率。

根据需要提供补充饲料和矿物质以平衡饲草消耗，以满足不同食草牲畜所需的营养。

根据《国家研究委员会家畜营养需求》或类似文件要求，适当调整，以满足牲畜觅食（包括往返于饲草区）所增加的能量需求。

改善或维持地表水和地下水的水质和水量的附加准则

尽量减少牲畜集中区域，以加强养分质分布，改善或维持地被植物。

管理放牧、食草和喂食的强度、频率、时间和持续时间。

- 减少动物粪便在水体中的淤积或流动。
- 减少动物对河岸或海岸线稳定性的影响。
- 维持或改善水文功能，包括渗透或过滤能力和土壤表面稳定性，通过提供足够的地被植物、植物间距和植物密度来减少径流。

改善或维持河岸和流域水体功能的附加准则

尽量减少牲畜集中区域，以改善或维持河岸或洪泛区植物群落的结构和功能。

规划放牧和食草的强度、频率、时间和持续时间。

- 提供足够的地面覆盖和植物密度，以保持或提高入渗渗入量和减少径流。
- 提供最适宜的地面覆盖、植物密度和树种结构，以保持或提高植被的过滤能力。
- 保持适当的河岸群落结构和功能，以维持相关的河岸、湿地、洪泛平原和溪流物种。

减少土壤侵蚀，保持或提高土壤健康状况的附加准则

减少牲畜集中区域的踩踏，以减少土壤压实，过量径流和侵蚀，保持土壤有机质含量。

规划放牧的强度、频率、时间和持续时间，提供足够的地被植物、凋落物和足够的地。

改善或维持鱼类和野生动物物种的食物或覆盖物的附加准则

在规定的放牧计划目标中确定受关注的物种。

规划放牧的强度、频率、时间和持续时间，以便开发和维护所需植物的结构、密度和多样性，以满足所受关注的鱼类和野生动物物种的生境要求。

可燃物荷载管理的附加准则

规划放牧的强度、频率、时间和持续时间，来管理燃料的连续性和装载，以减少野火危险，促进规定燃烧所需的条件。

注意事项

在确定牲畜饲养、补充、搬运和灌溉设施位置时，要注意保护土壤、水、空气、植物和动物资源。

设计和安装牲畜饲养、处理和灌溉设施，以改善和维持动物分布。设计和安装设施，以尽量减少疾病传播，以及寄生虫与有害生物和有毒植物接触所带来的危害。

利用率、残茬高度和其他目标级别是可以与监测结合使用的工具，以确保节约资源及满足生产者目标。

在实用和有益的地方，每个生长季节在不同的管理单元中启动放牧序列。

当杂草问题严重时，应结合其他虫害治理措施实施规定的放牧，以提高植物群落对侵入物种的抵抗力，并保护所需的植物群落。

规定的放牧应考虑使用同一土地的其他人或物种的需求，如野生动物及用于娱乐用途。

制订替代方案，最大限度地减少额外放牧管理基础设施的建设，同时仍然实现所需的有关鱼类和野生动物物种的计划目标。

根据需要提供延牧、休牧期设定，以确保规定燃烧、灌丛管理、播种或其他保护措施的顺利完成，以防止对主要植物造成压力或损害。

使用干旱预报工具和土壤水分预报来提高牧草生产预测的准确性。

通过管理放牧来改善生物质和土壤中的碳封存，以实现预期的效果。

制订生物安全保障措施，防止农场或牧场生物之间或不同的农场和牧场之间的疾病传播。

提供防风林、棚屋、遮阴建筑和其他形式的庇护所，以保护牲畜免受恶劣天气、酷热潮湿和捕食性动物的侵害。

若正在添加养分质，应参照保护实践《养分管理》（590）进行作业。

干旱应急战略采取放养率低于实际数量的方法，以尽量减少干旱对经济和生态可持续性的不利影响。

计划和技术规范

根据国家标准和规范为所有规划的保护管理单位制订的放牧计划。

规定的放牧计划将包括：

- 明确的对象和目标。
- 确定的资源清单。
  - 现有的资源情况和关注事项。
  - 生态场所或牧草适宜性组群。
  - 改善资源条件的机会。
  - 改进建筑的位置和条件，如栅栏、水利开发等，包括季节性供水和浇灌场地质量。
- 每个管理单位的预期饲草质量、数量和物种的饲料清单。
- 针对放牧计划制订牧草 - 动物平衡机制，确保牧草生产或可用量满足牲畜或野生动物的需求。
- 为牲畜制订放牧计划，确定每个管理单元的放牧、延牧、休牧和其他处理活动周期，以适应应急计划和监测计划所支持的适应性管理决策所需的灵活性以实现目标和目的。
- 制订应急计划详细说明潜在问题（即干旱、洪水和虫害），并在为调整放牧规定中减轻资源和经济影响方面的适应性管理决策提供指导。
- 通过适当的协议和记录制订监测计划，评估放牧策略是否朝着实现目标和目的的方向发展，可能需要进行短期和长期监测，以确定结果并支持及时调整管理决策。确定管理者在制订放牧管理决策时应根据评估的主要区域、主要植物或其他监测指标。

运行和维护

运行。 规定的放牧将在计划放牧单位的放牧期持续进行。将根据需要调整管理决定，并在计划中加以记录，以确保实现计划放牧战略的目标和目的。

维护。 将在规定的放牧计划内定期使用监测数据和放牧记录，以确保实现各项目标，或对规定的放牧计划进行必要的修改，以实现各项目标。

按照本实践规定，所有增进、加速自然资源保护的实践，如保护实践《栅栏》（382）、《病虫害治理保护体系》（595）、《灌木管理》（314）、《牧草和生物质种植》（512），均需有助于营造充足的放牧资源和食草区域分配环境，应按照正确的作业次序进行维护，参照预期设定进行运营。

参考文献

Barnes, R.F., D.A. Miller, and C.J. Nelson. 1995. Forages, The Science of Grassland Agriculture, 5th Ed. Iowa State University Press, Ames, Iowa.

Bedunah, D.J. and R. E. Sosebee, Editors. 1995. Wildland Plants. Physiological Ecology and Developmental Morphology. Society for Range Management, Denver, Colorado.

Briske, D.D. editor. {2011}. Conservation Benefits of Rangeland Practices: Assessment, Recommendations, and Knowledge Gaps. U.S. Department of Agriculture, Natural Resources Conservation Service.

Follet, R.F., J.M. Kimble, and R. Lal. 2001 The Potential of U.S. Grazing Lands to Sequester Carbon and Mitigate the Greenhouse Effect. Lewis Publishers, Boca Raton, Florida.

Heitschmidt, R.K. and J.W. Stuth eds. 1991. Grazing Management an Ecological Perspective. Timber Press.

Herrick, Jeffrey E., et. al. 2005. Monitoring Manual for Grassland, Shrubland and Savanna Ecosystems, Volumes I and II. USDA-ARS Jornada Experimental Range. Las Cruces, New Mexico.

Hodgson, J. and A.W. Illius. Editors. 1996. Ecology and Management of Grazing Systems. CABI, Wellingford, United Kingdom.

Holechek, J.L., R.D. Pieper, and C. H. Herbel. 2000. Range management principles and practices. 5th edition. Prentice Hall, New Jersey.

National Research Council, 1981. Effect of Environment on Nutrient Requirements of Domestic Animals. National Academy Press. Washington, D.C.

National Research Council, Nutrient Requirement Series, Nutrient Requirements of Domestic Animals. National Academy Press. Washington, D.C.

Nelson, C. Jerry, editor. {2012}. Conservation Outcomes from Pastureland and Hayland Practices: Assessment, Recommendations and Knowledge Gaps. Allen Press, Lawrence, Kansas.

National Drought Mitigation Center, Vegetation Drought Response Index, http: //vegdri.unl.edu/.

National Oceanic and Atmospheric Administration (NOAA) Climate Prediction Center, http: //www.cpc.noaa.gov/index.php. Oates, Lawrence G. and Jackson, Randall D. 2014 Livestock Management Strategy Affects Net Ecosystem Carbon Balance of Subhumid Pasture, Rangeland Ecology and Management 67: 19–29.

Roche, L.M, Cutts, B.B., Derner, J.D., Lubell, M.N., Tate, K.W., On-Ranch Grazing Strategies: Context for the Rotational Grazing Dilemma, Rangeland Ecology And Management 68 (2015) 248-256.

Sanderson, M.A., Skinner, R.H., Barker, D.J., Edwards, G.R., & al, e. (2004). Plant species diversity and management of temperate forage and grazing land ecosystems. Crop Science, 44 (4), 1132-1144.

Smith, D., R.J. Bula, and R.P. Walgenbach. 1986. Forage Management 5th ed. Kendall/Hunt Publ. Co. Dubuque, Iowa.

Spaeth, K., M. Weltz, D.D. Briske, L.W. Jolley, L.J. Metz, and C. Rossi, (2013). Rangeland CEAP: An assessment of natural resources conservation service practices. Rangelands, 35 (1), 2-10.

U.S. Department of Agriculture, Natural Resources Conservation Service. 2003. National Range and Pasture Handbook. Washington, D.C.

U.S. Drought Monitor, http: //droughtmonitor.unl.edu/.

Vallentine, J.F. 2001. Grazing management. Academic Press, San Diego, California.

Vegetation Drought Response Index (http: //vegdri.unl.edu/.

保护实践的效果——全国

土壤侵蚀	效果	基本原理
片蚀和细沟侵蚀	4	增进植物群落的健康和活力，可增加植被或水分渗透，减少水蚀。
风蚀	4	增进植物群落的健康和活力，可增加植被，减少风蚀。
浅沟侵蚀	3	增强植物群落的活力，可在偶发风暴造成侵蚀后，加快植被恢复。
典型沟蚀	1	增加植被覆盖，会限制集中渗流的速度。
河岸、海岸线、输水渠	3	可增加保护性的河岸植被。
土质退化		
有机质耗竭	4	增加植被、加深根系统、改善土壤中的有机物质和土壤的生物活性、促进养分循环。
压实	2	土壤容重将长期降低，原因是植被的增加、根系统加深和土壤有机物质的增加。在集中管理的放牧系统中，土壤容重在短期内会稍有增加。
下沉	0	不适用
盐或其他化学物质的浓度	2	因凋落物和植物根基的增加，裸露地面被覆盖。植被可减少蒸发盐的积聚。

（续）

水分过量	效果	基本原理
渗水	0	可利用和保持泉眼及渗透。
径流、洪水或积水	1	因植被增加，径流将减少，渗透增加。
季节性高地下水位	0	不适用
积雪	0	不适用
水源不足		
灌溉水使用效率低	0	不适用
水分管理效率低	2	渗透增加、可用水增加，层间流增加。
水质退化		
地表水中的农药	2	管理植物健康水平和生长活力减少了径流、侵蚀对农药施用的需求。
地下水中的农药	1	管理植物健康水平和生长活力减少了对农药施用的需求。
地表水中的养分	1	这一举措可增强植物的活力，促进养分的吸收。
地下水中的养分	1	这一举措可增强植物的活力，促进养分的吸收。
地表水中的盐分	2	这一举措可减少土表的蒸发，增加渗透，减少径流。
地下水中的盐分	1	这一举措可增加植物群落的活力，从而增加对污染物的吸收。
粪肥、生物土壤中的病原体和化学物质过量	1	径流的减少、放牧管理、位置合适且设计合理的供水设施，可减少病原体在地表水中传播的风险。
粪肥、生物土壤中的病原体和化学物质过量	1	这一举措可增加土壤微生物活性，从而对病原体有抑制作用。
地表水沉积物过多	2	通过管理可增加植物的活力，增加植被覆盖，减少沉积量。
水温升高	1	这一举措可保护土质和水质。
石油、重金属等污染物迁移	0	未食用有毒物质。
石油、重金属等污染物迁移	0	未食用有毒物质。
空气质量影响		
颗粒物（PM）和 PM 前体的排放	2	增加植被，减少颗粒物的产生。
臭氧前体排放	0	不适用
温室气体（GHG）排放	1	改善植被将空气中的二氧化碳转化为碳，储存在植物和土壤中。
不良气味	1	正确管理可有助于家畜的散布，减少粪肥集中。
植物健康状况退化		
植物生产力和健康状况欠佳	5	改进后的动植物管理，可以给理想的植物群落提供更好的生长条件。
结构和成分不当	4	进行放牧管理，以便建立和保持理想的植物群落。
植物病虫害压力过大	1	通过管理可增进理想植物的健康、活力和竞争力，从而减少有害植物和入侵植物。
野火隐患，生物量积累过多	2	植物群落管理可减少可燃物负荷量。
鱼类和野生动物——生境不足		
食物	2	通过管理可增加植物群落（包括各种食物）的产量和多样性。
覆盖 / 遮蔽	2	通过管理可增加植被 / 防护林的产量和多样性。
水	4	改善渗透，增加缓流。
生境连续性（空间）	4	通过管理可恢复理想的栖息地 / 空间。
家畜生产限制		
饲料和草料不足	5	家畜数目与可用的饲料和草料保持平衡，满足各种不同等级家畜的营养和生产需要。
遮蔽不足	2	放牧管理需要考虑到牲畜的位置和全年可用的畜棚。
水源不足	0	不适用
能源利用效率低下		
设备和设施	0	不适用
农场 / 牧场实践和田间作业	0	不适用

CPPE 实践效果：5 明显改善；4 中度至明显改善；3 中度改善；2 轻度至中度改善；1 轻度改善；0 无效果；-1 轻度恶化；-2 轻度至中度恶化；-3 中度恶化；-4 中度至严重恶化；-5 严重恶化。

工作说明书——国家模板

（2010年9月）

此类可交付成果适用于个别实践。其他规划实践的可交付成果参考具体的工作说明书。

设计
可交付成果

1. 证明符合实践中相关准则并与其他计划和应用实践相匹配的设计文件。
    a. 保护计划中确定的目的。
    b. 客户需要获得的许可证清单。
    c. 辅助性实践一览表。
    d. 制订放牧管理计划所需的与实践相关的清单和分析，包括但不限于：
        i. 资源和草料清单
        ii. 牧草-动物平衡机制
        iii. 放牧计划
        iv. 抗旱计划
2. 向客户提供书面计划和规范书包括草图和图纸，充分说明实施本实践并获得必要许可的相应要求。
3. 确定在农田或牧场计划图上拟实施实践的区域。
4. 提供给客户的说明书，该说明书应充分描述有关实施本实践以及获得规定许可证的要求。
5. 运行维护计划。
6. 证明设计符合实践和适用法律法规的文件。
7. 安装期间，根据需要所进行的设计修改。

注：可根据情况添加各州的可交付成果。

安装
可交付成果

1. 与客户进行的实施前会议。
2. 验证客户是否已获得规定许可证。
3. 施用帮助。
4. 协助客户和原设计方并实施所需的设计修改。
5. 在实施期间，就所有联邦、州、部落和地方法律、法规和自然资源保护局政策的合规性问题向客户／自然资源保护局提供建议。
6. 证明施用过程和材料符合放牧管理计划和许可要求的文件。

注：可根据情况添加各州的可交付成果。

验收
可交付成果

1. 实施记录。
    a. 实践单位
    b. 利用率检查
2. 证明施用过程符合自然资源保护局实践和规范并符合许可要求的文件。

3. 与客户和承包商举行退出会议。

4. 进度报告。

注：可根据情况添加各州的可交付成果。

参考文献

NRCS Field Office Technical Guide（eFOTG）, Section IV, Conservation Practice Standard – Prescribed Grazing-528.

Range and Pasture Handbook.

NRCS National Environmental Compliance Handbook.

NRCS Cultural Resources Handbook.

注：可根据情况添加各州的参考文献。

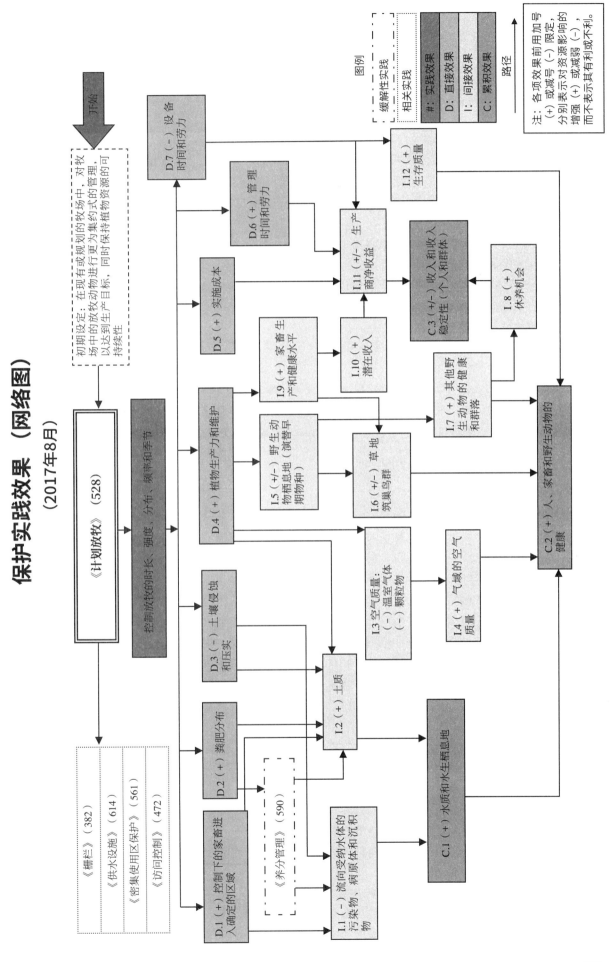

保护实践效果 (网络图)
(2017年8月)

‣ 计划放牧

牧场种植

（550，Ac., 2010年4月）

定义

种植适合的多年生植被或无须人工管理的植物种类，如：草类、非禾本植物、豆类、灌木和某些树木。

目的

- 为该站点或所需的植物群落恢复类似于生态站点描述参考状态的植物群落。
- 供应或改善牲畜饲料。
- 供应或改善野生动物饲料、草料或遮蔽物。
- 减少风蚀或水力侵蚀。
- 改善水质和水量。
- 增加碳封存。

适用条件

在牧场、自然放牧地、天然草场、放牧林或其他适当的地点，植被管理的主要目的和方式，要以利于放牧为基本。理想植被低于可接受的自然再播种水平或通过放牧管理不能有效提高植被的潜力的情况下，可以应用本实践。

准则

适用于以下所有目的的总体准则

指定的播种或种植材料比率、种植方法、种植日期或物种选择应符合植物材料计划及研究机构或机构示范试验引用的指导文件，以符合种植要求。

为实现物种的丰富性和多样性，所选物种或品种必须符合生态站点描述、当地法律法规，以及管理目标，并且要适应气候条件、土壤、地形或位置（如方向），以及推荐的种子转移区。

所选物种或品种应提供足够的覆盖物以在可接受的时间内控制风蚀或流水侵蚀。

在高度退化的地区，必须实施种植预处理，以控制侵入植物，从而实现长久管理和修复地貌。

为实现合理种植，选择适合的预备苗床和种植方法来满足特殊需求。

应遵循推荐的深度、水文条件、日期、播种量、所需的土壤改良剂进行种植，种植期间应满足最低种子质量标准和管理措施，如控制杂草和延迟放牧，以提高成活率。

播种量将以纯活种子（PLS）为基础进行计算。

按照生态站点描述的参比状态或理想植物群落标准恢复植物群落的附加准则。

物种的选择或组合应满足生态站点描述的参比状态或理想植物群落的标准。

改善牲畜饲料的附加准则

物种的选择或组合应满足畜牧物种的营养需求。

物种的选择或组合应满足某些季节或放牧期的需求。

种植多种多样的物种，以兼容不同物种的需求，避免选择性放牧。

改善水质和水量的附加准则

物种的选择或组合要能够保持地表稳定并增加渗水。

当流域产量是主要目标时，不应种植具有高蒸散率的物种。

当河岸地区河流岸滩稳定性和水温标准很重要时，应当种植现场水文区固有的功能群混合物。

改善野生动物饲料、草料或遮蔽物的附加准则

选择的种植物种应符合预定野生动物对花蜜、饮食和口味的要求。

以设计性的方式选择和种植物种，以满足野生动物对覆盖物和生活习性的需求。

增加碳封存的附加准则

为了获得最佳的碳储量，种植能增加该地生物量的物种。

在固碳目标处于合适的空间尺度的情况下，选择能增加土壤碳储量的深根性多年生物种。

选择适合该地的不易燃多年生植物，避免因退化地点的非历史重复野火而减少碳排放的频率。

注意事项

若条件允许，选择种植的物种，应本着有利于野生动植物生存，并具有观赏价值。

鼓励使用经过认证的种植材料，但在物流和成本方面，应考虑种子和定植苗的距离限制和来源限制。

为了获得最佳效果，按需求对种植材料进行特殊处理（例如，种子上的须或芒、硬种皮、种子混合物比例）。

存在空气质量问题的地方，应使用现场制备技术，尽量减少空气中颗粒物的产生和漂浮。

计划和技术规范

对于标准的种植，可以使用适当的表格、工作表等来制订技术规范和文件。种植前要对需要更详细的信息或需要使用其他保护措施的场地制订具体的场地技术规范。

运行和维护

运行。 确定有助于种植植被所需的物品，如割草、燃烧、光照或目标放牧或除草剂，以控制侵入植物和杂草。控制可能会对种植植被造成影响的病虫害。关注生态机制和过程，它的直接延用是成功种植植被的关键。

维护。 合作方明白，维护已建立的植物群落，需要进行许多管理工作。若干旱、昆虫或其他不可控因素妨碍了植被的种植，要及时解决。视具体情况确定维护办法，有的需要完全重新种植，而有的需要过度播种或改种。在生长季节，稀疏植被可能只需要额外延迟放牧。

参考文献

Association of Official Seed Certifying Agencies Native Plant Connection（2003）URL：

http：//www.aosca.org/native%20plant%20restoration.htm（accessed 14 Aug 2008）.

Jones, TA. 2005. Genetic principles for the use of native seeds：just the FAQs, please, just the FAQs. Native Plants Journal 6：14-18, 20-24.

Mangold, JM, etal. 2007. Revegetating Russian knapweed（Acroptilon rpens）infestations using morphologically diverse species and seedbed preparation. Rangeland Ecology and Management 60：378-385.

Sheley, R.L., J.M. Mangold, and J.J. Anderson. 2006. Potential for succesional theory to guide restoration of invasive plant dominated rangeland. Ecological Monographs. 76（3）：365-379.

USDA-NRCS http：//www.plant-materials.nrcs.usda.gov/technical/publications/seedplant-pubs.html.

USDA-NRCS. Technical documents related to plant species community dynamics. The Ecological Site Information System（ESIS）is the repository for the data associated with the collection of forestland and rangeland plot data and the development of ecological site descriptions. [Online] http：//esis.sc.egov.usda.gov/.

保护实践概述

（2012年12月）

《牧场种植》（550）

牧场种植是指在放牧土地上建植适用的多年生植被。

实践信息

本实践适用于牧场、原生或归化牧场、放牧林，或者其他以放牧为主要植被管理方法的适用土地区域。

植被类型包括草、豆科植物、非禾本草本植物、灌木和乔木。

本实践适用于理想植被现有林分不足以进行自然重新播种，或者放牧管理植被增强潜力不理想的情况。

选择的物种、品种或种类必须符合管理目标，并应适应当地气候条件、土壤、景观位置，以及牧场环境。另外，所选的种植品种必须能提供足够的覆盖能力以控制土壤侵蚀。当有适用机会并能符合规划目标时，所选择建植的植物也应有利于野生动物和满足美观需求。

成功建植植被需要满足以下条件：

- 正确的播前整地。
- 观测推荐播种日期。
- 按照推荐播种速度或者间隔进行种植。
- 使用高品质的种子和植株材料。
- 施用推荐的土壤改良剂和肥料。
- 建植期间对杂草和放牧进行控制。

常见相关实践

《牧场种植》（550）通常与《灌木管理》（314）、《牧场机械处理》（548）、《计划烧除》（338），以及《计划放牧》（528）等保护实践一起使用。

保护实践的效果——全国

土壤侵蚀	效果	基本原理
片蚀和细沟侵蚀	4	种植适应的植被物种增加了植被，降低了侵蚀概率。种植期间可能会出现轻度到中度的侵蚀风险，主要取决于播前整地、播种方法以及种植物种的情况。
风蚀	4	种植适应的植被物种增加了植被，降低了侵蚀概率。种植期间可能会出现轻度到中度的侵蚀风险，主要取决于播前整地、播种方法以及种植物种的情况。
浅沟侵蚀	4	种植适应的植被物种增加了植被，降低了侵蚀概率。种植期间可能会出现轻度到中度的侵蚀风险，主要取决于播前整地、播种方法以及种植物种的情况。
典型沟蚀	2	种植适应的植被物种增加了植被，降低了侵蚀概率。种植期间可能会出现轻度到中度的侵蚀风险，主要取决于播前整地、播种方法以及种植物种的情况。
河岸、海岸线、输水渠	2	种植适应的植被物种增加了植被，降低了侵蚀概率。种植期间可能会出现轻度到中度的侵蚀风险，主要取决于播前整地、播种方法以及种植物种的情况。

（续）

土质退化	效果	基本原理
有机质耗竭	4	根系发育增强，凋落物积累增多，生物活性增加。
压实	4	增强根系发育、促进凋落物积累、增加生物活性或减少耕作可以改善土壤结构。
下沉	0	由于沉降是地下水位作用的结果，故不适用。
盐或其他化学物质的浓度	1	种植适用物种可以减少盐渗透区域面积。由于牧区植物对硒、硼和重金属的吸收非常有限，因此硒、硼和重金属的减少几乎可以忽略不计。
水分过量		
渗水	0	植物的吸收和蒸腾作用在长期内将会增加。部分选种物种能够提高渗透性能，因此区域内土壤的渗透性可能有轻微或者中等程度的增加。
径流、洪水或积水	0	覆盖和渗透增加将减少径流和坡面漫流。
季节性高地下水位	0	植物的吸收和蒸腾作用在长期内将会增加。部分选种物种能够提高渗透性能，因此区域内土壤的渗透性可能有轻微或者中等程度的增加。
积雪	1	暖季草比冷季草具有更强的结构刚性，能够在积雪的重压下保持结构高度。
水源不足		
灌溉水使用效率低	0	不适用
水分管理效率低	2	所种的植物品种将适应水分的季节性分布。
水质退化		
地表水中的农药	2	由于所需施用量小，故能减少地表水中的农药。
地下水中的农药	2	从生态单元描述中选择的物种通常能够抵抗或适应害虫，从而消除对有害农药的需求。
地表水中的养分	1	改善植被将减少径流和侵蚀，并降低向地表水输送的有机物和养分数量。
地下水中的养分	1	永久性植被将吸收多余养分。
地表水中的盐分	1	浓密的植被会增加渗透性，并减少径流。在补给区种植牧场植物可减少盐分向渗漏区和地表水的移动。
地下水中的盐分	1	当使用适用植物种类时，植物的吸收能力会增加。由于渗透性增加，盐分渗入地下水的可能性很小。
粪肥、生物土壤中的病原体和化学物质过量	1	改善植被、提高土壤微生物活性，从而减少病原体的传播；但土地利用的改变可能增加牧场潜在病原体的水平。
粪肥、生物土壤中的病原体和化学物质过量	1	土壤微生物活性的提高将增强与病原体的竞争。
地表水沉积物过多	2	改善植被，从而减少径流和淤积。
水温升高	1	这一举措能够改善渗透性能，增加树阴，并提供重力水横向移动到开阔水域的热调节作用。
石油、重金属等污染物迁移	2	活体植物的生长能够减少径流
石油、重金属等污染物迁移	1	某些植物能够吸收重金属。渗透性提高可能会增加重金属向地下水迁移的能力。
空气质量影响		
颗粒物（PM）和 PM 前体的排放	1	种植永久性植被可减少因风蚀而产生颗粒物的可能性。
臭氧前体排放	0	不适用
温室气体（GHG）排放	2	植被将空气中的二氧化碳转化为碳，储存在植物和土壤中。
不良气味	0	不适用
植物健康状况退化		
植物生产力和健康状况欠佳	5	对植物进行选择和管理，可保持植物最佳生产力、健康水平以及生态功能。
结构和成分不当	5	根据地理区域、降水量、抗寒性、土壤类型、遗传倍性、田间试验和生态单元描述信息选择植物，可避免植物出现适应不良。
植物病虫害压力过大	4	植被策略应为控制不需要的物种。
野火隐患，生物量积累过多	0	不适用
鱼类和野生动物——生境不足		
食物	2	根据生态单元描述选择植物种类，能够与现场良好相容并提供当地野生动物的食物来源。
覆盖 / 遮蔽	2	根据生态单元描述选择植物种类，能够与现场良好相容并提供当地野生动物的覆盖物来源。
水	4	不适用
生境连续性（空间）	4	通过种植可恢复理想的栖息地 / 空间。

（续）

家畜生产限制	效果	基本原理
饲料和草料不足	5	将选择适应季节性家畜生产和养分需要的植物物种。
遮蔽不足	0	不适用
水源不足	0	不适用
能源利用效率低下		
设备和设施	0	不适用
农场/牧场实践和田间作业	0	不适用

CPPE 实践效果：5 明显改善；4 中度至明显改善；3 中度改善；2 轻度至中度改善；1 轻度改善；0 无效果；−1 轻度恶化；−2 轻度至中度恶化；−3 中度恶化；−4 中度至严重恶化；−5 严重恶化。

工作说明书——国家模板

（2010年4月）

此类可交付成果适用于个别实践。其他规划实践的可交付成果参考具体的工作说明书。

设计
可交付成果

1. 证明符合实践中相关准则并与其他计划和应用实践相匹配的设计文件。
   a. 保护计划中确定的目的。
   b. 客户需要获得的许可证清单。
   c. 制订计划和规范所需的与实践相关的计算和分析，包括但不限于：
      i. 所需种植床条件及整地方法
      ii. 所需的土壤和种子改良剂
      iii. 每种种植种类的品种或产地及数量
      iv. 种植日期、种植深度及种植设备说明
      v. 根据需要将不同类型的种子（如松软种子、大颗粒种子、小颗粒种子、光滑种子和密致种子）放入适用的播种机种子箱中
2. 向客户提供书面计划和规范书包括草图和图纸，充分说明实施本实践并获得必要许可的相应要求。
3. 提供给客户的说明书，该说明书应充分描述有关实施本实践以及获得规定许可证的要求。
4. 确定在农田或牧场计划图上拟实施实践的区域。
5. 运行维护计划。
6. 证明设计符合实践和适用法律法规的文件。
7. 安装期间，根据需要所进行的设计修改。

注：可根据情况添加各州的可交付成果。

安装
可交付成果

1. 与客户和承包商进行的实施前会议。
2. 验证客户是否已获得规定许可证。
3. 根据计划和规范（包括适用的布局注释）进行定桩和布局。

4. 应用考察。

    a. 实际使用的材料

    b. 检查记录

5. 协助客户和原设计方并实施所需的设计修改。

6. 在安装期间，就所有联邦、州、部落和地方法律、法规和自然资源保护局政策的合规性问题向客户 / 自然资源保护局提供建议。

7. 证明施用过程和材料符合设计和许可要求的文件。

注：可根据情况添加各州的可交付成果。

验收

可交付成果

1. 实施记录。

    a. 实践单位

    b. 所用材料的最终数量

2. 证明施用过程符合自然资源保护局实践和规范并符合许可要求的文件。

3. 与客户和承包商举行退出会议。

4. 进度报告。

注：可根据情况添加各州的可交付成果。

参考文献

Field Office Technical Guide （eFOTG）, Section IV, Conservation Practice Standard – Range Planting – 550.

NRCS National Environmental Compliance Handbook.

NRCS Cultural Resources Handbook.

注：可根据情况添加各州的参考文献。

保护实践效果（网络图）

（2014年3月）

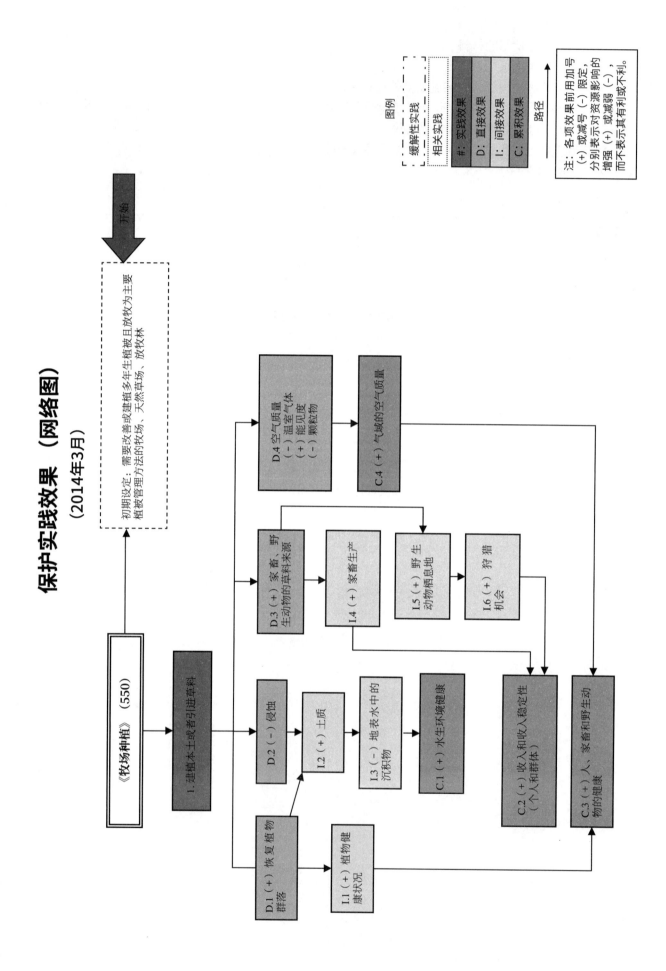

初期设定：需要改善或建植多年生植被且放牧为主要植被被管理方法的牧场、天然草场、放牧林

《牧场种植》（550）

1. 建植本土或者引进草料

D.1（+）恢复植物群落

I.1（+）植物健康状况

D.2（-）侵蚀

I.2（+）土质

I.3（-）地表水中的沉积物

C.1（+）水生环境健康

D.3（+）家畜、野生动物的草料来源

I.4（+）家畜生产

I.5（+）野生动物栖息地

I.6（+）狩猎机会

D.4 空气质量
（-）温室气体
（+）能见度
（-）颗粒物

C.4（+）气域的空气质量

C.2（+）收入和收入稳定性（个人和群体）

C.3（+）人、家畜和野生动物的健康

图例

缓解性实践

相关实践

\#：实践效果
D：直接效果
I：间接效果
C：累积效果

路径

注：各项效果前用加号（+）或减号（-）限定，分别表示对资源影响的增强（+）或减弱（-），而不表示其有利或不利。

残留物和耕作管理——少耕

（345，Ac.，2016年9月）

定义

对种植前管理全年作物和其他植物秸秆在土壤表面的数量、方位和分布情况，同时减少对耕种系统中用于种植、收割作物的土壤的干扰活动。

目的（针对于资源问题）

- 减少片状侵蚀、细沟侵蚀、风蚀以及过量沉积物对地表水的影响（减轻土壤侵蚀）。
- 减少耕作引起的颗粒物排放（改善空气质量）。
- 改善土壤质量，保持或增加有机质含量（防止土质退化）。
- 减少能源使用（提高能源使用效率）。

适用条件

本实践适用于所有农田。

准则

适用于上述所有目的的总体准则

本实践所涉及的耕作方法，我们通常称之为覆盖物耕作或保护性耕作，在这些耕作方式中，整个土壤表面都会受到如凿耕、田间栽培、双列圆盘耙耙地，或垂直耕作等其他耕种方式的干扰。还包括进行少量耕作的不符合保护实践《植物残体管理措施——免耕》中的土壤耕作强度等级（STIR）实践的耕作/种植系统。

将所有农作物的秸秆均匀地摊在整片土地上。在种植前或作为种植的一部分，清除农作物秸秆是可以接受的。

禁止焚烧作物秸秆，但可以在收割后（如风蚀和水蚀操作数据库中所描述的）对甘蔗秸秆进行轻度到中度的燃烧。

土壤耕作强度等级应包括在作物间隔期间（即从一种经济作物收获或停止耕种到另一种经济作物的收获或停止耕种，包括休耕期在内）进行的所有扰动土壤的操作。作物间隔土壤耕作强度等级应不大于80，且不应使用初级翻耕机具（如铧式犁）。

减少片状侵蚀、细沟侵蚀、风蚀以及过量沉积物对地表水的影响的附加准则。

利用目前已投入使用的水蚀和风蚀预测技术来记录/确定现场作业的情况，以达到所需的随机分布的表面残留物数量，还要记录残留物在田间出现的年数，计划中的田间作业，以使侵蚀减少到理想水平。计算应考虑到管理系统中其他行为的影响。

在垄耕系统中，规定脊高和脊朝向来管理径流并尽量减少侵蚀，最大垄向坡度不超过4%。

减少耕作引起的颗粒物排放的附加准则

减少或修改造成灰尘的耕作操作，特别是在重要的空气质量时期。

改善土壤质量，保持或增加有机质含量的附加准则

确保种植系统的土壤条件指数（SCI）评分大于零。

减少能源使用的附加准则

与基准条件相比，应将与田间作业相关的总能耗至少降低25%。为了确定能量消耗，应使用当前认可的自然资源保护局工具来记录能源消耗的减少情况。

注意事项

一般注意事项

通过打捆或放牧的形式清除农作物秸秆，可能对自然资源产生不利影响。若没有对土壤、水、动植物以及空气资源的影响进行全面评估的话，应杜绝实施这些行为。

可以在整个作物序列中持续减少耕作，或者作为包括免耕等其他耕作方法的秸秆管理系统的一部分对减少的耕作进行管理。

通过在轮作中选择高产作物和作物品种、使用覆盖作物、调整植物种群和行间距，可以提高适量作物秸秆。

为有机产品生产者提供技术支持时，应保证作物秸秆、耕作方式和活动符合美国农业部《农业市场服务国家有机项目》的相关规定。

维持或改善土壤有机质含量和土壤质量的额外注意事项

碳的损失与干扰发生时土壤扰动量、扰动强度、土壤含水量和土壤温度有关。下面的指导方针可以使这种做法更加有效：

- 进行深层土壤扰动时，如通过深松或施肥，应确保这些工具所产生的垂直槽在土壤表层是闭合的。
- 同使用宽锄头 / 凿子开沟播种机播种相比，使用单盘或开槽免耕播种机进行播种会氧化较少的有机物，产生较少的二氧化碳。
- 同土壤温度略高相比，土壤温度低于 50° F 时，会产生土壤扰动，这将氧化较少的有机物、释放较少的二氧化碳。
- 最大限度地使用植被或作物秸秆全年覆盖土壤，会产生有机质，降低土壤温度，从而减缓有机物的氧化。
- 采用不同的农作物轮耕方式，将多种农作物种类（冷季型草坪、冷季型豆科植物 / 非禾本草本植物、暖季型豆科植物 / 非禾本草本植物）套入农作物轮耕中。
- 每一种经济作物轮耕后，应栽种覆盖作物。同单一物种覆盖作物相比，多物种覆盖作物混合将产生更大的益处。
- 使用地下工具而不是掩埋工具，以便促进表层有机物质的积累。
- 在土壤湿度最佳时（即不会过于湿润也不能太干）进行土壤扰动的田间作业，将有助于保持土壤的耕作力，并减少未来耕作的需要。

为野生动物提供食物和安全庇护的额外注意事项

避免耕作和其他土壤和残茬干扰在筑巢季节和孵化期为地面筑巢的物种。

在关键的冬季，放弃分解或耕作来最大限度地增加野生动物的食物和覆盖物。

将成行的未收割的农作物留在田间的间歇处或与永久覆盖作物相邻处，为野生动物提供食物和庇护，增加作物秸秆的使用价值。成行留下两季生长的未收割的农作物，将会进一步增强这些野生动物经常活动的区域的价值。

使用批准的生态环境评估程序，以确定适当的留有残留物和残茬的时间和数量，以为野生动物提供足够的食物和覆盖。

计划和技术规范

根据每个区域的详细情况与用途，制订技术规范，并记录在批准的实施要求文件中。

- 应用实践的目的。
- 计划性农作物。
- 每种作物产生的秸秆量。
- 所有产生影响的田间操作或活动。
  - 秸秆方位。

- 　　◦　　表面扰动。
- 　　◦　　为了达到目的而需要的田间操作和残余物数量（磅 / 英亩或百分数），每年秸秆留置时间。
- 计划的土壤耕作密度等级值、土壤条件指数值以及侵蚀率。
- 基准和计划中的能源消耗。

运行和维护

为了确保达到计划的数量和方位，应对每种作物的作物秸秆覆盖度和方位进行评估 / 测量。根据需要调整管理，以规划新的秸秆数量或方向；或调整种植、耕作或收割设备。

如果田间堆积大量秸秆（由于水流或风吹），应在耕种前摊开秸秆，以免干扰播种机作业。

参考文献

Kuepper, George, 2001. Pursuing conservation tillage systems for organic crop production. ATTRA. http: //attra.ncat.org/attra-pub/organicmatters/conservationtillage.html.

Reicosky, D.C., M.J. Lindstrom, T.E. Schumacher, D.E. Lobb, and D.D. Malo. 2005. Tillage-induced CO2 loss across an eroded landscape. Soil Tillage Res. 81：183-194.

Reicosky, D.C. 2004. Tillage-induced soil properties and chamber mixing effects on gas exchange. Proc. 16th Triennial Conf., Int. Soil Till. Org.（ISTRO）.

Renard, K.G., G.R. Foster, G.A. Weesies, D.K. McCool, and D.C. Yoder, coordinators. 1997. Predicting soil erosion by water：A guide to conservation planning with the Revised Universal Soil Loss Equation（RUSLE）. USDA, Agricultural Handbook 703.

USDA-ARS. Skidmore, E.L. and N.P. Woodruff. 1968. Wind erosion forces in the United States and their use in predicting soil loss. USDA, Agriculture Handbook 346.

USDA, NRCS. 2011. National Agronomy Manual. 190-V. 4th Ed.

保护实践概述
（2016年9月）

《残留物和耕作管理——少耕》（345）

植物残体和耕作管理，减少耕作实践，全年管理土表上作物和其他植物残体的量、朝向和分布，同时限制土体扰动活动[指系统（农田先耕作后种植）中的种植和收割作物工作]。

实践信息

本实践涉及常被称作覆盖耕作（指可扰动大部分土表的非翻转耕作作业，例如垂直耕作、深松耕作、圆盘耕作等）的耕作方法，以及对土体扰动相对较小的耕作 / 种植系统。

覆盖耕作实践包括将植物残体均匀地散布在土表，规划耕作的次数、次序和时间，以便达到规定的表面植物残体量，使用可在高植物残体量的情况下作业的种植设备。

这一实践有利于土壤增加有机质、改善土壤耕性，以及提高生产力，这是因为残留在土表的有机物质能够不断被蚯蚓和其他有机体的健康种群进行分解。

本实践的运行维护内容包括评估每种作物的残茬覆盖率和朝向，以确保达到预期数量、朝向和效益。

常见相关实践

《残留物和耕作管理——少耕》（345）一般与《保护性作物轮作》（328）、《养分管理》（590）、《病虫害治理保护体系》（595），以及《灌溉用水管理》（449）等保护实践一起使用。

保护实践的效果——全国

土壤侵蚀	效果	基本原理
片蚀和细沟侵蚀	4	管理残留物，减少土体扰动，增加残留物覆盖，减少水蚀。
风蚀	4	管理残留物，减少土体扰动，增加残留物覆盖，减少水蚀。
浅沟侵蚀	1	管理残留物，减少土体扰动，增加残留物覆盖，减少水蚀。
典型沟蚀	0	不适用
河岸、海岸线、输水渠	0	不适用
土质退化		
有机质耗竭	2	由于缺乏土体扰动导致侵蚀减少、氧化减少，这可能增加或保持土壤中的有机质含量。
压实	1	较少的集约耕作可减少土壤压实的可能。
下沉	0	不适用
盐或其他化学物质的浓度	1	耕作干扰少和高残茬种植制度能够增加土壤有机质，而这可能有助于缓冲盐分产生的不良作用。
水分过量		
渗水	0	不适用
径流、洪水或积水	1	覆盖耕作可增强渗透，同时减少径流和积水的形成。
季节性高地下水位	0	不适用
积雪	0	不适用
水源不足		
灌溉水使用效率低	1	覆盖耕作可增加渗透和减少蒸发，从而可获得更多的可用水资源。然而，渗透性能的提高降低了漫灌和沟灌的效率。
水分管理效率低	2	覆盖耕作可增加渗透和减少蒸发，从而可获得更多的可用水资源。
水质退化		
地表水中的农药	4	这一举措可减少径流和侵蚀。
地下水中的农药	0	不适用
地表水中的养分	2	减少侵蚀和径流，防止养分外流。
地下水中的养分	0	不适用
地表水中的盐分	1	径流较少，可防止可溶盐的流失，但是渗透性能增加将导致更多的渗透水携带可溶盐分到达土地表面。
地下水中的盐分	0	不适用
粪肥、生物土壤中的病原体和化学物质过量	1	减少侵蚀和径流，防止病原体的传播。
粪肥、生物土壤中的病原体和化学物质过量	0	不适用
地表水沉积物过多	3	减少侵蚀和径流，防止沉积物搬运。
水温升高	0	不适用
石油、重金属等污染物迁移	0	不适用
石油、重金属等污染物迁移	0	不适用
空气质量影响		
颗粒物（PM）和 PM 前体的排放	4	土体扰动少、地表残留物多、田间作业减少，可以减少颗粒物的产生。
臭氧前体排放	1	减少使用机械设备可以降低臭氧前体物的排放量。
温室气体（GHG）排放	3	减少使用机械设备能够降低二氧化碳的排放量并增加土壤碳储量。
不良气味	0	不适用

（续）

植物健康状况退化	效果	基本原理
植物生产力和健康状况欠佳	2	保持水分和改善土壤条件有助于提高植物生产力和健康状况。
结构和成分不当	0	不适用
植物病虫害压力过大	0	不适用
野火隐患，生物量积累过多	0	不适用
鱼类和野生动物——生境不足		
食物	2	作物残茬为野生动物提供了一部分食物。
覆盖 / 遮蔽	2	作物残茬能够带来一定的覆盖 / 遮蔽作用。
水	4	不适用
生境连续性（空间）	1	作物残茬有助于恢复部分栖息地 / 空间环境。
家畜生产限制		
饲料和草料不足	0	不适用
遮蔽不足	0	不适用
水源不足	0	不适用
能源利用效率低下		
设备和设施	2	减少农田中的耕作往返，减少动力要求。
农场 / 牧场实践和田间作业	2	减少农田中的耕作往返，减少动力要求。

CPPE 实践效果：5 明显改善；4 中度至明显改善；3 中度改善；2 轻度至中度改善；1 轻度改善；0 无效果；−1 轻度恶化；−2 轻度至中度恶化；−3 中度恶化；−4 中度至严重恶化；−5 严重恶化。

实施要求

（2016年1月）

生产商：＿＿＿＿＿＿＿＿＿＿＿＿＿＿＿＿ 项目或合同：＿＿＿＿＿＿＿＿＿＿＿＿＿＿＿＿

地点：＿＿＿＿＿＿＿＿＿＿＿＿＿＿＿＿ 国家：＿＿＿＿＿＿＿＿＿＿＿＿＿＿＿＿＿

农场名称：＿＿＿＿＿＿＿＿＿＿＿＿＿＿ 地段号：＿＿＿＿＿＿＿＿＿＿＿＿＿＿＿＿

实践位置图

（显示预计进行本实践的农场 / 现场的详细鸟瞰图，显示所有主要部件、布点、与地标的相对位置及测量基准）

索引

□ 封面

□ 如果使用打印输出，请选中此框（利用侵蚀 / 耕作 / 旋耕打印输出，显示操作和残留量 - 规范打印输出中的字段）

□ 运行维护

公用事业安全 / 呼叫系统信息

工作说明：

仅自然资源保护局审查

设计人：_____　日期 _____

校核人：_____　日期 _____

审批人：_____　日期 _____

实践目的（勾选所有适用项）：

☐　减少片蚀、细沟侵蚀和风蚀。

☐　减少耕作引起的颗粒物排放量。

☐　保持或提高土质和有机质含量。

☐　降低能源利用。

☐　增加植物的可利用水分。

完成下表（或者附上具有相同信息的有关风蚀或水蚀的软件打印材料）：

田地			
计划作物	每种作物产生的残渣量（磅/英亩或覆盖百分比）	列出所有影响残余物覆盖、残余物方向或表面扰动的田间操作或作业活动	作业或活动的时间安排（月）

实现目的所需残茬的数量和残茬覆盖时机：

计划作物	所需残茬数量（磅/英亩或覆盖百分比）	一年中必须有残茬存在的时长（月）

达到目的所需的土壤耕作强度等级（简称为 STIR），必须 < 20。

达到目的所需的土壤条件指数（简称为 SCI）。

增加植物有效水分的其他规范（勾选所有适合项）

☐　减少土表的蒸发。全年保持至少 60% 的表面有植物残体覆盖。

积雪。 秋天耕作作业时应使作物的残茬朝上。在预计有明显降雪期间的作物留茬高度应为：

☐　行距小于 15 英寸的作物，留茬高度应至少为 10 英寸。

☐　行距大于或等于 15 英寸的作物，留茬高度应至少为 15 英寸。

☐　至少 50% 的农田保持这些高度。

☐　在预计会有大量降雪的时候，应尽可能保持与盛行风的方向垂直进行秋季耕作。

运行维护

☐　评估/测量每种作物的作物残茬覆盖率和朝向，以确保达到计划的数量和朝向。

☐　根据需要调整管理方式，计划调整后的残茬数量或朝向，或及时调整种植、耕作或收割设备。

☐　如果在田间（由于水或风的推移作用）有大量残茬堆积区域，则应在种植前将堆积残茬铺开，以避免影响播种机的正常运行。

工作说明书——国家模板

（2016年9月）

此类可交付成果适用于个别实践。其他规划实践的可交付成果参考具体的工作说明书。

设计
可交付成果

1. 证明符合自然资源保护局实践中相关准则并与其他计划和应用实践相匹配的设计文件。
    a. 实践目的已确定并与保护计划相匹配。
    b. 实践目的已确定并与保护计划相匹配。
    c. 制订各种计划（见实施要求文件）、规范、运行维护计划所需的与实践有关的计算和分析，包括但不限于：
        i. 自然资源保护局的侵蚀预测工具（或同类工具），以及其他适用于目标标准的技术工具的结果。
        ii. 计划的植物残体量
        iii. 植物残体的朝向
        iv. 植物残体的分布
        v. 土体扰动的时间和进行的具体作业
        vi. 其他保护实践《残留物和耕作管理——少耕》（345）
2. 证明设计符合实践和适用法律法规的文件以及 345 号实践的实施要求文件中适用法律法规的文件。
3. 实施期间，根据需要所进行的设计修改。
4. 向客户提供书面计划和规范书包括草图和图纸，充分说明实施本实践并获得必要许可的相应要求并记录在 345 号实践的实施要求文件中。

注：可根据情况添加各州的可交付成果。

安装
可交付成果

1. 根据需要提供的应用指南。
2. 协助客户和原设计方并实施所需的设计修改。
3. 在安装期间，就所有联邦、州、部落和地方法律、法规和自然资源保护局政策的合规性问题向客户 / 自然资源保护局提供建议。
4. 证明使用过程符合 345 号标准的实施要求文件上设计和许可证要求的证明文件。

注：可根据情况添加各州的可交付成果。

验收
可交付成果

1. 实施记录。
    a. 实践单位
    b. 关键时期符合目标标准的实际植物残体量
2. 证明施用过程符合自然资源保护局实践以及 345 号实践的实施要求。
3. 进度报告。

注：可根据情况添加各州的可交付成果。

参考文献

NRCS Field Office Technical Guide（eFOTG）, Section IV, Conservation Practice Standard - Residue and Tillage Management, Reduced Till - 345.

NRCS National Agronomy Manual（NAM）parts 501, 502 and 503.

NRCS National Environmental Compliance Handbook.

NRCS Cultural Resources Handbook.

注：可根据情况添加各州的参考文献。

保护实践效果（网络图）

（2016年9月）

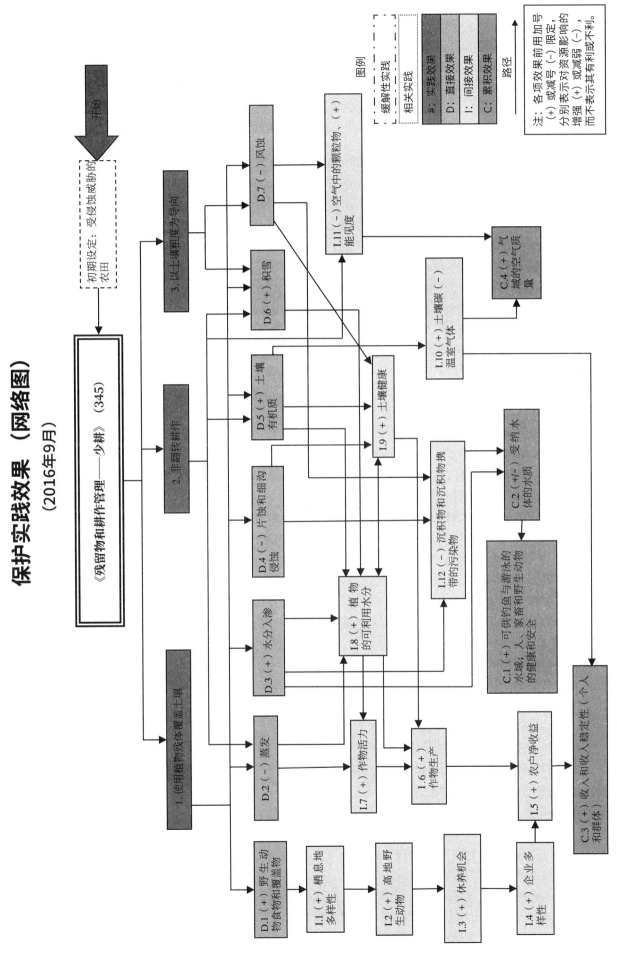

残留物和耕作管理——免耕

（329，Ac.，2016年9月）

定义

管理全年土壤表层农作物及植物秸秆的数量、方位及分布，避免土壤扰动。

目的

- 减少片状侵蚀、细沟侵蚀、风蚀以及过量沉积物对地表水的影响。
- 减少耕作引起的颗粒物排放。
- 维持或增强土壤质量和有机物含量。
- 提高供植物吸收的有效水分。
- 为野生动物提供食物和安全庇护。

适用条件

本实践适用于所有耕地。

准则

适用于上述所有目的的总体准则

禁止焚烧农作物秸秆。

将所有农作物的秸秆均匀地摊在整片土地上。在播种区内、移栽区内或在耕种作业之前或期间，清除农作物秸秆是可以接受的。

本实践只涉及在带状耕作、耕种作业和种子排沟/犁沟闭合装置之间的一种连续性土壤扰动操作。不管耕作的深度如何，从一季经济作物的收割或终止到下一季经济作物的收割或终止期间，都不会出现全宽土壤扰动。土壤耕作密度等级（STIR）值应包括（从）一季经济作物的收割或终止到下一季经济作物的收割或终止（包括休耕期）间隔期间进行的所有田间作业。农作物间歇期土壤耕作密度等级值不应超过20。

减少片状侵蚀、细沟侵蚀、风蚀以及过量沉积物对地表水的影响和减少耕作引起的颗粒物排放的附加准则

使用目前已认可的水蚀和风蚀预测技术，来确定预期的田间作业是否提供了预期所需随机分布的土壤表层秸秆数量、每年需在田间放置秸秆的时间，以及可减少侵蚀的表面土壤扰动量设定期望值。计算应考虑管理系统中其他做法的影响。

维持或增强土壤质量和有机物含量的附加准则

确保种植制度的土壤状况指数结果为正值。

提高供植物吸收的有效水分的附加准则

土壤表层全年至少维持60%的秸秆覆盖。

暴雪沉积。在预计发生暴雪的时间内，农作物留茬最低高度应为：

- 行间距小于15英寸的农作物至少10英寸。
- 行间距大于15英寸的农作物至少15英寸。

减少能量消耗的附加准则

与基准条件相比，应将与田间作业相关的总能耗至少降低25%。为了确定能量消耗，应使用当前认可的自然资源保护局工具来记录能源消耗的减少情况。

为野生动物提供食物和安全庇护的附加准则

采用经认证的栖息地评估程序来确定：何时需要存放作物秸秆以及为目标物种提供足够的食物和覆盖物所需的数量、方位和秸秆高度。

注意事项

一般注意事项

通过打捆或放牧的形式清除农作物秸秆，可能对自然资源产生不利影响。

若没有对土壤、水、动植物以及空气资源的影响进行全面评估的话，应杜绝实施这些行为。

通过耕种高秸秆作物和多类型的农作物品种，采用覆盖作物、二熟制以及通过播种率和行距调整种植密度的方法，可以提高充足农作物秸秆的产出，从而实现本实践的目的。

为有机产品生产者提供技术支持时，应保证作物秸秆、耕作方式和活动符合美国农业部《农业市场服务国家有机项目》的相关规定。

收割后不应打碎作物秸秆。切碎的作物秸秆更容易被风吹走或被水冲走，秸秆堆积的区域可能会对下一季农作物的种植造成干扰。

秸秆管理即对轮耕期或种植制度内的所有农作物实行免耕，可以通过以下措施增强本实践的有利效果：

- 提高土壤有机物累积速率。
- 保持土壤处于固结状态和改良的团聚体稳定状态。
- 封存土壤中的额外碳。
- 进一步减少田间作业产生的颗粒物数量。
- 减少种植作物的能量投入。
- 形成增加渗透的根孔和其他近表面孔洞。

增强土壤质量和有机物含量的注意事项

碳损失与干扰发生时扰动土壤的体积、扰动强度和土壤含水量以及土壤温度息息相关。为了让本实践更为有效：

- 进行深层土壤扰动时，如通过深松或施肥，应确保这些工具所产生的垂直槽在土壤表层是闭合的。
- 同使用宽锄头/凿子开沟播种机播种相比，使用单盘或开槽免耕播种机进行播种会氧化较少的有机物，产生较少的二氧化碳。
- 同土壤温度略高相比，土壤温度低于 50° F 时，会产生土壤扰动，将氧化较少的有机物，释放较少的二氧化碳。
- 将全年长有植被的土壤覆盖（如农作物覆盖）或农作物秸秆达到最大化，会产生有机物，减少土壤温度，从而减缓有机物的氧化过程。
- 采用不同的农作物轮耕方式，将多种农作物种类（冷季型草坪、冷季型豆科植物/非禾本草本植物、暖季型豆科植物/非禾本草本植物）套入农作物轮耕中。
- 每一种经济作物轮耕后，应栽种覆盖作物。同单一物种覆盖作物相比，多物种覆盖作物混合将产生更大的益处。

提高供植物吸收有效水分的注意事项

高于至少 10 英寸的留茬将会沉积更多的雪。

为了进一步增加积雪，可以建立高度可变的留茬模式。

在等高线上进行田间作业将会减缓地表径流并为渗透提供更多机会。

为野生动物提供食物和安全庇护的注意事项

将成行的未收割的农作物留在田间的间歇处或与永久覆盖作物相邻处，为野生动物提供食物和庇护，增加作物秸秆的使用价值。成行留下两季生长的未收割的农作物，将会进一步增强这些野生动物经常活动的区域的价值。

收割后不干扰作物秸秆（如不切碎或打捆），可以为野生动物提供受益最大的遮蔽和食物源。

计划和技术规范

为每块地或处理单元制订建立和运作这一做法的规范，并用实践实施需求文档对这一规范进行记录。若适当，本实践应包含：

- 实行本实践的目的。
- 计划种植的农作物。
- 每种作物产生的秸秆量。
- 所有田间作业或活动将影响：
  ○ 秸秆方位（含高度）（如果适用）。
  ○ 表层扰动。
  ○ 为了实现目的所需的秸秆数量（表层覆盖的镑数 / 英亩或百分比），以及每年秸秆需放置的时间。
- 计划的土壤耕作密度等级值、土壤条件指数值以及侵蚀率。
- 如果适用，确定野生动物的目标物种。
- 如果适用，确定基准和计划的燃料消耗。

运行和维护

为了确保达到计划的数量和方位，应对每种作物的作物秸秆覆盖度和方位进行评估 / 测量。按需对管理进行调整，或规划新的秸秆数量和方位，或调整耕种或收割设备。

限制耕作时允许关闭收割设备或摊平犁沟。为了达到此目的，耕作的土地不应超过 10%。

如果田间堆积大量秸秆（由于水流或风吹），应在耕种前摊开秸秆，以免干扰播种机作业。

参考文献

Bolton, Ryan. 2003. Impact of the surface residue layer on decomposition, soil water properties andnitrogen dynamics. M.S. thesis. Univ. of Saskatchewan, Saskatoon, Saskatchewan, CA.

Reicosky, D.C., M.J. Lindstrom, T.E. Schumacher, D.E. Lobb and D.D. Malo. 2005. Tillage-induced CO_2 loss across an eroded landscape. Soil Tillage Res. 81：183-194.

Reicosky, D.C. 2004. Tillage-induced soil properties and chamber mixing effects on gas exchange. Proc.16th Triennial Conf., Int. Soil Till. Org. （ISTRO）.

Renard, K.G., G.R. Foster, G.A. Weesies, D.K. McCool, and D.C. Yoder, coordinators. 1997. Predicting soil erosion by water：A guide to conservation planning with the Revised Universal Soil Loss Equation （RUSLE）. U.S. Department of Agriculture, Agriculture Handbook No. 703.

Shaffer, M.J., and W.E. Larson （ed.）. 1987. Tillage and surface-residue sensitive potential evaporation submodel. In NTRM, a soil-crop simulation model for nitrogen, tillage and crop residue management. USDA Conserv. Res. Rep. 34-1. USDA-ARS.

Skidmore, E.L. and N.P. Woodruff. 1968. Wind erosion forces in the United States and their use in predicting soil loss. U.S. Department of Agriculture. Agriculture Handbook No. 346.

USDA Natural Resources Conservation Service. 2011. National Agronomy Manual. 190-V. 4th Ed.

S.J. van Donk, D. L. Martin, S. Irmak, S. R. Melvin, J. L. Petersen, D. R. Davison, 2010. Crop Residue Cover Effects on Evaporation, Soil Water Content, and Yield of Deficit-Irrigated Corn in West-Central Nebraska. http：//watercenter.unl.edu/ResearchDB/publications/Crop_Residue_Cover_Effects.pdf.

保护实践概述

（2016年9月）

《残留物和耕作管理——免耕》（329）

《残留物和耕作管理——免耕》规定了全年残留在土表上的作物残体和其他植物残体的数量、朝向和分布。作物种植在前一批次作物未灌浆苗床上的窄槽或耕作带中。

实践信息

做法包括将大部分作物残茬全年保留在土表，通常又被称为免耕。该种实践做法的共同特点是，唯一需要耕作的土地是由安装在播种机前端的犁刀、吹扫板或其他类似设备事先处理过的狭窄带状地块。

对土壤产生的益处包括增加有机质、改善土壤耕性，以及提高生产力，这是因为残留在土表的有机物质能够不断被蚯蚓和其他有机体的健康种群进行分解。

本实践的运行维护内容包括评估每种作物的残茬覆盖率和朝向，以确保达到预期数量、朝向和效益。必须监测杂草和其他害虫，以确保害虫数量不超过规定阈值。

常见相关实践

《残留物和耕作管理——免耕》（329）一般与《保护性作物轮作》（328）、《养分管理》（590）、《病虫害综合防治体系》（595），以及《灌溉用水管理》（449）等保护实践一起使用。

保护实践的效果——全国

土壤侵蚀	效果	基本原理
片蚀和细沟侵蚀	4	管理残留物，减少土体扰动，增加残留物覆盖，减少水蚀。
风蚀	4	管理残留物，减少土体扰动，增加残留物覆盖，减少水蚀。
浅沟侵蚀	4	管理残留物，减少土体扰动，增加残留物覆盖，减少水蚀。
典型沟蚀	0	不适用
河岸、海岸线、输水渠	0	不适用
土质退化		
有机质耗竭	2	由于缺乏土体扰动导致侵蚀减少、氧化减少，这将增加或保持土壤中的有机质含量。
压实	2	较少的田间作业和较少的耕作活动降低了土壤压实的可能性。
下沉	0	不适用
盐或其他化学物质的浓度	1	低扰动和高残茬种植制度能够增加土壤有机质，而这将有助于缓冲盐分产生的不良作用。
水分过量		
渗水	-1	免耕可增加渗透，导致更多的水流经剖面。
径流、洪水或积水	2	免耕可提高渗透性，从而减少径流量和积水。
季节性高地下水位	-1	可以减少蒸发，增加水的渗透。
积雪	0	不适用

（续）

水源不足	效果	基本原理
灌溉水使用效率低	2	免耕可增加渗透和减少蒸发，从而可获得更多的可用水资源。然而，渗透性能的提高降低了漫灌和沟灌的效率。
水分管理效率低	2	免耕可增加渗透和减少蒸发，从而可获得更多的可用水资源。
水质退化		
地表水中的农药	4	这一举措可减少径流和侵蚀。
地下水中的农药	0	不适用
地表水中的养分	2	减少侵蚀和径流，防止养分外流。
地下水中的养分	-1	这一举措能够提高有助于养分浸析的渗透作用。同时，高有机碳会促进微生物固定养分。
地表水中的盐分	1	径流较少，可防止可溶盐的流失，但是渗透性能增加将导致更多的渗透水携带可溶盐分到达土地表面。
地下水中的盐分	-1	更好的渗透性可提高养分浸析潜力。
粪肥、生物土壤中的病原体和化学物质过量	1	减少侵蚀和径流，防止病原体的传播。
粪肥、生物土壤中的病原体和化学物质过量	0	不适用
地表水沉积物过多	4	减少侵蚀和径流，防止沉积物搬运。
水温升高	0	不适用
石油、重金属等污染物迁移	0	不适用
石油、重金属等污染物迁移	0	不适用
空气质量影响		
颗粒物（PM）和PM前体的排放	4	土体扰动少、地表残留物多、田间作业减少，可以减少颗粒物的产生。
臭氧前体排放	2	减少使用机械设备可以降低臭氧前体物的排放量。
温室气体（GHG）排放	4	减少使用机械设备能够降低二氧化碳的排放量并增加土壤碳储量。
不良气味	0	不适用
植物健康状况退化		
植物生产力和健康状况欠佳	2	保持水分和改善土壤条件有助于提高植物生产力和健康状况。然而在寒冷和潮湿的土壤中，发芽和早期生长可能会有所延迟。
结构和成分不当	0	不适用
植物病虫害压力过大	0	不适用
野火隐患，生物量积累过多	0	不适用
鱼类和野生动物——生境不足		
食物	2	作物残茬为野生动物提供了一部分食物。
覆盖/遮蔽	2	作物残茬能够带来一定的覆盖/遮蔽作用。
水	4	不适用
生境连续性（空间）	1	作物残茬有助于恢复部分栖息地/空间环境。
家畜生产限制		
饲料和草料不足	0	不适用
遮蔽不足	0	不适用
水源不足	0	不适用
能源利用效率低下		
设备和设施	4	不需要耕作设备
农场/牧场实践和田间作业	4	不需要耕作操作

CPPE实践效果：5 明显改善；4 中度至明显改善；3 中度改善；2 轻度至中度改善；1 轻度改善；0 无效果；-1 轻度恶化；-2 轻度至中度恶化；-3 中度恶化；-4 中度至严重恶化；-5 严重恶化。

实施要求

（2015年11月）

生产商：＿＿＿＿＿＿＿＿＿＿＿＿＿

项目或合同：＿＿＿＿＿＿＿＿＿＿＿＿

地点：＿＿＿＿＿＿＿＿＿＿＿＿＿＿＿

国家：＿＿＿＿＿＿＿＿＿＿＿＿＿＿＿

农场名称：＿＿＿＿＿＿＿＿＿＿＿＿＿

地段号：＿＿＿＿＿＿＿＿＿＿＿＿＿＿

实践位置图

（显示预计进行本实践的农场 / 现场的详细鸟瞰图，显示所有主要部件、布点、与地标的相对位置及测量基准）

索引

□ 封面

□ 如果使用打印输出，请选中此框（利用侵蚀 / 耕作 / 旋耕打印输出，显示操作和残留量 - 规范打印输出中的字段）

□ 运行维护

公用事业安全 / 呼叫系统信息

工作说明：

仅自然资源保护局审查

设计人：＿＿＿＿＿＿＿＿＿＿＿＿＿＿

日期 ＿＿＿＿＿＿＿＿＿＿＿＿＿＿＿

校核人：＿＿＿＿＿＿＿＿＿＿＿＿＿＿

日期 ＿＿＿＿＿＿＿＿＿＿＿＿＿＿＿

审批人：＿＿＿＿＿＿＿＿＿＿＿＿＿＿

日期 ＿＿＿＿＿＿＿＿＿＿＿＿＿＿＿

实践目的（勾选所有适用项）：

☐ 减少片蚀、细沟侵蚀和风力侵蚀。

☐ 减少耕作引起的颗粒物排放量。

☐ 保持或提高土质和有机质含量。

☐ 降低能源利用。

☐ 增加植物的可利用水分。

☐ 为野生动物提供食物和庇护空间。

完成下表（或者附上具有相同信息的有关侵蚀 / 耕作 / 作物轮作的打印材料）：

田地 计划作物	每种作物产生的残渣量 （磅 / 英亩或覆盖百分比）	列出所有影响残余物覆盖、残余物方向或表面扰动的田间操作或作业活动	作业或活动的时间安排（月）

实现目的所需残茬的数量和残茬覆盖时机：

计划作物	所需残茬数量（磅 / 英亩或覆盖百分比）	一年中必须有残茬存在的时长（月）

达到目的所需的土壤耕作强度等级（简称为 STIR），必须 < 20。

达到目的所需的土壤条件指数（简称为 SCI）。

出于增加植物可用水分之目的所需的额外文件：

在预计蒸发损失期间作物留茬高度应为：

☐ 行距小于 15 英寸的作物，留茬高度应至少为 10 英寸。

☐ 行距大于或等于 15 英寸的作物，留茬高度应至少为 15 英寸。

☐ 应至少在 60% 的土地上保留上述留茬高度。

积雪。 在预计有明显降雪期间的作物留茬高度应为：

☐ 行距小于 15 英寸的作物，留茬高度应至少为 10 英寸。

☐ 行距大于或等于 15 英寸的作物，留茬高度应至少为 15 英寸。

☐ 应至少在 50% 的土地上保留上述留茬高度。

运行维护

☐ 评估 / 测量每种作物收获后的作物残茬覆盖率和朝向，以确保达到计划的数量和朝向。

☐ 根据需要调整管理方式，保持调整后的残茬数量和朝向，或及时调整种植或收割设备。

☐ 可实施有限耕作来填平收割设备产生的车辙。出于这一目的进行的耕作面积不得超过总面积的 25%。

☐ 如果在田间（由于水或风的推移作用）有大量残茬堆积区域，则应在种植前将堆积残茬铺开，以避免影响播种机的正常运行。

工作说明书—— 国家模板

（2016年9月）

此类可交付成果适用于个别实践。其他规划实践的可交付成果参考具体的工作说明书。

设计
可交付成果

1. 证明符合自然资源保护局实践中相关准则并与其他计划和应用实践相匹配的设计文件。
    a. 实践目的已确定并与保护计划相匹配。
    b. 制订各种计划、规范、运行维护计划所需的与实践有关的计算和分析，包括但不限于：
        i. 自然资源保护局的侵蚀预测工具（或同类工具），以及其他适用于目标标准的技术工具的结果
        ii. 计划的植物残体量
        iii. 植物残体的朝向
        iv. 植物残体的分布
        v. 种植时间
        vi. 其他保护实践《残留物和耕作管理——免耕》（329）
2. 证明设计符合实践以及 329 号实践的实施要求文件中适用法律法规的文件。
3. 实施期间，根据需要所进行的设计修改。
4. 向客户提供书面计划和规范书包括草图和图纸，充分说明实施本实践并获得必要许可的相应要求，并记录在 329 号实践的实施要求文件中。
    注：可根据情况添加各州的可交付成果。

安装
可交付成果

1. 根据需要提供的应用指南（即完成的实施要求文件）。
2. 协助客户和原设计方并实施所需的设计修改。
3. 在安装期间，就所有联邦、州、部落和地方法律、法规和自然资源保护局政策的合规性问题向客户／自然资源保护局提供建议。
4. 证明施用过程符合设计和许可要求的文件。
    注：可根据情况添加各州的可交付成果。

验收
可交付成果

1. 实施记录。
    a. 实践单位
    b. 实际的田间作业，关键时期符合目标标准的植物残体量
2. 证明应用符合自然资源保护局实践、符合 329 号实践的实施要求文件上许可证的文件。
3. 进度报告。
    注：可根据情况添加各州的可交付成果。

参考文献

NRCS Field Office Technical Guide（eFOTG）, Section IV, Conservation Practice Standard - Residue and Tillage Management, No Till - 329.

NRCS National Agronomy Manual（NAM）parts 501, 502 and 503.

NRCS National Environmental Compliance Handbook.

NRCS Cultural Resources Handbook.

注：可根据情况添加各州的参考文献。

保护实践效果（网络图）

(2016年9月)

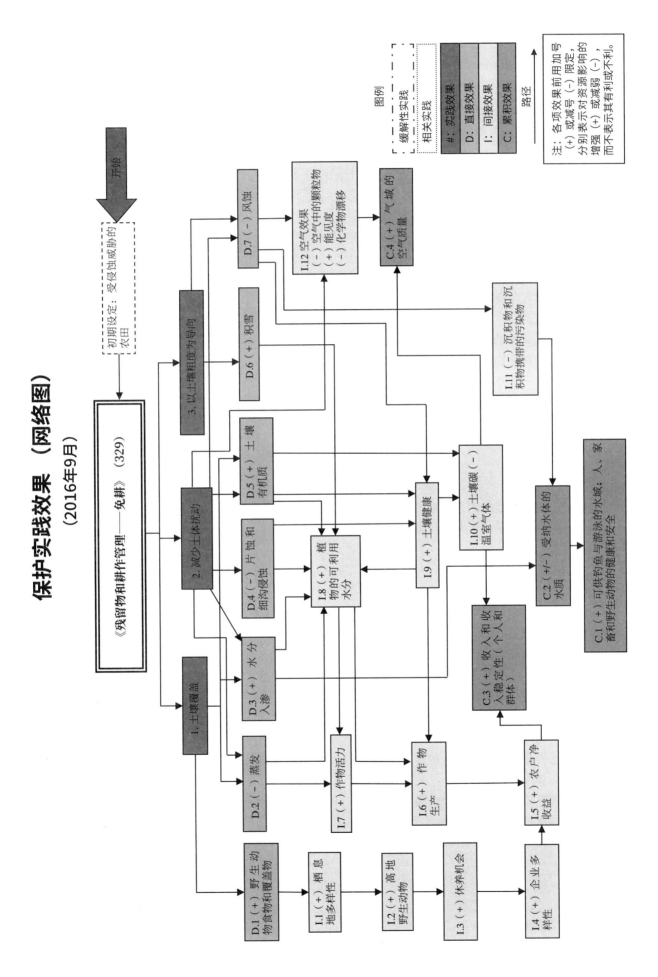

河岸植被缓冲带

（391，Ac., 2010年7月）

定义

河岸植被缓冲带是指位于河道或水体附近及向岸坡爬升区的主要由树木或灌木组成的区域。

目的

- 为改善水生生物栖息地，创造树阴以降低或维持水温。
- 创造或改善河岸栖息地，并提供腐殖质和大型木质残体栖息地。
- 减少地表径流中过量的沉积物、有机物质、养分和杀虫剂，并减少浅层地下水中过量的养分和其他化学物质。
- 减少农药在水体中的迁移。
- 修复河岸的植物群落。
- 增加植物生物质和土壤中的碳储存。

适用条件

本实践适用于永久性或间歇性溪流、湖泊、池塘和湿地等附近的区域，不适用于稳固的河岸或海岸线。

准则

适用于上述所有目的的总体准则

为了达到预期目标，河岸植被缓冲带应布局合理、设计到位以达到足够的宽度、长度、垂直结构 / 密度和连通性。

优势植被包括现有的、自然再生的，或人工播种 / 培植的树木和灌木。这些树木和灌木要适合本地区的土壤和水文，以及预期的目标。

为了达到目标，植被（至少）将延伸至最小宽度。应垂直于正常水位线、平滩水位或从当地确定的河岸顶部开始测量。

途径河岸地区的地表径流将保持坡面漫流形式。

对于要重建或种植的地点，须控制过度的片状 – 细沟侵蚀和集中渗流侵蚀。

在邻近缓冲带和向岸坡爬升区域内，须及时控制过度的片状 – 细沟侵蚀和集中渗流侵蚀。

选用原生和非侵入性的树木和灌木。允许使用改良的且当地接受的品种或具有特定目的的品种进行替换。种植播种时只用可行的、高质量的、合适的植物种子。

选用那些有多种用途的树木和灌木物种，比如适合用作木材，出产坚果、水果、花卉，以及用于筑巢、观赏和美化的品种等。

只要不因植被丧失或收获干扰而影响预期的目标，允许定期采收一些森林产品，如高价值的树木、药材、坚果和水果等。

为了达到预期目标，并确保所选物种的生存生长，应在一定的时间按一定的方式进行必要的场地准备和培植。

为了达到预期目标，必要时应当对家畜进行控制或驱赶。如果适用的话，请参照保护实践《计划放牧》（528）或《访问控制》（472）。

如果必要的话，控制或清除出现在土地上的植物害虫和动物害虫，以达到并维持预期的目标。如果使用杀虫剂，请参照《病虫害治理保护体系》（595）。

减少地表径流中过量的沉积物、有机物质、养分和杀虫剂，以及浅层地下水中过量的养分和其他化学物质的附加准则

最小宽度至少是 35 英尺，应沿水平线，垂直于水体，从正常水位线、平滩水位或当地确定的河岸顶部开始测量。

在养分高、沉积物多及使用动物粪便的区域，其宽度需要扩展。这些地方的水流区域没有得到合适的处理，或需要设置附加的保护标准。

现有的实用地下排水系统（穿过河岸地区的）可将污染物直接输送到出口。为了过滤这些污染物，可以用穿孔管 / 端塞或水控装置［见《控水结构》（587）］来堵塞、移除或更换排水管道，以便通过河岸森林根区来输送和过滤废水。注意，河岸和邻近地区的渗透状况可能会限制现有的土地用途和土地管理。

创造或改善河岸栖息地，并提供腐殖质和大型木质残体栖息地的附加准则

须延伸其宽度，以满足受到关注的野生动物或水生物种的栖息地的最低要求。

建立植物群落。这能解决目标水生动物、陆生野生动物和传粉昆虫的需要，并具有多种价值，如栖息地、营养摄取和遮阴等。培植各种各样的当地木本和草本植物物种，将会提高野生动物和传粉昆虫的价值。

增加生物质和土壤中碳储存的附加准则

确定河岸植被缓冲带的最大宽度和长度。

为了确保植物的健康和活力，应选择在土壤和植物生物质中有较高固碳率并且适合该地点的植物，要为土地设置适度的放牧量。

注意事项

应尽量避免那些可能与害虫交替寄生的树木和灌木物种。应考虑物种多样性，以避免因为物种特有的害虫而导致功能丧失。

使用从多个来源收集或繁殖的种子或幼苗以增加遗传多样性。

选择物种时，考虑对邻近田地的除草剂挥发有抵抗力的物种。

应考虑植物的化感作用。

缓冲带的位置、布局和密度应与自然特征互补，并模拟自然的河岸森林。

对于那些需要排水系统持续发挥作用的地方来说，木本植物的根部渗透最终可能会堵塞地下结构。在这些情况下，抑制水道上种植的木本植被、保持草本植被，或使用刚性的、无孔的管道，将使得木本植被的根部渗透最小化。

确定河岸植被缓冲带的最大宽度、长度和连通性。

那些能够更快地获得生物质的物种和植物群落将会更快地固碳。随着河岸植物的成熟和土壤有机质的增加，固碳率也得到了提高。

计划和技术规范

应当为每块土地准备好本实践的技术规范，并使用经过批准的规范表、工作表、技术注释和保护计划中的叙述或其他可接受的文件等进行记录。

运行和维护

定期对河岸植被缓冲带进行检查，并消除不利因素，如过多的车流量和人流量、虫害、集中流、杀虫剂、牲畜或野生动物的破坏和火灾等。

要持续地替换枯死的树木或灌木，并控制不良的植物性竞争，直到缓冲带达到或将会发展到一个功能完善的状态。

对物种构成、林分构造和畜牧的任何操作（通过砍伐或杀死选定的树木和下层植被的方式进行），都将维持预期的目标。请参照《林分改造》（666）。

仍需继续对家畜和有害野生动物进行控制或驱赶。如果适用的话,请参照《计划放牧》(528)或《访问控制》(472)。

为维持缓冲带的功能所使用的化肥、农药和其他化学物质等,不应影响水质。

参考文献

Bentrup, Gary 2008. Conservation buffers: design guidelines for buffers, corridors, and greenways. Gen. Tech. Rep. SRS-109. Asheville, NC: Department of Agriculture, Forest Service, Southern Research Station.

保护实践概述
(2012年12月)

《河岸植被缓冲带》(391)

河岸植被缓冲带指邻近水体、覆盖有乔木或灌木的区域。植被从水体向外延伸一定的距离,以便提供基本水平的保护或强化。

实践信息

本实践适用于邻近永久性或间歇性溪流、湖泊、池塘、湿地的区域,包括与地下水补给有关的区域。

河岸植被缓冲带这一实践,是一种多目的实践,目的是实现以下一种或多种目的:

- 起到遮阴作用,降低水温,改善水生动物的栖息地。
- 提供必要的木质残体,使水生有机物和野生动物保持在健康稳定的数量。
- 作为缓冲带来过滤掉沉积物、有机物质、肥料、农药和其他可能对水体(包括浅层地下水)有不良影响的污染物。

优势植被由现有或计划的(适合当地及本实践目的的)乔木和灌木组成。各种自然生长的草类和草本类植物可进一步改善野生动物的栖息地,增强本实践的过滤作用。在建立河岸植被缓冲带前,需先评估并适当地治理陡坎和河岸侵蚀,所有工作的规范均基于全面的实地调查。

常见相关实践

《河岸植被缓冲带》(391)通常与《河岸草皮覆盖》(390)、《河流生境管理和改善》(395)、《河岸和海岸保护》(580)和《乔木/灌木建植》(612)等保护实践一起使用。

保护实践的效果——全国

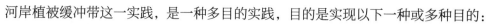

土壤侵蚀	效果	基本原理
片蚀和细沟侵蚀	3	植被和地面的凋落物可减少水对造林地的侵蚀力。
风蚀	2	植被可形成风幕,降低侵蚀性风速,并阻止沙砾跃移,形成稳定区。
浅沟侵蚀	1	植被可减轻集中渗流的冲蚀力度。
典型沟蚀	3	减少径流和侵蚀。
河岸、海岸线、输水渠	4	植被的根系可束缚土壤,增强土壤的抗水流侵蚀能力。
土质退化		
有机质耗竭	4	植物质及其分解物的增加,可增加土壤有机质。
压实	4	根部渗透和有机质有助于土壤结构的修复。

（续）

土质退化	效果	基本原理
下沉	0	不适用
盐或其他化学物质的浓度	1	植被的增加会增加盐分的吸收，而有机质的增加可能会束缚盐分和其他化学物质。
水分过量		
渗水	1	植物吸收多余水分。
径流、洪水或积水	-1	乔木或灌木提高土壤渗透性，但可能会减缓洪水排出该地区的移动能力。
季节性高地下水位	2	植物吸收多余水分。
积雪	0	不适用
水源不足		
灌溉水使用效率低	0	不适用
水分管理效率低	0	不适用
水质退化		
地表水中的农药	3	乔木、灌木和其他植被可减少径流，吸收农药，残留农药，防止农药飘失污染。
地下水中的农药	1	乔木、灌木和其他植被可吸收残留农药。此外，增加土壤有机质和生物活性有利于农药降解。
地表水中的养分	5	缓冲带的植物和土壤生物可利用养分生长。缓冲带可过滤掉上面吸附有养分的悬浮颗粒。
地下水中的养分	5	永久性植被将吸收多余养分。
地表水中的盐分	1	这一举措可增加渗透性、减少径流。
地下水中的盐分	1	这一举措可增加植物的吸收量。
粪肥、生物土壤中的病原体和化学物质过量	3	河岸带可捕获并延迟病原体的移动，从而增加其死亡率。
粪肥、生物土壤中的病原体和化学物质过量	1	河岸带可捕获病原体和延缓病原体的移动，增加病原体的死亡率。土壤微生物活性可增强与病原体的竞争。
地表水沉积物过多	5	植被保护土表、捕获沉积物、养分和其他物质。
水温升高	5	河岸树林冠层可遮蔽溪流和江河，调节水温。
石油、重金属等污染物迁移	3	这一举措可过滤沉积物，有些植物可吸收重金属。
石油、重金属等污染物迁移	1	采用这一举措，一些植物可吸收金属。
空气质量影响		
颗粒物（PM）和 PM 前体的排放	1	植被可形成风幕，降低侵蚀性风速，并阻止沙砾跃移，形成稳定区。
臭氧前体排放	0	不适用
温室气体（GHG）排放	3	植被将空气中的二氧化碳转化为碳，储存在植物和土壤中。
不良气味	0	不适用
植物健康状况退化		
植物生产力和健康状况欠佳	5	对植物进行选择和管理，可保持植物最佳生产力和健康水平。
结构和成分不当	5	缓冲区形成和管理实践，可形成或保持理想的植物群落。
植物病虫害压力过大	3	种植并管理植被，可控制不需要的植物种类。
野火隐患，生物量积累过多	0	不适用
鱼类和野生动物——生境不足		
食物	5	植物多样性的提高以及植被质量和数量的增加为野生动物提供了食物。
覆盖 / 遮蔽	5	植物多样性的提高以及植被质量和数量的增加为野生动物提供了食物。
水	3	水可暂时汇集在河岸带，可给暖季的水降温。
生境连续性（空间）	5	通过建立缓冲区可恢复理想的栖息地 / 空间。
家畜生产限制		
饲料和草料不足	1	如果保持预期目的，这些地方可以为家畜提供饲料和草料。
遮蔽不足	1	缓冲带可以提供一些树阴、防风。
水源不足	0	不适用
能源利用效率低下		
设备和设施	0	不适用
农场 / 牧场实践和田间作业	0	不适用

　　CPPE 实践效果：5 明显改善；4 中度至明显改善；3 中度改善；2 轻度至中度改善；1 轻度改善；0 无效果；-1 轻度恶化；-2 轻度至中度恶化；-3 中度恶化；-4 中度至严重恶化；-5 严重恶化。

保护实践工作表

（2003年4月）

定义

河岸植被缓冲带指溪流、湖泊、池塘或湿地旁长满乔木和灌木的区域。

目的

足够宽度的河岸植被缓冲带可拦截沉积物、养分、农药及地表径流中的其他物质，可减少浅表水流中的养分和其他污染物。缓冲带中的木本植被可为野生动物提供食物和庇护，通过给溪流或水体提供遮阴来降低水温，减缓离岸洪水水流的流速。此外，最靠近河流或水体的植被可提供凋落物和大型木材，这些是鱼类和其他水生生物的重要食物来源，这些植物产物还可增加河道糙率和栖息地的复杂度。

而且，植物的根可增加河岸和海岸线抗水流或波浪高速冲刷的能力。河岸植被缓冲带中的有些树种和灌木可用于生产原木、木质纤维和园艺产品。

使用场所

缓冲带沿（或围绕）溪流、湖泊、池塘、湿地或泉眼而建。有很多这些地方整年潮湿或季节性潮湿，木本植物生长迅速。新建立的河岸植被缓冲带可快速给许多地方带来益处，例如农田、牧场、林地和城区。

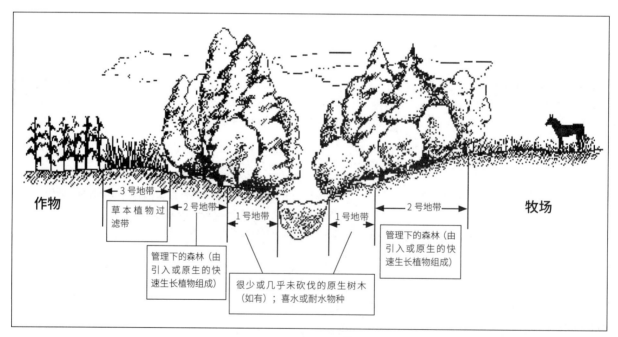

河岸植被缓冲带包括一个1号地带，该地区离溪流或水体最近，一个2号地带，该地区在1号地带的上坡处。1号地带的乔木和灌木可提供重要的野生动物栖息地，落下的凋落物可以给水生生物提供营养，大型木材也可落入溪流或水体中，这些乔木和灌木可通过遮挡阳光来降低水温。此地带有助于稳定河岸和海岸线。2 号地带的乔木和灌木（沿 1 号地带生长）可拦截沉积物、养分、农药和地表及地下水流中的其他污染物。2 号地带可提供原木、木质纤维和园艺产品。如果有定期来自上坡地带的过量水流、侵蚀、沉积物，可建立 3 号地带。3 号地带通常由草本植物、引水渠或梯田（如需要）组成。此地带为"第一道防线"，以确保 1 号地带和 2 号地带正常发挥功能。

资源管理系统

河岸植被缓冲带通常作为资源管理系统的一部分，与其他一些实践共同使用，用于保护管理单元的管理。例如，在建立缓冲区前，邻近的河岸或海岸线必须加以硬化《河岸和海岸保护》。为保证植被的正常功能，河岸植被缓冲带上坡处的过量水流和侵蚀必须得到控制（《过滤带》《引水渠》《临界区种植》《植物残体管理措施》）。在建立缓冲带的过程中，必须保护种植物免遭放牧动物的啃咬（《规定放牧》《访问进出控制》）。

野生动物

将一个河岸植被缓冲带与现有的多年生植被（例如造林地、长满树木的洼地《种植树木 / 灌木》或其他长满树木的栖息地《种植防风林 / 防护林设施》）连接起来，能使野生动物（包括鱼类和其他水生生物）受益。选择合适的树种、灌木种、种植方式来使重要的野生物种受益，增加地方景观的美感。

运行维护

在新种植的植物中替换已死和将死的木本物种。河岸植被缓冲带中的乔木和灌木最终会变得茂密，生长变缓，同时林下植物物种的生长率、存活率也会下降，成分发生变化。在缓冲带长成的过程中，应定期砍伐乔木和灌木的上层树冠，这一工作对于保持植物健康和缓冲带的功能非常重要。缓冲带中一些枯萎或即将枯萎的老树，可用作陆生生物的巢穴和水生系统的大型木材来源。

规范

规范表中列出了特定场地的具体要求。其他规定在工作草图表中显示。所有规范根据《自然资源保护局现场办公室技术指南》编制。参见保护实践《河岸植被缓冲带》（391）。

土地所有者 _____ 场地号 _____

目的（勾选所有适用项）	
☐ 提供遮盖，降低水温 / 改善水生物栖息地环境	☐ 提供可收获的作物，例如原木、纤维、草料、果实，或其他用途的与树有关的作物
☐ 为水生生物 / 陆生生物提供植物碎屑 / 大型木质物残体	☐ 在洪泛区内提供针对冲刷侵蚀的保护
☐ 建立野生动物栖息地和野生动物廊道	☐ 恢复自然的河岸植物群落
☐ 减少地表径流中过量的沉积物、有机物质、养分、农药，减少浅层地下水中过量的养分 / 化学物质	☐ 调节冬天温度，减少水生生物越冬栖息地的封冻
	☐ 增加碳储量

布局

水体 / 水道的类型和名称，其他：

最小缓冲带宽度（英尺）——具体指定一个两侧缓冲带溪流的左和右【面朝上游 / 下游（圈住正确的一个）】；水体（例如湖泊和池塘）仅使用"左"；包括草本植物，见 3 号地带的备注或其他工作表。

1 号地带		2 号地带		3 号地带	
左：	右：	左：	右：	左：	右：
注：		注：	备注（或参考其他工作表）：	注：	备注（或参考其他工作表）：

缓冲带长度（英尺）：

其他地点与布局要求：

木本植物信息

物种 / 品种	植物（英亩）：	苗木种类①：	种植日期：	平均间距②
1 号地带				
1				
2				
3				
4				
2 号地带				
1				
2				
3				
4				

① 裸根苗、容器苗、修剪苗，包括尺寸、卡尺、高度和苗龄（如适用）。
② 达到规定植物 / 英亩所需的植物之间的间距。

临时储存说明

休眠的苗木可以暂时存放在温度较低或受保护的地方。对于预计在种植前开始生长的苗木，挖一个足够深的 V 形沟（倾斜）埋入，确保整个根部完全覆盖在土壤中，将土压实，浇透水。
附加要求：

田地准备

清除杂物并控制竞争性植被生长，以便为种植和种植设备留出足够的空间或场地。
附加要求：

种植方法

对于容器苗和裸根苗，苗木种植深度要确保根颈埋入穴内的深度和宽度，以充分伸展根系。将每株植物周围的土壤压实。插条苗插在潮湿的土壤中，至少有 2 ～ 3 个芽露出地面。
附加要求：

运行维护

必须定期检查缓冲带，保护它免遭破坏，以保持其正常工作。更换枯萎或即将枯萎的乔木 / 灌木苗，并继续控制竞争性植被生长，以确保苗木生长。定期砍伐 1 号和 2 号地带的乔木和灌木，以便保持成熟林分的健康与活力。保留大的死树和将死的树木，留给一些鸟类筑巢用，或作为水生物栖息地的大型木材来源。
附加要求：

　　如需要，可在下面显示本实践的鸟瞰图或侧视图。可添加其他相关信息、补充实践和措施以及附加规范。

　　　　比例尺1英寸 =＿＿＿＿ 英尺（NA 表示草图不按比例：网格大小 =1/2 英寸 ×1/2 英寸）。

附加规范和注释：

工作说明书——国家模板

（2010年7月）

此类可交付成果适用于个别实践。其他规划实践的可交付成果参考具体的工作说明书。

设计
可交付成果

1. 证明符合自然资源保护局实践中相关准则并与其他计划和应用实践相匹配的设计文件。
   a. 保护计划中确定的目的。
   b. 客户需要获得的许可证清单。
   c. 制订计划和规范所需的与实践相关的计算和分析，包括但不限于：
      i. 生物质和土壤中的碳储量。确定缓冲带的宽度和长度，在适用的地带中选择并种植合适的木本植物，或保留或重建原有的树木
      ii. 采取保护措施保护已种植的苗木，包括访问进出控制
      iii. 其他规定（根据需要），以便减少地表径流和浅层地下水流中的过量污染物，为水生生物和陆生野生动物提供栖息地
2. 向客户提供书面计划和规范书包括草图和图纸，充分说明实施本实践并获得必要许可的相应要求。
3. 所需运行维护工作的相关文件。
4. 证明设计符合实践和适用法律法规的文件。
5. 安装期间，根据需要所进行的设计修改。

注：可根据情况添加各州的可交付成果。

安装
可交付成果

1. 与客户进行的实施前会议。
2. 验证客户是否已获得规定许可证。
3. 根据计划和规范（包括适用的布局注释）进行定桩和布局。
4. 根据需要提供的应用指南。
5. 协助客户和原设计方并实施所需的设计修改。
6. 在安装期间，就所有联邦、州、部落和地方法律、法规和自然资源保护局政策的合规性问题向客户 / 自然资源保护局提供建议。
7. 证明施用过程和材料符合设计和许可要求的文件。

注：可根据情况添加各州的可交付成果。

验收
可交付成果

1. 实施记录。
   a. 实践单位
   b. 缓冲带的宽度和长度
   c. 实际使用的植物体和采取的保护措施
2. 证明施用过程符合自然资源保护局实践和规范并符合许可要求的文件。

3. 进度报告。

注：可根据情况添加各州的可交付成果。

参考文献

NRCS Field Office Technical Guide （eFOTG）, Section IV, Conservation Practice Standard – Riparian Forest Buffer, 391.

NRCS National Forestry Handbook （NFH）, Part 636.4.

NRCS National Environmental Compliance Handbook.

NRCS Cultural Resources Handbook.

注：可根据情况添加各州的参考文献。

保护实践效果（网络图）

（2014年3月）

初期设定：包括以前用于草料、农田，投机地产或其他非林业用途的河岸森林和栖息地。家畜不得进入河岸带。包括林区内欣光了树木的河岸带

《河岸植被缓冲带》（391）

开始

图例

- 缓解性实践
- 相关实践
- 实践效果
- D：直接效果
- I：间接效果
- C：累积效果

路径

注：各项效果前用加号（+）或减号（-）限定，分别表示对资源影响的增强（+）或减弱（-），而不表示其有利或不利。

D.11（-）作物生产

C.2（-）作物业务及支持基础设施

C.3（-）收入和收入稳定性（个人和群体）

I.10（+）休养机会

I.9（+）森林缘野生动物

C.5（+）休养和支持基础设施

D.10（-）尚未木质化的农田

D.9（+）美观

D.12（+）蒸散量

D.8（乔木和林下生境

I.8（+）截留沉积物和附着于沉积物中的污染物

C.7（+）人类和动物的相关关系水平；（-）健康水本

《访问控制》（472）

《计划放牧》（528）

3. 已种植物的冠层覆盖和垂直植被结构

D.7（+）落叶/植物碎屑和木本植物的死亡率

I.7（+）溪流/湖泊物种，如鱼类，无脊椎动物等

I.6（+）溪流中的植物碎屑和大型木质物残体

D.6（+）遮阴

I.5（-）溪流水温

C.4（+）受纳水体的水质

2. 已种植物的木本植物根系

D.5（-）河岸侵蚀和沉积

D.4（+）在生长季节吸收和土壤养分

D.3（+）减少沉积

I.11（+）降雨入渗和土壤储备

I.4（+）土壤硝酸盐的反硝化作用

C.8（+）收入和收入稳定性（个人和群体）

1. 已种植物的木质纤维

D.2（+）碳储量

C.1（-）温室气体

《林分改造》（666）和《乔木/灌木建植》（612）：定期清除和替换树木，以确保林木的生长

I.2（+）收获的木质纤维（木材加工产品）和其他林木/林下相关产品，包括可再生生物质/燃料

I.3（+）土地所有者净收入和承包商收入

C.6（+）本地业务和支持基础设施

D.1（+）生长速率

I.1（-）后期木质纤维生长速率

河岸草皮覆盖

（390，Ac., 2010年9月）

定义

把稻科类植物、莎草、灯芯草、蕨类植物、豆类植物、非禾本草本植物这些耐间歇性洪流或耐饱和性土壤的植物，当作优势物种种植在高地栖息地和水生栖息地之间的过渡区。

目的

本实践可作为保护信息管理系统的一部分，用于达成以下一个或多个目的。

- 为鱼类、野生动物和牲畜提供食物和保护层，或改善其质量。
- 改善及维护和保持水质。
- 构建及维系生境走廊。
- 提升河漫滩的蓄水量。
- 减少水土流失，提升溪岸和海岸线的稳定性。
- 增加生物燃料和土壤中的碳净储量。
- 提高花粉量、花蜜量和传粉动物的营巢环境质量。
- 重新构建、改善或保持适宜的植物群落。
- 清除掉流水势能和存水沉淀物。
- 加强对河岸的保护，并让其成为河岸土壤生物工程举措的一部分。

适用条件

- 适用于临近常年性或间歇性的河道及蓄水池区域，这些区域的天然植物群落主要为草本植物所覆盖，这些草本植物对周期性洪流和饱和性土壤有很强的耐受性。对于季节性的或间歇水道和蓄水池来说，此区域会延伸到渠道和水池的中心部位。
- 适用于渠道和河岸的稳定性已经达到能够实施此举措标准的区域。
- 适用于已经发生变化的稳定水域，以及潜在自然植物群落已经发生变化的区域。

准则

适用于上述所有目的的总体准则

适用的情况下，使用生态立地综述文件来指导环境复原，并修复到适宜植被性群落（包括植物性功能群）生存的阶段。

选择能够适应生境条件和水文地质条件的宿根植物，这些植物可为鱼类和野生动物提供它们所喜欢的结构和功能多样性条件环境，而且鱼类和野生动物很可能从此举措的实行过程中受益。

在含有天然草体和繁殖体的区域，自然再生举措可以替代栽植。如若此地未含有种子库，则进行栽培。

在适宜的植物群落建成之前，减少或者杜绝割草和放牧行为，保护河岸植被和水质。

必须要考虑河流类型和水文条件，所选的植被物种必须能够适应一段时间内的饱和土壤且经受得住洪泛期的考验。

如有需要，在区域内存在的害虫问题要进行控制或根除，以达到基本预期目标。

管理病虫害问题的举措要以减轻对授粉植物影响为标准。

管理系统的设计应以维持或提高植物群落的活力和再生能力为标准。

要在一定时间内，按照一定的方式进行妥善的选址和栽植，以保证所选物种可以存活下来并且能够健康的生长。只有在条件可行的情况下，才可以种植高品质的、适宜的苗木。

要根据区域内的地质地貌和项目目的来确定河岸草皮覆盖的种植宽度，其中当地鱼类和野生物种（包含传粉植物）的生命周期限制着保护层的种植宽度。

穿过这些区域的功能性地下排水沟应换成只穿过缓冲区的无孔刚性管，或配备管理调节装置来控制溢流。

至少在两年内或适宜的植物群落建成之前，此区域不能进行任何放牧活动。

用于保持水质和提高水量的附加准则

保护层的最小宽度应增加到河流宽度的 2.5 倍（以河流满水期的水平距离为准），或水体内宽度为 35 英尺。在河岸草皮覆盖建立之前，水流侵蚀或大规模土壤运动应集中控制在上梯度区域内。

为降低水流速度并迅速渗进洪泛区，选定能够种在地表附近，根茎较硬而且立木密度较高的植物物种。

稳固河坡和海岸线的附加准则

选择原生或者引入物种，这些物种能够为土壤提供连接根群，用于加固河岸，改善土质。

提升生物产量和土壤中净碳含量的附加准则

为符合该区域要求，要将河岸草皮覆盖的宽度和长度最大化。

所使用的植物物种拥有土地和其他区域条件的最高生物产量，满足鱼类和野生动物栖息地的要求。

传粉植物栖息地的附加准则

包括为野生蜜蜂提供花粉和花蜜的草本植物和豆类植物。植物物种多样融合，保证在全年不同的时间开花。

针对于陆生野生动物的附加准则

选择能够适应该区域的原生物种。

要根据此目的来构建密集的植被性植物群落，满足对野生栖息地的要求，并增强植物多样性。

刈割举措对维系草本保护层十分必要，冬季保护层的再生能力也比较强，所以我们将在动物筑巢产卵期以外的时间进行。考虑到传粉生物对于周边栖息地有很强的辨识能力，所以 1/3 或更少的区域每年都要进行修整（进行刈割、放牧、焚烧手段等），以保护传粉生物和栖息地中的植物结构多样性。

区域管理计划需要考虑栖息地和野生动物因素，例如：栖息地多样性、栖息地之间的联系、长久性栖息地和季节性栖息地的范围，以及原生植物群落。

重新构建适宜植物群落的附加准则

在可行的条件下，使用生态单元描述（ESD）现状和变迁模型来判断建议采取的措施是否具有生态合理性和抗性。处理手段应适用于生态用地的动态变化，对于所在州和植物群落阶段有着至关重要的作用，植物群落阶段有足够的潜力和容量来支撑精选植物群落。如若生态单元描述不适应此地区，要在设计准则的标准上无限接近于构成植物群落的部分、结构和功能。

注意事项

最好选择原生植物物种。所有选定的物种应具有多种价值，例如能够有较高的生物产量、具有抗寒性、有筑巢保护层、有观赏性价值、能够当作水生无脊椎动物的食物，对当地除草剂具有抗药性。

余下保护举措可能会加快建成河岸草皮覆盖，或者提高以下性能：

- 《河流生境管理和改善》（395）
- 《河岸和海岸保护》（580）
- 《栅栏》（382）
- 《牧草和生物质种植》（512）
- 《牧场种植》（550）
- 《过滤带》（393）
- 《访问控制》（472）
- 《规划放牧》（528A）

- 《灌木管理》（314）
- 《草本杂草处理》（315）
- 《密集使用区保护》（561）
- 《关键区种植》（342）
- 《河岸植被缓冲带》（391）
- 《早期演替环境的改善、发展与管理》（395～643）
- 《保护层》（327）
- 《早期演替栖息地发展 / 管理》（647）
- 《跨河桥》（578）
- 《供水设施》（614）

重点考虑本举措如何临近草本、陆地和水生栖息地。

考虑上下游的具体状况、结构、周边设施以及限制计划活动的条件。

控制侵入性林木以及灌木的数量，防止木本植物占领草本植物区，并维持草本系统的包容性。

找到替代性水源或者控制河道准入条件，以便牲畜更容易接近水源和草本植物区域。

最好选择本地植物物种，也可以选择外来物种。但所有选定的物种应具有多种价值，例如能够适应生物产量、具有抗寒性、有筑巢保护层、有观赏性价值、能够当作水生无脊椎动物的食物，对当地除草剂具有抗药性。

草本河岸区域可以将传粉动植物与邻近的分散栖息地联系起来，并且可以作为渠道将传粉媒介转移到需要传粉昆虫的区域。不同的花本类型和形状对传粉动植物的不同类别具有吸引力。考虑维护物种的多样性以保护多种物种。考虑合并筑巢栖息地，这其中包括用于地面筑巢蜜蜂的无阴影裸土区域或以蜜蜂养护为重点的区域，从而形成暖季原生草。

不种植可能会把害虫作为替代宿主的植物物种。应考虑物种多样性，以避免因特定种类害虫造成栖息地功能丧失。

缓冲区的位置、布局、植物结构和组成形式都可完善其自然特征。

可行的情况下，建立和管理生态走廊时要注重受到威胁的栖息地和濒危动物物种的状况。

使用能够提高地面覆盖度的植物种类，减少在建立和维护过程中产生的颗粒物质。

计划和技术规范

对此举措的规划应适用于每一个区域。要使用经过批准的规范表、工作表、保护计划中的记叙性陈述，或其他可用的文件来记录规划内容。

运行和维护

运行、维护和管理的目的是为了保证此举措随着时间的推移可以更好的发挥作用。

我们将定期对河岸区进行监测，排除对此区域的不利影响因素，统筹管理手段以实现预期目的。

控制集中水流的侵蚀或者大规模的土壤运动，维持河岸带基本功能。

要保证在使用化肥、杀虫剂和其余化学物质时，不得损害河岸区功能，从而影响到预期目的。

为实现和维护预期目的，要控制该区域的害虫数量或消灭害虫，必要时需要根除害虫。

控制害虫数量的举措要在不伤害传粉植物的方式下进行。

在易受到牲畜和机械伤害的河岸区，要全面控制刈割和放牧行为。

妥善管理放牧举措，维持河岸区功能，保持价值。

管理系统的设计和应用要以维持和提高精选植物群落的活力和再生能力为标准。例如：河岸区功能和河岸区价值。

如果此举措的基本目的是建立陆地野生动物的栖息地，则植被群落的覆盖情况应以目标野生动物栖息地的标准进行管理。如果刈割举措对于维护草本保护层很有必要，则要在筑巢和交配期之外的时间使用此举措，并为冬季植物保护层提供充足的再生能力。

参考文献

FISRWG（Federal Interagency Stream Restoration Working Group）. 1998. Stream Corridor Restoration：Principles, Processes and Practices. National Technical Information Service, U. S. Department of Commerce, Springfield, VA. Also published as NRCS, U.S. Department of Agriculture（1998）Stream Corridor Restoration：Principles, Processes, and Practices. National Engineering Handbook（NEH）, Part 653. Washington, D.C.

Fripp, J. B.; Hoag, J.C, and Moody, T. 2008. Streambank Soil Bioengineering：A Proposed Refinement of the Definition Riparian/Wetland Project Information Series No. 23.

Hoag, J.C. and J.B. Fripp. 2002. Streambank Soil Bioengineering Field Guide for Low Precipitation Areas, Interagency Riparian/Wetland Project. Plant Materials Center, USDA-NRCS, Aberdeen, ID.

Hoag, J.C., S.K. Wyman, G. Bentrup, L. Holzworth, D.G. Ogle, J. Carleton, F. Berg, and B. Leinard. 2001. USDA-NRCS, Boise, ID and Bozeman, MT. Technical Note 38：Users Guide to the Description, Propagation, and Establishment of Wetland Plant Species and Grasses for Riparian Areas in the Intermountain West.（PDF；6.3 MB）.

Leopold, Luna.1994. A View of the River. Harvard University Press. Cambridge, MA.

Naiman, R.J., N. Decamps, M. E. McClain. 2005. Riparian Ecology, Conservation, and Management of Streamside Communities. Elsevier Academic Press, Burlington, MA.

Rosgen, David 1994. A Classification of Natural Rivers. Catena 22：169-199.

Schultz, R.C., J.P. Colletti, T.M. Isenhart, W.W. Simpkings, C.W. Mize, and M. L. Thompson. 1995. Design and placement of a multi-species riparian buffer strip. Agroforestry Systems 29：201-225.ts.

United States Department of Agriculture, Natural Resources Conservation Service. 2008. General Manual：Title 190 – Ecological Sciences：Part 404 – Pest Management... Washington, DC.

United States Department of Agriculture, Natural Resources Conservation Service. 2003. National Range and Pasture Handbook. Washington, DC.

http：//plants.usda.gov/pollinators/Using_Farm_Bill_Programs_for_Pollinator_Conservation.pdf.

Agroforestry Notes on supporting pollinators（General 6, 7, 8 and 9）：

http：//www.unl.edu/nac/agroforestrynotes.htm.

保护实践概述
（2012年12月）

《河岸草皮覆盖》（390）

河岸草皮覆盖，指在陆生生物栖息地和水生物栖息地之间的过渡带内种植、维护和管理能耐受间歇洪水或饱和土体的草、草类植物和杂类草。

实践信息

这种做法适用于沿水道或水体或湿地边界的土地，其中天然生长或所需的植物群落以草本植被为主；生态系统已经受到了扰动，天然的植物群落消失、发生改变，或被转变成农业作物、草地或其他高维护植被，或入侵物种占优势。

本实践的目的包括：

- 提供食物、隐藏处、底层遮蔽、通向邻近栖息地的通路。

- 本地或非本地水生、半水生和陆生生物的栖息地和移动路径。
- 改善和保护水质。
- 稳定河岸和海岸线。
- 增加生物质和土壤的净碳储量。

常见相关实践

《河岸草皮覆盖》（390）通常与《保护层》（327）、《栅栏》（382）、《访问控制》（472）、《湿地野生动物栖息地管理》（644）、《计划放牧》（528）、《河岸和海岸保护》（580）、《跨河桥》（578）和《供水设施》（614）等保护实践一起使用。

保护实践的效果——全国

土壤侵蚀	效果	基本原理
片蚀和细沟侵蚀	2	植被和地面的凋落物可减少水对造林地的侵蚀力。
风蚀	2	稠密的草本植被可减少风蚀。
浅沟侵蚀	1	植被可减轻集中渗流的冲蚀力度。
典型沟蚀	0	不适用
河岸、海岸线、输水渠	4	植被和密集的根系可固定和保护土壤，使之更耐水流侵蚀。
土质退化		
有机质耗竭	4	植物质及其分解物的增加，可增加土壤有机质。
压实	4	根部渗透和有机质有助于土壤结构的修复。
下沉	0	不适用
盐或其他化学物质的浓度	2	植被的增加会增加盐分的吸收，而有机质的增加可能会束缚盐分和其他化学物质。
水分过量		
渗水	2	植物吸收多余水分。
径流、洪水或积水	-3	植被可导致洪水和积水。
季节性高地下水位	2	植物吸收多余水分。
积雪	0	不适用
水源不足		
灌溉水使用效率低	0	不适用
水分管理效率低	0	不适用
水质退化		
地表水中的农药	2	这一举措减少径流并捕获吸附的农药。
地下水中的农药	2	增加土壤有机质和生物活性有利于农药降解。
地表水中的养分	5	永久性植被将吸收多余养分。
地下水中的养分	5	永久性植被将吸收多余养分。
地表水中的盐分	1	这一举措可增加渗透性、减少径流。
地下水中的盐分	1	这一举措可增加植物的吸收量。
粪肥、生物土壤中的病原体和化学物质过量	3	植被可捕获病原体，通过阳光和微生物作用杀灭更多的病原体。
粪肥、生物土壤中的病原体和化学物质过量	2	河岸带可捕获病原体和延缓病原体的移动，增加病原体的死亡率。土壤微生物活性可增强与病原体的竞争。
地表水沉积物过多	4	植被保护土表、捕获沉积物、养分和其他物质。
水温升高	2	草本植物可起到遮蔽作用，保护堤岸，调节溪流温度。
石油、重金属等污染物迁移	2	这一举措可过滤沉积物，有些植物可吸收重金属。
石油、重金属等污染物迁移	1	采用这一举措，一些植物可吸收金属。
空气质量影响		
颗粒物（PM）和PM前体的排放	1	植被可减轻风蚀，提供能阻挡跃移颗粒的稳定区。

（续）

空气质量影响	效果	基本原理
臭氧前体排放	0	不适用
温室气体（GHG）排放	2	植被将空气中的二氧化碳转化为碳，储存在植物和土壤中。
不良气味	0	不适用
植物健康状况退化		
植物生产力和健康状况欠佳	5	对植物进行选择和管理，可保持植物最佳生产力和健康水平。
结构和成分不当	4	覆盖形成和管理实践，可形成或保持理想的植物群落。
植物病虫害压力过大	4	种植并管理植被，可控制不需要的植物种类。
野火隐患，生物量积累过多	0	不适用
鱼类和野生动物——生境不足		
食物	4	植物多样性的提高以及植被质量和数量的增加为野生动物提供了食物。
覆盖／遮蔽	4	植物多样性的提高以及植被质量和数量的增加为野生动物提供了覆盖物。
水	2	水可暂时汇集在河岸带，可给暖季的水降温。
生境连续性（空间）	4	通过重建植被可恢复理想的栖息地／空间。
家畜生产限制		
饲料和草料不足	4	如果保持预期目的，这些地方可以为家畜提供饲料和草料。
遮蔽不足	0	不适用
水源不足	0	不适用
能源利用效率低下		
设备和设施	0	不适用
农场／牧场实践和田间作业	2	因作物转化成永久性覆盖植被，减少了能源消耗。因浅沟侵蚀的管理，减少了能源消耗，可能产生生物量。

　　CPPE 实践效果：5 明显改善；4 中度至明显改善；3 中度改善；2 轻度至中度改善；1 轻度改善；0 无效果；–1 轻度恶化；–2 轻度至中度恶化；–3 中度恶化；–4 中度至严重恶化；–5 严重恶化。

工作说明书——国家模板

（2010年9月）

　　此类可交付成果适用于个别实践。其他规划实践的可交付成果参考具体的工作说明书。

设计

可交付成果

1. 证明符合实践中相关准则并与其他计划和应用实践相匹配的设计文件。

　　a. 保护计划中确定的目的。

　　b. 客户需要获得的许可证清单。

　　c. 辅助性实践一览表（如 580 号《河岸和海岸保护》和 382 号《栅栏》）。

　　d. 制订计划和规范所需的与实践相关的计算和分析，包括但不限于：

　　　　i. 确定宽度和高度，待种植、保留或自然重建的适应物种

　　　　ii. 采取保护措施保护已种植的物种，包括访问进出控制

　　　　iii.所需种植床条件及整地方法

　　　　iv.所需的土壤和种子改良剂

　　　　v. 每种种植种类的品种或产地及数量

　　　　vi.种植日期、种植深度及种植设备说明

　　　　vii. 根据需要将不同类型的种子（如松软种子、大颗粒种子、小颗粒种子、光滑种子和密致种子）放入适用的播种机种子箱中

2. 向客户提供书面计划和规范书包括草图和图纸，充分说明实施本实践并获得必要许可的相应要求。

3. 运行维护计划。

4. 证明设计符合实践和适用法律法规的文件。

5. 安装期间，根据需要所进行的设计修改。

注：可根据情况添加各州的可交付成果。

安装
可交付成果

1. 与客户和承包商进行的实施前会议。

2. 验证客户是否已获得规定许可证。

3. 根据计划和规范（包括适用的布局注释）进行定桩和布局。

4. 应用考察。
   a. 实际使用的材料
   b. 检查记录

5. 协助客户和原设计方并实施所需的设计修改。

6. 在安装期间，就所有联邦、州、部落和地方法律、法规和自然资源保护局政策的合规性问题向客户/自然资源保护局提供建议。

7. 证明施用过程和材料符合设计和许可要求的文件。

注：可根据情况添加各州的可交付成果。

验收
可交付成果

1. 实施记录。
   a. 实践单位
   b. 所用材料的最终数量

2. 证明施用过程符合自然资源保护局实践和规范并符合许可要求的文件。

3. 进度报告。

注：可根据情况添加各州的可交付成果。

参考文献

Field Office Technical Guide （eFOTG）, Section IV, Conservation Practice Standard – Riparian Herbaceous Cover – 390.

NRCS National Environmental Compliance Handbook.

NRCS Cultural Resources Procedures Handbook.

NRCS National Biology Manual.

NRCS National Biology Handbook.

注：可根据情况添加各州的参考文献。

保护实践效果（网络图）

（2014年3月）

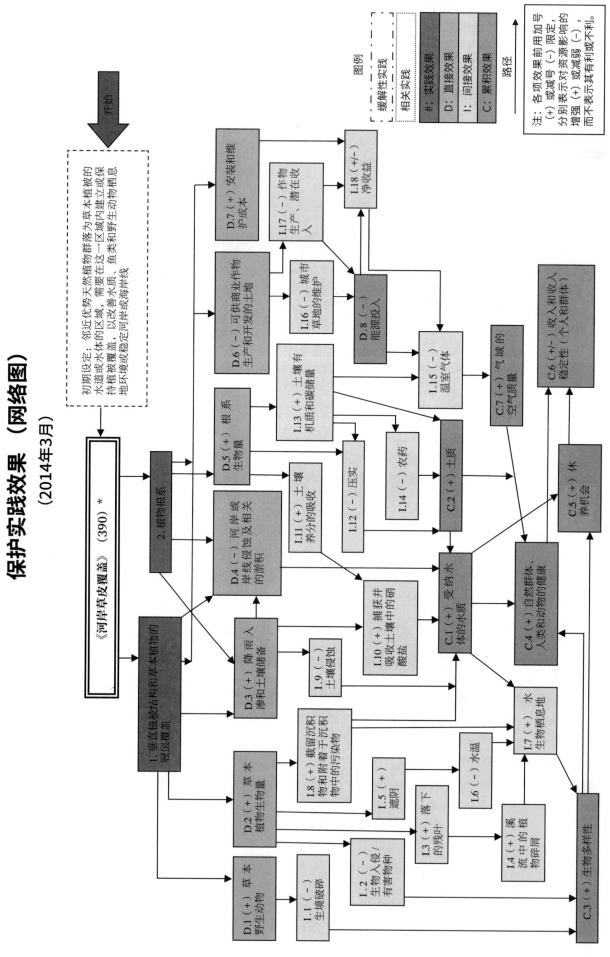

屋面径流结构

（558，No.，2014年9月）

定义

一种用于屋顶雨水的收集、控制和输送的结构。

目的

本实践适用于实现以下一个或多个目标：

- 通过排出受污染区域的屋顶径流来保护地表水质。
- 保护建筑物地基免受水径流造成的损害或水土流失。
- 增加径流水的渗透。
- 为其他用途获取水资源。

适用条件

降雨产生的屋顶径流需要：

- 转移受污染的地区内或建筑物基础处的径流。
- 收集并输送到稳定的排水或渗透区域。
- 收集并获取水资源用于其他用途，如蒸发冷却系统、家畜用水和灌溉。

准则

适用于上述所有目的的总体准则

在安装排水沟之前评估现有屋顶结构的状况，根据需要安装新的封檐板以延长排水沟和落水管的使用寿命，在垂直封檐板上安装排水沟。

确保排水沟支撑系统能够承受预期的载荷，包括适度的冰雪载荷。如果缺失结构支撑或支撑不足，则应为所选的排水沟设计所需的支撑作为增加结构支撑的替代方案，使用地面排水沟设计来输送屋顶径流。

在出现冰雪损害的地方，将屋顶雨水槽安装在屋顶线凸起的下方。

必要时使用管道防护罩或管道套管，以保护屋面径流结构的落水管、横向管、十字管，使其免受牲畜破坏或设备损坏。

排水沟设计能力。当使用屋面径流结构来保护屋顶径流免受粪肥污染时，设计屋面径流结构能够满足输送25年一遇、一次持续5分钟的平均降水量（参照《农业废物管理现场手册》《美国国家工程手册》第651部分第10章附录10B）。

对于其他应用，设计屋面径流结构能够满足输送10年来5分钟内降雨的平均降水量。

落水管。使用的落水管、集水管、横向落水管的容量等于或超过屋面排水沟流量的十字管。

落水管的排水口位于地面时，在出口处放置一个弯头和消能装置，以防止侵蚀并将水从建筑物的地基上引出。

地面排水沟。屋顶流出的雨水落到地面排水沟，提供足够的设施，以将径流输送到建筑物的地基上。

地面排水沟的设计可以使用岩石垫、具有地下排水沟的岩石填充沟渠、混凝土通道或预铸通道，以将屋顶径流水输送到稳定的排放位置或渗透区域。

出水口。屋顶径流可以排入地下排水沟、地下排水口、地面排水沟、储罐或稳定土壤中。

调整出水口以确保设计能力，适当清洗出口。

根据保护实践《地下排水沟》（606）设计地下排水沟，把水排入地面排水沟或渗入沟。

使用保护实践《地下出水口》（620）设计地下排水口，该出水口将屋面径流输送到一个稳定的出口。

材料。屋顶排水沟和落水管可以用铝、镀锌钢、木材或塑料制成。铝排水沟和落水管要求最小公称厚度为 0.027 英寸和 0.020 英寸。

镀锌钢排水沟和落水管大小要求至少 28 号。木材可以是红木、雪松、柏树或其他具有所需寿命并且没有节子的物种。塑料必须含有紫外线稳定剂。

为了防止腐蚀，避免不同金属部件之间的接触。

对岩石填充的海沟和岩石垫进行渗透，可以使用"劣质岩石"（岩石碎片的大小大致相同），不含大量的沙子或土壤颗粒。除非已经清洗过，否则不要用碾碎的石灰石来填充材料。

根据自然资源保护局《美国国家工程手册》第 536.20 部分《钢筋混凝土的设计标准》，设计和安装钢筋混凝土管道、垫或板。

对于非钢筋混凝土渠道或垫块，请参照自然资源保护局《美国国家工程手册》第 642 部分《结构混凝土施工规范》第 32 条。

增加渗透的附加准则

通过引导水流到现有的景观（例如，草坪、大规模种植区、渗透管道、雨水花园或自然区域），增加径流渗透。确保这些地区有能力渗透径流而不会对所需植物物种产生不利影响，也不会造成水土流失。

保护建筑物地基的附加准则

地面屋顶径流的设计，将径流排放区从建筑物地基上移开。使用至少 5 英尺的落水管，从地基上的膨胀土或地基上的建筑物排出径流。

为其他用途获取水源的附加准则

设计一个尺寸足够、强度大和耐久性高的蓄水池，以达到预期的目的。将水箱安装在坚固、坚硬的地基上。锚固地下蓄水池以防止风荷载损坏。

禁止儿童和动物进入蓄水池以防止溺水。保护蓄水池周围的区域免受由于蓄水池溢流而引起的侵蚀。

建造或选择不会影响储水质量的蓄水池。设计供水装置以满足系统需求，包括减少雨水收集中的沉积物、原体和化学污染物的冲洗分流器。

水质必须适合于预期用途，土地所有者负责所有水质检测和处理。

注意事项

考虑使用多个落水管来缩小排水沟的尺寸。

避免在水井和污水坑附近建立排水口，或直接将水排入排水沟、溪流或池塘,否则会造成点源污染。

考虑在排水口安装集雨园来清洁、排出和渗透雨水。

当使用地下排水口时，可以考虑在落水管顶部安装过滤器，或在竖管管道上安装清洗孔。

考虑在陡坡屋顶上使用环绕带代替刚性支撑，而排水沟的外边缘不能低于预计屋顶线。

在被冰雪覆盖的屋顶上，即使排水沟安装在预计的屋顶线下，也要考虑安装额外的支撑。

对于寒冷的气候，确保地下排水口足够深以避免冻结，或绕过出水口避免损坏落水管。

计划和技术规范

提供安装屋面径流结构的计划和技术规范，说明应用此标准达到预期目的的要求。至少应包括所有排水沟的位置、尺寸和任何特定的安装说明和落水管的间距、排水沟类型、出水口以及所用材料的类型和质量。包括对屋面径流结构正常运作至关重要的其他做法的计划和技术规范。

指示土地所有者和承包商负责在项目区域找到所有埋设的公用设施，包括排水瓦管和其他结构性设施。

运行和维护

制订符合实践目的、现场条件和安全要求的运行和维护计划。该计划将包含但不限于：

- 保持屋面径流结构清洁、无障碍物以减少流量。
- 定期检查并根据需要进行清洁和维护。

参考文献

NRCS, 2009, National Engineering Handbook, Part 651, Agricultural Waste Management Field Handbook, Chapter 10, Agricultural Waste Management System Component Design.

NRCS, National Engineering Handbook, Part 650, Engineering Field Handbook, Chapter 2, Estimating Runoff.

NRCS National Engineering Manual, Part 536.20, Design Criteria for Reinforced Concrete.

NRCS National Engineering Handbook, Part 642, Construction Specification 32, Structural Concrete.

保护实践概述
（2014年10月）

《屋面径流结构》（558）

屋面径流结构由各种组件构成，可以收集、控制和输送从屋顶落下的降雨径流。

实践信息

本实践适用于屋顶雨水径流需要从建筑结构或污染的区域转移开的地方。因接触动物排泄物而污染的屋顶径流，必须先保存，然后输送到农田或土地。将净水从动物排泄物集中的地方转移开，可减少必须保存利用的水量。

不加控制的屋顶径流还可导致土壤侵蚀。收集径流，并将之输送到稳定排水口，可减少土壤侵蚀，改善水质。

此外，还可收集屋顶径流，用于其他用途。不适于饮用的水可用于灌溉。饮用水储存设施必须由不会增加对储存水的污染的材料建造。收集和保存用于饮用的屋顶径流水，在饮用前必须经过处理。必须定期检测，以确保保持合乎要求的水质。用于家畜用水的屋顶径流水，必须在每次收集后均加以评估。

该结构的组成部分包括雨水井、落水管、填石沟或堆石垫、地下排水沟或排水口。

本实践的预期年限至少为15年。屋面径流结构必须保持清洁，不能有影响水流的障碍物。维护要求包括定期检查和修复损坏的部件。

常见相关实践

《屋面径流结构》（558）适用于新的或现有的屋顶。它常与《废物储存设施》（313）和《堆肥设施》（317）等保护实践一起使用。

保护实践的效果——全国

土壤侵蚀	效果	基本原理
片蚀和细沟侵蚀	1	收集屋顶径流，并输送到安全排水口。
风蚀	0	不适用
浅沟侵蚀	3	收集屋顶径流，并输送到安全排水口。
典型沟蚀	1	收集屋顶径流，并输送到安全排水口。
河岸、海岸线、输水渠	1	收集屋顶径流，并输送到安全排水口。
土质退化		
有机质耗竭	0	不适用
压实	0	建筑周围交通繁忙的区域中较干燥的土壤可降低压实的可能。
下沉	0	不适用
盐或其他化学物质的浓度	0	如本实践用于增加渗透，则渗透水有可能冲走土壤剖面的污染物。
水分过量		
渗水	1	收集水并将之输送到地表排水口，将减少水的下渗。
径流、洪水或积水	-1	收集建筑的屋顶径流，并将之输送到排水口，可减少原处下渗的可能。
季节性高地下水位	1	收集水并将之输送到地表排水口，将减少水的下渗。
积雪	0	不适用
水源不足		
灌溉水使用效率低	0	不适用
水分管理效率低	3	收集的水可增加其他用途的可用水。
水质退化		
地表水中的农药	0	不适用
地下水中的农药	0	不适用
地表水中的养分	2	这一举措可保持家畜集中的地方不会有过多的径流水，影响的程度取决于与屋顶径流有关的污染部分。
地下水中的养分	2	这一举措可收集和处理径流，而径流可将养分送入地下水。
地表水中的盐分	2	这一举措可将谷仓和饲养场的水（否则的话可能会吸收粪肥中的盐分）转运到他处。
地下水中的盐分	0	不适用
粪肥、生物土壤中的病原体和化学物质过量	2	屋顶径流可被转运离开粪肥区域，影响的程度取决于与屋顶径流有关的污染部分。
粪肥、生物土壤中的病原体和化学物质过量	0	不适用
地表水沉积物过多	1	屋顶的水被输送到安全的排水口，最大限度减少地表侵蚀。
水温升高	0	不适用
石油、重金属等污染物迁移	0	重金属一般与粪肥无关，屋顶径流可被转运离开粪肥区域。
石油、重金属等污染物迁移	0	不适用
空气质量影响		
颗粒物（PM）和 PM 前体的排放	0	不适用
臭氧前体排放	0	不适用
温室气体（GHG）排放	0	不适用
不良气味	0	不适用
植物健康状况退化		
植物生产力和健康状况欠佳	0	不适用
结构和成分不当	0	不适用
植物病虫害压力过大	0	不适用
野火隐患，生物量积累过多	0	不适用
鱼类和野生动物——生境不足		
食物	0	不适用
覆盖 / 遮蔽	0	不适用

（续）

鱼类和野生动物——生境不足	效果	基本原理
水	1	不适用
生境连续性（空间）	0	不适用
家畜生产限制		
饲料和草料不足	0	不适用
遮蔽不足	0	不适用
水源不足	2	径流可转运为畜牧用水。
能源利用效率低下		
设备和设施	0	不适用
农场／牧场实践和田间作业	0	不适用

CPPE 实践效果：5 明显改善；4 中度至明显改善；3 中度改善；2 轻度至中度改善；1 轻度改善；0 无效果；−1 轻度恶化；−2 轻度至中度恶化；−3 中度恶化；−4 中度至严重恶化；−5 严重恶化。

工作说明书——国家模板

（2014年9月）

此类可交付成果适用于个别实践。其他规划实践的可交付成果参考具体的工作说明书。

设计
可交付成果

1. 能够证明符合自然资源保护局保护实践中相关准则并与其他计划和应用实践相匹配的设计文件。包括：

   a. 明确的客户需求，与客户进行商讨的记录文档，以及提议的解决方法。

   b. 保护计划中确定的目的。

   c. 农场或牧场规划图上显示的安装规划实践的位置。

   d. 客户需要获得的许可证清单。

   e. 对周边环境和构筑物的影响。

   f. 证明符合自然资源保护局国家和州公用设施安全政策的文件（《美国国家工程手册》第 503 部分《安全》A 子部分"影响公用设施的工程活动"第 503.0 节至第 503.6 节）。

   g. 制订计划和规范所需的与实践相关的计算和分析，包括但不限于：

      i. 定位／校准

      ii. 水文／排水

      iii. 施工作业

      iv. 植被

      v. 环境因素

2. 向客户提供书面计划和规范书包括草图和图纸，充分说明实施本实践并获得必要许可的相应要求。

3. 适当的设计报告（《美国国家工程手册》第 511 部分"设计"，B 子部分"文档"，第 511.10 节和第 511.11 节）。

4. 质量保证计划（《美国国家工程手册》第 512 部分"施工"，D 子部分"质量保证活动"，第 512.30 节至第 512.33 节）。

5. 运行维护计划。

6. 证明设计符合自然资源保护局实践和规范并适用法律法规（《美国国家工程手册》第505部分《非自然资源保护局工程服务》A部分"前言"，第505.0节和第505.3节）的证明文件。

注：可根据情况添加各州的可交付成果。

安装
可交付成果

1. 与客户和承包商进行的安装前会议。
2. 验证客户是否已获得规定许可证。
3. 根据计划和规范（包括适用的布局注释）进行定桩和布局。
4. 安装检查。
    a. 实际使用的材料（《美国国家工程手册》第512部分"施工"，C子部分"施工材料评估"，第512.20节至第512.23节；D子部分"质量保证活动"，第512.33节）。
    b. 检查记录。
    c. 符合质量保证计划的文件。
5. 协助客户和原设计方并实施所需的设计修改。
6. 在安装期间，就所有联邦、州、部落和地方法律、法规和自然资源保护局政策的合规性问题向客户／自然资源保护局提供建议。

注：可根据情况添加各州的可交付成果。

验收
可交付成果

1. 竣工文档。
    a. 实践单位。
    b. "红线"图纸（《美国国家工程手册》第512部分"施工"，F子部分"建造"，第512.50节至第512.52节）。
    c. 最终量。
2. 证明安装过程符合自然资源保护局实践和规范并符合许可要求的文件（《美国国家工程手册》第505部分《非自然资源保护局工程服务》，A子部分"前言"，第505.3节）。
3. 进度报告。

注：可根据情况添加各州的可交付成果。

参考文献

Field Office Technical Guide（eFOTG），Section IV, Conservation Practice Standard – Access Road, 560.

National Engineering Manual.

NRCS National Environmental Compliance Handbook.

NRCS Cultural Resources Handbook.

注：可根据情况添加各州的参考文献。

保护实践效果（网络图）

（2014年9月）

《屋面径流结构》（558）

初期设定：已确定动物饲养操作，希望添加一种方法来防止径流与粪肥类混合

图例

相关性实践

缓解性实践

| # : 实践效果 |
| D: 直接效果 |
| I: 间接效果 |
| C: 累积效果 |

路径

注：各项效果前用加号
（+）或减号（-）限定，
分别表示对资源影响的
增强（+）或减弱（-），
而不表示其有利或不利。

1. 废物储存设备、污染区域、堆肥设施上的屋顶（顶板）结构等

D.1（-）受保护结构的修理和维护

D.2（+）从屋面收集水

D.3（+）将来自屋顶的径流输送到他处

I.1（+）给农户带来的经济效益

I.2（+）农业综合企业

I.3（-）地下水和地表水的养分和有机物

I.4（-）有害藻类生长

I.5（-）流入地下水和地表水的病原体

I.6（+）地表水中溶解氧

I.7（+）渗透

I.8（-）侵蚀

I.9（+）可用净水

I.10（+）给农户带来的经济效益

I.11（+）符合水质标准

C.1（+）溪流/湖泊物种，无脊椎动物等，如鱼类和

C.2（+）收入稳定（个人和群体）

C.3（+）人类、家禽及野生动物的水生环境健康

顶盖和覆盖物

（367，No.，2015年9月）

定义

置于废物管理设施、农用化学品处理设施或二级农场围堵设施上方的一种刚性、半刚性或柔性的制造膜、复合材料或屋顶结构。

目的

提供屋顶或顶盖来达到以下目的：

- 在现有或计划的动物废弃物处理或储存区内，保护干净水不受废水稀释。
- 改进废物管理和利用方式以保护附近的地表水水质。
- 收集现有或计划的动物废弃物储存设施排放的沼气，以减少温室气体排放的净效应、改善空气质量并减少由以下原因产生的气味。
- 用复合覆盖材料进行生物处理。
- 火炬燃烧沼气。
- 发电机燃烧沼气进行能源生产。
- 将干净水排放在非化学污染区，以达到保护目的。

适用条件

此标准适用于：

- 应将降水排除在受污染区外，这些区域包括如动物饲养和管理区、废物储存设施、死亡动物无害化处理、堆肥、废物转移或废物处理以及农用化学品处理等区域。
- 需要在废水储存设施上安装多孔盖对排放物进行生物处理，以改善空气质量、限制气味的扩散和缓和温室气体排放的净效应。
- 需要有一个顶盖来保护废水储存设施免受降水影响。这个顶盖的辅助作用还可收集和管理沼气排放，以改善空气质量、限制气味的扩散并减少温室气体排放净效应。
- 为能源生产收集沼气是现有或计划中的废物管理系统的一个组成部分。沼气的收集和利用还将改善空气质量、限制气味的扩散并减少温室气体排放净效应。

本实践不适用于保护实践《高隧道式温棚》（325）。

准则

适用于上述所有目的的总体准则

选材。选择屋顶或顶盖及其他支承构件的类型、厚度和材料性能时，应考虑到操作、环境和气候条件对其造成的载荷和应力。

载荷。在设计用作地基或支撑屋顶或顶盖的一部分的设施部件的结构时应考虑所有预期载荷。详细情况请参阅下节：刚性、半刚性顶盖和覆盖物以及柔性盖的附加准则。

设计。请参阅保护实践《废物储存设备》（313）或《农药处理设施》（309），了解与这些实践相关的地基的结构设计标准。酌情在下列现行版本的参照资料中说明会影响屋顶或顶盖性能的因素，包括强度、耐久性、适用性、材料性能和施工质量：

- 钢铁。美国钢结构学会（AISC）《钢结构手册》。
- 木材。美国森林与纸业协会《国家木材建筑设计规范》。
- 非液密性混凝土。美国混凝土协会 ACI318 号《结构混凝土建筑规范要求》。

- 高密度聚乙烯 / 线型低密度聚乙烯土工膜。国际土工合成材料安装协会《高密度聚乙烯和线型低密度聚乙烯土工膜安装规范》。

入口。为有屋顶或顶盖的封闭设施提供适当的入口，用于正常运行和维护。

通风。对于牲畜、粪窖或石油产品存储设施上方的封闭式屋顶结构，每 10 英尺宽应提供至少 2 英寸的屋脊或末端通风口，防止在顶楼区积聚水分和气体。

对于封闭式建筑物，提供机械（排气扇）或自然（足够的开口）的通风设备，以便在人员进入时可有安全的工作环境。

安全。酌情提供安全标志，包括栅栏和警告标志，以防止由沼气造成不必要的危险和溺毙。参照美国农业与生物工程师协会（ASABE）文件 ASAE EP470.1 号《粪肥储存安全指南》。

在开口上方设置顶盖及栅栏，以防家畜或人因意外移动顶盖及栅栏而跌入设施中。

设计中要包含一些措施，用于防止沼气偷偷泄漏到与安装的屋顶或顶盖相连的任何设施中。

适用于刚性和半刚性顶盖和覆盖物的附加准则

根据本实践设计可以承受所有的预计荷载的刚性和半刚性顶盖和覆盖物，包括但不限于内部和外部荷载、扬压力、表面点冲击载荷以及负载组合。根据美国土木工程师协会（ASCE）现行版本的规定，即 ASCE 7 号标准《建筑物和其他结构的最小设计荷载》来设计屋顶、顶盖和相关的支撑系统以抵抗所有预期的荷载，包括风、雪和地震荷载。

设计用于车辆、设备或牲畜运输的顶盖，以承受预计死载和活载，参照美国农业与生物工程师协会 ASAEEP378.4《农用结构使用的楼板与悬挑荷载》以及 ASAEEP 393.3《粪肥贮存》中规定的顶盖最小活载设计值。对于容量超过 2 000 加仑的油罐车，我们要根据实际的轴载重进行设计。

设计屋顶结构以防止屋顶下的废物成为污染问题。按照保护实践《屋面径流结构》（558）中列出的标准来收集、控制和输送实践结构中的屋顶径流，使其远离受污染区域，防止任何外部地表水进入屋顶区域。

经过处理的木材。当木构件需要接触动物粪便或使木材变质的元素时，使用经过防腐处理的木材。经过防腐处理的木材必须符合相应的美国木材防腐协会（AWPA）标准，或由国际规范委员会（ICC）认可的组织撰写评估服务报告。经处理的木材与动物粪便接触或是难以替换的关键部件时，应符合美国木材防腐协会 UC4B 或重型接地触头的要求。可用的防腐剂包括但不限于 CCA（铬酸铜砷酸盐），ACQ-C（C 型碱性铜季铵），ACQ-D 碳酸盐（D 型碱性铜季铵、碳酸盐制剂），CuN（环烷酸铜），ACZA（氨铜锌砷酸盐），CA-A、CA-B 和 CA-C（A、B 和 C 型铜唑），MCA（微细化铜唑），μCA-C（分散铜唑）。

除非防腐剂制造商明确允许，否则铝合金紧固件、连接器或覆层不得直接接触处理过的木材。使用热镀锌或不锈钢螺栓、垫圈、螺母、钉子和其他五金器具时需符合美国材料与试验协会（ASTM）规范 A153（紧固件）和美国材料与试验协会规范 A653 涂层牌号 G185（适用于金属板连接器）或符合美国材料与试验协会规范 A240 适用于 304 型或 316 型不锈钢，除非如以下情况所述。经防腐剂制造商明确允许，可以使用其他材料的紧固件和连接器。如果使用美国木材防腐协会 UC48，或者可能出现恒定、重复或长时间的潮湿情况，与 ACQ、CA、MCA 或 μCA-C 处理过的木材接触的所有紧固件、连接器和任何其他金属应为不锈钢。用 ACZA 或任何其他含氨防腐剂处理过的木材，与其接触的所有紧固件、连接器和任何其他金属必须为不锈钢。

修复。可以对刚性或半刚性顶盖和覆盖物材料进行分段更换修复。

适用于柔性盖的附加准则

制造柔性浮盖膜，只能使用经制造商认证且适用于预期应用的薄膜材料。

根据需要设计柔性膜覆盖系统以抵抗积雪、风力和风扬荷载。

设计浮盖，使之随液位升降波动，以妥善管理废物储存设施。

必要时在浮膜罩上加上浮选材料，以确保其良好的覆盖性能，以及运行和维护任务。

设计带有沼气收集、传输和控制系统的防渗浮盖，以保护顶盖，并将沼气输送到照明点、释放点或控制点。

设计沼气处理系统，使其能够处理由于环境温度和底物条件的变化而产生的大量沼气。

浮盖膜必须：

- 配备警告系统，通知操作员机械强制通风系统的风机故障。
- 提供支撑系统以防止充气罩塌陷。

表1 土工膜柔性覆盖材料

类型	最小厚度标准	
	容纳沼气	转移干净水
高密度聚乙烯土工膜（HDPE）	40 密耳	30 密耳
线性低密度聚乙烯土工膜（LLDPE）	40 密耳	30 密耳
增强型线性低密度聚乙烯土工膜（LLDPE-R）	36 密耳	24 密耳
聚氯乙烯土工膜（PVC）	40 密耳	30 密耳
乙烯丙烯二烯三元共聚物土工膜（EPDM）	45 密耳	—
柔性聚丙烯土工膜（FPP）	40 密耳	30 密耳
增强型柔性聚丙烯土工膜（FPP-R）	36 密耳	24 密耳
增强型、裂缝膜、机织聚乙烯土工膜（PE-R）	不推荐	24 密耳

注：1 密耳 =1/1000 英寸。

修复。只能使用可修复的柔性覆盖材料进行修复。根据制造商的建议，可以用溶剂、黏合剂、热塑焊接或其他方法进行修复。

适用于沼气控制/利用的附加准则

沼气排放。覆盖系统将提供生物还原和处理后的气体排放，容纳和管理气体排放，或酌情收集、控制或利用沼气。

生物还原和处理后释放。选择由可渗透复合膜制成的盖子，以促进气体排放生物处理，再将处理后的气体通过膜释放到大气中。为了确保生物滤池的正常运行，在整个操作过程中都需要对覆盖介质进行维护。

非降雨时期，储存和管理沼气。设计在非降雨时期，用于存储含有辅助元素的粪便和有机废物，从而管理产生的沼气的覆盖系统。对于收集沼气的储存覆盖系统，需确保安全处理、输送和燃烧沼气。

沼气的收集、控制/利用。设计覆盖系统以收集排放的沼气并将其输送到排放地点且不与空气混合。在排放地点，适当配备火炬装置或沼气利用设备。

暴露在沼气中的设备和材料必须具有抗腐蚀能力，适合在可能发生爆炸的环境中使用。材料、控制装置、电机及其安装必须符合《美国国家电气规范》（NEC），电机必须具有额定的防爆性能且密封良好。

沼气输送的地上管道设计，必须含有具有膨胀和收缩性能的管件。

用于加压沼气系统的地上沼气输送管道必须采用钢或塑料材料。钢管必须符合美国自来水厂协会规范 C-200 或美国材料与试验协会 A53/A211 对不锈钢的要求。塑料管道必须符合美国自来水厂协会规范 C-906 或美国材料与试验协会 D-3350 对高密度聚乙烯土工膜的要求。管道符合美国材料与试验协会 D2241 标准时，PVC 管道仅适用于地上沼气的输送，可隔离紫外线且管道材料改良为高抗冲。

锚定。设计封盖锚固系统以承受内部气体压力、腐蚀环境、风荷载、气密性（视需要而定），以及与覆盖系统相适应的其他应力。

压力。与沼气生产相关的罩盖设计必须包括故障安全减压规定，用于内部压力超过设计操作压力的情况，最大压力不得超过制造商的建议。

降水。设计特点是直接将降水引流到收集地点的防渗盖上，通过抽水或控制排放将其移除，然后排放或渗透到适当的草地或其他稳定的地区。

沼气收集。设计顶盖材料和所有附件，如砝码与浮标，收集沼气并将沼气输送到气体收集系统。

顶盖设计应包含以下内容：

- 排除空气——设计顶盖系统和附件，包括水位以上的周边土坡，用于贮存地下液体废物的设施，以防止运行时进入空气。
- 沼气收集、控制和利用——沼气的收集、控制和利用必须符合自然资源保护局制定的保护实践《厌氧消化池》（366）中的相应标准。

沼气安全。在包含或控制沼气的所有顶盖和覆盖物设施最低限度处，张贴以下警告标志：

- "小心易燃气体"。
- "禁止抽烟"。
- 当有可能会有行人进入处（张贴警告）："请勿入内——危险气体"。

在收集沼气时，根据安全处理可燃气体的工程实践标准，包括保护实践《厌氧消化池》（366）中所述的安全标准，设计气体收集、输送和控制或利用系统。

注意事项

为了进一步改善水质，考虑将牲畜置于屋顶下时不设或减少饲养场地。

为了美观，可以种植植物、利用地形或采取其他措施进行遮蔽。

通过最大限度地减少固体积聚，维持有盖液态废弃物存储设施的存储容量和功能。考虑使用粪肥管理标准，如保护实践《废物分离设施》（632）进行固/液分离。

对于有机应用，可以考虑使用特殊的建筑材料如国际规范委员会（ICC）认可的评估服务所记录的合格木材等进行有机应用，为了解决有机问题，还可能需要考虑其他应用因素。

对于可以选择能源生产的地区，考虑在气体处理系统中增加能源回收或生产装置。能量回收或生产可以抵消化石燃料燃烧产生的气体排放。

在储存沼气时，考虑在废物贮存设施或废物处理潟湖上安装柔性顶盖减少气体供应，以供最终使用或处理释放。

收集沼气的废物处理设施的顶盖可以减少所储存的粪肥的养分挥发，需要考虑其对养分管理计划产生的影响。

捕获收集沼气的废物处理设施可能会增加搅拌、泵出和在土地施用过程中的臭味滋扰，需要考虑这些活动可能对周边地区和废物管理方案产生的影响。

计划和技术规范

制订计划和技术规范，并说明采取本实践所需达到的要求。

计划和技术规范应至少包括：

- 确定实践装置的目的、目标和宗旨。
- 包含关于施工阶段的位置和顺序信息。
- 详细说明农业废物储存和处理设施或农药处理设施的布局和位置。
- 包括屋顶或顶盖占用的空间以及任何废物收集点和所有计划的入口设施。
- 显示开挖和填方情况的坡度断面图，根据需要包含适当的排水设施和植被重建计划。
- 屋顶或顶盖的材料和结构细节，包括适用于整个系统的所有必要附件。
- 对于有沼气燃烧功能的柔性土工膜覆盖系统，须包括有关沼气收集和输送设备以及必要附件的清单。
- 说明土工膜覆盖系统制造商或安装人员必须负责安装顶盖，要求同一制造商或安装人员向项目业主提供顶盖材料的维护说明。
- 安装期间的生物安全措施。
- 警告和安全标志的放置。

运行和维护

准备制订一份运行和维护计划，并与负责进行本实践的土地所有者或运营商一起审核该计划。为本实践的每个组成部分提供具体指导，以便进行正确的运行和维护，并详细说明维护本实践的有效性和使用寿命所需的检查和维修级别。

- 解决运行和维护方面的所有生物安全问题。
- 对于封闭的废物处理设施，在拆除顶盖或进入时要谨慎小心。如果因设施管理需要，须打开盖子，则应包括防止工人接触危险气体的规定。
- 如果人员被要求或可能被要求进入封闭的废物处理设施，应符合美国职业安全与卫生研究所（NIOSH）建议的在密闭空间内工作的安全规定，包括但不限于使用正压自给式呼吸器、安全管线和备用人员。
- 为与沼气生产有关的覆盖系统制订紧急行动计划。如果控制设备发生故障，应包括关于机盖性能限制和紧急程序的说明。提供紧急情况下联系人信息及其电话号码。

参考文献

American Concrete Institute. Building Code Requirements for Structural Concrete, ACI 318. ACI Committee 318. ACI, Farmington Hills, MI.

American Wood Council. 2012. National Design Specifications for Wood Construction. AF&PA, Washington, DC.

American Institute of Steel Construction. Steel Construction Manual, 14th Edition. AISC, Chicago, IL.

American Society for Testing and Materials. Annual Book of ASTM Standards. Standard Specification for Zinc Coating （Hot-Dip） on Iron and Steel Hardware, A 153. ASTM, Philadelphia, PA.

American Society for Testing and Materials. Annual Book of ASTM Standards. Standard Specification for Steel Sheet, Zinc-Coated （Galvanized） or Zinc-Iron Alloy-Coated （Galvannealed） by the Hot-Dip Process, A 653. ASTM, Philadelphia, PA.

American Society of Agricultural and Biological Engineers. Floor and Suspended Loads on Agricultural Structures Due to Use, ASAE EP378.4. ASABE, St. Joseph, MI.

American Society of Agricultural and Biological Engineers. Manure Storages, ASAE EP393.3. ASABE, St. Joseph, MI.

American Society of Agricultural and Biological Engineers. Manure Storage Safety, ASAE EP470.1. ASABE, St. Joseph, MI.

American Society of Civil Engineers. Minimum Design Loads for Buildings and Other Structures, ASCE/SEI 7-10. ASCE, Reston, VA.

American Wood Protection Association. 2014. AWPA Book of Standards. AWPA, Birmingham, AL.

International Association of Geosynthetic Installers. HDPE and LLDPE Geomembrane Installation Specification. IAGI, St. Paul, MN.

International Building Code. 2012. International Code Council （ICC）. ICC, Whittier, CA.

International Code Council Evaluation Service. International Code Council （ICC）. ICC, Whittier, CA.

Natural Ventilating Systems for livestock housing. Midwest Plan Service, MWPS-33, 1989.

保护实践概述

（2015年9月）

《顶盖和覆盖物》（367）

顶盖和覆盖物系统由刚性、半刚性或柔性的人造卷材、复合材料、顶板结构组成，覆盖在废物管理设施或农药处理设施的上方。

实践信息

《顶盖和覆盖物》实践是农业废物管理系统的一部分。顶盖和覆盖物的用途是防止气体从废物处理设施逸出，以及避免雨水落入这些设施。

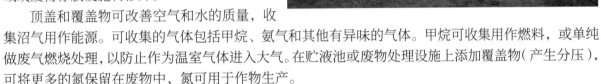

本实践还可利用顶板将净水从动物管理区域或废物存放设施转移开。

顶盖和覆盖物可改善空气和水的质量，收集沼气用作能源。可收集的气体包括甲烷、氨气和其他有异味的气体。甲烷可收集用作燃料，或单纯做废气燃烧处理，以防止作为温室气体进入大气。在贮液池或废物处理设施上添加覆盖物（产生分压），可将更多的氮保留在废物中，氮可用于作物生产。

运行维护要求包括定期检查，及时修理损坏的部件并进行监测，以确保这一做法持续有效。

当覆盖物用于收集沼气时，需要采取额外的安全预防措施。

常见相关实践

《顶盖和覆盖物》（367）通常与《厌氧消化池》（366）、《废物处理池》（359）、《废物储存设施》（313）、《堆肥设施》（317）、《农药处理设施》（309）和《农场二级防护设施》（319）等保护实践一起使用。

保护实践的效果——全国

土壤侵蚀	效果	基本原理
片蚀和细沟侵蚀	0	不适用
风蚀	0	不适用
浅沟侵蚀	0	不适用
典型沟蚀	0	不适用
河岸、海岸线、输水渠	0	不适用
土质退化		
有机质耗竭	0	不适用
压实	0	不适用
下沉	0	不适用
盐或其他化学物质的浓度	0	不适用

（续）

水分过量	效果	基本原理
渗水	0	不适用
径流、洪水或积水	-1	防止雨落入池塘，否则可增加径流。
季节性高地下水位	0	不适用
积雪	0	不适用
水源不足		
灌溉水使用效率低	0	不适用
水分管理效率低	0	不适用
水质退化		
地表水中的农药	0	不适用
地下水中的农药	0	不适用
地表水中的养分	0	不适用
地下水中的养分	0	不适用
地表水中的盐分	0	防止雨落入设施内，可降低溢出和伴生污染物的发生概率。
地下水中的盐分	0	不适用
粪肥、生物土壤中的病原体和化学物质过量	0	防止雨落入设施内，可降低溢出和伴生污染物的发生概率。
粪肥、生物土壤中的病原体和化学物质过量	1	通过防止落雨引起溢出，降低了地下水被污染的概率。
地表水沉积物过多	0	不适用
水温升高	0	不适用
石油、重金属等污染物迁移	1	防止雨落入设施内，可降低粪肥溢出和伴生污染物的发生概率。
石油、重金属等污染物迁移	1	通过防止落雨引起溢出，降低了地下水被污染的概率。
空气质量影响		
颗粒物（PM）和 PM 前体的排放	2	覆盖固体材料，防止固体材料被风蚀。覆盖物还有助于防止氨气的排放。
臭氧前体排放	1	覆盖物可防止挥发性有机化合物的排放。顶盖和覆盖物还可用于防止固体物质接触到潮气，进而有助于减少氮氧化物的排放。
温室气体（GHG）排放	4	覆盖物可用于帮助收集沼气（甲烷），减少净温室气体排放。添加覆盖的潟湖具有很重要的意义。顶盖和覆盖物还可用于防止固体物质接触到潮气，进而有助于减少空气排放。
不良气味	4	覆盖物可防止难闻气体的挥发。添加覆盖的潟湖具有很重要的意义。顶盖和覆盖物还可用于防止固体物质接触到潮气，进而有助于减少空气排放。
植物健康状况退化		
植物生产力和健康状况欠佳	0	不适用
结构和成分不当	0	不适用
植物病虫害压力过大	0	不适用
野火隐患，生物量积累过多	0	不适用
鱼类和野生动物——生境不足		
食物	0	不适用
覆盖 / 遮蔽	0	不适用
水	0	不适用
生境连续性（空间）	0	不适用
家畜生产限制		
饲料和草料不足		
遮蔽不足	1	如果同时收集甲烷，可作为能量源使用。
水源不足	0	不适用
能源利用效率低下		
设备和设施	0	不适用
农场 / 牧场实践和田间作业	0	不适用

　　CPPE 实践效果：5 明显改善；4 中度至明显改善；3 中度改善；2 轻度至中度改善；1 轻度改善；0 无效果；-1 轻度恶化；-2 轻度至中度恶化；-3 中度恶化；-4 中度至严重恶化；-5 严重恶化。

工作说明书——国家模板

（2015年9月）

此类可交付成果适用于个别实践。其他规划实践的可交付成果参考具体的工作说明书。

设计
可交付成果

1. 能够证明符合自然资源保护局实践中相关准则并与其他计划和应用实践相匹配的设计文件。
    a. 保护计划中确定的目的。
    b. 客户需要获得的许可证清单。
    c. 符合自然资源保护局国家和州公用设施安全政策（《美国国家工程手册》第503部分《安全》A子部分"影响公用设施的工程活动"）。
    d. 制订计划和规范所需的与实践相关的计算和分析，包括但不限于：
        i. 覆盖物类型
        ii. 结构
        iii. 安全
        iv. 环境因素（例如空气质量、水质）
2. 向客户提供书面计划和规范书包括草图和图纸，充分说明实施本实践并获得必要许可的相应要求。
3. 合理的设计报告和检验计划（《美国国家工程手册》第511部分，B子部分"文档"，第511.11节和第512节，D子部分"质量保证活动"，第512.30节至第512.32节）。
4. 运行维护计划。
5. 证明设计符合实践和适用法律法规的文件（《美国国家工程手册》第505部分A子部分，第505.3节）。
6. 安装期间，根据需要所进行的设计修改。

注：可根据情况添加各州的可交付成果。

安装
可交付成果

1. 与客户和承包商进行的安装前会议。
2. 验证客户是否已获得规定许可证。
3. 根据计划和规范（包括适用的布局注释）进行定桩和布局。
4. 安装检查（酌情根据检查计划开展）。
    a. 实际使用的材料
    b. 检查记录
5. 协助客户和原设计方并实施所需的设计修改。
6. 在安装期间，就所有联邦、州、部落和地方法律、法规和自然资源保护局政策的合规性问题向客户/自然资源保护局提供建议。
7. 证明安装过程和材料符合设计和许可要求的文件。

注：可根据情况添加各州的可交付成果。

验收
可交付成果

1. 竣工文档。
   a. 实践单位
   b. 图纸
   c. 最终量
2. 证明安装过程符合自然资源保护局实践和规范并符合许可要求的文件（《美国国家工程手册》第 505 部分 A 子部分第 505.3 节）。
3. 进度报告。

注：可根据情况添加各州的可交付成果。

参考文献

NRCS Field Office Technical Guide（eFOTG），Section IV, Conservation Practice Standard – Roofs and Covers, 367.

NRCS National Engineering Manual（NEM）.

NRCS National Environmental Compliance Handbook.

NRCS Cultural Resources Handbook.

注：可根据情况添加各州的参考文献。

保护实践效果（网络图）

（2015年9月）

图例

相关实践

缓解性实践

# : 实践效果	
D: 直接效果	
I: 间接效果	
C: 累积效果	

路径

注：各项效果前用加号（+）或减号（-）限定，分别表示对资源增强（+）或减弱（-），而不表示其有利或不利。

开始

《顶盖和覆盖物》（367）

初期设定：在粪肥管理系统中，如果给废物管理设施、农药处理设施添加顶板或覆盖物，可：（1）防止气体逸出以便控制异味；（2）避免雨水落入；（3）转移净水。

1. 在设施上安装顶板和覆盖收集气体物，可收集气体

2. 在设施上放置顶板和覆盖物，可避免雨水落入设施内，或转移净水到他处

《厌氧消化池》（366）
《废物储存设施》（313）
《废物处理池》（359）
《农药处理设施》（309）

D.1（-）甲烷释放
D.2（-）气味
D.3（-）释放的氨气
D.4（+）材料、安装和维护费用
D.5（+/-）径流排水口或减运送

I.1（-）温室气体
I.2（+）沼气农业生产潜力；农场的能量能量源
I.3（-）未来遵守法律法规的相关成本
I.4（+）用于植物生长的氮
I.5（+）生产力
I.6（+）潜在收入
I.7（+/-）生产商净收益
I.8（-）商品肥料需求
I.9（-）废物的储存容积
I.10（-）储存处溢出的概率
I.11（+）水质
I.12（-）土壤侵蚀-沟蚀

《屋面径流结构》（558）

C.1（+）社区健康和福祉
C.2（+）空气质量
C.3（+）收入和收入稳定性（个人和群体）

饱和缓冲区

（604，Ft., 2016年5月）

定义

为增加土壤水分饱和度，采用地下输水管道将排水系统中的水进行分流，并排放到植被覆盖区。

目的

实施本实践，可达到以下一个或多个目的：

- 减少地下排水管道的硝酸盐负荷。
- 在河边、湖边、斜坡或洼地等类型水文地貌景观，改善或恢复土壤水分饱和的状态。

适用条件

本实践适用于具有地下排水系统的土地，并且排水系统的水流要适合在植被覆盖区排放。

采用这种做法，在植被覆盖区的土壤和地形中排水，可以保持一个较高的水位，却不会对农作物、河岸、海岸线或邻近的土地产生不利影响。

本实践不适用于表面有入口的地上或地下排水系统，因为土壤和碎片能够从入口进入，从而阻塞输水管道。

本实践不可用于排放化粪池污水或动物粪便。

准则

适用于上述所有目的的总体准则

开展地质调查和土壤调查，以便确保：

- 当水从地下排水系统中分流时，土壤水分饱和产生的条件，如：土层限制等。
- 缺少导水性能很高并且能提供水流的优先路径的凹槽或土层。
- 在 2.5 英尺厚的表层土壤中，有机碳的含量至少是 0.75%（有机物含量为 1.2%）。
- 在缓冲区内，无废弃的排水管道或黏土瓦，因为这些东西可能会使缓冲区的水分不断流失。植被缓冲区的宽度至少为 30 英尺。

合理选址并设计地下排水系统，以便使地下排水量尽可能地分流到潜在的土壤水分饱和缓冲区，同时确保不会对邻近的土地产生不利影响。

除非土坡稳定性分析表明：该地较为安全，因土壤水分饱和而发生河岸坍塌的可能性很低。否则，应尽量避免将输水管道放置在超过 8 英尺深的河道上。土坡稳定性分析可能包括：进行地质调查，参照当地资料，并对河岸的稳定性和横向迁移的可能性进行实地观察。如果有迹象表明会发生下列情况，即可采用实地观察的方法——河岸没有出现斜坡不稳定的情况；河道旁坡度适当，植被覆盖良好，并且最近在洪泛区没有出现横向迁移。

若某地的河岸稳定性有明显的问题，或经观测发现河岸稳定性有问题，又或是可以预测到拟定的条件会引发河岸稳定性的问题，请参照保护实践《河岸和海岸保护》（580）寻找保护性措施，或者选择另一个更稳定的地点来建造拟定的饱和缓冲区。

在输水管道的上方至少要培育 2 英尺的植被覆盖层。

流量。DRAINMOD 排水系统模型或其他适当的模拟模型、主干线排水量，或排水区排水系统的排水系数等，都可用于确定排水系统的排水量。

饱和缓冲区设计的流量最小应是排水系统容量的 5%，或根据植被缓冲带的可用长度做出实际调整。

为了满足饱和缓冲区设定的流量，要利用土壤剖面的饱和导水率、饱和缓冲区的设计流量，以及在某一特定地点可用的水头等，来计算出饱和缓冲区所需的最小规模和输水管道所需的最小长度。

水控装置。 根据保护实践《控水结构》（587）的标准来设计水控装置。水控装置要建在能进行水位观测，且能进行运行和维护的地方。

设计的水控装置要保持在管理期间的目标水位高于输水管道。如果排水量超出饱和缓冲区的设计容量，要通过溢流管将超出水量输送到适当、稳定的出口。水控装置周围属于土壤饱和缓冲区。为避免排干土壤饱和缓冲区的水分，溢流管需采用无孔管道，并且设在离水控装置至少 20 英尺的地方。

如果没有上游的土地所有者提供书面许可，设计水控装置时，不得使水流超越地界线，回流到干流或支流。

输水管道。 根据保护实践《地下排水沟》（606）的规定来设计输水管道。要确保输水管道的容量大于饱和缓冲区的设计流量，这样才能确保饱和缓冲区的流量受到土壤侧向泄水能力的限制，而不是受到输水管道容量的限制。

将输水管道安装在地形等高线或斜坡上，以促进地下水均匀地流入饱和缓冲区。可根据需要添加额外的水控装置，以达到流速均匀。水控装置之间的最大水位差不得超过 3 英尺。

植被。 为了防止水土流失，并利用废水中的氮，要在土壤饱和区和涉及的其他地区植树种草。

通过播种或地膜覆盖来保护所有涉及的地区，减少水土流失。关于种子选择、苗床准备、施肥和播种等标准，请参照保护实践《保护层》（327）或《关键区种植》（342）。

减少硝酸盐负荷的附加准则

当排水量充足时，要确保饱和条件出现在土壤中有机碳含量较高的土壤剖面区域。设计这个系统的目的是：将输水管道所在地的水位在管理期间保持在地表下 12 英寸以内。除非发生以下状况需降低水位，如：要为作物提供足够的根区，要确保田间作业时的车辆通行，要应对恶劣天气，或者要进行系统维护等。否则，要使水控装置保持在预设水位。

提高或恢复土壤水分饱和状态的附加准则

设计该系统是为了达到美国农业部网络土壤调查报告中"水特征"部分所示的地下水位标准。

注意事项

为达到降低硝酸盐水平这个目标，可考虑配合使用本实践和其他标准及管理体系。例如，保护实践《养分管理》（590）、《覆盖作物》（340）、《排水管理》（554）、《反硝化反应器》（605）和《人工湿地》（656）等。

为加大出流量，可考虑在排水管周围添加包膜。请参照保护实践《地下排水沟》（606）中的标准。

考虑到成本效益，饱和缓冲区应设在至少能拦截 15 英亩内的地下管道排水量的地方。

可考虑在输水管道和河岸或海岸线之间的饱和缓冲区设置观测井，以方便进行水位记录和水位取样。

地表径流在饱和缓冲区的下渗要少于非饱和缓冲区。

如果在饱和缓冲区的土壤表面或其附近区域能保持地下水位，可在饱和缓冲区种植适合潮湿土壤条件的水生植物。这不仅可以去除更多硝酸盐，还能够增加土壤表面和其附近区域的碳置换。

采取这种做法可以增加野生动物和授粉昆虫的栖息地数量。

如果担心管道系统（沿旁通管挖壕沟、填土方）发生渗漏，可以安装防渗漏套管。

可考虑采取一些措施，以便减少木本物种的根系堵塞输水管道的可能性。将树木移栽到足够远的地方，这样输水管就不会处于成年树冠的滴灌线之下。在输水管区域种植草本植物，如果河岸地区目前树木茂密，要么需清除树木，要么需在林木线外为输水管区域设立一个草本植物区。

计划和技术规范

计划至少应包括以下内容：
- 给水系统布局规划图。

- 现有的排水管、配水管道和出口通道的剖面图。
- 水位控制装置要求的细节。
- 培养种植植被的要求。
- 描述特定地点安装要求的施工规范。

运行和维护

制订一个运行和维护计划，并与土地管理者一起审查该计划。具体的操作包括应用中正常的重复性活动和实践（运营）的运作，以及实践（维护）的修复和维护。该计划至少应包括以下内容：

- 计划的水位管理和时间安排。
- 对水控装置、给水管和排水系统的检查和维护要求，尤其是对上游的表面入口的检查和维护要求。
- 要定期清除侵入性树木或灌木，以减少给水线路的堵塞问题。
- 如果要对场地进行监视，需设定监测和报告的要求，以便证实系统的性能并为改进本实践的设计和管理提供信息。至少应记录在水控装置、观测孔和观测井（如果使用的话）中的水位（高度）。当地下水位变动时，并伴随引发洪流的降水事件时，应每两周记录一次水位。

参考文献

Jaynes, D.B. and T. Isenhart. 2011. Re-saturating Riparian Buffers in Tile Drained Landscapes. A Presentation of the 2011 IA-MN- SD Drainage Research Forum. November 22, 2011. Okoboji, IA.

Jaynes, D.B. and T. Isenhart. 2012. Re-saturating Riparian Buffers using Tile Drainage. Unpublished.

Jaynes, D.B. and T.M. Isenhart, 2014. Reconnecting Tile Drainage to Riparian Buffer Hydrology. Journal of Environmental Quality 43：631-638. doi：10.2314/jeq2013.08.0331. Advances in Agronomy 92：75-162.

保护实践概述

（2016年5月）

《饱和缓冲区》（604）

饱和缓冲区是一片植被繁茂的河岸缓冲区，其中，通过引流缓冲区沿线地下排水系统中的大量水，人为地提高了地下水位，从而通过强化的反硝化作用来降低地表水中的硝酸盐负荷。

实践信息

饱和缓冲区是几种实践做法之一，有助于防止离开农田的暗管排水产生过多的硝酸盐影响。

一般通过为地下排水系统提供二级排水口来实现饱和缓冲区，这是通过在主排水口安装控水结构来实现的。沿着植被缓冲带的田地边缘，该结构将

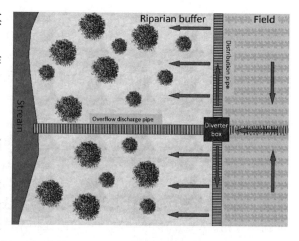

暗管排水口的水流分流到与水道平行的横向穿孔配水管。在暗管排水系统的高流量期间，该结构被设置为绕过过大流量至主排水口。当排泄水通过配水管引入缓冲区时，土壤变得饱和。

当缓冲区饱和时，随着水通过缓冲区的横向运动，植被和反硝化土壤生物从水中去除硝酸盐，减少排放到溪流中的硝酸盐。

现场土壤调查是对饱和缓冲区实施规划和设计的关键。土壤中有机质的数量和限制性层的存在对饱和缓冲区的功能产生至关重要的影响。土壤碳为反硝化细菌提供了食物来源，同时限制层的存在确保了缓冲区维持饱和状态。缓冲区至少应有 30 英尺宽，并且应有繁茂的植物。这些植物可以是草本或木质的灌木和乔木，也可以是两者的结合。

常见相关实践

《饱和缓冲区》（604）是减少向地表水排出硝酸盐的总体策略的一部分。饱和缓冲区与保护实践《养分管理》（590）中详细说明的养分管理的 4 个"4-R"策略配合得很好。在适当的时间、适当的地点以适当的速度施加适当的养分来源，可以最大限度地减少排泄水中的养分含量。

《排水管理》（554）也可以成功地应用于保护系统，利用结构体来管理田间排水，并进一步减少硝酸盐的输出。

保护实践的效果——全国

土壤侵蚀	效果	基本原理
片蚀和细沟侵蚀	0	不适用
风蚀	0	不适用
浅沟侵蚀	0	不适用
典型沟蚀	0	不适用
河岸、海岸线、输水渠	0	不适用
土质退化		
有机质耗竭	2	保持根区的地下水位可减少有机质的氧化，某些情况下降低地下水位会增加氧化作用。
压实	0	不适用
下沉	2	减少有机质氧化可减少下沉的可能性。
盐或其他化学物质的浓度	0	如果地下水位保持在较高的水平，就可能出现盐分积聚。
水分过量		
渗水	1	对地下水位进行管理，防止过度渗水。
径流、洪水或积水	-2	控制径流，创造积水或洪水条件。
季节性高地下水位	2	对地下水进行管理，以便限制与目前或预期土地使用相适应的饱和期。
积雪	0	不适用
水源不足		
灌溉水使用效率低	0	不适用
水分管理效率低	0	不适用
水质退化		
地表水中的农药	2	排水可减少径流和侵蚀。
地下水中的农药	2	在作物生长期间，排水可增加根区需氧农药的降解。
地表水中的养分	1	水的释放速度比在自然条件下慢，使溶液中的某些养分有更多的时间挥发且附着在沉积物上的养分有更多时间沉淀出来。
地下水中的养分	-1	这一举措可提升地下水的高度，使其更接近养分，增加污染地下水的概率。
地表水中的盐分	0	这一举措可以降低盐污染水的放水速度，但对盐量没有影响。
地下水中的盐分	0	不适用
粪肥、生物土壤中的病原体和化学物质过量	1	放水受到控制，从而降低了排放的总水量。
粪肥、生物土壤中的病原体和化学物质过量	1	这一举措将改变排水的时间和可能的排水量。根区的涵养水分可能有助于病原菌的消亡。
地表水沉积物过多	0	不适用

（续）

水质退化	效果	基本原理
水温升高	0	不适用
石油、重金属等污染物迁移	2	放水受到控制，降低了富含重金属的沉积物进入地表水的可能性。
石油、重金属等污染物迁移	0	改变土壤水位会影响土壤化学特性，增加某些金属的溶解度，从而或多或少容易浸析部分金属。
空气质量影响		
颗粒物（PM）和PM前体的排放	2	管理排水可以保持土表湿润，降低风蚀概率。
臭氧前体排放	0	不适用
温室气体（GHG）排放	1	提供促进植物生长的条件。植物生长的增加将空气中的二氧化碳转化为碳，储存在植物和土壤中。
不良气味	0	不适用
植物健康状况退化		
植物生产力和健康状况欠佳	2	排水为植物的最快生长提供了条件。
结构和成分不当	0	不适用
植物病虫害压力过大	0	不适用
野火隐患，生物量积累过多	0	不适用
鱼类和野生动物——生境不足		
食物	0	不适用
覆盖/遮蔽	0	不适用
水	0	季节性洪水为一些物种提供了水源。
生境连续性（空间）	2	季节性洪水为一些物种提供了栖息地。
家畜生产限制		
饲料和草料不足	4	保持草料生产的最佳含水量。
遮蔽不足	0	不适用
水源不足	0	不适用
能源利用效率低下		
设备和设施	0	不适用
农场/牧场实践和田间作业	0	不适用

CPPE实践效果：5明显改善；4中度至明显改善；3中度改善；2轻度至中度改善；1轻度改善；0无效果；−1轻度恶化；−2轻度至中度恶化；−3中度恶化；−4中度至严重恶化；−5严重恶化。

工作说明书—— 国家模板

（2016年5月）

此类可交付成果适用于个别实践。其他规划实践的可交付成果参考具体的工作说明书。

设计
可交付成果

1. 能够证明符合自然资源保护局实践中相关准则并与其他计划和应用实践相匹配的设计文件。
   a. 保护计划中确定的目的。
   b. 客户需要获得的许可证清单。
   c. 对周边环境和构筑物的影响。
   d. 符合自然资源保护局国家和州公用设施安全政策（《美国国家工程手册》第503部分《安全》，A子部分"影响公用设施的工程活动"第503.00节至第503.06节）。
   e. 制订计划和规范所需的与实践相关的计算和分析，包括但不限于：
      i. 地质与土力学（《美国国家工程手册》第531a子部分）（例如：土壤日志和测试报告）

      ii. 水文条件 / 水力条件

      iii.结构，包括适当的危险等级

      iv. 植被

      v. 一份暗管布置图，包括暗管大小、材料、深度，以及向饱和缓冲区排水的所有暗管位置。如果没有暗管布置图，请提供饱和缓冲区大小的相关文件，包括排水面积

2. 向客户提供书面计划和规范书包括草图和图纸，充分说明实施本实践并获得必要许可的相应要求。至少包括以下内容：

    a. 配水系统的平面布置图。

    b. 现有排水管、配水管和出水沟渠的剖面图。

    c. 水位控制所需结构体的详细信息。

    d. 植被建植要求。

    e. 说明现场特定安装要求的施工规范。

3. 根据自然资源保护局保护实践《饱和缓冲区》（604）的要求制订《运行维护（O&M）计划》。

4. 证明设计符合实践和适用法律法规的文件[《美国国家工程手册》A 子部分，第 505.03（b）（2）节]。

5. 安装期间，根据需要所进行的设计修改。

注：可根据情况添加各州的可交付成果。

安装
可交付成果

1. 与客户、承包商和自然资源保护局代表召开施工前会议。

2. 验证客户是否已获得规定许可证。

3. 根据计划和规范（包括适用的布局注释）进行定桩和布局。

4. 安装检查（根据检查计划开展）：

    a. 实际使用的材料（《美国国家工程手册》第 512 部分 D 子部分"质量保证审查"第 512.33 节）

    b. 检查记录

5. 协助客户和原设计方并实施所需的设计修改。

6. 在安装期间，就所有联邦、州、部落和地方法律、法规和自然资源保护局政策的合规性问题向客户 / 自然资源保护局提供建议。

7. 证明安装过程和材料符合设计和许可要求的文件。

注：可根据情况添加各州的可交付成果。

验收
可交付成果

1. 竣工文档。

    a. 实践单位

    b. 已安装材料的文档

    c. 记录关键尺寸、高程和材质的完工图或测量记录

    d. 最终量

2. 证明安装和材料符合自然资源保护局实践和规范并符合许可证要求的文件（《美国国家工程手册》A 子部分，第 505.03（c）（1）节）。

3. 进度报告。

注：可根据情况添加各州的可交付成果。

参考文献

NRCS Field Office Technical Guide（FOTG）, Section IV, Conservation Practice Standard – Saturated Buffer, 604.

NRCS National Engineering Handbook, Part 624, Section 16, Drainage.

NRCS National Engineering Handbook, Part 650, Chapter 14, Water Management（Drainage）.

NRCS National Environmental Compliance Handbook.

NRCS Cultural Resources Handbook.

注：可根据情况添加各州的参考文献。

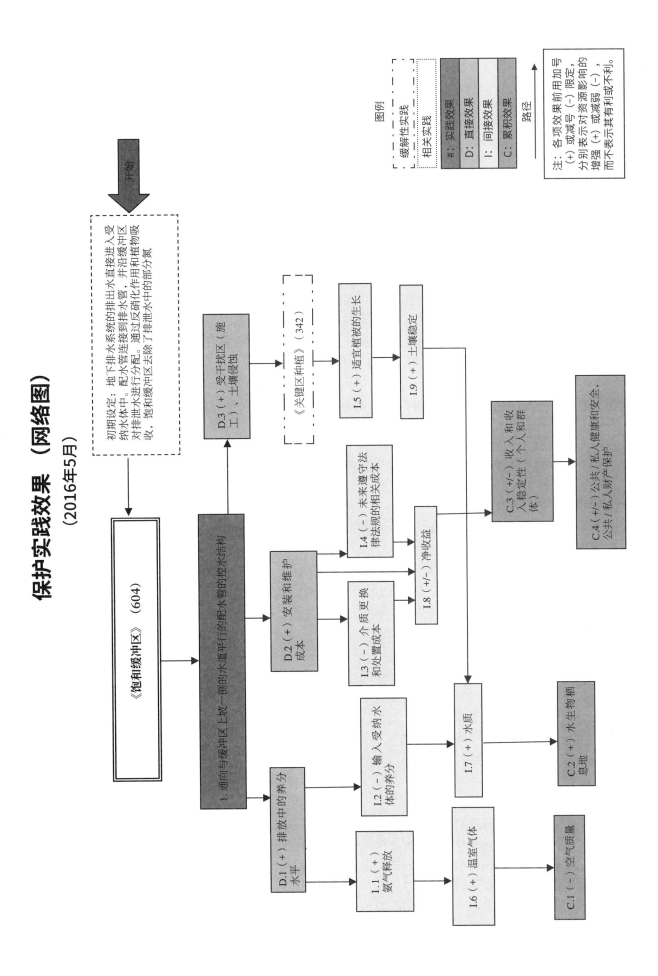

保护实践效果（网络图）

（2016年5月）

▶ 饱和缓冲区

·625·

沉淀池

（350，No.，2016年5月）

定义

沉淀池是指在普通沉淀池的基础上开凿一个人工出水口，由筑堤、挖沟或两者结合而成。

目的

截获并留置含有泥沙的径流或其他残渣，使其有足够的时间在沉淀池中沉淀。

适用条件

本实践适用于城市用地、建筑用地、农用地和其他受影响的土地：

- 物理条件限制或土地所有权不允许通过建造侵蚀控制措施来处理含有沉积物的水源。
- 沉淀池受损不会造成人员伤亡、房屋、商业或工业建筑、主要公路或铁路的损坏，或影响公共设施的正常运行。
- 储量乘以大坝有效高度小于 3 000。储量是指在辅助泄洪道顶部以下的水库的容积，单位为英亩 - 英尺。
- 大坝的有效高度小于或等于 35 英尺。大坝的有效高度是辅助泄洪道坝顶与沿坝中心线的断面最低点之间的高度差。
- 根据自然资源保护局《美国国家工程手册》第 520.21（E）条，大坝危险性较低。

准则

根据所有适用的联邦、州和地方法律法规，规划、设计和建造沉淀池。

选址

沉淀池是在已发生侵蚀时截获沉积物的最后一道防线。在可能的情况下，应在流域发生土壤扰动之前提前建造沉淀池。选址时，应使沉淀池尽可能多地拦截流域扰动区的径流。选择一个合适位置，尽量减少径流进入沉淀池的入口点数量，减少对建筑或农业活动的干扰，不要将沉淀池规划在常流河区域。

池容量

沉淀池必须具备以下沉积物储存、滞留储存和临时蓄洪的能力：

- 设计一个与结构设计寿命相当的最低沉积物储存量，或定期进行清理。
- 为了最大限度地截获沉积物，设计沉淀池时应确保在发生风暴期间，储水充足。但是，如果场地条件、安全考虑或当地法律不允许有永久的水池，则应规定在风暴发生期间对全部或部分滞留物和沉积物进行脱水。
- 根据辅助泄洪道所需的设计风暴设计蓄洪量。在主泄洪道和辅助泄洪道之间至少设置 1 英尺的高度差。
- 计算从沉淀池底部到沉积物储存顶部的沉积量。
- 计算从沉积物储存顶部至主要泄洪道顶部的滞留量。
- 计算主泄洪道顶部和辅助泄洪道顶部之间的蓄洪量。

主泄洪道和辅助泄洪道设计

主泄洪道和辅助泄洪道具体设计情况如下：

- 设计出的主泄洪道应能够承载长期连续而又频繁的水流，不需要再借助辅助泄洪道排出。
- 设计主泄洪道，使其能够在 24 小时内减少临时蓄洪量。

- 使用直径 6 英寸或更粗的主泄洪管。
- 为预期的设计流程条件提供主泄洪道的稳定出口。
- 在对全部或部分滞留物和沉积物脱水时，在主泄洪道管道中采取穿孔或小开口等手段。
- 设计辅助泄洪道时，应以不损坏沉淀池且能够应对猛烈的风暴为标准。

有关主泄洪道及辅助泄洪道的设计标准，请参照保护实践《池塘》（378）的规定。

沉淀池形状

设计长宽比为 2:1 或更大的沉淀池。如果需要的话，用挡板将池内的水流分流，以延长入水的流量路径，达到所需的长宽比。

堤岸和边坡

如果沉淀池包括堤坝，请参照保护实践《池塘》（378）的要求，以满足设计要求。

提供（横纵比为 3:1，或较平缓）池区的边坡，应位于永久水道之上，（横纵比为 2:1，或较平缓）池区的侧坡，应位于永久水道之下。

安全性

根据自然资源保护局《美国国家工程手册》第 503 部分"安全"要求，设计防止严重伤害或人员伤亡的必要措施。

植被和土壤保护

按照保护实践《关键区种植》（342），在施工过程中受干扰的土堤、地面泄洪道、取土区和其他区域的外露表面上播撒种子或覆盖草皮。必要时，在气候条件不允许使用种子或草皮的情况下，按照保护实践《覆盖》（484），采用无机覆盖物，如砂石。

文化资源

评估项目区域是否存在文化资源以及对这些资源产生影响的任何工程项目。在适当的时候，给予考古、历史文物、古建筑和传统文化财产相应的保护和安置。

注意事项

一个大的沉淀池可能会影响流域的峰值流量。规划者应考虑到这一点，并采取措施减轻沉淀池对建筑物下游的沿岸区域所产生的任何潜在负面影响。

在许多情况下，仅使用沉淀池可能无法为流域外的沉积问题提供足够的保护。为了最有效的发挥作用，沉淀池应成为在受扰动地区实施的一系列侵蚀控制和沉积截获做法的最后一种措施。这种渐进的方法将减少沉淀池的负荷，提高整体工作的有效性，以防止域外沉积问题。

沉淀池中泥沙的清除效率受诸多因素影响。其中包括径流的滞留时间、脱水装置的类型、沉淀池内存在的永久池、沉淀池内湍流的减少以及土壤颗粒的大小。根据需要使用下列技术来去除黏土和其他细微颗粒。

- 增加沉淀池的储存量，以增加滞留时间。增加储量，加上设计适当的脱水装置，可显著提高沉积物截获效率。
- 对沉积物储存处上方清水进行脱水，而不排出沉淀池深处含有沉积物的水。使用根据水面浮标以及水位变化进行调整的撇油装置，可以有效改善沉淀池的水质。《北卡罗莱纳州侵蚀和沉积物控制规划和设计手册》有这类脱水装置的相关细节。
- 维持保留一个永久性的水池还可减少沉淀池中沉积物的再悬浮，从而改善沉积物的聚集状态。只有对临时泄洪地或部分泄洪地进行脱水，才能实现这一目标。在沉积层达到设计高度之前将沉积物从沉淀池中移除，以维持沉淀池的体积并提高截获效率。
- 通过建造贯穿整个沉淀池的多孔挡板来减少沉淀池的湍流。挡板可以减慢水流，迫使池水扩散到整个沉淀池区域。《北卡罗莱纳州侵蚀和沉积物控制规划和设计手册》包含了对多孔挡板的详细讨论和设计标准。
- 对于细粒沉积物，在径流进入沉淀池前添加絮凝剂。一种常用的絮凝剂是阴离子聚丙烯酰胺（PAM）。不要使用阳离子聚丙烯酰胺，因为它对水生生物有毒性。

将未受干扰地区的径流从沉淀池中移除，将增强沉淀池的功能。引流措施的设计风暴应等同于沉淀池辅助泄洪道的设计风暴。

使用与主沉淀池分离且易于清理的前池，以减少湍流，并使较大的颗粒在进入主沉淀池前从径流中沉降。

由于一个沉淀池的沉积物储存能力有限，所以选择一个合适位置，以便在池满时可以清除沉积物。

视觉资源设计。 对于公众能见度高的地区和与娱乐有关的地区，应仔细考虑该地区沉淀池的视觉设计。池塘、挖掘材料和植被种类的形状和形式在视觉上都与它们所处的环境和功能有一定的联系。

应配合自然地形设计堤坝的形状。池塘边缘的形状一般是弯曲的，而不是长方形。铺平挖掘出的材料，使之适应周围的风景，而不是凌乱堆放。在可行的情况下，适当增加岛屿数量可产生视觉兴趣和吸引野生动物。

改变利用。 在某些情况下，沉淀池在发挥了截获沉积物功能后，仍可继续作为雨水蓄积或野生动物嬉戏的池塘。在设计阶段进行适当的规划，以确保沉淀池能够发挥不同的作用。这也可能需要对出口结构进行重大修改，并清除累积的沉积物，使之发挥新的用途。

用于野生动物栖息地。 如果该沉淀池将被适用于野生动物，建议引进本地物种，以提供适合的食物和栖息地多样性。此外，在进行可能扰乱野生生物生命周期或对授粉者产生负面影响的维持活动时，应考虑沉淀池对野生生物的适用性。

计划和技术规范

根据本实践，制订涵盖本实践实施要求的计划和技术规范。该计划和技术规范应至少包括以下内容：

- 沉淀池布局平面图。
- 典型的沉淀池剖面和横断面。
- 出口系统的相关细节。
- 足以说明施工要求的结构图纸。
- 根据需要，进行植被种植或全覆盖的要求。
- 安全特征。
- 具体地点的建筑和材料要求。

运行和维护

为操作人员制订一份运行和维护计划。

在运行及维护计划中，应至少包括以下内容：

- 定期检查所有建筑物、土堤、泄洪道和其他重要附属设施。
- 及时清除管道入口和垃圾架上的垃圾。
- 迅速及时维修或更换损坏的部件。
- 及时清除到达预定沉积高度的沉积物。
- 定期清除树木、灌木和侵入物种。
- 定期检查安全部件，必要时立即维修。
- 加强植被保护，并根据需要及时在裸露地区播撒植物种子。

参考文献

American Society for Testing and Materials. Standard Practice for Classification of Soils for Engineering Purposes （Unified Soil Classification System）, ASTM D2487. West Conshohocken, PA.

California Stormwater Quality Association. 2003. California Stormwater BMP Handbook, Construction. Menlo Park, CA.

Center for Watershed Protection. 2000. Improving the Trapping Efficiency of Sediment Basins, Article 58, The Practice of Watershed Protection: Techniques for Protecting and Restoring Urban Watersheds. Ellicott City, MD.

Department of Conservation and Recreation, Commonwealth of Virginia. 1992. Virginia Erosion and Sediment Control Handbook, 3rd Edition, Richmond, VA.

Jarrett, A. R. August 1998. Controlling the Dewatering of Sedimentation Basins, Agricultural and Biological Engineering, Pennsylvania State University, University Park, PA.

North Carolina Department of Environmental and Natural Resources, Division of Land Resources. 2006. North Carolina Erosion and Sediment Control Planning and Design Manual. Raleigh, NC.

Tennessee Erosion and Sediment Control Handbook. 2002. Tennessee Department of Environment and Conservation. Nashville, TN.

USDA NRCS. Engineering Technical Releases, TR-210-60, Earth Dams and Reservoirs. Washington, DC.

USDA NRCS. National Engineering Handbook （NEH）, Part 628, Dams. Washington, DC.

USDA NRCS. NEH, Part 633, Soil Engineering. Washington, DC.

USDA NRCS. NEH, Part 636, Structural Engineering. Washington, DC.

USDA NRCS. NEH, Part 650, Engineering Field Handbook. Washington, DC.

USDA NRCS. NEH, Section 3, Sedimentation. Washington, DC.

USDA NRCS. National Engineering Manual. Washington, DC.

USDA NRCS & Illinois Environmental Protection Agency. 2002. Illinois Urban Manual. Champaign, IL.

保护实践概述
（2016年5月）

《沉淀池》（350）

沉淀池是一个带有工程排水口的水池，通过修建堤坝、挖掘坑道或两者的组合而形成。

实践信息

沉淀池在足够长的时间内收集并保留含沙径流或其他杂物，并使其在沉淀池中沉淀下来。

沉淀池保持着水库、涵洞、排水沟、运河、分水渠、水道和溪流的容量；防止过多的下坡淤积；截留来自建筑工地的沉积物；减少或减轻沉积物的污染或沉积对自然资源的损害。

影响沉淀池中沉积物清除效率的因素有很多。这些因素包括径流滞留时间、脱水装置的类型、沉淀池内是否存在永久性水池、流域内湍流的减少以及土壤颗粒大小。

运行维护要求包括定期检查、及时维修或更换损坏的部件、定期清除沉积物，以及定期修剪植被。

常见相关实践

《沉淀池》（350）可能是规定的雨水管理计划或侵蚀与泥沙控制计划的组成部分。《沉淀池》（350）通常与《关键区种植》（342）、《覆盖》（484）和《控水结构》（587）等保护实践一起使用。

保护实践的效果——全国

土壤侵蚀	效果	基本原理
片蚀和细沟侵蚀	0	不适用
风蚀	0	不适用
浅沟侵蚀	2	受控水流将会减少沉淀池坡面的沟道侵蚀。
典型沟蚀	2	受控水流将会减少沉淀池坡面的沟道侵蚀。
河岸、海岸线、输水渠	0	由于水流受到控制，水流造成的河岸侵蚀减少了，但来自沉淀池的"净"水可能会造成河岸侵蚀。
土质退化		
有机质耗竭	0	不适用
压实	0	不适用
下沉	0	不适用
盐或其他化学物质的浓度	0	不适用
水分过量		
渗水	-2	沉淀池中的蓄水会渗入，导致渗漏问题加剧。
径流、洪水或积水	2	沉淀池可延缓水流，从而减少径流，控制放水量。
季节性高地下水位	-2	沉淀池中的蓄水会渗入，导致地下水增加。
积雪	0	不适用
水源不足		
灌溉水使用效率低	0	不适用
水分管理效率低	0	不适用
水质退化		
地表水中的农药	2	这一举措可收集并存储吸附的农药。
地下水中的农药	-1	含有农药的水可能会从沉淀池中渗出。
地表水中的养分	5	这一举措会使附着在沉积物上的污染物积累起来，而渗入的水会去除可溶性污染物。
地下水中的养分	-1	蓄积的养分物质可能会污染地下水。
地表水中的盐分	2	沉淀池会使附着在沉积物上的污染物积累起来，而渗入的水会去除可溶性污染物。
地下水中的盐分	-1	沉淀池中的渗入水可能会将可溶盐迁移到地下水中。
粪肥、生物土壤中的病原体和化学物质过量	2	沉淀池会使附着在沉积物上的污染物积累起来，而渗入的水会去除可溶性污染物。
粪肥、生物土壤中的病原体和化学物质过量	-1	沉淀池中的渗入水可能会将病原体迁移到地下水中。
地表水沉积物过多	4	沉淀池可保留沉积物，从而降低径流浊度。
水温升高	0	虽然保留在沉淀池中的水比流动的地表水温度高，但不太可能排放到地表水中。
石油、重金属等污染物迁移	2	沉淀池会使附着在沉积物上的污染物积累起来。
石油、重金属等污染物迁移	-1	沉淀池中的渗入水可能会将可溶污染物迁移到地下水中。
空气质量影响		
颗粒物（PM）和 PM 前体的排放	0	不适用
臭氧前体排放	0	不适用
温室气体（GHG）排放	0	不适用
不良气味	0	如果用作为农业废物管理系统的一部分，则需要恰当的选址和管理。
植物健康状况退化		
植物生产力和健康状况欠佳	0	不适用
结构和成分不当	0	不适用
植物病虫害压力过大	0	不适用
野火隐患，生物量积累过多	0	不适用

（续）

鱼类和野生动物——生境不足	效果	基本原理
食物	-1	沉淀池会消灭区域内的任何食物物种。
覆盖 / 遮蔽	-1	沉淀池使用区域内的所有覆盖物均需清除。
水	0	水被暂时储存起来，通过径流清除沉积物和碎屑。
生境连续性（空间）	0	不适用
家畜生产限制		
饲料和草料不足	0	不适用
遮蔽不足	0	不适用
水源不足	0	沉淀池中捕集到的水能够补充畜牧用水。
能源利用效率低下		
设备和设施	0	不适用
农场 / 牧场实践和田间作业	0	不适用

CPPE 实践效果：5 明显改善；4 中度至明显改善；3 中度改善；2 轻度至中度改善；1 轻度改善；0 无效果；-1 轻度恶化；-2 轻度至中度恶化；-3 中度恶化；-4 中度至严重恶化；-5 严重恶化。

工作说明书——国家模板
（2016年5月）

此类可交付成果适用于个别实践。其他规划实践的可交付成果参考具体的工作说明书。

设计
可交付成果

1. 证明符合自然资源保护局实践中相关准则并与其他计划和应用实践相匹配的设计文件。
   a. 保护计划中确定的目的。
   b. 客户需要获得的许可清单。
   c. 对周边环境和构筑物的影响。
   d. 符合自然资源保护局国家和州公用设施安全政策（《美国国家工程手册》第 503 部分《安全》A 子部分"影响公用设施的工程活动"第 503.00 节至第 503.06 节）。
   e. 制订计划和规范所需的与实践相关的计算和分析，包括但不限于：
      i. 地质与土力学（《美国国家工程手册》第 531A 子部分）
      ii. 水文
      iii. 沉积物和径流蓄水能力
      iv. 排水工程
      v. 结构，包括适当的危险等级
      vi. 植被
2. 向客户提供书面计划和规范书包括草图和图纸，充分说明实施本实践并获得必要许可的相应要求。
3. 合理的设计报告和检验计划（《美国国家工程手册》第 511 部分，B 子部分"文档"，第 511.11 节和第 512 节，D 子部分"质量保证活动"，第 512.30 节至第 512.32 节）。
4. 运行维护计划（《国家运行和维护手册》）。
5. 证明设计符合实践和适用法律法规的文件［《美国国家工程手册》A 子部分第 505.03（b）（2）节］。

6. 安装期间，根据需要所进行的设计修改。

注：可根据情况添加各州的可交付成果。

安装
可交付成果

1. 与客户和承包商进行的安装前会议。

2. 验证客户是否已获得规定许可证。

3. 根据计划和规范（包括适用的布局注释）进行定桩和布局。

4. 安装检查（酌情根据检查计划开展）。

    a. 实际使用的材料

    b. 检查记录

5. 协助客户和原设计方并实施所需的设计修改。

6. 在安装期间，就所有联邦、州、部落和地方法律、法规和自然资源保护局政策的合规性问题向客户/自然资源保护局提供建议。

7. 证明安装过程和材料符合设计和许可要求的文件。

注：可根据情况添加各州的可交付成果。

验收
可交付成果

1. 竣工文档。

    a. 实践单位

    b. 图纸

    c. 最终量

2. 证明安装过程符合自然资源保护局实践和规范并符合许可要求的文件［《美国国家工程手册》A 子部分第 505.03（c）（1）节］。

3. 进度报告。

注：可根据情况添加各州的可交付成果。

参考文献

NRCS Field Office Technical Guide（FOTG）, Section IV, Conservation Practice Standard - Sediment Basin, 350.

NRCS National Engineering Manual（NEM）.

NRCS National Environmental Compliance Handbook.

NRCS Cultural Resources Handbook.

注：可根据情况添加各州的参考文献。

保护实践效果（网络图）

(2016年5月)

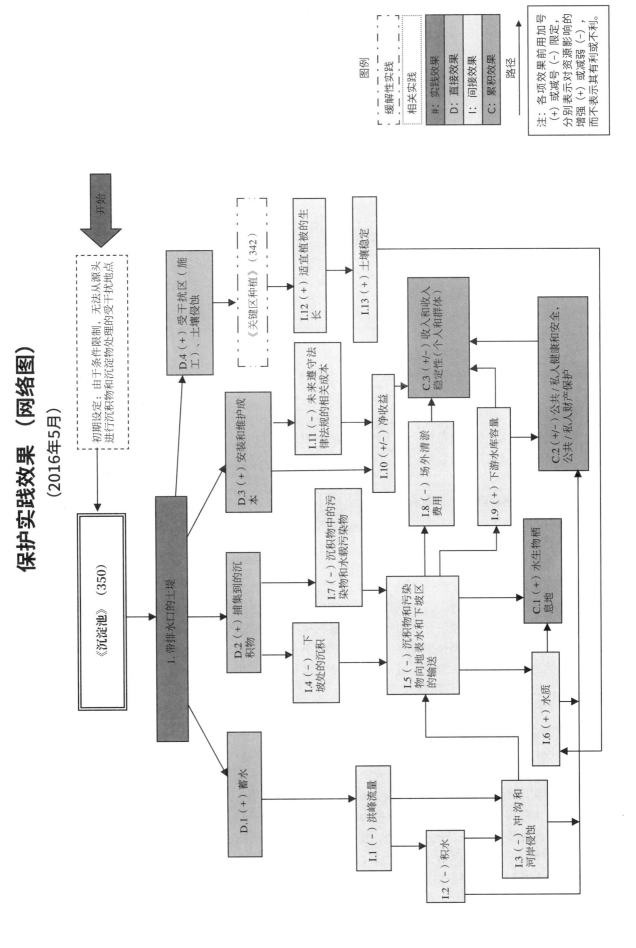

林牧复合

（381，Ac.，2016年5月）

定义

在同一土地上种植或管理所需的树木和草料。

目的

* 为牲畜提供饲料、遮阴树或活动区。
* 提高林木 / 灌木和草料的数量和健康水平。
* 改善水质。
* 减少水土流失。
* 改善野生动植物栖息地条件。
* 提高生物多样性。
* 改善土质。
* 增强碳封存能力，提高碳储量。
* 为有益生物和传粉昆虫提供栖息地。

适用条件

本实践可用于适合所需草料、林木和牲畜的任意地区。

准则

适用于上述所有目的的总体准则

所选取的植物物种（如当地所需的林木、草料和灌木）要适应当地的气候条件、土壤条件和生物条件，并与该计划的实施和管理相匹配。

建立和维护林牧复合要在这样的林木条件下进行：即在目标区域内至少存在 10% 的单茎木本植物，它们在成熟期应该至少能够达到 4 米（13 英尺）高。

不要种植联邦或州入侵或有毒杂草名单上的植物。

要在适当的条件下管理放牧行为来建立或者保持林牧复合的生产力和功能。要在目标区域内设立供水设施以及矿物质和饲料补充设施，以便牲畜能够合理地利用林牧复合中的草料。要限制牲畜进入土壤敏感的地区（如湿地、沿河区域、受保护栖息地和喀斯特地貌地区等）。此举措可以使用保护实践《计划放牧》（528）进行指导。

在现有的牧场、山地或农田中增加种植木本植被或者把木本植被和灌木植被结合栽培，根据现存的植被和土壤条件按照实际情况进行造林整地和林木 / 灌木的定植。使用保护实践《乔木 / 灌木场地准备》（490）来指导造林整地，使用保护实践《乔木 / 灌木建植》（612）按照实际情况来定植林木和灌木。根据所需的树种和林木形态（例如：林木的排列方式团簇数量和单行树）来设计定植林木的方式。根据实地条件（例如：当地气候、地形、坡向、风向等）来设计定植树木的方式，这样能够使阳光可以最大限度地到达地面，从而维持所需草料的生长，同时也为牲畜提供了所需的活动区和绿荫。

要使林木免受于虫害、野生动植物、牲畜或者火灾等不可抗因素的影响，可以参照保护实践《乔木 / 灌木建植》（612）和《计划放牧》（528）的内容。

要在现有的林地上种植林牧复合，需要移出大批的林木，或者大幅度修剪现有林木，这样在种植草料的过程中，能够为其生长提供充足的光照条件。可以使用保护实践《乔木 / 灌木修剪》（660）来指导修剪林木，也可以使用保护实践《牧草和生物质种植》（512）和《牧场种植》（550）来指导牧草种植。

假设保护农林业的举措没有受到植被损失和采伐干扰的影响，可以把一些植被，例如林木、药草、坚果和果树等移出目标区域。

为牲畜提供草料，遮阴树或活动区的附加准则

所使用的牧草品种应适合当地牲畜食用并能够与当地树种共存。

改善水质的附加准则

选取的林木和牧草的生长特性要有助于摄取更多的养分。

改善水土流失的附加准则

在同一等高线上或者邻近等高线的地方定植林木，必要时候可以使用减少水土流失的控制标准，例如保护实践《草地排水道》（412）。

改善野生动植物栖息地条件的附加准则

我们要定植的植被种类，要能够为所需的野生动植物提供牧草、嫩草、植物籽、绿荫区和筑巢栖息地。可以按照有关选择和种植植被的保护实践《高地野生动物栖息地管理》（645）。

提高生物多样性的附加准则

选择的植被物种和种类要具备提供所需的生物多样性的能力。所选的物种属性可能各有不同，例如：开花时间，长叶和结果时间，吸引野生动植物或传粉昆虫等。

提升碳封存能力和碳储量的附加准则

选择使用的树种和载畜率要能够优化林牧复合的生长速度和生命周期，并能够与目标区域的容量相一致，以便提高和维持碳封存能力。使用深根的牧草种，并将更多的碳供给到地下。

为有益生物和传粉昆虫提供栖息地的附加准则

要根据美国国家有机计划指导方针来管理农林业，此方针主要针对于建设有机农业系统和正在过渡到有机农业的农业系统。要选择不同种类的植被品种，它们需要能够在控制目标虫害以及授粉所需植被的关键时期，为所需的有益生物（如：土壤微生物群落、传粉昆虫、捕食性和寄生昆虫、蜘蛛、食虫鸟类、蝙蝠和猛禽等）提供至少一年的食物（理想状态）。

保护有益生物免受于有害农业和化学品的损坏。

在定植植被期间，可以使用例如木制品或干草之类的天然护根物来控制植被竞争，以此作为使用除草剂的替代方案。

注意事项

未能为牲畜维持足够的饲料可能会导致林木的过度受损或损失。

未能维持充足的遮阴树和动物活动区域会导致树冠覆盖面下土壤压实过度，造成树根腐蚀导致树木死亡。

例如像免耕播种、循环放牧以及保持土壤肥沃这样的管理举措能够更好地保证土壤生物多样性和土壤健康水平。

综合虫害防治技术可用于害虫的预防、规避、监测和抑制等情况。

在通过延迟放牧来保护新林木/灌木植被的地方，牧草可以用来作干草和青储饲料。

如果放牧行为不能够维持正在缩减的可燃物负荷量，可以考虑使用保护实践《计划烧除》（338），出于对栖息地的维护和减少燃料负荷的需要，提供的所需木本植物要能够远离火灾并且不会受到火灾的侵害。

在以下现有的某些林区和林地群落是不适合建立林牧复合的，例如：具有很高保护价值的区域、拥有受保护物种的区域，这些区域对放牧行为的容忍度较小或很容易改变区域内的森林密度，以及很难管理土壤侵蚀和营养物区域。

构建有机农业系统的注意事项

必要情况下，可以考虑通过增加种植量，引入食肉动物、寄生生物、为害虫天敌创造栖息地等方式来控制虫害，也可以使用非合成型的控制手段，例如：诱捕手段、布置陷阱及使用驱虫剂。

在必要的情况下，可以通过覆盖完全可生物降解的材料来控制入侵植物物种；还可通过刈割、牲畜放牧、手除草和机械栽培、预灌溉、火烧、加热或电击等手段。

计划和技术规范

使用工作表或其他合适的文件为本实践撰写使用说明书。至少应提供以下内容：

- 目标。
- 绘制出种植图纸并写明实施要求。
- 标明林牧复合的位置以及规划种植农林区域的地图。
- 土壤类型地图，土壤和生态场所的描述（如果有的话）。
- 定植方法。
- 每英亩种植的树木 / 灌木数量，按种类划分。
- 受季节因素、疾病、昆虫、野生生物影响等因素相关的定植时间。
- 必要时采取缓解措施，以减少火灾危害或潜在的虫害。

运行和维护

应采取以下手段以确保本实践在其整个生命周期内按着预期目标运行。这些手段包括操作中正常的重复活动和标准（运营）的使用，以及标准（维护）的修复和维护，例如：

- 根据需要管理树木、牧草和灌木，为牧草提供适当的光照条件，为牲畜提供遮阴树 / 活动区域。
- 定植后在合适的时间内检查目标区域，以确定树木和灌木成活率是否符合标准要求和客户预期目标。当林木生存受到威胁时重新植入或提供补充种植。
- 林牧复合定植完毕之前，要控制竞争植被的生长和牲畜造成的消极影响。
- 根据需要对林牧复合施用营养素并保持植被活力。
- 建立林牧复合之后，要定期检查树木或灌木，保护它们免受昆虫、疾病、竞争植被、火灾、牲畜、野生动植物等因素造成的不利影响。
- 如果目标是改善野生动物栖息地，则维护措施和维护活动不得在野生动物的主要繁殖期（例如筑巢期）内干扰植被生长。在必要时可以考虑额外定期焚烧或刈割的手段以维持植物群落健康生长。

参考文献

Baird, S., M. Scoles, B. Bellows, and E. Ferry. 2005. Sources of Organic and Untreated Non-GMO Seeds. In: Southern Organic Resource Guide. Independent Organic Inspectors Association. Available at https: //attra.ncat.org/sorg/seeds.html （verified 27 Jan 2016）.

Bendfeldt, E.S., C.M. Feldhake, and J.A. Burger. 2001. Establishing trees in an Appalachian silvopasture: response to shelters, grass control, mulch, and fertilization. Agroforestry Systems. 53: 291-295.

Sharrow, S.H., D. Brauer, and T.R. Clason. 2009. Silvopastoral Practices. Ch. 6 in North American Agroforestry: An Integrated Science and Practice. Second Edition. American Society of Agronomy, Madison, WI. Available at http: //handle.nal.usda.gov/10113/41186 （verified 27 Jan 2016）.

Clason, T.R. 1995. Economic implications of silvopastures on southern pine plantations. Louisiana Agricultural Experiment Station. Agroforestry Systems 29: 227-238.

Clason, T.R., and J.L. Robinson. 2000. From a pasture to a silvopasture system. USDA – National Agroforestry Center. Agroforestry Note 22. Available at http: //nac.unl.edu/documents/agroforestrynotes/an22s04.pdf （verified 27 Jan 2016）.

Clason, T.R., and J.L. Robinson. 2000. From a pine forest to a silvopasture system. USDA – National Agroforestry Center. Agroforestry Note 18. Available at http: //nac.unl.edu/documents/agroforestrynotes/an18s03.pdf （verified 27 Jan 2016）.

Cutter, B.E., K. Hunt and J.D. Haywood. 1999. Tree/wood quality in slash pine following long-term cattle grazing. Agroforestry Systems 44: 305-312.

Fike, J.H., A.L. Buergler, J.A. Burger, and R.L. Kallenbach. 2004. Considerations for establishing and managing silvopastures. Plant Management Network. 1-12. Available at http: //www.ext.vt.edu/topics/agriculture/silvopasture/files/silvopastures-considerations.pdf （verified 27 Jan 2016）.

Kallenbach, R.L. 2009. Integrating silvopastures into current forage-livestock systems. In M.A. Gold and M.M. Hall （eds.）. Agroforestry

Comes of Age： Putting Science into Practice. Proceedings, 11th North American Agroforestry Conference. p. 455-461.

Lehmkuhler, J.W., E.E.D. Felton, D.A. Schmidt, K.J. Bader, H.E. Garrett, and M.S. Kerley. 2003. Tree protection methods during the silvopastoral-system establishment in midwestern USA： cattle performance and tree damage. Agroforestry Systems 59： 35-42.

Lewis, C.E., G.W. Burton, W.G. Monson, and W.C. McCormick. 1983. Integration of pines, pastures and cattle in south Georgia, USA. Agroforestry Systems. 1： 277-297.

USDA National Agroforestry Center. 2008. Working Trees： Silvopasture, An Agroforestry Practice. Available at http：//nac.unl.edu/documents/workingtrees/brochures/wts.pdf（verified 27 Jan 2016）.

USDA National Agroforestry Center. 2013. Working Trees Info： What is Silvopasture? Available at http：//nac.unl.edu/documents/workingtrees/infosheets/WhatIsSilvopastureInfoSheetMay2013.pdf（verified 27 Jan 2016）.

保护实践概述
（2016年5月）

《林牧复合》（381）

林牧复合涉及在同一区域内对树木和相容草料的组合进行培植。灌木可以与树木和草料一起培植，只要有益且相容即可。

实践信息

林牧复合系统是经过专门设计和管理的，目的是在同一区域内进行树木、草料和家畜的统一经营。当在森林系统（通常是种植园）中引进或改良草料作物时，将树木添加到草料系统中时，或者树木和牧草都种植在适当的土地上时，就会产生林牧复合。

林牧复合实践有益于家畜，能够提供高质量草料以及遮阴和对烈日、风和暴雨的防护。其设计可以是在较长期间内通过木制品产生收入，以及在短期内通过家畜经营获得收入。

林牧复合具有经济效益和环境效益，例如：

- 增加碳捕集和封存。
- 改善水质。
- 减少侵蚀。
- 改善土质。
- 巩固野生动物栖息地。

在种植乔木或灌木的地方，品种选择、田地准备、种植日期和方法以及树木间距将根据林牧复合的特定用途和场地条件而有所差异。乔木和灌木种植后需要定期进行检查，保护它们免受昆虫、疾病、竞争植被、火灾和家畜或野生动物的破坏。

根据场地的不同，可能需要补充水分以确保培植期内的存活，通常持续 1 ~ 3 年。为了达到目标，可能需要重新植树或重新种植草料。为了保持植物活力，可能需要定期施用养分。

常见相关实践

《林牧复合》（381）通常与《乔木／灌木场地准备》（490）、《林分改造》（666）、《乔木／灌木建植》（612）、《乔木／灌木修剪》（660）、《牧草和生物质种植》（512）、《牧场种植》（550）、《计划放牧》（528）、《草地排水道》（412）以及《高地野生动物栖息地管理》（645）等保护实践一起使用。

保护实践的效果——全国

土壤侵蚀	效果	基本原理
片蚀和细沟侵蚀	5	培植乔木或灌木与相容草料的组合，将会减少水蚀。
风蚀	5	高大植被可形成风幕，降低侵蚀性风速，并与下层草料共同阻止沙砾跃移，形成稳定区。
浅沟侵蚀	5	培植乔木或灌木与相容草料的组合，将会减少水蚀。
典型沟蚀	2	坡面漫流将会减少，植被覆盖物将会增加。
河岸、海岸线、输水渠	2	可增加保护性的河岸植被。
土质退化		
有机质耗竭	4	根、营养物质和家畜排泄物及其分解增加了有机质。
压实	0	根部渗透和有机质有助于恢复土壤结构，抵消家畜在穿越牧区时由蹄子产生的压实力。
下沉	0	不适用
盐或其他化学物质的浓度	0	饲用植物吸收的污染物将以粪肥的形式归还给土壤，大多数树种吸收的盐分都是有限的。
水分过量		
渗水	1	由于土壤水分利用率的提高，存在渗流量减少的可能，但由于渗透增加（特别是在休眠季节），情况可能会稍有恶化。
径流、洪水或积水	2	因植被增加，径流将减少，渗透增加。
季节性高地下水位	1	植物对水的吸收可能会增加。
积雪	2	雪落在乔木/灌木的树冠上，在放牧区域沉积。
水源不足		
灌溉水使用效率低	0	放牧动物可能对计划的灌溉产生不利影响。
水分管理效率低	3	渗透增加、可用水增加，层间流增加。
水质退化		
地表水中的农药	3	乔木和灌木吸收农药残留，并可阻止农药飘失。此外，这种实践还可减少径流和侵蚀。
地下水中的农药	1	乔木和灌木可吸收农药残留。此外，增加土壤有机质和生物活性有利于农药降解。
地表水中的养分	5	永久性植被将吸收多余养分。
地下水中的养分	3	永久性植被将吸收多余养分。
地表水中的盐分	1	浓密的植被会增加渗透性，并减少径流。在补给区种植牧场，植物可减少盐分向渗漏区和地表水的移动。
地下水中的盐分	1	这一举措可能会增加植物对盐分的吸收。
粪肥、生物土壤中的病原体和化学物质过量	1	地表植被可捕获并延迟病原体的移动，从而增加其死亡率。
粪肥、生物土壤中的病原体和化学物质过量	1	植被可捕获并延迟病原体的移动，从而增加其死亡率。牧场是放牧的地方，动物会将病原体带入牧场。
地表水沉积物过多	3	植物活力和覆盖物的改善可减少侵蚀。
水温升高	1	地表水域附近生长的高大植被提供了阴凉，缓解了阳光的直接加热影响。
石油、重金属等污染物迁移	1	有些植物能吸收重金属。
石油、重金属等污染物迁移	1	这种作用可能会增加植物对重金属的吸收。
空气质量影响		
颗粒物（PM）和PM前体的排放	1	高大的植被减缓了风速，缓解了风力侵蚀性，植被过滤掉空气中的微粒物质，种植区拦截了活跃的颗粒物。
臭氧前体排放	0	不适用
温室气体（GHG）排放	4	植被将空气中的二氧化碳转化为碳，储存在植物和土壤中。
不良气味	1	高大的植被减缓了地表空气的流动，拦截并捕集空气中的物质。
植物健康状况退化		
植物生产力和健康状况欠佳	5	对植物进行选择和管理，可保持植物最佳生产力和健康水平。
结构和成分不当	-1	牧场的培植和管理减少了本地林下植物群落。

（续）

植物健康状况退化	效果	基本原理
植物病虫害压力过大	0	种植并管理植被，可控制不需要的植物种类。
野火隐患，生物量积累过多	1	覆盖层的树木间隔排列，降低了火灾隐患。
鱼类和野生动物——生境不足		
食物	5	植物的选择和管理是为了增加野生动物的食物来源。
覆盖 / 遮蔽	3	可以选择、管理植物，提高其作为覆盖 / 遮蔽的价值。
水	5	不适用
生境连续性（空间）	1	高大植被形成垂直的栖境结构 / 空间。
家畜生产限制		
饲料和草料不足	5	将选择适应季节性家畜生产和养分需要的林下植物物种。
遮蔽不足	5	高大植被提供了遮蔽所。
水源不足	0	不适用
能源利用效率低下		
设备和设施	0	不适用
农场 / 牧场实践和田间作业	0	不适用

CPPE 实践效果：5 明显改善；4 中度至明显改善；3 中度改善；2 轻度至中度改善；1 轻度改善；0 无效果；–1 轻度恶化；–2 轻度至中度恶化；–3 中度恶化；–4 中度至严重恶化；–5 严重恶化。

工作说明书——国家模板

（2011年5月）

此类可交付成果适用于个别实践。其他规划实践的可交付成果参考具体的工作说明书。

设计

可交付成果

1. 证明符合自然资源保护局实践中相关准则并与其他计划和应用实践相匹配的设计文件。
    a. 保护计划中确定的目的。
    b. 客户需要获得的许可证清单。
    c. 制订计划和规范所需的与实践相关的计算和分析，包括但不限于：
        i. 确定建立林牧复合的适宜方法、强度以及树木密度培植时机
        ii. 将侵蚀、径流、土壤压实和土壤位移减到可接受的水平
        iii. 为了成功实施而要求的草料培植和管理
        iv. 向客户提供书面计划和规范书包括草图和图纸，充分说明实施本实践或获得必要许可的相应要求
2. 所需运行维护工作的相关文件。
3. 证明设计符合实践和适用法律法规的文件。
4. 安装期间，根据需要所进行的设计修改。
注：可根据情况添加各州的可交付成果。

安装

可交付成果

1. 与客户进行的实施前会议。
2. 验证客户是否已获得规定许可证（如需要）或文件（如果不需要许可证）。

3. 根据计划和规范（包括适用的布局注释）进行定桩和布局。

4. 根据需要提供的应用指南。

5. 协助客户和原设计方并实施所需的设计修改。

6. 在安装期间，就所有联邦、州、部落和地方法律、法规和自然资源保护局政策的合规性问题向客户 / 自然资源保护局提供建议。

7. 证明施用过程和材料符合设计和许可要求的文件。

注：可根据情况添加各州的可交付成果。

验收
可交付成果

1. 实施记录。
   a. 实践单位
   b. 实际使用和应用的缓解措施

2. 证明施用过程符合自然资源保护局实践和规范并符合许可要求的文件。

3. 进度报告。

注：可根据情况添加各州的可交付成果。

参考文献

NRCS Field Office Technical Guide（eFOTG）, Section IV, Conservation Practice Standard –Silvopasture Establishment – 381.

NRCS National Forestry Handbook（NFH）, Part 636.4.

NRCS National Environmental Compliance Handbook.

注：可根据情况添加各州的参考文献。

保护实践效果（网络图）

（2016年5月）

▶ 林牧复合

初期设定：任水蚀和风蚀、植物胁迫、缺乏野生动物栖息地或森林或草料或草料产畜量不足以满足客户的目标等已被确定为资源问题的情况下，则适合建立建立理想的木本和间用植物品种的农田、牧草或林地

图例

| | 缓解性实践 |
| | 相关实践 |

	实践效果
	D: 直接效果
	I: 间接效果
	C: 累积效果

路径 →

注：各项效果前用加号（+）或减号（-）限定，分别表示对资源影响的增强（+）或减弱（-），而不表示其有利或不利。

《林牧复合》（381）

《牧草和生物质种植》（512）　《乔木/灌木场地准备》（490）

《牧场种植》（550）　《乔木/灌木建植》（612）

- D.11（+）积极的现场管理
- D.8（+/-）草料生产
- 4. 现场家畜
- D.10（+）甲烷
- D.7（+）遮阴
- D.9（+）粪肥
- I.7（+）牧草、粪肥的区域分布
- I.6（-）家畜压力；（+）家畜质量、健康、生产
- I.8（+/-）报率
- C.10（+）大气中的二氧化碳和温室效应
- C.7（+）农业业务和支持基础设施
- 3. 已种植物的冠层覆盖、地被植物和垂直植被结构
- D.6（+）树栖和旱期演替生境
- I.4（-）空气中的颗粒物
- C.5（+）空气质量
- I.3（+/-）野生动物栖息地（特定物种）
- C.4（+/-）环境质量
- C.6（+）休养和支持基础设施
- D.5（+）美观
- 2. 植物根系、枯枝落叶层和土壤有机质
- D.4（-）水/风蚀、淤积
- D.3（+）降雨入渗和土壤储备
- C.2（+）受纳水体的水质
- I.9（+）土壤机能；养分循环、减轻污染物、病原体
- C.3（+）人、家畜和野生动物的健康
- D.2（+）碳储量
- I.2（+/-）土质
- C.1（-）大气中的二氧化碳和温室效应
- C.8（+）收入和收入稳定性（个人和群体）
- 1. 已种植物的木质纤维
- D.1（+）初始木质纤维生长速率
- I.1（-）后期木质纤维生长速率
- 《林分改造》（666）、《乔木/灌木建植》（612）；定期清除和替换树木，以确保林木的生长
- I.5 收获的木质纤维和其他树木/相关产品
- C.9（+）森/木制品业务和其他支持基础设施

开始

雨水径流控制

（570，No.及Ac.，2010年9月）

定义

控制雨水径流的水量和质量。

目的

控制雨水径流，以实现以下目的：

- 减少施工期间或施工后的侵蚀和沉降。
- 减少已开发地区或正在开发地区积聚的雨水。
- 改善已开发地区或正在开发地区积聚雨水的质量。

适用条件

本实践适用于那些若不加控制雨水径流，会导致或可能导致下游泛滥、沉积、河道损坏，以及污染地下水和地表水的地方。本实践既适用于正在进行开发的地方，也适用于已开发地方的补救工作。

准则

适用于上述所有目的的总体准则

计划、设计、实施径流管理系统办法，需符合适用的联邦、州和地方法律法规。

根据对下游地区的评估，制订减少雨水径流影响的计划。适用的计划标准或管理工作包括：

- 减少对实验地场地的侵蚀。
- 减少沉积对其他地方的影响。
- 减少实验地现场积聚的雨水量，使其不会对下游渠道产生不利影响。
- 提高实验地现场的径流质量。
- 施工后，实验地须保持稳定状态。

植物措施。在适当的情况下，施工后尽快稳定所有受植被种植干扰的区域。参照保护实践《关键区种植》（342）。如果植被不适合该地，请使用其他措施来稳定该区域。

安全。滞留池、积水区或水流湍急的地方可能造成社会危害。必要时，应采取适当的安全措施，警示潜在危险或阻止进入危险区域，如设置围栏、大门和警示标志。

减少水量的附加准则。设计雨水控制系统，控制问题地区径流的速率和体积，使下游区域不因侵蚀或沉积而退化。可接受的峰值速率取决于接收水道的容量和稳定性。当地法规可规定不同风暴频率的可接受排水率。

通过减缓实验地点径流排放来控制径流量，通过就地存储、提高实验地渗透能力、延长径流的流动路径或多种方式组合达到目的。

径流控制方法必须包括超过设计预期情况下使径流安全分流的规定。

提高水质的附加准则。正在开发区域的径流可能被沉积物、油类、化学品和垃圾在内的各种物质污染。径流管理系统必须包括减少遗留在实践点径流中污染物的规定。可能包括植被过滤区域、其他生物过滤区、垃圾防护装置和易于清理的沉降区域。若径流已被污染，污染物可能对供水、鱼类和野生动物危害极大，可能需要采取其他措施。

侵蚀和沉积物控制的附加准则。通过限制裸土地区的降水量和降雨时间来控制对实验地的侵蚀。这可以通过分段施工来实现，并且每次仅从实验地的一部分移除植被，在施工期间逐渐地重新覆盖实践区域，或者使用临时播种和覆盖来稳定实践区域，直到可以建立永久性植被。还可以安装结构侵蚀控制装置，以减少径流的流动长度和速度，从而控制侵蚀。

不能从源头停止侵蚀时，必须过滤或滞留含有沉积物的径流，以使沉积物颗粒在径流流出实验地之前沉降到可接受的水平。可以通过沉积物捕集器、沉淀池和其他旨在滞留或过滤径流的结构来实现。有关沉淀池的设计要求，请参阅保护实践《沉淀池》（350）。

注意事项

研究表明，实验地第一次径流往往污染最严重。初次冲刷后，所剩的污染物较少，稀释减轻影响。因此，对径流的这种"第一次冲刷"的处理通常足以解决水质问题。需要处理的实际径流量，取决于地表水量和污染程度。根据适当的研究或经验确定径流量。

雨水管理实践会影响下游水文，这是大多数雨水控制系统的重点，应考虑下游区域改变峰值速率和径流量的影响。单一项目的影响也应与流域内的其他项目一起考虑，以确定累积效应。一般来说，径流两年内24小时暴雨径流的峰值速率应保持在或低于实验地开发前速率。对于已经开发的区域，考虑根据当前发展状况减少峰值流量。

设计雨水管理实践，既要满足视觉上的审美需求，又要控制径流。由于雨水控制装置通常安装在公共场所，因此请考虑如何利用实践空间，以及产生的视觉影响。

若设计得当，雨水控制措施可以对野生动物有益。如果可能，使用原生植被为野生动物和授粉生物提供食物和栖息地。由于大多数雨水控制措施都在水生环境中，它们可能抑制水生生物的运动。在设计这些装置时，应包括设计要使可能居住在该地的水生生物安全通行的规定。

从有效性来讲，雨水控制应该包括一个协同作用的系统。这可能包括滞留及渗透区域和维护自然未受干扰的区域。但是，它还可以包括管理实验地的开发，限制受干扰的区域，确保及时重新建立植被，并控制允许重型设备在实践点行驶区域。

大暴雨可以快速填满雨水径流管理装置，必须去除沉积物，以使装置正常运行。因此，这些装置应该易于访问和维护。

由于雨水控制经常应用在城市和公共场所，难免存在故意破坏问题。注意采取不易被破坏的做法，例如在适当的位置使用灌浆岩石，并在适当的位置安装障碍物和锁。

计划和技术规范

制订径流管理系统的计划和技术规范，说明采用本实践的要求。计划和技术规范至少应包括：
- 展示实践范围的平面图。
- 在适当情况下，显示横截面或剖面图高度和距离。
- 在适当的情况下，计划结构细节。
- 在适当情况下，说明播种要求。
- 建筑说明，说明径流管理系统的现场特定安装要求。

运行和维护

为操作员制订运行和维护计划。运行和维护计划中需满足的最低要求如下：
- 定期检查，特别是在重大降雨事件发生后立即进行检查。
- 及时维修或更换受损部件，尤其是遭受磨损或表面被腐蚀的部件。
- 定期检查沉淀池、垃圾防护装置和其他用于收集和清除积聚的沉积物和碎片等的装置。
- 对植被有特定要求的区域，需定期割草、施肥和控制植被。

参考文献

Bannerman, Roger, and E. Considine, 2003. Rain Gardens: A How-to Manual for Homeowners. University of Wisconsin Extension Publication GWQ037 or Wisconsin Department of Natural Resources Publication PUB-WT-776 2003. Madison, WI.

U. S. Environmental Protection Agency. 2007. Developing Your Stormwater Pollution Prevention Plan. Washington, DC.

United States Environmental Protection Agency. 1999. Stormwater Technology Fact Sheet：Bioretention. Publ. EPA-832-F-99-012. Office of Water, Washington, D.C.

保护实践概述
（2012年12月）

《雨水径流控制》（570）

对于开发场所的建筑作业和其他土地干扰活动造成的径流，雨水径流可在数量和质量方面进行控制。

实践信息

本实践的目的是在施工过程中和施工后对开发场所的径流和沉积物的流速和流量进行控制，从而最大限度地减少范洪、侵蚀和淤积。当需要抵消因开发场所内的建筑作业或其他需要本实践的受干扰区的建筑作业而增加的洪峰流量和侵蚀时，便会采用这一实践。

要求在本实践的预期年限内对雨水径流控制进行维护。

常见相关实践

《雨水径流控制》（570）通常与《大坝》（402）、《池塘》（378）、《引水渠》（362）、《边坡稳定设施》（410）、《草地排水道》（412）、《控水结构》（587）、《水和沉积物滞留池》（638）、《访问控制》（472）和《关键区种植》（342）等保护实践一起使用。

保护实践的效果——全国

土壤侵蚀	效果	基本原理
片蚀和细沟侵蚀	0	不适用
风蚀	0	不适用
浅沟侵蚀	2	侵蚀与泥沙控制是本实践的一部分。
典型沟蚀	0	典型的场地冲沟并非开发场所的共同特征，场外集水沟将会接收受控水流。
河岸、海岸线、输水渠	3	场内和场外的河岸会通过受控水流获益。
土质退化		
有机质耗竭	0	不适用
压实	1	控制施工设备的压实。
下沉	0	不适用
盐或其他化学物质的浓度	0	不适用
水分过量		
渗水	-1	任何影响都有可能增加渗漏，因为受控径流可能会增加渗透。
径流、洪水或积水	4	径流将在现场进行控制。
季节性高地下水位	-1	任何影响都有可能增加渗漏，因为受控径流可能会增加渗透。

（续）

水分过量	效果	基本原理
积雪	0	不适用
水源不足		
灌溉水使用效率低	0	不适用
水分管理效率低	0	不适用
水质退化		
地表水中的农药	0	不适用
地下水中的农药	0	不适用
地表水中的养分	2	可以在排放前对地表水进行现场处理。
地下水中的养分	0	不适用
地表水中的盐分	0	现场可能会存在一些水污染物，但总体影响不大。这种作用会增加现场渗透，减少向场外的径流。
地下水中的盐分	0	现场可能会存在一些水污染物，但总体影响不大。这种作用会增加现场渗透，减少向场外的径流。
粪肥、生物土壤中的病原体和化学物质过量	0	现场可能会存在一些水污染物，但总体影响不大。
粪肥、生物土壤中的病原体和化学物质过量	0	现场可能会存在一些水污染物，但总体影响不大。这种作用会增加现场渗透，减少向场外的径流。
地表水沉积物过多	-4	控制侵蚀和径流将减少场外沉积物。
水温升高	0	控制径流可能会提高现场的温度，但对现场以外造成的影响不大。
石油、重金属等污染物迁移	2	现场处理可以减少重金属向地表水的释放。
石油、重金属等污染物迁移	0	现场可能会存在一些水污染物，但总体影响不大。这种作用会增加现场渗透，减少向场外的径流。
空气质量影响		
颗粒物（PM）和 PM 前体的排放	0	不适用
臭氧前体排放	0	不适用
温室气体（GHG）排放	0	不适用
不良气味	0	不适用
植物健康状况退化		
植物生产力和健康状况欠佳	0	不适用
结构和成分不当	0	不适用
植物病虫害压力过大	0	不适用
野火隐患，生物量积累过多	0	不适用
鱼类和野生动物——生境不足		
食物	0	不适用
覆盖 / 遮蔽	0	不适用
水	0	不适用
生境连续性（空间）	0	不适用
家畜生产限制		
饲料和草料不足	0	不适用
遮蔽不足	0	不适用
水源不足	0	不适用
能源利用效率低下		
设备和设施	0	不适用
农场 / 牧场实践和田间作业	0	不适用

　　CPPE 实践效果：5 明显改善；4 中度至明显改善；3 中度改善；2 轻度至中度改善；1 轻度改善；0 无效果；-1 轻度恶化；-2 轻度至中度恶化；-3 中度恶化；-4 中度至严重恶化；-5 严重恶化。

工作说明书—— 国家模板

（2010年9月）

此类可交付成果适用于个别实践。其他规划实践的可交付成果参考具体的工作说明书。

设计
可交付成果

1. 证明符合实践中相关准则并与其他计划和应用实践相匹配的设计文件。
    a. 保护计划中确定的目的。
    b. 客户需要获得的许可证清单。
    c. 对周边环境和构筑物的影响。
    d. 符合自然资源保护局国家和州公用设施安全政策（《美国国家工程手册》第503部分《安全》，第503.00节至第503.22节）。
    e. 辅助性实践一览表。
    f. 制订计划和规范所需的与实践相关的计算和分析，包括但不限于：
        i. 水文条件/水力条件
        ii. 地表排水
        iii. 侵蚀控制
        iv. 结构，包括适当的危险等级
        v. 植被
2. 向客户提供书面计划和规范书包括草图和图纸，充分说明实施本实践并获得必要许可的相应要求。
3. 合理的设计报告和检验计划（《美国国家工程手册》第511部分，B子部分"文档"，第511.11节和第512节，D子部分"质量保证活动"，第512.30至第512.32节）。
4. 运行维护计划。
5. 证明设计符合实践和适用法律法规的文件（《美国国家工程手册》A子部分第505.3节）。
6. 安装期间，根据需要所进行的设计修改。

注：可根据情况添加各州的可交付成果。

安装
可交付成果

1. 与客户和承包商进行的安装前会议。
2. 验证客户是否已获得规定许可证。
3. 根据计划和规范（包括适用的布局注释）进行定桩和布局。
4. 安装检查。
    a. 实际使用的材料
    b. 检查记录
5. 协助客户和原设计方并实施所需的设计修改。
6. 在安装期间，就所有联邦、州、部落和地方法律、法规和自然资源保护局政策的合规性问题向客户/自然资源保护局提供建议。
7. 证明安装过程和材料符合设计和许可要求的文件（《美国国家工程手册》A子部分第505.3节）。

注：可根据情况添加各州的可交付成果。

验收

可交付成果

1. 竣工文档。
    a. 实践单位
    b. 图纸
    c. 最终量
2. 证明安装过程符合自然资源保护局实践和规范并符合许可要求的文件。
3. 进度报告。

注：可根据情况添加各州的可交付成果。

参考文献

Field Office Technical Guide（eFOTG）, Section IV, Conservation Practice Standard - Runoff Management System, 570.

National Engineering Manual.

NRCS National Environmental Compliance Handbook.

NRCS Cultural Resources Handbook.

注：可根据情况添加各州的参考文献。

保护实践效果（网络图）

（2014年5月）

图例

- ┈┈ 缓解性实践
- ┄┄ 相关实践
- \#：实践效果
- D：直接效果
- I：间接效果
- C：累积效果
- → 路径

注：各项效果前用加号（+）或减号（-）限定，（+）或减号（-）分别表示对资源影响的增强（+）或减弱（-），而不表示其有利或不利。

开始

初期设定：所有因雨水径流而引致或引致下游洪水、淤积，沟渠退化或未经合理而导致地表水或地下水质下降的地点

《雨水径流控制》（570）

控制雨水径流的数量和质量

- 《沉淀池》（350）
- 《关键区种植》（342）
- 《池塘》（378）
- 《大坝》（402）
- 《访问控制》（472）
- 《引水渠》（362）
- 《边坡稳定设施》（410）
- 《草地排水道》（412）

D.7（+）水分过量 - 渗透

D.6（-）水分过量 - 径流、洪水或积水

D.5（-）水质退化 - 地表水沉积物过多

D.4（-）土壤侵蚀 - 溪流海岸线、或输水渠道造成的过度堤岸侵蚀

D.3（-）土壤侵蚀 - 浅沟

D.2（-）土壤侵蚀 - 沟侵蚀

D.1（+）安装和维护成本

I.3（-）水量（-）沉积物堆积减少了水体中的蓄水量；（+）沉积物堆积降低了排水口输水渠道的蓄水量

I.2（+）径流水质：（-）有机物和（-）养分、（-）病原体

I.1（+/-）净收益

C.3（-）水量

C.2（+）受纳水体的水质

C.1 +/- 收入和收入稳定性（个人和群体）

河岸和海岸保护

（580，Ft.，2010年9月）

定义

用于稳固和保护溪流、人工建造渠道的河岸，以及湖泊、水库、河口湾的海岸线的处理方法。

目的

- 防止土地流失或对土地利用造成破坏，或防止破坏毗邻溪流或建造的渠道河岸、湖泊、水库或河口湾海岸的设施，包括保护知名的具有历史意义、考古价值和传统文化的财产。
- 保持溪流或渠道的流量。
- 减少因河岸侵蚀而引起的泥沙沉积和下游阻塞。
- 改善或增加溪流廊道为鱼类和野生动物提供栖息地并达到审美和娱乐的效果。

适用条件

本实践适用于易受侵蚀的天然或建造渠道的河岸及湖泊、水库、河口湾的海岸。它不适用于主要海洋锋、海滩或类似复杂区域的侵蚀问题。

准则

适用于上述所有目的的总体准则

处理方法应遵守所有适用的地方、州和联邦法律法规。

无论何时，所选的适用处理方法都应尽量避免对濒危、威胁和候选物种及其栖息地产生不利影响。

无论何时，所选的适用处理方法都应尽量避免对考古、历史、建筑、传统文化财产产生不利影响。

应对不稳定的河床或海岸点进行详细的评估，以查明导致不稳定的原因（例如牲畜进出，流域改变导致流量或沉积物产生重大改变、河道内改变，如砾石开采、上游侵蚀、水位波动、船口产生的波浪等）。

拟采用的保护性处理方法应与其他计划或安装的改进方法相适应。

保护性处理方法应符合堤岸或海岸物质、水化学、渠道或湖泊水力学以及水线上下的坡度特征。

处理区域的末端部分应充分固定在现有处理设备上，安装于稳定区域，或以其他方式加以稳定以防止处理设备侧面相接。

应安装保护性处理设施，从而形成稳定的斜坡。根据河岸或海岸线物质的设计限制和安装的措施类型确定最陡的允许斜坡。

设计将为已安装的处理设施提供保护，使其免受上坡径流和洪水回流造成的溢流。

如有需要，应配备堤岸渗漏的内部排水系统。应采用结构性措施对土工织物或设计合理的过滤垫层进行固定，以防施工材料在实施措施后脱落。

处理设计应考虑到预期的冰作用、波浪作用和水位波动。

应防止保护性设备周围的所有受干扰区域免受侵蚀。未开垦的干扰地区域应在施工后尽快予以保护。

应选择最适合场地条件并达到预期目的植被。

为了确保植物群落的建立和完整性，制订植被管理计划时，请参阅保护实践《关键区种植》（342）。

河岸附加准则

受保护的河段，应当按照州认可的体系进行分类。评估被截流的河段及那些包含5年回流期（20%概率）或更大流量的河段以防进一步损坏或加积。

应对现场进行评估，以确定造成不稳定的原因是局部的（例如土壤贫瘠、河岸高水位、排列、水流流向河岸等）还是系统性的（例如，流域泥沙增加造成的沉积、流域内城市发展导致的径流增加、河道改道造成的退化等）。评估的范围和细节反可为河岸处理的设计提供依据，并为相关措施在设计寿命内充分发挥作用提供合理性。

如果未对影响拟建路线的上游和下游河流地貌的因素进行评估，则不得改变河道线路。当前和未来排放 - 沉积物体系应基于对拟建河道路线以上的流域的评估。

河岸保护处理设施不应安装在底部等级或线路快速和广泛变化的渠道系统中，除非这些处理设备旨在控制或适应变化。堤岸处理应建造在河床冲刷的预期最低深度处或深度以下。

如果故障机制是河岸植被退化或移除河岸植被造成的，则应在可行的情况下实施河流走廊修复（见改善河流廊道的附加准则），并对河岸进行处理。

应通过将水流从坡脚处引流或保护坡脚结构的处理方法稳定坡脚侵蚀。请参阅《工程现场手册》第 650 部分第 16 章《河岸和海岸保护》查看附加的设计指南。

如果仅仅保护坡脚不足以稳定堤岸，则堤岸应形成稳定的斜坡并种植植被，或通过结构或土壤生物工程处理加以稳定。

只有当树桩、倒树、碎片和沉积物等河道杂物造成或可能造成不可承受的岸蚀、水流限制或结构损坏时，方可清理这些杂物。应尽可能保留或更换能够提供覆盖物、食物、水池和湍流水源等生存要素的栖息地。

处理方法对于设计流程应该是具有功能性和稳定性，并且在高速流动时，要具有可持续性。处理方法不应加剧自然侵蚀，处理方法不应限制水流流进洪泛区。

在发生水灾的情况下，防护处理的效果不应超过安装前的流量水平。

海岸的附加准则

所有护岸、舱壁或丁坝均不得高于平均涨潮高度 3 英尺（1 米），或非潮汐地区的平均高水位。

结构海岸线防护处理应调控在一定深度，以防止在低水位时受到冲刷。

在结构处理的设计中，应评估水线以下的场地特性，设计水面测量到的海岸线的距离至少 50 英尺（15 米）水平。

保护高度应根据设计拟定水面高度，加上计算的波浪高度和干舷高度进行确定。潮间带的设计水面应为平均涨潮水面。

植被作为一种防护措施，当波浪上升会损害植被时，应使用临时防波堤。

改善河流廊道的附加准则

河流廊道植物成分是生态系统功能和稳定所必需的，植物成分的适当组成是防止在重建的河流廊道中过度长期通道迁移的关键因素。在河岸及相关地区种植植被，应符合保护实践《关键区种植》（342）。

处理方法旨在实现特定地点评估或管理计划所确定的鱼类和野生动物物种或有关群落的生境和种群目标。目标应以种群和群落的生存和繁殖需要为基础，包括生境多样性、生境联系、日常和季节性生境范围、限制因素和本地植物群落，应尽可能根据鱼类和野生动物物种或群落的要求选择植被的类型、数量和分布。

处理方法应满足由特定地点评估或管理计划所确定的审美目标。审美目标应以人类需求为基础，包括视觉效果、噪声控制和小气候控制。建筑材料、分级办法和其他场地开发要素的选择和设计应与邻近土地用途相一致。

处理方法旨在达到由特定地点评估或管理计划所确定的娱乐目标。安全要求应根据使用的类型和娱乐目的而定。

注意事项

在设计保护性处理方法时，应考虑流域水文和泥沙淤积的变更对设计寿命造成的影响。

考虑把从河道或河岸移出的碎渣纳入处理设计，如果这些碎渣符合预期目的，可使鱼类、野生动物和水生系统受益。

使用建筑材料、分级做法、植被和其他场地开发要素，应尽量减少对视觉造成的破坏，维护或补充现有的景观用途，如人行通道、气候控制、缓冲区等。在施工过程中避免对现场造成过度干扰和压实。

种植本地或与当地生态系统兼容的植物物种。避免引进可能成为滋扰的有害或外来物种或发生有害或外来物种的侵入。考虑那些具有多种价值的物种，比如那些能提供适合生物量、坚果、水果、嫩叶、筑巢、具有美感和对当地使用的除草剂具有耐受性的物种。避免可能是疾病或害虫的交替宿主的物种，应考虑物种多样性，避免因特定物种的害虫而丧失功能，不应使用有毒植物清单上的物种。

所选种植物料可以满足野生动物和授粉者栖息地所需，在草料中添加本地的阔叶杂草和豆科植物将增加对野生动物和授粉者的种植价值。

处理过程应考虑促进沉积物的沉积和过滤，以及附着物的溶解。

考虑维持或改善鱼类和野生动物的生境价值，将提供水生生境列入处理设计，并可能降低或调节水温并改善水质。

考虑到需要稳定支流出入口，使其免受侵蚀。

在选择稳定脚坡的类型时，要考虑水生栖息地。

考虑在项目设计中最大限度地利用邻近湿地的功能和价值，并尽量减少对现有湿地功能和价值造成不利影响。

建立植物处理设施前及建立后应适当放牧以保持植物群落完整性，应禁止饲养牲畜。在建立植物处理设施时，也要考虑控制野生动物。应谨慎使用临时群落和地方群落控制方法，并采用符合州和地方法规的控制方法。

在适当情况下，在河岸或海岸线保护区顶部建立缓冲地带或改道，以帮助维护和保护已安装的处理设施，改善其功能，过滤掉径流中的沉积物、营养盐和污染物，并提供额外的野生动物栖息地。

适用的情况下，考虑保护具有考古价值、历史意义、结构性和传统文化的财产。

在设计处理设施时，要考虑对船客、游泳者或使用海岸或河岸的人的安全隐患。

保护性处理设施应自我维持或需要最低限度的维护。

计划和技术规范

应根据本实践为特定的场地编制河岸和海岸保护计划和技术规范，并应说明为达到其预期目的而采用这种做法的要求。计划应包括施工期间尽量减少侵蚀和沉积物产生的处理，以及遵守任何环境协定、生物意见或其他适用许可条款所需的规定。

运行和维护

应编制一份运行和维护计划，供土地所有者或其他负责运行和维护系统的人使用。该计划应为系统的运行和维护提供具体的指导，以确保其正常运行。它还应规定对系统进行定期检查和及时修理或更换受损部件或防止侵蚀。

参考文献

NEH Part 650, Chapter 16, Streambank and Shoreline Protection.

保护实践概述

（2012年12月）

《河岸和海岸保护》（580）

河岸和海岸保护包括采用植被或构造措施来稳定溪流、湖泊、河口或开挖沟渠，并使其不受冲刷或侵蚀影响。

实践信息

河岸和海岸保护可以用来防止邻近水域的土地流失。它还可以用来减少对土地利用或建筑的水力破坏和侵蚀破坏，或保护已知的历史、考古和传统文化财产。这一实践也可以用来维持溪流或沟渠的流量，减少堤岸侵蚀造成的沉积物的场外影响，或改善或巩固河流走廊，从而为鱼类和野生动物提供生境，或作为审美或娱乐用途。

这是比较复杂的保护实践之一，因为需要大量的分析来确定问题的原因。当河岸或海岸线的不稳定因素处于土地所有者的可控范围内时，治理措施还应包括解决问题的方法。无节制的家畜进出就是一个可以去改变的例子。

在大多数情况下，不稳定因素超出了土地所有者的控制范围。上游流域的开发就是一个例子。在这种情况下，治理的重点可以是限制进一步损害。

本实践的预期年限至少为20年。运行维护要求仅限于针对现场选择的治理措施类型。必须定期对现场进行检查，另外还要在发生暴雨后进行检查。植被可能需要多次种植才可确保良好培植效果。可能需要对构造措施进行修理或更换，例如抛石护坡或石笼网。

常见相关实践

《河岸和海岸保护》（580）通常与《河岸植被缓冲带》（391）、《河岸草皮覆盖》（390）、《栅栏》（382）、《河床加固》（584）和《明渠》（582）等保护实践一起使用。

保护实践的效果——全国

土壤侵蚀	效果	基本原理
片蚀和细沟侵蚀	0	不适用
风蚀	0	不适用
浅沟侵蚀	0	不适用
典型沟蚀	0	不适用
河岸、海岸线、输水渠	4	河岸已经稳固。
土质退化		
有机质耗竭	0	不适用
压实	0	不适用
下沉	0	不适用
盐或其他化学物质的浓度	0	不适用

（续）

	效果	基本原理
水分过量		
渗水	0	不适用
径流、洪水或积水	0	不适用
季节性高地下水位	0	不适用
积雪	0	不适用
水源不足		
灌溉水使用效率低	0	不适用
水分管理效率低	0	不适用
水质退化		
地表水中的农药	0	不适用
地下水中的农药	0	不适用
地表水中的养分	1	稳固受侵蚀的堤岸将减少土壤剖面中养分和有机物质向地表水的输送。
地下水中的养分	0	不适用
地表水中的盐分	0	不适用
地下水中的盐分	0	不适用
粪肥、生物土壤中的病原体和化学物质过量	1	消除饲养场和家畜溪流通道附近地区内的侵蚀堤岸。
粪肥、生物土壤中的病原体和化学物质过量	0	不适用
地表水沉积物过多	2	减少对堤岸和海岸线的侵蚀。
水温升高	1	这一举措包括沿溪流河道培植植被。
石油、重金属等污染物迁移	0	不适用
石油、重金属等污染物迁移	0	不适用
空气质量影响		
颗粒物（PM）和 PM 前体的排放	0	不适用
臭氧前体排放	0	不适用
温室气体（GHG）排放	1	如果使用，植被残留物会贮存碳。
不良气味	0	不适用
植物健康状况退化		
植物生产力和健康状况欠佳	4	保护措施能够改善场地条件，从而增强植物健康和理想的植物群落的活力。
结构和成分不当	4	保护措施可建立或维系理想的植物群落。
植物病虫害压力过大	4	种植并管理植被，可控制不需要的植物种类。
野火隐患，生物量积累过多	0	不适用
鱼类和野生动物——生境不足		
食物	2	为稳固而培植的植被可包括食物物种。
覆盖 / 遮蔽	2	为稳固而培植的植被可包括野生动物的掩护。
水	0	所采取的措施应与溪流或岸线及其附近的鱼类和野生动物栖息地的保护相兼容。
生境连续性（空间）	2	稳固堤岸和海岸线可增加鱼类生存空间。
家畜生产限制		
饲料和草料不足	1	河岸植被的重建可以提供额外的草料。
遮蔽不足	0	不适用
水源不足	0	不适用
能源利用效率低下		
设备和设施	0	不适用
农场 / 牧场实践和田间作业	0	不适用

　　CPPE 实践效果：5 明显改善；4 中度至明显改善；3 中度改善；2 轻度至中度改善；1 轻度改善；0 无效果；−1 轻度恶化；−2 轻度至中度恶化；−3 中度恶化；−4 中度至严重恶化；−5 严重恶化。

工作说明书——国家模板

（2010年9月）

此类可交付成果适用于个别实践。其他规划实践的可交付成果参考具体的工作说明书。

设计
可交付成果

1. 能够证明符合自然资源保护局实践中相关准则并与其他计划和应用实践相匹配的设计文件。
   - 保护计划中确定的目的。
   - 客户需要获得的许可证清单。
   - 对周边环境和构筑物的影响。
   - 符合自然资源保护局国家和州公用设施安全政策（《美国国家工程手册》第503部分《安全》A子部分"影响公用设施的工程活动"第503.00节至第503.06节）。
   - 辅助性实践一览表。
   - 制订计划和规范所需的与实践相关的计算和分析，包括但不限于：
        i. 地质学/土力学
        ii. 水文条件/水力条件
        iii. 结构
        iv. 植被/土壤生物工程
2. 向客户提供书面计划和规范书包括草图和图纸，充分说明实施本实践并获得必要许可的相应要求。
3. 合理的设计报告和检验计划（《美国国家工程手册》第511部分，B子部分"文档"，第511.11节和第512节，D子部分"质量保证活动"，第512.30节至第512.32节）。
4. 运行维护计划。
5. 证明设计符合实践和适用法律法规的文件（《美国国家工程手册》A子部分第505.3节）。
6. 安装期间，根据需要所进行的设计修改。

注：可根据情况添加各州的可交付成果。

安装
可交付成果

1. 与客户和承包商进行的安装前会议。
2. 验证客户是否已获得规定许可证。
3. 根据计划和规范（包括适用的布局注释）进行定桩和布局。
4. 安装检查（酌情根据检查计划开展）。
   a. 实际使用的材料
   b. 检查记录
5. 协助客户和原设计方并实施所需的设计修改。
6. 在安装期间，就所有联邦、州、部落和地方法律、法规和自然资源保护局政策的合规性问题向客户/自然资源保护局提供建议。
7. 证明安装过程和材料符合设计和许可要求的文件。

注：可根据情况添加各州的可交付成果。

验收
可交付成果

1. 竣工文档。
    a. 实践单位
    b. 图纸
    c. 最终量
2. 证明安装过程符合自然资源保护局实践和规范并符合许可要求的文件（《美国国家工程手册》A 子部分第 505.3 节）。
3. 进度报告。

注：可根据情况添加各州的可交付成果。

参考文献

NRCS Field Office Technical Guide （eFOTG）, Section IV, Conservation Practice Standard - Streambank and Shoreline Protection, 580.

NRCS National Engineering Manual （NEM）.

NRCS National Environmental Compliance Handbook.

NRCS Cultural Resources Handbook.

注：可根据情况添加各州的参考文献。

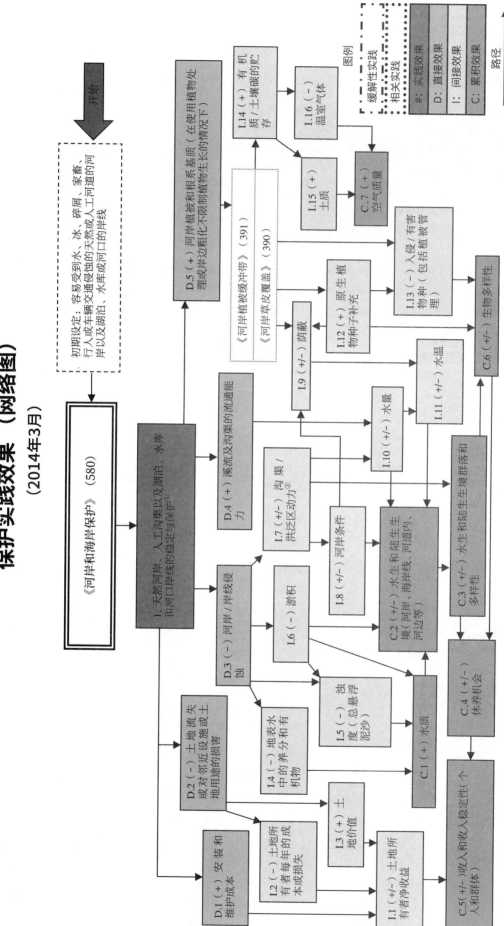

保护实践效果（网络图）
（2014年3月）

跨河桥

（578，No.，2017年10月）

定义

横跨河流建造的稳定区域或建筑物，为人员、牲畜、设备和车辆提供可控通道。

目的

应用本实践以实现以下目标：

- 通过减少河流中的沉积物、营养物和有机负荷来改善水质。
- 减少河岸侵蚀和河床冲蚀。

适用条件

本实践适用于以下土地：

- 存在间歇性或常年水流（河流）。
- 横跨河流的可控通道可有效减少或消除环境恶化。
- 土壤、地质、河流地貌和地形适合建造跨河桥。

准则

适用于所有跨河桥的总体总则

本实践应与所有联邦、州、部落和当地法规规定一致，其中包括洪泛区法规和通行地役权。确定可能在标准实施时受到影响的重要文化资源或濒危物种。

土地所有者或承包商负责施工区域内所有敷设的公用设施的选址，包括排水瓦管和其他构造设施。禁止在水生生物赖以生存的河流建立通道屏障。

选址。 将跨河桥建在河床稳固的区域或河床相对稳定的区域［保护实践《河床加固》（584）；第210篇，《美国国家工程手册》第650部分，第16章，《河岸与岸线保护》］。跨河桥不可以建立在河道等级分级或走向突变、存在明显过度渗流或不稳定地点、存在溢流（证明切口和河床不稳定）、汇入河流的大支流，或距已列出物种的已知产卵区域300英尺范围内。

在条件允许的情况下，垂直于河流流向建桥。在开发设计时注意河流潜在的横向迁移。

通过评估可用路径或行驶路线位置以及土地使用操作，避免建造或最小化跨河桥的数量。可行情况下，使用现有道路。可能的情况下，在非阴凉的河岸区域建桥或通过设计安装门来阻止牲畜在溪流中游荡。

通道口。 若跨河桥作为通道的一部分，则按照保护实践《行车通道》（560）和第210篇，《美国国家工程手册》第536部分"结构工程"来设计桥。

宽度。 为预期用途提供足够的行车宽度。仅限牲畜通过的桥面宽度，从溪流的上游端到下游端测量，应不小于6英尺宽，不超过30英尺宽，不包括侧坡。

侧坡。 侧坡的挖填要使所使用的通道材料保持稳定。侧坡的挖填不会使坡度比水平垂直比（2:1）更陡。岩石挖填坡度不超过水平垂直比（1.5:1）。

引桥。 在可能的情况下，将跨河桥引桥与现有场地地形相结合。在适当和可行的情况下，利用河床土壤生物工程标准和其他河岸稳定措施，如保护实践《河岸和海岸保护》（580）。设计稳固的引桥，逐渐提升和下降坡度，但不超过水平垂直比（4:1）。使用合适的材料建造引桥，以供反复和长期使用。引桥设计最小宽度应与桥面等宽。

改变引桥周围地表径流流向，防止侵蚀。根据需要使用保护实践《引水渠》（362）、《控水结构》

（587）、《衬砌水道或出口》（468）或《边坡稳定设施》（410）。

石块。只使用坚固、耐用且能够暴露于空气、水中，耐得住冰冻和融化的石块。使用足够大小和密度的石块抵抗设计洪流。使用适当大小的石头，以适应预期的交通需求，且不会对牲畜或人员、过桥的交通工具造成伤害和损害。对于有牲畜穿越的桥，在上面使用蹄接触区或交替表面处理方法。

围栏。根据需要，使用围栏和闸门拒绝牲畜进入通道。在浅滩安装围栏，使用分离线、摆动闸门、悬挂电气链或其他装置，以便在高流量时允许洪水和大型木质材料通过。根据保护实践《栅栏》（382）设计和建造所有围栏。

植被。在施工后尽快种植，根据保护实践《关键区种植》（342）植入高度受干扰的区域。在植被无法生存的地区，使用保护实践《密集使用区保护》（561）。

跨河桥适用准则

以符合良好工程原理并且满足其预期用途的方式设计桥梁。参见210《美国国家工程手册》，第536部分。

设计桥梁以完全跨越河流，至少跨过河岸满水时期的流量，其中设计流量不受法规限制。在设计流量时，河道流量、沉积物和其他物料必须能够通过建筑物而不会明显改变水流特性，并通过设计流量而不会导致结构的侵蚀或溢流。

对于所有跨河桥，执行地下地质调查，该调查足够详细并经得起推敲，以支持设计。描述观察到的土壤物质、地基条件、承载力和基岩深度；以及在桥梁的设计、建造或运行中需要解决的任何地质情况或危险请参阅210《美国国家工程手册》第531部分"地质"。

充分保护桥梁，使超过桥梁流量的水流可以安全地分流而不会损坏桥梁或侵蚀河岸。

遵循210《美国国家工程手册》第536部分"关于可接受的桥梁材料和必要安全措施的要求"。

涵洞桥准则

以符合合理的工程原理并且满足其预期用途的方式设计涵洞。

若涵洞与桥面没有联通，则涵洞设计要有足够的容量，可以使河岸满水时期流量或两年一遇、一次持续24小时降雨的最大暴雨流量通过，而不会明显改变河道流量特征。充分保护涵洞桥体，以便超过涵洞容量的流量可以安全地绕过建筑物而不会损坏它，或者侵蚀河岸或穿过填充材料。不要在预计会出现伴随大量沉积物或大型木质材料流量的地方使用涵洞，或者在河道坡度超过6%（水平垂直比100：6）的地方使用涵洞。

必须放置至少一个涵洞管道，将其整个置于现有河流底部下方6英寸处。可以在不同高度使用外加的涵洞来维护平台或漫滩水力和水面高度。涵洞系统的长度必须足以延伸至桥面的整个宽度，包括侧坡、入口或出口延伸部分。

可使用的涵洞材料包括混凝土、波纹金属、波纹塑料、新的或使用过的优质钢材，以及符合《池塘》（378）要求的任何其他材料。评估对涵洞桥护栏等安全措施的需求。

浅滩桥适用准则

浅滩桥在使用频率较低时对水质的影响最小。浅滩桥适宜在坚固的河床，宽阔、浅水的河道修建。禁止在管道或涵洞的下游直接修建浅滩桥，因为局部高速流可能对其造成损坏。如果要经常或每天使用跨河桥，例如奶牛养殖，请使用涵洞桥或廊桥。

确保桥体横截面积大于等于自然河道横截面积。在可能的范围内，浅滩桥的表面设计与河床的轮廓大体相符。桥体斜坡斜向河中心，以构造出一个河底线（低流量）通道。在可能的情况下，使跨河桥的路基凹陷，使得桥体的结构表面处于河床的原始表面处或其下方。勿将浅滩桥的上表面建在高于原始河床上游边缘上方0.5英尺处。

在可能的情况下，将浅滩桥的下游边缘设计为与原始河床完全等高。不得在低流量水力落差大于原始河底0.5英尺的情况下安装下游边缘。如需要，在浅滩的上游和下游边缘处建造防渗墙以防止底切。

评估对水深标识的需求。

混凝土浅滩。仅在跨河桥基础具有足够承载强度的地方建造混凝土浅滩桥。实施足够详细的地下调查和分析以支持设计。描述观察到的土壤物质、路基条件、承载力和基岩深度。参见210《美国国家工程手册》，第 531 部分，子部 B，"工程地质"。

使用最小厚度为 5 英寸的浇筑混凝土。在最小 4 英寸厚的砾石基础上建造混凝土板，除非地基可以承受。有关设计标准，请参阅 210《美国国家工程手册》，第 536 部分。

在浇筑混凝土期间需要对场地和坝趾墙进行脱水，以减少分离的可能性并保持适当的水灰比。流动的水会腐蚀未充分硬化的混凝土。必须改道或保证该河流不会流过混凝土，直到混凝土最终凝固，并且在浇筑混凝土后至少保持 12 个小时。

在桥的上游和下游端修建坝趾墙。坝趾墙至少 6 英寸厚，18 英寸深。使溪流中的趾壁延伸至满水时期流量高度。

岩石浅滩和土工合成材料的使用。在洪水泛滥的陡峭地区以及正常流量或间歇流量的地方，在浅滩桥使用粗骨料或压碎岩。当地基较软或不稳定时，使用土工布提高岩石浅滩桥设计中的地基承载力。根据美国国家公路与运输协会标准（AASHTO）M-288，选择用于分离和稳定的土工织物材料。

脱水并挖掘河床，使其达到必要的深度和宽度，并用土工织物材料覆盖。覆盖土工织物材料延伸穿过河流的底部，并且至少沿着侧坡向上延伸至至少满水时期流量高度。

使用耐用的土工合成材料并根据制造商的建议进行铺设，包括使用钉、夹子和锚销。用至少 6 英寸的碎石覆盖土工织物材料。若铺设土工格栅，请使用最低 6 英寸深的土工格栅。

设计岩石浅滩桥以维持满水时期设计流量的稳定。使用 210《美国国家工程手册》，第 630 部分，"水文学"；第 654 部分，技术补充（TS）14N"鱼类通道和隔挡设计"中的相应章节中规定的程序和指南计算流速并选择岩石尺寸，以及 210《美国国家工程手册》第 650 部分，第 16 章，附录 16A，"岩石抛石的尺寸确定"，或国家保护工程师批准的其他程序。

注意事项

对于涵洞桥，注意在涵洞长度内加上天然河床基底，以便水生生物通过。参见 Bunte 和 Abt（2001）的抽样程序。自然河床为水生生物的多个生命阶段需求提供通道和栖息地，并可降低维护成本。

注意在混凝土桥的下游边缘建一个分级良好的岩石抛石落距，以消耗水流能量。

根据物种需求，注意跨河桥设计要满足水生生物的所有生命阶段，允许其通过。水生生物通过要求参见《水生生物通道》（396）。设计标准见 210《美国国家工程手册》，第 654 部分，TS14N；Clarkin，Keller 等（2006）；林务局水流模拟指南（USFS，2008）。另请参阅 Harrelson 等（1994），水流站说明。注意可能受到跨河桥建设影响的其他水生或陆生物种的栖息地要求。例如，可以设计供陆生脊椎动物安全通行的桥。

对于混凝土浅滩，考虑使用预制板代替现浇板。在可能的范围内，面板必须符合河床的轮廓，以避免沉积物积聚的问题。与现浇混凝土一样，安装砾石底座坝趾墙。

桥位选择要避免环境的不利影响，并考虑：

- 对于拟建的桥梁修建水流浅滩，因为浅滩通常是河流最稳定的部分之一。当不存在浅滩时，请考虑利用稳定的顺直河段。
- 对上游和下游流动情况的影响，可能导致侵蚀、沉积或溢流增加。注意桥梁上游和下游的栖息地，以避免水生生物和河岸栖息地的碎片化。
- 短期水质影响及施工相关的水质影响。
- 对桥梁安装和任何必要的河流改道造成的侵蚀和沉积的总体影响。
- 大型木质材料对桥梁的操作和整体设计的影响。

计划和技术规范

养分管理计划的说明应符合本实践，并阐述应用本实践以达到其预期目的，在计划和技术规范中至少包含以下内容：

- 桥梁选址。
- 跨河桥剖面和特有横截面的长和宽。

- 岩石或石头的密度、大小、数量和类型。
- 土工织物的类型、尺寸和锚固要求。
- 所使用混凝土的厚度、抗压强度、加固和其他特殊要求。
- 所有组件的适用结构细节，包括钢筋、材料类型、厚度、锚固要求、增填厚度、保护层。
- 桥梁和涵洞的负载限度。
- 植被要求包括使用的种子和种植物料、种植率和种植季节。
- 所需防护围栏的位置、类型和范围。
- 施工期间地表水分流和脱水的方法或使承包商负责选择的声明。
- 设备位置和通知要求。
- 其他特定场地的注意事项。

运行和维护

制订运行和维护计划，并在标准的有效期内实施。

运行和维护计划中至少包含以下项目：

- 至少每年和每次重大风暴事件后，检查跨河桥、零件和相关围栏，并进行维修。
- 去除有机物质、木质材料或其他沉积物。
- 根据需要更换用于牲畜通过的表面石材。

参考文献

AASHTO. 2016. LRFD Bridge Design Specifications, Customary U.S. Units, 7th Edition, with 2015 and 2016 Interim Revisions: 2014 American Association of State Highway and Transportation Officials Load and Resistance Factor Design （LRFD） Bridge Design Specifications, Customary U.S. Units, 5th Edition, with 2010 edits; ISBN Number: 978-1-56051-592-0, 2160, pages1-56051-451-0. https: //bookstore.transportation.org/item_details.aspx?id=2211.

Bunte, Kristin; Steven R. Abt. 2001. Sampling surface and subsurface particle-size distributions in wadable gravel-and cobble-bed streams for analyses in sediment transport, hydraulics, and streambed monitoring. Gen. Tech. Rep. RMRS-GTR-74. Fort Collins, CO. U.S. Department of Agriculture, Forest Service, Rocky Mountain Research Station. 428 p. （https: //wwwapps.fs.usda.gov/rmrs/publications/sampling-surface-and-subsurface-particle-size-distributions-wadable-gravel-and-cobble）.

Clarkin, K., G. Keller, T. Warhol, S. Hixon. Oct. 2006. Low-water crossings: Geomorphic, biological, and engineering design considerations. U.S Forest Service National Technology and Development Program Publication 0625 1808-SDTDC, 8 chapters plus appendices. San Dimas, CA. http: //www.fs.fed.us/t-d/php/library_card.php?p_num=0625%201808P.

Harrelson, Cheryl C; C.L. Rawlins; John P. Potyondy. 1994. Stream channel reference sites: An illustrated guide to field technique. Gen. Tech. Rep. RM-245. Fort Collins, CO. U.S. Department of Agriculture, Forest Service, Rocky Mountain Forest and Range Experiment Station. 61 p. http: //www.treesearch.fs.fed.us/pubs/20753.

USDA-NRCS. Dec. 1996. Streambank and Shoreline Protection: National Engineering Handbook （NEH）; Part 650, Engineering Field Manual, Chapter 16, 88 p. plus appendices. https: //directives.sc.egov.usda.gov/OpenNonWebContent.aspx?content=17553.wba.

USDA-NRCS. May 2008. National Engineering Handbook （NEH）, Part 654, Stream Restoration Design. Washington, DC. https: //directives.sc.egov.usda.gov/viewerFS.aspx?hid=21433.

USDA-NRCS. July 2010. National Engineering Manual （NEM）, Part 536, Structural Engineering, 5 p. Washington, DC. https: //directives.sc.egov.usda.gov/viewerFS.aspx?hid=27528.

USDA-NRCS. May 2012. NEH, Part 630, Hydrology. Washington, DC. https: //directives.sc.egov.usda.gov/viewerFS.aspx?hid=21422.

USDA-NRCS. June 2013. NEM, Part 531, Subpart A, Geologic Investigations. 7 p. Washington, DC. https: //directives.sc.egov.usda.gov/viewerFS.aspx?hid=33952.

USDA-USFS. Stream-Simulation Working Group. 2008. Stream Simulation: An Ecological Approach to Providing Passage for Aquatic Organisms at Road-Stream Crossings: Technology and Development Center Publication 0877 1801P. 11 chapters plus appendices. San Dimas, CA. http: //www.fs.fed.us/t-d/php/library_card.php?p_num=0877%201801P.

保护实践概述

（2017年10月）

《跨河桥》（578）

跨河桥是指横跨溪流建造的稳定区域或构造体，为人、家畜、设备或车辆提供出行通道。

实践信息

跨河桥可用于提供通往另一土地单元的通道，通过减少溪流的沉积物和养分负荷来改善水质，或减少河岸和河床侵蚀。本实践适用于存在间歇性或永久水道且需要过水路面、桥梁或涵洞的地方。

过水路面最适合河床坚固且宽而浅的水道。用于过水路面的典型材料是混凝土或岩石。当过水路面不经常使用时，对水质产生的影响最小。如果经常使用跨河桥，例如在奶牛场经营中，则应使用桥梁或涵洞。

涵洞和桥梁在河道相对狭窄或河岸陡峭的地方作用最大。在预期会有过多沉积物或大型木质物残体的地方，最好选择完全横跨溪流的桥梁。涵洞通常比安装桥梁更经济，但是，涵洞存在某些阻碍鱼类和其他水生生物通过的可能性。

评估是否需要安全设施，例如涵洞或桥梁的护栏和反光镜，以及过水路面的水深标志。

常见相关实践

保护实践标准（保护实践）《跨河桥》（578）通常与《小径和步道》（575）、《行车通道》（560）和《栅栏》（382）等保护实践一起使用。

保护实践的效果——全国

土壤侵蚀	效果	基本原理
片蚀和细沟侵蚀	0	不适用
风蚀	0	不适用
浅沟侵蚀	0	不适用
典型沟蚀	0	不适用
河岸、海岸线、输水渠	2	过河路面可防止河岸上的通行造成的坍塌和侵蚀。
土质退化		
有机质耗竭	0	不适用
压实	0	不适用
下沉	0	不适用
盐或其他化学物质的浓度	0	不适用
水分过量		
渗水	0	不适用
径流、洪水或积水	0	不适用

（续）

水分过量	效果	基本原理
季节性高地下水位	0	不适用
积雪	0	不适用
水源不足		
灌溉水使用效率低	0	不适用
水分管理效率低	0	不适用
水质退化		
地表水中的农药	0	不适用
地下水中的农药	0	不适用
地表水中的养分	-1	过河路面使动物更容易接近溪流，这可能会导致动物排泄物堆积在溪流中。
地下水中的养分	0	不适用
地表水中的盐分	0	不适用
地下水中的盐分	0	不适用
粪肥、生物土壤中的病原体和化学物质过量	-3	动物可以接近溪流。
粪肥、生物土壤中的病原体和化学物质过量	0	不适用
地表水沉积物过多	2	过河路面可防止河岸侵蚀和溪流底部沉积物移位。
水温升高	0	不适用
石油、重金属等污染物迁移	0	不适用
石油、重金属等污染物迁移	0	不适用
空气质量影响		
颗粒物（PM）和 PM 前体的排放	0	不适用
臭氧前体排放	0	不适用
温室气体（GHG）排放	0	不适用
不良气味	0	不适用
植物健康状况退化		
植物生产力和健康状况欠佳	0	不适用
结构和成分不当	0	不适用
植物病虫害压力过大	0	不适用
野火隐患，生物量积累过多	0	不适用
鱼类和野生动物——生境不足		
食物	0	不适用
覆盖 / 遮蔽	0	不适用
水	0	不适用
生境连续性（空间）	0	不适用
家畜生产限制		
饲料和草料不足	2	通过改善动物分布情况可使家畜更容易获得草料。
遮蔽不足	0	不适用
水源不足	2	过河路面可方便接近水源。
能源利用效率低下		
设备和设施	0	不适用
农场 / 牧场实践和田间作业	0	不适用

　　CPPE 实践效果：5 明显改善；4 中度至明显改善；3 中度改善；2 轻度至中度改善；1 轻度改善；0 无效果；-1 轻度恶化；-2 轻度至中度恶化；-3 中度恶化；-4 中度至严重恶化；-5 严重恶化。

工作说明书—— 国家模板

（2017年10月）

此类可交付成果适用于个别实践。其他规划实践的可交付成果参考具体的工作说明书。

设计
可交付成果

1. 能够证明符合自然资源保护局实践中相关准则并与其他计划和应用实践相匹配的设计文件。
    a. 保护计划中确定的跨河桥类型和实践目的。
    b. 客户需要获得的许可证清单。
    c. 对周边环境和构筑物的影响。
    d. 符合自然资源保护局国家和州公用设施安全政策（《美国国家工程手册》第503部分《安全》A子部分"影响公用设施的工程活动"第503.00节至第503.06节）。
    e. 辅助性实践一览表。
    f. 制订计划和规范所需的与实践相关的计算和分析，包括但不限于：
        i. 地质学/土力学（《美国国家工程手册》第531部分"地质学"和《美国国家工程手册》第533部分"岩土工程"）
        ii. 水文条件/水力条件
        iii. 结构
        iv. 植被/土壤生物工程
2. 向客户提供书面计划和规范书包括草图和图纸，充分说明实施本实践并获得必要许可的相应要求。
3. 合理的设计报告和检验计划（《美国国家工程手册》第511部分，B子部分"文档"，第511.11节和第512节，D子部分"质量保证活动"，第512.30节至第512.32节）。
4. 运行维护计划。
5. 证明设计符合实践和适用法律法规的文件（《美国国家工程手册》B子部分"程序"）。
6. 安装期间，根据需要所进行的设计修改。

注：可根据情况添加各州的可交付成果。

安装
可交付成果

1. 与客户和承包商进行的安装前会议。
2. 验证客户是否已获得规定许可证。
3. 根据计划和规范（包括适用的布局注释）进行定桩和布局。
4. 安装检查（酌情根据检查计划开展）。
    a. 实际使用的材料
    b. 检查记录
5. 协助客户和原设计方并实施所需的设计修改。
6. 在安装期间，就所有联邦、州、部落和地方法律、法规和自然资源保护局政策的合规性问题向客户/自然资源保护局提供建议。
7. 证明安装过程和材料符合设计和许可要求的文件。

注：可根据情况添加各州的可交付成果。

验收
可交付成果

1. 竣工文档。
    a. 实践单位
    b. 图纸
    c. 最终量
2. 证明安装过程符合自然资源保护局实践和规范并符合许可要求的文件（《美国国家工程手册》B 子部分"程序"）。
3. 进度报告。

注：可根据情况添加各州的可交付成果。

参考文献

NRCS Field Office Technical Guide （eFOTG），Section IV, Conservation Practice Standard - Stream Crossing, 578.

NRCS National Engineering Manual （NEM）.

NRCS National Environmental Compliance Handbook.

NRCS Cultural Resources Handbook.

注：可根据情况添加各州的参考文献。

保护实践效果 （网络图）

（2017年10月）

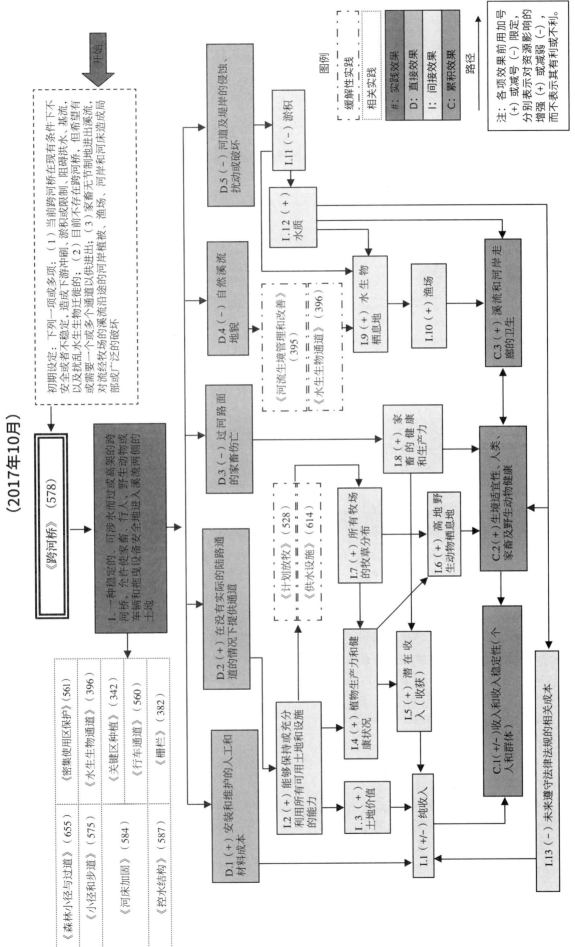

▶ 跨河桥

河流生境管理和改善

（395，Ac., 2019年5月）

定义

改善、恢复或维持溪流及其邻近洪泛区和河岸带生态功能。

目的

本实践用于实现以下一个或多个目的：

- 通过评估和处理影响溪流功能及结构的因素，改善或管理溪流栖息地。

适用条件

所有溪流及其相关回水、洪泛区、湿地及栖息地受损的河岸带。

本实践不适用于：

- 本实践加强了湿地鱼类和野生动物栖息地管理。
- 河床或河岸稳定；或使用保护实践《河岸和海岸保护》（580）或《河床加固》（584）。

本实践可与其他实践配合使用，解决多种现场资源问题。

准则

适用于所有目的的一般准则

采取本实践评估、评价并规定溪流栖息地改善综合计划，包括使用相关实践处理有某种功能的洪泛区和湿地。

规划溪流栖息地改善项目必须：

- 适用于整个流域条件，并具备明确的溪流栖息地管理目标。
- 基于对当地水文、沟渠形态、地貌环境、鱼类等水生生物物种、河岸带和洪泛区条件以及栖息地限制（包括溪流条件、水质、食物供应和水生物种上下游移动限制）的现场具体评估，使用自然资源保护局河流视觉评估协议第 2 版（SVAP2）或类似的州水生物栖息地评估工具确定。
- 适用时，解决特定栖息地问题的保护系统中效果可满足或超过第三节现场办公室技术指南记载的溪流及水生物栖息地最低规划准则。
- 溪流结构设计应与溪流、河流的动态特性相容，在可能的情况下促进自然地貌恢复，并尽量减少对河流廊道休养等传统用途的破坏。
- 使用适用的溪流结构设计方法和标准。与州技术专家协调，确定适用于所在州或地区的设计方法。
- 使邻近洪泛区及河岸带能够最大限度地支持适用于现场条件和预期生态效益的多样性植物群落。
- 在项目安装过程中尽可能使用当地植物材料。
- 管理家畜，维持溪流廊道及相关栖息地健康。

为实现本实践目的而安装的结构：

- 除非按州或联邦物种管理计划等指南的指示对当地保护物种种群进行隔离，否则不得阻碍或阻止鱼类等水生生物通过。
- 不得造成沟渠侧向迁移、沉积或退化。
- 阻碍沟渠–洪泛区相互作用。

注意事项

恢复或维持溪流栖息地和沟渠形成过程，如自然流态、河曲迁移、沉积物运移、大型木材的补充和储存以及溪流与洪泛区相互作用。

纳入河岸缓冲区，促进沟渠形成过程，并鼓励河岸功能促进活动，提供溪流温度调节能力，补充溪流的大型木材和精细有机质，输入河岸营养物的、提供陆生昆虫和其他河岸独立物种的栖息地、保证河岸完整性及地表径流污染物的过滤［见保护实践《河岸植被缓冲带》（391）和《河岸草皮覆盖》（390）］。

项目设计应考虑河流结构调整带来的风险。随着时间的推移，结构变迁或变化可以实现栖息地目标；但是，应考虑结构移动对场地外财产、公共基础设施和人身安全的潜在损害和由此产生的影响。

为改善溪流栖息地，应单独考虑或结合考虑的具体措施包括：

- 尽可能在符合州、联邦物种复壮或管理目标的前提下，向上下游提供水生生物通道［见保护实践《水生生物通道》（396）］。
- 如有可能，将跨河桥定位在对溪流地貌功能或水生物栖息地影响最小的区域。
- 在水泵、排水渠或土地所有者控制范围内可能发生水生物种意外夹带的区域提供屏障。
- 最大限度保持河流流量充足，维持鱼类等水生物种栖息地多样性，特别是在生命史关键阶段的栖息地多样性。
- 尽可能保持天然地表水、低流变性和地下水间的相互作用。
- 改善洪泛区至沟渠的连通性，开发符合当地气候和河流水文的季节性或永久性回水、湿地和沟渠外栖息地。
- 利用天然材料和方法恢复溪流及河岸带功能，其切实可行的手段包括但不限于灵活放置木材（不锚定、不拔闩）、海狸栖息地恢复、产卵浅滩和漂砾复合体。
- 恢复或保护河岸带、洪泛区植被及相关河岸湿地。
- 如种植在邻近的洪泛区和河岸带，应选择能为传粉昆虫提供花粉和花蜜的植物。最大限度地增加河岸带植物多样性可以增加传粉昆虫和其他鱼类饲料陆生昆虫的数量。
- 最大限度地控制外来动植物的扩散。
- 减少或管理流域开发、道路建设或土地所有者控制范围内土地使用活动所导致的过量径流。
- 调整溪流管理措施，解决休养、放牧、种植、施肥、浇水或资源清除活动的时间、强度、频率和持续时间，改善和维护溪流及相关洪泛区和河岸带栖息地。
- 结合其他密切相关实践，为项目现场制订全面的多学科计划。

计划和技术规范

为各现场制订计划和规范，实施溪流栖息地管理和改善行动。

计划至少包括：

- 计划行动的目的。
- 场地描述，包括描述现有条件，说明受试河段尺寸、模式和剖面的拟议变更的测量数据。
- 描述河床和河岸结构及组成的数据。
- 设计图纸及工作表，记录结构质量、数量、位置、尺寸和标高（包括安装时间和位置）。
- 所有促进实践，包括各自的规范及运行维护要求。
- 措施的改进 / 管理日期及顺序。
- 如果种植属于项目组成部分，则应纳入植被种植计划，用于确定物种、载畜率、种植日期、种子等植物材料的护理、可接受存活率、重新种植要求；或使用促进和实践组成部分中概述的规范。
- 将许可证要求（如有）纳入规范、设计、运行维护要求。
- 负责收集施工后测量数据。

运行和维护

开发详细的应用运行维护计划，详细说明对应用进行的定期检查、修复或修正，从而改善不达标结构。

为短期和长期保护行动的有效性评估提供监测指南。

使用相同的项目前评估工具（如 SVAP2 等工具）对溪流和沿岸栖息地条件进行项目后评估，确定所实施的行动是否改善了栖息地或完全解决了资源问题。

按照州、联邦水生及陆生物种保护指导方针，协调所有必要修复行动。

参考文献

Bureau of Land Management. 1998. Riparian Area Management：A User Guide to Assessing Proper Functioning Condition and the Supporting Science for Lotic Areas. TR-1737-15.

Federal Interagency Stream Restoration Working Group （FISRWG）. 1998, revised October 2010. National Engineering Handbook, Part 653, Stream Corridor Restoration：Principles, Processes and Practices.

Gregory, S V., K.L. Boyer, and A.M. Gurnell, editors. 2003. The Ecology and Management of Wood in World Rivers. American Fisheries Society, Symposium 37. Bethesda, MD.

USDA NRCS. 1998. The Practical Streambank Bioengineering Guide. https：//www.nrcs.usda.gov/Internet/FSE_PLANTMATERIALS/publications/idpmcpu116.pdf. Accessed October 23, 2018.

USDA NRCS. 2002. Streambank Soil Bioengineering Field Guide for Low Precipitation Areas. https：//www.nrcs.usda.gov/Internet/FSE_PLANTMATERIALS/publications/idpmcpussbfglpa.pdf. Accessed October 23, 2018.

USDA NRCS. 2004. National Biology Handbook, Aquatic and Terrestrial Habitat Resources. USDA NRCS. 2008. National Engineering Handbook, Part 654, Stream Restoration Design. USDA NRCS. 2009. National Biology Handbook, Part 614, Subpart B, Stream Visual Assessment Protocol, Version 2.

USDA NRCS. 2010. National Engineering Handbook, Part 653, Stream Corridor Restoration：Principles, Processes, and Practices.

保护实践概述
（2019年5月）

《河流生境管理和改善》（395）

河流生境管理和改善是指维护、改善和恢复河流的物理、化学和生物功能。

实践信息

本实践适用于溪流及其毗邻的死水、洪泛区、相关湿地和河岸带。这一实践为预期的水生物种提供了栖息地，并改善了对水生群落具有重要意义的河道和相关河岸条件。改善规划的溪流栖息地是基于对流域、溪流和河岸条件的评估，必须对毗邻溪流的河岸走廊以及溪流中的栖息地进行管理。应重视建立与流域条件和地貌环境相适应的，在生态上实现自给自足的河流——河岸系统。运行维护要求包括定期检查和维修已确定会导致河岸或河床过度不稳定的结构体。对溪流和沿岸生境条件

进行监测和评估，以确定它们是否符合规划目标。

常见相关实践

《河流生境管理和改善》（395）通常与《河岸植被缓冲带》（391）、《河岸草皮覆盖》（390）、《乔木/灌木建植》（612）、《水生生物通道》（396）、《河岸和海岸保护》（580）、《栅栏》（382）、《访问控制》（472）以及《稀有或衰退自然群落恢复》（643）等保护实践一起使用。

保护实践的效果——全国

土壤侵蚀	效果	基本原理
片蚀和细沟侵蚀	0	不适用
风蚀	0	不适用
浅沟侵蚀	0	不适用
典型沟蚀	0	不适用
河岸、海岸线、输水渠	5	植被和密集的根系可固定和保护土壤，使之更耐水流侵蚀。
土质退化		
有机质耗竭	0	不适用
压实	0	不适用
下沉	0	不适用
盐或其他化学物质的浓度	0	不适用
水分过量		
渗水	0	不适用
径流、洪水或积水	0	不适用
季节性高地下水位	0	不适用
积雪	0	不适用
水源不足		
灌溉水使用效率低	0	不适用
水分管理效率低	0	不适用
水质退化		
地表水中的农药	0	不适用
地下水中的农药	0	不适用
地表水中的养分	0	不适用
地下水中的养分	0	不适用
地表水中的盐分	0	不适用
地下水中的盐分	0	不适用
粪肥、生物土壤中的病原体和化学物质过量	0	不适用
粪肥、生物土壤中的病原体和化学物质过量	0	不适用
地表水沉积物过多	2	改善植被和管理将会减少河岸侵蚀，提高河道稳定性。
水温升高	2	河岸条件的恢复将有助于调节溪流温度。
石油、重金属等污染物迁移	0	不适用
石油、重金属等污染物迁移	0	不适用
空气质量影响		
颗粒物（PM）和 PM 前体的排放	0	不适用
臭氧前体排放	0	不适用
温室气体（GHG）排放	1	植被将空气中的二氧化碳转化为碳，储存在植物和土壤中。
不良气味	0	不适用

（续）

植物健康状况退化	效果	基本原理
植物生产力和健康状况欠佳	4	管理和改善措施可建立或维持理想的河岸和水生植物群落的健康与活力。
结构和成分不当	4	管理和改善措施可建立或维持理想的河岸和水生植物群落。
植物病虫害压力过大	4	种植并管理植被，可控制不需要的植物种类。
野火隐患，生物量积累过多	0	不适用
鱼类和野生动物——生境不足		
食物	2	水生物栖息地得到改善，为鱼类和野生动物提供了食物。
覆盖/遮蔽	2	水生物栖息地得到改善，为鱼类和野生动物提供了掩护。
水	0	河岸和河道内的改善也会改善水质，并且（在适用的情况下）能够改善水生和河岸物种及其栖息地的水量。
生境连续性（空间）	4	得到恢复的栖息地增加了鱼类的适宜生存空间。
家畜生产限制		
饲料和草料不足	2	河边栖息地的重建可以提供额外的草料。
遮蔽不足	4	河岸带的灌木和乔木可以提供遮阴和防风效果。
水源不足	0	不适用
能源利用效率低下		
设备和设施	0	不适用
农场/牧场实践和田间作业	0	不适用

CPPE 实践效果：5 明显改善；4 中度至明显改善；3 中度改善；2 轻度至中度改善；1 轻度改善；0 无效果；−1 轻度恶化；−2 轻度至中度恶化；−3 中度恶化；−4 中度至严重恶化；−5 严重恶化。

工作说明书—— 国家模板

（2010年9月）

此类可交付成果适用于个别实践。其他规划实践的可交付成果参考具体的工作说明书。

设计

可交付成果

1. 能够证明符合自然资源保护局实践中相关准则并与其他计划和应用实践相匹配的设计文件。
2. 保护计划中确定的目的。
3. 客户需要获得的许可证清单。
4. 辅助性实践一览表。
5. 制订溪流生境管理计划和规范所需的与实践相关清单和分析，包括但不限于：
   a. 资源清单
   b. 目标野生物种的识别
6. 运行维护计划。
7. 向客户提供书面计划和规范书包括草图和图纸，充分说明实施本实践并获得必要许可的相应要求。
8. 证明设计符合实践和适用法律法规的文件。
9. 安装期间，根据需要所进行的设计修改。

注：可根据情况添加各州的可交付成果。

安装

可交付成果

1. 与客户进行的实施前会议。

2. 验证客户是否已获得规定许可证。

3. 施用帮助。

4. 协助客户和原设计方并实施所需的设计修改。

5. 证明施用过程符合管理规划和许可要求的文件。

6. 在安装期间，就所有联邦、州、部落和地方法律、法规和自然资源保护局政策的合规性问题向客户 / 自然资源保护局提供建议。

7. 证明施用过程和材料符合设计和许可要求的文件。

注：可根据情况添加各州的可交付成果。

验收

可交付成果

1. 实施记录。
    a. 实践单位

2. 证明安装过程符合自然资源保护局实践和规范并符合许可要求的文件。

3. 进度报告。

注：可根据情况添加各州的可交付成果。

参考文献

NRCS Field Office Technical Guide （eFOTG）, Section IV, Conservation Practice Standard – Stream Habitat Improvement and Management - 395.

NRCS National Environmental Compliance Handbook.

NRCS Cultural Resources Handbook.

NRCS National Biology Manual.

NRCS National Biology Handbook.

注：可根据情况添加各州的参考文献。

保护实践效果（网络图）

（2019年5月）

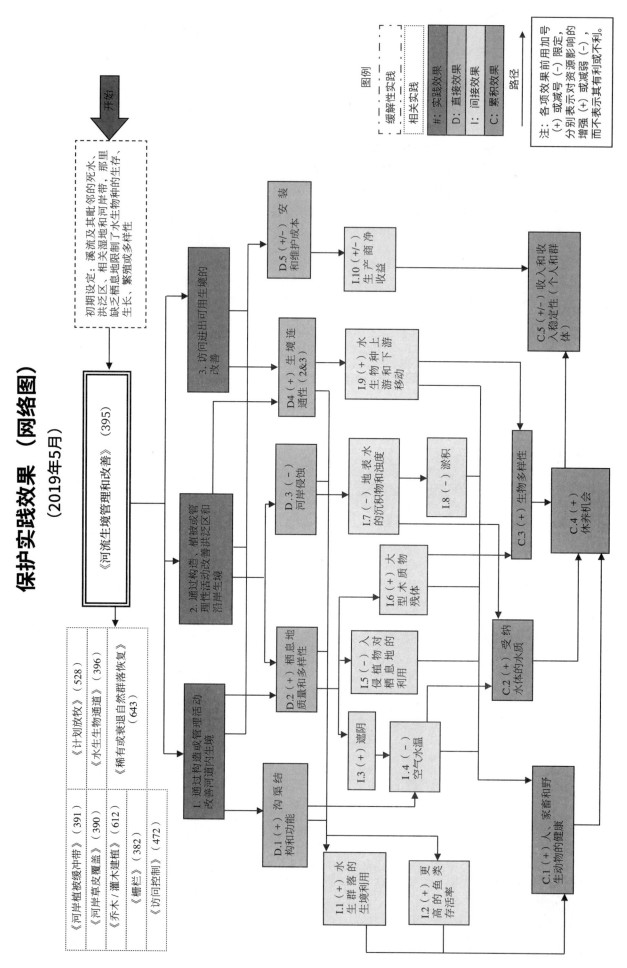

等高条植

（585，Ac., 2017年10月）

定义

以条状系统排列的方式，在田间有计划地进行抗侵蚀和易侵蚀作物轮作。

目的

- 减少片蚀和细沟侵蚀。
- 减少风蚀。
- 减少地表水中营养过剩的情况。
- 减少沉积物向地表水的迁移。
- 减少农药向地表水的迁移。
- 提高植物生产力和健康水平。

适用条件

本实践适用于农田。

准则

适用于上述所有目的的总体准则

易受侵蚀的作物带与抗侵蚀的作物带或覆盖物交替种植，作物定向应尽可能与临界风或水侵蚀矢量垂直。

使用当前侵蚀预测工具确定每个条带的最大宽度。在设计和土壤流失预测中要包括养护管理系统中其他做法的影响，将条带宽度调整为种植设备宽度的倍数。

包括庄稼、牧草、特种作物或覆土作物按照计划进行轮作。至少50%的轮作必须是种植抗侵蚀的作物或在沉降覆盖层中进行。为了达到预期目的，抗侵蚀带内的植被必须减少侵蚀，达到预期目的。不要在一年中的同一时间，将易受侵蚀的作物种植在相邻的地带。但是，两个相邻的条带可能同时处于抗侵蚀覆盖层中。

在每个条带中，按照设计的作物轮作，而轮作序列中的地点或年份是交错或是可以偏移的，以达到预期的目的。

在保护规划斜坡长度范围内，最少规划两条播种带。

运行条带边界相互平行，并尽可能接近等高线。

在易受风蚀的区域内，至少包括两条条带区域。

在设计条带宽度时，切勿超过等高线的临界坡长。

减少片蚀和细沟侵蚀，减少地表水中过量营养物、沉积物或农药向地表水中迁移的附加准则

如果需要校正条带区，可以改变其宽度，但是为使用横跨区域的工具，条带区的宽度应大于工具的最大宽度。

在田间作业过程中，当田间轮廓角度过陡，无法让机器与该轮廓角度保持一致时，应在陡峭的山脊或山谷上建立草皮转弯带。这些条带的宽度足以允许抬高或转动设备，并符合转弯带上的标准。

在有积水的斜坡上，行级的正向排水率应不小于0.2%。包括土壤渗透速度从缓慢到非常缓慢的地区（土壤水文组C或D），或作物对积水敏感的区域。

行级必须在允许排水的情况下尽可能接近水平值。最大行级不得超过用于保护规划的上坡和下坡坡度的一半，最大坡度不得超过4%。

在距离稳定出口 50 英尺的范围内，允许与设计行级偏差达 10%。

当行级达到允许的最大设计坡度时，从最后一条等高线位置划定新的基线（关键线），确定向上或向下坡度，设计下一个等高线的布局。

若岬角 / 末端行的坡度大于该场地允许的最大行级，在岬角 / 末端行长期种草即可。

减少风蚀，减少地表水中过量营养物、沉积物或农药向地表水中迁移的附加准则

在预期风蚀发生时间和系统的设计过程中，沿主流风蚀方向条带的有效宽度测量。利用当前的风蚀预报技术，当易受侵蚀带的方向偏离垂直于盛行风的风蚀方向时，调整侵蚀带的宽度。

提高植物生产力和健康的附加准则

为保护生长中的作物免受风蚀、土壤颗粒的损害，在敏感作物易受风蚀、土壤颗粒损害的时期，测量沿盛行风蚀方向的有效宽度。

利用现有的风蚀预报技术，将条带宽度设计成不超过作物耐风蚀能力允许的宽度。请参照美国国家自然资源保护局编制的《农学手册》、其他公认技术参照资料或其他计划作物保护目标中的作物抗风能力。

注意事项

等高条植可能需要与其他保护措施结合使用，以实现资源管理系统的目标。

为了提高种植系统的多样性和相关效益，考虑至少进行 3 年作物轮作，至少包括 3 种作物，均来自不同植物科。

可以通过选择能为传粉者、野生动植物和预期生物体提供栖息地的物种和管理方法来保护野生动植物的利益。

考虑将草皮条的刈割推迟到筑巢季节之后。

为留存和管理土壤水分，选择足够密度和覆盖度的作物、作物顺序和品种，以拦截径流和雪。管理滞留残留物的高度，以最大限度增加积雪的可能性。

条带播种可以减少空气中颗粒物（PM）的排放量。

条带农田上的保护性作物轮作应与农场企业作物组合或相关牲畜经营相一致，这将影响行栽作物、密植作物、特种作物、覆盖作物和草 / 豆类饲料作物的比例。

在设计和布局之前，在可行的情况下，应考虑清除障碍物或改变场地边界或形状，以提高实践的有效性和在斜坡上进行现场作业的便利性。

在布局前，检查现场，找出开始布置的关键点，或者让整个条带宽度能通过障碍物或鞍脊。要满足行梯度标准，尽可能平行于栅栏线或其他障碍物条带边界。当通道必须穿过场地时，应考虑通道宽度，并相应调整两侧的条带边界。

当本实践与分流或梯田结合使用时，使条带布局与分流或梯田坡度和间距相协调，以便条带边界在行坡度标准范围内尽可能与梯田平行。在使用草皮或窄基梯田的地方，要考虑到梯田为荒草地时的宽度，以便对田间所有条带保持相同的条带宽度。

当径流导致集中水流侵蚀时，可能需要稳定的排水口。可接受的稳定排水口包括草地水道、田地边界、滤土带或水沙控制洼地。

用植被做抗侵蚀带时，非有机操作的物种应该对修剪带上使用的除草剂具有耐受性，或者禁止使用除草剂。

对于所有有机或过渡到有机的操作，遵循美国国家有机项目的规定。

计划和技术规范

在实施要求文件中为每个场地和目的制订技术规范。文件必须包括：

- 设计土壤图距单位。
- 条带宽度。
- 条带数量。

- 作物的轮作和条带的偏移。
- 临界坡长。
- 最小行级。
- 最大行级。
- 使用后会导致水蚀的情况。
- 使用后会导致风蚀的情况。

运行和维护

为保持实践效果,必须根据需要,平整或清除沿条带边缘堆积的沉积物,并将其摊铺在整个场地上。每年至少割草一次。次数可选。

必须管理轮作中的抗侵蚀带,以保持计划的植被覆盖率和表面粗糙度。

如果由于相邻条带在干草或永久覆盖物中的条带没有对齐,则根据需要重新建立原始条带,保持其长度和宽度。

参考文献

Flanagan, D.C., M.A. Nearing. USDA-Water Erosion Prediction Project, Hillslope Profile and Watershed Model Documentation, NSERL Report #10, July 1995.

Foster, G.R. 2004. Draft reference guide, Revised Universal Soil Loss Equation Version 2,（RUSLE2）. National Sedimentation Laboratory, Oxford, MS.

Foster, G.R. 2005. Draft science documentation, Revised Universal Soil Loss Equation Version 2,（RUSLE2）. National Sedimentation Laboratory, Oxford, MS.

Renard, K.G., G.R. Foster, G.A. Weesies, D.K. McCool, and D.C. Yoder, Coordinators. 1997. Predicting soil erosion by water：A guide to conservation planning with the Revised Universal Soil Loss Equation（RUSLE）. U.S. Department of Agriculture, Agricultural Research Service（ARS）, Agriculture Handbook No. 703.

USDA ARS Agricultural Systems Research Unit （June 2016），"The Wind Erosion Prediction System WEPS 1.5 User Manual"，URL：https：//infosys.ars.usda.gov/WindErosion/.

保护实践概述
（2017年10月）

《等高条植》（585）

等高条植是在田地中系统地安排等高条植作物,从而减少土壤侵蚀,减少向空气中排放的颗粒物,同时改善水质。

实践信息

本实践应用于农田和某些种植大田作物的休养用地和野生动物用地。作物的排列方式是一条草带或密生作物与一条干净的耕作带或保护性覆盖物较少的带状作物交替种植。通常,条带的宽度在整个田间是相同的。在片蚀和细沟侵蚀很严重的坡地上,条带被布置在等高线上或跨在一般

坡度上。当考虑到风蚀时，条带的布置要尽可能地接近侵蚀风向的垂直方向。

除了减少土壤侵蚀和改善水质的主要目的外，这一实践在提高渗透和可用土壤水以及改善野生动物栖息地环境方面也是有效的。

常见相关实践

《等高条植》（585）通常与《保护性作物轮作》（328）、《覆盖作物》（340）、《植物残体管理措施》（329和345）《养分管理》（590）、《病虫害治理保护体系》（595）和《草地排水道》（412）等保护实践一起使用。

保护实践的效果——全国

土壤侵蚀	效果	基本原理
片蚀和细沟侵蚀	4	当应用在等高线上或附近时，本实践可降低径流速度，从而减弱坡面漫流的剥离和输送能力。由非侵蚀性条带捕获并保留在斜坡上的沉积物可以带来额外益处。
风蚀	4	等高条植降低了 WEQ 的 "L" 因子值。减蚀作用取决于条带宽度、植被以及与侵蚀风方向相关的条带方向。
浅沟侵蚀	0	不适用
典型沟蚀	0	不适用
河岸、海岸线、输水渠	0	不适用
土质退化		
有机质耗竭	2	交替条带中的多年生作物可以增加土壤中的有机质。土壤侵蚀减少，可减少有机质流失。
压实	0	不适用
下沉	0	不适用
盐或其他化学物质的浓度	0	不适用
水分过量		
渗水	-2	增加水分入渗，水可能会横向移动到渗漏区域，特别是在休耕期间。
径流、洪水或积水	1	积雪的漂移会加剧水分入渗，进而有助于减少洪水或积水的发生。
季节性高地下水位	-1	积雪的漂移会加剧渗透，导致地下水过剩。
积雪	1	受保护的条带将捕获更多的积雪。
水源不足		
灌溉水使用效率低	0	不适用
水分管理效率低	1	漂移积雪会增加剖面中的水分入渗，导致更大的蓄水量。
水质退化		
地表水中的农药	2	这一举措减少径流和侵蚀并捕获吸附的农药。
地下水中的农药	0	不适用
地表水中的养分	2	等高条植可减少土壤风蚀，并可增加水分入渗，从而减少养分和有机物流入地表水。
地下水中的养分	0	不适用
地表水中的盐分	1	等高条植可减缓径流，增加水分入渗，从而减少盐分向地表水的迁移。
地下水中的盐分	-1	等高条植可降低径流速度，并捕获飘浮的积雪，从而增加水分入渗，有助于盐分转移到地下水中。
粪肥、生物土壤中的病原体和化学物质过量	1	等高条植可减少土壤风蚀和水蚀，并可能加剧水分入渗，从而降低病原体向地表水传播的可能性。
粪肥、生物土壤中的病原体和化学物质过量	0	不适用
地表水沉积物过多	2	减少侵蚀，减缓水流和风速，提高渗透。
水温升高	0	不适用
石油、重金属等污染物迁移	0	不适用

（续）

	效果	基本原理
水质退化		
石油、重金属等污染物迁移	0	不适用
空气质量影响		
颗粒物（PM）和 PM 前体的排放	2	植被条带形成地被植物，可减少风蚀。
臭氧前体排放	0	不适用
温室气体（GHG）排放	0	不适用
不良气味	0	不适用
植物健康状况退化		
植物生产力和健康状况欠佳	2	侵蚀减少将会改善场地潜力，高植物生产力和健康水平。
结构和成分不当	0	不适用
植物病虫害压力过大	0	不适用
野火隐患，生物量积累过多	0	不适用
鱼类和野生动物——生境不足		
食物	2	由于条带之间的距离很近，因此野生动物的食物来源得以改善。
覆盖 / 遮蔽	2	由于条带之间的距离很近，因此野生动物的掩护来源得以改善。
水	0	不适用
生境连续性（空间）	1	条带仅为大多数物种提供有限的额外空间。
家畜生产限制		
饲料和草料不足	0	不适用
遮蔽不足	0	不适用
水源不足	0	不适用
能源利用效率低下		
设备和设施	0	不适用
农场 / 牧场实践和田间作业	0	不适用

CPPE 实践效果：5 明显改善；4 中度至明显改善；3 中度改善；2 轻度至中度改善；1 轻度改善；0 无效果；−1 轻度恶化；−2 轻度至中度恶化；−3 中度恶化；−4 中度至严重恶化；−5 严重恶化。

实施要求

（2016年1月）

生产商：_____   项目或合同：_____

地点：_____   国家：_____

农场名称：_____   地段号：_____

实践位置图 （显示预计进行本实践的农场 / 现场的详细鸟瞰图，显示所有主要部件、布点、与地标的相对位置及测量基准）	**索引** ☐ 封面 ☐ 规范 ☐ 运行维护 ☐ 侵蚀预测打印
	公用事业安全 / 呼叫系统信息

工作说明：

仅自然资源保护局审查

设计人：＿＿＿＿＿＿＿＿＿＿＿＿＿＿＿　日期＿＿＿＿＿＿＿＿＿＿＿＿＿＿＿＿＿＿

校核人：＿＿＿＿＿＿＿＿＿＿＿＿＿＿＿　日期＿＿＿＿＿＿＿＿＿＿＿＿＿＿＿＿＿＿

审批人：＿＿＿＿＿＿＿＿＿＿＿＿＿＿＿　日期＿＿＿＿＿＿＿＿＿＿＿＿＿＿＿＿＿＿

实践目的（勾选所有适用项）：

☐　减少土壤风蚀。

☐　减少土壤侵蚀。

☐　减少沉积物和其他水和风媒污染物的输送。

☐　保护成长作物不受风携土壤颗粒的损害。

设计因素		田地编号：×××	田地编号：×××	田地编号：×××	田地编号：×××	田地编号：×××
设计土壤制图单元						
条带宽度（英尺）						
缓冲带数量						
植被	条带 1					
	条带 2					
临界坡长（英尺）						
最小垄向坡度（%）						
最大垄向坡度（%）						
水蚀①						
风蚀①						
规划的植被						

①附上侵蚀预测文档。

运行维护

☐　应清除沿条带边缘堆积的沉积物，或对其进行平滑处理，并在必要时将其分布在田间以保持有效性。

☐　每年至少割一次草皮翻边。可以考虑收割。

☐　应对轮作的耐侵蚀条带进行管理，以维持规划的植被和表面粗糙度。

☐　如果因相邻条带位于干草中或永久覆盖物中而导致条带不对齐，将根据需要重新调整原始条带的对齐和宽度。

☐　其他。输入其他信息（如适用）。

附加布局图（如需）

工作说明书—— 国家模板

（2017年10月）

此类可交付成果适用于个别实践。其他规划实践的可交付成果参考具体的工作说明书。

设计
可交付成果

1. 证明符合自然资源保护局实践中相关准则并与其他计划和应用实践相匹配的设计文件。
   a. 保护计划中确定的目的。
   b. 客户需要获得的许可证清单。
   c. 辅助性实践一览表。
   d. 制订计划和规范所需的与实践相关的计算和分析，包括但不限于：
      i. 缓冲带数量
      ii. 耕作带的最小和最大垄向坡度（针对片蚀和细沟侵蚀）
      iii. 条带的对齐、方向和宽度（针对风蚀）
      iv. 植被
      v. 条带的宽度
      vi. 自然资源保护局批准的侵蚀预测工具或同等工具的结果
      vii. 稳定排水口
2. 向客户提供书面计划和规范书包括草图和图纸，充分说明实施本实践并获得必要许可的相应要求。应根据保护实践《等高条植》（585）制订计划和规范，并记录在 585 号标准的实施要求文件中。
3. 运行维护计划。
4. 证明设计符合实践和适用法律法规的文件。
5. 安装期间，根据需要所进行的设计修改。

注：可根据情况添加各州的可交付成果。

安装
可交付成果

1. 与客户进行的实施前会议。
2. 验证客户是否已获得规定许可证。
3. 根据计划和规范（包括适用的布局注释）进行定桩和布局。
4. 根据需要提供的应用指南。
5. 协助客户和原设计方并实施所需的设计修改。
6. 在安装期间，就所有联邦、州、部落和地方法律、法规和自然资源保护局政策的合规性问题向客户/自然资源保护局提供建议。
7. 证明施用过程和材料符合设计和许可要求的文件。

注：可根据情况添加各州的可交付成果。

验收
可交付成果

1. 实施记录。

> a. 条带的数量和宽度
>
> b. 应用的实际垄向坡度（针对片蚀和细沟侵蚀）或条带方向（针对风蚀）
>
> c. 实践单位

2. 证明施用过程符合自然资源保护局实践和规范并符合许可要求的文件。

3. 进度报告。

注：可根据情况添加各州的可交付成果。

参考文献

NRCS Field Office Technical Guide（eFOTG）, Section IV, Conservation Practice Standard – Stripcropping - 585.

NRCS National Agronomy Manual（NAM）parts 501, 502 and 506.

NRCS National Environmental Compliance Handbook.

NRCS Cultural Resources Handbook.

注：可根据情况添加各州的参考文献。

保护实践效果 （网络图）

（2017年10月）

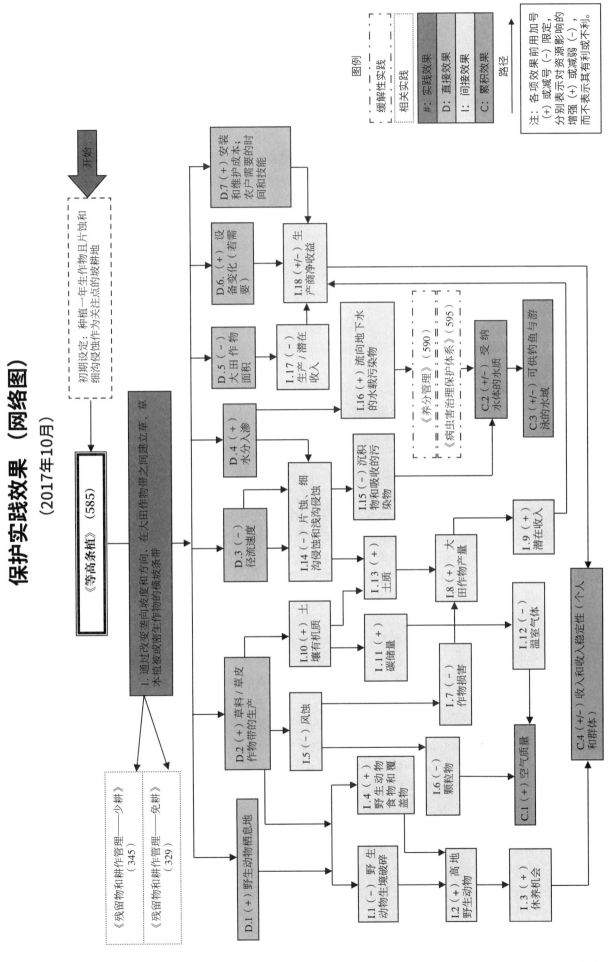

▶ 等高条植

梯田

（600，Ft., 2014年9月）

定义

梯田是横跨田地斜坡构建的由垄和沟渠构成的土堤。

目的

梯田作为资源管理系统的一部分适用于以下一个或多个目的：

- 减少侵蚀并滞留沉积物。
- 拦蓄径流以保持水分。

适用条件

本实践适用于：

- 水流引起的土壤侵蚀和坡长过长问题。
- 径流过量问题。
- 节约用水。
- 土壤适合耕种和地形适合建造梯田。
- 能提供合适的排水口。

准则

适用于上述所有目的的总体准则

间距。横跨斜坡的梯田之间保持一定的间距，以达到预期的目的。确定用于控制侵蚀的最大梯田间距，该间距设置需要达到容许土壤流失量（T）或《田场技术指南》中记录的其他土壤流失标准。在监测土壤流失时，要考虑到梯田系统的斜坡规划以及沉淀物管理等栽培措施。监测拟建梯田间距及土壤流失时，斜坡的长度是指从上一级梯田垄到下一级梯田渠道之间的距离（沿自然水流方向测量）。控制侵蚀的最大梯田间距，可基于土壤流失公差最多增加10%，以提供更好的梯田位置，方便农业机械进出，并接近适合的排水口。

可用于确定梯田间距的方法包括当前自然资源保护局认可的预测侵蚀技术、垂直间隔方程式法或各州提出的解决特殊土壤、作物，或其他影响梯田间距的耕作方法。请参阅当前自然资源保护局认可的预测侵蚀的软件和用户指南以确定土壤流失量。有关垂直间隔方程式的内容，请参阅《田间工程手册》第8章梯田。

调整。为适应农业机械和农业作业，在可行的情况下，设计具有柔和的长曲线的耕地梯田。当在田地中存在多个梯田时，尽可能将梯田布局设计为互相平行。

容量。梯田要设计有足够的容量，能够容纳10年一遇24小时不间断的径流量，而不溢出田垄。设计梯田系统来控制多余径流或与其他结构共同作用，要选择安装能够抵御更大暴风雨风险的梯田系统。

对于带有地下排水口的梯田，对暴风雨的容纳量是梯田存储水量和通过地下排水口流出水量的总和。对于存储径流的梯田（储流梯田或水平梯田），增加梯田储流能力时，要估算未来10年的沉积物积累量，除非在运行和维护计划中专门指出要定期清除沉积物。

对于带有开放式排水口的梯田，根据梯田容量以及最茂密、覆盖最广的植被来确定梯田渠道的大小。根据种植作物田地的裸土渠道或者在渠道有适当的、永久性的植被的情况下来计算渠道容量。计算裸土渠道的容量时，使用曼宁糙率系数 n 值为0.035或更大。对于永久性植被渠道，请参阅保护实践《草地排水道》（412）确定渠道容量的设计标准。

梯田横截面。设计合理的梯田横断面比例以适应田地的坡度、种植的作物和农业机械。避免梯田横截面设计不合理，导致梯田间距之间的土壤受到干扰。如有必要，增加田垄的高度，以应对沉淀物的沉降、渠道沉淀物的沉积、田垄的侵蚀、正常耕作作业的影响或为了安全起见。在设计田垄时，田垄的最小宽度必须超过 3 英尺。对于具有开放排水口的梯田，设计排水口的排水量要大于或等于梯田渠道的容量。

所有可耕种的梯田斜坡的坡度不高于 5 : 1，以便安全使用农业设备。对于不可耕种的梯田斜坡，允许的最陡斜坡是 2 : 1（水平垂直比），除非对特定地点土壤条件的分析，表明更陡峭的斜坡也可保持稳定。

表层覆土。从梯田建设区域处收集表层土壤，并覆盖在挖掘的斜坡和田垄上，以便于恢复耕地，除非挖掘的斜坡或田垄表面具有与耕地质地相似的可用表层土。

渠道坡度。梯田渠道坡度的设计，应使渠道内水流速度稳定且不达到侵蚀渠道的速度。但渠道也应具有足够的坡度，以防止积水对作物的损害或农业活动因长时间积水而延迟。

对用于耕种的梯田，在裸地条件下确定渠道稳定性，使用曼宁糙率系数的最大 n 值为 0.035。对于永久性植被的渠道，通过适当种植植被保障渠道稳定性。有关确定裸土渠道和有植被渠道稳定性的设计标准和程序，请参阅保护实践《草地排水道》（412）和《田间工程手册》第 650 部分第 7 章。

在渠道的上游，可以增加坡度以改善梯田对齐度。对于带有地下排水口的梯田，在蓄水区域内的渠道坡度可以更陡峭。

水平梯田。存储在水平梯田中的水量与梯田的长度成正比。为减少潜在的失效风险，水平梯田的设计长度不应超过 3 500 英尺的，除非梯田间渠道间隔不超过 3 500 英尺。水平梯田的末端可以部分或全部封闭，也可以是开放式末端。如果是部分末端封闭，则必须保护梯田末端对应的下游区域安全，避免其在达到预期暴风雨之前被上游的水流冲坏。

排水口。所有梯田都必须有足够的排水口。排水口必须将径流水排到不会造成损坏的区域。

植被区排水口适用于陡坡梯田或水平开放式梯田。草地排水道或自然植被排水道都可用作植被排水口。在建造梯田之前，先建好并稳定草坪排水道，以便梯田在建造时具有稳定的排水口。植被的排水口的排量必须足够大，使得排水口的水面位于或低于梯田水平面。

地下排水口适合所有梯田类型。排水口由进水口和地下管道组成。如果需要地下排水口，请参照保护实践《地下出水口》（620）。

地下排水口可设计为用压力或重力使水流流动。如果采用了压力系统，所有管道和接头必须能承受设计压力，包括浪涌和真空。如果采用了重力流动系统，使用流量限制装置（例如排水孔或水堰）来限制流入管道的水流量或选择足够大的管道尺寸以防止压力水流的流动。

设计排水口时，使流量排放时间不超过计划作物的淹没容差。若滞留沉积物是主要设计目标，请根据沉积物颗粒大小调整排放速率。找到地下排水口的进水装置，用适应耕作的操作方法来积聚沉淀物。

土壤渗透可用于水平梯田的排水。在平均降雨条件下，土壤渗透率必须允许水流在预期暴风雨中，在计划作物的淹水耐受性之内从梯田渠道中渗透。

可以在同一梯田系统内使用不同排水类型的组合，以优化节水、改善水质和适应耕种操作或提供经济的梯田建造。

植被。施工后应尽快稳定所有规划区域的植被。可参照保护实践《关键区种植》（342）或州播种标准种植指南，根据需要还可参照保护实践《覆盖》（484）。

拦蓄径流以保持水分的附加准则

对于为保持水分而建造的梯田，进行水量预算分析来确定必须收集的水量以满足水量预算的要求。梯田必须至少满足本实践中"容量"部分关于预期暴风雨径流量和沉积量的要求。

注意事项

成功的梯田系统的关键之一是确保梯田布局适合农场设备的进出。这包括建造坡长平缓的间隔梯田，以便作业人员在梯田之间进行往返移动，并最终能在田地的同一侧开始作业。

梯田的田垄和斜坡能将陡峭且有潜在危险的斜坡改造为农田。在对斜坡进行耕作时，确保耕作的设备可安全在斜坡上作业。若陡坡不可避免，请确保作业人员了解斜坡的位置和潜在的危险。

在规划和设计梯田系统时，非常有必要进行土壤调查。土壤调查可以发现潜在的问题，例如土壤剖面中存在的土层是否会限制植物生长。实地调查可以确定要避免的问题区域，例如浅基岩层或致密层、酸度过大土层或盐度过大土层，如果梯田建造中在上述土层中种植作物，将对作物生长产生不利影响。

梯田陡峭一侧的永久植被可以为野生动物提供重要的栖息地。考虑种植可以为野生动物提供食物和栖息地的本地物种。在筑巢季节结束之前不要在这些区域割草以便于野生动物的繁衍生息。

农田中的山坡渗流会引起作物种植问题。考虑调整梯田或安装地下排水系统来拦截和纠正渗流问题。请参阅保护实践《地下排水沟》（606），在梯田建造之前安装排水系统。

避免地下排水口可能出现的侵蚀。为确保有足够排水能力的排水口，需要保护地下排水口，使其功能稳定。

梯田的排水口是接收来自农田的污染径流的直接管道。应将梯田作为生态保护系统的一部分进行建造，以解决养分、虫害管理、农药残留物管理和过滤等问题。

地下排水系统的进水口在农田的种植、培育和收割作业中很容易受损。进水口应有颜色，以及在进水口周围设置障碍物或者清楚地标记进水口将有助于防止损坏。

计划和技术规范

根据本实践,制订梯田计划和技术规范,并说明建造梯田的要求,计划和技术规范应包括以下部分:
- 梯田系统布局的平面图。
- 梯田的典型横截面。
- 梯田的剖面或计划坡度。
- 排水系统的详细信息。
- 如果使用地下排水系统，需要提供地下排水系统的进水口和轮廓的详细信息。
- 如果需要播种，则提供播种要求。
- 施工所需的材料清单。
- 以书面形式说明梯田系统建造的具体建筑规范。

运行和维护

为作业人员制订一份运行和维护计划，以维护梯田系统的设计寿命。书面形式的运行和维护计划要满足的最低要求是：
- 定期检查，特别是在重大径流事件发生后要立即进行。
- 及时维修或更换损坏的部件。
- 维护梯田田垄高度、渠道轮廓、梯田横截面和排水口高度。
- 清除在梯田渠道中积聚的沉积物，以保持渠道容量和坡度。
- 定期清洁地下排水系统的进水口。修理或更换被农业机械损坏的进水口。清除进水口周围的沉积物，以确保进水口保持在梯田渠道中的最低点。
- 在种植特定的植被、完成季节性割草、控制树木和灌木丛后，根据需要重新种植植被和施肥。
- 关于梯田上陡坡危害的通知。

参考文献

USDA, NRCS. 2004. Revised Universal Soil Loss Equation, Ver. 2（RUSLE2）.

USDA, NRCS. National Engineering Handbook, Part 650, Engineering Field Handbook, Chapter 7, Grassed Waterways.

USDA, NRCS. National Engineering Handbook, Part 650, Engineering Field Handbook, Chapter 8, Terraces.

保护实践概述

（2014年9月）

《梯田》（600）

梯田是一种修建在斜坡上截留径流的土堤、沟渠或田埂与沟渠的组合。

实践信息

本实践一般适用于农田，但也可用于其他种植大田作物的地区，如野生动物或娱乐用地。

修建梯田后可以降低坡长以控制侵蚀、拦截径流并将其引导到安全排水口、截留沉积物、保留径流以维持水分、防止沟壑扩大并改变地表以改善可耕作性。

基于研究和实地开发经验，目前已开发出了各种梯田形式。四种常见类型的梯田包括：

- 广泛型——两侧耕作，应用于一致性更好的缓坡田地。
- 陡峭后坡型——具备永久覆盖物的陡峭背水坡。
- 狭窄型——两侧陡峭且种植有永久覆盖物。
- 平渠或水平型——用于保持水分和控制侵蚀。

梯田需要仔细设计、布局和施工，以便在保持可耕作性的同时提供侵蚀控制。梯田在比较一致的地形上可以是平行的，或者当地形存在起伏时，梯田可以不保持平行。由于平行梯田通常更受青睐，因此设计时通常要进行挖填，以改善梯田准度。

本实践的预期年限至少为10年。运行维护计划包括检查和维修梯田和排水口、维护梯田高度和植被以及清除堆积的泥沉积物。检查不仅应定期进行，还要在发生重大暴雨事件后进行。

常见相关实践

《梯田》（600）必须有一个安全排水口，以便将径流水转移到不会造成破坏的地方。通常与《草地排水道》（412）、《地下出水口》（620）和《地下排水沟》（606）等保护实践一起使用。

保护实践的效果——全国

土壤侵蚀	效果	基本原理
片蚀和细沟侵蚀	5	梯田缩短了坡长，降低了水蚀。
风蚀	1	当方向与普遍风蚀方向相交叉时，植被梯田可以缩短无遮盖距离，并捕集盐渍化的土壤颗粒。
浅沟侵蚀	4	斜坡集中渗流通道的长度缩短。
典型沟蚀	2	改变土地单元的水文状况。
河岸、海岸线、输水渠	1	减少土地单元的集中渗流。可提高入河径流的沉积物携带能力。
土质退化		
有机质耗竭	1	降低侵蚀将会减少有机质的损失。
压实	-1	施工活动导致梯田沟渠和筑堤压实。

（续）

土质退化	效果	基本原理
下沉	0	不适用
盐或其他化学物质的浓度	0	不适用
水分过量		
渗水	-2	由于渗透增强。
径流、洪水或积水	4	蓄水增加，径流减少。
季节性高地下水位	-2	由于渗透增强。
积雪	-1	梯田筑堤会捕集积雪。
水源不足		
灌溉水使用效率低	0	不适用
水分管理效率低	3	这一举措可减少侵蚀和径流，提高用水效率。
水质退化		
地表水中的农药	2	这一举措可减少径流和侵蚀。
地下水中的农药	-2	这一举措能够增强土壤渗透。
地表水中的养分	2	减少侵蚀和增加渗透可以使溶解并附着在沉积物上的养分更不容易离开田地。
地下水中的养分	-2	这一举措增加了渗透，可能会转移养分。
地表水中的盐分	2	这一举措可以增加渗透，从而减少农田的盐分径流。
地下水中的盐分	-2	这一举措提高了水和可溶性污染物的渗透。
粪肥、生物土壤中的病原体和化学物质过量	2	增加渗透性、减少径流。
粪肥、生物土壤中的病原体和化学物质过量	-1	这一举措提高了水和污染物（包括病原体）的渗透。
地表水沉积物过多	2	梯田使水变慢，并允许沉积物沉积。
水温升高	0	不适用
石油、重金属等污染物迁移	2	这一举措捕获沉积物，减少浅沟侵蚀，增加了地表径流渗透。
石油、重金属等污染物迁移	-1	这一举措提高了水和可溶性污染物的渗透。
空气质量影响		
颗粒物（PM）和 PM 前体的排放	0	不适用
臭氧前体排放	0	不适用
温室气体（GHG）排放	0	不适用
不良气味	0	不适用
植物健康状况退化		
植物生产力和健康状况欠佳	2	保留水分和减少侵蚀，有助于植物的健康，提高植物生产力。
结构和成分不当	0	不适用
植物病虫害压力过大	0	不适用
野火隐患，生物量积累过多	0	不适用
鱼类和野生动物——生境不足		
食物	0	不适用
覆盖 / 遮蔽	1	基于植被的梯田提供了有限的覆盖物。
水	5	不适用
生境连续性（空间）	0	不适用
家畜生产限制		
饲料和草料不足	0	不适用
遮蔽不足	0	不适用
水源不足	0	不适用
能源利用效率低下		
设备和设施	1	设备不需要穿过沟渠，耕作也不需要填充沟渠。
农场 / 牧场实践和田间作业	1	设备不需要穿过沟渠，耕作也不需要填充沟渠。

　　CPPE 实践效果：5 明显改善；4 中度至明显改善；3 中度改善；2 轻度至中度改善；1 轻度改善；0 无效果；-1 轻度恶化；-2 轻度至中度恶化；-3 中度恶化；-4 中度至严重恶化；-5 严重恶化。

工作说明书——国家模板

（2014年9月）

此类可交付成果适用于个别实践。其他规划实践的可交付成果参考具体的工作说明书。

设计

可交付成果

1. 证明符合实践中相关准则并与其他计划和应用实践相匹配的设计文件。
    a. 保护计划中确定的目的。
    b. 客户需要获得的许可证清单。
    c. 符合自然资源保护局国家和州公用设施安全政策（《美国国家工程手册》第503部分《安全》，第503.00节至第503.22节）。
    d. 制订计划和规范所需的与实践相关的计算和分析，包括但不限于：
        i. 水文条件/水力条件
        ii. 间隔/间距
        iii. 梯田沟渠和储水区的容量
        iv. 出水容量和稳定性
        v. 侵蚀控制
2. 向客户提供书面计划和规范书包括草图和图纸，充分说明实施本实践并获得必要许可的相应要求最低标准必须包括：
    a. 梯田系统的布局平面图。
    b. 梯田的典型横截面。
    c. 梯田的剖面或规划坡度。
    d. 排水口系统的详细信息。
    e. 如果使用地下排水口，则提供地下排水口入口和剖面的详细信息。
    f. 播种要求（如需）。
    g. 施工所需的材料清单。
    h. 以书面形式描述梯田系统安装的具体场所施工规范。
3. 操作员应遵循的运行维护计划。书面计划中要指出的最低要求是：
    a. 定期检查，特别是在重大径流事件之后立即进行检查。
    b. 及时修理或更换损坏的部件。
    c. 维护梯田田埂高度、沟渠剖面、梯田横断面和排水口高程。
    d. 清除积聚在梯田沟渠中的沉积物，以保持耕作能力和坡度。
    e. 定期清洗地下排水口的入口。修理或更换被农业机械损坏的进水口。清除进水口周围的沉积物，以确保进水口保持在梯田沟渠的最低点。
    f. 在指定植被的情况下，按需完成季节性修剪、乔木和灌木丛的控制、重新播种和施肥。
    g. 梯田陡坡的隐患通知。
4. 证明设计符合实践和适用法律法规的文件［《美国国家工程手册》A子部分第505.03（b）（2）节］。
5. 安装期间，根据需要所进行的设计修改。

注：可根据情况添加各州的可交付成果。

安装

可交付成果

1. 与客户和承包商进行的安装前会议。
2. 验证客户是否已获得规定许可证。
3. 根据计划和规范（包括适用的布局注释）进行定桩和布局。
4. 安装检查。
   a. 所用材料的核实
   b. 施工期间的田间检查
   c. 检查活动的记录
5. 协助客户和原设计方并实施所需的设计修改。
6. 在安装期间，就所有联邦、州、部落和地方法律、法规和自然资源保护局政策的合规性问题向客户 / 自然资源保护局提供建议。
7. 证明安装过程和材料符合设计和许可要求的文件 [《美国国家工程手册》A 子部分第 505.03（c）（1）节]。

注：可根据情况添加各州的可交付成果。

验收

可交付成果

1. 竣工文档。
   a. 实践单位
   b. 记录设计的关键高程、坡度和变更信息的竣工图纸
   c. 最终量
2. 证明安装过程符合自然资源保护局实践和规范并符合许可要求的文件。
3. 进度报告。

注：可根据情况添加各州的可交付成果。

参考文献

Field Office Technical Guide （eFOTG）, Section IV, Conservation Practice Standard - Terrace, 600.

National Engineering Manual.

NRCS National Environmental Compliance Handbook.

NRCS Cultural Resources Handbook.

USDA, NRCS. 2004. Revised Universal Soil Loss Equation, Ver. 2 （RUSLE2）.

USDA, NRCS. National Engineering Handbook, Part 650, Engineering Field Handbook, Chapter 7, Grassed Waterways.

USDA, NRCS. National Engineering Handbook, Part 650, Engineering Field Handbook, Chapter 8, Terraces.

注：可根据情况添加各州的参考文献。

保护实践效果（网络图）

（2014年9月）

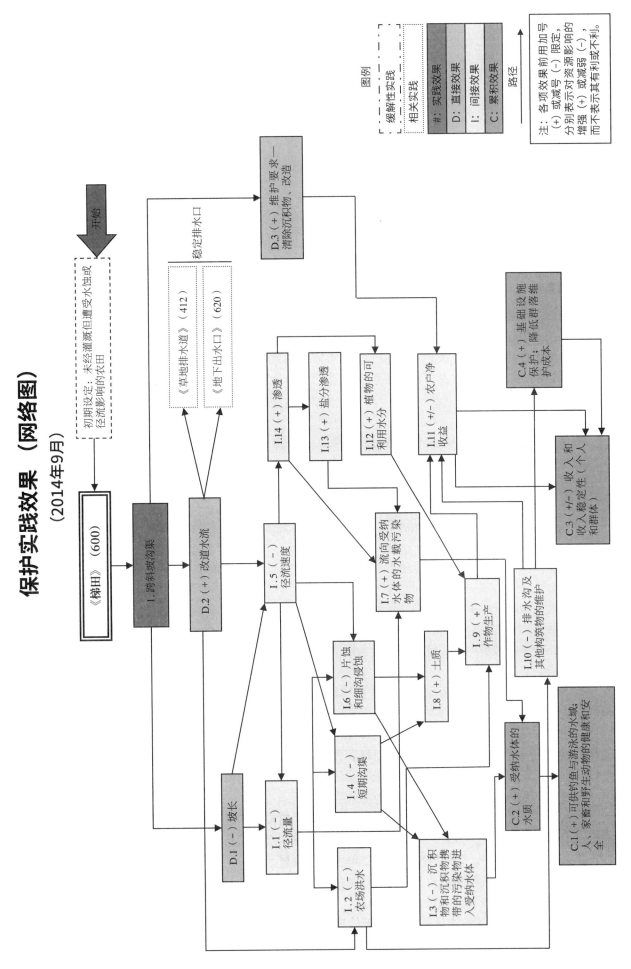

► 梯田

图例

- 缓解性实践
- 相关实践
- #：实践效果
- D：直接效果
- I：间接效果
- C：累积效果

路径 →

注：各项效果前用加号
（+）或减号（-）限定，
分别表示对资源影响的
增强（+）或减弱（-），
而不表示其有利或不利。

初期设定：未经灌溉（但遭受水蚀或径流影响的农田

开始

《梯田》（600）

I.跨斜坡沟渠

D.2（+）改道水流

《草地排水道》（412）

《地下出水口》（620）

稳定排水口

D.3（+）维护要求——清除沉积物、改造

I.14（+）渗透

I.13（+）盐分渗透

I.12（+）植物的可利用水分

I.11（+/-）农户净收益

C.4（+）基础设施保护；降低群落维护成本

I.5（-）径流速度

I.7（+）流向受纳水体的水载污染物

C.3（+/-）收入和收入稳定性（个人和群落）

D.1（-）坡长

I.6（-）片蚀和细沟侵蚀

I.8（+）土质

I.9（+）作物生产

I.10（-）排水沟及其他构筑物的维护

I.1（-）径流量

I.4（-）短期沟渠

I.2（-）农场洪水

I.3（-）沉积物和沉积物携带的污染物进入受纳水体

C.2（+）受纳水体的水质

C.1（+）可供钓鱼与游泳的水域；人、家畜和野生动物的健康和安全

植被处理区

（635，Ac., 2015年9月）

定义

植被处理区是指用于农业废水处理的永久性植被区域。

目的

利用植被改善水质，植被的作用是减少养分、有机物、病原体和其他与家畜、家禽和其他农业活动相关的污染物的负荷。

适用条件

本实践适用于：

- 为了处理来自诸如饲养场、饲料库、堆肥区、固体肥料储存区、牧场和其他的牲畜饲养区等地区受污染的径流或者农业生产中的废水，可以建立、运营并维护植被处理区（VTA）。
- 植被处理区应是农业废物管理系统规划区域的一个组成部分。

准则

根据施工田地的地表径流和植被养分的平衡状况，确定植被处理区的总面积。

- 水平衡是土壤在根区内渗透和保持径流的能力。不论土层厚度如何，径流测定都要以根区内最具限制性的土层为基础。在根区、渗透速率、渗透性和水力传导率等方面利用土壤的水分保持能力，以确定土壤吸收径流和保留径流的能力。
- 养分平衡是指在植被收获区内，利用来自污水径流的养分来满足营养去除要求。在非常有限的营养物质（即氮或磷）上建立养分平衡。

如果不需要额外的水分来管理植被处理区的植被生长，应尽可能地将未受污染的水从植被处理区抽离。

在植被处理区培植永久性植被。可种植单一的物种或混合种植草、豆类和其他适合土壤和气候的植物。选择的物种要符合当前的土地条件和预期用途，能够在适当的时间范围内获得足够的密度、活力和产量，便于处理受污染的径流。整地和播种要选择最佳时机和最优方式来完成，确保选定物种的存活和生长。

要选择能够承受预期的潮湿环境或水下环境的植被。适当地采收植被，以促进密集生长，保持植被的直立生长习性，并消除植物组织中所含的营养物质和其他污染物。

农业动物管理机构可提供25年一遇、一次持续24小时的最大暴雨径流量，要根据需要处理最大的径流量来设计植被处理区。根据管理目标，要使部分或全部的设计暴雨径流量下渗。除非适用规定允许排水，否则应把设计暴雨径流量中未下渗的部分储存起来以供使用或进行处理。

植被处理区内禁止任何牲畜进入，包括放牧。

让水流以片流的形式经由植被处理区排放或排放至植被处理区。为提高植被处理区域内的片流量，可提供一种分散集中流的方式，如沟渠、路缘、门控管、水平撒布机或自动喷水系统。完成土地分级并安装必要的结构部件，以保持整个植被处理区的片流量。

植被处理区的自然坡度或人工坡度要限制在0.3% ~ 6%。植被处理区的入口坡度最小应为1%。

采用保护实践《废物分离设施》（632）。用废物分离的方式对水流进行预处理（即沉淀池），以便将有机物负荷和营养物质降低到植被处理区的耐受水平，并防止固体在植被处理区域内过度堆积。

利用入口控制结构可以控制正常运行期间的流入速度和流入时间，并在必要时可控制流入以便进行运行和维护。

植被处理区应设在洪泛平原之外。然而，如果因田地限制要求植被处理区在洪泛区内选址，则应提供防洪保护，使其免受 25 年内 24 小时最大降水或规定要求的更大洪水的侵袭或破坏。

设置植被处理区的地方，地下水位应是自然或人为降低，这样渗透的径流就不会与根区底部的地下水混在一起。植被处理区内不允许地下排水。地下排水可以将季节高水位降到可接受的水平，因为地下排水管距离植被处理区边界至少 10 英尺。

除非需要保持土壤水分，防止干燥和开裂，否则不要规划渗透区域。因为渗透区域的开裂等土壤特性会导致从地表到根区以下的未经处理径流的优先流动路径。

要确保在植被处理区的整段长度上，充分实施合适的侵蚀控制措施和片流控制措施（即砾石充填机）。

压力加药系统的附加准则

通过喷灌或其他压力加药系统将污水分散到植被处理区。将喷灌机喷头的应用率与最严格的土壤入渗率或其他因素相匹配，以防止污水从植被处理区排出。

注意事项

用于露天径流的植被处理系统的养分补充和渗透设计指导（Koelsch 等，2006）。

提供一个以上的植被处理区，以供休息、收获和维护，并尽可能地避免超载。

在盆地汇水区提供额外储蓄空间，以尽量减少或消除在降雨事件中有水流排放到植被处理区。为提高下渗度和养分吸收率，该方式可延迟到降雨结束。

为了最大限度地吸收养分，在不同的地区选用适宜不同季节温度的物种，以确保植物在一年中的不同时间内健康生长。

必要时可补充水分，以维持植物在适合处理目标的条件下生长。

在过度潮湿或寒冷的气候条件下，直接把污染的废水排放到废水贮存设施。

当天气条件不利于有氧运动或土壤温度低于 39° F 时，考虑暂停应用植被处理区。当土壤温度在 39 ~ 50° F 之间时，考虑降低应用速率并增加应用周期，同时保持恒定的液压加载速度。

在整个生长季节，要管理植被处理区使植被能有效地处理污水。记录植被处理区的植物的收获时间，这样植物就可以重新长到足够的高度，以便在生长季节后期有效地过滤废水。

在植被处理区的下端安装一个护堤，以控制可能会出现的过量径流。

来自植被处理区的废水可以储存供土地利用，可以通过污水管理系统回收，或者用于农业生产。

安装围栏或其他设施，以禁止或尽量不让人畜进入植被处理区。

在植被处理区的底部安装一个抽水系统，可将污水重新循环到植被处理区的顶部，或者转移到废水储存设施。

计划和技术规范

制订计划和技术规范，阐述为了达到其预期用途而应用实践的要求。

至少应包括：

- 重点施工范围、必要的施工顺序、植被的培植要求、水平撒布机的机制要求、相关的实践和农艺营养素的去除。
- 显示植被处理区位置的平面图。
- 为实现预期目标而设定的植被处理区的长度、宽度和坡度等细节（长度指的是水流在植被处理区的斜坡上的流动长度）。
- 为实现预期目标而选定的草本物种、选种措施和播种率。
- 为确保所种植物的存活率合格而选用的种植日期、护理措施和处理种子方法。
- 为定植和培育选定的物种而进行充分的田地整理。

运行和维护

制订一个运行和维护计划。该计划应符合植被处理区实践目的、预期寿命、安全要求和设计标准。视情况而定，计划应包括下列项目：

- 控制杂草，特别是国家列出的有害杂草，以及其他可能阻碍植被处理区正常运作的害虫。
- 在风暴发生后对处理区域进行检查和修复，以便处理沟壑，在受干扰区重新播种，防止出现集中流。
- 如需要，可以补充养分并改良土壤，以维持草本植被所需的物种组成和林分密度。
- 在沉积危及其功能的情况下，必要时可定期减缓坡度或去除多余的物料，以保持或恢复植被处理区，重新培植草本植被。
- 为促进牲畜饲养区的径流下渗，此处的植被处理区应定期进行去芜或通气。
- 在植被处理区的表层足够干燥，无法压实后，方可实施维护活动。

监测干旱或半干旱地区的植被处理区，由于积累过量的盐和钠，这些地区会受到高盐度或钠含量的影响。如果发现过量的盐或钠，应采取修正措施。

监测所有植被处理区，使作物生长和环境保护保持在最佳状态。确保在土壤剖面中不积累磷，并且氮不在根区下浸出。

参考文献

USDA/NRCS, National Engineering Handbook, Part 651, Agricultural Waste Management Field Handbook.

Koelsch, R., B. Kintzer, and D. Meyer. （ed.）2006. Vegetated Treatment Systems for Open Lot Runoff - A Collaborative Report. USDA, NRCS.

保护实践概述

（2015年9月）

《植被处理区》（635）

用于农业废水处理的永久性植被地区。

实践信息

植被处理区可通过处理农业废水和来自家畜养育区的径流，来减少养分、有机质、病原体、其他与畜肥有关的污染物、其他废物和废水，从而达到改善水质的目的。可能需要不止一个条带。

为确保废水条带的正常工作，排放入和通过它的水流必须为片流，以便排放的水不会集中进入沟渠。可使用一些工具（例如排水沟、路缘石或带闸门的管）来分散集中渗流，确保片流达到条带的宽度。

处理带内应种植永久性草本植被，可以为适合土壤和气候的单一种类，也可以是禾本科植物、豆科植物或其他杂类草的组合。必须对植被处理区定期进行维护，以确保它能按计划工作。

常见相关实践

《植被处理区》（635）通常与《废物储存设施》（313）、《废物回收利用》（633）、《密集使用区保护》（561）、《关键区种植》（342）、《养分管理》（590）和《废物分离设施》（632）等保护实践一起使用。

保护实践的效果——全国

土壤侵蚀	效果	基本原理
片蚀和细沟侵蚀	4	种植的永久性植被。
风蚀	4	种植的永久性植被。
浅沟侵蚀	0	不适用
典型沟蚀	0	不适用
河岸、海岸线、输水渠	0	不适用
土质退化		
有机质耗竭	3	种植永久性植被，收集有机质。
压实	3	种植的永久性植被。
下沉	0	不适用
盐或其他化学物质的浓度	-2	使用本实践将增加土表的污染物，其中一些将下渗。
水分过量		
渗水	-1	渗透有可能使已经饱和的土壤状态恶化。
径流、洪水或积水	0	不适用
季节性高地下水位	-2	渗透进入处理区的物质将进入地下水。
积雪	0	不适用
水源不足		
灌溉水使用效率低	0	不适用
水分管理效率低	0	不适用
水质退化		
地表水中的农药	0	不适用
地下水中的农药	0	不适用
地表水中的养分	4	处理区内的渗透和植物吸收作用，可将污染物从污染的径流或废水中清除。
地下水中的养分	-2	这一举措涉及废物的施用，可增加处理区内地下水污染的可能。
地表水中的盐分	2	处理区内通过渗透，可将某些盐分从污染的径流和废水中清除。
地下水中的盐分	-2	这一举措涉及废物的施用，可增加处理区内地下水污染的可能。
粪肥、生物土壤中的病原体和化学物质过量	5	处理区内的渗透和植物吸收作用，可将污染物从污染的径流或废水中清除。
粪肥、生物土壤中的病原体和化学物质过量	0	处理区内的下渗水，将增加地下水中的可溶性污染物，被植被捕获的病原体将相继死去，而微生物活性的增加可增加病原体之间的竞争。
地表水沉积物过多	2	植被保护土表、捕获沉积物、养分和其他物质。
水温升高	0	不适用
石油、重金属等污染物迁移	0	重金属一般与粪肥无关；然而，条带内的渗透和植物吸收作用，可将污染物从污染的径流或废水中清除。
石油、重金属等污染物迁移	0	粪肥中很少有重金属，但条带内的下渗水可将可溶性污染物带进地下水。
空气质量影响		
颗粒物（PM）和 PM 前体的排放	0	不适用
臭氧前体排放	0	不适用
温室气体（GHG）排放	1	植被将空气中的二氧化碳转化为碳，储存在植物和土壤中。
不良气味	2	可用于消除长期存放粪肥的需要。
植物健康状况退化		
植物生产力和健康状况欠佳	2	处理区内可能会积聚过多的养分，对植物有毒或对健康有害。
结构和成分不当	5	选择适应且适合的植物。
植物病虫害压力过大	4	种植并管理植被，可控制不需要的植物种类。
野火隐患，生物量积累过多	0	不适用
鱼类和野生动物——生境不足		
食物	0	不适用
覆盖 / 遮蔽	0	不适用

（续）

鱼类和野生动物——生境不足	效果	基本原理
水	4	不适用
生境连续性（空间）	0	该区域仅为大多数物种提供有限的额外空间。
家畜生产限制		
饲料和草料不足	1	家畜的饲料和草料种植可能有一定的用途。
遮蔽不足	0	不适用
水源不足	0	不适用
能源利用效率低下		
设备和设施	0	不适用
农场／牧场实践和田间作业	0	不适用

CPPE 实践效果：5 明显改善；4 中度至明显改善；3 中度改善；2 轻度至中度改善；1 轻度改善；0 无效果；-1 轻度恶化；-2 轻度至中度恶化；-3 中度恶化；-4 中度至严重恶化；-5 严重恶化。

工作说明书——国家模板

（2015年9月）

此类可交付成果适用于个别实践。其他规划实践的可交付成果参考具体的工作说明书。

设计

可交付成果

1. 能够证明符合自然资源保护局实践中相关准则并与其他计划和应用实践相匹配的设计文件。
    a. 保护计划中确定的目的。
    b. 客户需要获得的许可证清单。
    c. 符合自然资源保护局国家和州公用设施安全政策（《美国国家工程手册》第 503 部分《安全》A 子部分"影响公用设施的工程活动"）。
    d. 制订计划和规范所需的与实践相关的计算和分析，包括但不限于：
        i. 地质与土力学（《美国国家工程手册》第 531a 子部分，A 子部分）
        ii. 最大限度调用净水
        iii. 水力负荷
        iv. 环境因素（如位置、空气质量与水质）
        v. 植被

2. 向客户提供书面计划和规范书包括草图和图纸，充分说明实施本实践并获得必要许可的相应要求。

3. 合理的设计报告和检验计划（《美国国家工程手册》第 511 部分，B 子部分"文档"，第 511.11 节和第 512 节，D 子部分"质量保证活动"，第 512.30 节至第 512.32 节）。

4. 运行维护计划。

5. 证明设计符合实践和适用法律法规的文件［《美国国家工程手册》第 505 部分 A 子部分，505.3（B）节］。

6. 安装期间，根据需要所进行的设计修改。

注：可根据情况添加各州的可交付成果。

安装
可交付成果

1. 与客户和承包商进行的安装前会议。
2. 验证客户是否已获得规定许可证。
3. 根据计划和规范（包括适用的布局注释）进行定桩和布局。
4. 安装检查（酌情根据检查计划开展）。
    a. 实际使用的材料
    b. 检查记录
5. 协助客户和原设计方并实施所需的设计修改。
6. 在安装期间，就所有联邦、州、部落和地方法律、法规和自然资源保护局政策的合规性问题向客户／自然资源保护局提供建议。
7. 证明安装过程和材料符合设计和许可要求的文件。

注：可根据情况添加各州的可交付成果。

验收
可交付成果

1. 竣工文档。
    a. 实践单位
    b. 图纸
    c. 最终量
2. 证明安装过程符合自然资源保护局实践和规范并符合许可要求的文件〔《美国国家工程手册》第 505 部分 A 子部分，第 505.3（C）节〕。
3. 进度报告。

注：可根据情况添加各州的可交付成果。

参考文献

NRCS Field Office Technical Guide（eFOTG）, Section IV, Conservation Practice Standard - Vegetated Treatment Area - 635.

NRCS National Engineering Manual（NEM）.

NRCS National Environmental Compliance Handbook.

NRCS Cultural Resources Handbook.

注：可根据情况添加各州的参考文献。

保护实践效果（网络图）

（2015年9月）

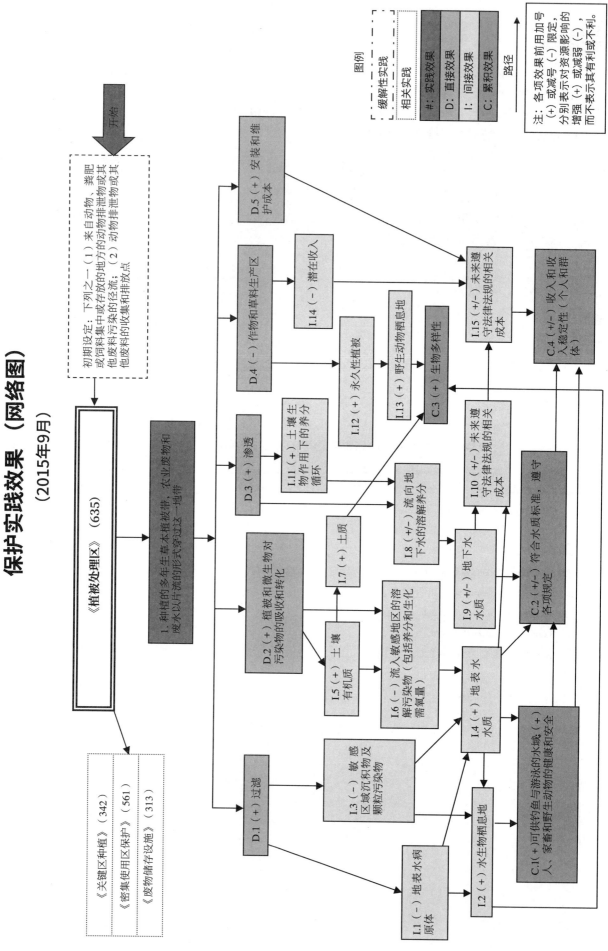

植物篱

（601，Ft.，2015年9月）

定义

沿常规斜坡等高线或横跨积水区修建坚固密集的永久性植被带。

目的

- 减缓片状侵蚀及细沟侵蚀。
- 拦截泥沙，改善水质。

适用条件

凡遭到片状及细沟侵蚀的所有可利用土地资源，本实践皆可适用。

准则

适用于上述所有目的的总体准则

植物的物理特性。

硬度指数。用以建立植物篱的植物，应具备表1标明的最小植被硬度指数（VSI），该数据在地面以上6英寸处测量获取。

表1 植被硬度指数（VSI）为0.05和0.10时的茎粗和最小茎密度值

茎粗（英寸）	每平方英尺茎密度（VSI=0.05）
0.10	500
0.15	100
0.20	30
0.25	15
0.50	10
≥ 1.00	1.0

密度。在第一个生长季末，植物间隙不应大于3英寸。

物种选择。所选物种必须能够适应当地土壤和气候条件，易于种植、管理且存活时间长。

所选物种应具备满足多种能力需求的特征，例如：种子能穿透几英寸厚的淤泥、埋在地下的茎节可以恢复生长，具备根状或匍匐茎的生长习性以及全年保持完好、直立挺拔的特性。

种植。通过种植植物或播撒种子形成隔离带。

播种日期、深度及播种率应与所选物种和田地条件相适应。将种子撒进土里，确保种子和土壤接触良好。

按照一定密度建造植物篱，确保尽快实现其隔离功能（通常需要两个生长季）。对于大多数草本植物而言，栽种裸根幼苗、插枝、铺大块草皮、插塞根茎或其他部分（不少于5种活茎）时，其行间距不应超过6英寸。栽种腋芽型灌木或草本植物［从6英寸（加仑）盆移栽过来］时，其行间距不应超过12英寸。

应充分准备田地，确保栽种植被时种子能够发芽或具备适当的生根条件。把种子撒进土里，确保种子和土壤接触良好以及播后培土掩埋。

如需要，隔离带建立期间应合理规划田地稳固措施。

隔离带宽度。成熟的隔离带最大宽度为3英尺或者比预计垂直间隔宽0.75倍。播种或条播应在至少3英尺宽的条带区进行。使用播种机时，应至少播种2行。

田间道路或地头不得种植植物隔离带。

减缓片状和细沟侵蚀的附加准则

坡度。 隔离带的坡度设置在 0.2% ~ 1.0% 之间，植物篱横跨积水区例外。若进入积水区，坡度应每 100 英尺提升 1.5%，以便行间准确对齐。

在隔离带间的间隔区，所有耕作及设备操作应与植物篱内的操作相同。

应在隔离带的上坡边缘区内建护堤或应在隔离带的上坡区立即修建护道，以便疏导流经植物篱的水。护堤最小高度 / 护道最小深度应为 3 英寸。流经植物篱护堤 / 护道内的水应引流到稳定的出口。

间距。 植物篱之间的水平间距由较小值决定：

- 隔离带间的水平距离，此时垂直距离为 6 英尺。
- 考虑到保护管理体制的规划标准，应参照"L"形斜坡水侵蚀的预计长度，允许田间存在一定程度的土壤流失。

作物带的宽度应综合考虑种植、耕作、喷洒以及收割设备的宽度。隔离带之间的间距可能调整至 10%。

植被。 所选植物品种应按照指定的最小的茎密度和茎粗种植，且最小 VSI 为 0.05，有关指导请参见表 1。

拦截泥沙的附加准则

位置和对齐。 隔离带应尽可能接近垂直排列，以便田间排水或将水从垄沟末端排出。

宽度。 植物篱的宽度至少为 3 英尺。

注意事项

总则

本实践不适用于露出岩石的土壤、其他限制土层以及实施耕作的种植区。设定隔离带"坡级"时可能会暴露不利于农作物生长的土壤，因为耕作侵蚀会携带种植带的上层土壤，并在下层积聚。

可以考虑将《保护性作物轮作》（328）及耕作管理类保护实践（329 和 345）等运用到耕地的保护管理体系内。

诸如水沙防控流域、地下排水以及地下出口等标准或许可以充分处理地表水和地下水。

本实践可以提高其他保护实践的效能，如带状播种、隔滤草带、植物缓冲带、草皮水道、分水渠和梯田。

为维持生产力，应考虑在耕作区建立足够深的土壤剖面，耕作致使土壤下陷，形成阶地。一旦土壤隔离带的斜坡土壤下移，将逐渐形成隔离带的上坡。应根据土壤深度、底土特征以及改良剂反应来考虑该活动的效果。

构建植物篱体系可以在隔离带上拦截水流。地下排水管道可能需要安装在和隔离带平行的斜坡上，或者穿过池塘安装在横跨积水区的隔离带上。

若与本实践的目标和准则相符，那么所选植物品种应该能够驱使害虫远离农作物，或者吸引一些对临近农作物有益的昆虫。

若与本实践适用的目标和准则相符，那么所选植物品种应该能够为目标野生动物提供更多的食物和庇护场所。

若与该目标和隔离带植物相符，为了减少非法捕获飞鸟、鸟窝和鸟蛋，筑巢繁殖季节应避免在隔离带内开展各项活动。

计划和技术规范

应为每个建造隔离带的田地编制各项计划和技术规范，在植物隔离带实施要求文件上记录实施规范。各项计划和技术规范应包括以下部分：

- 兼有植物篱位置的实测原图。
- 建隔离带的目标区域。

- 作物条带种植的宽度。
- 植物篱及种植带的方位。
- 隔离带的宽度。
- 植被种类及栽种品种。
- 建造日期、建造方法、播种量（若播种）或植被苗木的间距。
- 田地稳固措施（若需要确保安全建造）。

运行和维护

为确保本实践达到预期效果，需要实施以下措施。这些措施包括实施期间的正常活动以及本实践的运行和修护。

- 种植未成功应立即再植或补播；已播种的隔离带内的小间隙，以更有效、更及时的方式通过移植植物品种进行重建。
- 为了促进密集林分的成长，防止相邻田间作物互相遮蔽，可以将修剪草本隔离带作为管理标准。按照 15 英寸的茎高或者品种的参照高度进行修剪，以较高者为准。
- 若所选品种耐火，可能会焚烧隔离带（在允许的情况下）。植物呈休眠状态时，应在春天再生期之前实施焚烧，所有的焚烧行为必须符合烟雾 / 焚烧管理规划。
- 杜绝栽种联邦或各州毒草名单上的任何植物。为了确保隔离带内密集林分，根据需要防治其他杂草。
- 利用科技手段和杀虫剂进行害虫防治，避免对植物篱造成不可恢复的破坏。
- 若发生冲刷或细沟现象，应立即填充及重新种植。已播种的隔离带内的小间隙可以通过移植植物品种进行重建。

参考文献

Dabney, S.M., Z. Liu, M. Lane, J. Douglas, J. Zhu and D. C. Flanagan. 1999. Landscape benching from tillage erosion between grass hedges. Soil Tillage Res. 51：219-231.

Dewald, C., J. Henry, S. Bruckerhoff, J. Ritchie, D. Shepard, J. Douglas, and D. Wolfe. 1996. Guidelines for the establishment of warm season grass hedge for erosion control. J. Soil Water Conserv. 51（1）：16-20.

Douglas, J.L., and C.E. Mason. 1996. An alternative erosion control practice for cropland. Jamie L. Whitten Plant Materials Center Progress Report. 12（7）.

Dunn, G.H., and S.M. Dabney. 1996. Modulus of elasticity and moment of inertia of grass hedge stems. Trans. ASAE 39（3）：947-952.

保护实践概述
（2015年9月）

《植物篱》（601）

植物篱指的是沿着斜坡轮廓建立的且种植有硬质、密集的永久植被带。

实践信息

植物篱也被用来减少片蚀和细沟侵蚀，控制水流，稳定陡坡和捕获沉积物。

本实践适用于所有被侵蚀地区，包括农田、牧场、林地、农庄、矿地和建筑工地等。隔离带下方需要设置

一个合适的排水口。在小于 10% 的坡度上，隔离带最有效。

推荐的植物种类必须适应当地的土壤和气候条件，易于种植、使用期长且可管理。

常见相关实践

《植物篱》（601）通常与《病虫害治理保护体系》（595）、《养分管理》（590）、《保护性作物轮作》（328）、《残留物管理实践》等保护实践一起使用。

保护实践的效果——全国

土壤侵蚀	效果	基本原理
片蚀和细沟侵蚀	4	沿等高线或横穿集中渗流区域种植的硬茎植被，可减缓径流，有效地缩短斜坡长度，增加渗透。
风蚀	1	当沿横穿盛行风蚀方向排列时，硬茎植被可有效地减少无遮蔽区域。
浅沟侵蚀	5	沿等高线或横穿集中渗流区域种植的硬茎植被，可减缓径流，有效地缩短斜坡长度，增加渗透。
典型沟蚀	2	横穿斜坡种植的植被可减少径流，有助于冲沟的固化。
河岸、海岸线、输水渠	0	不适用
土质退化		
有机质耗竭	0	不适用
压实	0	不适用
下沉	0	不适用
盐或其他化学物质的浓度	-2	因存在渗流，这一举措可逐渐收集或重新分布林地内的盐分（如有）。
水分过量		
渗水	0	不适用
径流、洪水或积水	0	不适用
季节性高地下水位	0	不适用
积雪	0	不适用
水源不足		
灌溉水使用效率低	0	无
水分管理效率低	0	无
水质退化		
地表水中的农药	2	这一举措减少径流和侵蚀并捕获吸附的农药。
地下水中的农药	0	不适用
地表水中的养分	2	附着在沉积物上的固态有机物和养分可被过滤出来。可溶性有机物渗入土壤，可被植物和土壤生物吸收。
地下水中的养分	0	不适用
地表水中的盐分	1	这一举措可增加渗透，减少径流，进而减少离开隔离带的盐分。
地下水中的盐分	0	不适用
粪肥、生物土壤中的病原体和化学物质过量	1	植物篱可捕获黏附在沉积物上的病原体，减少病原体的移动，延长病原体接触水体的时间，进而提高病原体的死亡率。
粪肥、生物土壤中的病原体和化学物质过量	0	不适用
地表水沉积物过多	2	植被可减缓径流，过滤水，增加渗透。
水温升高	0	不适用
石油、重金属等污染物迁移	0	不适用
石油、重金属等污染物迁移	0	不适用
空气质量影响		
颗粒物（PM）和 PM 前体的排放	2	植被能够减少风蚀作用和扬尘的产生。
臭氧前体排放	0	不适用
温室气体（GHG）排放	1	植被将空气中的二氧化碳转化为碳，储存在植物和土壤中。
不良气味	0	不适用

（续）

	效果	基本原理
植物健康状况退化		
植物生产力和健康状况欠佳	1	减少侵蚀、增强水的管理，可创建有利于植物健康和生产力的环境。
结构和成分不当	1	选择适应且适合的植物。
植物病虫害压力过大	0	无
野火隐患，生物量积累过多	0	不适用
鱼类和野生动物——生境不足		
食物	1	隔离带内可种植食物种。
覆盖／遮蔽	1	覆盖物可为某些物种提供遮蔽。
水	4	通过屏障的过滤功能，可用水更易达到目标物种的要求。
生境连续性（空间）	1	屏障可提供一些额外的空间。
家畜生产限制		
饲料和草料不足	0	不适用
遮蔽不足	0	不适用
水源不足	0	不适用
能源利用效率低下		
设备和设施	0	不适用
农场／牧场实践和田间作业	0	不适用

CPPE 实践效果：5 明显改善；4 中度至明显改善；3 中度改善；2 轻度至中度改善；1 轻度改善；0 无效果；−1 轻度恶化；−2 轻度至中度恶化；−3 中度恶化；−4 中度至严重恶化；−5 严重恶化。

实施要求
（2013年2月）

生产商：＿＿＿＿＿＿＿＿＿＿＿＿＿＿＿　　项目或合同：＿＿＿＿＿＿＿＿＿＿＿＿＿＿＿

地点：＿＿＿＿＿＿＿＿＿＿＿＿＿＿＿　　国家：＿＿＿＿＿＿＿＿＿＿＿＿＿＿＿

农场名称：＿＿＿＿＿＿＿＿＿＿＿＿＿　　地段号：＿＿＿＿＿＿＿＿＿＿＿＿＿＿＿

实践位置图
（显示预计进行本实践的农场／现场的详细鸟瞰图，显示所有主要部件、布点、与地标的相对位置及测量基准）

索引
□ 封面
□ 规范
□ 图纸
□ 运行维护

公用事业安全／呼叫系统信息

工作说明：

仅自然资源保护局审查

设计人：_____　　日期_____

校核人：_____　　日期_____

审批人：_____　　日期_____

实践目的（勾选所有适用项）：

☐　减少片蚀和细沟侵蚀

☐　减少浅沟侵蚀

☐　管理水流

☐　陡坡的稳定化

☐　收集沉积物

场地号 / 位置：_____

种植长度（线性英尺）：_____

播种日期：_____

隔离带宽度：_____　　每个隔离带的作物行：_____

茎直径（英寸）：_____

最小茎干密度（每平方英尺）：_____

田地准备：_____

作物带宽度：_____

种植方法：_____

播种率（如播种）：_____

植被间距——作物行内：_____　　作物行间距：_____

种植说明（如在区域外缘种植灌木等）：

_____

种植时选用的除草剂（如适用）：_____

播种率或种植率、树种
（植物 / 木质物种单位为株 / 英尺）

植物种类	纯活种子（PLS）（磅 / 英亩），或每英尺植物	规划的土地面积的总种子磅数或需要的全部植株
总计	0.00	0.00

肥料和改良剂

肥料成分	肥料形式	肥料用量（磅/100 英尺）
氮（N）		以氮计
五氧化二磷		以五氧化二磷计
氧化钾		以氧化钾计
石灰		

运行维护

☐ 种植失败后应立即再种植，或补种。种完后的屏障中的短间隙，可立即使用移植的植物体高效补种。

☐ 修剪草本屏障可作为一种管理实践来使植株变得密集，防止遮蔽邻近田地里的作物。通常应修剪成 15 英寸的茎高，或该草种建议的高度，以高者为准。

☐ 在集中渗流区域，修剪屏障时应在休眠期进行，以便避免平均茎直径的减少，并因此降低植被硬度指数。

☐ 如果使用的物种能耐火，可焚烧屏障。焚烧应在春天再生前进行，当植被处于休眠期时，所有的焚烧工作都应按照烟雾管理方案进行。

☐ 控制联邦或州有害杂草列表上的植物。按需要控制其他杂草，以确保隔离带内的林分密度。

☐ 所有的作物耕作和种植作业都必须与植物篱平行。附近田地里的虫害控制，应采用不会损害植物篱的技术和农药。

☐ 如发现有冲蚀处或细沟，应立即补种。种完后的屏障中的短间隙，可使用移植的植物体补种。

☐ 植物篱不得用作田间道路或转弯处。集中渗流区域的植物篱，不能有机械设备穿过。

☐ 植物篱不能被水犁沟或类似工具穿过，否则会切断排水沟，导致地表水和地下水通过。如有必要，应通过安装在隔离带上坡处的地下排水口来排水。

工作说明书—— 国家模板

（2010年1月）

此类可交付成果适用于个别实践。其他规划实践的可交付成果参考具体的工作说明书。

设计
可交付成果

1. 证明符合自然资源保护局实践中相关准则并与其他计划和应用实践相匹配的设计文件。
   a. 保护计划中确定的目的。
   b. 客户需要获得的许可证清单。
   c. 辅助性实践一览表（例如残留物管理、覆盖耕作、免耕法 / 条带耕作、等高种植）。
   d. 制定设计和规范所需的与实践相关的清单和分析，包括但不限于：
      i. 采用的物种
      ii. 作物行和行间的植物种
      iii. 植物篱相对于盛行风方向的朝向
      iv. 屏障的宽度
      v. 屏障之间作物带的宽度
      vi. 种植方法、时间和间隔（行内和行间）
      vii. 播种率（如播种）或植株苗木的间隔
      viii. 栽种工作（例如施肥、控制杂草）
2. 向客户提供书面计划和规范书包括草图和图纸，充分说明实施本实践并获得必要许可的相应要求应根据保护实践《植物篱》（601）的要求制订计划和规范。
3. 运行维护计划。
4. 证明设计符合实践和适用法律法规的文件。

5. 安装期间，根据需要所进行的设计修改。

注：可根据情况添加各州的可交付成果。

安装
可交付成果

1. 与客户进行的实施前会议。

2. 验证客户是否已获得规定许可证。

3. 根据计划和规范（包括适用的布局注释）进行定桩和布局。

4. 种类检查。

5. 需要时的种植协助。

6. 根据需要提供的应用指南。

7. 协助客户和原设计方并实施所需的设计修改。

8. 在安装期间，就所有联邦、州、部落和地方法律、法规和自然资源保护局政策的合规性问题向客户 / 自然资源保护局提供建议。

9. 证明施用过程和材料符合设计和许可要求的文件。

注：可根据情况添加各州的可交付成果。

验收
可交付成果

1. 实施记录。
    a. 实践单位
    b. 实际使用的材料
    c. 植被种植程序的证书

2. 证明施用过程符合自然资源保护局实践和规范并符合许可要求的文件。

3. 进度报告。

注：可根据情况添加各州的可交付成果。

参考文献

NRCS Field Office Technical Guide（eFOTG），Section IV, Conservation Practice Standard – Vegetative Barrier – 601.

NRCS National Environmental Compliance Handbook.

NRCS Cultural Resources Handbook.

注：可根据情况添加各州的参考文献。

保护实践效果（网络图）

（2015年9月）

▶ 植物篱

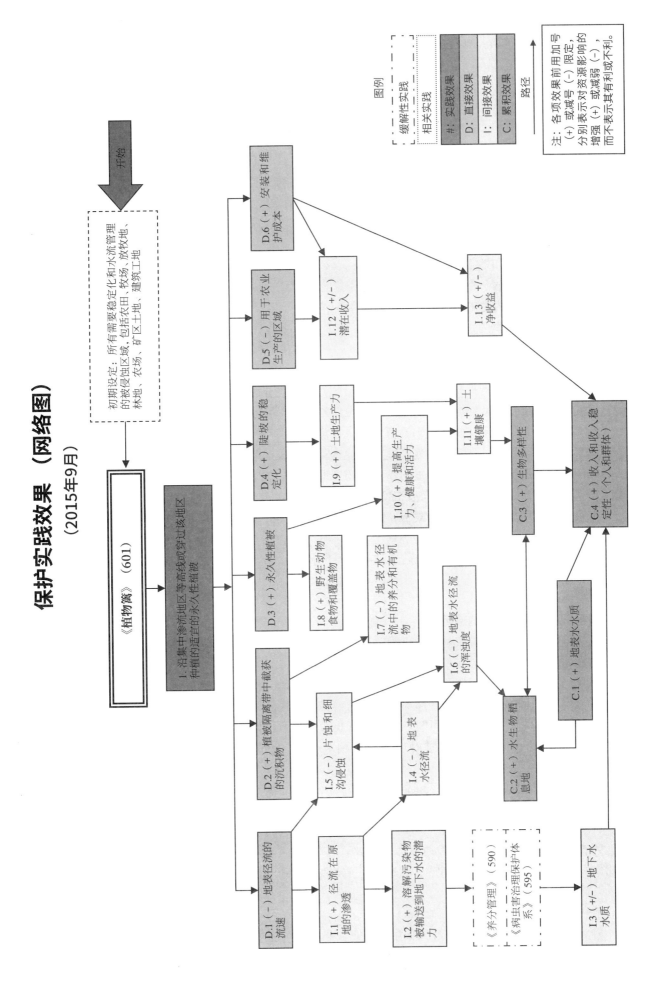

废物处理设施关停

（360，2019年5月）

定义

停用农业废物处理或储存的设施，且该设备不再用于预定使用目的。

目的

实施本实践的目的在于：

- 保护地表水和地下水资源的水质。
- 缓解气体排放。
- 消除人类和牲畜的安全隐患。
- 保障公众健康。

适用条件

本实践适用于废物管理系统外永久停用或另作他用的农业废物处理设备或畜牧生产基地。这些设备包括液体／干燥废物储存或处理设备、封闭式畜禽舍、饲养场、家畜饲养场、牲畜尸体堆肥设备。

本实践适用于将另用作储存淡水的蓄水池，且需符合现行的自然资源保护局保护实践标准。

本实践适用于修复受现场储存或处理的农业废物污染的土壤。

本实践不适用于将被扩建或修复的农业废物处理设施。分别参照保护实践《废物处理设施》（313）和《废物处理池》（359），对现有废物储存设施或处理池进行修复或扩建。

本实践不适用于拆除封闭式畜禽舍、饲养场、围栏之类的设施。请参照保护实践《障碍物移除》（500）。

本实践不适用于受到需要签发危险废物许可证的材料（如燃料或农药）污染的田地。

准则

适用于上述所有目的的通用准则

包括美国国家污染物排放削减系统的要求在内的所有联邦，州和地方法律，法规和规章，都适用于废物处理设施的关闭。

移除向废物设施输送至处理或储存设施的现有废物转运部件，以及为废物处理设施提供排水的设施部件。用压缩土材料代替废物转运部件，或通过其他方式使其无法输送废物。

在可行的情况下，消除所有可能对水或空气质量产生不利影响或形成安全隐患的农业废物及其相关物质。参阅保护实践《养分管理》（590），利用通过设备清除的液体、泥浆、污泥和固体废物以及土壤。

必要时应采取预防措施（围栏和警告标志），以确保设备不得用于设备改造以外的用途。

侵蚀和污染防治

所有受影响的地区应进行植被恢复或采用其他适当措施控制侵蚀，从而使其恢复原貌。对于通过常规耕作方式无法促使植被恢复的地点，请参阅保护实践《关键区域种植》（342）。

液态物体和泥浆废物清除

最大限度地搅拌和泵送所有液体和泥浆废物。必要时可加水稀释，促进废物的搅拌和泵送。废水利用的相关内容请参阅保护实践《养分管理》（590）。

污泥清除

在污泥清除操作中，若有排污管道，应保持其完整性。参阅保护实践《养分管理》（590），最大限度地清除和利用污泥。

蓄水池停用

有 3 种停用废水蓄水池的可选方案，可选用其中之一。

决口堤蓄水池

在堤防决堤前，应清除蓄水池中的废物和淤泥。决口堤蓄水池（设计水位的水深应高于水平地面 3 英尺及以上）可能会被破坏，从而不能蓄水。在蓄水池区将坝体建筑材料进行分类，在该区域重新种植另作他用。若蓄水区表面已经充分清洁可留用堤防，地表径流可能不会被废物污染。应拆除混凝土、管道附属设施和纤维金属层板，并妥善处置。对于接口处斜面及末端部分所用到的土壤物质必须是稳固的，但侧坡不应比水平垂直比 3∶1 更陡。

开挖蓄水池回填

应拆除混凝土和纤维金属层板，妥善处置已拆除的混凝土、管道附属设施和纤维金属层板，使开挖区域无法蓄水。将开挖区域回填至设计高度，回填高度应高出完成的坡度至少 5%，以便进行沉降。回填顶部 1 英尺处应采用最不易渗水的土壤材料建造，在不造成侵蚀的情况下堆积填料，以便减少径流。在可行的情况下掺入有效的表层土，以帮助建立植被。

转换为淡水蓄水池

转换后的蓄水池应符合自然资源保护局标准保护实践标准中为达到预期目的规定的要求。若原始蓄水池的建造不符合自然资源保护局的标准，应参照《美国国家工程手册》第 501.23 章节进行结构完整性调查。在转换过程中水质达标前，蓄水池不得用作渔业生产、游泳或供牲畜饮水使用。

安装液体废物设备

拆除、拆卸或以其他方式改造设备结构，以防积水。拆卸的材料，如金属片，应暂时存放，使其不会对动物或人类造成危害。

拆除的材料应在现场埋设或移至州或地方部门指定的地点。如果现场掩埋，材料必须覆盖至少两英尺的土壤。回填高度应超过设计高度至少 5%，以便进行沉降。应充分回填，使得回填区沉降后径流将从田地分流。

干燥废物储存或处理设备

拆除墙体和其他构件，该场地不适合堆放或处理废物。

评估干燥废物设备（例如封闭的动物场所、饲养场、畜牧场或堆肥设备）的土地来确定土壤修复的深度。

评估应包括对任何养分土壤剖面进行实验分析，需要具体信息来确定所需的恢复深度。应在设备内的多个位置和不同深度采集土壤样本。在设备拆除区，每英亩相同深度间隔应取一个样本，每个深度间隔至少需要取 3 个样本。对于每个指定采样深度间隔所取的样本可以合并为一组（例如，在 0 ~ 6 英寸深度范围内采集的 3 个样本，可合并成一个样本进行测试）。请参阅保护实践《养分管理》（590），根据本实践进行样本的收集、准备和测试。

土壤分析的结果将用于制订恢复田地用于其预期用途的计划。如有需要，应选择下列适当的地点：

- 通过调节 pH 从而恢复作物所需的生长条件。
- 通过耐盐植物从而使场地恢复到理想的作物条件，应监测所采集的植被氮、磷、钾的去除情况。
- 通过选择植物和控制侵蚀的措施，尽量减少磷从现场转移，并促进对含磷过高植被的修复。

虽然调整土壤条件的首选方法是原位处理，但可能需要去除一部分土壤，土壤去除应参阅保护实践《养分管理》（590）。挖掘区域应进行平整或回填，以减少降雨并防止径流积聚。在可行的情况下，应使用有效的表层土来帮助建立永久性植被。

注意事项

对预停用设备周边的土壤和水（地表和地下）进行测试，以确定停用时田地周围的基线数据。建立基线数据可用于今后解决土壤和水的问题。

当水面被茂密的浮游植被覆盖时，先使用除草剂，再燃烧残留物，这样可以减少抽空废物蓄水池的工作量，燃烧前必须获得许可。在进行燃烧时，应采取必要行动，确保控制烟雾，以尽量减少对居住在顺风处人群的影响。

若蓄水池中含有大量的铺草、牡蛎壳、土或其他杂物的情况下，可能需要采用其他方法清除污泥。

在湿度低、风平浪静、风向远离居民区的情况下操作时，尽量减少使用与土地相关的干燥废物，通过采取搅拌等措施，将废水和污泥从废物蓄水池中排出。在搅拌和排空前向废物中添加化学和生物添加剂可以减少异味，土地利用中所产生的气味也可以通过综合应用方法来减轻。

尽量减少对废物的搅拌，仅限于泵送所需的量，以减少气体排放。

不能从重要的农田（优质农田、全州农田、地方农田或珍稀农田黄金地段）获取回填挖掘区域的土壤。

废物设备停用可以提高农场利用率，增强观赏性。

有裂缝的堤防可能会影响整体美观，应拆除堤坝，并将田地恢复到原来的高度。

拆卸的装配式结构也可以在另一个地点重新组装。在关闭过程中应注意尽量减少对设备的损坏，特别是防止金属件腐蚀的涂层。

在设备关闭期间，应采取措施尽量减少田地侵蚀和下游水资源的污染。措施包括使用淤泥围栏、干草捆屏隔离带障、临时植被和覆盖物等物品。

为了尽量减少对牲畜的潜在影响（如硝酸盐中毒），应启动作物产品中营养水平检测和监控程序，特别是对来自封闭的动物停用设备所收获的牲畜饲料。

考虑使用本地或适应该地点并具有多种好处的物种或多种混合物进行植被恢复。为了使传粉昆虫和其他野生动物受益，还应考虑将具有弹性根系和良好土壤持力的开花灌木和野花纳入较大比例的以草为主的种植中。在适当的情况下，可以考虑采用不同的杂草混合种植来支持传粉昆虫的栖息地。

计划和技术规范

废物设备的停用计划和技术规范应符合本实践，以达到其预期目的要求。至少包括以下内容：

- 显示实践地点和范围的平面图。
- 封闭设备的高度和开挖极限。
- 设施的数量、容量和质量以及移动的土壤和废物量的估算。
- 拆除或掩埋的预估工程量（混凝土等）。
- 已知公用设施的位置。
- 对结构材料的利用和处置的要求。
- 植物需求。
- 畜禽粪便及土壤利用规划
- 气味管理或气味缓解的要求。
- 安全计划要求。注：根据职业安全与健康管理局（OSHA）的封闭式场所规程，人员不得在没有呼吸器或采取其他防护措施的情况下进入放置停用废物设备的密闭空间。

运行和维护

制订一个与实践目的、预期寿命、安全要求和设计标准相一致的操作和维护计划。

废物设施的适时停用和受污染土壤的修复只需要很少或根本不需要操作和维护。

废物设备的停用和修复几乎不需要运行和维护。但是，如果将其另作他用，如用作淡水储存设备，则运行和维护应符合自然资源保护局实践以满足预期目的需求。

参考文献

Rice, J.M., D.F. Caldwell, and F.J. Humenik. Ed. 2006. Closure of Earthen Manure Structures in Animal Agriculture and the Environment: National Center for Manure and Animal Waste Management White Papers, pp. 263-282. ASABE. Pub. Number 913C0306.

保护实践的效果——全国

土壤侵蚀	效果	基本原理
片蚀和细沟侵蚀	0	不适用
风蚀	0	不适用
浅沟侵蚀	0	不适用
典型沟蚀	0	不适用
河岸、海岸线、输水渠	0	不适用
土质退化		
有机质耗竭	0	不适用
压实	0	不适用
下沉	0	本实践标准要求完成的级别与现有级别相匹配。
盐或其他化学物质的浓度	2	恢复从设施移走的盐分和其他化学品。
水分过量		
渗水	0	不适用
径流、洪水或积水	0	不适用
季节性高地下水位	0	如果水分过量源自废物处理设施的泄露，有可能有轻微的改善（或没有）。
积雪	0	不适用
水源不足		
灌溉水使用效率低	0	不适用
水分管理效率低	0	不适用
水质退化		
地表水中的农药	0	不适用
地下水中的农药	0	不适用
地表水中的养分	2	清空和关停闲置的废物储存设施，消除不当废弃设施成为污物溢出源、径流的可能。
地下水中的养分	2	这一举措可消除废物从设施泄露的可能。
地表水中的盐分	0	不适用
地下水中的盐分	1	这一举措可消除可能污染地下水的潜在盐分来源。
粪肥、生物土壤中的病原体和化学物质过量	0	不适用
粪肥、生物土壤中的病原体和化学物质过量	2	这一举措可消除可能污染地下水的潜在病原体源。
地表水沉积物过多	0	不适用
水温升高	0	不适用
石油、重金属等污染物迁移	0	不适用
石油、重金属等污染物迁移	0	重金属极少与粪肥有关，但本实践可消除重金属源。
空气质量影响		
颗粒物（PM）和 PM 前体的排放	1	减少老化废物处理设备的颗粒排放。
臭氧前体排放	1	减少老化废物处理设备的挥发性有机化合物（VOC）排放。
温室气体（GHG）排放	1	减少老化废物处理设备的颗粒排放。
不良气味	1	减少老化废物处理设备的挥发性有机化合物（VOC）排放。
植物健康状况退化		
植物生产力和健康状况欠佳	0	不适用

（续）

植物健康状况退化	效果	基本原理
结构和成分不当	0	不适用
植物病虫害压力过大	0	填平水池，使维护更为容易，有利于不良物种的控制。
野火隐患，生物量积累过多	0	不适用
鱼类和野生动物——生境不足		
食物	0	不适用
覆盖/遮蔽	0	不适用
水	0	不适用
生境连续性（空间）	0	不适用
家畜生产限制		
饲料和草料不足	0	不适用
遮蔽不足	0	不适用
水源不足	0	不适用
能源利用效率低下		
设备和设施	0	不适用
农场/牧场实践和田间作业	0	不适用

CPPE 实践效果：5 明显改善；4 中度至明显改善；3 中度改善；2 轻度至中度改善；1 轻度改善；0 无效果；–1 轻度恶化；–2 轻度至中度恶化；–3 中度恶化；–4 中度至严重恶化；–5 严重恶化。

工作说明书——国家模板

（2011年4月）

此类可交付成果适用于个别实践。其他规划实践的可交付成果参考具体的工作说明书。

设计
可交付成果

1. 能够证明符合自然资源保护局实践中相关准则并与其他计划和应用实践相匹配的设计文件。

   a. 保护计划中确定的目的。

   b. 客户需要获得的许可证清单。

   c. 符合自然资源保护局国家和州公用设施安全政策（《美国国家工程手册》第 503 部分《安全》A 子部分"影响公用设施的工程活动"第 503.00 节至第 503.06 节）。

   d. 制订计划和规范所需的与实践相关的计算和分析，包括但不限于：

      i. 地质与土力学（《美国国家工程手册》第 531a 子部分）

      ii. 水文条件/水力条件

      iii. 结构

      iv. 环境因素

      v. 植被

      vi. 安全注意事项（《美国国家工程手册》第 503 部分《安全》A 子部分第 503.10 节至第 503.12 节）

2. 向客户提供书面计划和规范书包括草图和图纸，充分说明实施本实践并获得必要许可的相应要求。

3. 合理的设计报告和检验计划（《美国国家工程手册》第 511 部分，B 子部分"文档"，第 511.11 节和第 512 节，D 子部分"质量保证活动"，第 512.30 节至第 512.32 节）。

4. 运行维护计划。

5. 证明设计符合实践和适用法律法规的文件（《美国国家工程手册》A 子部分第 505.3 节）。

6. 安装期间，根据需要所进行的设计修改。

注：可根据情况添加各州的可交付成果。

安装

可交付成果

1. 与客户和承包商进行的安装前会议。

2. 验证客户是否已获得规定许可证。

3. 根据计划和规范（包括适用的布局注释）进行定桩和布局。

4. 安装检查（酌情根据检查计划开展）。

    a. 实际使用的材料（第 512 部分 D 子部分"质量保证活动"第 512.33 节）

    b. 检查记录

5. 协助客户和原设计方并实施所需的设计修改。

6. 在安装期间，就所有联邦、州、部落和地方法律、法规和自然资源保护局政策的合规性问题向客户 / 自然资源保护局提供建议。

7. 证明安装过程和材料符合设计和许可要求的文件。

注：可根据情况添加各州的可交付成果。

验收

可交付成果

1. 竣工文档。

    a. 实践单位

    b. 图纸

    c. 最终量

2. 证明安装过程符合自然资源保护局实践和规范并符合许可要求的文件（《美国国家工程手册》A 子部分第 505.3 节）。

3. 进度报告。

注：可根据情况添加各州的可交付成果。

参考文献

NRCS Field Office Technical Guide （eFOTG）, Section IV, Conservation Practice Standard - Waste Facility Closure, 360.

NRCS National Engineering Manual （NEM）.

NRCS National Environmental Compliance Handbook.

NRCS Cultural Resources Handbook.

注：可根据情况添加各州的参考文献。

保护实践效果（网络图）
（2019年5月）

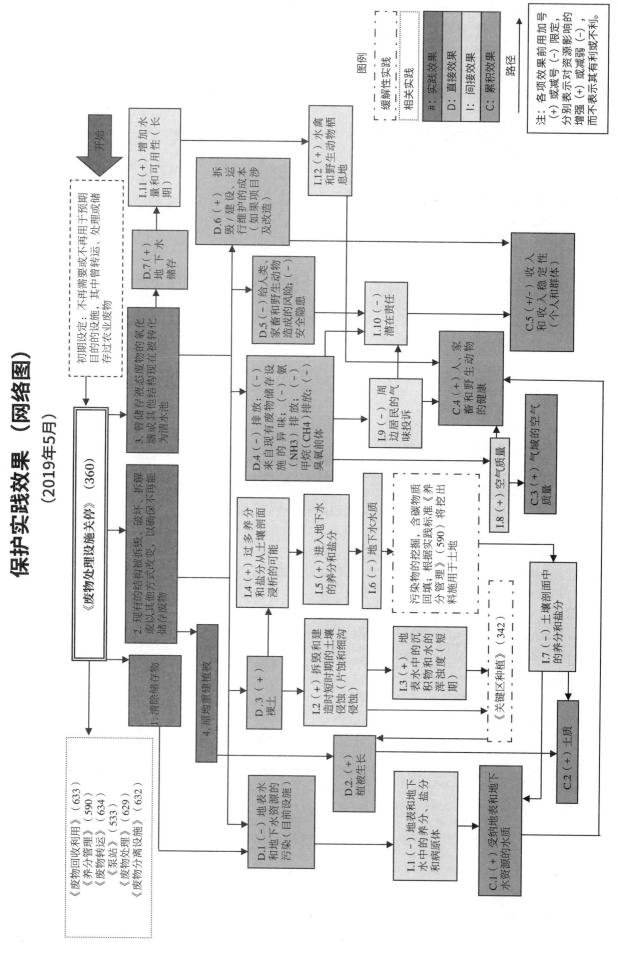

废物回收利用

（633，No.，2017年10月）

定义

农场内非农业废物副产物的农业用途，或农场外农业废物副产物的非农业用途。

目的

本实践适用于：

- 改善土壤健康状况。
- 减少对地表水和地下水资源的污染。
- 减少空气污染物的排放。

适用条件

本实践适用于废物副产物的重复利用，以避免出现资源问题，并提供保护效益。如果在农场进行预期的废物回收利用活动，则应将此标准纳入养分管理计划中。

废物回收用于保护自然资源和改善环境质量，方法是适当地使用非农业废物副产物材料，否则这些材料将被丢弃，从而影响农场作业。适当的农场废物副产物出口销售，有利于农场废物副产物的合理使用和重复使用，以保护自然资源。

这种做法不适用于农场生产的肥料或在本农场产生的农副产品废弃物。若要在农场内重复利用农场产生的废物，请参照保护实践《养分管理》（590）。

准则

遵守联邦、州、地区、自治州、部落和当地法律法规。

所有者或经营者必须获得废物回收利用的相关许可或批准，并按照适用的法律和法规维护组件和设备。

每年至少进行一次废物副产物的样品分析，如需要，可以更频繁地进行操作变更，以确定其使用中的重要特性。根据样品分析使用废物。在处理废物或废物发生变化时，根据需要进行进一步样品分析。使用经州认可的计划认证的实验室，该计划将考虑实验室性能和熟练程度，以确保测试结果的准确性。

加工用于农场的非农业废物副产物，需要堆肥时，请参照保护实践《堆肥设施》（317）和《动物尸体无害化处理设施》（316）。

参照保护实践《养分管理》（590），为进口材料提供植物营养素。样品测试必须包括与监测或修改年度营养预算相关的分析，例如 pH，电导率（EC）和盐碱度，土壤有机质，磷、钾等营养素，并在适当的情况下测试氮含量。进行所需分析，须遵循赠地学院指导原则。

非农业副产物废物用于饲料农场动物时，请参照保护实践《饲料管理》（592）。

以防止自然资源和环境退化的方式管理废物处理和再利用活动产生的残留物。

注意事项

考虑农业废物副产物处理的替代方案，以生产为可进入的非农市场增加价值的产品。例如，可生物降解的种子发芽罐。

考虑回收使用过的容器，将它们归还给有回收计划的供应商或制造商。

考虑将非农有机副产物废物用作寝具、饲料、覆盖物、能源生产或土壤质量改善。可参考保护实践《堆肥设施》（317）、《覆盖》（484）、《厌氧消化池》（366）等标准。

考虑进行病原体管理。如果将回收产物用于粮食作物或用作人类或动物的食品，请确保将病原体降低到可接受水平［参见食品药品管理局（FDA）《食品安全现代化法案》，网址：www.fda.gov/FSMA］。如果回收来自其他农场作业的产物，请注意采取生物安全措施以及考虑导致动植物疾病病原体转移的可能性。

计划和技术规范

制订计划和技术规范，并说明使用本实践以达到预期目的的要求。说明农业作业中副产品的使用或处理办法。有关计划和技术规范的附加要求，请参阅相应的相关保护实践标准。

运行和维护

保存 5 年以上的记录，若适用，则应包括：
- 农业生产系统进出口副产物材料的日期和数量。
- 就关键特征，分析副产物材料和测试结果。
- 说明如何重复利用副产物材料和实现保护效益。
- 包括对副产物材料所需设备和设施进行定期检查和维护的规划日期，列出要检查或维护的具体设备以及进行预防性维护的一般时间范围。

保护实践概述
（2017年10月）

《废物回收利用》（633）

废物回收利用指使用农业生产副产物或将非农业副产物用于农业用途。

实践信息

本实践可用于预防资源问题，或通过加工利用副产品来提供保护效果。以一种最大限度避免破坏自然资源（例如地表水和地下水）的方式被回收或利用废物。

保护效果包括但不限于在家畜设施内的重复使用农业用水、改善土壤健康、节约能源等。本实践中的废物包括不再用作养分施加到土地上的粪肥，但不仅包括粪肥，还包括其他水或碳资源的循环等。

本实践的运行维护工作包括记载水循环利用中的设备设施的检查、维护日期记录。此外，还包括关于从农业生产系统运来废物的数量和日期的记录，以及关键废物性质分析的记录等。

常见相关实践

《废物回收利用》（633）通常与《废物处理》（629）、《废物储存设施》（313）、《废物转运》（634）和《废物分离设施》（632）等保护实践一起使用。

保护实践的效果——全国

土壤侵蚀	效果	基本原理
片蚀和细沟侵蚀	2	额外有机物质增加了养分和土壤有机质，减少了径流和侵蚀。
风蚀	1	施加在土表的额外有机物质可降低风蚀的可能性。
浅沟侵蚀	1	额外有机物质增加了养分和土壤有机质，减少了径流和侵蚀。
典型沟蚀	0	不适用
河岸、海岸线、输水渠	0	不适用
土质退化		
有机质耗竭	2	额外有机物质可促进生物量生产，增加土壤有机质。
压实	0	在潮湿土壤上进行田间作业会导致土壤压实。但是，植物生长的增加和根部渗透可抵消这一作用。当废物通过灌溉系统施加时，可避免压实。
下沉	0	不适用
盐或其他化学物质的浓度	0	正确的废物回收利用不会导致盐分堆积。
水分过量		
渗水	0	不适用
径流、洪水或积水	0	不适用
季节性高地下水位	0	不适用
积雪	0	不适用
水源不足		
灌溉水使用效率低	2	额外有机物质和废水可增加养分、土壤有机质，以及土壤湿度。
水分管理效率低	2	因植物活力更强，这一举措可提高用水效率。
水质退化		
地表水中的农药	0	不适用
地下水中的农药	2	这一举措将增加土壤有机质并提高生物活性。
地表水中的养分	2	适当施用养分可以减少径流造成的损失。
地下水中的养分	2	适当施用养分可最大限度减少浸析损失。
地表水中的盐分	2	适当施用养分可最大限度减少径流损失。将粪肥施用于除土地外的其他用途，减少水污染的机会。
地下水中的盐分	2	适当施用养分可最大限度减少浸析损失。将粪肥施用于除土地外的其他用途，减少水污染的机会。
粪肥、生物土壤中的病原体和化学物质过量	0	适当施用养分可以减少径流造成的损失。
粪肥、生物土壤中的病原体和化学物质过量	2	适当施用养分可最大限度减少浸析损失。将粪肥施用于除土地外的其他用途，减少水污染的机会。
地表水沉积物过多	0	适当施用养分可以减少径流造成的损失。
水温升高	0	不适用
石油、重金属等污染物迁移	0	不适用
石油、重金属等污染物迁移	0	不适用
空气质量影响		
颗粒物（PM）和 PM 前体的排放	0	不适用
臭氧前体排放	0	不适用
温室气体（GHG）排放	0	不适用
不良气味	0	不适用
植物健康状况退化		
植物生产力和健康状况欠佳	2	使用养分和土壤改良剂来促进植物健康和生产力。
结构和成分不当	2	优化养分和土壤改良剂以提高适合的所需作物物种的健康和活力水平。
植物病虫害压力过大	0	不适用
野火隐患，生物量积累过多	0	不适用
鱼类和野生动物——生境不足		
食物	0	不适用

（续）

鱼类和野生动物——生境不足	效果	基本原理
覆盖 / 遮蔽	0	不适用
水	0	不适用
生境连续性（空间）	0	不适用
家畜生产限制		
饲料和草料不足	4	利用废物提高家畜所食用草料的产量和营养价值。
遮蔽不足	0	不适用
水源不足	0	不适用
能源利用效率低下		
设备和设施	0	废物可提供养分，但废物运输需要大量燃料。
农场 / 牧场实践和田间作业	0	废物可提供养分，但废物运输需要大量燃料。

CPPE 实践效果：5 明显改善；4 中度至明显改善；3 中度改善；2 轻度至中度改善；1 轻度改善；0 无效果；−1 轻度恶化；−2 轻度至中度恶化；−3 中度恶化；−4 中度至严重恶化；−5 严重恶化。

工作说明书—— 国家模板

（2011年5月）

此类可交付成果适用于个别实践。其他规划实践的可交付成果参考具体的工作说明书。

设计
可交付成果

1. 证明符合自然资源保护局实践中相关准则并与其他计划和应用实践相匹配的设计文件。
    a. 保护计划中确定的目的。
    b. 客户需要获得的许可证清单。
    c. 制订计划和规范所需的与实践相关的计算和分析，包括但不限于：
        i. 客户提供的适用取样、分析和试验结果
        ii. 计划的废物回收利用
        iii.适用于粪肥或有机物质、非点源污染、土壤条件和空气质量的附加要求
2. 向客户提供书面计划和规范书包括草图和图纸，充分说明实施本实践并获得必要许可的相应要求。
3. 运行维护计划。
4. 证明设计符合实践和适用法律法规的文件。
5. 安装期间，根据需要所进行的设计修改。

注：可根据情况添加各州的可交付成果。

安装
可交付成果

1. 与客户进行的实施前会议。
2. 验证客户是否已获得规定许可证。
3. 根据计划和规范（包括适用的布局注释）进行定桩和布局。
4. 根据需要提供的应用指南。
5. 协助客户和原设计方并实施所需的设计修改。
6. 在安装期间，就所有联邦、州、部落和地方法律、法规和自然资源保护局政策的合规性问题

　　向客户 / 自然资源保护局提供建议。

7. 证明施用过程和材料符合设计和许可要求的文件。

注：可根据情况添加各州的可交付成果。

验收
可交付成果

1. 实施记录。

　　　　a. 实践单位施用的范围和位置

　　　　b. 实际使用的材料

2. 证明施用过程符合自然资源保护局实践和规范并符合许可要求的文件。

3. 进度报告。

注：可根据情况添加各州的可交付成果。

参考文献

NRCS Field Office Technical Guide （eFOTG）, Section IV, Conservation Practice Standard – Waste Recycling, 633.

NRCS National Planning Procedures Handbook （NPPH）, CNMP Technical Guidance Document.

NRCS Agricultural Waste Management Field Handbook, Chapter 4 – Agricultural Waste Characteristics.

NRCS National Environmental Compliance Handbook.

NRCS Cultural Resources Handbook.

注：可根据情况添加各州的参考文献。

保护实践效果 （网络图）

（2017年10月）

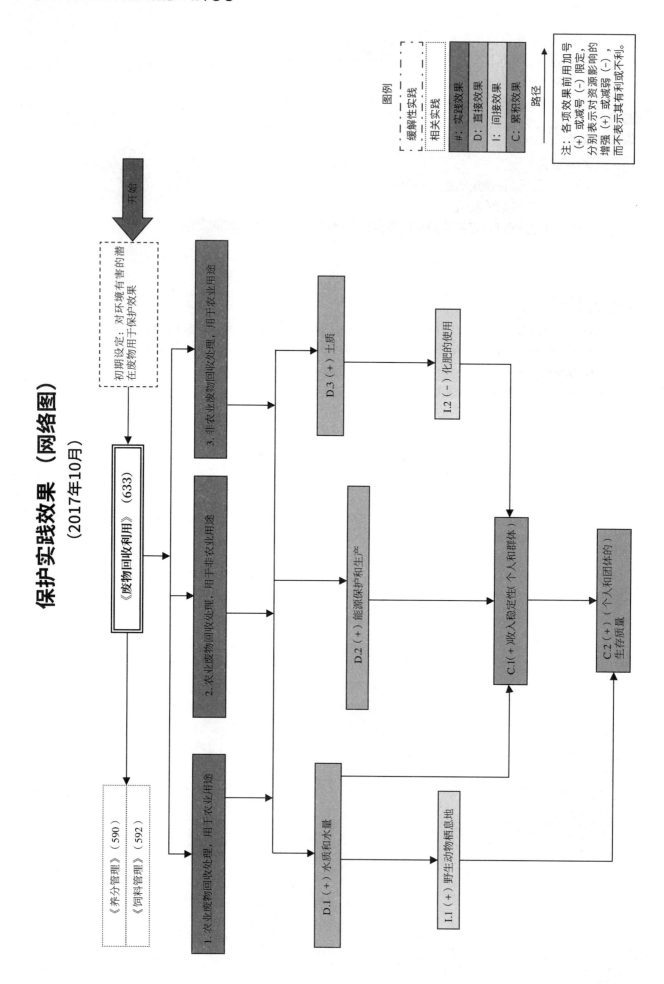

废物分离设施

（632，No.，2013年4月）

定义

过滤或筛选装置、沉淀池、沉降池或沉降通道，用于从废物流中分离固体或营养物质。

目的

分离固体废物、液体废物或它们相关的营养物质旨在：

* 保护或改善空气质量。
* 保护或改善水质。
* 改进粪便处理方法，或把此举措作为其他工序的预处理或后处理。

适用条件

本实践应用于废物分离设施实践将：

* 作为一种主要的处理工序，从流体废弃物中分离固体，并进一步促进处理工序的进程。
* 减少与液体废物储存设施中固体堆积的相关问题。
* 降低流体废弃物中的固体含量，以便液体循环利用。
* 降低流体废弃物中的固体含量，以便更好利用灌溉技术促进土地中液体的应用。
* 协助分离流体废弃物中的营养物质，以改善养分管理的处理和应用。

准则

适用于上述所有目的的总体准则

法律法规。 按照联邦、州、地方和部落关于废物处理设施规定，开展规划、设计和建造作业。

选址。 将废物分离设施安置在使废气物流能够安全地往返于该设施的位置。

废物分离器选择。表1指导使用不同类型固液分离器。根据所要处理的废物的类型和浓度选择分离器的类型，因为每种类型的分离器的收集效率差别很大。无论是机械的还是非机械的，要根据现场废气物流的具体数据及满足具体管理目标的管理条件选择废弃分离器的类型。必要时结合使用分离单元程序，达到所期望的和所需结果。

分离效率。 被分离的固体量或所占百分比是根据每日废水的预估数据（如果适用的话）及所选分离装置类型的总固体收集效率来确定的。通常以浓度降低或物质去除的效率来说明检测制造商分离设备的性能。当没有生产商信息或关于总固体收集效率的本地数据用于所选择的废物分离装置的类型时，表1中的效率值可用于估算所产生的分离材料的量。

化学改良剂。 为了促进分离过程，可以使用化学改良剂，如使用金属盐和聚合物来絮凝粪便固体，以加速分离过程。在液体废气物流中添加化学品以提高总固体收集效率，必须按照保护实践《农业废物处理改良剂》（591）进行处理操作。

表1

固体 / 液体分离器	固体收集效率总和
静态斜筛	10% ~ 20%
带牵引链的斜筛	10% ~ 30%
震动筛	15% ~ 30%
旋转筛	20% ~ 40%
离心机	20% ~ 45%

（续）

固体 / 液体分离器	固体收集效率总和
螺旋或辊压机	30% ~ 50%
沉淀池	40% ~ 65%
漏液壁	50% ~ 85%
干重刮	50% ~ 90%
土工布容器	50% ~ 98%
膜状物	60% ~ 99%
膜状物	50% ~ 70%
机械砂分离器	50% ~ 95%

分离固体的储存。 分离的固体若没有直接从分离器运输到最终的使用地点，须提供足够的储存空间。根据保护实践《废物储存设施》（313）和《顶盖和覆盖物》（367）的要求，设计用于分离固体的储存设施。

废物排放。 只有符合地方、州和联邦关于向地表水和地下水排放的规定，才能收集废物储存或处理设施中固体或沙储存、废物分离设施或相关附属物渗漏或排放的废物。

运输系统。 根据保护实践《废物转运》（634）的要求，为分离固体设计废物转运部件。

输送系统要保持足够的速度以使固体保持悬浮状态，直到废气物流转运到所需的分离工序或储存区域。

排水口。 为废物分离设施提供足够的出口容量，以便将设计负荷安全地传送到储存或利用地点。出水口可以包括管道、多孔的或有沟槽的立管、多孔板墙或水坝或筛墙。筛墙需要至少 10% 的空地，可在沉淀池出口分离固体。

使用紧急溢出配件，如缺口堰或管道支路，以控制超过设计能力的流量。对于暴露在降水中的分离设施，设计的紧急溢出配件应能经受从设备的排水区域通过的径流峰值以 25 年一遇、一次持续 24 小时的风暴频率，再加上正常的废气物流排放。

机械分离器的附加准则

性能。 机械分离器的性能通常通过给定的吞吐量或流量体现。如果需要不同的流速，则从制造商那里获取分离效率。

流量和流速。 遵循制造商对过滤和筛选设备关于设计流量和废液流速的建议。

结构设计。 根据保护实践《废物储存设施》（313）的要求，为过滤和筛选设备设计结构支架。为使机械分离设备正常运作，需要有顶盖或建筑物围护的环境条件。根据保护实践《顶盖和覆盖物》（367）及《废物储存设施》（313）的要求设计顶层和围栏结构。

适用于沉淀池的总体准则

流速。 液体废气物流过沉淀池的流速切勿超过每秒 1.5 英尺。

深度。 根据需要为固体和液体储存、进水提供足够的深度，包括至少 1 英尺干舷的尘沙池。根据 30 分钟的最小水力停留时间确定沉淀池的最小液深。

底部宽度。 在所使用的拆除设备上为沉淀池建立最小的底部宽度，但不小于 4 英尺。

建造由混凝土或土工合成的内衬、压实的土壤或土工膜衬砌组成的沉淀池。设计一个不使用混凝土板的沉淀池，为清理设备提供足够的支撑，确保根据这些标准建造的沉淀池也符合保护实践《废物储存设施》（313）有关要求。

通道。 当需要清理设备时，在沉淀池 15 英尺处建立最小的土堤顶部宽度。如无须进入沉淀池进行清洁，则根据建造堤坝或护堤所用设备的宽度确定最小顶阔度，但不得小于 4 英尺。建造土堤的边坡坡度水平与垂直的比例不超过 2∶1。对于高度高于 3 英尺的土堤，建造的坡度土堤内侧边坡的比例不应超过 3∶1，土堤外侧的边坡不应超过 2∶1。

设计入口坡道，允许在不超过 10∶1 的坡度下，通过正常前端装载设备进入水池进行清理。允许使用坡度更陡的入口匝道，其中匝道的特殊铺面用于牵引，使用的设备可以容纳增加的坡度，但在任何情况下，坡度不得超过 4：1。

安全。 在安全方面的设计方案中设计适当的安全设施，尽可能地减少设施的危险。配备警告标志、栅栏、梯子、绳索、栏杆和其他装置，以确保人类和牲畜的安全。确保在必要时为封闭设施或密闭区域内的废物分离设备适当通风并标明警告标志，以防止爆炸、中毒或窒息的风险。

大量径流流入沉沙池的附加准则

与筛分结合使用或不经筛分使用的沉淀池，用于去除工艺产生的液体废气物流中的固体废物（即有盖的免费谷仓的冲洗水或挤奶室废水），包括大量外部排水，都属于这一类。

流量。 设计的沉淀池的流量，能容纳在运营中排放的正常液体废气物流的大量径流，使用 10 年一遇、一次持续 1 小时的风暴频率计算的流域排水区的峰值径流。

容量。 根据液体和固体储存所需的总深度以及沉淀池所需的最小表面积，确定接收大量径流的沉淀池的设计容积。如果没有关于批次表面污泥累积率的具体资料，则未铺好的地块每月使用为每平方英尺 0.05 立方英尺，而铺好的地块每月使用为每平方英尺 0.01 立方英尺。如果地段陡峭或维护不善，则将这些值提高 50%，最低累积储存期为 1 个月。

接收大量径流的沉淀池的附加准则

与筛分结合使用或未经筛分使用的沉淀池，用于从工艺产生的液体废气物流中去除固体废物（即有盖的免费谷仓冲洗水或挤奶室废水），不接受属于该类别的大量外部排水。

流量。 设计沉淀池的容量，该沉淀池不包括正常运行过程中排出的液体废水废气物流。

容量。 为特定处理期提供固体储存所需的体积，再加上脱水过程中所需的临时液体储存体积就是排出大量径流的沉淀池的设计容量。根据一天的废液流量，使用最低限度的临时液体储存。

稀释。 将含沙的粪肥充分稀释水，使有机固体悬浮，以进行适当的水沙分离，最低水沙比为 2：1（体积法）。

容量。 为处理粪肥和沙子负荷的系统设计提供足够的容量。

沙储存。 为储存分离沙子提供足够的空间，以允许更多的液体从沙子中排出。

非机械沙分离和再利用的附加准则

流速。 设计废气物流速在每秒 1 ～ 2 英尺，根据沙的大小和分布来调整流速。

容积。 提供与最大清理周期相对应的沉淀区域存储容量。设计的底部宽度与移除设备相符，但不小于 8 英尺。

水力停留时间。 设计水力停留时间在 3 ～ 5 分钟，根据沙粒大小和分布进行调整。

注意事项

选址。 在为废物分离设施选址时，应考虑距分离物料来源的高度和距离，以及长期液体和固体废物储存设施的位置，尽可能根据用重力流进行废物分离设施选址。确定废物分类设施位置的其他考虑因素包括车辆出入、风向、邻近住所、溪流和洪泛区附近及能见度。

漏液壁。 为最大限度地实现排水和固液分离，在待处理废物的整个周边设置排水墙，并保持通往和穿过墙壁的排水通道。在选择筛孔尺寸和间距时，应考虑废颗粒尺寸、粒径分布和流道长度，确保排水系统转移到液体储存设施。

沙垫层。 当重复使用沙垫层时，选择均匀大小的沙以提高分离效率。

固体／固体分离。 当将家禽粪便分为细组分和粗组分时，更高比例的养分被细组分所分割。这种粗物质主要由刨花和羽毛组成，营养成分含量较低，可作为床上用品或能源再利用。

可视筛。 考虑使用植物保护带或其他方法来保护废物分离设施免受公众视野和更多美学条件的影响。

降水量。 废物分离设施有关的固体储存区的降雨可导致更多的废水排放到长期储存设施，要在降水量大的地方掩盖固体储存设施。

沙耐磨性。 当沙子是液体废气物流的主要组成部分时，最好使用耐磨的废物输送管道和泵来减少修理频率。

计划和技术规范

根据本实践的准则和良好的工程实践准备计划和技术规范。在计划和技术规范中包括建造和完成废物分离设施所需的所有详情。

在计划和技术规范中至少包括以下内容：

- 废物生产设施、废物收集站、废物转运管道、废物处理和储存设施的分布。
- 所有流入和流出管道的位置和管道材料、直径及坡度说明。
- 废物分离装置支撑系统的设计。
- 为安全起见搭建围栏及张贴警示标语。
- 操作特性。

说明书。 如果安装了制造的废物分离装置，制造商应提供一份标明该设备的设计寿命和保修范围的说明书。

运行和维护

在建造废物分离设施之前，与装置所有者和运营商制订并审查运行和维护（O & M）计划。确保运行和维护计划符合所选废物分离装置的用途、设计预期寿命、安全要求及设计标准。运行和维护计划至少包含以下内容：

- 与运行和维护有关的设计因素文件。
- 设施的设计容量。
- 对设施的正常运营、安全问题和正常维修项目的描述。
- 设备故障时的更换操作程序。
- 每日和（或）定期（如计划所述）检查下列情况：
  - 分离装置及支架。
  - 过滤器与排水口。
  - 储存设施的剩余容量。

确保分离装置所有者和操作员了解所选分离器按预期运行所需的运行和维护级别。

参考文献

APL Solid Separation Study. 2002. Part B – Case Studies of Solids Separation Systems. FSA Environmental. Australian Port Limited.

Burns, R.T. and Moody, L.B.. 2003. Development of a Standard Method for Testing Mechanical Manure Solids Separators. ASAE-CIGR Meeting Paper No. 034131. St. Joseph, MI.： ASABE.

Ford, Mary and Fleming, Ron. 2002. Mechanical Solid-Liquid Separation of Livestock Manure Literature Review. Ridgetown College – University of Guelph.

Manure Management System Series – Outdoor Air Quality. Mid West Plan Services Handbook 18, Section 3. 2004.

Mukhtar, Saqib and et. al.. 1999. Solid-Liquid Separation of Animal Manure and Wastewater. Texas Agricultural Extension Service.

Solid-Liquid Manure Separation. 2009. Livestock and Poultry Environmental Learning Center.

USDA – NRCS, National Engineering Handbook, Part 651, Agricultural Waste Management Field Handbook.1992, Last revised, October 2010.

保护实践概述

（2012年12月）

《废物分离设施》（632）

固态 / 液态废物分离设施是用于从液体废物流中分离部分固体的过滤、筛选装置或沉淀池、沉淀槽及沉淀沟渠。

实践信息

本实践适用于出于以下目的分离固态 / 液态废物的地方：

- 将固体废物从液态废物流中提取出，以便将之进一步加工处理。
- 减少液体储存设施中固体物蓄积造成的问题。
- 减少储存废液中的固态物质，以便废液可以回收利用。
- 减少储存废液中的固态物质，以便液体施用于灌溉土地。
- 帮助分开废物流中的不同养分，以便提高养分管理。

选择固态 / 液态废物设施类型时，应根据需要的分离效率、可用空间、分离物质的计划用途来决定。

本实践应是《农业废物管理系统计划》的一部分。

本实践的预期年限至少为 15 年，应根据选定的系统类型进行设施运行维护。

常见相关实践

《废物分离设施》（632）通常与《废物储存设施》（313）、《废物转运》（634）、《堆肥设施》（317）和《厌氧消化池》（366）等保护实践一起使用。

保护实践的效果——全国

土壤侵蚀	效果	基本原理
片蚀和细沟侵蚀	0	不适用
风蚀	0	不适用
浅沟侵蚀	0	不适用
典型沟蚀	0	不适用
河岸、海岸线、输水渠	0	不适用
土质退化		
有机质耗竭	1	使用改良剂和分离方法可产生高有机残留物，施用后，可增加土壤有机质，超过未处理粪肥的施用量。
压实	0	不适用
下沉	0	不适用
盐或其他化学物质的浓度	0	轻微恶化到轻微改善，取决于盐分是聚集下来还是从土地废物流中流走。
水分过量		
渗水	0	不适用
径流、洪水或积水	0	不适用
季节性高地下水位	0	不适用
积雪	0	不适用
水源不足		
灌溉水使用效率低	1	改变后的废物流中固体含量最低，可满足灌溉需要。
水分管理效率低	0	不适用
水质退化		
地表水中的农药	0	不适用
地下水中的农药	0	不适用
地表水中的养分	2	分离和其他处理方法常用于清除废物流中的养分和有机物。
地下水中的养分	2	分离和其他处理方法常用于清除废物流中的养分和有机物。
地表水中的盐分	2	分离和其他处理方法可用于改变废物流，以便清除盐分、金属和某些病原体。
地下水中的盐分	2	分离和其他处理方法可用于改变废物流，以便清除盐分、金属和某些病原体。
粪肥、生物土壤中的病原体和化学物质过量	2	分离和其他处理方法可用于改变废物流，以便清除盐分、金属和某些病原体。
粪肥、生物土壤中的病原体和化学物质过量	2	分离和其他处理方法可用于改变废物流，以便清除盐分、金属和某些病原体。
地表水沉积物过多	0	不适用
水温升高	0	不适用
石油、重金属等污染物迁移	2	分离和其他处理方法可用于改变废物流，以便清除盐分、金属和某些病原体。
石油、重金属等污染物迁移	2	分离和其他处理方法可用于改变废物流，以便清除盐分、金属和某些病原体。
空气质量影响		
颗粒物（PM）和 PM 前体的排放	1	通过固体/液体分离，可更好地管理固体粪肥和液态粪肥。不过，固态粪肥管理不当会造成颗粒物排放。
臭氧前体排放	2	固体/液体分离后，可通过更好地管理氧固态系统和厌氧液态系统来帮助减少挥发性有机化合物（VOC）的排放。
温室气体（GHG）排放	1	固液分离可对许多粪肥成分的排放造成影响。
不良气味	4	固体/液体分离设施在减少粪肥异味排放方面非常成功，尤其是当固态物可保留在好氧环境中时。
植物健康状况退化		
植物生产力和健康状况欠佳	0	不适用
结构和成分不当	0	不适用
植物病虫害压力过大	0	不适用
野火隐患，生物量积累过多	0	不适用
鱼类和野生动物——生境不足		
食物	0	不适用

（续）

鱼类和野生动物——生境不足	效果	基本原理
覆盖 / 遮蔽	0	不适用
水	0	不适用
生境连续性（空间）	2	保持动物通行，减少其他干扰。
家畜生产限制		
饲料和草料不足	0	分离处理可以有效改变废物流，更好地满足饲料和草料生长所需的条件，但这一影响较小。
遮蔽不足	0	不适用
水源不足	1	一些替代方案用来处理废物流，使之达到家畜可以再利用的程度，液体 / 固体分离几乎都是处理的第一步。
能源利用效率低下		
设备和设施	0	不适用
农场 / 牧场实践和田间作业	0	不适用

CPPE 实践效果：5 明显改善；4 中度至明显改善；3 中度改善；2 轻度至中度改善；1 轻度改善；0 无效果；−1 轻度恶化；−2 轻度至中度恶化；−3 中度恶化；−4 中度至严重恶化；−5 严重恶化。

工作说明书——国家模板

（2013年4月）

此类可交付成果适用于个别实践。其他规划实践的可交付成果参考具体的工作说明书。

设计

可交付成果

1. 能够证明符合自然资源保护局实践中相关准则并与其他计划和应用实践相匹配的设计文件。
    a. 保护计划中确定的目的。
    b. 客户需要获得的许可证清单。
    c. 符合自然资源保护局国家和州公用设施安全政策（《美国国家工程手册》第 503 部分《安全》A 子部分 "影响公用设施的工程活动" 第 503.00 节至第 503.06 节）。
    d. 辅助性实践一览表。
    e. 制订计划和规范所需的与实践相关的计算和分析，包括但不限于：
        i. 地质与土力学（《美国国家工程手册》第 531a 子部分）
        ii. 设施的设计容量
        iii. 结构、机械和配件
        iv. 环境因素（如位置、水质和空气质量）
        v. 安全注意事项（《美国国家工程手册》第 503 部分《安全》A 子部分第 503.06 节至第 503.12 节）
2. 向客户提供书面计划和规范书包括草图和图纸，充分说明实施本实践并获得必要许可的相应要求。
3. 合理的设计报告和检验计划（《美国国家工程手册》第 511 部分，B 子部分 "文档"，第 511.11 节和第 512 节，D 子部分 "质量保证活动"，第 512.30 节至第 512.32 节）。
4. 运行维护计划。
5. 证明设计符合实践和适用法律法规的文件［《美国国家工程手册》A 子部分第 505.03（b）（2）节］。

6. 安装期间，根据需要所进行的设计修改。

注：可根据情况添加各州的可交付成果。

安装

可交付成果

1. 与客户和承包商进行的安装前会议。

2. 验证客户是否已获得规定许可证。

3. 根据计划和规范（包括适用的布局注释）进行定桩和布局。

4. 安装检查（酌情根据检查计划开展）。

  a. 实际使用的材料

  b. 检查记录

5. 协助客户和原设计方并实施所需的设计修改。

6. 在安装期间，就所有联邦、州、部落和地方法律、法规和自然资源保护局政策的合规性问题向客户 / 自然资源保护局提供建议。

7. 证明安装过程和材料符合设计和许可要求的文件。

注：可根据情况添加各州的可交付成果。

验收

可交付成果

1. 竣工文档。

  a. 实践单位

  b. 图纸

  c. 最终量

2. 证明安装过程符合自然资源保护局实践和规范并符合许可要求的文件［《美国国家工程手册》A 子部分第 505.03（c）（1）节］。

3. 进度报告。

注：可根据情况添加各州的可交付成果。

参考文献

NRCS Field Office Technical Guide（eFOTG）, Section IV, Conservation Practice Standard – Waste Separation Facility, 632.

NRCS Agricultural Waste Management Field Handbook（AWMFH）.

NRCS National Engineering Manual（NEM）.

NRCS National Environmental Compliance Handbook.

NRCS National Cultural Resources Procedures Handbook.

注：可根据情况添加各州的参考文献。

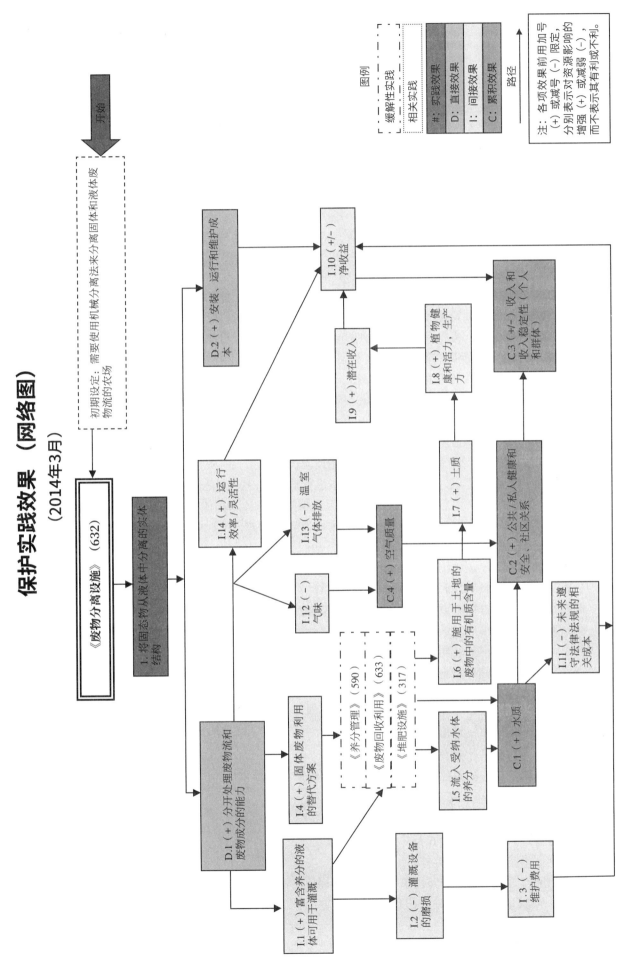

保护实践效果（网络图）

（2014年3月）

▶ 废物分离设施

《废物分离设施》（632）

初期设定：需要使用机械分离法来分离固体和液体废物流的农场

图例

缓解性实践

相关实践

#：实践效果	
D：直接效果	
I：间接效果	
C：累积效果	

路径

注：各项效果前用加号（+）或减号（-）限定，分别表示对资源影响的增强（+）或减弱（-），而不表示其有利或不利。

1. 将固态物从液体中分离的实体结构

D.2（+）安装、运行和维护成本

I.10（+/-）净收益

C.3（+/-）收入和收入稳定性（个人和群体）

I.9（+）潜在收入

I.8（+）植物健康和活力、生产力

I.14（+）运行效率/灵活性

I.13（-）温室气体排放

I.7（+）土质

C.4（+）空气质量

I.12（-）气味

C.2（+）公共/私人健康和安全、社区关系

D.1（+）分开处理废物流和废物成分的能力

I.4（+）固体废物利用的替代方案

《养分管理》（590）
《废物回收利用》（633）
《堆肥设施》（317）

I.6（+）施用于土地的废物中的有机质含量

C.1（+）水质

I.11（-）未来遵守法律法规的相关成本

I.5 流入受纳水体的养分

I.1（+）富含养分的液体可用于灌溉

I.2（-）灌溉设备的磨损

I.3（-）维护费用

·727·

废物储存设施

（313，No.，2016年5月）

定义

一种由筑堤、挖坑或建造而成的农业废物储存库或围堵。

目的

储存粪便、农业副产物、废水和污染径流，以便在农业作业管理中灵活地利用废物。

适用条件

适用于对农业生产或加工产生的废物进行常规储存的地方，适用于土壤、地质和地形适合修建储存设施的地方。接收坑须遵照《废物转运》（634）。

对于用作液体储存、废物储存设备的堤防，本实践仅适用于自然资源保护局制订的《美国国家工程手册》第520.23部分定义的低危险结构。

本实践不适合储存人类排泄物或日常死亡动物。

准则

适用于所有废物储存设施的一般准则

法律法规。 废物储存设备的规划、设计和建造应符合联邦、州和当地的法律法规。

选址。 在百年洪泛区以外，对废物储存设备进行选址和设计，除非场地将其限制在洪泛区内。

假如废物储存设备须在洪泛区内修建，则采取保护措施，防止该设施遭受25年一遇的洪涝所带来的损坏。另外，可能需要对洪泛区的储存结构提供额外保护，请根据自然资源保护局制订的190号《通用手册》第410.25部分"洪泛区管理"，采取保护措施。

储存期。 储存期是预计清除废物的最长期限。根据气候、作物、土壤、设备以及当地、州和联邦法规，把环境安全废物利用时间设定为最小储存期。

储存量设计。 根据需要调整设施尺寸，使储存量达到以下要求。

运行容量。

- 储存期间积累的粪便、废水、垫草层理和其他废物。
- 液体或泥浆储存设施，在储存期间的少量蒸发正常降水量（忽略顶部径流分流）。
- 在储存期间，设施排水区的正常径流。
- 储存槽至少留有6英寸的空间储存计划的最大残留固体，除非集水坑或其他设备等完全排空。
- 额外储存，以达到规定要求或管理目标。

应急容量（仅限液体储存）。

- 在所需的设计储存最高运行水平下，液体或泥浆储存设施表面25年一遇连续24小时降水量。
- 该设施排水区25年一遇的24小时径流。
- 额外容量（用于储存受降水影响的液体或泥浆废物储存）。
- 垂直壁式水箱，至少6英寸。
- 其他设施，至少12英寸。

最大限度排除该结构中的非污染径流，除非径流有利于农业废物管理系统运行。

进口。 须采取措施防止进口出现腐蚀、堵塞、冻结和紫外线劣化问题。必要时，采取侵蚀保护措施。

废物清除。 提供清除废物的组件，例如闸门、管道、码头、湿井、泵送平台、挡土墙或坡道。根据需要整合功能，以防止侵蚀、错误操作和储存废物的偶然排放。设计适应预期的设备和牵引力的斜坡。根据《养分管理》（590）在土地上使用储存的材料，或遵循《综合养分管理计划》（CNMP）列出的处理方案处理废物。

清除累积的固体废物。定期清除累积的固体废物，以保持储存量。在设计中，必须预先考虑清除固体废物的方法，尤其是确定贮水量构成和所用衬砌的类型。

最高运行水平。运行容量标准是液体储存装置的最高运行水平。

水位尺。在液体储存设施中，放置水位尺等永久性标记，以清楚指示以下水平等级：

- 最高运行水平（运行容量上限）。
- 应急水平（储存设计容量上限）。

对于本身不可见的储存设施，其水位尺也不可见，例如板条地板下方，操作员要在运行和维护计划中确定累积废物深度的测量方法。

安全。包括适当的安全功能，以尽量减少对设施造成的损坏〔根据需要，参照美国农业与生物工程师协会（ASABE）EP470 号：《粪便贮存储存安全指南》〕。

提供适当的警告标志、围栏、梯子、绳索、栏杆等，以确保人类和牲畜的安全。必要时，为有遮盖物的垃圾收集装置安装通风系统及悬挂警告标志，以防止爆炸、中毒或窒息事件发生。

在开口处设计遮盖物并安装格栅，以免牲畜或人类将其挪动或掉入设施中。

如果管道中的气体积聚在密闭空间，则设计有疏水阀和通风口的管道等装置。

置围栏于露天墙壁距地面不到 5 英尺的储存池和未遮盖的储存池周围储存。使用《栅栏》（382）设计围栏，防止人或动物意外涉入其中。张贴通用警告标志，以防儿童等进入液体废物储存装置中。

屋顶和盖板。根据需要，遵照《顶盖和覆盖物》（367）设计储存废物储存设备的屋顶或盖板。

木材处理。根据《顶盖和覆盖物》（367）处理木材和紧固件。

液体废物储存池的附加准则

液体废物储存池不应是储存材料的堆叠，而是由地形自然凹陷、人工挖掘形成，或主要由泥土材料形成倾斜区域，例如土壤（尽管其可以衬有人造材料）。

地基。确定土壤储存池的位置，该土壤储存池的渗透率须符合法规，或者使用合适的储存池材料。根据《池底密封或衬砌》（520、521 或 522）使用衬砌。

根据自然资源保护局制定的《美国国家工程手册》第 531 部分"地质学"标准，对废物储存池进行详细的地下调查和分析，以符合设计要求。描述遇到的土壤材料、渗漏位置、高水位、基岩深度以及岩溶地貌中的沉陷孔。

设计洪泛区等可能隆起的场地的衬砌，包括评估衬砌的潜在浮力。黏土衬砌中的隆起头，限制在 0.5 英尺 / 英尺的梯度内。当黏土衬砌的厚度除以存在浮力（例如洪泛区被淹没时）时，确定梯度为黏土衬砌的顶部和底部之间的总差。

底高设计。储存池的底高，至少高于季节性高水位 2 英尺，除非采用特殊设计以解决浮力、蓄水渗透率和污染物对地下水位的影响。可以使用排水管降低地下水位，以满足该要求。

出口。禁止出口自动释放储存材料，除化粪池外，该化粪池为废物处理带或沥滤场等处理系统供水，或者该出口通向具有足够容量的储存设施。设计防堵塞和耐腐蚀的永久性出口，在出口建造防回流设施，将废水泵送到位于较高处的二级储存处。

堤防。表面积大于 1 英亩的储存池及受波浪影响的储存池，需增加堤防高度，以计算波浪高度。无论什么情况，堤防高度至少增加 5%，以促使沉降。使所有堤防保持稳定，以防止侵蚀或破坏。

堤防的最小顶宽如表 1 所示。沉降堤防的组合侧坡设计为等于或小于（横纵比）5：1，斜坡坡度不得超过（横纵比）2：1，除非有稳定性方面的规定。假如没有辅助性溢洪道和堤防中心线的横截面最低点，总堤防高度（有效高度）是辅助性（应急）溢洪道顶部或沉降堤防顶部之间的高程差。

表 1 最小顶宽

总堤防高度（英尺）	顶宽（英尺）
低于 15	8
15 ~ 19.9	10
20 ~ 24.9	12
25 ~ 30	14
30 ~ 35	15

溢洪道或等效保护设施。对于总堤防高于 20 英尺的设施，设置辅助性（应急）溢洪道或溢洪道路线，或者储存溢洪道下方的相当于应急容量的容量。

挖掘。设计边坡挖掘，以符合所用衬砌的要求，参照《池底密封或衬砌——压实土处理》（520）、《池底密封或衬砌——土工膜或土工合成黏土》（521）或《池底密封或衬砌——混凝土》（522）。

结构构造的附加准则

地基。根据地下调查，为废物储存装置打好地基，以支撑叠加负荷，而不会导致过度沉降或移动。根据自然资源保护局制订的《美国国家工程手册》第 531 部分"地质学"，对结构构造进行详细的地下调查和分析，以符合设计。描述所见土壤材料、渗漏位置、高水位、基岩深度以及岩溶地貌中的沉陷孔。

对于无法避免的不均匀地基或高度易变的地基负荷，根据特定场地的土壤试验数据计算沉降，场地土壤指数测试可参照类似土壤的测试数据。假如没有可用测试数据，请使用假定的轴承强度值来评估表 2 的实际轴承压力，或者遵照国家认可的其他建筑规范。使用假定轴承值，应提供详细说明，以防结构损坏。

对于有接头、裂缝或溶液通道的基岩地基，请分开地板和基岩：

- 土壤至少 1 英尺。
- 衬砌达到或超过《池底密封或衬砌》（520、521 或 522）有关要求。
- 可达到同样的保护效果的其他合适的方法或替代方案。

表 2 假定的允许地基和侧压[①]

材料类别	允许的地基压力（磅/英尺^2）	低于自然等级侧向轴承（磅/英尺^2/英尺）	摩擦系数	凝聚力（磅/英尺^2）
结晶基岩	12 000	1 200	0.70	—
沉积岩和叶状岩	4 000	400	0.35	—
沙砾或碎石				
（GW 和 GP）	3 000	200	0.35	—
沙、粉沙、黏土沙、粉质砾石、黏土砾石（SW、SP、SM、SC、GM 和 GC）	2 000	150	0.25	—
黏土、沙质黏土、粉质黏土、黏土质粉沙、粉沙和沙质粉沙（CL、ML、MH 和 CH）	1 500	100	—	130

①国际规范委员会（ICC）2015 年发布的国际建筑规范（IBC）。

结构载荷。根据自然资源保护局制订的《美国国家工程手册》第 536 部分"结构设计"，设计废物储存结构以承受预期载荷。此类载荷应包括内部载荷和外部载荷、静水压力、浓缩表面和冲击载荷以及季节性高水位、霜或冰造成的水压。

根据《技术要求 210-74——侧向土压力》中载明的适当土壤测试及程序进行土壤测试，测试结果决定土壤强度值，使用该土壤强度值计算侧向土压力导致的荷载。无法测试土壤强度时，表 3 提供了最小侧向土压力值。假如重型设备在墙体附近运行，则在墙体分析中，酌情使用额外的挡土墙或额外的内部侧向压力。

对于未进行降水防护的储存废物的侧向荷载，内部侧向压力值每英尺深至少为 65 磅 / 英尺 ^{2}。储存废物的侧向荷载每英尺深至少为 60 磅 / 英尺 ^{2}，防护降水，并且不太可能出现饱和现象。假如沙子所占的百分比超过 20%，储存含沙粪便时，内部侧向压力每英尺深至少为 72 磅 / 英尺 ^{2}。如果以对要储存的废物的实际压力的测量为依据，设计者可以使用较低的数值储存。

表 3　最小侧向土压力值[①]

回填材料说明[④]	统一土壤分类	每英尺深设计侧向土荷载（磅 / 英尺 ^{2} / 英尺）[②]	
		主动土压力	静止土压力
干净的优质砾石、沙和砾石的混合物	GW	30	60
干净的劣质砾石、沙和砾石的混合物	GP	30	60
粉沙砾石、沙和砾石的劣质混合物	GM	40	60
黏土砾石、沙和砾石的劣质混合物	GC	45	60
干净的优质沙、混沙	SW	30	60
粉沙与柔软性细粒的混合物	SP	30	60
粉沙、劣质的粉沙混合物	SM	45	60
粉沙黏土与柔软性细粒的混合物	SM-SC	45	100
黏土沙、劣质的沙质黏土混合物	SC	60	100
无机粉沙和黏土粉沙	ML	45	100
无机粉沙和黏土的混合物	CL-ML	60	100
低、中柔软性的无机黏土	CL	60	100
柔软性低的有机粉沙和粉质黏土	OL	注[③]	注[③]
无机黏土质粉沙、柔软性粉沙	MH	注[③]	注[③]
高柔软性的无机黏土	CH	注[③]	注[③]
有机黏土和粉质黏土	OH	注[③]	注[③]

① 表 1610.1，国际规范委员会（ICC）2015 年发布的国际建筑规范（IBC）《侧向土壤荷载》。
② 根据潮湿条件，设计特定土壤的载荷，该土壤的密度最佳。包括具有浮力的土壤的重量，以及饱和土壤或水下土壤的静水压力。
③ 不适合作为回填材料。
④ 根据《美国测试与材料协会》D2487，对土壤进行定义和分类。

结构设计。 根据自然资源保护局制定的《美国国家工程手册》第 536 部分"结构工程"，采用钢筋混凝土、钢、木材或砖石材料设计结构。考虑影响结构性能的各因素，包括假定装载、耐用性、适用性、材料属性和施工质量，确保结构材料适合废物储存。

储存槽有盖无盖均可。设计有盖储存槽的开口，以适应装载、搅动和排空的设备。在这些开口附近安装围栏、格板或安全盖，以确保安全，并根据需要控制臭气和病媒。

敏感环境设置。 对于敏感环境（即储存槽，其所在区域的特征，包括地表含水层浅井和高风险岩溶地形等）中的液体储存，根据自然资源保护局制订的《美国国家工程手册》第 536 部分"结构设计"标准，把储存结构设计为钢筋混凝土水力结构或环境结构。或者使用柔性衬砌膜，该膜符合工程和工业实践标准，以提供液体二次储存结构，而该结构符合自然资源保护局制订的《美国国家工程手册》第 536 部分"结构设计"标准。

附加准则——堆垛设施

堆垛设施，可以是露天的、遮盖的或有屋顶的，可用于储存固体类废物。以废料堆叠预期角度确定壁高。使用耐用材料，如钢筋混凝土、钢筋混凝土砌块或处理过的木材建造堆垛设施。设计安全系数够高的堆垛设施，以防止由内部或外部压力（包括静水隆起压力和施加的表面载荷，如可在结构内、上或邻近使用的设备）引起的故障。

渗漏。 如有必要，以安全可靠的方式收集和处理液体，防止渗滤液污染地表或地下水。防止渗入量影响设计的储存量。对于有屋顶的场地，由于废料发生渗漏的可能性小或者某些气候条件下，可能不需要防渗。

内部排水。 规定渗滤液的排放，包括堆放区域的降雨（尤其是没有屋顶的那些堆放区域）。把渗滤液收集在水槽或废物储存池中，或在潟湖或植被区进行适当处理。

家禽垃圾堆放设施。为减少木墙设施发生自燃的情况，垃圾堆高度不能超过 7 英尺，垃圾与木材的距离不得少于 5 英尺。

注意事项

使用高密度聚乙烯等材料修筑外露衬砌，在湿润时，该类材料光滑，应注意使用纹理衬砌或加入轮胎梯子等，以便在废物储存结构中逃生。

注意对流入储存池的径流或废水进行固 / 液分离，最大限度地减少积聚固体的清除工作，并便于使用和泵送储存废物。

适当注意环境问题、经济学、废物管理系统计划以及安全问题和健康因素。

由于废物储存设施的风险和成本非常高，因而注意向操作者提供关闭设施的成本。成本应包括清除堆积污泥和废物最大储存量。

选址的考虑因素

关于储存废物储存设备的选址问题，请考虑以下因素：

- 储存废物储存设备与废物源的接近程度。
- 与其他设施的距离。
- 易于装卸废物。
- 符合现有地貌和植被，包括建筑物布局，以尽量减少臭气以及对视觉资源的影响。
- 为运行、装卸设备提供足够的运行空间。

尽量避免堤防突然损坏或储存废物储存设备意外排放的注意事项。

从功能、安全措施或管理措施方面考虑，以最大限度地降低故障或意外排放的风险或减少对以下方面的影响。

堤防破坏或意外排放的潜在影响，包括：

- 地表水体——多年生溪流、湖泊、湿地和河口。
- 受威胁、濒危物种的重要栖息地。
- 河岸地区。
- 农庄或其他居住区。
- 非农场物业。
- 符合国家历史名胜名录列入标准的考古历史遗址或建筑。

考虑以下方面，以尽量减少堤防意外破坏的情况：

- 辅助性（应急）溢洪道。
- 额外的储存。
- 潮湿年份的降水量储存。
- 加筋堤防——例如额外的顶宽、扁平或铠装下游侧坡。
- 二级密封。
- 双层衬砌。

尽量减少储存废物储存设备重力出口意外排放，途径包括：

- 出口门锁或闸门外壳锁定。
- 二级密封。
- 警报系统。
- 另一种储存废物储存设备清空的非重力方法。

尽量避免废物储存池的衬砌失效的注意事项

请避免用于以下类别的场地，除非没有合适的替代方案。

衬砌失效的潜在影响，分类如下：

- 潜在的含水层都位于浅水处，并且不受限制。
- 渗流区是岩石。

- 含水层供应生活用水或生态用水。
- 该场地位于水溶性基岩区域，如石灰石或石膏。

对于具有以下条件的场地，请提供衬砌的相关泄漏检测系统，以另外构造安全设施。

堆垛设施的注意事项

可使用木板墙收集堆垛设施的内部渗水，垂直安装木板并留下 3/4 英寸的裂缝，混凝土或砖石砌块墙可包括木板墙排水部分，使用木板墙的设计标准。

对于产出有机物的设施或提供粪便的设施，请使用有利于产出有机物的耐腐蚀木材或处理过的木材。就废物储存的木材使用问题，咨询该设施的有机认证机构。

空气质量改善的注意事项

液体肥料储存可能导致挥发性有机化合物、氨、硫化氢、甲烷、一氧化二氮和二氧化碳的排放。固体粪便储存可能导致颗粒物质、挥发性有机化合物、氨、二氧化碳和一氧化二氮的排放。

为减少温室气体、氨、挥发性有机化合物、颗粒物和臭气排放，可参照其他保护实践，如《厌氧消化池》（366）、《顶盖和覆盖物》（367）、《废物处理》（629）、《农业废物处理改良剂》（591）、《堆肥设施》（317）和《空气过滤和除尘》（371）设计废物管理系统。

pH 调到 7 以下，可以减少储存废物储存设备的氨气排放，但是当废物置于表面时，可能会增加臭气——参照《养分管理》（590）。

经证明，某些纤维物和有机遮盖物可有效减少臭气排放。

固体粪便储存设施应保持适当的粪便水分含量。过量水分可能导致更多的挥发性有机化合物、氨和一氧化二氮排放到空气中，并可能导致厌氧情况，排放更多的甲烷和硫化氢。水分太少，会导致更多的颗粒物排放。

计划和技术规范

制订计划和技术规范，并说明为实现其预期用途采用该设施的要求。工程计划和技术规范应至少包括以下内容：

- 系统布局平面图。
- 所有部件的结构细节，包括钢筋、材料类型、厚度、锚固和厚度增填要求。
- 管道和附属物的位置、大小和类型。
- 地基、准备和处理要求。
- 植物生长要求。
- 数量。
- 公用设施和通知要求的大致位置。

运行和维护

制订运行和维护计划，以符合设施运营目的、预期寿命、安全要求及设计准则。该计划应至少包括以下内容：

清空储存设施的要求，如期望的储存期。达到最高运行水平后，尽快清除液体储存设施。根据废物管理系统计划的地点、时间、速率和容量，移除并利用储存设施中的废物的要求。

对于蓄水池等液体储存设施，包括水位尺等永久标志的说明，以标示最高运行水平。对于本身不可见的储存设施，其水位尺也不可见，例如板条地板下方，操作员要确定累积废物深度的测量方法。

在发生可能导致废物储存结构过早填满容量的异常风暴事件时紧急清除和处置液体废物的规定。

提供密闭空间通风所需的说明，该说明应参照美国农业生物工程师学会 S607 号标准《降低进入风险的粪便存储通风》。

制订储存废物储存设备的应急行动计划，这些储存废物储存设备可能会出现偶然排放或违规情况，包括特定地点尽量减少这些情况发生的应急行动规定。

对设施组件所需的日常维护进行说明，因废物清除或材料变质而可能需要的维修规定。

参考文献

American Society for Testing and Materials. Annual Book of ASTM Standards. Standards D 653, D 698, D 1760, D 2488. ASTM, Philadelphia, PA.

USDA Natural Resources Conservation Service. 1992. Agricultural Waste Management Field Handbook. USDA-NRCS, Washington, DC.

USDA Natural Resources Conservation Service. General Manual. USDA-NRCS, Washington, DC.

USDA Natural Resources Conservation Service. National Engineering Manual. USDA-NRCS, Washington, DC.

USDA Soil Conservation Service. 1989. Technical Release Number 74, Lateral Earth Pressures, USDA-SCS, Washington, DC.

保护实践概述
（2016年5月）

《废物储存设施》（313）

农业废物或废水储存设施可通过建起堤坝或挖坑或地洞来实现，或构造一个建筑。

实践信息

废物储存设施可暂时储存粪肥、农业副产品、废水或受污染径流。在农业运营管理方面，该设施可以给废物利用带来灵活性。储存结构类型包括液体废物储存池或槽，以及固态废物堆垛结构等。

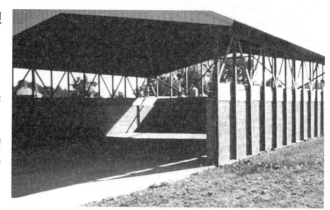

设施规划应考虑到环境问题、经济因素、整体废物管理系统计划以及安全和健康因素。

废物储存设施的设计取决于计划储存期，设施位置，联邦、州和地方的法律法规。废物类型和生产率、设备限制及安全考量。

制订运行维护计划，以明确储存设施的使用要求。计划中规定了粪肥施用的时机、施用量和数量。计划中池塘应包括及时清除废物以便应对随后风暴的要求。

常见相关实践

《废物储存设施》（313）通常与《废物转运》（634）、《池底密封或衬砌——压实土处理》（520）、《池底密封或衬砌——柔性膜》（521a）、《池底密封或衬砌——混凝土》（522）、《堆肥设施》（317）、《养分管理》（590）和《废物回收利用》（633）等保护实践一起使用。

保护实践的效果——全国

土壤侵蚀	效果	基本原理
片蚀和细沟侵蚀	0	不适用
风蚀	0	不适用
浅沟侵蚀	0	不适用
典型沟蚀	0	不适用
河岸、海岸线、输水渠	0	不适用
土质退化		
有机质耗竭	1	这一举措能以不同的速率和时间来施用废物，以便应对资源问题。
压实	1	通过将废物储存起来，能在施用速率和时间方面更好地管理废物，在尽可能不压实废物的情况下利用废物。
下沉	0	不适用
盐或其他化学物质的浓度	0	不适用
水分过量		
渗水	0	理论上说，储存池的渗透会增加。
径流、洪水或积水	0	收集和储存污染径流。
季节性高地下水位	0	理论上说，储存池的渗透会增加。
积雪	0	不适用
水源不足		
灌溉水使用效率低	1	储存池可提供有限的水分来源。
水分管理效率低	0	不适用
水质退化		
地表水中的农药	0	不适用
地下水中的农药	0	不适用
地表水中的养分	4	储存可提供废物施用在速率、时间、地点方面的灵活性，还能减少污染物的运输。
地下水中的养分	2	在渗漏的情况下，可溶污染物的渗透可能会有所增加。
地表水中的盐分	2	储存可提供废物施用在速率、时间、地点方面的灵活性，还能减少污染物的运输。
地下水中的盐分	1	废物储存具有施用速率、时间和地点方面的灵活性，然而储藏地可溶性污染物的渗透有可能增加。
粪肥、生物土壤中的病原体和化学物质过量	2	储存可提供废物施用在速率、时间、地点方面的灵活性，还能减少污染物的运输。
粪肥、生物土壤中的病原体和化学物质过量	2	储存可提供废物施用在速率、时间、地点方面的灵活性，减少病原体污染的可能。在储藏地，含有病原体的水渗透有可能增多。
地表水沉积物过多	0	由于将废物储存起来可最大限度降低径流风险，因此可在最佳时间施用废物。
水温升高	0	不适用
石油、重金属等污染物迁移	0	不适用
石油、重金属等污染物迁移	1	重金属一般与粪肥无关；但是，废物储存具有施用速率、时间和地点方面的灵活性。储藏地可溶性污染物的渗透有可能增加。
空气质量影响		
颗粒物（PM）和 PM 前体的排放	-1	无覆盖储存可增加氨的排放。无覆盖储存固体物可增加颗粒物排放。
臭氧前体排放	-1	无覆盖储存可增加挥发性有机化合物（VOC）的排放。
温室气体（GHG）排放	-1	无覆盖储存可增加甲烷和一氧化二氮的排放。
不良气味	-2	无覆盖储存可增加气味排放。
植物健康状况退化		
植物生产力和健康状况欠佳	2	通过储存，能在速率、时间和地点方面以最适合植物需要的方式施用养分。
结构和成分不当	0	不适用
植物病虫害压力过大	0	不适用
野火隐患，生物量积累过多	0	不适用

（续）

鱼类和野生动物——生境不足	效果	基本原理
食物	0	不适用
覆盖 / 遮蔽	0	不适用
水	0	不适用
生境连续性（空间）	0	不适用
家畜生产限制		
饲料和草料不足	0	不适用
遮蔽不足	0	不适用
水源不足	0	不适用
能源利用效率低下		
设备和设施	0	不适用
农场 / 牧场实践和田间作业	0	不适用

CPPE 实践效果：5 明显改善；4 中度至明显改善；3 中度改善；2 轻度至中度改善；1 轻度改善；0 无效果；−1 轻度恶化；−2 轻度至中度恶化；−3 中度恶化；−4 中度至严重恶化；−5 严重恶化。

工作说明书—— 国家模板

（2016年5月）

此类可交付成果适用于个别实践。其他规划实践的可交付成果参考具体的工作说明书。

设计
可交付成果

1. 能够证明符合自然资源保护局实践中相关准则并与其他计划和应用实践相匹配的设计文件。
   a. 保护计划中确定的目的。
   b. 客户需要获得的许可证清单。
   c. 符合自然资源保护局国家和州公用设施安全政策（《美国国家工程手册》第 503 部分《安全》A 子部分 "影响公用设施的工程活动" 第 503.00 节至第 503.06 节）。
   d. 制订计划和规范所需的与实践相关的计算和分析，包括但不限于：
      i. 地质与土力学（《美国国家工程手册》第 531a 子部分）
      ii. 储存量和最大运行水位
      iii. 结构、机械和配件
      iv. 最大限度调用净水
      v. 环境因素（例如衬砌失效、地点、裂口、空气质量等）
      vi. 安全注意事项（《美国国家工程手册》第 503 部分《安全》A 子部分第 503.06 节至第 503.12 节）
2. 向客户提供书面计划和规范书包括草图和图纸，充分说明实施本实践并获得必要许可的相应要求。
3. 合理的设计报告和检验计划（《美国国家工程手册》第 511 部分，B 子部分 "文档"，第 511.11 节和第 512 节，D 子部分 "质量保证活动"，第 512.30 节至第 512.33 节）。
4. 运行维护计划。
5. 证明设计符合实践和适用法律法规的文件《美国国家工程手册》第 505 部分《非自然资源保护局工程服务》，A 子部分 "前言"，第 505.0 节和第 505.3 节。

6. 安装期间，根据需要所进行的设计修改。

注：可根据情况添加各州的可交付成果。

安装
可交付成果

1. 与客户和承包商进行的安装前会议。

2. 验证客户是否已获得规定许可证。

3. 根据计划和规范（包括适用的布局注释）进行定桩和布局。

4. 安装检查（酌情根据检查计划开展）。

   a. 实际使用的材料(《美国国家工程手册》第512部分"施工"，第C子部分"施工材料评估"，第512.20节至第512.23节；第D子部分"质量保证活动"，第512.33节）。

   b. 检查记录。

5. 协助客户和原设计方并实施所需的设计修改。

6. 在安装期间，就所有联邦、州、部落和地方法律、法规和自然资源保护局政策的合规性问题向客户/自然资源保护局提供建议。

7. 证明安装过程和材料符合设计和许可要求的文件。

注：可根据情况添加各州的可交付成果。

验收
可交付成果

1. 竣工文档。

   a. 实践单位。

   b. "红线"图纸（《美国国家工程手册》第512部分"施工"，第F子部分"建造"，第512.50节至第512.52节）。

   c. 最终量。

2. 证明安装过程符合自然资源保护局实践和规范并符合许可要求的文件（《美国国家工程手册》A子部分第505.3节）。

3. 进度报告。

注：可根据情况添加各州的可交付成果。

参考文献

NRCS Field Office Technical Guide（eFOTG），Section IV, Conservation Practice Standard - Waste Storage Facility, 313.

NRCS Agricultural Waste Management Field Handbook（AWMFH）.

NRCS National Engineering Manual（NEM）.

NRCS National Environmental Compliance Handbook.

NRCS Cultural Resources Handbook.

注：可根据情况添加各州的参考文献。

保护实践效果（网络图）

（2016年5月）

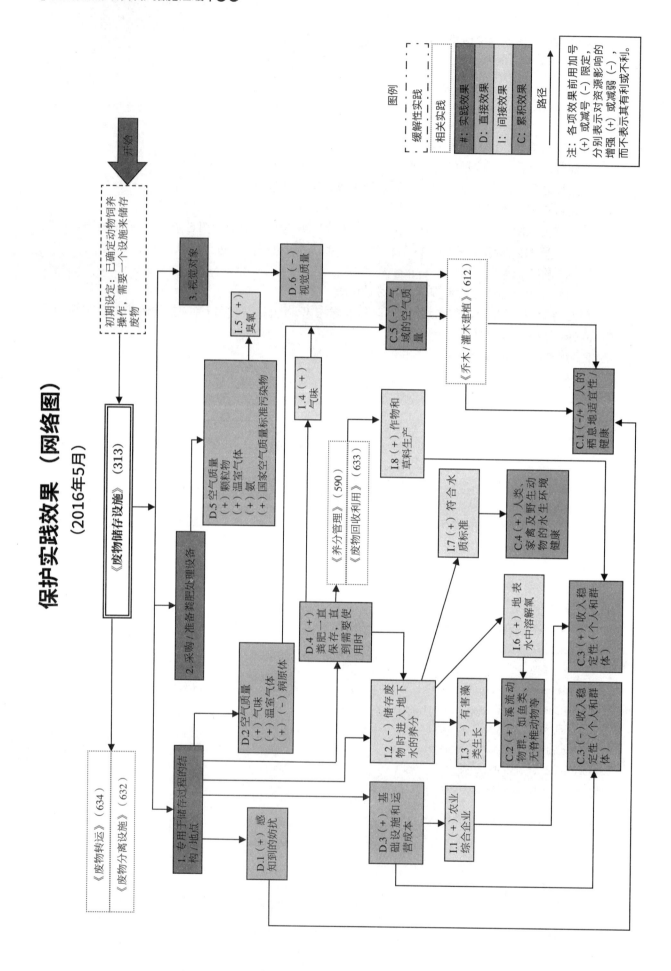

废物转运

（634，Number, 2014年9月）

定义

使用所安装的结构、管道或导管，将农业废物或废物副产物从农业生产地转移至储存 / 处理或应用位置的系统。

目的

将与生产、加工和收割有关的农业废物转运至：

- 储存设施。
- 处理设施。
- 处理或装卸区。
- 用于农艺应用的农业用地。

适用条件

废物转运系统属于农业生产区、储存 / 处理设备或农业经营用地的一部分。

本实践适用于下列需将畜牧生产或农产品加工产生的废物转运：

- 从废物产生地到应用地。
- 从废物产生地到储存 / 处理设备处。
- 从废物储存 / 处理设备到农事用地。

本实践不宜使用设备或车辆托运废物。

准则

适用于上述所有目的的总体准则

安装许可。 告知土地所有者或责任承包商找出项目区内所有地下公用设备，包括排水管和其他构造措施。土地所有者还需在施工前获得所有必要的项目安装许可。

结构。 包括混凝土槽、贮水池、送料斗、检修孔和用于废物转运的预制或现场浇筑通道等结构，除用于建筑的材料外，必须符合保护实践《废物储存设施》（313）中关于液体密封性和结构强度的标准。

设计所有结构，包括在泵周围设计工作区以承受计划的静动力荷载结构。根据保护实践《废物储存设施》（313）中可比较的结构标准规定，设计能够承受土方和净水荷载的结构。

在定位结构中，尽可能利用现有的地形来产生废水源流量压力并降低泵送要求。

在定位和设计结构时，勘察地下条件（即基岩深度、土壤分类、地下水位等）。

修建用于临时储存废水的接收坑储存，应最少要能容纳一整天的废物产生量。建造额外的储存坑来接收雨水径流储存，应能容纳 25 年一遇 24 小时连续暴雨和任何需要超额储存和紧急储存的降水量和径流量。

如管道沿线的中转站需转换方向或抬升位置，并且不能增加该站的管道流量，考虑到设计的流出量，调整方向过渡站或升液站的尺寸以适应最大流量。

设计带有可接收小径回收的粪便结构的地面孔，最小面积为 9 英尺 ^{2}，包含一个尺寸大于或等于 4 英尺的开口。地面格栅上的开口要足够宽以使废物通过，并且开口设计要能够支撑预期的活荷载。安装安保设施，以防止意外掉入废物接收坑。

结合本实践和保护实践《废物储存设施》（313）中列明的设计标准，建造路缘石。对路缘石进行锚固定以承受工作负荷。建造足够高度的路缘，以确保所有废物流入转移装置。

根据保护实践《顶盖和覆盖物》（367）在结构需要的位置设计盖板。

管道/导管——通用版。根据合理的工程原理设计输送管道/导管，同时考虑废物属性、管理操作、管道暴露、管道上的静动力荷载、工作压力、传输系统压力等级、所需容量和所有适用的设计因素，所需管道压力等级可能需要根据出废水温度和一致性进行调整。

使用水密管道或下水道分级管道和废物输送管道的连接装置。液体废物的类型和总固体物含量将决定输送管设计，以便在不堵塞的情况下输送所要求的废物流量。

从收集设备到储存/处理设备的最小管道/导管设计容量是最大预期峰值流量。

设计从储存/处理设备到土地应用区域的管道容量，根据保护实践《养分管理》（590）或综合养分管理计划（CNMP）中规定的时间内清空设备。

通过选择抗紫外线管道或在管道外部涂漆，保护暴露在日光下的管道免受紫外线辐射，使整个管道在规定使用期限内能耐受紫外线损害。

在所有位置合理安装管道，以与任何交通桥、农业生产、冻结深度、地下饱和度或基岩高程地相适应。如若受到流体静力的作用，应能防止管道隆起。在基岩附近安装独立管道，开挖至少6英寸长的基床，基岩的开挖要满足基床深度。

根据《美国国家工程手册》第636部分第52章，为所有直径大于或等于4英寸的地下压力管以及所有角形配件和阀门设计推力控制。

在废物存储装置、接收罐和通道的管道穿透处保持壁面或衬砌的完整性。穿过储存废物储存设备壁面衬砌的管道截面最小长度为10英尺，并由现浇混凝土固定支撑。储存废物储存设备墙壁25英尺内的所有接头（沿管道长度测量）采用机械接头固定、混凝土推力块或混凝土固定。保护存储装置衬砌免受可能由沿安装管道的优先流动路径引起的流体静力压力。

若计划在寒冷天气使用管道，则输送管道应设计为：绝缘、可加热、埋设在预期的冻结深度以下，由防冻材料制成，或安装使其每次可通过重力或压缩空气排出废物。

对所有输送废物的管道进行清理，以便清除沉降的固体或障碍物。对于将废物转运到储存/处理设备，管道的空间清理沿管道长度最大间隔为150英尺，若进行双向清理，则最大间隔为300英尺。对于将低固体含量废水输送到农田的管道，应将清洗堵塞管的方法纳入设计中。

安装有适当防回流装置的管道，以防止废物虹吸回流。

必要时安装通风口和真空释放阀以消除气阻，并保护管道免受负压影响。

管道——压力。选择符合系统设计工作压力标准的管道和配件材料，本实践还包括用于清理管道的气压和水压。

管道工作压力不得超过管道额定值的72%。

对于泵送系统，输送管流速应为每秒3～6英尺。若输送管未被埋设或紧固，则将废物流度限制在每秒5英尺以内。埋地管道或固定管道中的流速只有在没有闸门或阀门的情况下才能超过每秒5英尺，并可自由地排放到水箱或池塘。

流速每秒3英尺的下限不适用于由诸如柱塞或活塞式泵的泵驱动系统，该系统通过在周期性冲程循环中推动半固态废物流动。

在每个泵的出口附近安装一个止回阀，除非已在设计中包含防止回流措施。

在泵附近安装一个减压阀，以防止管道因堵塞而受到任何关闭压头的影响（除非泵的关闭压头小于传输系统的工作压力）。

在关闭阀的压力侧安装一个减压阀或适当大小的水锤消除器，以防止由于阀门突然关闭所造成的水锤。

减压阀每英寸管径不小于1/4英寸。将减压阀设置为在不高于传输系统工作压力5磅/英寸^{2}后，方可打开。

管道——重力。在重力流管系统中，根据废物的尺寸，安装最小的管头。

液压头的最小尺寸——黏稠度。

4 英尺——严重层状未稀释粪便。

2 英尺——浆体或半液体粪肥。

<1 英尺——液体和 1:1 稀释液体肥料。

对于长度超过 100 英尺的稀释粪肥重力管道，将超过 100 英尺的输送管的液压头最小长度增加 1%，确保设计流速至少为每秒 3 英尺。

对于严重层状高固含量的粪肥，重力管的最小直径为 24 英寸。

将废物输送到管道中并通过管道运输，以最大限度地减少生产区域的积水。重力管道尽可能直接沿路线设计。重力管道的管接头中的水平转弯或弯曲需要进行特殊设计，除了小于 10° 的微小偏转。

在重力输送设计中，转移稀释的含沙粪肥，并对沙子从废物流中沉降分离出来的这一过程进行说明。详见：以下转移实施注意事项部分。含沙稀释粪肥的最小重力管流速为每秒 5 英尺。

对于设计用于重力排放来自废物存储或处理设备的液体废物的管道，应尽可能靠近存储设备安装手动操作的管线阀。如果自动阀门用于管道上的重力装载或传输系统，则自动阀门将是手动操作的直通阀门的补充。

其他管道。 开放式沟渠和通道中废物转运的最小设计速度为每秒 1.5 英尺。

用于废物转运的钢筋现浇混凝土衬砌沟渠或通道应具有至少 5 英寸的混凝土厚度。

浇筑管道使用的混凝土必须按比例使其完全成型以便彻底固结并且足够坚硬以保持在原处。需要采用密集耐用的产品。

如果需要，混凝土管道中的收缩接头必须侧向形成，深度约为衬砌厚度的 1/3，在 8 ~ 15 英尺的范围内保持均匀的间距。为接头提供钢筋或其他统一支撑，以使其均匀沉降。

泵。 根据需要，可根据保护实践《泵站》（533）确定废物输送泵。

选择泵在系统压头和所需的体积（速率）下输送废物。泵的类型取决于废物的稠度和固体的类型，根据泵制造厂的建议进行安装。

在使用泵时，根据液体废物的黏度和密度调整总动压头。参照农业废物管理手册（AWMFH）第 11 章《废物利用》以减少因更高的流体黏度导致的摩损增加和第 12 章《废物管理设备》进行泵选择。

固体 / 液体废物分离。 根据保护实践《废物分离设备》（632）设计过滤或筛分装置、沉降槽、沉淀池或沉降通道，以根据需要将一部分固体从粪便或液体废物流中分离出来。

安全。 包括闭合构造的通风设备。必要时张贴警告标志，以警告进入危险区，并降低废物转运系统可能发生的爆炸、中毒或窒息风险。

在必要时安装一个水封式疏水阀和通气口或类似装置，以控制管道中的气体进入封闭建筑物或接收坑。

只有可靠的水泵备用电源和在不会对地表水产生影响的地方，当接收坑泵失效时，才可以在洪水超过设计暴雨径流量储存的情况下减小接收坑的设计容量。

通过在推卸斜坡上设置障碍物，防止拖拉机和其他设备滑入废物收集、储存或处理设施。

在粪便储存装置的开口处设置盖子或障碍物，例如门、围栏、格栅等。

通过在管道周围放置围栏或标记来识别有可能被设备或牲畜损坏的管道。

使用安全盖或以其他方式限制从废物存储装置进入任何手动操作的在线阀门排放管，以防止发生未经授权的污水排放。

注意事项

一般。 注意经济性（包括设计使用期限）、整体养分管理系统计划以及健康和安全因素。

注意搅拌和转移的时间和地点，以尽量减少气味形成和废物内昆虫的繁殖。

注意覆盖或尽量减少废物受干扰的数量和次数，以减少空气排放物的形成和颗粒物质、挥发性有机化合物、甲烷和氨释放的可能性。

注意对位于洪水易发区域现有接收装置的废弃建筑物、重新安置或额外防洪。有关防洪结构的其他信息，详见联邦紧急事务管理局（FEMA）于 1986 年 5 月发布的 102 号文件《非住宅防洪结构》。

转移实施。安装永久性地上或地下管道，以替换用于定期转移废物的软管和临时管道。

注意由于以超过 6 英尺 / 秒的流速运输的废物产生的管道内部腐蚀和造成管道完整性损坏的潜在损失。

运输稀释粪便的水槽系统的重力管的最大流道面积应位于管道深度的 50% 处，以保持流动的冲刷效果。

对于总固体含量超过 8% 的液态废物，应考虑使用正位移泵。

在泵送总固体含量为 3% ～ 8%（湿基）的粪肥浆液时，将总动压头压力增至 30%。

使用湿机闸和搅拌泵来减少重力接收装置内的固体分离。

使用低转速的泵来泵送含有沙子等磨料的粪浆浆料。

使用半开式叶轮泵来处理含有秸秆、麻线、毛发和污泥的粪浆，也可使用带有切割刀和再循环搅拌功能的泵以减少堵塞。

在重力传输系统接收装置 10 英尺范围内安装清洗或垂直通风管，以降低管道中产生气塞的风险。

使用预先制造的检修孔作为工作站的升管来改变所需转换的方向。

在转移组件附近预留装载和卸载设备的操作空间。

在适用和兼容的情况下，将废物输送管道同时用作灌溉水输送管道。

在输送管道的沟渠中安装定位线。

考虑到废物的化学性质，要选择耐腐蚀性和水密性良好的管材和接头。

注意磷酸鸟嘌呤（磷酸铵镁），较小直径管道中的矿物沉积的可能性。可能需要采取预防措施，例如酸洗管道以防止沉积。

在所有输送管道系统上需要安装额外的止回阀、清洁装置、排气立管、刀阀、防虹吸保护装置、真空释压阀和露天气闸。

使用泄漏检测方法和设备对安装在敏感区域的废物转运系统进行监测和定期压力测试，这些系统应具有大的日流量、长流量或高流量压力。

安装一个手动截流阀，用于将废物从一个装置转移到另一个装置的重力排放管中。

在所有立管上张贴警告标志，并标明传输系统压力等级。

对于非农场流出的固体废物，请查阅保护实践《废物回收利用》（633）。

计划和技术规范

制订构建废物转运系统的计划和技术规范，并说明应用此实践以实现其预期用途的要求。

施工计划和技术规范必须包括位置图、平面图、剖面图、横截面图、所有结构的详细信息和规格等，以确保项目能够准确建造。

管道施工和安装规范可参照参考文献中列出的《美国国家工程手册》部分。

自然资源保护局验收要求在进行废物转运操作之前对压力管道系统进行压力测试，测试协议和结果包含在竣工文件中。

运行和维护

制订一份运行和维护计划，并与负责实施此实践的土地所有者或运营商进行核对。在运行和维护计划中应包含具体说明，以便正确操作和维护本实践的每个组成部分，以及了解维修时所需的细节，以便在实践的使用期限内保持其有效性。

评估废物转运系统的整体功能，以防止可能导致废物溢出或流出的故障。解决运行和维护计划检查程序中发现的潜在故障。制订应急预案，以便在发生此类故障时能及时得以解决。

在转移之前充分搅拌液体或浆料废物以便使土地得到充分利用。

使用后，使用清水冲洗转移废物管道，以降低气体积聚和管道爆炸的风险。

在管理运行期间，制订用于从输送管道（如混凝土衬砌沟渠、格栅等）中清除固体的规定。

生物安全。根据国家兽医关于动物废物生物安全的指导意见处理废物。对离开农场的设备适当进行消毒，以防止疾病的传播。

参考文献

NRCS National Engineering Handbook, Title 210, Part 651, Agricultural Waste Management Field Handbook, Chapter 10, Agricultural Waste Management System Component Design.

NRCS National Engineering Handbook, Title 210, Part 651, Agricultural Waste Management Field Handbook, Chapter 11, Waste Utilization.

NRCS National Engineering Handbook, Title 210, Part 651, Agricultural Waste Management Field Handbook, Chapter 12, Waste Management Equipment.

NRCS National Engineering Manual, Title 210, Part 536.20, Design Criteria for Reinforced Concrete.

NRCS National Engineering Handbook Title 210, Part 642, Chapter 2, National Standard Construction Specifications.

NRCS National Engineering Handbook Title 210, Part 642, Chapter 3, National Standard Material Specifications.

保护实践概述
（2014年10月）

《废物转运》（634）

废物转运是指使用所安装的结构、管道或导管，将废物或废物副产物从农业生产地转移至储存/处理处或施用处的系统。

实践信息

本实践的目的是将动物排泄物、作垫料、洒落的饲料、加工产生的废水及其他与动物产品有关的残余物转运到处理设施进行处理，或转运到农业用地施用。产生的废料从产生源运送到储存/处理设施或一处装载区，或从储存/处理设施转运到使用地点。

本实践是粪肥管理系统的唯一组成部分。废物转运可能涉及一个或几个保护实践，例如各种类型的结构、管道和泵方面的实践。

系统设计应包括人和动物安全所必需的设施和用品，例如栅栏、通风装置和警告标志等。设计时应考虑防止拖拉机或其他设备滑落到废物收集、储存或处理设施中。

运行维护要求包括定期检查是否及时清理、修理或更换受损设施设备。

常见相关实践

《废物转运》（634）通常与《废物储存设施》（313）、《泵站》（533）、《废物回收利用》（633）、《养分管理》（590）、《灌溉渠道衬砌》（428）和《喷灌系统》（442）等保护实践一起使用。

保护实践的效果——全国

土壤侵蚀	效果	基本原理
片蚀和细沟侵蚀	-1	土地施用过程可扰动土表，增加水蚀风险。
风蚀	-1	土地施用过程可扰动土表，增加水蚀风险。
浅沟侵蚀	-1	土地施用过程可扰动土表，增加水蚀风险。
典型沟蚀	0	不适用
河岸、海岸线、输水渠	0	不适用
土质退化		
有机质耗竭	0	不适用
压实	-1	土壤施肥设备有压实经过区域的风险。
下沉	0	不适用
盐或其他化学物质的浓度	0	不适用
水分过量		
渗水	0	由于施用废水可增加土壤的水力负荷，有增加渗出的可能。
径流、洪水或积水	0	由于施用废水可增加土壤的水力负荷，有增加渗出的可能。
季节性高地下水位	0	由于施用废水可增加土壤的水力负荷，有增加渗出的可能。
积雪	0	不适用
水源不足		
灌溉水使用效率低	0	来自废物储存/处理设施中的水分，可增加土壤湿度。
水分管理效率低	1	来自废物储存/处理设施中的水分，可增加土壤湿度。
水质退化		
地表水中的农药	0	不适用
地下水中的农药	0	不适用
地表水中的养分	2	正确处理废物，可降低动物生产区内地表水污染的可能。
地下水中的养分	2	这一举措可降低动物生产区内地下水污染的可能。
地表水中的盐分	2	这一举措确保废物被正确处理，减少出现含盐径流的可能。
地下水中的盐分	2	这一举措确保能够正确处理废物，避免污染物渗透。
粪肥、生物土壤中的病原体和化学物质过量	2	降低动物生产区地表水污染的可能。可限制在施用粪肥的地方增加地表水污染。
粪肥、生物土壤中的病原体和化学物质过量	2	这一举措确保能够正确处理废物，避免病原体或径流渗透。
地表水沉积物过多	0	不适用
水温升高	0	不适用
石油、重金属等污染物迁移	0	重金属含量过高一般与粪肥无关。这一举措可降低动物生产区内地表水污染的可能。可限制在施用粪肥的地方增加地表水污染
石油、重金属等污染物迁移	0	这一举措确保能够正确处理废物，避免污染物渗透。
空气质量影响		
颗粒物（PM）和PM前体的排放	-1	废料移动和施用可增加颗粒物排放。废弃产物通过管道系统传送，不会增加颗粒物排放
臭氧前体排放	-1	废料移动和施用可增加排放。废弃产物通过管道系统传送，不会增加臭氧前体排放
温室气体（GHG）排放	0	不适用
不良气味	-1	废料移动和施用可增加颗粒物挥发性有机化合物（VOC）和异味排放。
植物健康状况退化		
植物生产力和健康状况欠佳	0	不适用
结构和成分不当	0	不适用
植物病虫害压力过大	-1	由于家畜食用的饲料中含有杂草种子，材料中也可能含有杂草种子和其他污染物。
野火隐患，生物量积累过多	0	不适用

（续）

鱼类和野生动物——生境不足	效果	基本原理
食物	0	不适用
覆盖／遮蔽	0	不适用
水	0	不适用
生境连续性（空间）	0	不适用
家畜生产限制		
饲料和草料不足	0	不适用
遮蔽不足	0	不适用
水源不足	0	不适用
能源利用效率低下		
设备和设施	0	不适用
农场／牧场实践和田间作业	0	不适用

CPPE 实践效果：5 明显改善；4 中度至明显改善；3 中度改善；2 轻度至中度改善；1 轻度改善；0 无效果；−1 轻度恶化；−2 轻度至中度恶化；−3 中度恶化；−4 中度至严重恶化；−5 严重恶化。

保护实践工作表

（2008年9月）

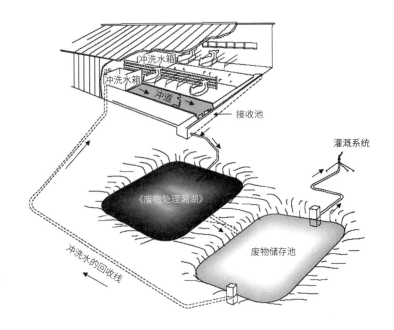

定义

废物转运是使用各种构造、管道或设备将副产品（废物）从农业经营处运送到使用地的系统。如果需要本资源实践标准的完整版本，可访问以下网站：http://www.nrcs.usda.gov/technical/efotg/。

目的

本实践用于将与生产、加工或收割有关的农业材料经过一个漏斗或接收抗、一个泵（如适用）、一条管道或运输工具运送到处理设施或运送到农用土地作为资源最终利用。

使用场所

对于家畜生产或农业生产过程中产生的副产品，通常需要一个运输系统来把这些材料运走。运输包括从产生源到储存 / 处理设施或装载区，以及从这些地点到使用这些副产品的地方。这一过程包括将来自一个地理区域（养分过量）的养分，运送到一个能环保利用这些养分的地理区域。

保护管理体系

本废物转运实践是废物管理计划或综合养分管理系统的一部分。废物转运可涉及其他一些保护实践，例如各种类别的结构、管道、泵甚至运输车方面的实践。包括设计标准和规范在内的其他信息见当地自然资源保护局《现场办公室技术指南》。

设计准则

设计中必须说明：

- 预计结构负荷。
- 接收坑的尺寸。
- 开口和孔盖的位置。
- 路缘石的位置和规格。
- 管道的尺寸和布置。
- 衬砌排水沟的大小和位置。
- 管材等级和使用的设计速度。
- 管道清洁入口点。
- 泵的要求和设定。
- 预计废物密实度。
- 固 / 液分离要求。
- 安全注意事项。
- 生物安全性注意事项。
- 运输设备要求。

图 1　泵车用于冲刷道的清洁

管理注意事项

管理注意事项包括：

- 系统设计。
- 健康和安全因素。
- 异味形成和运输。
- 昆虫在副产品内的繁殖。
- 运营空间要求。
- 构筑物的地下条件。
- 废物 / 灌溉管道的联合使用。
- 腐蚀、盐分沉积和管道配件。
- 用于废物转运的车辆类别。

图 2　装运材料的前端装载机

运行维护管理规定

每个组件的运行维护需要的维修级别。

运输副产品时，尽可能减少苍蝇、其他昆虫和异味的存在。

运输前及时搅拌液体或浆状物。

使用管道后用净水冲洗，以便减少气体蓄积的风险。

固体物移除要求。

要求生产商或他 / 她指定代表保存相关记录，尤其是将材料运送到农场外时。

工作说明书—— 国家模板

（2014年9月）

此类可交付成果适用于个别实践。其他规划实践的可交付成果参考具体的工作说明书。

设计
可交付成果

1. 能够证明符合自然资源保护局实践中相关准则并与其他计划和应用实践相匹配的设计文件。
   a. 保护计划中确定的目的。
   b. 客户需要获得的许可证清单。
   c. 对周边环境和构筑物的影响。
   d. 符合自然资源保护局国家和州公用设施安全政策（《美国国家工程手册》第 503 部分《安全》A 子部分"影响公用设施的工程活动"第 503.00 节至第 503.06 节）。
   e. 辅助性实践一览表。
   f. 制订计划和规范所需的与实践相关的计算和分析，包括但不限于：
      i. 地质与土力学（《美国国家工程手册》第 531a 子部分）
      ii. 液压装置
      iii. 结构与机械组件
      iv. 环境因素（例如空气质量、生物安全性）
      v. 安全注意事项（《美国国家工程手册》第 503 部分《安全》A 子部分第 503.06 节至第 503.12 节）
2. 向客户提供书面计划和规范书包括草图和图纸，充分说明实施本实践并获得必要许可的相应要求。
3. 合理的设计报告和检验计划（《美国国家工程手册》第 511 部分，B 子部分"文档"，第 511.11 节和第 512 节，D 子部分"质量保证活动"，第 512.30 节至第 512.32 节）。
4. 运行维护计划。
5. 证明设计符合实践和适用法律法规的文件［《美国国家工程手册》A 子部分第 505.03（b）（2）节］。
6. 安装期间，根据需要所进行的设计修改。

注：可根据情况添加各州的可交付成果。

安装
可交付成果

1. 与客户和承包商进行的安装前会议。
2. 验证客户是否已获得规定许可证。
3. 根据计划和规范（包括适用的布局注释）进行定桩和布局。
4. 安装检查（酌情根据检查计划开展）。
   a. 实际使用的材料
   b. 检查记录
5. 协助客户和原设计方并实施所需的设计修改。
6. 在安装期间，就所有联邦、州、部落和地方法律、法规和自然资源保护局政策的合规性问题向客户 / 自然资源保护局提供建议。

7. 证明安装过程和材料符合设计和许可要求的文件。

注：可根据情况添加各州的可交付成果。

验收
可交付成果

1. 竣工文档。
   a. 实践单位
   b. 图纸
   c. 最终量
2. 证明安装过程符合自然资源保护局实践和规范并符合许可要求的文件［《美国国家工程手册》A 子部分第 505.03（c）（1）节］。
3. 进度报告。

注：可根据情况添加各州的可交付成果。

参考文献

NRCS Field Office Technical Guide （eFOTG）, Section IV, Conservation Practice Standard Waste Transfer - 634.

NRCS Agricultural Waste Management Field Handbook （AWMFH）.

NRCS National Engineering Manual （NEM）.

NRCS National Environmental Compliance Handbook.

NRCS Cultural Resources Handbook.

Midwest Plan Service Livestock Waste Facilities Handbook （pumps）.

World Bank Group. Fruit and vegetable processing. July 1998 http：//www.ifc.org/ifcext/enviro.nsf/AttachmentsByTitle/gui_fruitveg_WB/$FILE/fruitandvg_PPAH.pdf.

Enachescu Dauthy, Mircea. Fruit and vegetable processing. FAO AGRICULTURAL SERVICES BULLETIN No.119. Food and Agriculture Organization of the United Nations Rome, 1995. http：//www.fao.org/docrep/v5030e/v5030e00.htm .

Ohio State University. Ohio Livestock Manure Management Guide. Chapter 10—Pathogens and Pharmaceuticals. Bulletin 604-06.

Miner, R. July 1995. Reducing the Risk of Groundwater Contamination from Livestock Manure Management. Fact Sheet. EM 8597. Oregon State University. http：//extension.oregonstate.edu/catalog/pdf/em/em8597.pdf.

注：可根据情况添加各州的参考文献。

保护实践效果（网络图）

(2014年9月)

▶ 废物转运

图例

- 相关性实践
- 缓解性实践
- 实践效果
  - #: 实践效果
  - D: 直接效果
  - I: 间接效果
  - C: 累积效果
- 路径

注：各项效果前用加号
(+) 或减号 (−) 限定，
分别表示对资源影响的
增强 (+) 或减弱 (−)，
而不表示其有利或不利。

初期设定：已确定动物饲养
操作，希望将动物排泄物经
流运送到储存或处理设施的
地方

《废物转运》（634）

《废物分离设施》（632）
《废物处理》（629）

1. 运送到储存处
2. 土地施用

《废物储存设施》（313）

D.1（+）感知到的妨扰

D.2（+）气味

D.3（+）基础设施和运营成本

《泵站》（533）

I.1（+）农户成本

I.2（+）植物生长和生产率（见590）

I.5（+）土壤耕性

D.6（+）土壤养分

I.6（−）化肥

I.3（+）给农户带来的经济效益

I.4（+）农业综合企业

D.4（+）输送结构

《养分管理》（590）

《喷灌系统》（442）

D.5（+）灌溉设备

I.10（+）符合水质标准

I.7（−）流入地下和地表水的养分和有机物

I.8（+）地表水中溶解氧

I.9（−）藻类生长

C.4（+）人类、家禽及野生动物的水生环境健康

C.2（+）溪流动物群，如鱼类、无脊椎动物等

C.3（+/−）收入和收入稳定性（个人和群体）

C.1（−）人的栖息地适宜性/健康

·749·

废物处理

（629，No.，2014年4月）

定义

使用独特或创新的机械、化学或生物技术，改变粪肥和农业废物的特性。

目的

通过以下方法，利用粪肥和废物处理设施，改善水质与大气质量：

- 降低养分含量、有机强度及粪肥、农业废物中致病菌等级。
- 降低臭气排量。
- 便于目标废物处理存储。
- 生产增值副产品以促进粪肥和废物利用。

适用条件

本实践适用于粪肥或农业废物管理系统对该项技术得以充分开发的情况，自然资源保护局保护实践中不涉及该内容。本实践含新型或独有型元器件或处理流程。

准则

适用于上述所有废物处理目标的总体准则

法律法规。精心规划、设计、建构粪肥与废物处理设施与处理流程，确保其均符合联邦、州及地方法律法规要求。

设施。所有埋置设施均需在本项目区域（含排水瓦管等结构性措施）内选址。

设计。废物处理技术提供商，应向业主/运营商呈交一份详细的实施/处理流程设计文件，详细说明项目实施目标、预计成效等事宜。

设计文档所含的拟用科技（含系统或处理流程）文件，其处理流程示意图应至少包含以下信息：

- 容积流量（含进水、出水及再循环液流）。
- 废物处理设施或处理程序中重要因素：废物荷载估算（含体积、质量及废物特性等）。
- 如适用，计算单位处理体积与水力停留时间。
- 设备的大气排量估算。
- 设备的养分估算。
- 按照本实践《监测》章节规定，进行处理监测与控制系统作业。

技术提供商应负责，整理上报从大学等其他独立研究机构获取的相关信息，留档技术效用，以达到拟用目的。其他类似情况、选址，同样需要提供单独的校准数据，以证明该设施或处理流程所达到的效用。如可行，须将不同环境条件下技术效用整理留档。如能将整理文档收录于同行评议期刊，则更佳。采用废物处理设施或处理流程，改善资源状况，规避负面影响，如国家或当地机构要求，则需将影响缓解措施悉数归档。

元器件。废物处理设施与处理流程可采用多种元器件。如现行自然资源保护局标准对各项元器件准则已做出规定，则按照相对应的标准及元器件规划、设计及安装执行作业。

如现行自然资源保护局标准并未对废物处理设施与处理流程元器件准则做出规定，则设备提供商应对所有元器件、设备及应用程序至少提供一年保修服务。

预期系统性能。安装系统前，将预期系统性能清晰记录归档。归档文件应至少包含容积流量、最大养分减少量或形态变化、预期杀菌效果、气态氨及硫化氢排放减少（或增加）量。

运营成本。设备提供商应提供运营成本年度预估费用、废物管理系统各废物处理元器件使用时间、劳动力、能源及设备要求等信息，以及利用废物处理系统整体上的运营成本或节约额。预估运营成本无须参照实际数据成本。将整机系统的预期运营成本或废物处理节约额进行全面整理、归档。

监测。安装所需的系统设备，适度检测、控制废物处理设施或处理流程。设计文档中记录监测数据，确定处理流程控制参数。为维持正常系统运行，确定运行和维护计划中所需的参数值。监测关键设备状态及装置程序。

副产品。进行废物处理或操作废物处理设施时，不得排放有害环境副产品。

妥善处理、存储副产品，以免危害环境、滋扰公众。

按照保护实践《养分管理》（590）的规定，进行副产品土地应用，以提供作物所需养分。

按照适用的联邦、州及地方法律法规，对无法出售或使用的副产品进行处理。在利用废物处理设施处理、安装之前，应准备处理计划（含计划执行所需许可清单），以供审批。

循环使用废物处理副产品，不得危害环境。

安全。包括流程或设施安全特性的设计，旨在规避潜在风险发生。对处理流程中所用设备的可移动部件进行防护处理。对废物处理设施加设防护，（如需要）张贴警示牌，以防儿童进入危险作业区域。

按照所有安全规程，实施废物处理作业。处理作业中可能会用到的具有潜在危害型化学试剂，应穿戴防护设备进行作业。加装适当的通风设施。

注意事项

选址。如方便的话，废物处理设施选址时，应位于粪肥源等废物集聚地，尽可能远离附近住宅区或公共场所地区。为确保妥善选址，应将坡度、粪肥等废物运输距离、车辆进出、风向、水流及冲积平原间距、可见性等因素悉数考虑在内。

设施选址时，（如可能）可以利用自流，将各元器件高程、距离因素考虑在内。

粪肥特性。废物处理可要求提供废物中总固体物及养分含量具体值。在采用废物处理设施或处理之前，为调整固体物含量可采用预处理（稀释或沉淀）操作。

可视化过滤。在整体地形条件下，对废物处理设施或流程视觉效果进行评估。为降低负面影响或加强视觉效果，可利用植被种植、地形条件等措施进行过滤。

计划和技术规范

按照本规范及工程范例准则规定，制订废物设施计划和技术规范文件。

计划与说明文件应至少包含以下内容：

- 牲畜棚、废物收集站、废物运输设备、废物处理及存储设施设计与安装明细（含辅助材料）。
- 进水管、出水管选址与管材、直径与坡度设计。
- 废物处理设施所有元器件辅助系统详情。
- 适当情况下，为保障安全，加设围栏、张贴警示牌。
- 适当情况下，为确定废物处理效用，按要求开展测试作业。
- 为实现副产品适当土地应用，制备管理系统计划（含养分管理计划）。

运行和维护

在建造新型废物预处理设施或实现新型废物处理操作之前，协同业主/经营商制订和审查运行和维护计划。确保运行和维护计划符合系统元器件妥善操作规定，包含但不限于以下要求：

- 液压与关键污染物参数所对应的废物处理设施或处理流程的建议荷载率。
- 废物处理设施或处理流程妥善操作规程（含化学添加剂数量与时效）。
- 水泵、风机、仪表及控制设备等用作废物处理设施或处理流程的元器件运行与维护手册。
- 拟用启动程序、正常作业、安全问题及正常维护说明文件。本说明书含（10年以下使用寿命）拟用元器件更换程序。

- 设备发生故障时，备用操作程序。
- 故障排除指南。
- 供货商须标明各元器件使用寿命。废物处理设施或处理流程最低使用寿命为 10 年。如若元器件使用寿命低于 10 年，则须列明拟用更换计划。

保护实践概述
（2012年12月）

《废物处理》（629）

废物处理指对农业废物进行机械、化学或生物处理。

实践信息

废物处理实践目的：

- 通过减少农业废物的营养成分、有机物或病原体含量来提高地下水和地表水水质。
- 通过减少异味和气体排放来改善空气质量。
- 生产带有附加值的副产品。
- 帮助制订理想的废物处理、储存或土地施用替代方案。

本实践适用于将新技术用于管理农业废物之形态和特性，以便防止废物变成有害物质，或适用于改变农业废物的形态和成分可提供额外的替代方案。本实践应是《农业废物管理系统计划》的一部分。

本实践的预期年限至少为 10 年，应根据选定的系统类型进行设施运行维护。

常见相关实践

《废物处理》（629）可与其他一些保护实践共同使用，例如《废物储存设施》（313）和《废物转运》（634）。

保护实践的效果——全国

土壤侵蚀	效果	基本原理
片蚀和细沟侵蚀	0	不适用
风蚀	0	不适用
浅沟侵蚀	0	不适用
典型沟蚀	0	不适用
河岸、海岸线、输水渠	0	不适用
土质退化		
有机质耗竭	1	使用改良剂和分离方法可产生高有机残留物，施用后，可增加土壤有机质，超过未处理粪肥的施用量。
压实	1	如果处理过程包括储存部分，则可以在施用速率和时间方面更好地管理废物，最大限度减少压实。
下沉	0	不适用

（续）

土质退化	效果	基本原理
盐或其他化学物质的浓度	0	轻微恶化到轻微改善，取决于盐分是聚集下来还是从土地废物流中流走。
水分过量		
渗水	0	不适用
径流、洪水或积水	0	不适用
季节性高地下水位	0	改良剂处理，如 PAM，可以改变接收废物流的土壤的吸收率。
积雪	0	不适用
水源不足		
灌溉水使用效率低	1	改变后的废物流中固体含量最低，可满足灌溉需要。
水分管理效率低	0	不适用
水质退化		
地表水中的农药	0	不适用
地下水中的农药	0	不适用
地表水中的养分	2	改良剂和其他处理方法常用于清除废物流中的养分和有机物。
地下水中的养分	2	改良剂和其他处理方法常用于清除废物流中的养分和有机物。
地表水中的盐分	2	改良剂等处理方法可用于改变废物流以去除盐分、金属和一些病原体。
地下水中的盐分	2	改良剂和其他处理方法可用于改变废物流，以便清除盐分、金属和某些病原体。
粪肥、生物土壤中的病原体和化学物质过量	2	改良剂等处理方法可用于改变废物流以去除盐分、金属和一些病原体。
粪肥、生物土壤中的病原体和化学物质过量	2	改良剂和其他处理方法可用于改变废物流，以便清除盐分、金属和某些病原体。
地表水沉积物过多	0	不适用
水温升高	0	不适用
石油、重金属等污染物迁移	2	改良剂等处理方法可用于改变废物流以去除盐分、金属和一些病原体。
石油、重金属等污染物迁移	2	改良剂和其他处理方法可用于改变废物流，以便清除盐分、金属和某些病原体。
空气质量影响		
颗粒物（PM）和 PM 前体的排放	1	有些处理选择可产生较少的颗粒物和氨排放。
臭氧前体排放	1	有些处理选择可减少挥发性有机化合物（VOC）的排放。
温室气体（GHG）排放	1	有些处理选择可减少甲烷或一氧化二氮的排放。
不良气味	4	一些处理方法在减轻粪肥气味方面非常成有效。
植物健康状况退化		
植物生产力和健康状况欠佳	2	处理方法可以改变废物流以更好地满足工厂需要。
结构和成分不当	0	不适用
植物病虫害压力过大	0	不适用
野火隐患，生物量积累过多	0	不适用
鱼类和野生动物——生境不足		
食物	0	不适用
覆盖 / 遮蔽	0	不适用
水	0	不适用
生境连续性（空间）	0	不适用
家畜生产限制		
饲料和草料不足	0	处理方法可以有效改变废物流，更好地满足饲料和草料生长所需的条件，但这一影响较小。
遮蔽不足	0	不适用
水源不足	1	一些替代方案用来处理废物流，使之达到家畜可以再利用的程度。
能源利用效率低下		
设备和设施	0	不适用
农场 / 牧场实践和田间作业	0	不适用

　　CPPE 实践效果：5 明显改善；4 中度至明显改善；3 中度改善；2 轻度至中度改善；1 轻度改善；0 无效果；−1 轻度恶化；−2 轻度至中度恶化；−3 中度恶化；−4 中度至严重恶化；−5 严重恶化。

工作说明书——国家模板

（2013年4月）

此类可交付成果适用于个别实践。其他规划实践的可交付成果参考具体的工作说明书。

设计
可交付成果

1. 能够证明符合自然资源保护局实践中相关准则并与其他计划和应用实践相匹配的设计文件。
    a. 保护计划中确定的目的。
    b. 客户需要获得的许可证清单。
    c. 制订图纸、计划和规范所需的与实践相关的计算和分析，包括但不限于：
        i. 实施目标和结果
        ii. 流程图显示了容积流率、废物负荷预测、单位处理容积、水力停留时间、预测的空气排放以及养分用处
        iii. 预计的系统效能
        iv. 年运营成本（在适当情况下）
        v. 所有副产品的量和最终结果
        vi. 控制系统要求
        vii. 处理监测要求
2. 证明设施或处理方式在类似情况和地点达到预期目的的证明文件。
3. 详细的运行维护要求，包括负荷率、特定组件的运营和管理手册、启动程序、故障排除指南、监测和报告计划方面的要求。

注：可根据情况添加各州的可交付成果。

安装
可交付成果

1. 与客户和承包商进行的安装前会议。
2. 验证客户是否已获得规定许可证。
3. 图纸上显示的组件加固和布局。包括布局注释（酌情）。
4. 协助客户和原设计方并实施所需的设计修改。
5. 系统启动支持和启动过程监控。
6. 在安装期间，就所有联邦、州、部落和地方法律、法规和自然资源保护局政策的合规性问题向客户／自然资源保护局提供建议。

注：可根据情况添加各州的可交付成果。

验收
可交付成果

1. 施用记录包括已安装组件的类型和尺寸。
2. *显示设施或处理按预想工作的启动数据。
3. *证明设施或处理符合自然资源保护局各项标准的证明文件。
4. *测试结果和解释（按要求）。

注：可根据情况添加各州的可交付成果。

参考文献

NRCS Field Office Technical Guide （eFOTG）, Section IV, Conservation Practice Standard – Waste Treatment, Code 629 and other related practices.

NRCS Agricultural Waste Management Field Handbook, 210-VI-NEH 651.

注：可根据情况添加各州的参考文献。

保护实践效果（网络图）

（2014年3月）

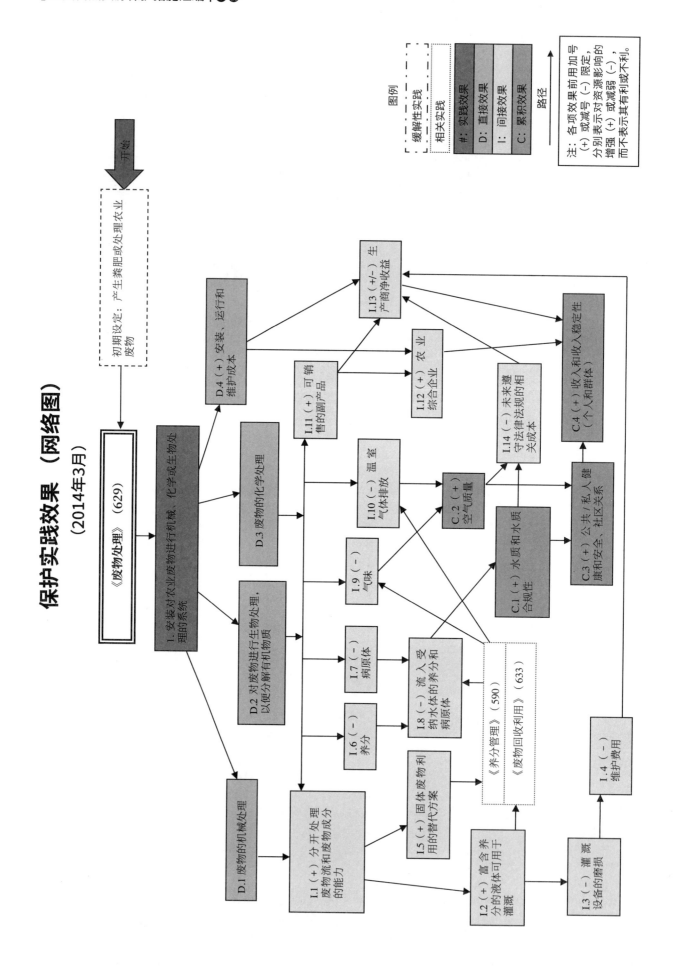

废物处理池

（359，No.，2017年10月）

定义

建造堤坝或挖掘基坑或地洞形成的废物处理池。

目的

本实践适用于以下一种或多种目标：

- 减少废物中的氮、磷含量以及生物需氧含量。
- 减轻粪便气味。

适用条件

用于储存和处理农业生产或加工时产生的有机废物，以及适合设施建设的土壤、地质和地形。接收池可参照保护实践《废物转运》（634）。

对于由堤坝实现的废物储存设施，自然资源保护局210《美国国家工程手册》第520部分，C部分第520章第23节中的"分类"只适用于低危险结构。

本实践不适用于储存或处理人类排泄物或动物尸体。

准则

适用于上述所有目的的总体准则

法律法规。规划、设计建造废物处理潟湖以符合所有联邦、州和当地的法律法规。

选址。设计废物处理池，其位置应位于百年泛滥平原之外，除非现场限制要求将其安置在洪泛区。如果位于洪泛区，保护设施应具备免受25年一遇的洪水灾害淹没或破坏的能力。此外，按照自然资源保护局190《通用手册》（GM），第410节，B部分，第410章第25节《洪泛区管理》政策的要求，这可能需要为洪泛区的储水结构提供额外保护。

存蓄期。存蓄期是清空后的最大时间长度。考虑到养分管理计划，根据废物的环境安全利用期来确定最短存蓄期。根据每天的垃圾装载量，预测每日的最大负荷，包括池处理的所有废物。如果可能的话，可使用本地可靠的信息或实验室测试数据。如果没有当地的信息，可以用自然资源保护局210《美国国家工程手册》，第651部分，《农业废弃物管理手册》（AWMFH），第四章，《农业废物特性》来估计废物的装载情况。

设计容积。适当地调整设施容积，使其包含以下内容：

运行容积。

- 储藏期的粪肥、废物、草垫及其他废物。
- 厌氧池的最小处理量（MTV）。
- 减少储存期间正常降水的蒸发。
- 储存期间，正常输送该设施的排水区径流。
- 设计的最大残余固体物，若没有废物坑或有其他能完全排空的设备，须提供深度不少于6英寸的贮水池。
- 需要时可额外存储以满足管理目标或管理要求。

应急容积。

- 封闭结构的顶部边缘能容纳25年一遇、一次持续24小时的降水量。
- 该排水区可容纳长达25年一遇、一次持续24小时的径流量。

干舷容积。 至少 12 英寸。尽可能将未受污染的径流从潟湖中排出，除非包含径流有利于农业废物管理系统的运行。

入水口。 入水口的设计应防止腐蚀、堵塞、冰冻以及紫外线照射，必要时应考虑侵蚀防护。

清除废物。 为清除废物提供诸如闸门、管道、码头、湿井、抽水平台、挡土墙或坡道等设施。必要时，结合一些特性来防止侵蚀或意外释放储存的废物。设计斜坡，以适应预期的设备和牵引力。存储材料的土地应用可参照保护实践《养分管理》（590），或遵循综合养分管理计划（CNMP）中列出的其他处理方案。

清除累积的固体。 为保证池的储存容量，要定期清除累积的固体颗粒。特别是确定蓄水池结构和轴瓦类型时，在设计中要考虑到固体清除方法。

最高运行水位。 储液池的最高运行水位是提供运行容积的水位。

水位标尺。 在废物处理池中设置一个水位标尺或其他永久性标记，要清楚地标明以下事项的深度：

- 最高运行水平（最大运行容积）。
- 应急水平（最大运行容积加应急容积）。
- 最低运行水平（为厌氧池提供最大处理容积的最大下降水位，以及污泥清除过程中积累的污泥量）。

如果不知道池容量和水位标尺，请确定操作员在运行和维护计划中测量累积废物深度的方法。

安全。 包括适当的安全特性，以尽量减少对设施的危害。参照美国农业与生物工程师学会（ASABE）标准 EP470，《粪便储存安全》。

可适当设置警示标志、栅栏、梯子、绳索、围栏和其他设施，以确保人和牲畜安全。必要时，为密闭的池提供通风和警示标志，以防止爆炸、中毒或窒息等情况发生。

在开口上设计盖子和格栅，以确保牲畜或人类不会将其移动并意外掉入其中。

如果管道内的气体有可能积聚在密闭的空间，设计管道时应使用水封的疏水阀或类似的装置。

在水池周围安装栅栏。使用保护实践《栅栏》（382）来设计栅栏，防止人或动物意外进入场地。张贴警告标志，防止儿童等进入池体。顶板和盖子。按需要根据保护实践《顶盖和覆盖物》（367）来设计池盖。

经处理的木材。 经处理的木材和紧固件可参照保护实践《顶盖和覆盖物》（367）。

设计底部高程。 除非特殊的设计能够解决水的浮力、蓄水的渗透速率和地下水不受污染侵蚀的影响，否则将其底部高程设置在不低于季节性高水位 2 英尺处。可使用排水管来降低水位。

结构设计。 路堤、坑道、溢洪道、地基、出口等装置的结构设计可参照保护实践《废物存储设施》（313）。

防渗。 渗流产生水质问题时，应提供符合保护实践要求的衬垫，参照《池底密封或衬砌——压实土处理》（520）、《池底密封或衬砌——混凝土》（522），或者《池底密封或衬砌——土工膜或土工合成黏土》（521）。注意：521 号保护实践包含在《联邦公报》里，将取代当前的保护实践《池底密封或衬砌——柔性膜》（521a）。

池的附加准则

承载率。 基于单位体积的挥发性固体（VS）含量来设计厌氧池的最大容量。如果可以的话，可使用实际承载率数据。否则，请遵循自然资源保护局《农业废物管理现场手册》的最大装载率（图10-27），或者更为严格的州监管要求。

最低运行水位。 提供最小运行水位（也称为最大运行水位下降），该水位提供所需 MTV 的体积加上污泥清除事件之间的累积污泥体积。池的适当运行范围高于最大运行水位降深，低于最大运行水位。如运行和维护计划中所述，可以抽取废物池以去除污泥。

深度要求。 计划最大残留固体的最小深度加上最小处理量为 6 英尺。如果地下条件禁止施工，尽量减少最低深度，如果满足了容积要求，则可以使用较低的深度。

天然耗氧池的附加准则

承载率。 设计天然耗氧池，在每天单位池表面 BOD5 的基础上，确定一个最小的处理面积。所需的最小处理表面积就是最大污泥储存的表面积。最高负载率为《农业废物管理现场手册》图 10-30 所示，或者根据更加严格的州规要求。

深度要求。最大的运行深度要在 2 ~ 5 英尺。

机械含氧池的附加准则

承载率。根据每天的 BOD5 的承载量和氧合设备制造商的氧气输送混合性能数据，设计机械含氧废物处理池。选择氧合设备，为每日每磅 BOD5 负荷量提供至少 1 磅的氧气。

运行水平。最大运行水位是提供所需池容积的池水位，不得超过现场和充氧设备限制。池的正常运行范围低于最大运行水平并且高于氧合设备制造商设置的最低运行水平。正如运行和维护计划所描述的，可以将垃圾回收利用来清除污泥。

注意事项

对于使用高密度聚乙烯（HDPE）或类似材料，考虑使用有纹理的衬垫或添加诸如轮胎梯子等物，以便从废物储存设备中溢出。

考虑径流或废物固液分离，尽量减少累积的固体颗粒清除的频率，并促进废物的储存和应用。

由于废物处理池的经济负担和风险很高，应考虑为操作人员支付关闭设施所需费用。成本应包括计划中的污泥量和最大废物储存量。参见保护实践《废物处理设施关停》（360）。

因能源利用费用相当高，更要考虑任何机械含氧池的能源利用情况。

选址的注意事项

在选择废物处理池的地点时要考虑以下因素：

- 废物处理池靠近废物来源。
- 使用其他设施。
- 方便装卸废物。
- 考虑选址与现有的地形和植被的兼容性，包括建筑布置，以尽量减少气味和对景观的不利影响。
- 为操作、装载和卸载设备留出适当机动空间。
- 考虑是否位于熟知的喀斯特地区。

尽量减少可能从废物处理池中突然出现的堤坝决口或意外泄漏的注意事项

考虑特性、保护措施和管理措施，以最大限度地减少故障或意外泄洪风险，或者尽量减轻下列严重影响。围堤决口或意外泄洪的潜在影响包括：

- 地表水体——常年溪流、湖泊、湿地和河口。
- 濒危物种的重要栖息地。
- 河岸地区。
- 农场或其他居住地区。
- 非农场财产。
- 历史和考古遗址或符合列入国家历史遗迹名录资格标准的建筑。

无论是个别原因还是综合原因，尽量减少突然出现堤坝裂口或其他后果，考虑辅助（紧急）溢洪道。

- 额外的干舷。
- 为湿年（而不是正常降水的年份）存储。
- 加固堤坝，如增加顶部宽度、平整装甲下游边坡。
- 二次密封。
- 双衬垫。

将废物处理池意外释放的可能性降到最低，方法包括：

- 出口处设置闸门锁或锁住门房。
- 二次密封。

- 警报系统。
- 采用另一种非重力方法来清空废物处理池。

尽量减少废物处理的注意事项

除非没有合理的替代方案，否则不要选择下方列出的地方。

衬垫失效的潜在影响有：

- 任何下伏含水层都处于浅层，不受限制。
- 渗流层是岩石。
- 含水层是国内供水或重要的生态供水系统。
- 位于水溶岩（如石灰石或石膏）区。

对于具有一个或多个此类条件的现场，考虑提供与计划的衬垫一起使用的泄漏检测系统，以提供额外的安全措施。

改善空气质量的注意事项

储存液体肥料可能会排放一些易挥发性有机化合物、氨、硫化氢、甲烷、一氧化二氮和二氧化碳等气体。

减少排放温室气体、氨、易挥发有机化合物，可吸入颗粒物及气味，其他保护实践等，例如《厌氧消化池》（366）、《顶盖和覆盖物》（367）、《废物处理》（629）、《农业废物处理改良剂》（591）、《堆肥设施》（317）、《废物分离设备》（632）和《空气过滤和除尘》（371）可以列到废物管理系统里。

将 pH 调整到 7 以下，可能减少池排放的氨气量，但是当进行废物表面处理时，臭味会增大。见保护实践《养分管理》（590）。

使用织物和有机外壳能有效地减少气味。

计划和技术规范

准备计划和技术规范，并应说明应用标准达到其预期目的的要求。工程计划和技术规范中至少要包括以下内容：

- 设备的布局平面图。
- 所有部件的结构细节，包括钢筋、材料类型、厚度、锚固要求、增填厚度。
- 位置、大小和管道和附属设施类型。
- 地基准备和处理要求。
- 植物需求。
- 数量要求。
- 效用要求和通知要求的大致位置。
- 根据需要，给出标牌、围栏和其他安全设施的详细信息。

运行和维护

制订一个与标准目的、预期寿命、安全要求以及设计标准相一致的运行和维护计划。

这个计划至少包含：

- 清理废物处理池的作业要求，包括预计的蓄水期。达到最高运行水位后，尽快从废物处理池中提取液体。还包括按要求将废物从池中排出，并根据废物管理系统总体计划，安排废物的地点、时间、速率和体积。
- 包括水位标尺或其他永久性标记来表示最高运行水位和最大下降水位。
- 异常风暴来临时，可能导致池过早地达到最高水位，因此要提供紧急移除和液体废物处理说明。
- 根据美国农业与生物工程师学会标准 S607《减少占地风险的通风肥料储存设备》做出通风所需的密闭空间说明。
- 为避免决堤或意外泄洪而产生重大影响而制订池紧急行动计划。为了减轻影响，计划应包括对紧急行动的特定准备。

- 每个设施部件所需的日常维护。还包括因清除废物、材料变质所需的维护保养。
- 污泥积累到最大残留固体颗粒贮存量时，记录说明污泥量和污泥清除情况。
- 厌氧池的附加运行和维护要求。
- 包括厌氧池说明（先启动池或之后清除污泥）。在挥发性固体负载之前，用等于 MTV 的淡水预充厌氧池。
- 指导定时去除和散布废物，以减少气味产生。

参考文献

American Society of Agricultural and Biological Engineers. 2011. Manure Storage Safety. ANSI/ASAE EP470. 1 FEB 2011（R2011）. ASABE, St. Joseph, MI.

American Society for Testing and Materials. Annual Book of ASTM Standards. Standards D 653, D 698, D 1760, D 2488. ASTM, Philadelphia, PA.

U.S. Department of Agriculture, Natural Resources Conservation Service. 2012. National Engineering Handbook, Part 651, Agricultural Waste Management Field Handbook. Washington, DC.

U.S. Department of Agriculture, Natural Resources Conservation Service. 2010. National Engineering Manual. Washington, DC.

保护实践概述
（2017年10月）

《废物处理池》（359）

废物处理池是通过挖掘或填土来储存动物或其他农业废物的生物处理设施。

实践信息

本实践的目的是储存和生物处理有机废物、减少污染和保护水质。

废物处理池有 3 种类型：

- 厌氧池（厌氧塘）。比天然好氧塘需要的表面积小，但会发出恶臭。
- 天然好氧塘。需要的表面积大，但气味相对不明显。
- 机械曝气塘。面积与厌氧塘类似，但需要能量来充气。

废物处理池的位置，应距废物源尽可能近，距人类居住地尽可能远，池所在位置应能确保盛行风将气味吹离居住区或公共区域。

为提高效率、减少污泥堆积，应在固体物进入处理塘前将其去除。故此，应在废物源和处理塘之间安装固体物收集或分离设施。

运行维护要求包括定期检查是否及时修理或更换受损设施设备。按照总体废物管理系统计划中规划的地点、时间、速率和容积，废物最终将从塘中运出并利用。

常见相关实践

《废物处理池》（359）通常与其他一些保护实践共同使用，例如《废物分离设施》（632）、《废物回收利用》（633）和《养分管理》（590）。

保护实践的效果——全国

土壤侵蚀	效果	基本原理
片蚀和细沟侵蚀	0	不适用
风蚀	0	不适用
浅沟侵蚀	0	不适用
典型沟蚀	0	不适用
河岸、海岸线、输水渠	0	不适用
土质退化		
有机质耗竭	1	这一举措能以不同的速率和时间来施用废物，以便应对资源问题。
压实	1	通过将废物储存起来，能在施用速率和时间方面更好地管理废物，在尽可能不压实废物的情况下利用废物。
下沉	0	不适用
盐或其他化学物质的浓度	0	不适用
水分过量		
渗水	0	理论上说，储存池的渗透会增加。
径流、洪水或积水	0	收集和储存污染径流，但与储存设施不同。
季节性高地下水位	0	理论上说，储存池的渗透会增加。
积雪	0	不适用
水源不足		
灌溉水使用效率低	1	池可提供有限的水分来源。
水分管理效率低	0	不适用
水质退化		
地表水中的农药	0	不适用
地下水中的农药	0	不适用
地表水中的养分	4	储存可提供废物施用在速率、时间、地点方面的灵活性，还能减少污染物的运输。
地下水中的养分	2	在渗漏的情况下，可溶污染物的渗透可能会有所增加。
地表水中的盐分	2	储存可提供废物施用在速率、时间、地点方面的灵活性，还能减少污染物的运输。
地下水中的盐分	1	废物储存具有施用速率、时间和地点方面的灵活性，然而储藏地可溶性污染物的渗透有可能增加。
粪肥、生物土壤中的病原体和化学物质过量	4	储存可提供废物施用在速率、时间、地点方面的灵活性，还能减少污染物的运输。
粪肥、生物土壤中的病原体和化学物质过量	2	储存可提供废物施用在速率、时间、地点方面的灵活性，减少病原体污染的可能。储藏地病原体的渗透有可能增加，处理可促使病原菌逐渐死去。
地表水沉积物过多	0	由于将废物储存起来可最大限度降低径流风险，因此可在最佳时间施用废物。
水温升高	0	不适用
石油、重金属等污染物迁移	0	不适用
石油、重金属等污染物迁移	1	重金属一般与粪肥无关，但是，废物储存具有施用速率、时间和地点方面的灵活性。储藏地可溶性污染物的渗透有可能增加。
空气质量影响		
颗粒物（PM）和 PM 前体的排放	-1	池将有机氮转化为氨。
臭氧前体排放	1	功能正常的处理塘可减少挥发性有机化合物（VOC）的排放。
温室气体（GHG）排放	-3	厌氧环境可产生甲烷。
不良气味	-1	处理塘的类型和地点决定气味的产生，然而，正确选址和管理设施后气味相对不明显。
植物健康状况退化		
植物生产力和健康状况欠佳	2	通过储存，能在速率、时间和地点方面以最适合植物需要的方式施用养分。
结构和成分不当	0	不适用
植物病虫害压力过大	0	不适用

（续）

植物健康状况退化	效果	基本原理
野火隐患，生物量积累过多	0	不适用
鱼类和野生动物——生境不足		
食物	0	不适用
覆盖 / 遮蔽	0	不适用
水	0	不适用
生境连续性（空间）	0	不适用
家畜生产限制		
饲料和草料不足	0	不适用
遮蔽不足	0	不适用
水源不足	0	不适用
能源利用效率低下		
设备和设施	1	可添加覆盖物，收集甲烷
农场 / 牧场实践和田间作业	0	不适用

CPPE 实践效果：5 明显改善；4 中度至明显改善；3 中度改善；2 轻度至中度改善；1 轻度改善；0 无效果；−1 轻度恶化；−2 轻度至中度恶化；−3 中度恶化；−4 中度至严重恶化；−5 严重恶化。

工作说明书——国家模板

（2004年4月）

此类可交付成果适用于个别实践。其他规划实践的可交付成果参考具体的工作说明书。

设计

可交付成果

1. 能够证明符合自然资源保护局实践中相关准则并与其他计划和应用实践相匹配的设计文件。
   a. 保护计划中确定的目的。
   b. 客户需要获得的许可证清单。
   c. 符合自然资源保护局国家和州公用设施安全政策（《美国国家工程手册》第 503 部分《安全》A 子部分"影响公用设施的工程活动"第 503.00 节至第 503.06 节）。
   d. 制订计划和规范所需的与实践相关的计算和分析，包括但不限于：
      i. 地质与土力学（《美国国家工程手册》第 531a 子部分）
      ii. 储存量和处理量
      iii. 最高运行液位
      iv. 结构、机械和配件
      v. 最大限度调用净水
      vi. 环境因素（如衬砌失效、地点、裂口、空气质量等）
      vii. 安全注意事项（《美国国家工程手册》第 503 部分《安全》A 子部分第 503.06 节至第 503.12 节）
2. 向客户提供书面计划和规范书包括草图和图纸，充分说明实施本实践并获得必要许可的相应要求。
3. 合理的设计报告和检验计划（《美国国家工程手册》第 511 部分，B 子部分"文档"，第 511.11 节和第 512 节，D 子部分"质量保证活动"，第 512.30 节至第 512.32 节）。
4. 运行维护计划。

5. 证明设计符合实践和适用法律法规的文件［《美国国家工程手册》A 子部分第 505.03（b）（2）节］。

6. 安装期间，根据需要所进行的设计修改。

注：可根据情况添加各州的可交付成果。

安装
可交付成果

1. 与客户和承包商进行的安装前会议。

2. 验证客户是否已获得规定许可证。

3. 根据计划和规范（包括适用的布局注释）进行定桩和布局。

4. 安装检查（酌情根据检查计划开展）。

    a. 实际使用的材料

    b. 检查记录

5. 协助客户和原设计方并实施所需的设计修改。

6. 在安装期间，就所有联邦、州、部落和地方法律、法规和自然资源保护局政策的合规性问题向客户 / 自然资源保护局提供建议。

7. 证明安装过程和材料符合设计和许可要求的文件。

注：可根据情况添加各州的可交付成果。

验收
可交付成果

1. 竣工文档。

    a. 实践单位

    b. 图纸

    c. 最终量

2. 证明安装过程符合自然资源保护局实践和规范并符合许可要求的文件［《美国国家工程手册》A 子部分第 505.03（c）（1）节］。

3. 进度报告。

注：可根据情况添加各州的可交付成果。

参考文献

NRCS Field Office Technical Guide （eFOTG）, Section IV, Conservation Practice Standard - Waste Storage Lagoon, 359.

NRCS Agricultural Waste Management Field Handbook （AWMFH）.

NRCS National Engineering Manual （NEM）.

NRCS National Environmental Compliance Handbook.

NRCS Cultural Resources Handbook.

注：可根据情况添加各州的参考文献。

保护实践效果（网络图）

（2017年10月）

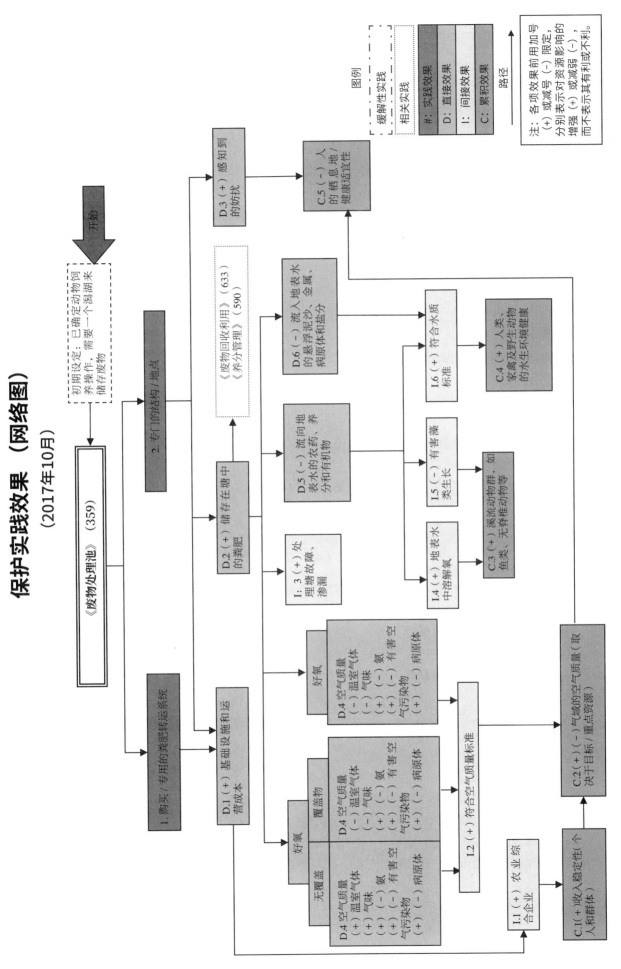

水和沉积物滞留池

（638，No.，2017年10月）

定义

在小型排水道的斜坡上建造的土堤或山脊和通道组合。

目的

本实践适用于以下一个或多个目标：

- 减少冲沟侵蚀。
- 截留沉积物。
- 减少和控制径流。

适用条件

本实践适用于以下场地：

- 不规则的地形。
- 沟壑侵蚀问题。
- 其他的保护措施，包括如何控制地表和细沟侵蚀。
- 径流和泥沙沉积损害土地和改良工程。
- 可选择稳定的排水口。

本实践不得代替梯田。使用保护实践《梯田》（600）或《引水渠》（362），其中关于山脊或河道延伸至滞留池或水平堤坝以外的部分。

准则

适用于上述所有目的的总体准则

水和沉积物滞留池作为保护系统的一部分，可以解决该滞留池的资源问题。

如果土地所有者或实际条件不允许对斜坡上部分进行处理，则水和沉积物滞留池可以将该区域分开，并对斜坡的较低部分进行处理。

选址。 水和沉积物滞留池选址应当减少排水道的侵蚀。作为系统的一部分，单独或连续地建造滞留池，以适应场地条件。位置调整应：

- 适应地形。
- 将储存量最大化。
- 容纳农场设备和农业作业。
- 容纳住宅群。

选择水和沉积物滞留池的位置时，一定要考虑滞留池会出现的积水程度。

土堤。 顶部最小宽度见表1。建造路堤应至少比设计高度高出5%，以防沉降。路堤的最大沉降高度应小于15英尺，从路堤中心线的自然地面测量。

翻动地基表面，以去除任何植被或不合适的材料，例如作物残渣或大岩石，并在填筑路堤之前，先将表面清理干净，若可行，在修建地基前，应切断或控制径流。

表 1 堤顶最小宽度

填充高度（英尺）	顶部宽度（英尺）
0 ~ 5	3
5 ~ 10	6
10 ~ 15	8

设计路堤坡度水平垂直比不超过 2 : 1。路堤上游和下游斜坡的水平分量之和必须大于或等于 5。设计农场的斜坡不要过于陡峭，要能够安全操作农场设备。

基础设施截流和渗透控制。 设计用来蓄水的滞留池山脊，超过 3 英尺深的部分必须包括基础设施截流，如果条件允许的话，还要进行渗流控制。基础设施截流和渗流控制标准参见保护实践《池塘》（378）。

容量。 至少设计有足够能力的水沙控制滞留池，将蓄洪和出水口排水相结合，来控制 10 年一次、持续 24 小时的暴雨产生的径流。参照标题 210《美国国家工程手册》，第 650 部分第 8 章，"梯田"，了解洪水路线指南。如果有必要，使用与风险相适应的更大设计风暴。

水和沉积物滞留池至少能储存预期 10 年的泥沙沉积量。在运行和维护计划中需要定期清除沉积物，可以减少沉积物储存量。

排水口。 水和沉积物滞留池必须有一个出口，能够将径流水输送到不会造成破坏的地方。出水口可以是地下出水口、管滴结构、土壤入渗区、稳定通道，也可以是多种出水口类型的组合。

对于农业滞留池，设计出口，使水流释放时间不超过计划作物的耐淹能力。如果泥沙滞留是主要设计目标，根据泥沙颗粒大小调整释放速率，从而保留滞留池的沉积物。关于泥沙颗粒沉降速率的信息，请参照《美国国家工程手册》第 3 节第 2 章"泥沙特性"，关于地下出水口的设计标准，请参照保护实践《地下出水口》（620）。

植被。 在修建水和沉积物滞留池后，尽快为受干扰未耕种地区种植永久性原生植被或非侵入性植被。如果无法种植永久性植被，则先种植临时覆盖物。在非农田环境中，根据需要使用其他侵蚀防护措施，如砾石或有机覆盖物。

关于种子选择、苗床准备、施肥和播种的标准，请参照标准保护实践《关键区种植》（342）；关于覆盖物选择的标准，请参照标准保护实践《覆盖》（484），包括侵蚀控制地区。

注意事项

为了控制水土侵蚀，水和沉积物滞留池沿着斜坡隔开。有关确定间距的方法，请参阅保护实践《梯田》（600）。必要时，在滞留池之间的水道安装其他保护措施，以防止侵蚀。

在规划和设计水和沉积物滞留池时，土壤调查是一项很有价值的资源。土壤调查可以发现潜在的问题，如土壤剖面中存在限制层阻碍植物生长。然后，实地调查可以确定问题区域，如浅层基岩或致密层、酸性层或盐碱层，如果施工将它们引入根部区域，这些区域不利于植物生长。

必要时，为了恢复或维持生产力，在施工完成后，先修复表层土，再修复其他区域。将表层土临时储存在远离现场的地方，并根据需要提供侵蚀保护。

可进行生物降解的侵蚀控制设施有助于在植被建立期间保护裸露的土壤表面。

通过入口和出口的选择以及增加滞留池的长宽比，可以增加滞留池内的泥沙滞留量。使用修订的通用土壤流失方程 2（RUSLE 2）或其他批准的方法确定沉积速率。

对于种植过的田地，将路堤和作物行定向在大致垂直于土地坡度的方向，以支持等高耕作。该设计应该通过限制短的点、行数或陡峭程度来支持耕作性。规划滞留池位置和行方向时，应考虑农田边界和行长度。

滞留池出口系统可包括一个位于主蓄水池上方的辅助溢洪道，用于处理较大的暴雨流量。如果使用辅助溢洪道，堤的设计高度要考虑出水高度，以保证溢洪道的安全运行。出水高度应至少高出通过辅助溢洪道的设计水深 0.5 英尺。如果另一个滞留池的辅助溢洪道为该滞留池提供径流，则设计该滞留池来处理额外的径流。关于辅助溢洪道的设计标准，请参照保护实践《池塘》（378）。

水和沉积物控制滞留池的地下出口，可以提供一条直接的管道，用于农田受污染的径流。为了减少径流的影响，设立水和沉积物滞留池作为保护系统的一部分，该系统包括草地水道、等高线、保护性耕作系统、保护性耕作、营养和病害虫管理、作物残渣管理和过滤区等做法，以减轻径流污染。

修建水和泥沙控制滞留池，将会把陡峭的斜坡和有潜在危险的斜坡引入农田。在设计期间，建立的斜坡应能保证农业设备的操作安全。

计划和技术规范

准备水和沉积物滞留池的计划和技术规范，描述应用实践以达到预期目的的要求。至少包括：

- 水和沉积物滞留池布局的平面图。
- 滞留池的典型横截面。
- 滞留池轮廓。
- 出口系统的详细资料。
- 详细说明入口和地下出口的轮廓。
- 如果需要，描述播种和覆盖需求。
- 以书面形式写明施工规范，以及水和沉积物滞留池的具体建造要求。

运行和维护

为运营人员准备的运行和维护计划。运行和维护计划中的最低要求是：

- 定期检查，尤其是在重大径流事件发生后应立即检查。
- 及时修理或更换损坏的部件。
- 维护滞留池脊高度和出口的高度。
- 清除滞留池内的沉积物，以维持其容量和高度。
- 定期清洗地下出入口。修理或更换因农场设备损坏的入口。清除入口周围的沉淀物，确保入口保持在滞留池的最低点。
- 在指定种植植被的地方，定期修剪和管理树木和灌木。考虑植被相互干扰因素，以避免筑巢高峰期。
- 关于滞留池陡坡危险的通知。

参考文献

USDA, NRCS. National Agronomy Manual, Part 501, "Water Erosion."

USDA, NRCS. National Engineering Handbook （NEH）, Part 650, Chapters 6 "Structures," 8 "Terraces," and 14 "Water Management （Drainage）."

USDA, NRCS. NEH, Section 3, Chapter 2, "Sediment Properties."

保护实践概述

（2017年10月）

《水和沉积物滞留池》（638）

水和沉积物滞留池（WASCOB）是一种土堤或一种田埂与沟渠的组合结构，横过斜坡排水道而建。

实践信息

本实践的目的是减少沟蚀、截获沉积物、减少和管理径流。水和沉积物滞留池穿过较小的排水道建造，目的是拦截径流。滞留池可挡住径流，减慢流速，以便沉积物沉淀。水和沉积物滞留池通常使用地下排水口来控制径流排放，通过管道将径流送往溪流或排水沟。

本实践适用于以下地点：

- 地形总体不规则。
- 沟蚀成问题。
- 使用其他控制片蚀和细沟侵蚀的保护实践。
- 径流和沉积物破坏土地和改造工程的地方。
- 有稳定排水口。

仅水和沉积物滞留池不足以控制旱坡地的片蚀和细沟侵蚀。此外，水和沉积物滞留池的排水口可提供一个直接管道受纳来自农田的污染径流。出于这些原因，需要其他实践来充分保护旱坡地免遭侵蚀，保护下坡地的水质。

常见相关实践

《水和沉积物滞留池》（638）经常与保护实践《保护性作物轮作》（328）、《残留物和耕作管理——免耕》（329）、《残留物和耕作管理——少耕》（345）、《灌溉管道》（430）、《关键区种植》（342）、《过滤带》（393）、《养分管理》（590）等共同使用。

保护实践的效果——全国

土壤侵蚀	效果	基本原理
片蚀和细沟侵蚀	0	不适用
风蚀	0	不适用
浅沟侵蚀	2	受控水流将会减少沉淀池坡面的沟道侵蚀。
典型沟蚀	2	自沟渠分流的水，以无侵蚀的方式流动。
河岸、海岸线、输水渠	0	不适用
土质退化		
有机质耗竭	0	不适用
压实	0	不适用
下沉	0	不适用
盐或其他化学物质的浓度	0	不适用

（续）

水分过量	效果	基本原理
渗水	-2	减缓池中的水流，有可能增加下渗，导致池底的渗流问题。
径流、洪水或积水	2	滞留可减缓水流，减少径流。
季节性高地下水位	-2	减缓池中的水流，有可能增加下渗，造成地下水增加。
积雪	0	不适用
水源不足		
灌溉水使用效率低	0	不适用
水分管理效率低	0	不适用
水质退化		
地表水中的农药	0	滞留池可减少径流损失，但提供了通向地表水的直接管道。
地下水中的农药	-1	如果是高透水的土壤，含有农药的水可从池中渗出到地下水。
地表水中的养分	0	滞留池可减少径流损失，但提供了通向地表水的直接管道。
地下水中的养分	-1	如果是高透水的土壤，蓄积的养分可能污染地下水。
地表水中的盐分	0	滞留池可减少径流损失，但提供了通向地表水的直接管道。
地下水中的盐分	-1	沉淀池中的渗入水可能会将可溶盐迁移到地下水中。
粪肥、生物土壤中的病原体和化学物质过量	0	滞留池可减少径流损失，但提供了通向地表水的直接管道。
粪肥、生物土壤中的病原体和化学物质过量	-1	如果是高透水的土壤，池中下渗的水可将病原体带入地下水。
地表水沉积物过多	4	滞留池可滞留沉积物，降低浑浊度。
水温升高	-2	池中滞留的水，其水温通常高于受纳水体（将由排水口排出）。
石油、重金属等污染物迁移	0	滞留池可减少径流损失，但提供了通向地表水的直接管道。
石油、重金属等污染物迁移	-1	如果是高透水的土壤，池中下渗的水可将可溶污染物带入地下水。
空气质量影响		
颗粒物（PM）和 PM 前体的排放	0	不适用
臭氧前体排放	0	不适用
温室气体（GHG）排放	0	不适用
不良气味	0	不适用
植物健康状况退化		
植物生产力和健康状况欠佳	0	不适用
结构和成分不当	0	不适用
植物病虫害压力过大	0	不适用
野火隐患，生物量积累过多	0	不适用
鱼类和野生动物——生境不足		
食物	0	不适用
覆盖/遮蔽	0	不适用
水	0	滞留的地表径流，由于沉积物被截获，分水岭可以改善水质，可临时为野生动物提供用水。
生境连续性（空间）	0	不适用
家畜生产限制		
饲料和草料不足	0	不适用
遮蔽不足	0	不适用
水源不足	0	不适用
能源利用效率低下		
设备和设施	0	不适用
农场/牧场实践和田间作业	0	不适用

CPPE 实践效果：5 明显改善；4 中度至明显改善；3 中度改善；2 轻度至中度改善；1 轻度改善；0 无效果；-1 轻度恶化；-2 轻度至中度恶化；-3 中度恶化；-4 中度至严重恶化；-5 严重恶化。

保护实践工作表

（2008年4月）

定义

水和沉积物滞留池（WASCOB）是一种土堤或一种田埂与沟渠的组合结构，横过斜坡排水道而建，目的是截获沉积物，将水滞留在池中。

目的

本实践的目的是提高坡地的可耕作性、减少侵蚀、截获沉积物、减少和管理径流。水和沉积物滞留池穿过较小的排水道建造，目的是拦截径流。径流滞留在池中，沉积物可在池中沉淀。径流通过排水口缓慢排放。水和沉积物滞留池通常使用地下排水口排放径流，通过管道将径流送往溪流或排水沟。

使用场所

本实践用于以下农田：

- 地形总体不规则。
- 水流集中，导致沟渠形成的农田。
- 采用其他保护实践控制片蚀和细沟侵蚀的农田。
- 径流和沉积物造成危害的农田。
- 可提供足够排水口的农田。

仅水和沉积物滞留池可能不足以控制片蚀和细沟侵蚀。出于这一原因，需要其他实践来保护旱坡地免受侵蚀。

保护管理体系

将作物残茬留置在土表的作物轮作和植物残留物管理实践，常与本实践一起使用，以便减少片蚀和细沟侵蚀。在等高种植不可行的农田，横穿坡地耕种可减缓径流的速度。

水和沉积物滞留池的地下排水口，提供了一个通向承受水体的直接管道，以便受纳农田的污染径流水。水和沉积物滞留池应作为资源管理计划的一部分来建造，资源管理计划的目的是应对养分和害虫管理、植物残留物管理和过滤区域等方面的问题。

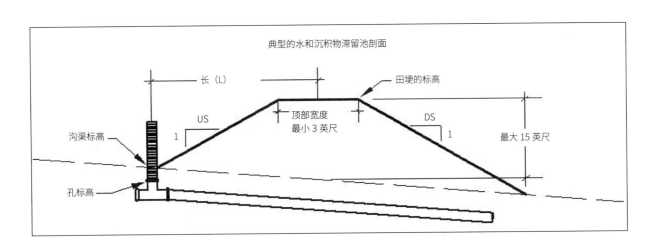

典型的水和沉积物滞留池剖面

土堤

出于沉淀方面的考虑，建造堤坝时的高度应高于设计高度至少 5%。水和沉积物滞留池的高度不得超过 15 英尺。堤坝坡度不得超过 2∶1 的水平垂直比。堤坝的上游和下游水平部分的总和，必须为 5 或更大。所有将用作耕地的斜坡，其陡峭度不能导致农用设备无法安全使用。

堤坝的最小顶宽

填筑高度（英尺）	顶宽（英尺）
0 ～ 5	3
5 ～ 10	6
10 ～ 15	8

池的容量

水和沉积物滞留池的容量至少应能控制来自 10 年一遇的 24 小时暴雨产生的径流。此外，水和沉积物滞留池的容量必须至少能储存预计的 10 年沉积物堆积的累积量，或定期清理，保持要求的容量。

排水口

水和沉积物滞留池必须有一个够用的排水口。排水口必须能将径流水运送到一个不会造成危害的地点。排水口通常为地下排水口，但其他类型的排水口如管滴结构、土壤渗透、固化沟渠或多种类型的排水口组合均可接受。排水口的排水速度应足够快，以便作物不会受到危害，但也不能太快导致沉积物无法沉淀下来。

表土

在需要恢复或保持生产力的地方，可以用表土覆盖被施工扰动的地方。水和沉积物滞留池施工前的现场表土可以储存和堆放。

运行维护

进行以下运行维护工作来确保本实践的正常实施。
- 定期检查，特别是在重大径流事件之后立即进行检查。
- 及时修理或更换损坏的部件。
- 保持田埂的高度和排水口的高度。
- 清除积聚在梯田沟渠中的沉积物，以保持耕作能力和坡度。
- 定期清洗地下排水口的入口。
- 修理或更换被农业机械损坏的进水口。
- 清除进水口周围的沉积物，以确保进水口保持在梯田沟渠的最低点。

查阅第 3 页的现场具体运行维护要求。

规范

规范表中列出了特定场地的具体要求。其他规定在工作草图表中显示。所有规范根据《自然资源保护局现场办公室技术指南》编制。参见保护实践《水和沉积物滞留池》（638）。

土地所有者 _____ 场地号 _____

目的（勾选所有适用项）	
☐ 输送集中渗流径流	☐ 其他（请注明）：
☐ 减少沟蚀	
☐ 保护／改善水质	

水和沉积物滞留池	1	2	3
田埂（标高）			
沉淀留量（英尺）			
沟渠进水口标高			
L			
上游坡比例			
顶部宽度			
下游坡比例			
孔板标高			
孔板直径（英寸）			
播种区（英亩）			
估计的土方			
主要排水管道			
标高			
直径（英寸）			
等级（%）			

田地准备

添加实地具体信息，以便进行田地准备

路堤施工

添加堤坝施工的实地具体信息

地下排水口

添加实地具体信息，以便进行地下出水口的安装

运行维护

添加实地运行与维护具体信息

以下为水和沉积物滞留池修建地点的平面图或航测照片。

比例尺 1 英寸 =_____ 英尺。（NA 表示草图不按比例：网格大小 =1/2 英寸 ×1/2 英寸）

附加规范和注释：

完工测量

水和沉积物滞留池	1	2	3
▇ 田埂（标高）			
▇ 沟渠进水口标高			
▇ 上游坡比例			
▇ 顶部宽度			
▇ 下游坡比例			
▇ 孔板标高			
▇ 孔板直径（英寸）			
▇ 播种区（英亩）			

（续）

主要排水管道			
■ 直径（英寸）			
■ 等级（%）			

验收：

完成的量：＿＿＿＿＿＿＿ 号。　　　　　　在规划图上标出完工的地方

备注 ＿＿＿＿＿＿＿＿＿＿＿＿＿＿＿＿＿＿＿＿＿＿＿＿＿＿＿＿＿＿＿

校核人：＿＿＿＿＿＿＿＿＿＿＿＿＿＿　　　日期：＿＿＿＿＿＿＿

审批人：＿＿＿＿＿＿＿＿＿＿＿＿＿＿　　　日期：＿＿＿＿＿＿＿

工作说明书——国家模板

（2008年4月）

此类可交付成果适用于个别实践。其他规划实践的可交付成果参考具体的工作说明书。

设计

可交付成果

1. 证明符合实践中相关准则并与其他计划和应用实践相匹配的设计文件。
    a. 保护计划中确定的目的。
    b. 客户需要获得的许可证清单。
    c. 符合自然资源保护局国家和州公用设施安全政策（《美国国家工程手册》第503部分《安全》，第503.00节至第503.22节）。
    d. 制订计划和规范所需的与实践相关的计算和分析，包括但不限于：
        i. 水文条件／水力条件
        ii. 间隔／间距
        iii. 储存区的容积
        iv. 出水容量和稳定性
        v. 侵蚀控制
2. 计划和规范（包括图纸）显示的是安装实践的书面要求和规范，且必须获得必要的许可证，并提供给客户。
3. 运行维护计划。
4. 证明设计符合实践和适用法律法规的文件［《美国国家工程手册》A子部分第505.03（b）（2）节］。
5. 安装期间，根据需要所进行的设计修改。

注：可根据情况添加各州的可交付成果。

安装

可交付成果

1. 与客户和承包商进行的安装前会议。
2. 验证客户是否已获得规定许可证。
3. 根据计划和规范（包括适用的布局注释）进行定桩和布局。

4. 安装检查。

   a. 实际使用的材料

   b. 施工期间的田间检查

   c. 检查活动的记录

5. 协助客户和原设计方并实施所需的设计修改。

6. 在安装期间，就所有联邦、州、部落和地方法律、法规和自然资源保护局政策的合规性问题向客户/自然资源保护局提供建议。

7. 证明安装过程和材料符合设计和许可要求的文件[《美国国家工程手册》A子部分第505.03（c）（1）节]。

注：可根据情况添加各州的可交付成果。

验收
可交付成果

1. 竣工文档。

   a. 实践单位

   b. 记录设计的关键高程、坡度和变更信息的竣工图纸

   c. 最终量

2. 证明安装过程符合自然资源保护局实践和规范并符合许可要求的文件。

3. 进度报告。

注：可根据情况添加各州的可交付成果。

参考文献

Field Office Technical Guide （eFOTG）, Section IV, Conservation Practice Standard - Water and Sediment Control Basin, 638.

National Engineering Manual.

NRCS National Environmental Compliance Handbook.

NRCS Cultural Resources Handbook.

注：可根据情况添加各州的参考文献。

保护实践效果（网络图）

（2017年10月）

▶ 水和沉积物滞留池

▶ 水和沉积物滞留池

图例

缓解性实践	相关实践
# : 实践效果	
D: 直接效果	
I: 间接效果	
C: 累积效果	

路径 →

注：各项效果前用加号（+）或减号（-）限定，（+）表示对资源影响的增强（+）或减弱（-），分别表示对资源影响的增强（+）而不表示其有利或不利。

开始

初期设定：沟蚀对农田、其他资源造成危害，需要改造的农用地

《水和沉积物滞留池》（638）

D.6（+）地表侵蚀、径流和产生沉积物

《关键区种植》（342）

I.16（+）适宜植被的生长

I.17（+）土壤稳定

3. 受干扰区

D.5（+）流向受纳水体的水载污染物

《养分管理》（590）
《病虫害治理保护体系》（IPM）（595）
《过滤带》（393）
《残留物和耕作保管理——免耕》（329）
《残留物和耕作管理——少耕》（345）
《保护性作物轮作》（328）
《覆盖作物》（340）

2. 地下排水口

D.4（+）安装和维护成本

I.11（-）设备使用（燃料）、维护、更换成本以及人工成本

I.14（-）农业综合企业

I.15（+）生产商净收益

C.3（+/-）收入和收入稳定性（个人和群体）

I.12（-）温室气体

I.13（+）空气质量

1. 土堤

D.3（-）沟蚀

I.8（+）可耕作面积

I.7（-）场外清淤费用

I.9（+）传统作物生产

I.10（+）潜在收入

D.2（+）捕集到的沉积物

I.6（-）下坡处的沉积

I.5（+）水生物栖息地

C.2（+/-）公共/私人健康和安全

D.1（+）蓄水

I.1（-）最大径流、流速

I.2（-）积水

I.3（-）浅沟和河岸侵蚀

D.4（-）受纳水体的沉积物-携带的污染物

C.1（+/-）水质

·777·

水井关停

（351，No.，2014年9月）

定义

密封和永久关闭闲置、废弃或无法使用的水井或监测井。

目的

停用井以实现以下一个或多个目的：

- 不再需要水井或监测井、水井或监测井无法修复或出现结构性坍塌时，则不再主动使用。
- 监测井不再能够提供代表性样品或提供不可靠的样品时，停止使用。
- 消除对人、动物和农业机械的物理危害，防止动物、碎片或其他外来物坠入。
- 防止地表水流入造成的地下水污染。
- 防止垂直或水平交叉污染，避免在单独的载水区域之间混合地下水，从而恢复天然水文地质条件。
- 禁止井的重新利用。
- 允许将来替代使用或场地管理。

适用条件

本实践适用于任何选定停用的水井或监测井。

准则

适用于上述所有目的的总体准则

数据采集。收集并查看所有竣工建筑文件、保留记录和与井相关的其他可用数据。停用计划中应包含上述信息。

准备工作。清除井内所有泵送设备、阀门、管道、油脂、石油、浮渣、碎屑和其他异物。在可行的范围内，拆除所有套管、衬垫和筛网。根据美国材料与试验协会 D5299 号文件《地下水井停用、渗流带监测装置、钻井和其他环保活动装置的标准指南》中的指导，通过牵拉或超钻（过度扩孔）拆除套管。

如果牵拉或超钻无法移除套管，则必须采取扯裂、穿孔或在地面下方切除。对于切割深度，应在以下中选择较大的那个：两英尺、最大潜在的渗透深度，或其他任何近地表土壤龟裂（如干燥）的深度。

密封材料。密封材料必须符合美国材料与试验协会 D5299 中列出的特性。密封材料不需要消毒。选择具有等于或小于井口周围地面土壤的就地水力传导率的密封材料。

与密封材料混合的水的质量必须满足或超过美国材料与试验协会 D5299 中的标准。

填充（封堵）材料。选择的填充材料不应含黏土、淤泥、有机物和异物。选择在安装过程中不需桥接的土壤类型和填充方式。

封堵和密封程序。消毒完成前，请不要放置密封和填充材料。

第一层填充材料将放置在井的底部，并将向上延伸到高出最低含水区顶部 1 英尺的地方。

将密封材料放置在第一层填充材料顶部上方不小于 1 英尺厚的层中，密封材料用于限制水的垂直移动并防止不同生产区域的水混合，在剩余的井柱中每隔 1 英尺交替填充密封材料和最多填充 10 英尺材料。如果遇到另一个含水区，请调整填充层的间距，以便密封该区域。将钻孔填充到离地面 2 英尺的地方或截水套管的顶部，以较高者为准，最后一层必须是密封层。

使用避免填充或密封材料的分离、稀释或桥接的实施方法。

对于直径大于 30 英寸的井，以最小化分离和膨胀并防止表面下沉的方式放置和压实回填。

套管就地灌浆。使用加压灌浆程序，完全填充并密封环空中的所有开放空间。遵照美国材料与试验协会 D5299 中的指南，可接收的灌浆密封材料包括水泥、沙子或膨润土等。

如果套管位于坍塌地层内，则在拆除套管的同时进行灌浆程序，使套管底部始终浸没在灌浆中。

井口密封。根据美国材料与试验协会 D5299 规定，使用恰当的材料密封地面与切割套管顶部或最后密封层之间的间隔。这些材料可以是在该深度以下使用的密封材料的延伸。

围绕地面铺设井口密封。为防止井口地表水积聚，对井口地面构造一定的坡度。

控制自流压力。若井处于自流压力下（流动或不流动），则保持足够高的灌浆压力以抵消自流压力，直到启动初始灌浆。按照美国材料与试验协会 D5299 中的灌浆操作期间压力平衡程序实施。

注意事项

若州规定允许，只要密封材料区域符合美国材料与试验协会 D5299 的要求，就可以使用如沙子、豆砾、沙砾混合物、碎石或农业石灰等材料填充井。

如果可行，考虑在井口密封的顶部 3 英寸处添加金属"靶"，以便可以使用金属探测器轻松定位停用井。

在密封井之前，考虑使整个井水柱的有效氯浓度不低于百万分之五十（50 毫克 / 升），或使用政府机构规定的最大浓度。搅拌井水并保持溶液至少 12 小时内不受干扰，以确保完全消毒。

计划和技术规范

制订停用井的计划和技术规范，并说明为达到预期目的而采用本实践要达到的要求。记录包括以下内容得此实践安装情况：

- 通过全球定位系统（GPS）、纬度 / 经度、乡镇 / 牧场（山脉）或其他地理配准惯例对停用井进行定位，其精确度允许现场定位。
- 井停用的最终日期。
- 土地所有者的名字。
- 负责人员的姓名、职务和地址。
- 总井深。
- 停用前的套管长度。
- 拆除套管的长度或套管的地下切断长度。
- 套管撕裂或穿孔的长度以及采用的方法。
- 井筒或套管的内径。
- 套管材料类型或清单［例如标准重量钢或聚氯乙烯（PVC）管子表号（Sch）80］。
- 停用前从地面测量的静水位。
- 停用前后的照片。
- 用于填充和密封的材料类型、使用的数量、每种材料的安装深度间隔以及使用的放置方法。
- 详细记录与现场条件相关的其他所有信息以及停用期间遇到的其他问题。

运行和维护

定期检查实践现场，确保没有地面沉降、侵蚀或其他干扰问题。以防止积水或地表径流流向实践现场的方式维护场地。

参考文献

American Society for Testing and Materials, D5299, "Standard Guide for Decommissioning of Groundwater Wells, Vadose Zone Monitoring Devices, Boreholes, and Other Devices for Environmental Activities." ASTM International. 100 Barr Harbour Dr., P.O. Box C-700, West Conshohocken, PA.

保护实践概述

（2014年9月）

《水井关停》（351）

水井关停涉及对闲置的、废弃的或不能使用的水井或监测井进行密封和永久关闭。

实践信息

关停水井的主要原因有消除废弃井对人、动物和农业机械的危害，以及防止地表水流动对地下水造成污染。当一口水井失去实际需要、无法修复或出现结构失效时，可予以关停。

所有关停作业需按照适用的地方、州和联邦要求进行。

作为关停过程的一部分，需清除水井中的所有泵送设备、管道、油脂、油、浮渣、碎片和其他异物。如果可行的话，还应拆除套管、衬砌和隔网。根据相关法律法规，使用氯气对井进行消毒。

使用填充材料和密封材料的交替填充层对水井进行填充，限制水在井中的垂直移动，也可使用灌浆方法填充水井。如果原位保留套管，则用灌浆密封套管外侧的任何空隙。使用密封材料对水井顶部进行密封以防止地表水进入，对井口周围的土壤作坡度处理，防止积水。

在本实践的记录中要标明关停水井的位置。可考虑在井口密封顶部安装一个金属"靶子"，这样用金属探测器就可以很容易地找到它。

本实践的预期年限至少为 20 年。必须定期检查现场，以确保周围没有发生沉降或土壤侵蚀。

保护实践的效果——全国

土壤侵蚀	效果	基本原理
片蚀和细沟侵蚀	0	不适用
风蚀	0	不适用
浅沟侵蚀	0	不适用
典型沟蚀	0	不适用
河岸、海岸线、输水渠	0	不适用
土质退化		
有机质耗竭	0	不适用
压实	0	不适用
下沉	0	不适用
盐或其他化学物质的浓度	0	不适用
水分过量		
渗水	0	不适用
径流、洪水或积水	0	不适用
季节性高地下水位	0	不适用

（续）

水分过量	效果	基本原理
积雪	0	不适用
水源不足		
灌溉水使用效率低	0	不适用
水分管理效率低	0	不适用
水质退化		
地表水中的农药	0	不适用
地下水中的农药	2	这一举措可防止农药残留污染水井。
地表水中的养分	0	不适用
地下水中的养分		这一举措可以封闭水井，从而降低发生污染的可能性。
地表水中的盐分	0	不适用
地下水中的盐分	2	密封水井将防止地表可溶盐通过井口进入地下水中，或防止发生涌流。
粪肥、生物土壤中的病原体和化学物质过量	0	不适用
粪肥、生物土壤中的病原体和化学物质过量	2	这一举措可防止地表污染物通过水井进入到地下水中。
地表水沉积物过多	0	不适用
水温升高	0	不适用
石油、重金属等污染物迁移	0	不适用
石油、重金属等污染物迁移	2	这一举措可防止地表污染物通过水井进入到地下水中。
空气质量影响		
颗粒物（PM）和 PM 前体的排放	0	不适用
臭氧前体排放	0	不适用
温室气体（GHG）排放	0	不适用
不良气味	0	不适用
植物健康状况退化		
植物生产力和健康状况欠佳	0	不适用
结构和成分不当	0	不适用
植物病虫害压力过大	0	不适用
野火隐患，生物量积累过多	0	不适用
鱼类和野生动物——生境不足		
食物	0	不适用
覆盖 / 遮蔽	0	不适用
水	0	不适用
生境连续性（空间）	0	不适用
家畜生产限制		
饲料和草料不足	0	不适用
遮蔽不足	0	不适用
水源不足	0	不适用
能源利用效率低下		
设备和设施	0	不适用
农场 / 牧场实践和田间作业	0	不适用

CPPE 实践效果：5 明显改善；4 中度至明显改善；3 中度改善；2 轻度至中度改善；1 轻度改善；0 无效果；−1 轻度恶化；−2 轻度至中度恶化；−3 中度恶化；−4 中度至严重恶化；−5 严重恶化。

工作说明书—— 国家模板

（2014年9月）

此类可交付成果适用于个别实践。其他规划实践的可交付成果参考具体的工作说明书。

设计
可交付成果

1. 能够证明符合自然资源保护局保护实践中相关准则并与其他计划和应用实践相匹配的设计文件。包括：
    a. 明确的客户需求，与客户进行商讨的记录文档，以及提议的解决方法。
    b. 保护计划中确定的目的。
    c. 农场或牧场规划图上显示的安装规划实践的位置。
    d. 客户需要获得的许可证清单。
    e. 对周边环境和构筑物的影响。
    f. 证明符合自然资源保护局国家和州公用设施安全政策的文件（《美国国家工程手册》第 503 部分《安全》A 子部分"影响公用设施的工程活动"第 503.0 节至第 503.6 节）。
    g. 制订计划和规范所需的与实践相关的计算和分析，包括但不限于：
        i. 构造部件和材料
        ii. 安全
        iii. 环境因素（如水质）
2. 向客户提供书面计划和规范书包括草图和图纸，充分说明实施本实践并获得必要许可的相应要求。
3. 适当的设计报告（《美国国家工程手册》第 511 部分"设计"，B 子部分"文档"，第 511.10 节和第 511.11 节）。
4. 质量保证计划（《美国国家工程手册》第 512 部分"施工"，D 子部分"质量保证活动"，第 512.30 节至第 512.33 节）。
5. 运行维护计划。
6. 证明设计符合自然资源保护局实践和规范并适用法律法规（《美国国家工程手册》第 505 部分《非自然资源保护局工程服务》A 部分"前言"，第 505.0 节和第 505.3 节）的证明文件。

注：可根据情况添加各州的可交付成果。

安装
可交付成果

1. 与客户和承包商进行的安装前会议。
2. 验证客户是否已获得规定许可证。
3. 根据计划和规范（包括适用的布局注释）进行定桩和布局。
4. 安装检查。
    a. 实际使用的材料（《美国国家工程手册》第 512 部分"施工"，C 子部分"施工材料评估"，第 512.20 节至第 512.23 节；D 子部分"质量保证活动"，第 512.33 节）
    b. 检查记录
    c. 符合质量保证计划的文件
5. 协助客户和原设计方并实施所需的设计修改。

6. 在安装期间，就所有联邦、州、部落和地方法律、法规和自然资源保护局政策的合规性问题向客户 / 自然资源保护局提供建议。

注：可根据情况添加各州的可交付成果。

验收
可交付成果

1. 竣工文档。
   a. 实践单位
   b. "红线"图纸（《美国国家工程手册》第 512 部分"施工"，F 子部分"竣工图"，第 512.50 节至第 512.52 节）
   c. 最终量
2. 证明安装过程符合自然资源保护局实践和规范并符合许可要求的文件（《美国国家工程手册》第 505 部分《非自然资源保护局工程服务》，A 子部分"前言"，第 505.3 节）。
3. 进度报告。

注：可根据情况添加各州的可交付成果。

参考文献

NRCS Field Office Technical Guide （eFOTG）, Section IV, Conservation Practice Standard –Well Decommissioning, 351.

NRCS National Engineering Manual （NEM）.

NRCS National Environmental Compliance Handbook.

NRCS Cultural Resources Handbook.

注：可根据情况添加各州的参考文献。

保护实践效果（网络图）

（2014年9月）

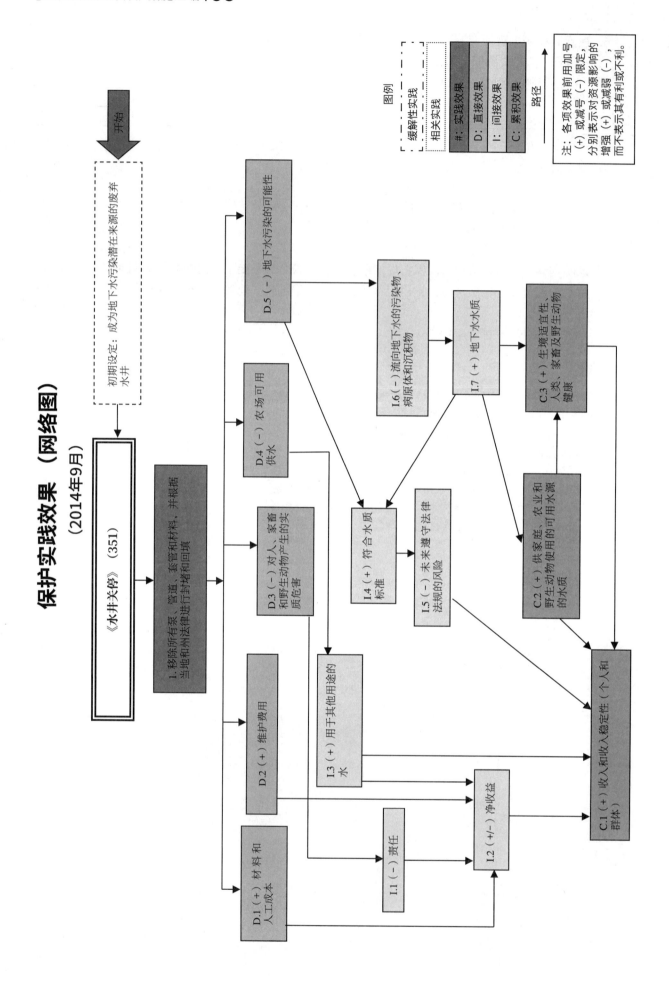

湿地创建

（658，Ac.，2010年9月）

定义

在历史上不是湿地的地方创建湿地。

目的

在能满足动工条件的土壤上建造湿地，以满足水文、植被以及野生动物栖息地等功能。

适用条件

本实践仅适用无水成土田地，目的是建造特定的湿地功能。

本实践不适用于：

- 水污染点源及非点源处理［《人工湿地》（656）］。
- 修复退化湿地或重建消失湿地，从而使得土壤、水文、植物群落和栖息地尽可能恢复至破坏前的原始自然条件和分界［《湿地恢复》（657）］。
- 修复退化湿地，重建丧失湿地，或改善现有湿地，这些地方原始自然条件已无法满足特定的湿地功能，可能会损害其他功能［《湿地改良》（659）］。
- 根据本实践制订的鱼类和野生动物栖息地管理措施。

准则

适用于上述所有目的的总体准则

建造计划中应明确湿地创建的各类目标，满足土壤、水文、植被、鱼类和野生动物栖息地要求。

若田地中有土壤、水文及植物，则应在计划过程中记录相邻地形和相关集水区或流域内情况。

在已知的营养物和农药污染存在的情况下，应考虑动植物对营养物和农药的耐受性。应对可能含有危险物质的田地进行检测，制订相应的补救措施。若补救措施不合理或不可行，则暂停实施该计划。

如适用，建造之前确保水权。

竣工时，该田地应满足湿地标准及项目目标中明确的湿地功能。

场地田地中应控制入侵物种、联邦／州列出的有毒植物及有害物种，这些物种的存在或者过剩会危害湿地创建项目，不建议使用非本地植物。

土壤准则

建造湿地所处地形位置及土壤类型应满足规划湿地功能。

为了满足计划目标，应根据需要改变水成土和生物地球化学特性，如渗透率、孔隙率、pH 或土壤有机碳水平等。

水文准则

水文周期、流体动力及主要水源均需满足项目目标。建造计划应根据地下水位调查、水流计量数据、水分平衡或其他适当的方法，记录是否有足够的可用水源。

与湿地相关的施工工作，若无已签署书面文件、地役权或许可证，不得对邻近区域或其他用水产生不利影响。

应确定时间及相关调整措施，以满足建立维护植被、土壤、野生动物和鱼类栖息地功能。

其他结构性标准，可以结合宏观地形或微观地貌以达到计划目标。

宏观地形特征，包括代替回填地表排水沟的沟槽给水塞，因用途、尺寸、蓄水量、危险等级或其他参数不同，应符合相应的其他标准。若无其他标准可参照，如果存在由于侵蚀、冲蚀或过度覆盖而对地形特征或田地内外其他区域造成损害的可能性，需符合《堤坝》（356）中的相关规定。

若水控装置妨碍目标水生物种或相关物种移动，应符合《水生生物通道》（396）中的相关规定。

植被准则

满足计划湿地功能的水生植被应适应计划土壤和水文环境，优先选择具有地方性遗传物质的湿地植物。

若 5 年内，可接受物种的自然植被能够按照预期恢复，田地就让其自然再生长。若不可行，则需通过选择合适物种播种或移植。

计划中应包含种植所选物种所需基本材料及田地准备。

需要移植或播种的田地，确定本地物种的最低数量应根据目前植物群落类型及计划植被类型而定。实现栖息地多样性，种植若干适应该田地的物种，将气候、疾病和其他制约因素的不利影响降到最低。播种量应以纯净的活种子的百分比为基础，并用注册种苗实验室的种子标签标注当前种苗，以识别种苗发芽率、进行纯度分析和其他种子数据统计。

注意事项

水文注意事项

恢复常规水文效应注意事项，包括：

- 因为恢复工程改变了用水和水分运动，应考虑此变化对下游水文、表面径流的流量以及地下水资源的影响。

对下游水位调控注意事项，包括：

- 水位降低，包括食草动物在内的水生生物集中，均会引起捕食量的上升。
- 由于高水位可以为食肉动物提供水源，维持其生存，所以会增加两栖动物的捕食量。
- 水位降低，导致水生生物从湿地内部和湿地区域迁移到邻近栖息地的能力下降，包括溯河鱼类和食草动物。
- 提高田地及田地外承受水域的水温升高。
- 水深变化导致地下水流量及流向发生改变。
- 水文情况变化对土壤生物地球化学特性的改变，包括氧化／还原、有机土壤维护和邻近地区盐度变化。
- 水控装置、堤防和宏观地形对水生生物通道产生负面影响的可能性。

植被注意事项

- 种植密度对鱼类和野生动物栖息地的相对影响与木本植物的生产率之间的关系。
- 植物缓冲带可阻碍沉淀物、循环营养物、清除通过捕获的沉积物、循环养分和去除农药，增加营养缓冲剂功能的可能性。
- 所选植被应适宜湿地功能，并采取结构性调整措施。
- 施工过程中，在规划植物群落之前，先在裸地种植侵害或有毒植物物种，检测其危害性。

土壤注意事项

土壤物理性质改变注意事项，包括：

- 适当地通过机械压实或耕种的方式增加或降低土壤饱和导水率。
- 添加土壤改良剂。
- 施工设备对土壤密度、渗透、结构的影响。

考虑土壤生物地球化学特性，包括：

- 混合堆肥增加土壤有机碳含量。
- 使用石灰、石膏或其他化合物增大或减小土壤 pH。

野生动物栖息地注意事项

- 在木本植物群落恢复的田地上添加粗木屑，作为初始碳源和鱼类及野生动物的覆盖物。
- 有可能恢复支持鱼类和野生动物的栖息地，并有能力控制疾病媒介，如蚊子。

田地建立鱼类和野生动物通道，连通该田地与邻近的风景地貌、溪流、水体，增加原生植物定植。

- 在通道内修建栅栏，阻止有害或食肉野生动物种类进入。

计划和技术规范

每个田地均需有湿地创建计划和技术规范。用规范的规范表、工作表或其他文档记录计划和技术规范。结构特征的计划和技术规范至少包括：一份平面图、工程量、配置文件和截面图，以确定位置、路线、阶段，方便监视及检验。计划和技术规范由相应的专业技术人员进行评估。

运行和维护

为具有结构特征的田地制订单独的运行和维护计划。计划包括，若项目中包含水控装置，需特别注意已安装的结构项目常规和重复操作的特定措施。该计划还包括必要的维护，以确保构建的项目能够保持其生命周期。相关内容包括检查时间表、检查项目清单、潜在损害清单、建议维修措施和文件程序。

为保证湿地功能，需要将进行的管理和监测活动列入上述计划，或单独制订管理和监测计划，该计划可包括以下内容：

- 施用肥料、农药、规定焚烧或机械处理的时间和方法。
- 使用经批准的生物控制不良植物、害虫的情况（如：引入捕食者或寄生虫）。
- 针对任何入侵或有害物种而采取的预期措施。
- 需清除淤积物的情况。
- 为管理植被，需割干草或放牧，考虑时间和方式。

参考文献

Executive Order 13112, Invasive Species, February 3, 1999. Federal Register： vol.64, no.25. Feb. 8, 1999.

http：//frwebgate.access.gpo.gov/cgi-bin/getdoc.cgi?dbname=1999_register&docid=99-3184-filed.pdf .

Galatowitsch, Susan, et al., 1994. Restoring Prairie Wetlands： an ecological approach. Iowa State University Press, Ames IA. 246 pp.

Hurt, G.W. and V.W. Carlisle, 2001. Delineating Hydric Soils, in Wetland Soils – Genesis, Hydrology, Landscapes and Classification. Edited by J.L. Richardson and M.J Vepraskas. CRC Press, Boca Raton, FL pp. 183 – 206.

Kingsbury, Bruce & Joanne Gibson, 2002. Habitat Management Guidelines for Amphibians and Reptiles of the Midwest. Partners in Amphibian & Reptile Conservation, Ft Wayne IN, 57 pp.

Maschhoff, Justin T & James H. Dooley, 2001. Functional Requirements and Design Parameters for Restocking Coarse Woody Features in Restored Wetlands, ASAE Meeting Presentation, Paper No： 012059.

USDA, NRCS. 2002. Field Indicators of Hydric Soils in the U.S., Version 5.0. G.W. Hurt, P.M. Whited and R.F. Pringle （eds.）. USDA, NRCS in cooperation with the National Technical Committee for Hydric Soils, Fort Worth, TX.

ftp：//ftp-fc.sc.egov.usda.gov/NSSC/Hydric_Soils/FieldIndicators_v6_0.pdf .

USDA, NRCS. Wetland Restoration, Enhancement or Creation. Engineering Field Handbook Chapter 13, Part 650. 121 pp.

ftp：//ftp-fc.sc.egov.usda.gov/WLI/wre&m.pdf.

USDA-NRCS. 2000. Indiana Biology Technical Note 1.

http：//www.nrcs.usda.gov/Programs/WRP/pdfs/In-final.pdf.

USDA, NRCS, 2003. ECS 190-15 Wetland Restoration, Enhancement, Management & Monitoring. 425 pp.

ftp：//ftp-fc.sc.egov.usda.gov/WLI/wre&m.pdf.

Vepraskas, M.J., ands S. W. Sprecher （eds）, 1997. Aquic Conditions and Hydric Soils： The Problem Soils. Soil Science Society of America Special Publication Number 50. SSSA, Inc. Madison, WI.

保护实践概述

（2012年12月）

《湿地创建》（658）

建造湿地是指在历史上非为湿地的区域上人工建立湿地。

实践信息

湿地创建适用于历史上没有自然湿地的地方，因为这些地方的土壤不含水。

本实践的目的在于通过建造湿地发挥湿地的功能和价值。建造湿地是为了给两栖动物、迁徙水禽等野生动物提供栖息地，并减轻已改造湿地的负担。

必须明确建造湿地的目的、目标和对象，包括针对现场和目标的适当标准。必须记录场地和流域的土壤、水文及植被特征，应尽可能采用原生植物。可以控制水位防止发生有机土壤氧化，并进行植被管理。

运行维护要求包括结构物（如控水结构）的运行、定期检查并及时修复或更换损坏的部件、监测以确保湿地功能的持续有效、控制不受欢迎的植物种类和害虫，以及在某些情况下清除堆积的沉积物。

常见相关实践

《湿地创建》（658）通常与《堤坝》（356）、《控水结构》（587）、《边坡稳定设施》（410）、《池底密封和衬砌》（521 A-D）以及《访问控制》（472）等保护实践一起使用。

保护实践的效果——全国

土壤侵蚀	效果	基本原理
片蚀和细沟侵蚀	0	不适用
风蚀	0	不适用
浅沟侵蚀	0	不适用
典型沟蚀	0	不适用
河岸、海岸线、输水渠	0	不适用
土质退化		
有机质耗竭	2	积水可促进湿地植被的生长，减少土壤有机质的分解。
压实	0	不适用
下沉	0	不适用
盐或其他化学物质的浓度	0	不适用
水分过量		
渗水	0	不适用
径流、洪水或积水	2	提供临时蓄洪，减少泛洪和积水。

（续）

水分过量	效果	基本原理
季节性高地下水位	-1	增加到地下水的下渗。
积雪	0	不适用
水源不足		
灌溉水使用效率低	0	不适用
水分管理效率低	0	不适用
水质退化		
地表水中的农药	1	这一举措可收集农药残留并促进其降解。
地下水中的农药	1	这一举措可收集农药残留并促进其降解。
地表水中的养分	3	湿地系统可利用溶解的养分、截获的沉积物上附着的养分和有机物。
地下水中的养分	1	这一举措可收集养分和有机物，并促进湿地植物对养分和有机物的分解和利用。
地表水中的盐分	1	地表径流中的盐分将被滞留在湿地中，部分湿地植物可吸收盐分。
地下水中的盐分	0	不适用
粪肥、生物土壤中的病原体和化学物质过量	1	病原体被滞留在湿地里。
粪肥、生物土壤中的病原体和化学物质过量	0	不适用
地表水沉积物过多	2	系统可截获沉积物。
水温升高	0	有可能改善水文条件。
石油、重金属等污染物迁移	2	植被和厌氧条件可截留重金属。
石油、重金属等污染物迁移	0	不适用
空气质量影响		
颗粒物（PM）和 PM 前体的排放	0	不适用
臭氧前体排放	0	不适用
温室气体（GHG）排放	1	有机质和沉积物的积累会隔离碳。然而，厌氧条件可以促进甲烷的产生。
不良气味	-1	厌氧条件可以促进硫化氢和其他恶臭化合物的产生。
植物健康状况退化		
植物生产力和健康状况欠佳	4	对植物进行选择和管理，可保持其预期用途的最佳生产力和健康水平。
结构和成分不当	4	选择适应且适合的植物。
植物病虫害压力过大	4	种植并管理植被，可控制不需要的植物种类。
野火隐患，生物量积累过多	0	不适用
鱼类和野生动物——生境不足		
食物	5	形成食物区域。
覆盖 / 遮蔽	5	形成遮蔽区域。
水	0	建造湿地将能使一些物种受益，但有可能改变该地区的水文环境。
生境连续性（空间）	4	形成额外的湿地空间。
家畜生产限制		
饲料和草料不足	2	如果保持预期目的，这些地方可以为家畜提供饲料和草料。
遮蔽不足	0	不适用
水源不足	0	不适用
能源利用效率低下		
设备和设施	0	不适用
农场 / 牧场实践和田间作业	0	不适用

CPPE 实践效果：5 明显改善；4 中度至明显改善；3 中度改善；2 轻度至中度改善；1 轻度改善；0 无效果；-1 轻度恶化；-2 轻度至中度恶化；-3 中度恶化；-4 中度至严重恶化；-5 严重恶化。

工作说明书——国家模板

（2010年9月）

此类可交付成果适用于个别实践。其他规划实践的可交付成果参考具体的工作说明书。

设计
可交付成果

1. 能够证明符合自然资源保护局实践中相关准则并与其他计划和应用实践相匹配的设计文件。
   a. 保护计划中确定的目的。
   b. 客户需要获得的许可证清单。
   c. 对周边环境和构筑物的影响。
   d. 符合自然资源保护局国家和州公用设施安全政策（《美国国家工程手册》第503部分《安全》A子部分"影响公用设施的工程活动"第503.00节至第503.06节）。
   e. 辅助性实践一览表。
   f. 制订计划和规范所需的与实践相关的计算和分析，包括但不限于：
      i. 考虑到目标湿地功能的湿地功能评估
      ii. 水文条件/水力条件
      iii. 结构，包括适当的危险等级
      iv. 植被

2. 向客户提供书面计划和规范书包括草图和图纸，充分说明实施本实践并获得必要许可的相应要求。

3. 合理的设计报告和检验计划（《美国国家工程手册》第511部分，B子部分"文档"，第511.11节和第512节，D子部分"质量保证活动"，第512.30节至第512.32节）。

4. 运行维护计划。

5. 证明设计符合实践和适用法律法规的文件（《美国国家工程手册》A子部分第505.3节）。

6. 安装期间，根据需要所进行的设计修改。

注：可根据情况添加各州的可交付成果。

安装
可交付成果

1. 与客户和承包商进行的安装前会议。

2. 验证客户是否已获得规定许可证。

3. 根据计划和规范（包括适用的布局注释）进行定桩和布局。

4. 安装检查（酌情根据检查计划开展）。
   a. 实际使用的材料
   b. 检查记录

5. 协助客户和原设计方对实施所需的设计进行修改。

6. 在安装期间，就所有联邦、州、部落和地方法律、法规和自然资源保护局政策的合规性问题向客户/自然资源保护局提供建议。

7. 证明安装过程和材料符合设计和许可要求的文件。

注：可根据情况添加各州的可交付成果。

验收

可交付成果

1. 竣工文档。
   a. 实践单位
   b. 图纸
   c. 最终量
2. 证明安装过程符合自然资源保护局实践和规范并符合许可要求的文件（《美国国家工程手册》A 子部分第 505.3 节）。
3. 进度报告。

注：可根据情况添加各州的可交付成果。

参考文献

NRCS Field Office Technical Guide （eFOTG）, Section IV, Conservation Practice Standard - Wetland Creation, 658.

NRCS National Engineering Manual （NEM）.

NRCS Engineering Field Handbook （EFH）, Part 210, Chapter 13, Wetland Restoration , Enhancements, or Creation.

NRCS National Environmental Compliance Handbook.

NRCS Cultural Resources Handbook.

NRCS National Biology Manual.

NRCS National Biology Handbook.

National Food Security Act Manual.

注：可根据情况添加各州的参考文献。

保护实践效果（网络图）

（2014年3月）

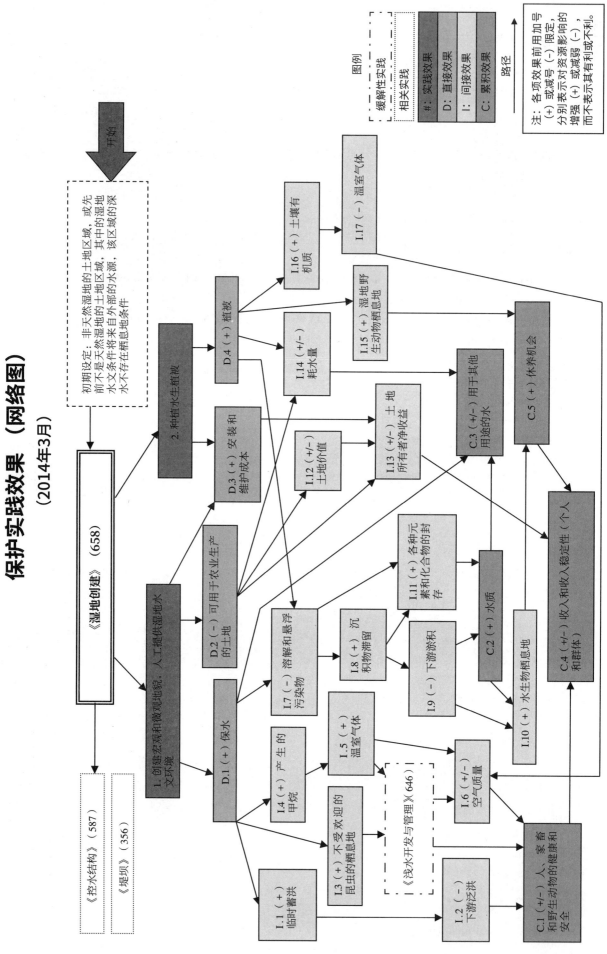

湿地改良

（659，Ac.，2010年9月）

定义

在原有的、退化的或具备自然功能的湿地上，增强湿地功能，使其超出原有的自然条件；有时需牺牲其他功能。

目的

通过加大力度实施以下措施来增加特定湿地功能（如目标物种栖息地、娱乐和教育功能）：

- 水土功能（改变土壤水动力或生物地球化学特性）。
- 水文学（主要水源、水文期和流体动力学）。
- 植被（包括去除不需要的物种，或播种或种植所需物种）。
- 增强植物和动物栖息地。

适用条件

本实践适用于已退化或未退化的湿性土壤的湿地，应根据田地条件变化，增强目标湿地功能。
这种做法本实践不适用于：

- 水污染造成的点源及非点源处理［《人工湿地》（656）］。
- 恢复退化的湿地或重建原有湿地，使土壤、水文、植被群落和栖息地接近改造前的原始自然条件［《湿地恢复》（657）］。
- 在非湿地的田地上修建湿地［《湿地创建》（658）］。
- 根据本实践，管理改善湿地上的鱼类和野生动物栖息地。

准则

适用于上述所有目的的总体准则

改善的目的应在计划中明确规定，包括土壤、水文、植被、鱼类和野生动物栖息地标准，这些标准应满足并适用于该田地和项目目标。

若已存在营养物和农药污染，应评估湿地植物和动物物种对营养物和农药的耐受性。若规划内含危险性措施，应评估本实践对现有的非退化湿地功能或价值的影响。通过功能评估程序或州批准的等效程序评定功能的增减。目前处于"参照"状态或接近"参照"状态下的湿地改良或减少的功能将被记录在案。

计划过程中应记录现场、相邻景观和产水流域的土壤、水文和植被条件。

在已知存在营养和农药污染的地方，应评估可能发生的动植物物种的营养和农药耐受性。应测试怀疑含有有害物质的场所，以确定适当的补救措施。如果补救措施不合理或不可行，则不应实施该计划。

在加强之前，应审查是否有足够的水权。

工程完成后，必须符合适当的湿地标准，并提供项目目标所界定的湿地功能。

必要时，入侵物种、联邦或州列出的有害植物物种和那些已存在或物种数量过剩危害实践的应进行控制，以增强湿地功能。不鼓励种植或使用非本地植物物种。

土壤水分增强的准则

增强田地应在含水的土壤上。

应根据需要调整土壤水动力和生物地球化学特性（如渗透率、孔隙度、pH 或土壤有机碳含量），以满足计划目标。

水文改善的准则

增强田地的水文周期、水动力学和主要水源应符合项目目标。增强计划应根据地下水调查、流量计数据、水预算或其他适当方法记录可用水源的充足程度。

与湿地有关的工作，除非有签署的书面文件、地役权或许可，否则与湿地相关的工程不得对邻近财产或其他用水者造成不利影响。

应确定建立和维护植被、土壤、野生动植物和鱼类栖息地功能所需的水控装置的时间和水平设置。

其他结构实践、宏观地形学和微地形学可用于满足计划目标。

因为其目的、尺寸、蓄水能力、危险等级或其他参数不同，所以应满足可能适用的其他实践标准的要求。如果没有适用的其他实践标准，则应符合《堤坝》356号的要求，除非侵蚀、决口或漫顶否则不会对堤防或现场内外的其他区域造成损害。

水控装置可能阻碍目标水生物种或物种的移动，应符合《水生生物通道》（396）。

营养强化准则

水生植被的恢复应是所建立湿地类型的典型物种，符合湿地内不同的水文机制和土壤类型。优先选择具有地方性遗传物质的湿地植物。

五年内应完成适合物种的自然定植，田地保证植被在该地区可以存活及自然地再生长。如果没有，将播种或种植合适的物种。

计划中应包括种植所选物种所需的足够的基质材料和田地。

如果需要种植或播种，除非目标要求不同的植物群落，否则将建立的本地物种的最小数量应基于参照湿地。

- 如果目标水生植被主要是草本植物，应适当最大化物种多样性以满足目标功能。播种量应以纯净的活种子的百分比为基础，并用注册种苗实验室的种子标签标注当前种苗，以识别种苗发芽率、进行纯度分析和其他种子数据统计。
- 主要植被将成为森林或林地群落的地区，将混合种植植被，参考参照湿地群落的木本物种（树木或灌木）。

注意事项

土壤注意事项

考虑土壤物理特性，包括：

- 酌情通过机械压实或耕作来增加或降低饱和导水率。
- 采用土壤改良剂。
- 施工设备对土壤密度、渗透和结构的影响。

考虑土壤生物地球化学特性的变化，包括：

- 通过加入堆肥来增加土壤有机碳。
- 用石灰、石膏或其他化合物提高或降低土壤 pH。

水文注意事项

考虑水文效应的改善效果，包括：

- 用水量的变化和运动的增强会对下游河流的水文、地表径流和地下水产生影响。
- 由于在抽水期间减少了小型水池内的水生生物（包括草本吞噬动物），导致捕食量增加。
- 由于高水位可以维持捕食性鱼类生存，导致两栖动物的捕食量增加。
- 随着水位下降，水生生物在湿地内以及从湿地区域移动到邻近栖息地（包括鱼类和两栖动物）的能力下降。
- 现场和非现场接收水域的水温升高。
- 由于水深的增加或减少，地下水流量和方向发生变化。
- 厌氧条件下的变化影响土壤生物地球化学特性，包括氧化/还原和有机土壤的维护。
- 水控结构水控装置、堤坝和宏观地形特征可能会对非目标水生生物的移动产生负面影响。

植被注意事项

考虑以下因素：

- 种植密度对鱼类和野生动物栖息地的相对影响与木本植物的生产率之间的关系。
- 通过捕获沉积物、循环养分和去除农药，增加营养缓冲剂功能的可能性。
- 为保护适合湿地功能的结构措施而选择的植被。
- 考虑在施工后和计划的植物群落建立之前，入侵或有害植物物种在裸露土壤上建立的可能性。
- 使用规定焚烧，维持湿地和邻近的高地植物群落。

鱼类和野生动物栖息地的注意事项

考虑以下因素：

- 在木本植物群落恢复的田地上添加粗木屑，作为初始碳源和鱼类及野生动物的覆盖物。
- 有可能恢复能够支持鱼类和野生动物的栖息地，并有能力控制疾病媒介，如蚊子。

尽可能建立鱼类和野生动物走廊，与相邻的景观、溪流和水体连接起来，并增加原生植物群落的定居点。

- 为设置栅栏，防止不需要的或捕食性的鱼类和野生动物物种进入。

计划和技术规范

本实践的计划和技术规范应针对每个区域进行准备。计划和技术规范应使用批准的规格表、工作表或其他文件进行记录。结构特性的计划和技术规范将至少包括平面图、工程量、配置文件和截面图，以确定位置、路线、阶段，方便监视及检验。计划和技术规范由相应的专业技术人员进行审核和批准。

运行和维护

为具有结构特点的田地制订单独的运行和维护计划。计划包括，若项目中包含水控装置，需特别注意已安装的结构项目常规和重复操作的特定措施。该计划还将包括必要的行动，以确保在项目生命周期内维护施工项目。它将包括检查计划表、要检查的项目列表、要查找的潜在损坏的检查表、建议的维修和记录程序。

确保湿地改良目标持续有效需要进行管理和监测，可包括在上述计划中或单独制订管理和监测计划。除监测时间表外，该计划还可包括以下内容：

- 使用化肥、农药，规定焚烧或机械处理的时间和方法。
- 使用生物防治不良植物物种和害虫（例如使用捕食性动物或寄生物种）的情况以及批准的方法。
- 专门针对侵入性或有毒物种的任何预期问题的处理措施。
- 需要清除积聚沉积物。
- 表明为管理植被，需要割干草或进行放牧，考虑时间和方法。

参考文献

Executive order 13112, Invasive Species, February 3, 1999. Federal Register：Vol.64, No.25. Feb. 8, 1999. http：//frwebgate.access.gpo.gov/cgi-bin/getdoc.cgi?dbname=1999_register&docid= 99-3184-filed.pdf.

Galatowitsch, Susan, et al., 1994. Restoring Prairie Wetlands： an ecological approach. Iowa State University Press, Ames, IA. 246 pp.

Hall, C.D. and F.J. Cuthbert. 2000. Impact of a controlled wetland drawdown on Blanding's Turtles in Minnesota. Chelonian Conservation Biology. Vol. 3, No. 4, pp. 643-649Hurt, G.W.and V.W. Carlisle, 2001.

Delineating Hydric Soils, in Wetland Soils – Genesis, Hydrology, Landscapes and Classification. Edited by J.L. Richardson and M.J Vepraskas. CRC Press, Boca Raton, FL pp. 183 – 206.

Kingsbury, Bruce & Joanne Gibson, 2002. Habitat Management Guidelines for Amphibians and Reptiles of the Midwest. Partners in Amphibian & Reptile Conservation, Ft Wayne IN, 57 pp.

M.J. Vepraskas ands S. W. Sprecher editors, 1997. Aquic Conditions and Hydric Soils： The Problem Soils. Soil Science Society of America

Special Publication Number 50. SSSA, Inc. Madison, WI.

Maschhoff, Justin T, James H. Dooley, 2001. Functional Requirements and Design Parameters for Restocking Coarse Woody Features in Restored Wetlands, ASAE Meeting Presentation, Paper No: 012059.

USDA, NRCS, 2003. ECS 190-15 Wetland Restoration, Enhancement, Management & Monitoring. 425 pp. ftp: //ftp-fc.sc.egov.usda.gov/WLI/wre&m.pdf.

USDA, NRCS. 2002. Field Indicators of Hydric Soils in the U.S., Version 6.0. G.W. Hurt, P.M. Whited and R.F. Pringle (eds.). USDA, NRCS in cooperation with the National Technical Committee for Hydric Soils, Fort Worth, TX. ftp: //ftp-fc.sc.egov.usda.gov/NSSC/Hydric_Soils/FieldI ndicators_v6_0.pdf.

USDA, NRCS. Wetland Restoration, Enhancement, or Creation, Engineering Field Handbook Chapter 13, Part 650. 121 pp. ftp: //ftp-fc.sc.egov.usda.gov/WLI/wre&m.pdf.

USDA-NRCS. 2000. Indiana Biology Technical Note 1.

USDA-NRCS. Hydric Soil Technical Note 13, Deliberations of the National Technical Committee for Hydric Soils (NTCHS). ftp: //ftp-fc.sc.egov.usda.gov/NSSC/Hydric_Soils/note1 3.pdf.

保护实践概述
（2012年12月）

《湿地改良》（659）

湿地改良指恢复或重建退化的湿地，或改造现有的湿地，以便增强特定的湿地功能。

实践信息

本实践适用于任何现有退化或未退化的湿地，以便强化选定的湿地功能。本实践不适用于土壤、水文、植被群落和生物栖息地恢复到最初状况的湿地，或人工建造的湿地。

本实践的目的是通过以下方法来实现特定的湿地环境：

- 改善水文条件（积水深度的保续时间和季节，或土壤饱和的持续时间和季节）。
- 改善植被（包括清除不需要的物种，或播种或种植理想物种）。

应尽可能使用原生植被物种来进行改善。

通过控制水位来控制不需要的植被，也可通过割草或放牧来管理植被。

常见相关实践

《湿地改良》（659）通常与《堤坝》（356）、《控水结构》（587）、《栅栏》（382）、《水生生物通道》（396）和《访问控制》（472）等保护实践一起使用。

保护实践的效果——全国

土壤侵蚀	效果	基本原理
片蚀和细沟侵蚀	0	不适用
风蚀	0	不适用
浅沟侵蚀	0	不适用
典型沟蚀	0	不适用
河岸、海岸线、输水渠	0	不适用
土质退化		
有机质耗竭	1	积水可促进湿地植被的生长，减少土壤有机质的分解。
压实	0	不适用
下沉	0	不适用
盐或其他化学物质的浓度	0	不适用
水分过量		
渗水	0	不适用
径流、洪水或积水	2	提供临时蓄洪，减少泛洪和积水。
季节性高地下水位	0	不适用
积雪	0	不适用
水源不足		
灌溉水使用效率低	0	不适用
水分管理效率低	0	不适用
水质退化		
地表水中的农药	1	这一举措可收集农药残留并促进其降解。
地下水中的农药	1	这一举措可收集农药残留并促进其降解。
地表水中的养分	3	湿地系统可利用溶解的养分、截获的沉积物上附着的养分和有机物。
地下水中的养分	1	这一举措可收集养分和有机物，并促进湿地植物对养分和有机物的分解和利用。
地表水中的盐分	1	地表径流中的盐分将被滞留在湿地中，部分湿地植物可吸收盐分。
地下水中的盐分	0	不适用
粪肥、生物土壤中的病原体和化学物质过量	1	病原体被滞留在湿地里。
粪肥、生物土壤中的病原体和化学物质过量	0	不适用
地表水沉积物过多	2	系统可截获沉积物。
水温升高	0	有可能改善水文条件。
石油、重金属等污染物迁移	2	植被和厌氧条件可截留重金属。
石油、重金属等污染物迁移	0	不适用
空气质量影响		
颗粒物（PM）和 PM 前体的排放	0	不适用
臭氧前体排放	0	不适用
温室气体（GHG）排放	1	有机质和沉积物的积累会隔离碳。然而，厌氧条件可以促进甲烷的产生。
不良气味	-1	厌氧条件可以促进硫化氢和其他恶臭化合物的产生。
植物健康状况退化		
植物生产力和健康状况欠佳	4	对植物进行选择和管理，可保持其预期用途的最佳生产力和健康水平。
结构和成分不当	4	选择适应且适合的植物。
植物病虫害压力过大	4	种植并管理植被，可控制不需要的植物种类。
野火隐患，生物量积累过多	0	不适用
鱼类和野生动物——生境不足		
食物	5	增加现有的食物区域面积。
覆盖 / 遮蔽	5	增加遮蔽区域。
水	0	改善湿地可改善许多物种的栖息地和水质；将受益的物种的数目和类别，取决于哪些水文条件得到了改善。

（续）

鱼类和野生动物——生境不足	效果	基本原理
生境连续性（空间）	4	增加额外的湿地空间。
家畜生产限制		
饲料和草料不足	2	如果保持预期目的，这些地方可以为家畜提供饲料和草料。
遮蔽不足	0	不适用
水源不足	0	不适用
能源利用效率低下		
设备和设施	0	不适用
农场 / 牧场实践和田间作业	0	不适用

CPPE 实践效果：5 明显改善；4 中度至明显改善；3 中度改善；2 轻度至中度改善；1 轻度改善；0 无效果；–1 轻度恶化；–2 轻度至中度恶化；–3 中度恶化；–4 中度至严重恶化；–5 严重恶化。

工作说明书——国家模板

（2010年9月）

此类可交付成果适用于个别实践。其他规划实践的可交付成果参考具体的工作说明书。

设计

可交付成果

1. 能够证明符合自然资源保护局实践中相关准则并与其他计划和应用实践相匹配的设计文件。
    a. 保护计划中确定的目的。
    b. 客户需要获得的许可证清单。
    c. 对周边环境和构筑物的影响。
    d. 符合自然资源保护局国家和州公用设施安全政策（《美国国家工程手册》第 503 部分《安全》A 子部分"影响公用设施的工程活动"第 503.00 节至第 503.06 节）。
    e. 辅助性实践一览表。
        i. 制订计划和规范所需的与实践相关的计算和分析
        ii. 符合《湿地功能评估》和《含水湿土测定》要求
        iii.水文条件 / 水力条件
        iv. 结构，包括适当的危险等级
        v. 植被

2. 向客户提供书面计划和规范书包括草图和图纸，充分说明实施本实践并获得必要许可的相应要求。

3. 合理的设计报告和检验计划（《美国国家工程手册》第 511 部分，B 子部分"文档"，第 511.11 节和第 512 节，D 子部分"质量保证活动"，第 512.30 节至第 512.32 节）。

4. 运行维护计划。

5. 证明设计符合实践和适用法律法规的文件（《美国国家工程手册》A 子部分第 505.3 节）。

6. 安装期间，根据需要所进行的设计修改。

注：可根据情况添加各州的可交付成果。

安装

可交付成果

1. 与客户和承包商进行的安装前会议。

2. 验证客户是否已获得规定许可证。

3. 根据计划和规范（包括适用的布局注释）进行定桩和布局。

4. 安装检查（酌情根据检查计划开展）。

    a. 实际使用的材料

    b. 检查记录

5. 协助客户和原设计方对实施所需的设计进行修改。

6. 在安装期间，就所有联邦、州、部落和地方法律、法规和自然资源保护局政策的合规性问题向客户 / 自然资源保护局提供建议。

7. 证明安装过程和材料符合设计和许可要求的文件。

   注：可根据情况添加各州的可交付成果。

验收

可交付成果

1. 竣工文档。

    a. 实践单位

    b. 图纸

    c. 最终量

2. 证明安装过程符合自然资源保护局实践和规范并符合许可要求的文件（《美国国家工程手册》A 子部分第 505.3 节）。

3. 进度报告。

   注：可根据情况添加各州的可交付成果。

参考文献

NRCS Field Office Technical Guide （eFOTG）, Section IV, Conservation Practice Standard - Wetland Enhancement, 659.

NRCS National Engineering Manual （NEM）.

NRCS Engineering Field Handbook （EFH）, Part 210, Chapter 13, Wetland Restoration, Enhancement, or Creation.

NRCS National Environmental Compliance Handbook.

NRCS Cultural Resources Procedures Handbook.

NRCS National Biology Manual.

NRCS National Biology Handbook.

National Food Security Act Manual.

   注：可根据情况添加各州的参考文献。

保护实践效果（网络图）

（2014年3月）

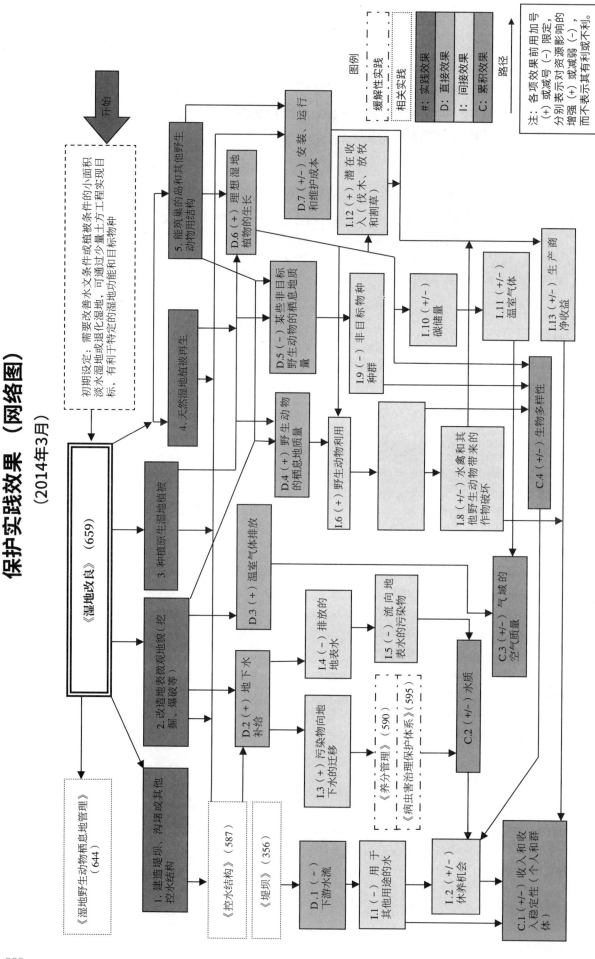

初期设定：需要改善水文条件或植被条件的小面积淡水湿地或退化湿地，可通过少量土方工程实现目标，有利于特定的湿地功能和目标物种

《湿地改良》（659）

《湿地野生动物栖息地管理》（644）

1. 建造堤坝、沟渠或其他控水结构

2. 改造地表微观地貌（挖掘、爆破等）

3. 种植原生湿地植被

4. 天然湿地植被再生

5. 能筑巢的岛和其他野生动物用结构

《控水结构》（587）

《堤坝》（356）

《养分管理》（590）

《病虫害治理保护体系》（595）

D.1（-）下游水流

D.2（+）地下水补给

D.3（+）温室气体排放

D.4（+）野生动物的栖息地质量

D.5（-）某些非目标野生动物的栖息地质量

D.6（+）理想湿地植物的生长

D.7（+/-）安装运行和维护成本

I.1（-）用于其他用途的水

I.2（+/-）休养机会

I.3（+）污染物向地下水的迁移

I.4（-）排放的地表水

I.5（-）流向地表水的污染物

I.6（+）野生动物利用

I.8（+/-）水禽和其他野生动物带来的作物破坏

I.9（-）非目标物种种群

I.10（+/-）碳储量

I.11（+/-）温室气体

I.12（+）潜在收入（伐木、放牧和割草）

I.13（+/-）生产商净收益

C.1（+/-）入稳定性（个人和群体）

C.2（+/-）水质

C.3（+/-）空气质量

C.4（+/-）气域的生物多样性

图例

缓解性实践

相关实践

\#：实践效果

D：直接效果

I：间接效果

C：累积效果

路径

注：各项效果前用加号（+）或减号（-）限定，分别表示对资源影响的增强（+）或减弱（-），而不表示其有利或不利。

湿地恢复

（657，Ac., 2010年9月）

定义

恢复湿地及其功能，使其接近原湿地或退化湿地的初始状态。

目的

恢复湿地功能、价值、栖息地、多样性和容量，使其最大限度地恢复到初始状态：

- 有利于保持湿土环境。
- 湿地水文（主要水源、水文周期和水动力）。
- 天然水生植物（包括清除不需要的物种、播种或移植所需物种）。
- 原始鱼类和野生动物栖息地。

适用条件

本实践仅适用于含有水成土的自然湿地，且其水文、植被或土壤已经退化。

本实践仅适用于通过采取以下措施可以使自然水文条件恢复到原始状态的湿地。这些措施诸如修改排水系统、恢复溪流/洪泛区连通性，拆除分流、堤坝和防洪堤等，或使用天然或人工水源，形成类似于原始的自然环境。

本实践不适用于：

- 点源和非点源水污染的治理［《人工湿地》（656）］。
- 恢复退化湿地、重建原湿地，或改良现有湿地，在原始自然条件下提高其特定的功能；可能以牺牲其他功能为代价［《湿地改良》（659）］。
- 在非湿地地区创建湿地［《湿地创建》（658）］。
- 根据本实践恢复对湿地鱼类和野生动物栖息地的管理。

准则

适用于上述所有目的的总体准则

恢复计划中应明确规定恢复的目的或目标，包括土壤、水文、植被、鱼类和野生动物栖息地标准，这些标准应适用于该地点并满足该项目的目标要求。

制订该计划的实施步骤时，应参考功能评估程序或国家批准的等效程序。通过分析当前和历史的田地功能来确定目标，还应考虑受当前田地约束的功能。应收集历史和近期航空摄影或其他遥感数据、土壤图、地形图、水位计数据、未受损的参照湿地和历史记录的数据。

在计划过程中应记录现场的土壤、水文和植被条件，以及相邻地形和起作用的流域。

已知存在营养物和农药污染的情况下，应评估可能出现的植物和动物物种的养分和农药耐受性。应对疑似含有有害物质的田地进行测试，以确定适当的补救措施。如果补救措施不合理或不可行，则不实施计划。

恢复前应检查是否有足够的水权。

完工后，该田地应在切实可行的范围内满足该湿地以前的土壤、水文、植被和栖息地条件。

如果场外水文变化或入侵物种的存在影响该田地，则设计应在切实可行范围内采取补救措施。

必要时，应控制田地内的入侵物种、联邦/州列出的有毒植物和有害物种（如因存在或数量过多而妨碍本实践的物种），以恢复湿地功能。不鼓励种植或使用非本地植物物种。

恢复湿土的准则

恢复田地应该含有水成土。

如果湿土被填充物、沉积物、弃土或其他沉积物覆盖，则应清理这些覆盖物至恢复所需的范围内，以便恢复其原始土壤功能。

土壤水动力和生物地球化学特性，如渗透率、孔隙度、pH 或土壤有机碳含量，应恢复到恢复湿土功能所需的范围内。

恢复水文的准则

恢复田地的水文周期、水动力和主要水源应接近改变前的原始状态。恢复计划应使用地下水调查、水位计数据、水预算或其他适当的方法记录可用水源是否充足。

除非签署过书面文件，或已获得地役权或许可，否则与湿地有关的工作不得对邻近业主或其他用水者造成不利影响。

如果需要，针对水控装置的时间和水位设置所采取的措施应有利于维持原始自然的水文条件。

应使用原始的天然水供应来重建该田地的水文，使其接近湿地类型的水文条件。如果不可行，可以使用其他天然或人工供水；但是，不得从其他湿地资源中引水。如果备用水源需要输水，则应对其进行估算并记录在恢复计划中。

技术可行的情况下，重新建立宏观地貌或微地形。根据当地的参照湿地来确定所需的地形起伏。在实际可行范围内，如果需要，土质结构的位置、大小和几何形状应与原始的宏观地形特征相匹配。

宏观地形特征，包括用于代替重新填充明沟而设置的沟渠塞，应考虑其目的、尺寸、蓄水能力、危险等级或其他参数，并满足适用的标准要求。如果没有适用的标准，则应满足《堤坝》（356）的要求，除非侵蚀、破坏或溢流不会对田地内外的特征或其他区域造成损坏。

湿地内对湿地进行挖掘时，应清理沉积物，尽可能恢复到原始地形或补充水资源，弥补沉积物的缺失。

可能妨碍目标水生物种或有关物种活动的水控装置应符合《水生生物通道》（396）的标准。

与受干扰前相比，土壤氧化或沉降的湿地恢复田地地表海拔较低，应考虑提供原始湿地功能所需的适当水文状况。

恢复植被的准则

恢复的水生植被应为所建立的湿地类型、湿地内各种水文状态和土壤类型的典型物种，优选具有当地遗传物质的本地湿地植物。

如果可在 5 年内实现可接受物种的自然定植，那么可以使该田地自然恢复植被。否则，要播种或种植合适的物种。

计划应包括充分的基质材料和田地准备，便于种植所选植物物种。

恢复地需要种植或播种植物时，拟建立的本地物种的最低数量应参考参照湿地的计划植被群落类型和物种类型：

- 如果主要植被是草本植物类型，应在 5 年内建立原始植物群落的亚类或者合适的先锋植物，为建立本地区植物群落创造适合的条件。草本植物群落的计划中应解决物种丰富度问题。播种率取决于纯活种子的百分比，并用已注册种子实验室的最新种子标签进行标记，以确定发芽率、纯度分析和其他种子统计数据。
- 如果主要植被是森林或林地社区类型，将混合种植植被，参考参照湿地群落的木本物种（树木或灌木）。

注意事项

土壤注意事项

注意改变土壤物理性质，包括：

- 通过机械压实或耕作的方式增加或降低饱和导水率。
- 添加土壤改良剂。

- 施工设备对土壤密度、渗入和土壤结构的影响。

注意土壤生物地球化学特性的变化，包括：

- 加入堆肥以增加土壤有机碳。

用石灰、石膏或其他化合物提升或降低土壤 pH。

水文注意事项

注意恢复工作的常规水文效应，包括：

- 恢复过程带来的用水和运动变化，对下游河流水位线、地表径流量和地下水资源的影响。

注意水位管理的影响，包括：

- 在抽水期间，由于将水生生物，包括草食动物集中在小水池区，导致捕食量增加。
- 高水位可以为食肉动物提供水源，维持生存，因此两栖动物的捕食量增加。
- 随着水位下降，水生生物（包括鱼类和两栖动物）在湿地内和从湿地地区迁移到邻近栖息地的能力降低。
- 现场和非现场接收水域的水温升高。
- 由于水深的增加或减少，地下水流量和方向随之改变。
- 水文状况的变化对土壤生物地球化学特性有影响，包括：氧化 / 还原，有机土壤的维护，现场和邻近地区含盐量的增加或减少。

植被注意事项

- 种植密度对鱼类和野生动物栖息地的相对影响与木本植物的生产率之间的关系。
- 通过捕获沉积物、循环养分及去除农药，增加营养缓冲剂功能。
- 选择合适的植被以保护湿地功能的结构。
- 在植被建立后或计划的植物群落建立前，可能在裸土上长出侵入性或有害植物物种。
- 使用按规定焚烧来恢复湿地和邻近高地的植物群落。

鱼类和野生动物栖息地注意事项

- 在木本植物群落恢复的田地上添加粗木屑，作为初始碳源和鱼类及野生动物的覆盖物。
- 有可能恢复能够支持鱼类和野生动物的栖息地，并有能力控制疾病媒介，如蚊子。
- 尽可能建立鱼类和野生动物走廊，与相邻的景观、溪流和水体连接起来，并增加原生植物群落的定居点。
- 设置栅栏，防止不需要的或捕食性的鱼类和野生动物物种进入。

计划和技术规范

应为每个田地准备本实践的计划和技术规范。计划和技术规范应使用规格表、工作表或其他经批准的文件进行记录。面图、工程量、配置文件和截面图，以确定位置、路线、阶段，方便监视及检验。计划和技术规范由相应的专业技术人员进行审核和批准。

运行和维护

为具有结构特征的田地准备单独的运行和维护计划。计划包括，若项目中包含水控装置，需特别注意已安装的结构项目常规和重复操作的特定措施。该计划还将包括必要的行动，以确保在项目生命周期内维护施工项目。它将包括检查计划表、要检查的项目列表、要查找的潜在损坏的检查表、建议的维修和记录程序。

确保湿地持续正常发挥作用所需的管理和监测活动可列入上述计划，或制订单独的管理和监测计划。除监控时间表外，此计划还可能包括以下内容：

- 使用化肥、杀虫剂、规定焚烧或机械处理的时间和方法。
- 若可行，利用生物防治或其他批准的方法防治不良植物物种和害虫（例如使用捕食性动物或寄生物种）。
- 针对入侵或有害物种带来的任何预期问题，制订解决措施。

- 需要清除累积沉积物。
- 表明需要使用干草或放牧作为管理工具的条件，包括时间和方法。

参考文献

Baber, M. J., D. L. Childers, K. J. Babbitt, and D. H. Anderson. 2002. Controls on fish distribution and abundance in temporary wetlands. Can. J. Fish. Aquat. Sci. 59: 1441–1450.

Executive order 13112, Invasive Species, February 3, 1999. Federal Register: Vol.64, No.25. Feb. 8, 1999. http: //frwebgate.access.gpo.gov/cgi-bin/getdoc.cgi?dbname=1999_register&docid=99-3184-filed.pdf.

Galatowitsch, Susan, et al, 1994. Restoring Prairie Wetlands: an ecological approach. Iowa State University Press, Ames, IA. 246 pp.

Hall, C.D. and F.J. Cuthbert. 2000. Impact of a controlled wetland drawdown on Blanding's Turtles in Minnesota. Chelonian Conservation Biology. Vol. 3, No. 4, pp. 643-649.

Hurt, G.W. and V.W. Carlisle, 2001. Delineating Hydric Soils, in Wetland Soils – Genesis, Hydrology, Landscapes and Classification. Edited by J.L. Richardson and M.J Vepraskas. CRC Press, Boca Raton, FL pp. 183 – 206.

Kilgore, K.J. and J.A. Baker. 1996. Patterns of larval fish abundance in a bottomland hardwood wetland. Wetlands 16: 288-295.

King, A.J., P. Humphries and P.S. Lake. 2003. Fish recruitment on floodplains: the roles of patterns of flooding and life history characteristics. Canadian Journal of Fisheries and Aquatic Sciences 60: 773-786.

Kingsbury, Bruce & Joanne Gibson, 2002. Habitat Management Guidelines for Amphibians and Reptiles of the Midwest. Partners in Amphibian & Reptile Conservation, Ft Wayne IN, 57 pp.

Kwak, T.J. 1988. Lateral movement and use of floodplain habitat by fishes of the Kankakee.

USDA-NRCS. Hydric Soil Technical Note 13, Deliberations of the National Technical Committee for Hydric Soils (NTCHS). ftp: //ftp-fc. sc.egov.usda.gov/NSSC/Hydric_Soils/note13.pdf.

River, Illinois. Am. Midland Naturalist 120 (2): 241-249.

M.J. Vepraskas ands S. W. Sprecher editors, 1997. Aquic Conditions and Hydric Soils: The Problem Soils. Soil Science Society of America Special Publication Number 50. SSSA, Inc. Madison, WI.

Maschhoff, Justin T & James H. Dooley, 2001. Functional Requirements and Design Parameters for Restocking Coarse Woody Features in Restored Wetlands, ASAE Meeting Presentation, Paper No: 012059.

Pearsons, T. N., H. Li, and G. Lamberti. 1992. Influence of habitat complexity on resistance to flooding and resilience of stream fish assemblages. Trans. Amer. Fish. Soc. 121: 427-436.

USDA, NRCS, 2003. ECS 190-15 Wetland Restoration, Enhancement, Management & Monitoring. 425 pp. ftp: //ftp-fc.sc.egov.usda.gov/WLI/wre&m.pdf.

USDA, NRCS. Wetland Restoration, Enhancement, or Creation, Engineering Field Handbook Chapter 13, Part 650. 121 pp. ftp: //ftp-fc.sc.egov. usda.gov/WLI/wre&m.pdf.

USDA, NRCS. 2002. Field Indicators of Hydric Soils in the U.S., Version 6.0. G.W. Hurt, P.M. Whited and R.F. Pringle (eds.). USDA, NRCS in cooperation with the National Technical Committee for Hydric Soils, Fort Worth, TX. ftp: //ftp.fc.sc.egov.usda.gov/NSSC/Hydric_Soils/FieldIndicators_v6_0.pdf.

USDA-NRCS. 2000. Indiana Biology Technical Note 1. http: //www.nrcs.usda.gov/Programs/WRP/pdfs/In-final.pdf.

保护实践概述

（2012年12月）

《湿地恢复》（657）

湿地恢复是恢复原湿地或退化湿地的一种方式，目的是将之恢复到最接近原始的状态。

实践信息

湿地是天然景观宝贵的一部分，它们可以给许多野生动物提供栖息地，还能减少洪水、改善水质和增加地下水补给。

湿地有 3 个主要特点：含水湿土、水文环境和适湿（喜水）植被。湿地消失或退化最常见的原因是水文环境的改变，水文环境改变可导致水生植被的消失。一般来说，恢复水文环境即可带来水生植物的回归。

在计划湿地恢复时，应考虑到对周围地表水和地下水水文环境的影响。可能会影响到水温、流量和流向。同时还要考虑到对水生物种的影响，包括鱼类和两栖类。

本实践的预期年限至少为 15 年。运行维护计划应包括检查方案，方案中列出需要检查的条目、建议的修复措施，以及记录程序，还应包括管理和监测工作列表。本实践的一个主要部分就是植被种植后的维护。

常见相关实践

《湿地恢复》（657）通常与《堤坝》（356）和《控水结构》（587）等保护实践一起使用，以便恢复湿地的水文环境。其他实践如《湿地野生动物栖息地管理》（644）、《河岸草皮覆盖》（390）和《河岸植被缓冲带》（391）等也常用于在湿地周围建立栖息地。

保护实践的效果——全国

土壤侵蚀	效果	基本原理
片蚀和细沟侵蚀	0	不适用
风蚀	0	不适用
浅沟侵蚀	0	不适用
典型沟蚀	0	不适用
河岸、海岸线、输水渠	0	不适用
土质退化		
有机质耗竭	1	积水可促进湿地植被的生长，减少土壤有机质的分解。
压实	0	不适用
下沉	0	不适用
盐或其他化学物质的浓度	0	不适用
水分过量		
渗水	0	不适用
径流、洪水或积水	2	提供临时蓄洪，减少泛洪和积水。
季节性高地下水位	0	不适用
积雪	0	不适用
水源不足		
灌溉水使用效率低	0	不适用
水分管理效率低	0	不适用
水质退化		
地表水中的农药	1	这一举措可收集农药残留并促进其降解。
地下水中的农药	1	这一举措可收集农药残留并促进其降解。
地表水中的养分	3	湿地系统可利用溶解的养分、截获的沉积物上附着的养分和有机物。
地下水中的养分	1	这一举措可收集养分和有机物，并促进湿地植物对养分和有机物的分解和利用。
地表水中的盐分	1	地表径流中的盐分将被滞留在湿地中。部分湿地植物可吸收盐分。
地下水中的盐分	0	不适用
粪肥、生物土壤中的病原体和化学物质过量	1	病原体被滞留在湿地里。
粪肥、生物土壤中的病原体和化学物质过量	0	不适用
地表水沉积物过多	2	系统可截获沉积物。
水温升高	0	有可能改善水文条件。
石油、重金属等污染物迁移	2	植被和厌氧条件可截留重金属。
石油、重金属等污染物迁移	0	不适用
空气质量影响		
颗粒物（PM）和 PM 前体的排放	0	不适用
臭氧前体排放	0	不适用
温室气体（GHG）排放	1	有机质和沉积物的积累会隔离碳。然而，厌氧条件可以促进甲烷的产生。
不良气味	-1	厌氧条件可以促进硫化氢和其他恶臭化合物的产生。
植物健康状况退化		
植物生产力和健康状况欠佳	4	对植物进行选择和管理，可保持其预期用途的最佳生产力和健康水平。
结构和成分不当	4	选择适应且适合的植物。
植物病虫害压力过大	4	种植并管理植被，可控制不需要的植物种类。
野火隐患，生物量积累过多	0	不适用
鱼类和野生动物——生境不足		
食物	5	恢复食物区域。
覆盖/遮蔽	5	恢复遮蔽区域。

（续）

鱼类和野生动物——生境不足	效果	基本原理
水	0	化湿地的修复可改善许多物种的栖息地和水质；将受益的物种的数量和类别（例如筑巢的水禽或幼鱼），取决于水文环境的变化程度和恢复后增加的湿地空间。
生境连续性（空间）	4	恢复额外的湿地空间。
家畜生产限制		
饲料和草料不足	2	如果保持预期目的，这些地方可以为家畜提供饲料和草料。
遮蔽不足	0	不适用
水源不足	0	不适用
能源利用效率低下		
设备和设施	0	不适用
农场／牧场实践和田间作业	0	不适用

CPPE 实践效果：5 明显改善；4 中度至明显改善；3 中度改善；2 轻度至中度改善；1 轻度改善；0 无效果；−1 轻度恶化；−2 轻度至中度恶化；−3 中度恶化；−4 中度至严重恶化；−5 严重恶化。

工作说明书—— 国家模板

（2010年9月）

此类可交付成果适用于个别实践。其他规划实践的可交付成果参考具体的工作说明书。

设计
可交付成果

1. 能够证明符合自然资源保护局实践中相关准则并与其他计划和应用实践相匹配的设计文件。

    a. 保护计划中确定的目的。

    b. 客户需要获得的许可证清单。

    c. 对周边环境和构筑物的影响。

    d. 符合自然资源保护局国家和州公用设施安全政策（《美国国家工程手册》第 503 部分《安全》A 子部分"影响公用设施的工程活动"第 503.00 节至第 503.06 节）。

    e. 辅助性实践一览表。

    f. 制订计划和规范所需的与实践相关的计算和分析，包括但不限于：

        i. 符合《湿地功能评估》和《含水湿土测定》要求

        ii. 水文条件／水力条件

        iii.结构，包括适当的危险等级

        iv. 植被

2. 向客户提供书面计划和规范书包括草图和图纸，充分说明实施本实践并获得必要许可的相应要求。

3. 合理的设计报告和检验计划（《美国国家工程手册》第 511 部分，B 子部分"文档"，第 511.11 节和第 512 节，D 子部分"质量保证活动"，第 512.30 节至第 512.32 节）。

4. 运行维护计划。

5. 证明设计符合实践和适用法律法规的文件（《美国国家工程手册》A 子部分第 505.3 节）。

6. 安装期间，根据需要所进行的设计修改。

注：可根据情况添加各州的可交付成果。

安装
可交付成果

1. 与客户和承包商进行的安装前会议。

2. 验证客户是否已获得规定许可证。

3. 根据计划和规范（包括适用的布局注释）进行定桩和布局。

4. 安装检查（酌情根据检查计划开展）。

   a. 实际使用的材料

   b. 检查记录

5. 协助客户和原设计方并实施所需的设计修改。

6. 在安装期间，就所有联邦、州、部落和地方法律、法规和自然资源保护局政策的合规性问题向客户／自然资源保护局提供建议。

7. 证明安装过程和材料符合设计和许可要求的文件。

   注：可根据情况添加各州的可交付成果。

验收
可交付成果

1. 竣工文档。

   a. 实践单位

   b. 图纸

   c. 最终量

2. 证明安装过程符合自然资源保护局实践和规范并符合许可要求的文件（《美国国家工程手册》A 子部分第 505.3 节）。

3. 进度报告。

   注：可根据情况添加各州的可交付成果。

参考文献

NRCS Field Office Technical Guide（eFOTG），Section IV, Conservation Practice Standard - Wetland Restoration, 657.

NRCS National Engineering Manual（NEM）.

NRCS Engineering Field Handbook（EFH），Part 210, Chapter 13, Wetland Restoration, Enhancement, or Creation.

NRCS National Environmental Compliance Handbook.

NRCS Cultural Resources Handbook.

NRCS National Biology Manual.

NRCS National Biology Handbook.

National Food Security Act Manual.

注：可根据情况添加各州的参考文献。

保护实践效果 (网络图)

（2014年3月）

▶ 湿地恢复

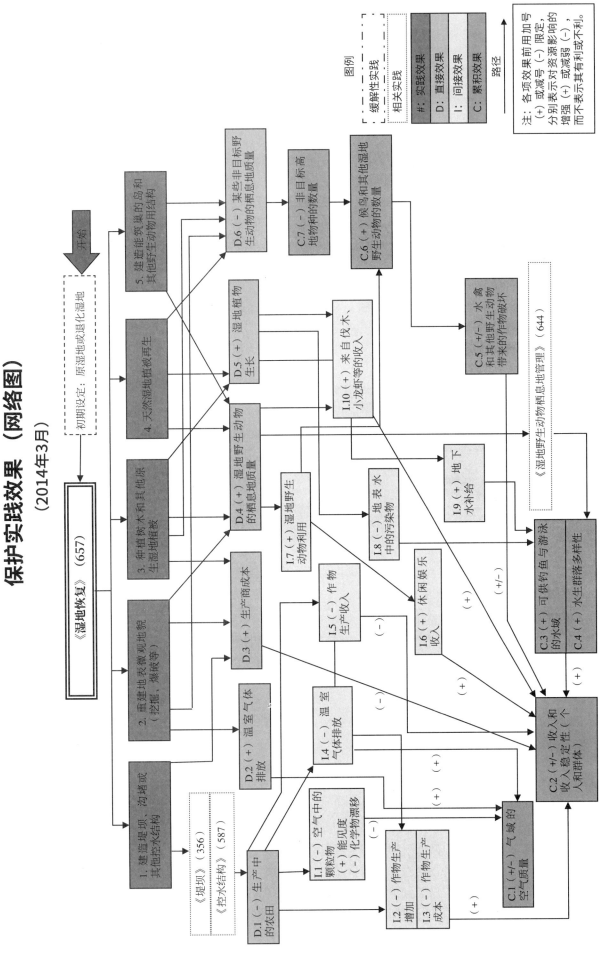

·809·

防风林/防护林建造

（380，Ft.，2011年5月）

定义

防风林或防护林带是线性种植的单排或多排树木或灌木。

目的

- 减少风蚀。
- 保护植物免受风灾的影响。
- 改变微环境以促进植物生长。
- 积雪管理。
- 为建筑、动物和人提供庇护场所。
- 改善野生动物栖息地。
- 提供建立隔音结构。
- 提供建立视觉屏障。
- 减少和拦截空气中的颗粒物、化学物质和气味，改善空气质量。
- 界定所属权及田地边界。
- 提高灌溉效率。
- 增加生物量和土壤中的碳储存量。
- 减少能耗。

适用条件

本实践适用于需要排列种植木本植物并控制风害、噪声和营造景观资源的任何区域。若 3 种情况不考虑在内，可使用其他树木 / 灌木种植标准。

准则

适用于上述所有目的的总体准则

防护林种植的位置、布局和密度要在 20 年内实现预期的目的和功能。

参照《乔木 / 灌木场地准备》（490），准备植物种植的田地条件。

防风林或防护林带的最大设计高度（H）应为指定田地 20 年后最高的一排树木或灌木的预期高度。

物种必须适应土壤、气候和田地条件。

不得种植联邦或州禁止的有害杂草。

单个植物之间的间距应基于植物类型和物种生长所需的空间、设备维护所需空间以及特定目的所需的树干、树枝和树冠的特征。

防风林应尽可能垂直于不利风向。

防风林的长度要足以保护田地，要考虑到"末端效应"和风向变化。

避免种植干扰建筑物以及地上和地下公共设施的树木或灌木。

自然降水无法满足所种物种对水的需求时，要在植物种植和生长过程中保持水分或补充浇水。

有关种植树木和灌木的进一步指导，请参阅《乔木 / 灌木建植》（612）。

减少风蚀和保护生长植物的附加准则

防风林之间的间隔应使用当前经批准的风蚀技术来确定。区间宽度不得超过容许土壤流失量（T）

或其他土壤流失计划目标所允许的宽度。计算时应考虑保护管理系统中其他标准的影响。

对于风蚀控制，可采用临时措施补救防风林，直至其完全正常运行。

在防风林背风面 10 倍设计高度（H）和迎风面 2 倍设计高度（H）的区域内保护场地、田地和植物。

选择比受保护作物高的物种。

改善积雪的附加准则

防风林的方向应尽可能垂直于风雪吹来的方向。

为了分布整个田地的落雪，防风林密度（在预期降雪月份期间）不得低于 25% 或高于 50%。防风林之间的间隔不能超过最大防护林设计高度的 20 倍。

对于积雪，在预期降雪月份，最低防护林密度为 50%。

考虑到末端漂浮物，防风林的长度可以延伸到保护区外。

妥善设计防风林的位置，以便积雪不会造成健康或安全、管理不便或妨碍人类、牲畜或车辆通行等问题。

如果水流侵蚀或融雪形成的径流会造成损害，则应通过辅助措施加以控制。

为建筑物、牲畜和人提供庇护田地的附加准则

在大风季节，为达到防风效果，防风林屏障的最低密度应为 65%。

背风侧受保护的区域不得超出 10 小时的背风距离。

防风林融雪排水不得流过牲畜区。

从牲畜区排出的牲畜粪便不得流入防风林。

噪声隔音墙的附加准则

在噪声大的地区，隔音墙应至少达到 65% 的密度，隔音墙密度要尽可能高，并且尽可能接近噪声源。

噪声屏障隔音墙的长度应为从噪声源到噪声接受处距离的两倍。

对于高速交通噪声，隔音墙的宽度不得小于 65 英尺（19.81 米）。对于中速交通噪声，隔音墙宽度不得小于 20 英尺（6.10 米）。

交通区的植物应为有害排放物、沙子、砾石沉积物或盐雾有耐受性。

视觉屏障的附加准则

视觉屏障应尽可能靠近观察者，设计的密度、高度和宽度，应足以充分阻挡关注区域和敏感区域之间的视野。

减少和拦截空气中颗粒物、化学品和气味改善空气质量的附加准则

根据现场条件和相关的配套保护标准，防风林间隔应小于或等于 10 小时。

污染源（即颗粒、化学品或气味）迎风侧的防护林密度应大于 50%，以减少气流进入污染源区。

污染源区背风侧的防风林密度和受保护区的迎风侧的防护林密度应大于 65%。

选择和维护具有叶面结构特征的树木和灌木物种，以优化对空气中化学物质或气味的拦截、吸附和吸收作用。

增加生物量和土壤碳储量的附加准则

防护林的长宽最大化，以适应现场。

为了获得最佳的碳固定效果，可选择在生物量和土壤中具有较高固碳率的植物。

种植植物并设置适当的植物间距，以最大限度地提高地上和地下生物量。

在建造和维护防风林 / 防护林的过程中尽量减少对土壤的干扰。

改善野生动植物栖息地的附加准则

植物物种选择要使包括传粉媒介在内的目标野生物种受益。

根据目标野生动植物的需要，选择植株的大小。

提高灌溉效率的附加准则

对于有喷灌系统的田地，防风林的高度应高于喷水高度。

防风林不得干扰灌溉系统的运行。

减少能耗的附加准则

防风林尽可能垂直于不利风向。

采用合适的植物密度满足节能需求。

种植生长植物的潜在高度要比受保护的建筑或设施高。

注意事项

考虑通过使用常绿物种或具有艳丽花朵、鲜艳秋叶或持久五颜六色果实等特征的物种来增强美感。

在设计和确定防风林或防护林带位置时，需要考虑对土地所有者或公众对景观的看法。

选择用于防风林的植物应该是耐受该地区使用除草剂的物种或品种。

避免种植可能成为害虫替代宿主的植物。

所有种植的植物都应与自然环境相辅相成。

树木或灌木应种植在受水蚀影响地区的边缘或附近。如果水雪侵蚀或融雪形成的径流会造成灾害，则应通过辅助措施加以控制。

在选择或种植树木或灌木树种时，应考虑野生动物和传粉媒介的需求，也应注意物种多样性，包括适用原生物种。

考虑物种多样性及种植原生物种，避免防护林因物种特异性虫害而丧失防护功能。

在选择植物物种时考虑植物入侵。

随着可用于拦截气味和化学物质的叶子数量的增加，防风林控制气味和化学物质的效果也随之增加。多排、大间隙种植的防风林可能比小型防风林具有更大的拦截效力。

当种植树木和灌木减少温室气体时，应使用目前批准的碳固定模拟技术预测碳固存率。

防护林带可用作连接现有野生动物栖息地之间的迁徙通道。

在作物种植系统中选择防风林和防护林物种，最大限度地减少对作物生长的不利影响[例如遮阴，化感作用（植化相克），竞争根系或根芽]。

计划和技术规范

为每块田地准备本实践的技术规范，并使用保护计划中的批准规格表、工作表、技术规范和叙述性陈述或其他可接受的文件进行记录。

运行和维护

采取以下措施以确保该项目在其预期寿命期间正常运行。这些方法包括实践中允许的正常重复活动和实践（运行），以及标准的修复和维护（维护）。

防风林/防护林功能正常之前要持续更种，替换死去的树木或灌木。

根据需要补充水分。

打薄或修剪防风林/防护林带以保持其功能。

定期检查树木和灌木，防止昆虫、疾病或竞争植被等在内的不利影响。保护树木或灌木免受火灾以及牲畜和野生动植物的破坏。

可能需要定期施用营养素以维持植物活力。

参考文献

Bentrup, Gary 2008. Conservation buffers: design guidelines for buffers, corridors, and greenways. Gen. Tech. Rep. SRS-109. Asheville, NC: Department of Agriculture, Forest Service, Southern Research Station.

Brandle, J.R. et al. 1988. Windbreak technology. Agric. Ecosyst. Environ. Vol. 22-23.

保护实践概述

（2012年12月）

防风林 / 防护林建造（380）或改造（650）

防风带或防护林是单排或多排种植的树木，也可能是呈线性种植的灌木。防风林或防护林建植在受保护地区的上风位置处。防风带的整修可能包括移除、移栽或更换选定树木 / 灌木或成排乔木或灌木。

实践信息

防风带及防护林主要用于减少风力引起的土壤风蚀，保护农作物、家畜和农场免受风和微气候的影响，控制积雪，通过拦截漂浮的化学物质和气味来改善空气质量。

《防风林 / 防护林建造》涉及种植相关植被以达到上述目的。防风带或防护林的有效性取决于成熟植株的高度。因此可能需要 20 年或者更长的时间，本实践做法才能完全发挥作用。

防风林 / 防护林整修涉及扩种、部分重植、移除和替换选定乔木和灌木，以改善现有防风带或防护林，适当整修也可能需要几年的时间。

此类实践做法可以应用于具备足够线性长度以在需要保护的背风面建立防风带的任何地区。在规划过程中，预判在破坏性天气事件中的主要风向至关重要。

常见相关实践

《防风林 / 防护林建造》（380）或者《防风林 / 防护林改造》（650）通常与《保护性作物轮作》（328）、《覆盖作物》（340）、《残留物管理》（344）、《乔木 / 灌木场地准备》（490）、《乔木 / 灌木建植》（612）、《乔木 / 灌木修剪》（660）以及《高地野生动物栖息地管理》（645）等保护实践一起使用。

保护实践的效果——全国

土壤侵蚀	效果	基本原理
片蚀和细沟侵蚀	1	种植在斜坡上的植被和表层枯枝落叶层能够减少侵蚀水能。
风蚀	5	高大植被可形成风幕，降低侵蚀性风速，并阻止沙砾跃移，形成稳定区。
浅沟侵蚀	2	斜坡植被减少了集中渗流的冲蚀力度。
典型沟蚀	0	不适用
河岸、海岸线、输水渠	0	不适用
土质退化		
有机质耗竭	4	植物质及其分解物的增加，可增加土壤有机质。
压实	2	根部渗透和有机质有助于土壤结构的修复。
下沉	0	不适用
盐或其他化学物质的浓度	1	大多数木本植物对盐的吸收是有限的。
水分过量		
渗水	2	植物吸收多余水分。
径流、洪水或积水	0	乔木或灌木提高土壤渗透性，但可能会减缓洪水排出该地区的移动能力。
季节性高地下水位	2	植物吸收多余水分。
积雪	5	降雪被乔木/灌木的内部以及下风向部位截留。
水源不足		
灌溉水使用效率低	5	高大植被降低风速和蒸散量，从而提高可用水的利用效率。
水分管理效率低	3	防风带的遮蔽能够减少蒸散作用，使可用水得到更有效的利用。
水质退化		
地表水中的农药	3	这一举措可减少土壤风蚀，并可阻止农药飘失。
地下水中的农药	0	不适用
地表水中的养分	1	永久性木本植被将利用径流中的养分并过滤其中的悬浮有机物质。
地下水中的养分	1	永久性植被将吸收多余养分。
地表水中的盐分	0	不适用
地下水中的盐分	0	这一举措可增加防护林带的营养吸收。
粪肥、生物土壤中的病原体和化学物质过量	0	不适用
粪肥、生物土壤中的病原体和化学物质过量	0	不适用
地表水沉积物过多	1	斜坡上的植被会截留沉积物，防止在其他地方发生沉积。
水温升高	0	不适用
石油、重金属等污染物迁移	1	这一举措能够减少风蚀作用，抑制附着在颗粒物上的重金属的迁移。有些植物能吸收重金属。
石油、重金属等污染物迁移	0	不适用
空气质量影响		
颗粒物（PM）和PM前体的排放	4	防风带可以非常有效地减少与风蚀有关的颗粒物排放，它们还能有效过滤空气中的颗粒物和氨。
臭氧前体排放	0	不适用
温室气体（GHG）排放	4	植被将空气中的二氧化碳转化为碳，储存在植物和土壤中。
不良气味	3	植被将减少风的运动并拦截挥发性有机化合物（VOC）、细颗粒物和扬尘。
植物健康状况退化		
植物生产力和健康状况欠佳	5	对植物进行选择和管理，可保持植物最佳生产力和健康水平。
结构和成分不当	1	选择适应且适合的植物。
植物病虫害压力过大	1	种植并管理植被，可控制不需要的植物种类。
野火隐患，生物量积累过多	0	不适用
鱼类和野生动物——生境不足		
食物	3	植物多样性的提高以及植被质量和数量的增加为野生动物提供了食物。
覆盖/遮蔽	3	植物多样性的提高以及植被质量和数量的增加为野生动物提供了覆盖物。

（续）

鱼类和野生动物——生境不足	效果	基本原理
水	1	不适用
生境连续性（空间）	3	高大植被为野生动物创造了垂直栖境结构和强化的生存空间。
家畜生产限制		
饲料和草料不足	1	通过改善微气候，提高饲料和饲用植物的质量和数量。
遮蔽不足	5	高大植被提供了遮蔽所。
水源不足	0	不适用
能源利用效率低下		
设备和设施	3	降低农场周围的温度。
农场 / 牧场实践和田间作业	1	减少作物的水分胁迫。潜在生物量。

CPPE 实践效果：5 明显改善；4 中度至明显改善；3 中度改善；2 轻度至中度改善；1 轻度改善；0 无效果；-1 轻度恶化；-2 轻度至中度恶化；-3 中度恶化；-4 中度至严重恶化；-5 严重恶化。

保护实践工作表
（2003年4月）

定义

防风带或防护林是指为了保护环境而单行或多行种植的乔木或灌木。在美国的一些地区，常绿树防雪栏是防风带和防护林的重要变种。单一防风带 / 防护林的作物行最高高度和树叶的总密度显著影响附近受保护或防护区域的面积大小。

目的

防风带或防护林通常用来保护或遮蔽其附近的背风区域，

使其免受不良风袭。这些植物可用于减少风蚀、保护正在生长的植物（作物和草料）、改变微环境以促进植物生长、控制积雪、提高灌溉效率，并有助于划定农田边界。防风带还可以保护建筑物和家畜，提供野生动物栖息地迁徙通道，并增强景观美观性、增加碳储量。此外，当用作常绿树屏障时，防风带能够优化场地景观、降低噪声，并拦截化学物漂移。

使用场所

防风带是一种"环境缓冲器"，能够种植在各种场景中，例如农田、草场和牧场（有时又被称为"活的谷仓"），防风林可沿道路、农庄、饲养场种植，也可以种植在城区。

资源管理系统

防风带及防护林通常作为资源管理系统的一部分，与其他一些实践共同使用，用于保护管理单元的管理。例如，保护性作物轮作、残留物管理，以及防风带可以发挥协同作用，控制全年风蚀。

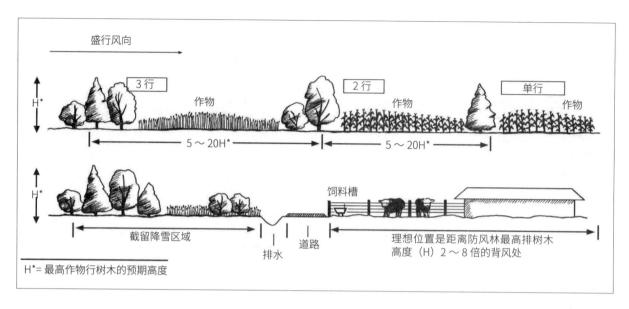

防风带或防护林带通常由多行树木组成，外侧行种植灌木，内侧行则种植高大树木。结合此类环境缓冲区采取其他辅助实践做法可以进一步控制风蚀和积雪沉积，并根据栖息环境和遮蔽用途目的修改场地特征。为实现全面保护，防风带应在整个区域内按行种植（通常行间隔为每条防风林带高度的5～20倍），每条防风林带彼此平行，并垂直于盛行风向。

野生动物

为了保证防护林能正常生长，须全年防止家畜和某些野生动物接近防护林带（使用隔离区和栅栏）。将防护林带与现有的或规划的多年生植被区域连接起来，例如林地和木本植物（种植树木/灌木）区或河岸带（河岸植被缓冲带），能够为野生动物保护和景观提升带来额外好处。选择本地或适用物种，为当地野生动物提供食物来源或覆盖物。

运行维护

防风带或防护林中的乔木和灌木需要定期维护，并且随后可能需要进行整修（修剪乔木/灌木和防风林/防护林整修）。在干旱地区，成功建植防风带可能需要补充水源或使用集水技术。

规范

规范表中列出了特定场地的具体要求，其他规定在工作草图表中显示。所有规范根据《自然资源保护局现场办公室技术指南》编制。参见保护实践《防风带/防护林建造》（380）。

这种多排防风带能够保护附近农田，并提供野生动物栖息地。

土地所有者 _____　　　　场地号 _____

目的（勾选所有适用项）	
☐ 减少土壤风蚀	☐ 提供常绿林噪声屏障
☐ 保护植物免受风的伤害	☐ 提供常绿林视觉屏障
☐ 改变微环境，促进植物生长	☐ 提供常绿林屏障截留空气中的化学物漂移
☐ 管控积雪	☐ 划分土地和场地边界
☐ 为建筑、家畜和休养场地提供庇护	☐ 提高灌溉效率
	☐ 提高美观程度
☐ 提供通行廊道，改善野生动物栖息地	☐ 增加碳储量

平面布置图	
宽（英尺；包括靠近外侧作物行的维护区域宽度）：	
长（英尺）：	面积（英亩）：
受保护 / 庇护地区总面积（英亩；根据防风带 / 防护林带的预期高度及密度）：	
附加要求：	

木本植物信息					
按组和作物行号	苗木种类[①]	种植日期	作物行内植物间距（英尺）	作物行植物总数	一个作物行到下一个作物行的距离（英尺）[②]
1					
2					
3					
4					
5					
6					
7					

[①]裸根苗、容器苗、修剪苗。包括尺寸、卡尺、高度和苗龄（如适用）。[②]根据维护设备的宽度进行调整。

临时储存说明
休眠的苗木可以暂时存放在温度较低或受保护的地方。对于预计在种植前开始生长的苗木，挖一个足够深的 V 形沟（倾斜）埋入，确保整个根部完全覆盖在土壤中。将土压实，浇透水。 附加要求：

田地准备
清除杂物并控制竞争性植被生长，以便为种植和种植设备留出足够的空间或场地。如需要，针对乔木或灌木准备额外的保湿材料。 附加要求：

种植方法
对于容器苗和裸根苗，苗木种植深度要确保根颈埋入穴内的深度和宽度，以充分伸展根系。将每株植物周围的土壤压实。插条苗插在潮湿的土壤中，至少有 2 ~ 3 个芽露出地面。 附加要求：

运行维护
定期检查防风带 / 防护林，防止出现问题，保证其功能正常。更换枯萎或即将枯萎的乔木 / 灌木苗，并继续控制竞争性植被生长，以确保苗木生长。如需要，安装并进行补充灌溉。 附加要求：

如需要，可在下面显示本实践的鸟瞰图或侧视图。可添加其他相关信息、补充实践和措施以及附加规范。

比例尺 1 英寸 =_____ 英尺（NA 表示草图不按比例：网格大小 =1/2 英寸 ×1/2 英寸）。

附加规范和注释：

工作说明书—— 国家模板

（2011年5月）

此类可交付成果适用于个别实践。其他规划实践的可交付成果参考具体的工作说明书。

设计
可交付成果

1. 证明符合自然资源保护局实践中相关准则并与其他计划和应用实践相匹配的设计文件。
    a. 保护计划中确定的目的。
    b. 客户需要获得的许可证清单。
    c. 制订计划和规范所需的与实践相关的计算和分析，包括但不限于：
        i. 确定拟采用乔木和灌木的种类、种植范围和排列位置，以及预期目的所需密度
        ii. 到预期目的所需的防风带 / 防护林带的方向，以及（如适用）防风林之间的距离
        iii. 为确保所需功能而采取的植物保护措施，包括访问进出控制
        iv. 根据实际需要提供额外的保护实践作用，包括控制风蚀、积雪管理、为建筑物和家畜提供庇护、减少噪声、改善空气质量、增加植物和土壤中的碳储量、提供野生动物栖息地和迁移走廊，以及提高灌溉效率
2. 向客户提供书面计划和规范书包括草图和图纸，充分说明实施本实践并获得必要许可的相应要求。
3. 所需运行维护工作的相关文件。
4. 证明设计符合实践和适用法律法规的文件。
5. 安装期间，根据需要所进行的设计修改。

注：可根据情况添加各州的可交付成果。

安装
可交付成果

1. 与客户进行的实施前会议。
2. 验证客户是否已获得规定许可证。
3. 根据计划和规范（包括适用的布局注释）进行定桩和布局。
4. 根据需要提供的应用指南。
5. 协助客户和原设计方并实施所需的设计修改。
6. 在安装期间，就所有联邦、州、部落和地方法律、法规和自然资源保护局政策的合规性问题向客户 / 自然资源保护局提供建议。
7. 证明施用过程和材料符合设计和许可要求的文件。

注：可根据情况添加各州的可交付成果。

验收
可交付成果

1. 实施记录。
    a. 实践单位
    b. 实际采用或使用的植物材料
2. 证明施用过程符合自然资源保护局实践和规范并符合许可要求的文件。

3. 进度报告。

注：可根据情况添加各州的可交付成果。

参考文献

NRCS Field Office Technical Guide（eFOTG）, Section IV, Conservation Practice Standard – Windbreak/Shelterbelt Establishment, 380.

NRCS National Forestry Handbook（NFH）, Part 636.4.

NRCS National Environmental Compliance Handbook.

NRCS Cultural Resources Handbook.

注：可根据情况添加各州的参考文献。

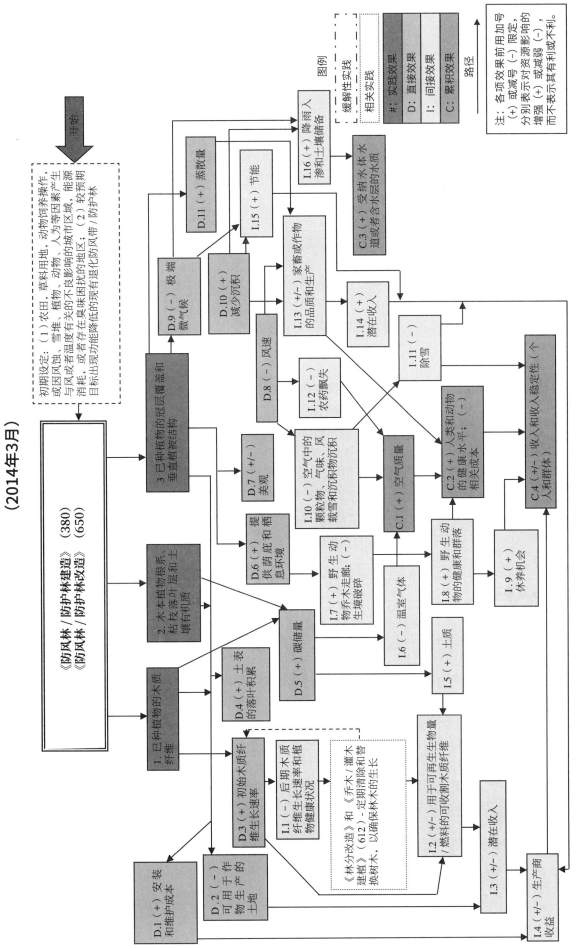

保护实践效果（网络图）

（2014年3月）

防风林/防护林改造

（650，Ft.，2010年7月）

定义

更换、放倒或砍伐现有防风林或防护林中特定的树木和灌木丛，在防风林或防护林带中增加树木行数或移除特定的树木和灌木枝。

目的

恢复或优化现有防风林或防护林带的原始规划功能。

适用条件

若目前的防风林或防护林，不能达到预期用途的，可参阅《防风林 / 防护林建造》（380），延长现有防风林的长度。常规问题和定期修剪，请参阅《乔木 / 灌木修剪》（660）。

准则

削弱乔木或灌木，使之稀疏，以减少植物竞争或改变种植密度。

修剪树木或灌木以去除病枝或改变种植密度。

移除全部或部分树木或灌木，给相邻的树木以空间。

新萌芽的树木或灌木应靠近地面砍伐，以提高树木或灌木的密度或生机。

用物理或化学方式处理竞争草本植物，以改善树木和灌木的生长和提高活力。

在现有防风林或防护林带附近或内部增种数排树木或灌木，以增加防风林或防护林带的密度。

评估现有的生长空间、遮阴水平和根系竞争情况，使其达到合适的水平，以允许新种植的植物不受阻碍地生长。

在整修期间，应保护残余植物。

注意事项

改造可以在数年内完成。

如果树木残枝会引来昆虫，导致疾病，发生火灾或可操作性问题，应将树木残枝从现场移走并妥善处理。

在整修期间移除的植被可以按照《计划烧除》（338）的规定进行燃烧。

改造期间移除的残枝和其他植被可产生能量，并考虑该措施的能量平衡。

改造过程中可能需要控制侵蚀。

选择增加或移除树木或灌木物时，应考虑野生动物和传粉媒介的需求。

将包括本地物种的物种多样性纳入考虑。

物种多样性的增加可以减少现有和新的病虫害的影响。

有关种植树木和灌木的更多信息，请参阅《树木 / 灌木设施》（612）。

计划和技术规范

适用于本实践的计划和技术规范，应采用保护计划中获准的规格表、工作表、技术规范和叙述说明或其他可接受的文件准备和记录。

运行和维护

应采取以下方法以确保本实践在其预期寿命期间发挥作用。这些方法包括实践中允许的正常重复活动和实践（运行），以及标准的修复和维护（维护）。

为了维持其功能，将来可能需要额外的砍伐、修剪或灌木林管理。

为了维持植物活力，可能需要定期施用营养。

参考文献

Bentrup, G. 2008. Conservation buffers: design guidelines for buffers, corridors, and greenways. Gen. Tech. Rep. SRS-109. Asheville, NC: Department of Agriculture, Forest Service, Southern Research Station.

Brandle, J.R. et al. 1988. Windbreak Technology. Agric. Ecosyst. Environ. Vol. 22-23. Elsevier Pub.

Stange, C., et al. 1998. Windbreak Renovation. University of Nebraska Cooperative Extension EC 98-1777-X.

保护实践概述
（2012年12月）

防风林 / 防护林建造（380）或改造（650）

防风带或防护林是单排或多排种植的树木，也可能是呈线性种植的灌木。防风林或防护林建植在受保护地区的上风位置处。防风带的整修可能包括移除、移栽或更换选定树木 / 灌木或成排乔木或灌木。

实践信息

防风带及防护林主要用于减少风力引起的土壤风蚀；保护农作物、家畜和农场免受风和微气候的影响；控制积雪；通过拦截漂浮的化学物质和气味来改善空气质量。

《防风林 / 防护林建造》涉及种植相关植被以达到上述目的。防风带或防护林的有效性取决于成熟植株的高度，因此可能需要 20 年或者更长的时间，本实践做法才能完全发挥作用。

防风林 / 防护林整修涉及扩种、部分重植、移除和替换选定乔木和灌木，以改善现有防风带或防护林。适当整修也可能需要几年的时间。

此类实践做法可以应用于具备足够线性长度以在需要保护的背风面建立防风带的任何地区。在规划过程中，预判在破坏性天气事件中的主要风向至关重要。

常见相关实践

《防风林 / 防护林建造》（380）或者《防风林 / 防护林改造》（650）通常与《保护性作物轮作》（328）、《覆盖作物》（340）、《残留物管理》（344）、《乔木 / 灌木场地准备》（490）、《乔木 / 灌木建植》（612）、《乔木 / 灌木修剪》（660）以及《高地野生动物栖息地管理》（645）等保护实践一起使用。

保护实践的效果——全国

土壤侵蚀	效果	基本原理
片蚀和细沟侵蚀	1	种植在斜坡上的植被和表层枯枝落叶层能够减少侵蚀水能。
风蚀	5	修复高大植被可重建风幕，降低侵蚀性风速，并阻止沙砾跃移，形成稳定区。
浅沟侵蚀	2	斜坡上的整修后植被能减少集中渗流的冲蚀力度。
典型沟蚀	0	不适用
河岸、海岸线、输水渠	0	不适用
土质退化		
有机质耗竭	4	根部恢复、植物质及其分解物的增加，可增加土壤有机质。
压实	2	根部渗透和有机质有助于土壤结构的修复。
下沉	0	不适用
盐或其他化学物质的浓度	1	大多数木本植物对盐的吸收是有限的。
水分过量		
渗水	2	复原植物吸收多余水分。
径流、洪水或积水	0	乔木或灌木提高土壤渗透性，但可能会减缓洪水排出该地区的移动能力。
季节性高地下水位	2	复原植物吸收多余水分。
积雪	5	降雪被恢复的乔木／灌木的内部以及下风向部位截留。
水源不足		
灌溉水使用效率低	5	恢复的高大植被降低风速和蒸散量，从而提高可用水的利用效率。
水分管理效率低	3	防风带的遮蔽能够减少蒸散作用，使可用水得到更有效的利用。
水质退化		
地表水中的农药	3	防风带的遮蔽能够减少蒸散作用，使可用水得到更有效的利用。
地下水中的农药	0	不适用
地表水中的养分	1	复原植物和土壤生物可吸收养分。
地下水中的养分	1	整修后的植被会吸收多余养分。
地表水中的盐分	0	不适用
地下水中的盐分	0	这一举措可增加防护林带的营养吸收。
粪肥、生物土壤中的病原体和化学物质过量	0	不适用
粪肥、生物土壤中的病原体和化学物质过量	0	不适用
地表水沉积物过多	1	整修后的植被会更好地截留沉积物，防止其在其他地方沉积。
水温升高	0	不适用
石油、重金属等污染物迁移	1	这一举措能够减少风蚀作用，抑制附着在颗粒物上的重金属的迁移。有些植物能吸收重金属。
石油、重金属等污染物迁移	0	不适用
空气质量影响		
颗粒物（PM）和 PM 前体的排放	2	防风带可以非常有效地减少与风蚀有关的颗粒物排放，它们还能有效过滤空气中的颗粒物和氨。
臭氧前体排放	0	不适用
温室气体（GHG）排放	1	植被将空气中的二氧化碳转化为碳，储存在植物和土壤中。与新建植防风带／防护林相比，防风带／防护林的整修不会产生那样多的植被增长量。
不良气味	2	植被将减少风的运动并拦截挥发性有机化合物（VOC）、细颗粒物和扬尘。
植物健康状况退化		
植物生产力和健康状况欠佳	5	对植物进行修整和管理，可保持植物最佳生产力和健康水平。
结构和成分不当	1	通过整修保持适用植株的良好状态。
植物病虫害压力过大	1	种植并管理植被，可控制不需要的植物种类。
野火隐患，生物量积累过多	0	不适用
鱼类和野生动物——生境不足		
食物	3	植物多样性的提高以及植被质量和数量的增加为野生动物提供了食物。

（续）

鱼类和野生动物——生境不足	效果	基本原理
覆盖 / 遮蔽	3	植物多样性的提高以及植被质量和数量的增加为野生动物提供了覆盖物。
水	1	不适用
生境连续性（空间）	3	修复的高大植被为野生动物创造了垂直栖境结构和强化的生存空间。
家畜生产限制		
饲料和草料不足	1	通过改善微气候，提高饲料和饲用植物的质量和数量。
遮蔽不足	5	修复的高大植被提供了遮蔽所。
水源不足	0	不适用
能源利用效率低下		
设备和设施	3	降低农场周围的温度。
农场 / 牧场实践和田间作业	1	减少作物的水分胁迫潜在生物量。

CPPE 实践效果：5 明显改善；4 中度至明显改善；3 中度改善；2 轻度至中度改善；1 轻度改善；0 无效果；−1 轻度恶化；−2 轻度至中度恶化；−3 中度恶化；−4 中度至严重恶化；−5 严重恶化。

工作说明书—— 国家模板
（2004年4月）

此类可交付成果适用于个别实践。其他规划实践的可交付成果参考具体的工作说明书。

设计
可交付成果

1. 证明符合美国自然资源保护局实践中相关准则并与其他计划和应用实践相匹配的设计文件。
   a. 保护计划中确定的目的。
   b. 客户需要获得的许可证清单。
   c. 制订计划和规范所需的与实践相关的计算和分析，包括但不限于：
      i. 确定所需的栽植措施，包括增加新的林木带以保持预期密度和功能
      ii. 对设备设施采取保护措施以维护预期功能，包括访问进出控制
2. 向客户提供书面计划和规范书包括草图和图纸，充分说明实施本实践并获得必要许可的相应要求。
3. 所需运行维护工作的相关文件。
4. 证明设计符合实践和适用法律法规的文件。
5. 安装期间，根据需要所进行的设计修改。

注：可根据情况添加各州的可交付成果。

安装
可交付成果

1. 与客户进行的实施前会议。
2. 验证客户是否已获得规定许可证。
3. 根据计划和规范（包括适用的布局注释）进行定桩和布局。
4. 根据需要提供的应用指南。
5. 协助客户和原设计方并实施所需的设计修改。
6. 在安装期间，就所有联邦、州、部落和地方法律、法规和美国自然资源保护局政策的合规性问题向客户 / 美国自然资源保护局提供建议。

7. 证明施用过程和材料符合设计和许可要求的文件。

注：可根据情况添加各州的可交付成果。

验收
可交付成果

1. 实施记录。

  a. 实践单位

  b. 实际使用的措施和材料

2. 证明施用过程符合美国自然资源保护局实践和规范并符合许可要求的文件。

3. 进度报告。

注：可根据情况添加各州的可交付成果。

参考文献

NRCS Field Office Technical Guide（eFOTG）, Section IV, Conservation Practice Standard – Windbreak/Shelterbelt Renovation, 650.

NRCS National Forestry Handbook（NFH）, Part 636.4.

NRCS National Environmental Compliance Handbook.

NRCS Cultural Resources Handbook.

注：可根据情况添加各州的参考文献。

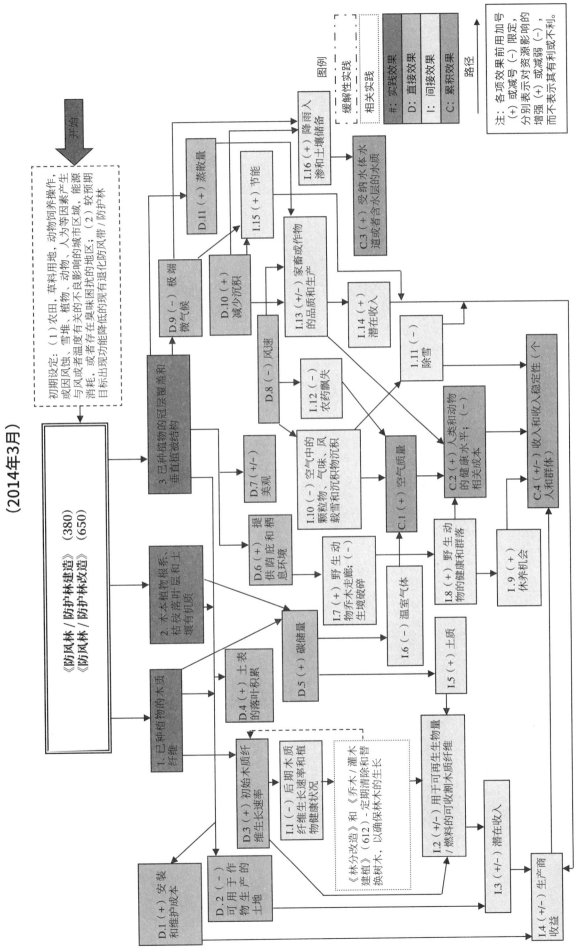

保护实践效果（网络图）

（2014年3月）

▶ 防风林 / 防护林改造

第二章

农田土壤保护

一、农田土壤质量管理

土壤质量管理六大部分组成如下：增加土壤有机质、避免过度耕作、有效管理病虫害和养分、防止土壤压实保持地面覆盖、保护地被植物、实现耕作制度多样化。在各部分中，因不同类型土壤对同一保护实践的反应不同，所以应根据实际情况选择具体保护实践。各种土壤类型和土地使用情况相结合，需要采用不同的方法来提高土壤质量。请注意，仅包括针对农田或牧草种植地的相关措施。

二、农田土壤健康与可持续性

此类措施分步进行，用于反映农田土壤健康管理系统（SHMS）的实施进展。农田土壤健康管理系统为美国自然资源保护局（NRCS）出台的一系列保护措施，致力于通过以下四大土壤健康管理原则，维护或改善土壤健康情况：实现干扰最小化，土壤覆盖率、生物多样性及活根数量最大化。请注意，仅包括针对农田的相关措施。此外，须至少使用两种符合条件的保护措施或一种保护实践（CSP）捆绑政策。符合条件的保护措施展示了土壤健康管理系统的进度情况，此类措施包括：保护性作物轮作、残留物和耕作管理（免耕和减耕）、覆盖作物、相应的保护实践活动和捆绑政策。可将某些保护实践捆绑政策视为两种符合条件的措施。

三、农田土壤健康管理系统

农田土壤健康管理系统为美国自然资源保护局出台的一系列保护措施，致力于通过以下四大土壤健康管理原则，维护或改善土壤健康情况：实现干扰最小化，土壤覆盖率、生物多样性及活根数量最大化。请注意，仅包括针对农田的相关措施。必须采取3项符合条件的核心保护措施。分别为：保护性作物轮作、残留物和耕作管理（免耕或减耕）、覆盖作物、相应的保护实践活动和捆绑政策。某些保护实践捆绑政策可满足农田土壤健康管理系统的要求。

访问控制

（472，Ac.，2017年10月）

定义

暂时或永久地禁止动物、人、车辆和设备出现在某一个地区。

目的

按照保护计划中关于条例应用程序、措施和活动规定，监测和管理动物、人、车辆和设备使用的强度，以实现和维持所需的资源条件。

适用条件

适用于所有土地。

准则

适用于上述所有目的的总体准则

使用调控活动（例如：张贴标志、巡逻、设立出入口、设围栏及其他障碍物、检查许可证）必须达到预期的目的，在安装、运行和维护期间，应减少相关的资源问题，直到可以接受。活动将补充在保护计划中规定的申请进度表和其他条例中的时间期限。

确定每项活动或措施被监测和管理的实体（动物、人、车辆和设备），并具体说明该实体的意图、强度、数量和禁入时间。活动可能禁止一个或者是所有实体的暂时性或永久性地出入。

必须加以说明每项活动的安排、位置、地点、尺寸和材料（例如：标志、出入口）和使用频率（例如：持续时间、特定季节或特定日期），包括监测频率。

注意事项

即使该地区受监测和控制，土地管理人员或租户也应该得到本地区或本地区附近的关于应急救援准备的建议和信息（例如：当地火灾/磷火控制机构和泵车水源），应首先确定这些信息，并且每年更新。

计划和技术规范

必须为每个地区制订使用这种做法的规范，并使用合理的规格表、工作表和养护计划中的叙述性陈述或其他被认同的文件。

运行和维护

对调控活动的有效性进行定期监测，至少每年一次，必要时对运行和维护要求进行调整。

如果资源情况保持不变，则允许对活动和措施进行临时修改，以适应紧急情况，如野火、飓风、干旱或洪水。

参考文献

Gucinski, H., M.J. Furniss, R.R. Ziemer, M.H. Brookes. 2001. Forest roads: A Synthesis of Scientific Information. Gen. Tech. Rep. PNWGTR-509.U.S. Department of Agriculture, Forest Service, Pacific Northwest Research Station. Portland, OR.

U.S. Department of Transportation, Federal Highway Administration. 2009. Manual on Uniform Traffic Control Devices for Streets and Highways-Part 5, Traffic Control Devices for Low-Volume Roads. Washington, DC. https://mutcd.fhwa.dot.gov/pdfs/2009r1r2/pdf_index.htm.

保护实践概述

（2017年10月）

《访问控制》（472）

访问控制包括将动物、人员、车辆和设备暂时或永久排除在某一区域之外。

实践信息

控制进出通常用于保护、维护或提高一个地区自然资源的数量和质量。还有助于促进区域美化，维护人们健康和安全。

进出控制可以在植被的种植、保护和维护等方面发挥作用，一般对保护其他自然资源至关重要。针对进出控制而建的屏障必须足以防止目标动物、车辆或人员的进入。屏障通常采用栅栏，但也可采用自然和人工结构，如原木、岩石、填土、闸门、标志等。

常见相关实践

《访问控制》（472）通常与《计划放牧》（528）、《乔木／灌木建植》（612）、《植被处理区》（635）和《湿地创建》（658）等保护实践一起应用。

保护实践的效果——全国

土壤侵蚀	效果	基本原理
片蚀和细沟侵蚀	3	对动物、人员和车辆的控制减少对土壤和植被的干扰。
风蚀	1	对动物、人员和车辆的控制减少对土壤和植被的干扰。
浅沟侵蚀	4	对动物、人员和车辆的控制减少对土壤和植被的干扰。
典型沟蚀	4	对动物、人员和车辆的控制减少对土壤和植被的干扰。
河岸、海岸线、输水渠	4	对动物、人员和车辆的控制减少对土壤和植被的干扰。
土质退化		
有机质耗竭	1	对动物、人员和车辆的控制有助于维持土壤和植被的状况。
压实	4	对动物、人员和车辆的控制减少了土壤上的压实力。
下沉	0	不适用
盐或其他化学物质的浓度	0	对动物、人员和车辆的控制将影响植物生长，并在一定程度上改变渗透和浸析情况。
水分过量		
渗水	1	对动物、人员和车辆的控制影响植被的活力和健康，进而影响水分的吸收和渗透。
径流、洪水或积水	0	对动物、人员和车辆的控制可以提高植被的活力和健康，从而延缓水流。此外，屏障可以截留杂物，进一步阻碍流动。
季节性高地下水位	2	对动物、人员和车辆的控制影响植被的活力和健康，进而影响水分的吸收。
积雪	0	不适用
水分不足		
灌溉水使用效率低	0	不适用
水分管理效率低	3	对动物、人员和车辆的控制会影响植被活力和土壤结构，从而有助于优化水资源利用。

（续）

水质退化	效果	基本原理
地表水中的农药	1	对动物、人员和车辆的控制影响植被的活力和健康，在与其他管理实践一起使用时，还会影响能保留农药的土壤条件。
地下水中的农药	0	不适用
地表水中的养分	1	对动物、人员和车辆的控制影响植被的活力和健康，在与其他管理实践一起使用时，还会影响能减少径流的土壤条件。
地下水中的养分	1	对动物、人员和车辆的控制会影响植被活力和土壤结构，从而加速养分/有机物的利用和分解。
地表水中的盐类	0	不适用
地下水中的盐类	0	不适用
粪肥、生物土壤中的病原体和化学物质过量	1	对动物、人员和车辆的控制会影响植被的活力和健康以及土壤条件，进而影响水分的吸收和渗透，减少径流，增加病原体的死亡率。
粪肥、生物土壤中的病原体和化学物质过量	1	对动物和人员的控制减少了敏感地区病原体的产生。
地表水沉积物过多	3	对动物、人员和车辆的控制影响植被的活力和健康，在与其他管理实践一起使用时，还会影响能减少地表水沉积物的土壤条件。
水温升高	3	对动物、人员和车辆的控制会影响河岸植被的活力、健康和可用率，这些植被可对相关地表水形成阴影。
石油、重金属等污染物迁移	1	对动物、人员和车辆的控制会提高植被的活力和健康以及土壤条件，进而影响水分的吸收和渗透，减少径流。控制车辆数量可以减少刹车片和燃油中的重金属。
石油、重金属等污染物迁移	1	对动物、人员和车辆的控制会影响植被活力和土壤结构，从而加速重金属的衰减。
空气质量影响		
颗粒物（PM）和 PM 前体的排放	2	限制一个地区的交通可以减少轮胎对地面的压力，并改善植被，减少颗粒物的产生。
臭氧前体排放	1	限制交通将减少当地的发动机废气排放。
温室气体（GHG）排放	1	植被将空气中的二氧化碳转化为碳，储存在植物和土壤中。限制交通将减少当地的发动机废气排放。
不良气味	0	不适用
植物健康状况退化		
植物生产力和健康状况欠佳	3	在与其他实践一起使用时，对动物、人员和车辆的控制有助于保持并提高理想植物群落的健康和活力。
结构和成分不当	3	对进出的控制有利于植物适应现场。
植物病虫害压力过大	5	对动物、人员和车辆的控制会影响植被的活力和健康，从而在与其他保护实践一起使用时会减少有害植物和入侵植物的威胁。
野火隐患，生物量积累过多	3	可限制人员和车辆进入高危险区域。
鱼类和野生动物——生境不足		
食物	3	对动物、人员和车辆的控制会影响植被的活力、健康及生长，进而影响野生动物的食物来源。对动物、人员和车辆的控制会影响覆盖植被的活力、健康和生长，进出控制能保护可用水源。
覆盖/遮蔽	3	禁止动物、人员和车辆进入可保护野生动物的生存空间。
水	3	对动物、人员和车辆的控制会影响植被的活力、健康及生长，进而影响野生动物的食物来源。对动物、人员和车辆的控制会影响覆盖植被的活力、健康和生长，进出控制能保护可用水源。
生境连续性（空间）	1	禁止动物、人员和车辆进出可保护野生动物的生存空间。
家畜生产限制		
饲料和草料不足	3	对动物的控制影响植被的活力和健康。
遮蔽不足	0	不适用
水源不足	0	不适用
能源利用效率低下		
设备和设施	0	不适用
农场/牧场实践和田间作业	0	不适用

CPPE 实践效果：5 明显改善；4 中度至明显改善；3 中度改善；2 轻度至中度改善；1 轻度改善；0 无效果；−1 轻度恶化；−2 轻度至中度恶化；−3 中度恶化；−4 中度至严重恶化；−5 严重恶化。

保护实践规范 / 工作表（州模板）

（2007年7月）

访问控制

将动物、人员、车辆和设备暂时或永久排除在某一区域之外。

目的

通过监督并管理动物、人员、车辆或设备的使用强度，并与保护计划中规定的实践、措施和行动的时间表相协调，实现并保持所需的资源条件。

适用条件

本实践适用于所有土地用途。

保护管理体系

图1 门和栅栏可以选择性地控制人和车辆进出某个区域

管制措施（如张贴标志、巡逻、大门、栅栏、其他屏障和出入许可证）纳入保护管理体系，以促进该区域的有序恰当使用（时间和强度），包括在措施安装、运行和维护期间将相关资源问题降低到可接受的水平。

各项措施有明确的监督和管制目标（动物、人、害虫、车辆和设备），并对该等目标进出场地的目的、强度、数量和时间进行了规定。某些目标或所有目标可能会暂时或永久禁止进出。访问控制可以覆盖由多片田地或多个保护管理单元组成的整个所有单元或规划单元。对于某些措施，可以立即执行，例如巡逻。

图2 车辆进出时间不当会加剧行车通道和小径上的坡面、细沟和集中渗流侵蚀

图3 不受管制的进出可能会导致土地所有者面临安全和责任问题

客户 / 运营单位：　　　　　　地段：　　　　　　　　农场编号：

农场 / 牧场位置：　　　　　　田地编号：　　　　　　项目：

规范日期：　　　　　　　　　　　　　　　　　　　　计划安装日期：

拟订处理面积：

安装应符合下列规范、图纸等要求。未经机构代表事先批准，不得对规范进行任何更改。

规范
1. 监督和管理目标（标记所有适用项）： □ 动物 □ 人员 □ 车辆 □ 设备 □ 其他 _____ 管控意图和风险具体情况的解释：
2. 进出控制措施名称（张贴标志、巡逻、大门、栅栏和其他屏障、许可证），对上文第 1 项所述目标的进出强度、数量和时间的说明，以及（如果这些目标的进出会影响其他资源问题）相应的缓解措施和监督要求。 名称： 说明：
3. 描述每项措施的布局、位置、尺寸和材料（标志、结构等）以及使用频率（如连续性使用、特定季节使用、特定日期使用）。
4. 土壤、场地因素和实施时间须适合用于安装指定措施的地面设备，以避免造成侵蚀和沉积。为了保证安全和保护现场资源，通常不要在超过 35% 的斜坡上采用涉及设备的措施。
5. 列明应急准备机构信息（可选），例如，当地消防 / 野火控制机构和附近的消防卡车水源。
6. 其他要求：
7. 应定期监测和维护与实施本实践项下措施相关的所有行动，这些行动应符合联邦、州、部落和地方法律法规。土地所有者有责任在行动开始之前获得适当的许可或申请。

布局草图和图纸
（提供草图、图纸、地图或航拍图）

比例尺 1 英寸 =_____ 英尺（NA 表示草图不按比例：网格大小 =1/2 英寸 ×1/2 英寸）。

参考文献

eFOTG, http：//www.nrcs.usda.gov/technical/efotg/.

实践规范批准和完成认证

设计和安装 / 布局批准：

本人有作业批准权，并证明本实践的设计符合保护实践标准，且已告知客户安装和布局要素：

自然资源保护局代表姓名和职务（清楚填写）：	
自然资源保护局代表签名：	日期：

土地所有者 / 经营者承认：

a. 其已收到规范的复印件，并了解实践范围和地点等内容。

b. 其已在实践实施前获得所有必要的许可或权利，并将遵守与本实践实施相关的所有条例和法律。

c. 未经自然资源保护局事先同意，不得对作业的安装进行任何更改。

d. 在实践期间，对已安装措施进行维护是正确履行职责的必要条件。实践期限为 _____。

本人已审阅了所有规范，并同意按规定安装：

土地所有者 / 经营者姓名和职务（清楚填写）：	
土地所有者 / 经营者签名：	日期：

完工及验收证明记录：

处理面积：	客户完成日期：	认证日期：	批准人姓名首字母：

本人有作业批准权，并证明本实践适用于并符合设计规范：

自然资源保护局代表姓名和职务（清楚填写）：	
自然资源保护局代表签名：	日期：
注：	

工作说明书——国家模板

（2010年9月）

此类可交付成果适用于个别实践。其他规划实践的可交付成果参考具体的工作说明书。

设计

可交付成果

1. 证明符合自然资源保护局实践中相关准则并与其他计划和应用实践相匹配的设计文件。
    a. 保护计划中确定的目的（指定产品、环境服务或将资源问题保持在可接受水平的缓解措施）。
    b. 客户需要获得的许可证清单。
    c. 制订计划和规范所需的与实践相关的计算和分析，包括但不限于：
        i. 应对管制措施（例如：标识牌、巡逻、大门、许可证）进行监督，确保达到预期目的，包括将相关资源问题降低到可接受的水平
        ii. 各项措施有明确的监督和管制目标（动物、人、车辆和设备），并对该等目标进出场地的目的、强度、数量和时间进行规定
        iii. 应描述各项措施的布局、位置、尺寸和材料（例如：标志、大门）和使用频率（如连续性使用、特定季节使用、特定日期使用），包括监督频率
2. 向客户提供书面计划和规范书包括草图和图纸，充分说明实施本实践并获得必要许可的相应要求。
3. 所需运行维护工作的相关文件。
4. 证明设计符合实践和适用法律法规的文件。
5. 安装期间，根据需要所进行的设计修改。

注：可根据情况添加各州的可交付成果。

安装

可交付成果

1. 与客户进行的实施前会议。
2. 验证客户是否已获得规定许可证。
3. 根据计划和规范（包括适用的布局注释）对实践或措施进行布局，并在适用的情况下，进行现场定桩或标记。
4. 根据需要提供的应用指南。
5. 协助客户和原设计方并实施所需的设计修改。
6. 在安装期间，就所有联邦、州、部落和地方法律、法规和自然资源保护局政策的合规性问题向客户/自然资源保护局提供建议。
7. 证明施用过程和材料符合设计和许可要求的文件。

注：可根据情况添加各州的可交付成果。

验收

可交付成果

1. 实施记录。
    a. 实践单位

      b. 实际使用和应用的缓解措施

2. 证明施用过程符合自然资源保护局实践和规范并符合许可要求的文件。

3. 进度报告。

注：可根据情况添加各州的可交付成果。

参考文献

NRCS Field Office Technical Guide（eFOTG）, Section IV, Practice Standard – Access Control, 472.

NRCS National Environmental Compliance Handbook, NRCS Cultural Resources Handbook.

注：可根据情况添加各州的参考文献。

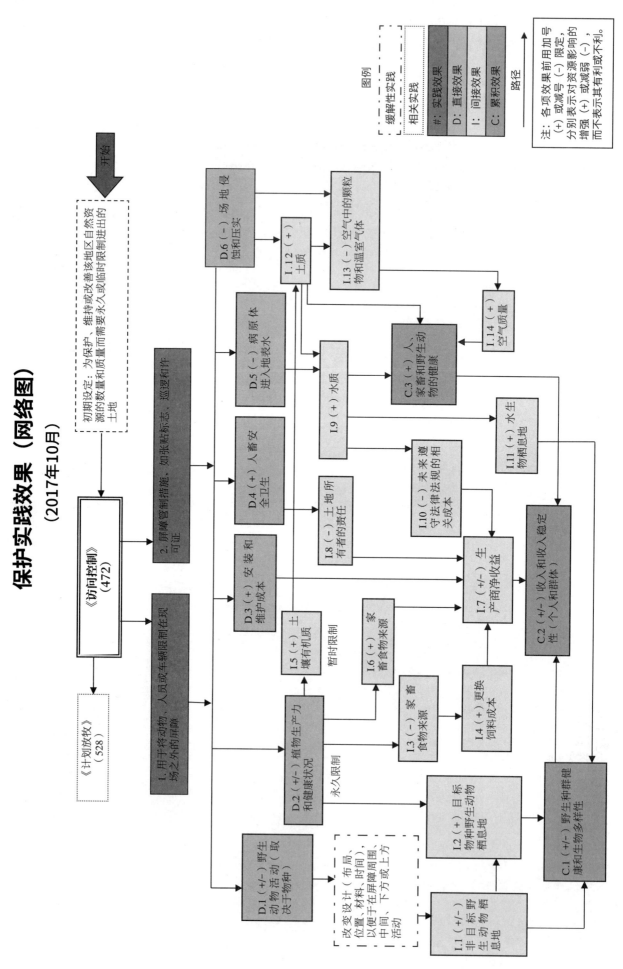

保护实践效果（网络图）
（2017年10月）

用石膏制品改良土壤

（333，Ac. 2015年6月）

定义

使用石膏（二水硫酸钙）衍生产品来改变土壤的物理性质或化学性质。

目的

- 通过改善物理性质或化学性质和增大土壤的渗透率来改善土壤健康。
- 通过降低溶解于地表径流和地下排水中的磷浓度来改善地表水质。
- 通过减弱铝在底土内的毒性来改善土壤健康水平。
- 通过减少应用粪肥和生物固体区域的病原体和其他污染传播体来改善水质。

适用条件

- 本实践适用于以下范围：将改变应用石膏产品的土地其土壤的物理特性或化学特性，以帮助实现上述目的之一。
- 按照保护实践《盐碱地管理》（610）来修复钠质土壤。

准则

适用于上述所有目的的总体准则

请勿在硫酸盐添加剂受限的流域使用石膏产品。

产品验证。改良剂提供商有责任向生产商提供产品的化学分析文件。化学分析文件应包括表1中列出的钙和硫含量以及重金属和其他潜在污染物的含量。

潜在污染物的浓度不得超过表1中列出的最大允许浓度范围。另外，石膏衍生产品中的镭-226浓度不得超过10皮摩尔/克。

除去飞灰后，由强制氧化湿式系统生产的烟气脱硫（FGD）石膏可用于这些用途。

最小施用量应基于100%的二水硫酸钙当量。产品施用量小于100%的二水硫酸钙当量时，应做相应调整。

表1 用作土壤改良剂的石膏衍生产品的元素筛选值

符号（元素）	单位 （克，千克，毫克）	石膏衍生产品的筛选值	评估
Ag（银）	毫克/千克	…	没有限制要求
Al（铝）	克/千克	…	没有限制要求
As（砷）	毫克/千克	13.1	…
B[†]（硼）	毫克/千克	200.1	…
Ba（钡）	毫克/千克	1 000	…
Be（铍）	毫克/千克	2.5	…
Ca（钙）	克/千克	…	钙肥，没有限制要求
Cd[‡]（镉）	毫克/千克	1.0	…
Co（钴）	毫克/千克	20	…
Cr（III）（铬）	毫克/千克	100	…
Cu（铜）	毫克/千克	95	…

（续）

符号（元素）	单位（克，千克，毫克）	石膏衍生产品的筛选值	评估
Fe（铁）	克 / 千克	…	没有限制要求
Hg（汞）	毫克 / 千克	2.5	…
Mg（镁）	克 / 千克	…	镁肥，没有限制要求
Mn（锰）	毫克 / 千克	1 500	…
Mo（钼）	毫克 / 千克	10	…
Ni（镍）	毫克 / 千克	100	…
Pb（铅）	毫克 / 千克	30	…
S*（硫）	克 / 千克	220	硫肥，*限制进入反刍动物
Sb（锑）	毫克 / 千克	1.5	…
Se（硒）	毫克 / 千克	50	…
Sn（锡）	毫克 / 千克	…	没有限制要求
Tl（铊）	毫克 / 千克	1.0	…
V（钒）	毫克 / 千克	136	…
Zn（锌）	毫克 / 千克	125	…

† 可溶性硼的石膏改良剂所使用的热水不应超过 0.9 磅 / 英亩。

‡ 镉是锌限量的 1%，以限制土壤镉的食物链风险。

* 防止反刍家畜摄入储存堆中的石膏；在降雨（或灌溉）来对草料清洗之前，防止在经改良的牧场上放牧。

石膏衍生产品的粒度须小于 1/8 英寸。施用液态产品是可以接受的。

本实践规定的年施用量不得超过 5 吨 / 英亩。使用不超过 1 年的土壤分析来制订适当的石膏产品的施用量，土壤分析应至少包括作为最低限度的阳离子交换量（CEC）、钙、镁、酸碱度（pH）和磷。

通过改善物理性质或化学性质和增大土壤的渗透率来改善土壤健康水平的总体准则

无论有无家畜，牧场都可以使用石膏。在降雨或灌溉冲走植被上的石膏产品前，不允许家畜进入。

当由于钙与镁之间的不均衡导致聚合不良而引起缓慢渗透和浸透时，使用表 2a 和表 2b 来确定石膏产品的施用量。

阳离子交换量是土壤黏土和有机质含量的间接指标，且与某些阳离子过量或不足时需要如何调整有关。表 2a 中的饱和度范围代表良好土壤结构以及植物和生物用途的最佳阳离子可用性。

表 2a　能够改善土壤的化学性质和物理性质的阳离子基本饱和度的目标范围

基本饱和度	均衡
钙	70% ~ 80%
镁	10% ~ 13%
钾	2% ~ 5%
氢	1% ~ 10%

表 2a 列出的阳离子中，钙和镁对土壤结构的影响最大。阳离子交换量较低的干旱土壤，其钙含量偏低，而镁含量偏高。对于阳离子交换量较高的土壤，其钙含量偏高，而镁含量则偏低。注意：本实践未涉及用于解决盐碱和钠质土壤问题的电导率修正表。参照保护实践《盐碱地管理》（610）。

表 2b 列出了基于阳离子交换量的建议年施用量。按建议比例多次施用可在合理的时间内改善土壤的化学性质和物理性质，而不会造成土壤养分的不均衡。一旦达到表 2a 中的比例，除非土壤测试值未达到预期目标，否则便可减少或停止施用。

表 2b 能够改善土壤的化学性质和物理性质的石膏施用量
（目标：钙的基本饱和度为 70% ~ 80%）

阳离子交换量（CEC）	年施用量（吨 / 英亩）
<5	0.25
5 ~ 10	0.5
10 ~ 15	1
>15	2

通过降低溶解于地表径流和地下排水中的磷浓度来改善地表水质的总体准则

高磷土壤的一般用途。当土壤测试磷（STP）比"最高最佳水平"的作物生产所需的磷大两倍时，或当磷（P）的指数评级在本领域较高或非常高时，在土壤表面的播撒量不应少于 1 吨 / 英亩。

粪肥的施用。——在粪肥施用后 5 天内或在下次径流发生之前，播撒不少于 1 吨 / 英亩的石膏，以先发生者为准。可以接受在施用前将石膏与粪肥混合。注意：在厌氧条件下，添加到液态粪肥储存设施中的石膏可能会导致排放硫化氢的风险。液态粪肥与石膏的混合或搅拌不应在室内进行。已知石膏混入室外敞顶式液态粪肥储存设施时，会产生过高的硫化氢排放。

通过减弱铝在底土内的毒性来改善土壤健康水平的总体准则

土层 12 英寸以下的可交换铝含量每 100 毫克超过 1.0 毫当量土壤时，石膏比例应按照赠地大学（LGU）或农业研究服务机构（ARS）推荐的使用比例。根据 1 年之内的铝在底土内的分析，规定石膏产品的恰当施用量。

减少病原体传播体的总体准则

在粪肥或生物固体施用后 5 天内，或施用粪肥后的下一次径流之前，施用不少于 2 吨 / 英亩的石膏，以先发生者为准。

注意事项

一般注意事项

如果土壤酸碱度（pH）小于 5，施用亚硫酸盐含量高的产品在施用时可能对植物有害。

石膏长期使用或其使用率高于准则中的规定时，可能对土壤或植物系统造成不利影响。这些影响包括：

- 当石膏衍生产品由于杂质而呈碱性时会使土壤酸碱度（pH）提高至对植物生长或营养平衡有害的水平。
- 钙元素含量与镁、钾等其他矿物营养素之间的失衡。

通过增大渗透率和改善土壤的物理性质或化学性质来改善土壤健康水平的附加注意事项

研究表明，施用石膏可加深作物生根深度、增加总根生物量和氮素吸收。

通过降低溶解于地表径流中的磷浓度来改善地表水质的附加注意事项

石膏施用量超过准则中的设定值将额外减少溶解磷损失。然而，当石膏比率超过 2 吨 / 英亩时，磷的额外径流减少量与额外成本便不成比例。

计划和技术规范

应对每一石膏产品施用场地制订计划和技术规范。根据保护实践 333 号标准的要求，记录标准技术规范，通过石膏产品来改良土壤性质，并实施文档要求。计划和技术规范应包括：

- 产品的来源，如烟气脱硫、开采。
- 产品的使用目的和预定结果。
- 对改良剂产品的化学分析。
- 表明需要改良剂的土壤分析。

- 施用方法，包括施用量、施用时间、与其他养分质（即粪肥、生物固体、肥料）一起施用的顺序、关于施用前和粪肥混合施用时的混合说明。
- 施用后需要进行土壤或植物分析，以确保改良剂的有效性。

运行和维护

请勿让家畜接触堆积的石膏。

在降雨或灌溉已将石膏从植被上清除后才能恢复放牧。

当土壤测试中的钙水平超过赠地大学（LGU）设定的最高水平时，不得施用石膏。

参考文献

Baligar, V. C., R. B. Clark, R. F. Korcak, and R. J. Wright. 2011. Flue Gas Desulfurization Products Use on Agricultural Land. In Donald L. Sparks, editor：Advances in Agronomy. Vol. 111. Academic Press, 51-86.

Chaney, R.L. 2012. Food safety issues：Mineral and organic fertilizers. Adv. Agron. 117：51–116.

Chen, Liming, and Warren Dick. 2011. Gypsum as an Agricultural Amendment. Extension Bulletin 945. The Ohio State University. Columbus, OH.

Dungan, R.S., R.L. Chaney, N. Basta, E. Dayton, T. Taylor and C. Davis. 2014. Risk characterization of spent foundry sands in soil-related applications. U.S. EPA Document. Washington, DC.

Endale, D. M., H. H. Schomberg, D. S. Fisher, D. H. Franklin, and M. B. Jenkins. 2013. Flue gas desulfurization gypsum：Implication for runoff and nutrient losses associated with boiler litter use on pastures on ultisols. J. Environ. Qual. 10.2134/jeq2012.0259.

Holmgren, G.G.S., M.W. Meyer, R.L. Chaney and R.B. Daniels. 1993. Cadmium, lead, zinc, copper, and nickel in agricultural soils of the United States of America. J. Environ. Qual. 22：335–348.

Jenkins, M. B., H. H. Schomberg, D. M. Endale, D. H. Franklin, and D.S. Fisher. 2013. Hydrologic transport of fecal bacteria attenuated by flue gas desulfurization gypsum. J. Environ. Qual. 10.2134/jeq2012.0132.

Norton, L.D., and K Donstova. 1998. Use of soil amendments to prevent soil surface sealing and control erosion. Adv. Geoecology 31：581–587.

Shainberg, I., M.E. Sumner, W.P. Miller, M.P.W. Farina, M.A. Pavan, and M.V. Fey. 1989. Use of gypsum on soils. A review. Advances in Soil Science 9：1–111.

Smith, D.B., W.F. Cannon, L.G. Woodruff, F. Solano, J.E. Kilburn, and D.L. Fey. 2013. Geochemical and mineralogical data for soil of the conterminous United States：U.S. Geological Survey Data Series 801, 19p. http：//pubs.usgs.gov/ds/801/.

Sumner, M.E. Gypsum and acid soils：The world scene. P. 1–32. In D.L Sparks（ed）. Advances in Agronomy, Vol. 51. Academic Press Inc, San Diego, CA.

Torbert, H. A., and D. B. Watts. 2013. Impact of flue gas desulfurization gypsum application on water quality in a coastal plain soil. J. Environ. Qual. 10.2134/jeq2012.0422.

保护实践概述

（2003年4月）

《用石膏制品改良土壤》（333）

石膏产品的使用涉及对石膏施用量、施用位置、来源和施用时间的管控，以改善土壤性质、解决土壤健康问题、减弱铝的毒性、防止磷径流，并减少地表径流中的潜在病原体。

实践信息

如需在土地中施用石膏产品以改变土壤的物理性质或化学性质时，可以采用石膏以改善土壤健康、减少磷及其他污染物的地表迁移。关键点是，要根据当前的土壤测试来确定是否应使用石膏，以及需要多少石膏才能达到预期目的。同样重要的是，要验证石膏来源，以确保其所含重金属和其他潜在污染物的浓度在安全范围内。施用量应基于100%的二水硫酸钙当量，因此产品施用量小于100%的二水硫酸钙当量时，应做相应调整。其目的是在适当的时间施用适量的石膏以达到预期目的。石膏的施用量取决于钙、镁、钾、氢的基本饱和度和土壤的阳离子交换量。在降雨或灌溉冲走植被上的石膏产品前，不允许家畜进入用石膏处理过的田地。

运行维护工作包括监测土壤中各种养分的含量、阳离子交换量和基本饱和度。如测试结果显示土壤钙含量超过赠地大学所规定的最高水平，则不可施用石膏。记录石膏施用情况，包括施用时间、施用量及石膏来源。

常见相关实践

《用石膏制品改良土壤》（333）通常与缓解土壤侵蚀和养分径流所需的保护实践一起应用。

实施要求

（2016年2月）

生产商： _____   项目或合同： _____

地点： _____   国家： _____

农场名称： _____   地段号： _____

实践位置图

（显示预计进行本实践的农场/现场的详细鸟瞰图，显示所有主要部件、布点、与地标的相对位置及测量基准）

索引

☐ 封面

☐ 规范

☐ 图纸

☐ 运行维护

☐ 认证声明

公用事业安全/呼叫系统信息

工作说明：

仅自然资源保护局审查

设计人： _____   日期 _____

校核人： _____   日期 _____

审批人： _____   日期 _____

实践目的（勾选所有适用项）：
- ☐ 通过改善物理性质或化学性质和增大土壤的渗透率来改善土壤健康。
- ☐ 通过降低溶解于地表径流和地下排水中的磷浓度来改善地表水水质。
- ☐ 通过减弱铝在底土内的毒性来改善土壤健康水平。
- ☐ 通过减少应用粪肥和生物固体区域的病原体和其他污染传播体来改善水质。

应针对按照一定施用量、施用时间、施用方法施用石膏产品的各场地，制订相应的规范。

场地：＿＿＿＿＿＿＿＿＿＿＿＿＿＿＿＿＿＿＿＿＿＿＿＿＿

产品来源（如烟气脱硫、开采）：＿＿＿＿＿＿＿＿＿＿＿＿

施用方法：＿＿＿＿＿＿＿＿＿＿＿＿＿＿＿＿＿＿＿＿＿＿＿

施用量：＿＿＿＿＿＿＿＿＿＿＿＿＿＿＿＿＿＿＿＿＿＿＿＿

施用时间：＿＿＿＿＿＿＿＿＿＿＿＿＿＿＿＿＿＿＿＿＿＿＿

与其他养分（如粪肥、生物固体、肥料）一起施用的顺序：

关于施用前和粪肥混合施用时的混合说明：

所需附件：
- ☐ 表明需要改良剂的土壤分析。
- ☐ 对改良剂产品的化学分析。
- ☐ 施用后需要进行土壤或植物分析，以确保改良剂的有效性。

运行维护（勾选所有适用项）：
- ☐ 请勿让家畜接触堆积的石膏。
- ☐ 在降雨或灌溉已将石膏从植被上清除后才能恢复放牧。
- ☐ 当土壤测试中的钙水平超过赠地大学（LGU）设定的最高水平时，不得施用石膏。

工作说明书——国家模板

（2015年6月）

此类可交付成果适用于个别实践。其他规划实践的可交付成果参考具体的工作说明书。

设计
可交付成果

1. 能够证明符合自然资源保护局实践中的相关准则并与其他计划和应用实践相匹配的设计文件。
    a. 保护计划中确定的目的。
    b. 客户需要获得的许可证清单。
    c. 制订计划和规范所需的与实践相关的计算和土壤分析，包括但不限于：
        i. 客户提供的适用土壤取样、分析和试验结果
        ii. 作物进行养分施用的实际产量目标
        iii. 石膏改良剂的计划施用量、施用方法和施用时间
        iv. 施用石膏是为了改善水质时，所进行的磷素运移风险现场评价
        v. 表明石膏产品符合本实践表1（用作土壤改良剂的石膏衍生产品中各元素的筛选值）的验证

2. 向客户提供书面计划和规范书，充分说明实施本实践并获得必要许可的相应要求计划和规范包括：
    a. 标识石膏施用区域的地图。
    b. 产品来源，如烟气脱硫、开采。
    c. 使用目的和预定结果。
    d. 对改良剂产品的化学分析。
    e. 表明需要改良剂的土壤分析。
    f. 施用方法，包括施用量、施用时间、与其他养分质（即粪肥、生物固体、肥料）一起施用的顺序、关于施用前和粪肥混合施用时的混合说明。
    g. 施用后需要进行的土壤或植物分析，以确保改良剂的有效性。
3. 证明设计符合实践和适用法律法规的文件。
4. 安装期间，根据需要所进行的设计修改。

注：可根据情况添加各州的可交付成果。

安装
可交付成果

1. 为审查计划而与客户进行的实施前会议。
2. 验证客户是否已获得规定许可证（如安装需要）。
3. 施用地点及施用方法的沟通，包括施用量、施用时间、与其他养分（即粪肥、生物固体、肥料）一起施用的顺序、关于施用前和粪肥混合施用时的混合说明。
4. 根据需要制订的安装指南。
5. 协助客户和原设计方并实施所需的设计修改。
6. 在安装期间，就所有联邦、州、部落和地方法律、法规和自然资源保护局政策的合规性问题向客户／自然资源保护局提供建议。

7. 证明施用过程和材料符合设计和许可要求的文件。

注：可根据情况添加各州的可交付成果。

验收
可交付成果

1. 实施记录。

   实际施用单位面积（英亩）及每英亩的施用量（吨）。

2. 记录保存指南（生产商或代理商保存的实施记录）。

   a. 施用量（吨）、施用日期、石膏来源、石膏分析的记录

   b. 为实施计划而进行的土壤测试的记录

   c. 计划的定期审查记录，包括审查日期、审查执行人、审查后提出的建议等

3. 证明施用情况符合自然资源保护局实践和规范并符合许可条件的文件。

4. 进度报告。

注：可根据情况添加各州的可交付成果。

参考文献

NRCS Field Office Technical Guide, Section IV, Conservation Practice Standard – Amending soil Properties with Gypsum Products （Code 333）.

注：可根据情况添加各州的可交付成果。

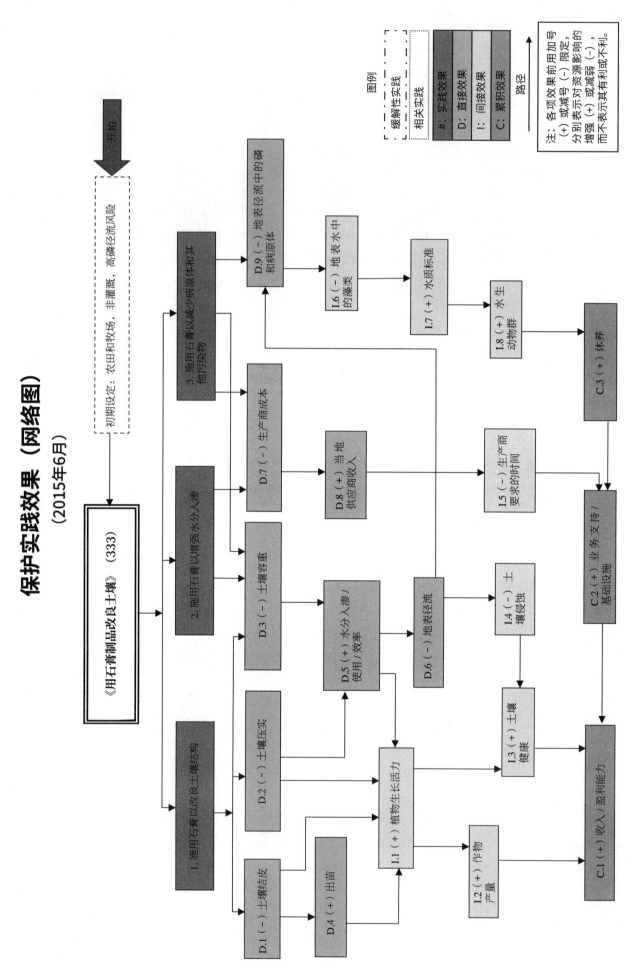

作垄

（310，Ac.，2010年7月）

定义

通过犁、铲等方式使平坦地表稍微隆起，形成一行行较宽的田埂，田埂之间是可有效排水的平行浅沟。

目的

改善地表水的排水。

适用条件

在湿地测定、范围和效果评估均允许的条件下，本实践适用于所有地形（含平地、近平地及排水不良的地区）。

准则

做畦。畦埂应沿着适宜的坡向建造。

畦埂形状固定，选用横排沟渠，方便垄台与垄沟间排水自由。

筑畦后，土壤必须有足够的深度以满足植物根部生长。

垄的高度、宽度和地表灌溉床的最大长度应根据现场情况和作物需求确定。

垄横向坡度应不低于0.3%。

容量。水道和排水口大小设定，应参照适当的地表排水系数或遵照当地排水指南建议的排水速率进行作业。

水压梯度。平行水道应按照排水口进行分级。

为防止水道侵蚀，设计流速不得超过自然资源保护服务《美国国家工程手册》第650部分，《美国国家工程手册》第14章水管理（排水）650.1412（d）中的设计流速。

排水口。排水口必须有足够的容量和深度，以便水从平行渠道中排出。

注意事项

平坦的地和更加紧实的土壤要求更窄的畦埂。

考虑对水分平衡的影响，尤其是在径流量、渗透量、蒸发量、蒸腾量、深层渗透量和地下水回灌量等方面。

根据土壤、种植的作物以及当地的施工和维护方法，平行水道可以浅一些，侧坡可陡峭一些或平坦一些。

在规划图上明确标出，施工后生根深度可能限制植物生长的区域。

考虑可减轻场外水质影响的措施（即湿地处理区域、过滤带、缓冲带等）。

引入非本地物种（例如，引入前低地硬木栖息地的松树）可能会引入破坏农作物的物种或增加害虫或疾病造成损害的风险。

土壤扰动增加了建立入侵植物物种的潜力。

计划和技术规范

畦埂的计划和说明应标明适用地区，标出水道排水方向、垄高、侧坡、河床横断面的宽度和排水口的位置。

运行和维护

畦埂应保持在设计高度。根据需要从水道中除去沉积物，以促进排水和防止积水。风暴发生后，应检查排水渠道和出水渠道是否受损，维护排水渠道和出水渠道稳定。

参考文献

USDA-NRCS，National Engineering Handbook，Part 650，Engineering Field Handbook，Chapter 14，Water Management（Drainage）.

保护实践概述
（2012年6月）

《作垄》（310）

作垄指的是将平坦、排水不良的土地表面形成一系列平行的田埂和犁沟。这一实践用于构建一个温暖、干燥的种植床，以便种植植被。

实践信息

作垄是一种成本相对较低的实践，可改善地表排水，为种植大田作物、树木和其他植被创造有利条件，但不适用于每年对农田进行"覆网"或作垄的栽培技术。

田埂和犁沟可减少积水，两者之间形成的梯度可去除多余的水分，提高设备运行效率，并有助于防止蚊虫滋生。

垄沿着土地大体坡势而行，以便在不造成侵蚀的情况下进行排水。如果土地的大体坡度已知，则无须进行工程测量。然而，犁沟应朝向具有充足容量和防侵蚀保护的天然或人工建造出口，并形成梯度。

在实践的预期年限内，作垄需要进行维护。

常见相关实践

《作垄》（310）通常与《乔木 / 灌木建植》（612）和《布水》（640）等保护实践一起使用。

保护实践的效果——全国

土壤侵蚀	效果	基本原理
片蚀和细沟侵蚀	2	这一实践要求水流速度不可形成侵蚀。
风蚀	0	如果垄的方向与盛行风蚀方向相垂直，则可减少风蚀影响。
浅沟侵蚀	0	设计标准禁止有集中渗流侵蚀。
典型沟蚀	0	实践场地一般不包括沟壑。
河岸、海岸线、输水渠	0	不适用
土质退化		
有机质耗竭	-1	施工和维护期间土壤的移动会导致有机质氧化。
压实	-1	施工和维护期间的设备移动可能会压实土壤。
下沉	0	不适用
盐或其他化学物质的浓度	1	去除含有可溶污染物的地表水将降低土壤中污染物的浓度。
水分过量		
渗水	0	不适用
径流、洪水或积水	5	垄的形成有助于田间水分的去除。
季节性高地下水位	0	不适用
积雪	0	不适用
水分不足		
灌溉水使用效率低	0	此实践不适用于在灌溉期间进行。
水分管理效率低	-1	过剩的水分可向外输送。这一实践可能会在作物需要水分的阶段向外输送水分。
水质退化		
地表水中的农药	-2	这一实践可增加地表径流。
地下水中的农药	1	这一实践可增加径流。
地表水中的养分	-2	实践中的有效排水系统有助于溶液中养分流入地表水。
地下水中的养分	1	垄间沟渠有助于地表排水，减少渗透。
地表水中的盐类	-2	实践为水道和其他地表水创造了更好的输送条件，可减少渗透。
地下水中的盐类	1	改善地表排水可以促进地表径流，减少渗透，减少地下水中的盐类。
粪肥、生物土壤中的病原体和化学物质过量	-2	排水方式为水道和其他地表水创造了更好的输送条件。
粪肥、生物土壤中的病原体和化学物质过量	1	排水系统的完善促进地表径流，减少渗透，减少病原体向地下水输入。
地表水沉积物过多	-1	地表水运动增多将土壤颗粒带入水道。
水温升高	0	不适用
石油、重金属等污染物迁移	-2	排水方式为水道和其他地表水创造了更好的输送条件。
石油、重金属等污染物迁移	1	排水系统的完善促进地表径流，减少渗透，可防止金属流入地下水。
空气质量影响		
颗粒物（PM）和 PM 前体的排放	-1	集中耕作会增加颗粒物排放。
臭氧前体排放	-1	集中耕作会增加拖拉机发动机氮氧化物（NO_x）和挥发性有机化合物（VOC）排放。
温室气体（GHG）排放	-1	集中耕作会使土壤中的碳元素以二氧化碳的形式释放出来。
不良气味	0	不适用
植物健康状况退化		
植物生产力和健康状况欠佳	2	改善排水系统可以增强植物的健康和活力。
结构和成分不当	0	不适用
植物病虫害压力过大	-1	作垄地区可能会长出其他植物。
野火隐患，生物量积累过多	0	不适用
鱼类和野生动物——生境不足		
食物	0	不适用
覆盖／遮蔽	0	不适用

（续）

鱼类和野生动物——生境不足	效果	基本原理
水	2	不适用
生境连续性（空间）	0	不适用
家畜生产限制		
饲料和草料不足	0	不适用
遮蔽不足	0	不适用
水源不足	0	不适用
能源利用效率低下		
设备和设施	0	不适用
农场／牧场实践和田间作业	0	不适用

CPPE 实践效果：5 明显改善；4 中度至明显改善；3 中度改善；2 轻度至中度改善；1 轻度改善；0 无效果；−1 轻度恶化；−2 轻度至中度恶化；−3 中度恶化；−4 中度至严重恶化；−5 严重恶化。

工作说明书——国家模板

（2004年4月）

此类可交付成果适用于个别实践。其他规划实践的可交付成果参考具体的工作说明书。

设计
可交付成果

1. 能够证明符合自然资源保护局实践中相关准则并与其他计划和应用实践相匹配的设计文件。
    a. 保护计划中确定的目的。
    b. 客户需要获得的许可证清单。
    c. 符合自然资源保护局国家和州公用设施安全政策（《美国国家工程手册》第 503 部分《安全》，第 503.00 节至第 503.22 节）。
    d. 列出所有规定的实践或辅助性实践。
    e. 制订计划和规范所需的与实践相关的计算和分析，包括但不限于：
        i. 土壤和斜坡
        ii. 水分平衡（例如：体积、流速、运动情况）
        iii.垄顶高度、宽度和长度
2. 向客户提供书面计划和规范书包括草图和图纸，充分说明实施本实践并获得必要许可的相应要求。
3. 运行维护计划。
4. 证明设计符合实践和适用法律法规的文件。
5. 安装期间，根据需要所进行的设计修改。

注：可根据情况添加各州的可交付成果。

安装
可交付成果

1. 与客户进行的安装前会议。
2. 验证客户是否已获得规定许可证。
3. 根据计划和规范（包括适用的布局注释）进行定桩和布局。

4. 根据需要制订的安装指南。

5. 协助客户和原设计方并实施所需的设计修改。

6. 在安装期间，就所有联邦、州、部落和地方法律、法规和自然资源保护局政策的合规性问题向客户 / 自然资源保护局提供建议。

7. 证明安装过程和材料符合设计和许可要求的文件。

注：可根据情况添加各州的可交付成果。

验收
可交付成果

1. 实施记录。
   a. 实践单位
   b. 实际使用的材料

2. 证明施用过程符合自然资源保护局实践和规范并符合许可要求的文件。

3. 进度报告。

注：可根据情况添加各州的可交付成果。

参考文献

Field Office Technical Guide（eFOTG）, Section IV, Conservation Practice Standard – Bedding - 310.

NRCS National Engineering Manual（NEM）.

NRCS National Agronomy Manual（NAM）.

NRCS National Environmental Compliance Handbook.

NRCS Cultural Resources Handbook.

注：可根据情况添加各州的参考文献。

保护实践效果（网络图）

(2014年3月)

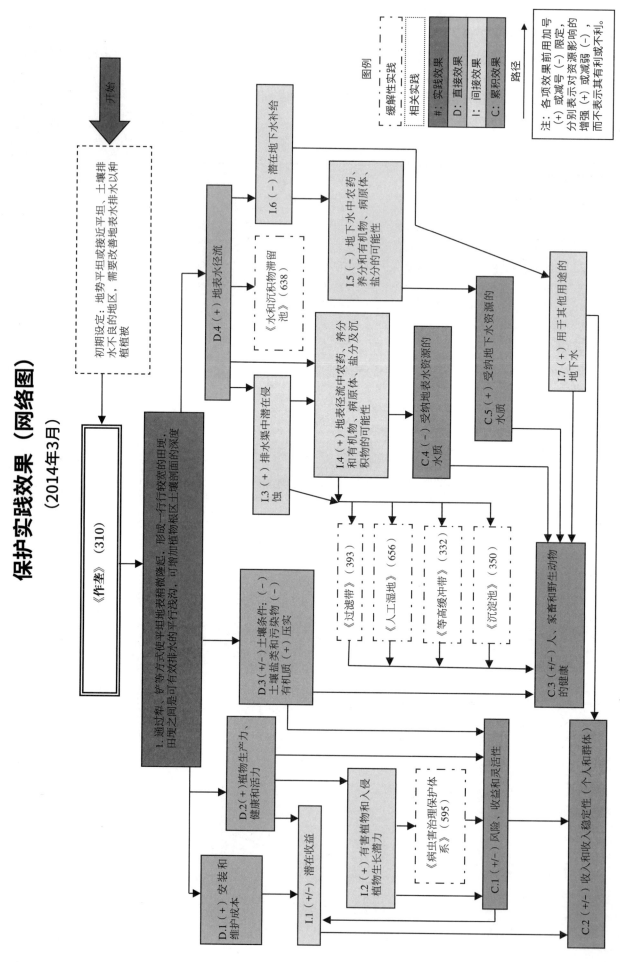

图例

相关实践
缓解性实践 #：实践效果
D：直接效果
I：间接效果
C：累积效果

路径

注：各项效果前用加号（+）或减号（-）限定，分别表示对资源影响的增强（+）或减弱（-），而不表示其有利或不利。

固定道耕作

（334，Ac.，2015年8月）

定义

固定道耕作即根据农机具的作业要求，在田间为重型机具规划出固定的行车道。

目的

减少固定机具行车带的土壤压实，改善土壤状况。

适用条件

本实践适用于设有固定车道的农田。

准则

确保固定道的设计和使用方式避开可能导致沟蚀的集中流。

固定道占地不超过土壤表面的30%。同一个固定道必须能够承受高负载机械连续作业。高负载机械在此定义为任何轮胎或履带在30磅/英寸^{2}时承载高于6 000磅或每轴能承载6吨。

如果使用宽浮选轮胎，其大小必须足以使充气压力低于18磅/英寸^2，从而最大限度地减少机具固定道对作物行的压实。

当固定道不够清晰时，使用GPS指导现场进行固定道作业。

一旦要修建固定道或交通，挖掘深度不得深于4英寸。

注意事项

对于狭窄宽度或条播作物，请使用跳行种植系统（固定道不进行种植）或使用GPS指导。

注意轮胎或橡胶履带的宽度应小于26英寸或小于行株距。过宽的浮力轮胎在固定道系统中效果不佳。如果单个轮胎不足，拆分双重轮胎是更好的选择。

一旦建立良好的固定道，就不再需要像以前一样使用双重轮胎或超宽轮胎进行操作。去掉双重轮胎将大大减少机具在田地运行的面积。

增加拖拉机的前轴，与后轮胎相匹配，以减少车道。

所有通行在田地的机具（高负荷和低负荷）都应使用指定的交通模式，包括定制的涂抹装置、皮卡车等。

考虑选用免耕或直播种植系统，以进一步减少土壤压实。

利用有助于减少压实的覆盖作物，如谷类黑麦、油籽萝卜或一年生黑麦草。

与耕作土壤相比，坚硬的固定道滚动阻力低，可以减少车轮打滑。

压实的固定道能够承受更高的轴载，即使固定道的土壤湿度较高，机具也可以通行。

压实的固定道能够增加牵引力并减少松散土壤中的耕种吃水。

在修建固定道前要深翻土壤。

在修建固定道前要修复所有的犁沟。

所有设备都能覆盖相同的工作宽度或为这一宽度的倍数。调整每台设备的交通模式，以尽量减少田地中固定道的数量。

随着旧设备的更换，请考虑设备的工作宽度以及如何符合固定道系统。固定道耕作的目的是将田地中的固定道尽可能地降到最少，可以将所有设备改进为具有相同的工作宽度或这一宽度的倍数。

在免耕系统中利用连接补偿来避免盐分堆积或酸碱度不平衡，防止化肥在同一地区年复一年地沉积。连接补偿也可以帮助定位与之前作物行和残留物相关的行位置，而不会改变固定道。

将拖拉机轮胎或履带延伸至联合收割机和谷物车的宽度，以减少固定道。扩大轴宽时一定要检查设备保修。

计划和技术规范

计划和技术规范适用于设置固定道系统的每一块田地。在固定道耕作实施要求文件中记录实施固定道的详情。计划和技术规范将包括：

- 种植作物。
- 所有作物的行宽。
- 所有设备的轮胎/履带的宽度和间距。
- 固定道占田地百分比。

运行和维护

随着旧设备的更换，购买能够提高固定道耕作的设备，减少系统中固定道的数量。

如果留下车辙，请通过耕作或其他专业设备去除车辙并重新修建固定道。

参考文献

Reeder, Randall, and John M. Smith. 2000. Controlled Traffic. In：Conservation Tillage Systemsand Management, MWPS-45. Midwest Plan Service, Ames, IA.（77-82）.

Reeder, Randall C. 2002. Controlled traffic. Encyclopedia of Soil Science. Marcell Dekker, Inc. 233-236.

M.A. Hamza, W.K. Anderson. 2005. Soil compaction incropping systems-A review of the nature, causes and possible solutions. Soil &Tillage Research, 82: 121–145.

保护实践概述
（2017年10月）

《固定道耕作》（334）

固定道耕作（CTF）是指年复一年地将农用设备中所有高负载车轮/履带在作物田地的通行限制在特定的车道或电车轨道（交通模式）上。

实践信息

本实践旨在将沉重的车轮和履带轴负荷限制到有限的通行车道上。

如果按照随机的通行模式在整个土表施加沉重的车轴通行负荷，会压实大部分的土表和底土，导致作物产量下降。

保护效果包括但不限于：

- 通过将车轮通行造成的土壤压实限制在有限的行车道上（低于 30% 的土表），改善土壤健康状况。
- 提高养分利用效率。
- 提高作物产量。

- 提高土壤水分利用率。

常见相关实践

《固定道耕作》（334）通常与《保护性作物轮作》（328）、《覆盖作物》（340）、《残留物和耕作管理——免耕》（329）以及《残留物和耕作管理——少耕》（345）等保护实践一起应用。

实施要求
（2016年2月）

生产商：_____   项目或合同：_____

地点：_____   国家：_____

农场名称：_____   地段号：_____

实践位置图
（显示预计进行本实践的农场 / 现场的详细鸟瞰图，显示所有主要部件、布点、与地标的相对位置及测量基准）

索引
- □ 封面
- □ 规范
- □ 运行维护
- □ 认证声明

公用事业安全 / 呼叫系统信息

工作说明：

仅自然资源保护局审查

设计人：_____   日期 _____

校核人：_____   日期 _____

审批人：_____   日期 _____

实践目的:

- 通过将车轮压实限制在有限的行车道上,改善土壤健康状况。

规范:

场地		英亩	

填写下表,记录作物行宽度的当前更改和任何计划更改。

轮作作物(按顺序显示)	当前作物行宽	计划作物行宽

填写下表,记录上述作物轮作中使用的当前设备宽度和间距。

作物轮作中使用的设备	设备的宽度(英尺)	轮胎/履带间距(中距英寸)

填写下表,记录上述作物轮作中使用的当前设备宽度和间距的计划变更。

作物轮作中使用的设备	设备的宽度(英尺)	轮胎/履带间距(中距英寸)

计算承受固定道耕作的农田百分比(见图1和表1)。计划体系不得超过土表的33%。

当前体系(地面车辆流量的百分比,%)＿＿＿＿计划体系(地面车辆流量的百分比,%)＿＿＿＿＿＿。

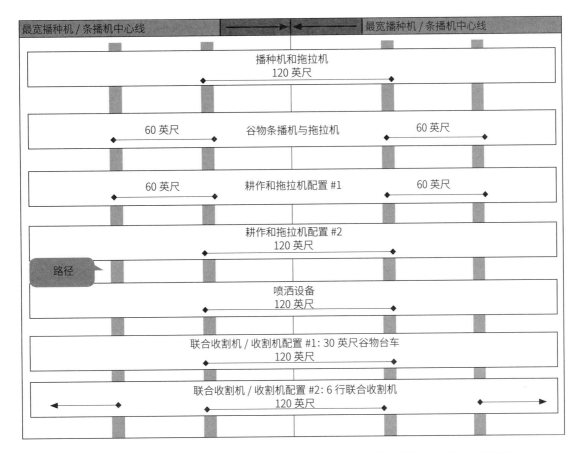

图 1 使用基本宽度倍数的车轮 / 履带间距与路径示例（单位：英寸或行数）

示例：12 行播种机、30 英寸行宽的玉米作物、15 英尺的谷物条播机、6 行玉米直立联合收割机、30 英尺联合收割机谷物台、15 英尺的耕作工具。

1. 如果 2 个或以上的耕作作业具有相同的宽度和拖拉机轮胎配置，该操作只需要输入一次。
2. 如果 2 个或以上的联合收割 / 收割作业具有相同的宽度和轮胎配置，则该操作仅输入一次。

注：6 行玉米直立联合收割机启动 12 行配置中的中间 6 行，然后从相邻的播种机通道沿着外面 3 行收割外面 3 行作物。减少了接受车轮通行的行间数量（在本例中减至 33%），适用于任何联合收割机宽度为播种机宽度一半的系统。

表1 受控交通系统的交通模式示例

行数	拖拉机（英寸）	联合收割机（英寸）	路径数	行车地区使用20英寸轮胎的百分比（%）
		30英寸行距		
6	60	120	4	44
6	120	120	2	22
8	120	120	2	17
8	60 & 120	120 & 180	6	50
12	60 & 120	120（6行）	4	22
16	60 & 120	120 & 180（8行）	8	33
24	60 & 120	120 & 180（12行）	12	33
		36英寸行距		
6	72	144	4	37
8	72	144	4	28
12	72	144	4	18

注：在第一种情况下（第1行），拖拉机轮胎间距为60英寸、联合收割机轮胎间距为120英寸。每6行有4条轮胎路径。通过增加拖拉机轮胎间距，匹配联合收割机轮胎间距，（第2行和第3行）行车的路径数和面积削减一半。地面车辆流量的最大百分比为33%。

运行维护（勾选所有适用项）：

☐ 随着旧设备的更换，购买能增强CTF系统的设备，从而减少系统中有轨电车线路/履带的数量。

☐ 如果形成车辙，作为使用设备耕作或其他专门设备清除车辙，重建受控的行车车道。

保护实践效果 （网络图）

（2015年8月）

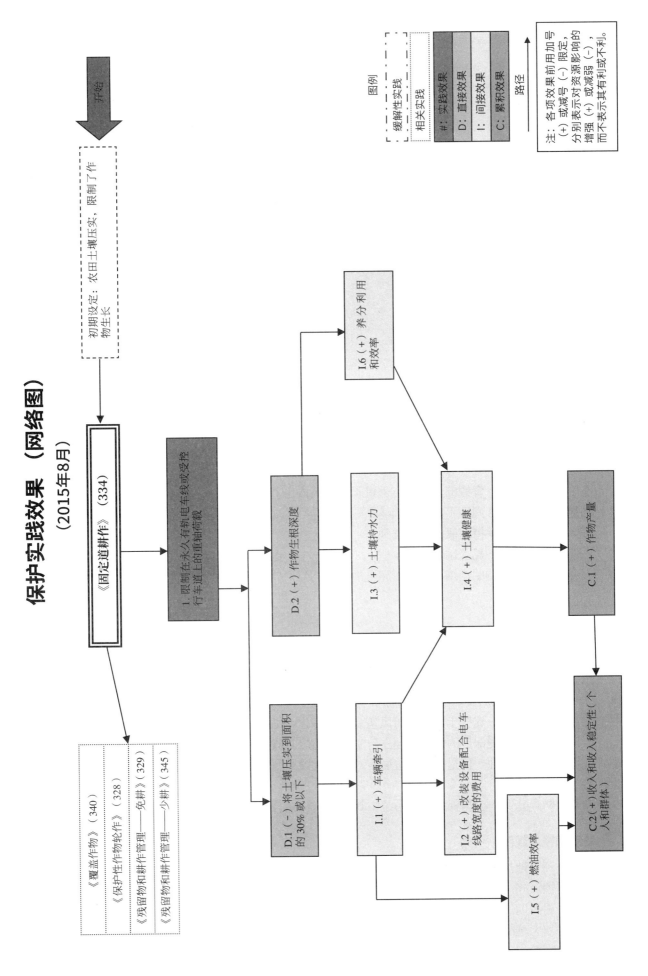

▶ 固定道耕作

图例

相关实践
- 缓解性实践

实践效果
- #: 实践效果
- D: 直接效果
- I: 间接效果
- C: 累积效果

—— 路径

注：各项效果前用加号 (+) 或减号 (-) 限定，分别表示对资源影响的增强 (+) 或减弱 (-)，而不表示其有利或不利。

初期设定：农田土壤压实，限制了作物生长

《固定道耕作》（334）

1. 限制任承儿有机电车线受控行车道上的重轴荷载

D.2 (+) 作物生根深度

I.3 (+) 土壤持水力

I.4 (+) 土壤健康

C.1 (+) 作物产量

I.6 (+) 养分利用和效率

D.1 (-) 将土壤压实到面积的30% 或以下

I.1 (+) 车辆牵引

I.2 (+) 改装设备配合电车线路宽度的费用

I.5 (+) 燃油效率

C.2 (+) 收入和收入稳定性（个人和群体）

《覆盖作物》（340）
《保护性作物轮作》（328）
《残留物和耕作管理——免耕》（329）
《残留物和耕作管理——少耕》（345）

防风垄

（588，Ac.，2017年10月）

定义

通过耕作、培植或其他操作形成的地垄，在严重风蚀期间，与盛行风向垂直。

目的

- 减少风蚀。
- 提高作物产量和促进作物健康。
- 减少颗粒物质的排放。

适用条件

这种做法实践适用于土壤稳定的情况，可以有效维持防风垄和土质，如壤质土和黏性土。沙质土壤和某些有机土壤不适用。

准则

适用于上述所有目的的总体总则

使用当前经批准的风蚀预测技术来设计防风垄的方向、高度、间距和时间段，并参照其他保护管理系统中的标准。

在临界侵蚀期设计脊线的方向，应垂直于侵蚀风向，且夹角不超过45°。

防风垄之间的设计间距不应超过创建垄的设计高度的4倍。

提高作物产量和保持健康的附加准则

按照自然资源保护局《国家农学手册》（表502-1，"作物对土壤吹蚀的耐受性"）中保护计划和生产目标的规定，预测的土壤流失不得超过敏感作物受风吹土壤颗粒损害的耐受性。

注意事项

为了保证效果，防风垄应该垂直于侵蚀风向。

防风垄可以减少风蚀的颗粒物（PM10）成分（包括土壤污染物），以达到减少风蚀的目的。

相邻的田地、道路或田间角落可能需要防护措施，以阻止盐化土壤颗粒吹向受防风垄线保护的田地。

为了在粗糙的土壤上起作用，例如非常细的沙壤土，当土壤潮湿时，应该在细沙壤土、沙壤土和沙质土壤上建防风垄。这些土壤上的防风垄会迅速恶化，缩短保护期。

可以在裸露的未受保护的田地上建立与主要侵蚀风向成直角或其他角度的防风垄，作为一种紧急耕作的形式来减少风蚀。但是，防风垄通常对减少风蚀只有暂时性的影响，可能不会在整个严重风蚀期内持续发挥作用。

在使用防风垄时，应与保护管理系统中其他手段相结合，最大化地减少风蚀。

计划和技术规范

为每一预建地点准备实施要求文件。文件必须包括：

- 侵蚀风向。
- 严重风期。
- 规划土壤图距单位。
- 作物轮作。

- 土壤颗粒作物耐受性。
- 建垄方案。
- 建垄时间。
- 垄高度和间距。

运行和维护

用凿子犁、带开沟器的钻头或其他设备来建造防风垄。

建成后，在预计会发生风蚀的时期对防风垄进行维护，或直到作物能提供足够的覆盖物以保护土壤免受风蚀侵蚀。

在保证不会损害成长作物的前提下，若防风垄不再发挥作用，则需要重建。

参考文献

Skidmore, E.L. and N.P. Woodruff. 1968. Wind erosion forces in the United States and their use in predicting soil loss. USDA, Agricultural Research Service, Agriculture Handbook 346.

USDA, NRCS. 2011. National Agronomy Manual. 190-V. 4th ed., Part 502, Wind Erosion.

USDA, NRCS. Revised March 2017. Soil Survey Manual. USDA Handbook 18.

保护实践概述
（2017年10月）

《防风垄》（588）

防风垄是指通过耕作、培植或其他操作形成的地垄，在严重风蚀期间，与盛行风向垂直。

实践信息

本实践最适用于黏土数量足以生成稳定土块结构和垄线的土壤，防风垄降低了土表的风速，减少了土表附近的湍流。

保护效益包括：

- 减少土壤风蚀。
- 保护成长作物不受风携土壤颗粒的损害。
- 减少空气中的颗粒物（灰尘）。

防风垄是通过常用耕作与种植设备（例如凿子犁、带开沟器的钻头）以及可形成有效防风垄的类似工具来建造、维护的。

在主要的风蚀期或在成长作物可以提供足够覆盖层保护土壤免受风蚀侵蚀之前，必须维护防风垄。

使用沙土、壤沙土和某些有机土等土壤建造的垄线会迅速退化，从而缩短保护期，因此不太适合用来建造防风垄。

防风垄的建造和维护规范因土壤、气候、作物和作物管理操作而异。

常见相关实践

《防风垄》（588）通常与《保护性作物轮作》（328）、《覆盖作物》（340）、《残留物和耕作管理——少耕》（345）等保护实践一起应用。

保护实践的效果——全国

土壤侵蚀	效果	基本原理
片蚀和细沟侵蚀	0	不适用
风蚀	4	与盛行风向垂直，增加土壤粗糙度，从而减少跃移。
浅沟侵蚀	0	不适用
典型沟蚀	0	不适用
河岸、海岸线、输水渠	0	不适用
土质退化		
有机质耗竭	1	风蚀减少，可减少有机质流失。
压实	0	不适用
下沉	0	不适用
盐或其他化学物质的浓度	0	不适用
水分过量		
渗水	0	不适用
径流、洪水或积水	0	不适用
季节性高地下水位	0	不适用
积雪	0	不适用
水源不足		
灌溉水使用效率低	0	不适用
水分管理效率低	0	不适用
水质退化		
地表水中的农药	1	这一举措可减少土壤风蚀。
地下水中的农药	0	不适用
地表水中的养分	1	这一举措可减少土壤风蚀，从而降低了土壤吸附养分向地表水中迁移的可能性。
地下水中的养分	0	不适用
地表水中的盐分	1	这一举措可减少风携盐分颗粒向地表水体迁移。
地下水中的盐分	0	不适用
粪肥、生物土壤中的病原体和化学物质过量	0	不适用
粪肥、生物土壤中的病原体和化学物质过量	0	不适用
地表水沉积物过多	1	防风垄减少了土壤风蚀以及由此产生的场外泥沙输移。
水温升高	0	不适用
石油、重金属等污染物迁移	0	不适用
石油、重金属等污染物迁移	0	不适用
空气质量影响		
颗粒物（PM）和 PM 前体的排放	2	垂直于侵蚀风向的表面粗糙度将减少风蚀。
臭氧前体排放	0	不适用
温室气体（GHG）排放	0	不适用
不良气味	0	不适用
植物健康状况退化		
植物生产力和健康状况欠佳	2	风蚀的降低减少了植物的物理损害并保持了土质。
结构和成分不当	0	不适用
植物病虫害压力过大	0	不适用
野火隐患，生物量积累过多	0	不适用
鱼类和野生动物——生境不足		
食物	0	不适用
覆盖 / 遮蔽	0	不适用

（续）

鱼类和野生动物——生境不足	效果	基本原理
水	0	不适用
生境连续性（空间）	0	不适用
家畜生产限制		
饲料和草料不足	0	不适用
遮蔽不足	0	不适用
水源不足	0	不适用
能源利用效率低下		
设备和设施	0	不适用
农场 / 牧场实践和田间作业	0	不适用

CPPE 实践效果：5 明显改善；4 中度至明显改善；3 中度改善；2 轻度至中度改善；1 轻度改善；0 无效果；−1 轻度恶化；−2 轻度至中度恶化；−3 中度恶化；−4 中度至严重恶化；−5 严重恶化。

实施要求

（2016年1月）

生产商：_____

项目或合同：_____

地点：_____

国家：_____

农场名称：_____

地段号：_____

实践位置图

（显示预计进行本实践的农场 / 现场的详细鸟瞰图，显示所有主要部件、布点、与地标的相对位置及测量基准）

索引
- □ 封面
- □ 规范
- □ 运行维护
- □ 认证声明

公用事业安全 / 呼叫系统信息

工作说明：

仅自然资源保护局审查

设计人：_____ 日期 _____

校核人：_____ 日期 _____

审批人：_____ 日期 _____

实践目的（勾选所有适用项）：

☐ 减少土壤风蚀。

☐ 保护成长作物不受风携土壤颗粒的损害。

☐ 减少影响空气质量的土壤颗粒的排放。

场地信息

侵蚀风向：＿＿＿＿＿＿＿＿＿＿＿＿＿＿＿＿＿＿＿＿＿＿＿＿＿＿＿＿＿＿＿＿

临界风期：＿＿＿＿＿＿＿＿＿＿＿＿＿＿＿＿＿＿＿＿＿＿＿＿＿＿＿＿＿＿＿＿

防风垄的设计

田地编号	土壤制图单元	作物	土壤流失或作物耐受性[1]	建垄方案[2]	建垄时间[3]	建垄高度（英寸）[4]	建垄间距（英寸）[5]

① 列出制图单元、容许土壤流失量或作物耐风性（参见 NAM 表 502-4）。

② 列出防风垄建造方案。

③ 列出垄线出现的侵蚀时间。

④ 列出规划建垄高度。

⑤ 列出设计建垄间距。

运行维护

☐ 通过设备（例如凿子犁、带开沟器的钻头）以及可形成有效防垄线的其他工具来建造、维护防风垄。

☐ 建成后，在预计会发生风蚀的时期或在成长作物能提供足够覆盖物保护土壤免受风蚀侵蚀之前，应对防风垄进行维护。

☐ 在保证不会损害成长作物的前提下，若防风垄不再发挥作用，则需要重建。

☐ 其他：输入其他信息（如适用）。

工作说明书——国家模板

（2017年10月）

此类可交付成果适用于个别实践。其他规划实践的可交付成果参考具体的工作说明书。

设计

可交付成果

1. 能够证明符合自然资源保护局实践中相关准则并与其他计划和应用实践相匹配的设计文件。

  a. 保护计划中确定的目的。

    b. 列出所有规定的实践或辅助性实践。

    c. 制订计划和规范所需的与实践相关的计算和分析，包括但不限于：

        i. 垄高度和间距

        ii. 相对于侵蚀风向的防风垄方向

        iii.必须存在并维护防风垄的时期

        iv. 侵蚀计算

2. 向客户提供书面计划和规范书包括草图和图纸，充分说明实施本实践并获得必要许可的相应要求应根据保护实践《防风垄》（588）制订计划和规范，并记录在 588 号实践的实施要求文件中。

3. 运行维护计划。

4. 证明设计符合实践和适用法律法规的文件并记录在 588 号实践的实施要求文件中。

5. 实施期间，根据需要所进行的设计修改并记录在 588 号实践的实施要求文件中。

注：可根据情况添加各州的可交付成果。

安装
可交付成果

1. 根据需要提供的应用指南。

2. 协助客户和原设计方并实施所需的设计修改。

3. 在实施期间，就所有联邦、州、部落和地方法律、法规和自然资源保护局政策的合规性问题向客户 / 自然资源保护局提供建议。

4. 防风垄的使用满足设计要求的证明。

注：可根据情况添加各州的可交付成果。

验收
可交付成果

1. 实施记录。

    a. 应用的建垄高度、建垄间距、方向和指向

    b. 实践单位

2. 证明施用过程符合自然资源保护局实践和规范并符合许可要求的文件，并记录在 588 号实践的实施要求文件中。

3. 进度报告。

注：可根据情况添加各州的可交付成果。

参考文献

NRCS Field Office Technical Guide （eFOTG）, Section IV, Conservation Practice Standard Cross Wind Ridges – 588.

NRCS National Agronomy Manual.

NRCS National Environmental Compliance Handbook.

NRCS Cultural Resources Handbook.

注：可根据情况添加各州的参考文献。

保护实践效果（网络图）

（2017年10月）

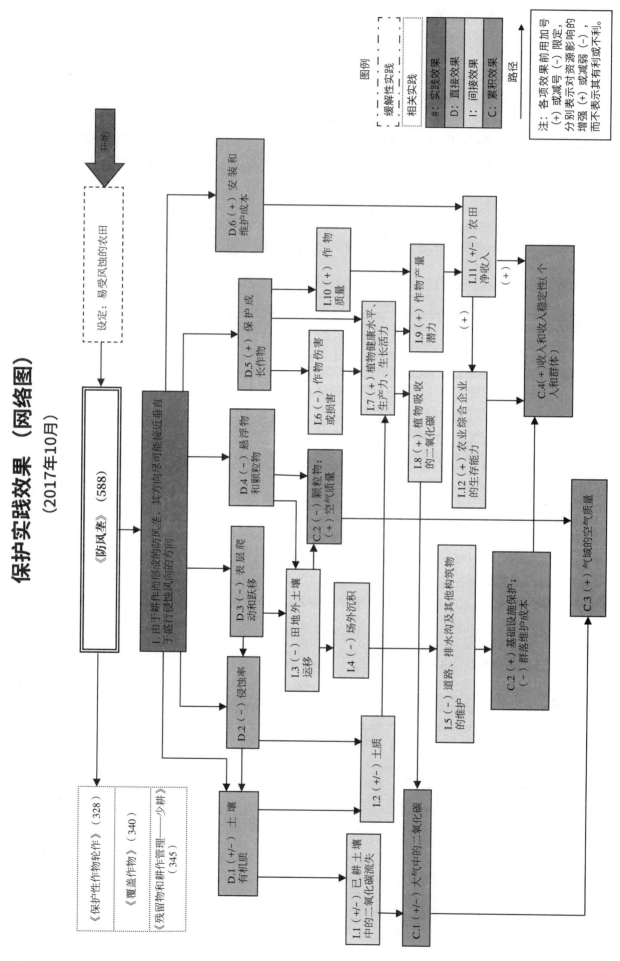

防风截沙带

(589C，Ac.，2014年9月)

定义
在出现严重侵蚀的风向上，垂直设立单个或多个典型草本植物覆盖带。

目的
本实践旨在为以下一种或多种情况提供依据：
- 减少风蚀或风沙淤积。
- 产生积雪以改善土壤水分。
- 提高植物生产力和健康状况。
- 减少空气中产生的颗粒物，以改善空气质量。

适用条件
本实践适用于耕地或其他易受风蚀的土地。

准则
适用于上述所有目的的附加准则
截沙带的走向和宽度。 应采用当前自然资源保护局认可的风蚀预测技术，确定其走向和宽度。最小宽度应为：
- 15 英尺。此时，当风蚀可能发生时，截沙带植被或残株高度通常为 1 英尺或更高，且应沿着盛行风向测定其有效宽度。
- 25 英尺。此时，当风蚀可能发生时，截沙带植被或残株的有效高度通常低于 1 英尺，且应沿着盛行风向测定其有效宽度。

植被覆盖区。 截沙带可能是正在生长或已死亡的多年生或一年生植物，应符合下列要求：
适应当地生长条件。
在关键风蚀时期能够坚挺。
具有生命力的植被对泥沙沉积具有耐受性。
在超厚积雪发生地，具有积雪耐受性。
参照当地采用的自然资源保护局技术参考的物种选择标准，确定用于截沙带的草本植物。

减少风蚀和颗粒物排放的附加准则
截沙带位置。 为达到上述目的而设置的截沙带应位于：
- 农田的迎风向边缘。
- 逆风向附近，以保护此区域免受侵蚀或沉积。
- 在易侵蚀地带采取多次穿插模式。

易侵蚀作物带的方向和宽度。 在风蚀可能发生时，应沿着盛行风向测量作物带有效宽度。

应采用当前自然资源保护局认可的风蚀预测技术，确定作物带宽度。计算时应考虑保护性管理体系中其他措施的影响。土壤流失率应满足预计水土流失目标。

为产生积雪并管理土壤水分的现有附加准则
截沙带位置。 截沙带应设置在积雪聚集区域的逆风方向附近位置。

方向、最低高度和间隔宽度。 截沙带设置方向应尽可能地与雪天风向垂直；植被的最小高度应为 3 英尺；穿过降雪区域的截沙带间隔距离不得超过 20H（即冬季植被高度的 20 倍）。

为保护生长作物免受风成土壤颗粒的危害，改善植物健康状况的现有附加准则

截沙带位置。截沙带应设置在敏感作物区逆风方向附近。禁止在截沙带和被保护作物之间留有潜在的侵蚀区域。

敏感作物带的方向和宽度。应采用当前自然资源保护局认可的风蚀预测技术，分别估算每个作物生长期的风蚀情况，确定作物带宽度。

有效宽度不应超过美国自然资源保护局《美国国家工程手册》规定，或其他公认的技术参考，亦或为作物所需保护期预定的作物保护目标，其中作物对风蚀的耐受性所允许的宽度（作物植物能承受的最大吹沙率为不会因磨损、掩埋或干燥而造成重大损害的最大值）。

注意事项

截沙带可作为野生动物的掩护和迁徙路径。在选择植被时，应考虑为本地区的野生动物提供食物或掩护作用，并为传粉者、当地蜜蜂及其他有益昆虫增加阔叶植物和豆科植物。利用植物多样性实现全年不同时期均有开花植物。有关植被建设和野生动物食物与栖息地的物种选择，请参照本州的官方技术参考。

如设置截沙带旨在加强对野生动物栖息地的保护，则应对种植截沙带内植物多样性加以提倡。截沙带内形成多层次植被可最大限度地对野生动物提供保护。

处于系统设计时期时，如截沙带方向几近垂直于出现最严重侵蚀性风向，则将最大化实现防风固沙带的有效性。

截沙带中植物应能够耐受邻近作物或其他土地使用的除草剂。

有些植物会因风吹及风成沉积物而受损。在这种情况下，利用风蚀预测技术获得的截沙带之间的间距可能要缩短。

飘雪或野生动物食用或许会降低截沙带的防护能力。在这种情况下，可采用其他保护性措施，包括《植物残体管理措施》（329、345）、《草本植物防风屏障》（603）、《等高条植》（585）或《防风林/防护林建造》（380）等实现保护目标。这些措施可以与防护带结合起来用，也可以作为选择项采用。

计划和技术规范

应根据本实践中所述准则、注意事项、运行和维护等要求，为每一块农田或处理单元制订设置和维护技术规范，满足设计要求。

最低标准应包括如下内容：

- 设置截沙带的目的。
- 截沙带的位置和方向。
- 截沙带宽度。
- 作物间隔或截沙带间距。
- 播种准备、计时和播种方法。
- 植物的配伍和播种量。
- 作物关键时期要保持的植被高度。
- 除草和收获时间。

根据认可的实施要求文件记录技术规范。

运行和维护

多年生截沙带设立后，应根据需要施肥，以保持植物活力。另外，应控制有毒杂草数量。

在风蚀或作物损害可能发生之前，应控制植被的食用量，使截沙带恢复到计划高度。如条件允许，应在非主要筑巢季节为地表筑巢鸟类进行植被收获、除草等其他人为操作。

清除积累在截沙带的风成沉积物并分散至田间表面。必要时，选择适当时期重新设置截沙带。

应根据需要重新设置或迁移截沙带，以保持植物密度、宽度和高度。

定期评估截沙带的有效性，以满足设计要求，并根据需要加以调整。

参考文献

USDA，Natural Resources Conservation Service, National Agronomy Manual，4th Edition，Feb. 2011. Website：http：//directives.sc.egov. usda.gov/Under Manuals and Title190.

Wind Erosion Prediction System （WEPS）website：http：//www.nrcs.usda.gov/wps/portal/nrcs/main/national/technical/tools/weps/.

保护实践概述
（2014年10月）

《防风截沙带》（589C）

防风截沙带是指在出现严重侵蚀的风向上，垂直设立单个或多个典型草本植物覆盖带。

实践信息

防风截沙带是由草或其他草本植物组成的条状覆盖物，用来保护作物免受风载土的侵害。

保护效果包括但不限于：

- 保护成长作物不受风携土壤颗粒的损害。
- 减少空气中的颗粒物（灰尘）。
- 减少土壤风蚀。
- 改善野生动物栖息地。

多年生截沙带设立后，应根据需要施肥，以保持植物活力。另外，应控制有毒杂草数量。

截沙带需要进行修剪、放牧或以其他方式进行管理，以便植被在预计的风蚀期（此时作物很可能受到损害）之前长到计划高度。随着时间的推移，需要清除积聚在截沙带中的风成沉积物，并重新分散至田间表面。

每隔几年，需要根据土壤、种植的作物和大风事件的频率，重新种植或迁移截沙带，以保持理想植物的密度和高度。

常见相关实践

《防风截沙带》（589C）通常与《保护性作物轮作》（328）、《覆盖作物》（340）、《残留物和耕作管理——免耕》（329）、《残留物和耕作管理——少耕》（345）、《高地野生动物栖息地管理》（645）及《草本杂草处理》（315）等保护实践一起应用。

保护实践的效果——全国

土壤侵蚀	效果	基本原理
片蚀和细沟侵蚀	0	不适用
风蚀	4	垂直于风蚀方向的植物防沙带可捕获跃移的土壤颗粒。
浅沟侵蚀	0	不适用
典型沟蚀	0	不适用
河岸、海岸线、输水渠	0	不适用
土质退化		
有机质耗竭	2	植物防沙带通过减少风蚀降低有机质的流失。
压实	0	不适用
下沉	0	不适用
盐或其他化学物质的浓度	0	不适用
水分过量		
渗水	0	不适用
径流、洪水或积水	0	不适用
季节性高地下水位	0	不适用
积雪	0	不适用
水源不足		
灌溉水使用效率低	0	不适用
水分管理效率低	0	不适用
水质退化		
地表水中的农药	2	这一举措可减少土壤风蚀。
地下水中的农药	0	不适用
地表水中的养分	2	这一举措可减少土壤风蚀，从而降低了土壤吸附养分向地表水中迁移的可能性。
地下水中的养分	0	不适用
地表水中的盐分	1	这一举措可减少风携盐分颗粒向地表水体迁移。
地下水中的盐分	0	不适用
粪肥、生物土壤中的病原体和化学物质过量	0	不适用
粪肥、生物土壤中的病原体和化学物质过量	0	不适用
地表水沉积物过多	1	植物防沙带减少了土壤风蚀以及由此产生的场外泥沙输移。
水温升高	0	不适用
石油、重金属等污染物迁移	0	不适用
石油、重金属等污染物迁移	0	不适用
空气质量影响		
颗粒物（PM）和 PM 前体的排放	2	捕获跃移土颗的植物防沙带有助于减缓或阻止风蚀过程。
臭氧前体排放	0	不适用
温室气体（GHG）排放	1	植被将空气中的二氧化碳转化为碳，储存在植物和土壤中。
不良气味	0	不适用
植物健康状况退化		
植物生产力和健康状况欠佳	3	风蚀的降低减少了植物的物理损害并保持了土壤质量。
结构和成分不当	5	选择适应且适合的植物。
植物病虫害压力过大	0	不适用
野火隐患，生物量积累过多	0	不适用
鱼类和野生动物——生境不足		
食物	0	无
覆盖／遮蔽	2	植被质量和数量的增加为野生动物提供了更多遮蔽物。

（续）

鱼类和野生动物——生境不足	效果	基本原理
水	0	不适用
生境连续性（空间）	2	遮蔽物增多，将增加野生动物的生存空间。可用于连接其他遮蔽区域。
家畜生产限制		
饲料和草料不足	1	家畜的饲料和草料种植可能有一定的用途。
遮蔽不足	0	不适用
水源不足	0	不适用
能源利用效率低下		
设备和设施	0	不适用
农场/牧场实践和田间作业	0	不适用

CPPE 实践效果：5 明显改善；4 中度至明显改善；3 中度改善；2 轻度至中度改善；1 轻度改善；0 无效果；–1 轻度恶化；–2 轻度至中度恶化；–3 中度恶化；–4 中度至严重恶化；–5 严重恶化。

实施要求

（2015年11月）

生产商：_____　　　项目或合同：_____

地点：_____　　　国家：_____

农场名称：_____　　　地段号：_____

实践位置图
（显示预计进行本实践的农场/现场的详细鸟瞰图，显示所有主要部件、布点、与地标的相对位置及测量基准）

索引
□ 封面
□ 规范
□ 运行维护
□ 认证声明

公用事业安全/呼叫系统信息

工作说明：

仅自然资源保护局审查

设计人：_____　　　日期 _____

校核人：_____　　　日期 _____

审批人：_____　　　日期 _____

实践目的（勾选所有适用项）：

☐ 减少因风吹及风成沉积物造成的土壤侵蚀。

☐ 促进积雪，改善土壤湿度管理。

☐ 通过以下措施改善植物健康：保护成长作物不受风携土壤颗粒的损害。

☐ 通过减少空气中的颗粒物产生来改善空气质量。

设计土壤制图单元		质地		田地宽度	
盛行风向（度）		设计临界侵蚀期（月）			

设计因素	条带 1	条带 2	条带 3
1. 集水面积（英亩）			
2. 风蚀（T/A/Y）			
3. 总侵蚀（1×2 行）			
4. 跃移（%，范围为 50～80）			
5. 沉积物总量（3×4 行）			
6. 堆积密度			
7. 截沙带宽度（英尺）			
8. 沉积深度（单位 / 年）（5×6÷7 行）			
9. 植物高度（英尺）			

永久种子或植物要求

注：纯度百分比乘以发芽百分比，即可算出纯活种子（PLS）率。播种率除以百分比，即可求出每英亩所需的纯活种子。

例如：98% 纯度 ×60% 发芽率 =0.588% 纯活种子率；10 磅 / 英亩 ×0.588%=17 磅 / 英亩。

播种时间：			
物种 / 品种	纯活种子播种率（磅 / 英亩）	播种日期	推荐肥料（N-P-K，磅 / 英亩）
1.			
2.			
3.			
播种 / 种植方法			
其他注意事项（如接种剂、灌溉、管理、植物）			

附加布局图（如需）

运行维护

☐ 保持植被区域原有的宽度和深度。

☐ 收割、修剪、补种和施肥，保持植物密度和旺盛的植物生长事态。应对截沙带的割草或放牧作业进行管理，以便在预计发生风蚀或作物损害的季节到来之前，保证植物重新生长到计划高度。可行情况下，除地上造巢鸟类的主要筑巢季节之外，安排对植被进行收割、修剪或其他机械干扰。

☐ 截沙带中积聚的风成沉积物应酌情清除并分散在场地表面，必要时重新种植截沙带。根据需要重新种植或迁移截沙带，保持植物密度、宽度和高度。

☐ 打开截沙带时，关闭农药喷雾器。

☐ 控制有害杂草。

☐ 定期评估截沙带的有效性，以便满足计划目的，并根据需要调整管理工作。

工作说明书—— 国家模板

（2014年9月）

此类可交付成果适用于个别实践。其他规划实践的可交付成果参考具体的工作说明书。

设计

可交付成果

1. 能够证明符合自然资源保护局实践中相关准则并与其他计划和应用实践相匹配的设计文件。
    a. 保护计划中确定的目的。
    b. 客户需要获得的许可证清单。
    c. 列出所有规定的实践或辅助性实践。
    d. 制订计划和规范所需的与实践相关的计算和分析，包括但不限于：
        i. 截沙带编号与宽度
        ii. 截沙带位置
        iii. 植被
        iv. 作物带宽度
        v. 相对于侵蚀风向的截沙带方向
2. 向客户提供书面计划和规范书包括草图和图纸，充分说明实施本实践并获得必要许可的相应要求应根据保护实践《防风截沙带》（589C）的要求制订计划和规范。
3. 运行维护计划。
4. 证明设计符合实践和适用法律法规的文件。
5. 安装期间，根据需要所进行的设计修改。
注：可根据情况添加各州的可交付成果。

安装

可交付成果

1. 与客户进行的安装前会议。
2. 验证客户是否已获得规定许可证。
3. 根据计划和规范（包括适用的布局注释）进行定桩和布局。
4. 根据需要制订的安装指南。
5. 协助客户和原设计方并实施所需的设计修改。
6. 在安装期间，就所有联邦、州、部落和地方法律、法规和自然资源保护局政策的合规性问题向客户／自然资源保护局提供建议。
7. 证明安装过程和材料符合设计和许可要求的文件。
注：可根据情况添加各州的可交付成果。

验收

可交付成果

1. 安装记录。
    a. 实践单位
    b. 实际使用的材料
2. 证明安装过程符合自然资源保护局实践和规范并符合许可要求的文件。
3. 进度报告。
注：可根据情况添加各州的可交付成果。

参考文献

NRCS Field Office Technical Guide（eFOTG）, Section IV, Conservation Practice Standard Cross Wind Trap Strips – 589c.

NRCS National Agronomy Manual.

NRCS National Environmental Compliance HandbookNRCS Cultural Resources Handbook.

注：可根据情况添加各州的参考文献。

保护实践效果（网络图）
(2014年9月)

▶ 防风截沙带

图例

缓解性实践
相关实践

#: 实践效果
D: 直接效果
I: 间接效果
C: 累积效果

路径

注：各项效果前用加号（+）或减号（-）限定，分别表示对资源影响的增强（+）或减弱（-），而不表示其有利或不利。

开始

设定：易受风蚀的农田或其他土地

《防风截沙带》（589C）

2. 停止生产的农用

1. 沿风蚀方向种植并与作物带相间的一条或多条较窄的草本植被带

D.7 (-) 田地总产量

I.11 (+/-) 农田净收入

I.12 (+) 农业综合企业的生存能力

C.6 (+) 收入和收入稳定性（个人和群体）

D.6 (+) 安装和维护成本

I.9 (+) 作物质量

I.10 (+) 作物产量潜力

C.5 (+) 休养机会

D.5 (+) 保护成长作物

I.7 (-) 喷砂对作物的损害

I.8 (+) 植物健康水平、生产力、生长活力

C.4 (+) 一些野生动物的种群

D.4 (+) 某些野生动物散多样性和分布

I.6 (+) 某些野生动物的食物/掩护

I.4 (-) 场外沉积

D.2 (-) 表层爬动和跃移

I.5 (-) 道路、排水沟及其他地构筑物的维护

C.3 (+) 基础设施保护；(-) 群落维护成本

D.1 (-) 无覆盖的距离

D.3 (-) 侵蚀率网络释义

I.2 (-) 颗粒物（空气）

C.2 (+) 空气质量

I.1 (+) 土壤健康

C.1 (+) 长期的土壤生产力

深耕

（324，Ac.，2013年12月）

定义

在低于正常深度下进行耕作，以改变土壤不利的物理性质或化学性质。

目的

本实践支持以下一种或多种目的：
- 掩埋或混合由风或水侵蚀或洪水冲积的土壤沉积物——资源问题（植物退化情况：植物生产力不足和健康状况不理想）。
- 破坏受限制土层——资源问题（土壤质地退化 - 压实）。

适用条件

本实践适用于具有不利土壤条件（阻碍植物生长）的土地，例如由田间作业形成的压实层，在根带内固结硬质地层等的受限制地层，因风蚀、水蚀或者洪涝的过度冲刷或沉淀形成的土地。

本实践不适用于正常的田间作业，也不适用于计划作物生产的耕作方法。

准则

适用于上述所有目的的总体准则

根据"感官测试"或其他可行方法，当土壤湿度小于土地承载力的30%~50%时，应进行深层耕作。

破坏受限制土层的附加准则

对破坏受限制层的深层耕作，应至少在受限制层底部以下 1 英尺的深度进行。

裂隙层的水平范围至少应足以使根部渗透到受限制土层之下。

其他有关掩埋或混合风蚀、水蚀或洪水冲积的土壤沉积物的总体准则

对土壤沉积物进行翻耕和混合的深层耕作应达到规划目标所需的深度。

土壤沉积物应被翻耕并混合至少 2 倍（2×）沉积物的深度。

注意事项

如果需要考虑受限制层的问题，此标准的效果可以通过包括可以延伸或者渗入到受限制层的深植作物的轮耕来加强。

如果土壤易被压实，且易形成犁底层，则需减少或控制设备运输。当使用过重的设备来确保土壤不容易压实时，也要小心谨慎。已经发现超过 6 吨 / 轴的载荷会使土壤压实深度约为 16 英寸，这低于正常的耕作深度，并可能导致数年减产。

减少负载和土壤之间的接触压力也有助于减少压实。标准的斜交线轮胎需要过量的充气压力，这一压力将负载集中在土壤表面，并造成土壤的过度压实。当轮胎适当充气至制造商的规格范围内时，子午线轮胎可以提供优良的土壤压实和牵引特性。其他可用于进一步分散负荷并可能减少土壤再压实的方法包括在拖拉机、谷物货车、泥浆罐等下面使用双轮胎或履带。

对许多作物的研究表明，远深于压实层的耕作不仅不会提高产量，还会消耗过多的耕作能量，并会促使附近车辆运输对土壤的进一步压实。

为了减少产生压实受限制层，当土壤含水量低于田间容量的 50% 时，应进行正常的耕作。如果情况允许，当土壤水分大于田间容量的 50% 时，应避免进行收割作业。田间收作重载运输应限制后排重量或对运输道路进行限制。田埂间未遭到破坏的压实区域，可以帮助承载车辆交通，限制车辙和

土壤压实。

当洪水淹没的贫瘠土地与洪水前的土壤剖面混合时，可以通过添加有机质来增强土壤的重建，例如肥料或用作绿肥的覆盖作物。作物轮作、耕作和种植制度也可以加速这一进程，这些制度可以保持较高的作物残留量（如免耕等）。

当洪水淹没层太厚而不能有效地与洪水前的土壤剖面混合时，可能需要通过推平或去除多余土壤来重新混合洪积土。一般来说，不超过 6 英寸的洪积土可以使用常见设备与土壤剖面均匀混合。当要进行深度更大的冲刷土层整合时，可能需要专用设备。

如果土壤中的有害物质如高钠、钙、石膏等在预期的深耕深度范围内，并且会被深耕作业带至地表，则此标准不适用。

如果在保护管理系统中采用此标准，可通过降低表层污染物的浓度来减少沉积物中含沙污染物的运移。

当用于掩埋和混合土壤沉积物时，犁板犁和大型串联盘会对土壤的物理特性产生破坏性影响。这些工具为土壤压实情况的出现创造了条件，带有弯曲点的凿子具有轻微的破坏性影响。

不希望对土壤表面造成破坏，并应尽可能通过适当的选择来减轻对土壤表面的破坏。土壤表面的过度扰动会覆盖土壤表面的作物残茬，从而截留降雨，阻碍地表径流。

计划和技术规范

关于本实践的建立和操作的技术规范应依据所选的保护标准的目的、标准和条件，以及本保护实践标准中考虑的因素，针对每个场地或处理单位进行编制。

使用批准的操作方法文件来记录标准设计。

运行和维护

评价用于破坏限制层或混合土壤沉积的深耕作业的有效性，根据需要调整计划，当场地条件再次达标时，才能重新使用深耕技术。

参考文献

Baumhardta, R.L., O.R. Jones, and R.C. Schwartz. 2008. Long-term effects of profile modifying deep plowing on soil properties and crop yield. Soil Sci. Soc. Am. J. 72: 677-682.

Reeder, R. and D. Westermann. 2006. Soil management practices. p. 63. In M. Schnepf and C. Cox（ed.）Environmental benefits of conservation on cropland: The status of our knowledge. Soil and Water Conservation Society, Ankeny, IA.

USDA, NRCS. 1996. Soil Quality Information Sheet: Sediment deposition on cropland.

保护实践概述
（2012年6月）

《深耕》（324）

深耕是指为改变土壤的物理或化学性质，在正常耕作深度以下进行耕作作业。包括通常称为深耕、深松、翻耕或行耕的耕作作业，这些作业是根据需要进行的。

实践信息

在土壤条件不利（抑制植物生长或限制根部渗透）的土地上进行深耕作业，如田间作业形成的压实层、限制层（如黏土层或碎屑层），被洪水冲刷、风蚀和水蚀或根区的污染造成的沉积。

在进行深耕作业时，土壤湿度是一个非常重要的考虑因素。在最大耕作深度时，土壤湿度应小于

田间持水量的 30%，避免造成压实。

常见相关实践

《草本杂草处理》（315）通常与《计划放牧》（528）、《计划烧除》（338）、《林分改造》（666）及《高地野生动物栖息地管理》（645）等保护实践一起应用。

保护实践物理效果工作表

州			现场办公室		日期	
时间名称：《深耕》（324）			基线设置：			
			适当的土地利用：作物			

资源、考虑因素和关注点	物理效果	基本原理
土壤侵蚀		
片蚀和细沟侵蚀	中性	去除限制层改善了渗透、减少了径流。深耕松动土壤、掩埋保护性残渣和活覆盖物，使其更容易受到水蚀。
风	轻度至中度改善	如果在临界风期进行深耕，可能会暂时增加地表粗糙度，进而减少跃移，同时还可以将不可侵蚀的物质带到地表，减少风蚀。
浅沟	中性	去除限制层改善了渗透、减少了径流。深耕中，采用疏松的土壤重新填充带有的集中渗流沟渠，这些土壤在下一次耕作时很容易被冲刷掉。
典型冲沟	不适用	不适用
河岸	不适用	不适用
岸线	不适用	不适用
灌溉引起的	轻度改善	改善渗透性、减少径流。
块体运动	-1 轻度恶化	在高降水量期间，渗透的增加会加剧块体运动。
道路、路旁和建筑工地	轻度至中度改善	改善渗透、减少径流、消除压实，为植被回复做好准备。
土壤——条件		
有机质耗竭	中度至严重恶化	深耕可以掩埋有机层，采用底土材料稀释，可降低有机质含量。深耕铧式犁的混合反转作用或深耕裂土器的提升压裂作用,增加了有机质的氧化。
牧场的场地稳定性	不适用	不适用
压实	明显改善	翻耕打破了压实作用，提高了植物的土壤湿度，促进了根系生长，改善了土壤结构。
下沉	-1 轻度恶化	深耕可形成混合和曝气；如果进行排水和耕作，有机质土会下沉。此外，深耕还会增加有机土壤的氧化。
污染物		
• 盐分和其他化学物质	轻度至中度改善	改善后的渗透性和孔隙率能够使盐分渗滤，而深耕则将掩埋和稀释污染物。

（续）

资源、考虑因素和关注点	物理效果	基本原理
• 动物排泄物和其他有机物 -N	轻度至中度改善	翻耕改善了渗透性，从而增加了矿化养分的浸析；而深耕则将掩埋和稀释污染物。
• 动物排泄物和其他有机物 -P	轻度至中度改善	翻耕改善了渗透性，从而增加了矿化养分的浸析；而深耕则将掩埋和稀释污染物。
• 动物排泄物和其他有机物 -K	轻度至中度改善	翻耕改善了渗透性，从而增加了矿化养分的浸析；而深耕则将掩埋和稀释污染物。
• 商品肥料 -N	轻度至中度改善	翻耕改善了渗透性，从而增加了矿化养分的浸析；而深耕则将掩埋和稀释污染物。
• 商品肥料 -P	轻度至中度改善	翻耕改善了渗透性，从而增加了矿化养分的浸析；而深耕则将掩埋和稀释污染物。
• 商品肥料 -K	轻度至中度改善	翻耕改善了渗透性，从而增加了矿化养分的浸析；而深耕则将掩埋和稀释污染物。
• 残留农药	轻度至中度改善	翻耕使土壤混合，可能会导致吸附和失活作用；而深耕则将掩埋和稀释污染物。
泥沙淤积危害	轻度至中度改善	深耕和翻耕掩埋或混合了风蚀或水蚀或洪水冲刷造成的不良土壤沉积物。
水——水量		
牧场水文循环	不适用	不适用
过度渗水	-2 轻度至中度恶化	深耕可能会暂时增加土壤含水量。
过量径流、洪水或积水	不适用	不适用
过量地下水	轻度至中度改善	深度翻耕犁底层或脆磐可以清除根区的栖息地下水位。
积雪	不适用	不适用
排水口不足	不适用	不适用
灌溉地用水效率低	轻度至中度改善	增加渗透性、减少径流。
非灌溉地用水效率低	轻度至中度改善	深耕可增加渗透性、减少径流。
泥沙淤积降低输水能力	中性	由于深耕导致裸露土壤和松散土壤条件的侵蚀增加，从而抵消了渗透的增加量。
沉积物堆积从而减少水体存储量	中性	由于深耕导致裸露土壤和松散土壤条件的侵蚀增加，从而抵消了渗透的增加量。
含水层透支	不适用	不适用
河道流量不足	-1 轻度恶化	增加渗透性、减少径流。
水——水质		
地下水中：		
• 农药的危害程度	中性	根据深耕的类型、渗透性和径流情况，可能会降低也可能会增高。
• 过量养分和有机物	-2 轻度至中度恶化	深度翻耕增加了渗透性，导致出现更大的浸析潜力。
• 盐度过高	不适用	不适用
• 重金属危害程度	不适用	不适用
• 病原体的危害程度	不适用	不适用
• 石油的危害程度	不适用	不适用
地表水中：		
• 农药的危害程度	轻度至大幅改善	导致裸露土壤和松散土壤条件的侵蚀增加，从而抵消了渗透的轻度增加量。
• 过量养分和有机物	轻度改善	由于深耕导致裸露土壤和松散土壤条件的侵蚀增加，从而抵消了渗透的增加量。
• 过高的悬浮泥沙和浊度	中性	由于深耕导致裸露土壤和松散土壤条件的侵蚀增加，从而抵消了渗透的增加量。
• 盐度过高	轻度改善	深度翻耕增加了渗透性，进而减少了径流和侵蚀情况。
• 重金属危害程度	轻度改善	由于深耕导致裸露土壤和松散土壤条件的侵蚀增加，从而抵消了渗透的增加量。
• 有害温度	不适用	不适用
• 病原体的危害程度	中性	由于深耕导致裸露土壤和松散土壤条件的侵蚀增加，从而抵消了渗透的增加量。
• 石油的危害程度	中性	由于深耕导致裸露土壤和松散土壤条件的侵蚀增加，从而抵消了渗透的增加量。

（续）

资源、考虑因素和关注点	物理效果	基本原理
空气——空气质量		
直径小于10微米的颗粒物（PM10）	不适用	不适用
直径小于2.5微米的颗粒物（PM2.5）	不适用	不适用
过量臭氧	不适用	不适用
过量温室气体：		
• CO_2（二氧化碳）	不适用	不适用
• N_2O（一氧化二氮）	不适用	不适用
• CH_4（甲烷）	不适用	不适用
氨（NH_3）	不适用	不适用
化学物漂移	不适用	不适用
不良气味	不适用	不适用
减弱能见度	不适用	不适用
不良空气流动	不适用	不适用
不利气温	不适用	不适用
植物——适宜性		
不适应或不适宜的植物	不适用	不适用
植物——条件		
生产率、健康和活力	轻度至大幅改善	促进根系生长、减少高浓度污染物、改善植物健康和活力。
受威胁或濒危植物物种：		
• 根据《濒危物种法》列入或拟列入的植物种类	不适用	不适用
• 减少的物种、关注的物种	不适用	不适用
有害植物和入侵植物	不适用	混合表层土壤的深耕可能会促进有害植物和入侵植物的生长。通过深耕，将植物和种子深埋在底土中，减少发芽。
牧草品质与适口性	轻度改善	深耕增加生根深度和活力。
野火隐患	不适用	不适用
动物——鱼类和野生动物		
食物不足	不适用	不适用
覆盖/遮蔽不足	不适用	不适用
水源不足	不适用	不适用
空间不足	不适用	不适用
生境破碎	不适用	不适用
种群之间和种群内部失衡	不适用	不适用
受威胁和濒危鱼类及野生物种：		
• 根据《濒危物种法》列入或拟列入的鱼类和野生物种	中性	设计、实施并缓解活动，从而维护或增强有关物种。
• 减少的物种、关注的物种	中性	设计、实施并缓解活动，从而维护或增强关注的物种。
动物——家养		
饲料和草料的数量和质量不足	轻度至中度改善	增加生根深度和活力可提高草料产量。
遮蔽不足	不适用	不适用
畜牧用水不足	不适用	不适用
压力与死亡率	不适用	不适用
人类——经济学		
土地——土地利用的变化	不适用	不适用
土地——生产用地	不适用	不适用
资本——设备变更	中度增长	
资本——总投资成本	不适用	
资本——年度成本	轻度至中度增加	
资本——信贷和农场项目资格	场景	
劳动——劳动力	轻度至中度增加	出现轻度至中等增加，用于进行耕作作业。

（续）

资源、考虑因素和关注点	物理效果	基本原理
劳动——管理水平变化	可忽略不计	
风险——产量	轻微下降	由于渗透和根部渗透的改善而略有减少。
风险——灵活性	轻微下降	由于出现更有利的生长条件而略有下降。
风险——时间	中度增长	中度增加——种植前应实施实践。
风险——现金流量	略有增长	由于在田间往返而略有增加，可忽略不计。
盈利能力——盈利能力的变化	轻度至中度增加	
人类——文化		
存在或疑似存在的文化资源或历史财产	轻度至大幅增长	可能会对现有犁区以下的历史财产造成不利影响。
人类——能源		
化石燃料资源枯竭	轻度至中度增加	能源消耗量取决于耕作的深度和频率。
非化石能源资源的利用不足	不适用	不适用

人类方面考虑因素阐释

注意事项	物理效果应表明
土地——土地利用的变化	执行保护实践预期会使土地用途改变到另一种用途的程度。
土地——生产用地	实施保护实践预计会导致生产用地数量增加或减少的程度。
资本——设备变更	实施保护实践预期会导致农场或牧场业务所需资本设备数量增加或减少的程度。
资本——总投资成本	针对实施保护实践所需投资总额增加额而进行的定性衡量。
资本——年度成本	针对运行、维持保护实践所需年度资本成本预期变化所进行的定性衡量。
资本——信贷和农场项目资格	已包括在内，使保护规划者了解实施保护实践的潜在资金可得性。
劳动——劳动力	实施保护实践可能导致农场或牧场作业所需总劳动力增加或减少的程度。
劳动——管理水平变化	实施保护实践可能导致农场或牧场作业所需积极管理总量增加或减少的程度。
风险——产量	因实施保护实践导致作物或家畜产量相关风险预期增加或减少的程度。
风险——灵活性	因实施保护实践导致农场或牧场经营灵活性相关风险预期增加或减少的程度。例如从漫灌改为喷灌系统，增加了农户灌溉的灵活性，从而降低了与作业缺乏灵活相关的风险水平。
风险——时间	因实施保护实践导致农场或牧场经营时间安排相关风险预期增加或减少的程度。
风险——现金流量	因实施保护实践导致农场或牧场经营中现金流量相关风险预期增加或减少的程度。
盈利能力——盈利能力的变化	因实施保护实践导致农场或牧场盈利能力预期增加或减少的程度。
存在或疑似存在的文化资源或历史财产	因实施保护实践文化资源干扰、退化或损失风险预期增加或减少的程度。
化石燃料资源枯竭	化石能源（柴油、汽油、丙烷、天然气、煤）、润滑剂和其他材料的使用效率低。
非化石能源资源的利用不足	现有的具有成本效益的替代能源（太阳能、风能、生物燃料、水力发电、地热）没有得到使用或使用效率低下。

实施要求

（2015年11月）

生产商：＿＿＿＿＿＿＿＿＿＿＿＿＿　　　　项目或合同：＿＿＿＿＿＿＿＿＿＿＿＿＿

地点：＿＿＿＿＿＿＿＿＿＿＿＿＿　　　　国家：＿＿＿＿＿＿＿＿＿＿＿＿＿＿＿

农场名称：＿＿＿＿＿＿＿＿＿＿＿＿＿　　地段号：＿＿＿＿＿＿＿＿＿＿＿＿＿＿＿

实践位置图

（显示预计进行本实践的农场 / 现场的详细鸟瞰图，显示所有主要部件、布点、与地标的相对位置及测量基准）

索引

☐ 封面

☐ 规范

☐ 运行维护

☐ 认证声明

公用事业安全 / 呼叫系统信息

工作说明：

仅自然资源保护局审查

设计人：＿＿＿＿＿＿＿＿＿＿＿＿＿　　日期 ＿＿＿＿＿＿＿＿＿＿＿＿＿

校核人：＿＿＿＿＿＿＿＿＿＿＿＿＿　　日期 ＿＿＿＿＿＿＿＿＿＿＿＿＿

审批人：＿＿＿＿＿＿＿＿＿＿＿＿＿　　日期 ＿＿＿＿＿＿＿＿＿＿＿＿＿

实践目的（勾选所有适用项）：

☐　掩埋或混合风蚀或水蚀或洪水冲刷产生的土壤沉积物。

☐　裂隙限制土层。

场地信息

	场地		场地		场地	
实测英亩数						
土壤质地						
图距单位坡度（%）						
土壤湿度（田间持水量百分比）						
深度 / 限制层（英寸）						
土壤沉积深度						
耕作信息						
需要使用的设备						
耕作深度						
柄间距（英寸）						
耕作日期 / 时间安排						

田地准备和附加的安装信息

附加要求（如需）

运行维护

☐ 在深耕后监测根区是否重复出现限制层，帮助确定何时或是否重新进行处理。

☐ 压实土壤时进行深耕，减少限制层。

☐ 其他。

工作说明书——国家模板

（2013年12月）

此类可交付成果适用于个别实践。其他规划实践的可交付成果参考具体的工作说明书。

设计

可交付成果

1. 能够证明符合自然资源保护局实践中相关准则并与其他计划和应用实践相匹配的设计文件。

   a. 保护计划中确定的目的。

   b. 客户需要获得的许可证清单。

   c. 列出所有规定的实践或辅助性实践。

   d. 符合自然资源保护局国家和州公用设施安全政策（《美国国家工程手册》第503部分《安全》，第503.00节至第503.22节）。

   e. 制订计划和规范所需的与实践相关的计算和分析，包括但不限于：

        i. 耕作时土壤湿度

        ii. 规定的耕作深度

        iii.抑制作物生长的土壤污染物

2. 向客户提供书面计划和规范书包括草图和图纸，充分说明实施本实践并获得必要许可的相应要求应根据保护实践《深耕》（324）制订计划和规范，并记录在 324 号实践的实施要求文件中。

3. 运行维护计划记录在 324 号实践的实施要求文件中。

4. 证明设计符合实践和适用法律法规的文件，并记录在 324 号标准的实施要求文件中。

5. 实施期间根据需要所进行的设计修改，并记录在 324 号标准的实施要求文件中。

注：可根据情况添加各州的可交付成果。

安装
可交付成果

1. 与客户进行的实施前会议。

2. 验证客户是否已获得规定许可证。

3. 根据需要提供的应用指南。

4. 协助客户和原设计方并实施所需的设计修改。

5. 在实施期间，就所有联邦、州、部落和地方法律、法规和自然资源保护局政策的合规性问题向客户 / 自然资源保护局提供建议。

6. 证明施用过程和材料符合设计和许可要求的文件。

注：可根据情况添加各州的可交付成果。

验收
可交付成果

1. 实施记录。

    a. 实践单位

2. 记录在 324 号实践的实施要求文件中证明施用过程符合自然资源保护局实践和规范并符合许可要求的文件。

3. 进度报告。

注：可根据情况添加各州的可交付成果。

参考文献

NRCS Field Office Technical Guide（eFOTG），Section IV, Conservation Practice Standard Deep Tillage – 324.

NRCS National Engineering Manual.

NRCS National Environmental Compliance Handbook.

NRCS Cultural Resources Handbook.

注：可根据情况添加各州的参考文献。

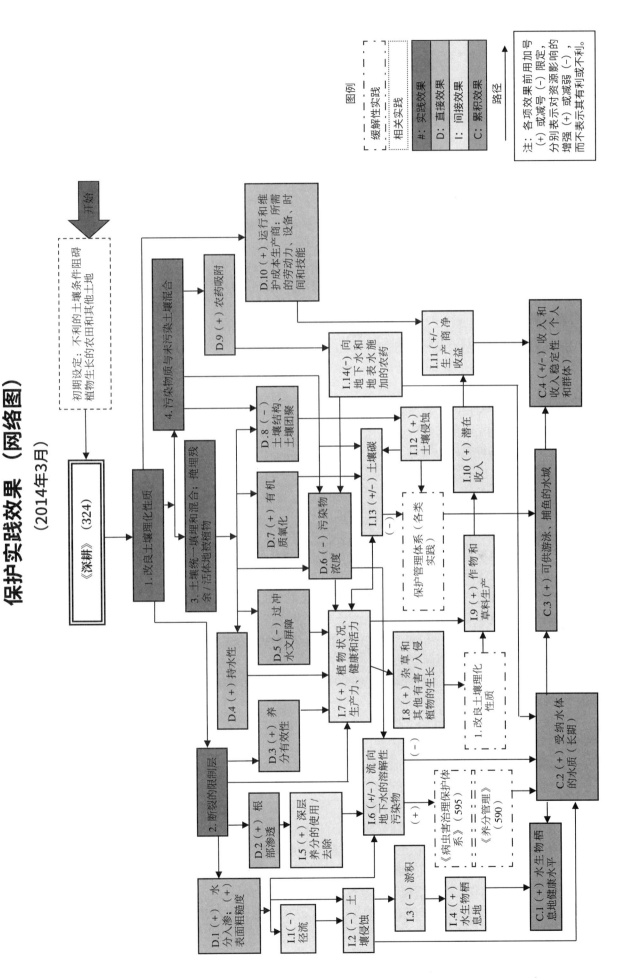

保护实践效果（网络图）
（2014年3月）

草本植物防风屏障

（603，Ft.，2015年9月）

定义

在农田的狭长地带种植草本植被，以降低风速、减少风蚀。

目的

- 减少土壤侵蚀（风蚀：跃移、蠕移和悬移）。
- 减少土壤颗粒物排放，改善空气质量。
- 通过减少风或风携的土壤颗粒对作物的损害，改善植物健康状况。

适用条件

风蚀已经成为影响农田利用的资源问题。

准则

适用于上述所有目的的总准则

本实践旨在利用当前的风蚀预测技术将风速和风蚀降低到计划的水土流失目标内。

所选草本植物种类应包括以下特点：

- 多年生、一年生或两者混合。
- 适应当地条件（即土壤和气候因素）。
- 具有形成坚硬、直立茎的生长习性。
- 抗倒伏并具有强的叶子保留能力。
- 对土壤沉积具有耐受性。
- 与相邻作物生长相比，竞争力不强。

为了达到预期目的，采用当前自然资源保护局（NRCS）批准的风蚀预测技术来设计风障的方向、间距、组成、宽度和高度。

为了达到设定的作物系统的土壤流失量指标，根据生境条件和当前的风蚀预测技术，在主导风蚀方向上安装风障。

当存在风蚀和水蚀问题时，调整风障的方向以同时解决风蚀和水蚀问题（避免在上下坡的风障附近产生积水和侵蚀）。

安装一行或多行其间留有孔隙的风障，以达到设定的土壤流失量指标。风障间的行距不超过36英寸。

在关键风蚀期间，沿着主导风蚀方向测量风障之间的间距。间距不超过设定风障高度的10倍，可以适当增减10%宽度来放置设备，同时达到设定的土壤流失量指标。

减少土壤侵蚀和微粒生成的附加标准

在使用风障的风蚀期间，风障的高度不低于1.5英尺，孔隙度为40%～50%。

保护种植作物免受风或风积土壤颗粒损害的附加标准

在敏感作物易受风和风积土壤颗粒损害的时期，风蚀量估值不超过《美国国家工程手册》（第502部分）中规定的作物耐受性或其他设定的农作物保护指标。

在作物生长需要受到保护的风蚀期间，为了达到指标，风障的高度不低于1.5英尺，孔隙度为40%～50%。

注意事项

草本风障在作为资源管理系统与其他水土保持措施相结合时最为有效。

在上述标准范围内，调整农田内草木风障的间距，为田间机械作业留出空间，并尽量减少局部或不完整的田间通道。

使用不会对草本风障内的植物造成不可逆损害的技术和农药来控制邻近农田的害虫。

在符合本实践的目标和附加标准的前提下，可以选择植物物质来诱使无益昆虫远离作物或吸引对相邻作物有益的昆虫。

在符合本实践的目标和附加标准的前提下，可以选择植物物质来为拟保护的野生动植物提供食物和掩护。

采取水土流失防治系统中配套的侵蚀控制措施并确定本实践的定位，以降低水沿着风障集中渗流的风险。

计划和技术规范

应为将要安装草本风障的每块农田制订计划和技术规范。在草本风障实施要求文档上记录标准规范。计划和技术规范应包括：

- 草本风障的水土保持指标。
- 基准作物系统的风蚀量估值。
- 基准模拟的主导风蚀方向。
- 具有草本风障风蚀量估值的设定作物系统。
- 风障数量及风障在农田的位置。
- 设定风障的有效高度、宽度、孔隙和相对于风蚀方向的方向。
- 风障之间的作物带的设定宽度。
- 使用的植物种类、播种量、方法和时间。
- 显示风障的设定位置的农田图。

运行和维护

每年应在推荐的种植日期种植植物以重建风障，风障按行排列，并在所有关键时期维护风障。

应尽快恢复风障的间隙（如 10 ~ 15 英尺），以保持其有效性。

根据需要提供养分、管理杂草以使风障植被按计划生长，并保持其有效性。

当由于沉积物堆积而导致风障失效或开始沿着风障的前缘积聚成径流时，在整平沉积物之后，根据需要重置和重建风障。

应根据需要重建或重置屏障，以达到本实践的目的。

参考文献

Brandle，J.R.，D.L. Hintz，and J.W. Sturrock；1988.Wind Break Technology. ISBN0-444-43019-9. Elsevier Science.

CORE4 Conservation Practices–The Common Sense Approach to Natural Resource Conservation；1999. USDA，NRCS.

National Agronomy Manual.190-V.3rded.，Part502，Winderosion；2010.USDA，NRCS.

Skidmore，E.L. and N.P. Woodruff；1968. Wind Erosion Forces in the United States and their use in predicting soil loss. Agriculture Hand book 346.USDA.

USDA-NRCS. PLANTSDatabase；2010. http：//plants.usda.gov.（Verified April 2010）.

保护实践概述

（2015年9月）

《草本植物防风屏障》（603）

草本植物防风屏障是指在垂直于盛行风向的田野中种植的成排或狭长的草本植被。

实践信息

实施本实践要求防风屏障的植被足够坚硬并且能在恶劣天气/季节中抗倒伏。植物材料还必须具有良好的留叶性且不会对相邻作物构成竞争威胁。

保护效果包括但不限于：

- 减少土壤侵蚀（风蚀：跃移、蠕移和悬移）。
- 减少土壤颗粒物排放，改善空气质量。
- 通过减少风或风携的土壤颗粒对作物的损害，改善植物健康状况。

实施本实践需要分析风向、田地大小、作物类型、机械类型和大小。这些因素将决定防风带之间的对齐、高度和宽度以及距离情况。建成后，防风屏障可能需要施肥，维持植物生长活力。必须控制有害杂草；必须尽快在实际可行的情况下修复防风屏障中的空隙处，以便保持屏障的有效性。

随着时间的推移，需要重新将积聚在屏障中的风成沉积物分散至田间表面。为了保持防风屏障的有效性，需要根据用来建立屏障的植被、土壤、种植的作物和大风事件的频率定期重建或重置屏障。

常见相关实践

《草本植物防风屏障》（603）通常与《保护性作物轮作》（328）、《覆盖作物》（340）以及残留物管理类实践等保护实践一起使用。

保护实践的效果——全国

土壤侵蚀	效果	基本原理
片蚀和细沟侵蚀	0	不适用
风蚀	4	横贯风蚀盛行风方向的硬茎草本植被通过截留跃移的土颗粒和遮挡顺风地区，减少了土壤风蚀。
浅沟侵蚀	0	不适用
典型沟蚀	0	不适用
河岸、海岸线、输水渠	0	不适用
土质退化		
有机质耗竭	2	减少了因风蚀造成的有机质损失。
压实	0	不适用
下沉	0	不适用

（续）

土质退化	效果	基本原理
盐或其他化学物质的浓度	0	不适用
水分过量		
渗水	0	不适用
径流、洪水或积水	0	不适用
季节性高地下水位	0	不适用
积雪	0	不适用
水源不足		
灌溉水使用效率低	0	不适用
水分管理效率低	3	积雪可以为植物提供额外的水分。
水质退化		
地表水中的农药	1	这一举措可减少土壤风蚀。此外，屏障可能吸引益虫或诱捕害虫，从而减少对农药的施用需求。
地下水中的农药	0	不适用
地表水中的养分	1	这一举措可减少土壤风蚀、降低土壤吸附养分向地表水中迁移的可能性。
地下水中的养分	0	不适用
地表水中的盐分	0	不适用
地下水中的盐分	0	不适用
粪肥、生物土壤中的病原体和化学物质过量	0	不适用
粪肥、生物土壤中的病原体和化学物质过量	0	不适用
地表水沉积物过多	1	植被减少了土壤风蚀以及由此产生的场外泥沙淤积。
水温升高	0	不适用
石油、重金属等污染物迁移	1	风蚀减少后，也减少了附着在灰尘上的金属迁移。
石油、重金属等污染物迁移	0	不适用
空气质量影响		
颗粒物（PM）和 PM 前体的排放	2	间隔适当的防风屏障可以有效减少风蚀和微粒排放。
臭氧前体排放	0	不适用
温室气体（GHG）排放	2	植被将空气中的二氧化碳转化为碳，储存在植物和土壤中，从而减少土壤流失 / 有机质含量。
不良气味	0	不适用
植物健康状况退化		
植物生产力和健康状况欠佳	2	选用的植物应保持在最佳的生长条件，以便达成预期目的。
结构和成分不当	5	选择适应且适合的植物。
植物病虫害压力过大	4	种植并管理植被，可控制不需要的植物种类。
野火隐患，生物量积累过多	0	不适用
鱼类和野生动物——生境不足		
食物	2	植被质量和数量的增加为野生动物提供了更多的食物和遮蔽物。
覆盖 / 遮蔽	2	植被质量和数量的增加为野生动物提供了更多的遮蔽物。
水	0	不适用
生境连续性（空间）	2	草本植物防风屏障可以提供额外的栖息地生存 / 空间。
家畜生产限制		
饲料和草料不足	0	不适用
遮蔽不足	0	不适用
水源不足	0	不适用
能源利用效率低下		
设备和设施	0	不适用
农场 / 牧场实践和田间作业	0	不适用

CPPE 实践效果：5 明显改善；4 中度至明显改善；3 中度改善；2 轻度至中度改善；1 轻度改善；0 无效果；-1 轻度恶化；-2 轻度至中度恶化；-3 中度恶化；-4 中度至严重恶化；-5 严重恶化。

实施要求

（2012年10月）

生产商：_____   项目或合同：_____

地点：_____   国家：_____

农场名称：_____   地段号：_____

<table>
<tr>
<td>

实践位置图

（显示预计进行本实践的农场／现场的详细鸟瞰图，显示所有主要部件、布点、与地标的相对位置及测量基准）

</td>
<td>

索引

☐ 封面

☐ 规范

☐ 图纸

☐ 运行维护

公用事业安全／呼叫系统信息

</td>
</tr>
</table>

工作说明：

仅自然资源保护局审查

设计人：_____   日期 _____

校核人：_____   日期 _____

审批人：_____   日期 _____

实践目的（勾选所有适用项）：

☐　减少土壤风蚀。

☐　减少向空气中排放的土壤颗粒。

☐　保护成长作物免受风或风携的土壤颗粒的损害。

☐　增加积雪，从而增加植物可利用的水分。

永久种子或植物要求
播前整地：
注：纯度百分比乘以发芽百分比，即可算出纯活种子（PLS）率。播种率除以百分比，即可求出每英亩所需的纯活种子。例如：98% 纯度 ×60% 发芽率 =0.588% 纯活种子率；10 磅／英亩 ×0.588%=17 磅／英亩。
播种时间：

（续）

种子 / 植物种类混合	总计（英尺 / 英亩）	纯活种子（磅 / 英亩或磅，1 000 英尺^2）	需要的种子总数（磅）
1.			
2.			
3.			
	氮（N）磅 / 英亩或（磅，1 000 英尺^2）	磷（P_2O_5）磅 / 英亩或（磅，1 000 英尺^2）	碳酸钾（K_2O）磅 / 英亩或（磅，1 000 英尺^2）
需肥量			
总需肥量			
播种 / 种植方法：			
覆盖要求（类型、比率 / 英亩），如有需要			
其他注意事项（如接种剂、灌溉、管理、植物保护等）			

草本植物屏障				
势垒方向（例如，南北向、东北 / 西南）	计划的屏障高度（英尺）	田野中的屏障间距（英尺）	计划孔隙度（%）	屏障内的植物行数

附加布局图 （如需）

运行维护

☐ 每年应在推荐的种植日期种植植物以重建风障，风障按行排列，并在所有关键时期维护风障。

☐ 尽快补植常年屏障的缺口，保持屏障的有效性。

☐ 种植后，根据需要对多年生屏障进行施肥。植物通过栽培、使用化学药品时的局部处理，或其他可接受的方法来控制杂草。

☐ 堆积在屏障中的风成沉积物应根据需要清除并分散在田地路面上。

☐ 应根据需要重建或重置屏障。

☐ 屏障由多年生植被组成，可改善野生动物栖息地，除非其高度或宽度超过达成屏障目的所需的高度或宽度，或与邻近土地用途存在竞争关系，否则不得进行修剪。当需要收割植被或进行规定焚烧时，应在草巢鸟类非主要筑巢季节进行。

☐ 应在预计发生风蚀、作物损坏或飘雪之前，对从多年生植物屏障、放牧、焚烧或割草中收获的干草或种子进行管理，使其能够重新生长到计划高度。每年均应对屏障进行管理，使屏障具有足够的高度和状况达成其预期目的。

☐ 其他。

工作说明书——国家模板

（2010年4月）

此类可交付成果适用于个别实践。其他规划实践的可交付成果参考具体的工作说明书。

设计

可交付成果

1. 能够证明符合自然资源保护局实践中相关准则并与其他计划和应用实践相匹配的设计文件。
   a. 保护计划中确定的目的。
   b. 客户需要获得的许可证清单。
   c. 制订计划和规范所需的与实践相关的计算和分析，包括但不限于：
      i. 确定适应的草本植被种类能否达到规定孔隙度
      ii. 屏障方向和屏障间距
      iii. 根据需要针对减少土壤风蚀、保护作物、积雪管理以及野生动物食物和覆盖物，做出额外规定

2. 向客户提供书面计划和规范书包括草图和图纸，充分说明实施本实践并获得必要许可的相应要求。
3. 所需运行维护工作的相关文件。
4. 证明设计符合实践和适用法律法规的文件。
5. 安装期间，根据需要所进行的设计修改。

注：可根据情况添加各州的可交付成果。

安装

可交付成果

1. 与客户进行的实施前会议。
2. 验证客户是否已获得规定许可证。
3. 根据计划和规范（包括适用的布局注释）进行定桩和布局。
4. 根据需要提供的应用指南。
5. 协助客户和原设计方并实施所需的设计修改。
6. 在安装期间，就所有联邦、州、部落和地方法律、法规和自然资源保护局政策的合规性问题向客户／自然资源保护局提供建议。
7. 证明施用过程和材料符合设计和许可要求的文件。

注：可根据情况添加各州的可交付成果。

验收

可交付成果

1. 实施记录。
   a. 实践单位
   b. 实际采用或使用的植物材料
   c. 实际的屏障间距和朝向
2. 证明施用过程符合自然资源保护局实践和规范并符合许可要求的文件。

3. 进度报告。

注：可根据情况添加各州的可交付成果。

参考文献

NRCS Field Office Technical Guide（eFOTG）, Section IV, Conservation Practice Standard – Herbaceous Wind Barrier, 603.

NRCS National Agronomy Manual, Table 502-3.

NRCS National Environmental Compliance Handbook.

NRCS Cultural Resources Handbook.

注：可根据情况添加各州的参考文献。

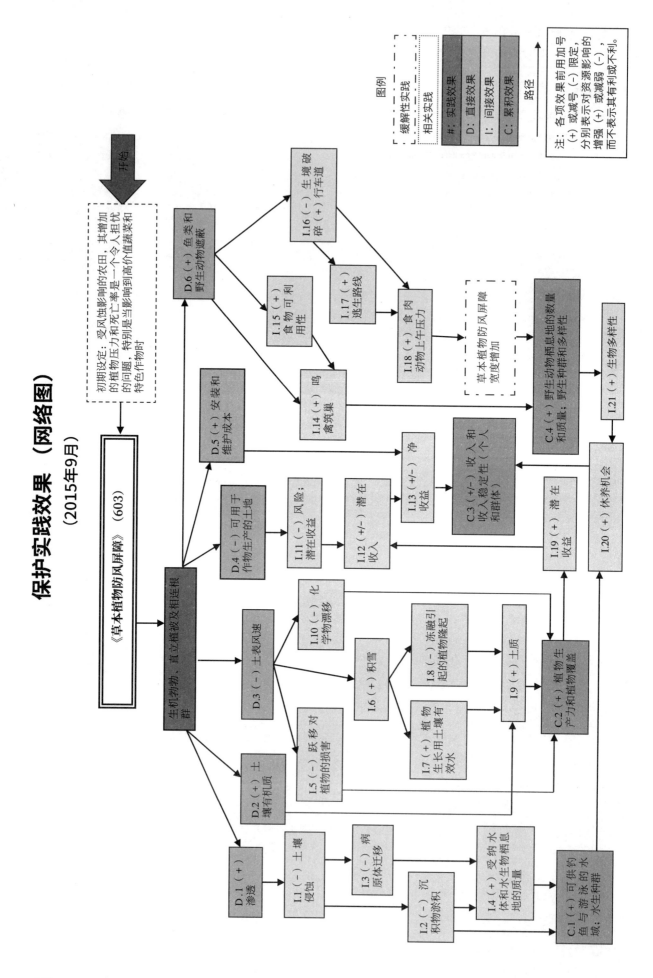

保护实践效果（网络图）

（2015年9月）

《草本植物防风屏障》（603）

高隧道式温棚

（325，ft²., 2015年3月）

定义

一种封闭式的聚乙烯、聚碳酸酯、塑料或纺织物覆盖结构，用于遮盖和保护农作物免受阳光、大风、强降雨或冷空气的影响，以相对安全的环境延长生长季节。

目的

用于提高植物健康和活力。

适用条件

本实践适用于适宜生产作物的土地,同样适用于由于阳光或风力强度可能会损害作物生长的地区，或由于气候条件需要延长生长季节的区域。

本实践不适用于不在自然土壤生长的作物（如桌面盆栽、便携式盆栽、水培等）。

准则

规划支撑性的保护措施，用于解决与安装和使用高隧道式温棚有关的所有环境问题，如侵蚀、灌溉和径流。

作物必须在自然土壤表层上生长，可以加高地层来改善土壤状况、土壤肥沃度和通达度，加高地层最大深度为 12 英尺。

本实践不包括温室或小拱棚。

本实践不能为任何牲畜提供栖息地或储存工具设备。

勘测土壤架构，避免有掩埋的公共设施。

应把温棚建在可用水源附近，以便灌溉。

高隧道式温棚必须根据制造商要求制造的相关套件进行规划、设计和构造。高隧道式温棚框架必须由金属、木材或耐用塑料制成，应设置在高于基础结构至少 6 英尺高的地方。如果需要外层遮盖物，可以采用温室级塑料、聚碳酸酯、木材或其他材料。使用的结构大小适合入口 / 出口处，在生产计划性作物时，方便移动所需设备和物资。

选择厚实的高隧道式温棚遮盖材料用于适应规定时间内的温度变化，并且至少有 4 年的使用寿命。对于聚乙烯遮盖物，请使用最低 6 密耳的温室型防紫外线材料。

对于有机物材料生产者，有责任确保所有被允许的生产活动，包括材料设计、材料使用和材料规格，都应与美国农业部农产品销售服务国家有机计划、有机农业生产经营国家标准一致。

如果坡度不超过 5%，则可在水平坡度或自然坡面上构建高隧道式温棚。

考虑到积雪可能会损坏大棚框架，温棚薄膜应在生长季节结束时拆除或卷起，除非制造商设计的结构能够承受预期的积雪荷载量。

考虑到强风可能会损坏大棚结构，应选择由制造商设计的大棚薄膜和大棚框架来承受预期的风荷载量，或通过减少风损的方式管理大棚。

如果阳光的强度或持续时间能够缩短生长季节，则可以使用合适厚度的遮阳布代替防渗塑料膜，以及除了防渗塑料膜之外的材料。单独使用遮阳布时，不需要棚壁。

从加高的大棚内流出大量的水，会造成排水和积水的问题，而这些问题以前都不存在。直接径流应远离高隧道式温棚以避免积水。当温棚上的径流流入地面时，可能会产生滞洪区、储水池或稳定的出水口，并有可能造成侵蚀。

在高隧道式温棚外的暴露层种植植被时会影响施工进程，因此明令禁止。

在建造之前，对高隧道式温棚设计的重大修改须由制造商验证和批准，以确保所有保证文件有效。

注意事项

在国家法律允许的范围内，可以截断径流并用于灌溉，尽管径流本不应作为灌溉用水的唯一来源。上述径流标准所需的任何结构应根据保护实践 558 号标准——屋顶径流结构来设计。适当保护的情况下，径流可能会渗入地表或地下出口。根据保护实践 620 号标准——地下出口确定地面和地下出口的尺寸，以确保足够的容量。适当清洁，可使用地面或地面出口，如岩石垫、带地下排水沟的填石沟渠、混凝土和其他抗侵蚀垫或预留通道。

应考虑通过遵循土壤管理系统来管理高隧道式温棚，维持或改善土壤营养，所述的土壤管理系统通过以下方式为土壤微生物创造有利的栖息地：

- 尽量减少对土壤的影响，包括物理、化学和生物等方面。
- 利用轮作植物的多样性增加地下土壤的多样性。
- 尽可能多地保护土壤中可以生长的树根。
- 一年四季全年使残留物和可种植植物覆盖土壤表层。

选址建造高隧道式温棚时，应考虑进出口，便于移动种植作物、运输设备和进行其他运行和维护活动。

移除或操作侧盖以控制内部温度和湿度。应考虑安装通风口、风扇或加热器，并应将其包含在制造商的设计和建议中。如果需要提供光照保护以延长生长季节，可考虑在高隧道式温棚表面覆盖遮阳布。

如适用，请考虑安装制造商的标准套件以提供更多的结构支持。

考虑在混凝土中设置端柱，使用较重的 12 ~ 14 号钢，并使用双层塑料来增加结构的完整性。

在并排高隧道式温棚之间的最小间隙为 10 ~ 20 英尺，以便除雪和安装防护罩。

考虑其他建筑物或树木对高隧道式温棚结构的潜在危害，并将其选在距离树或温棚高度两倍的位置。

用土壤组织、覆盖物或废料控制杂草生长。

在适当的情况下考虑其他的保护措施，包括：

- 轮作。
- 灌溉用水管理。
- 盐度管理。
- 土壤营养管理。
- 虫害综合管理。
- 关键重点区域种植。
- 覆盖物。
- 屋顶径流结构。
- 分流。
- 地下出口。
- 加大大量使用保护。
- 覆盖型作物。

计划和技术规范

根据本实践准备计划和技术规范。

计划和技术规范至少包括以下内容：

- 确定目的。
- 记录计划的生长季节。

- 高隧道式温棚的布局和位置选择。
- 根据相应保护实践的要求，关于侵蚀控制、径流和植被覆盖的现场准备和所需的支撑活动。
- 季节性高隧道式温棚的计划宽度和长度。声明季节性高隧道式温棚将按照制造商的要求进行建造。
- 在恶劣的天气条件之前拆除或卷起高隧道式温棚覆盖物的流程和时间点。
- 避免光线照射高隧道式温棚，需设定添加或更换遮阳布流程和时间点。

运行和维护

大棚管理需要生产者密切关注和高度警惕。

准备运行和维护计划，并一起与负责标准的土地所有者和操作员进行审核。提供具体指导，以便正确运行和维护本实践，并详细说明维持标准有效性和使用寿命所需的修理级别。

根据需要定期检查高隧道式温棚并修理、重新安装或更换，以达到预期目的。

通过控制强风或积雪损害的方式管理大棚构架。在风暴事件发生前关上大棚各个侧面并结束各项操作。在有冰雪发生的地区，大棚应在冬季天气来临之前关闭。

迅速将大棚构架覆盖物和其侧面的积雪和冰块除去，防止大棚框架损坏。

当恶劣天气对大棚框架造成威胁导致坍塌时，可考虑削减塑料膜以减轻压力并保存框架。

定期对土壤进行检测，包括养分质成分和盐分的形成。固定的高隧道式温棚下的土壤可能需要定期"冲洗"以除去积盐。这可以通过收集下一个季节的土壤覆盖来完成，以便自然降水渗透，或者人为地将地表土壤掩埋在覆盖物之下。

如果需要的话，在大棚外搭建干扰层，并在大棚的整个使用周期内保持植被覆盖。

覆盖物的去除应符合预期目的高位和现场条件。

在使用寿命结束时妥善处理覆盖物。

靠近大棚结构和现场操作的设备不得对高隧道式温棚或覆盖物的预期目的造成干扰。

参考文献

Community Garden Guide Season Extension - HighTunnel, NRCS. Rose Lake PlantMaterials Center，East Lansg, Michigan.

"High Tunnel Production Manual".Penn State University College of Agriculture，Department of Horticulture.White, L.and Orzolek, M. 2003.

"High Tunnels：Usg Low – Cost Technology to crease Yields, Improve Quality and Extend the Season". Ted Blomgren, Cornell Cooperative Extension, and Tracy Frisch, Regional Farmand Food Project. Published by the University of Vermont Center for Sustaable Agriculture. 2007.

"Mnesota high tunnel production manual for commercial growers".Editedby：Terrance T. Nennich, Sr.，University of Mnesota Extension and SuzanneWold – Burkness, University of Minnesota. 2013.

"Growg Under Cover：A Guide to Polytunnel Options for Kansas Growers"：Kansas Rural Center：KimScherman, 2014.

保护实践概述

（2015年3月）

《高隧道式温棚》（325）

高隧道式温棚是一种封闭式的聚乙烯、聚碳酸酯、塑料或纺织物覆盖结构，用于遮盖和保护农作物免受阳光、大风、强降雨或冷空气的影响，以相对安全的环境延长生长季节。

实践信息

本实践适用于适宜生产作物的土地，同样适用于由于阳光或风力强度可能会损害作物生长的地区，或由于气候条件需要延长生长季节的区域。本实践不适用于不在自然土壤生长的作物。加高地层最大深度为12英尺。

高隧道式温棚必须根据制造商要求制造的相关套件进行规划、设计和构造。高隧道式温棚框架必须由金属、木材或耐用塑料制成，应设置在高于基础结构至少6英尺高的地方。高隧道式温棚至少有4年的使用寿命。对于聚乙烯遮盖物，请使用最低6密耳的温室型防紫外线材料。

常见相关实践

《关键区种植》（342）、《覆盖》（484）、《屋面径流结构》（558）、《地下出水口》（620）。

工作说明书—— 国家模板

（2010年4月）

此类可交付成果适用于个别实践。其他规划实践的可交付成果参考具体的工作说明书。

设计

可交付成果

1. 能够证明符合自然资源保护局实践中相关准则并与其他计划和应用实践相匹配的设计文件。
    a. 保护计划中确定的目的。
    b. 客户需要获得的许可证清单。
    c. 辅助性实践一览表。
    d. 制订计划和规范所需的与实践相关的计算和分析，包括但不限于：
        i. 环境因素（如位置、空气和水质）
        ii. 植被
2. 向客户提供书面计划和规范书包括草图和图纸，充分说明实施本实践并获得必要许可的相应要求。
3. 运行维护计划。

4. 安装期间，根据需要所进行的设计修改。

注：可根据情况添加各州的可交付成果。

安装

可交付成果

1. 与客户和承包商进行的安装前会议。

2. 验证客户是否已获得规定许可证。

3. 根据计划和规范（包括适用的布局注释）进行定桩和布局。

4. 根据需要提供应用指南。

5. 安装检查（酌情根据检查计划开展）。

    a. 实际使用的材料

    b. 检查记录

6. 协助客户和原设计方并实施所需的设计修改。

7. 在安装期间，就所有联邦、州、部落和地方法律、法规和自然资源保护局政策的合规性问题向客户／自然资源保护局提供建议。

8. 证明安装过程和材料符合设计和许可要求的文件。

注：可根据情况添加各州的可交付成果。

验收

可交付成果

1. 竣工文档。

    a. 实践单位

    b. 供应商名称，标识高隧道式温棚套件的项目编号

    c. 图纸

    d. 最终量

2. 证明安装过程符合自然资源保护局实践和规范的文件。

3. 进度报告。

注：可根据情况添加各州的可交付成果。

参考文献

NRCS Field Office Technical Guide（eFOTG），Section IV, Conservation Practice Standard – High Tunnel System - 325.

NRCS National Environmental Compliance Handbook.

NRCS Cultural Resources Handbook.

注：可根据情况添加各州的参考文献。

保护实践效果（网络图）

（2015年6月）

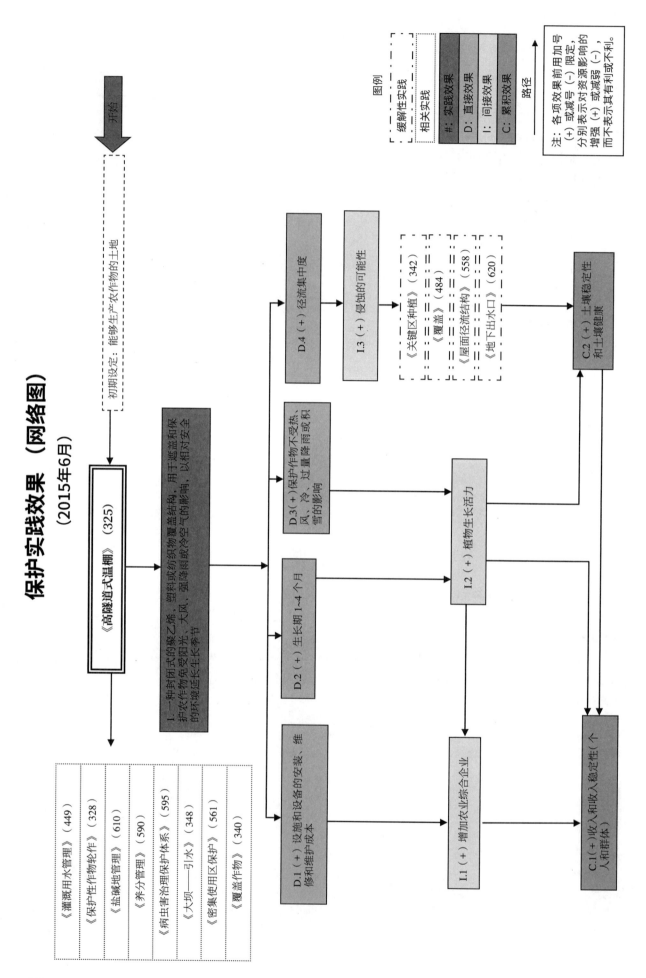

山坡排水沟

（423，Ft.，2017年10月）

定义

一种在下侧有支撑脊，且是以规定的坡度和水平或垂直间隔横跨斜坡建造而成的通道，其具有或没有植物屏障。

目的

本实践适用于：

- 通过将高陡坡上的水流分流到稳定的出口，安全地控制水流。

适用条件

本实践适用于以下地点：

- 坡度较陡的地形。
- 地表水流对坡地造成破坏。
- 有足够的土壤深度进行施工。

不要使用山坡排水沟去保护建筑物、道路或为了其他目的进行改善。

准则

安置。安置与土地条件、土壤质地和坡度相适应，且排水至稳定的排出口的山坡排水沟系统。

出口。在建造一个山坡排水沟之前，安置或建造适当的水流出口，该出口有足够处理排放水的能力，且不会造成侵蚀风险。出口可以是坡度控制结构、天然或建造的水道、稳定的河道，也可以是如构造成熟的牧场等稳定的处置区域。对于草地水道出口，使用保护实践《草地排水道》（412）中的要求，而对于采用坡度控制结构的出口则依据保护实践《边坡稳定设施》（410）中的要求。

长度。沿一个方向排水的山坡排水沟的最大允许长度为 400 英尺，除非需要延伸到达稳定的出口，此时的最大距离为 500 英尺。

允许的速度。沟渠内的设计限制流速应与此地土壤的抗侵蚀特性相适应。根据《美国国家工程手册》第 650 部分《美国工程现场手册》，第 9 章"分流"中的指南来确定最大设计流速。

水平间距。使用表 1 确定最大水平间距。

表1

坡度（%）	最大间距（英尺）
<12	40
12～25	35
25～40	25
>40	20

排水能力。设计山坡排水沟的峰值排水量要至少能够排出持续 24 小时十年一遇的降雨。

注意事项

在规划此标准时，请考虑以下情况（如适用）：

- 对水平衡的组成部分造成的影响，特别是对径流量和速率、渗透率、蒸发量、蒸腾量、深层渗透和地下水补给量的影响。

- 植被对泥沙运动溶解物和悬浮物、附着物的过滤作用。
- 实施本实践对下游水质的短期影响和对与施工有关的影响。
- 含有沙质土壤的陡坡比山坡排水沟更适合保护实践《植物篱》（601）。
- 不透水层渗透率增加引起的盐水渗漏或其他盐化问题发展的可能性。
- 对重要的文化资源的潜在影响。

计划和技术规范

编制建造山坡排水沟的计划和技术规范，其描述为达到预期目的而应用本实践的具体要求。至少应包括：

- 山坡排水沟系统布局的平面图。
- 渠道坡度的剖面图。
- 标准的横截面。
- 数量。
- 材料要求。

运行和维护

为实际操作人员编制运行和维护计划。运作和维护计划的最低要求是：

- 及时清除山坡排水沟中的沉积物，保持沟渠正常功能、渠堤高度和排水能力。
- 除去影响沟渠正常运行的植被或废物。
- 如有需要，除去影响出口运行的废物。
- 在出口处始终保持良好的植被，以保证稳定性。
- 对沟渠进行例行维护和修理，特别是当发生强降雨后应立即进行检查。

参考文献

Temple，D.M.，K.M. Robinson，R.M. Ahring，A.G. Davis. 1987. Agriculture Handbook 667，Stability Design of Grass-Lined Open Channels. USDA Agricultural Research Service.

USDA NRCS. National Engineering Handbook，Part 650，Engineering Field Handbook，Chapter 9，Diversions.

保护实践概述

（2017年10月）

《山坡排水沟》（423）

山坡排水沟是一种在下侧有一个支撑垄，以一定水平或垂直间隔，横跨斜坡建造的沟渠，可以设置也可以不设置植被隔离带。

实践信息

山坡排水沟通过将高陡坡上的径流分流到稳定的排水口，安全地控制水流。

本实践适用于以下地点：

- 坡度较陡的地形。
- 地表水流对坡地造成破坏。
- 有足够的土壤深度进行施工。

不要使用山坡排水沟去保护建筑物、道路或为了其他目的进行改善。

山坡排水沟通过将径流分流到带有保护措施的排水口，帮助控制陡坡农田的侵蚀。山坡排水沟以设计的垂直间隔沿斜坡向下建设并在沟渠内的非侵蚀斜坡上建设。在建设山坡排水沟之前，必须有足够的径流排水口。排水口可以是坡度控制结构、天然或建造的水道、稳定的河道，也可以是如构造成熟的牧场等稳定的处置区域。

山坡排水沟需在实践的预期年限内进行维护。

常见相关实践

《山坡排水沟》（423）常见的相关实践包括《草地排水道》（412）、《衬砌水道或出口》（468）、《地下出水口》（620）、《边坡稳定设施》（410）及《关键区种植》（342）中的要求。

保护实践的效果——全国

土壤侵蚀	效果	基本原理
片蚀和细沟侵蚀	2	在坡面上修建一条沟渠，用于分流带有破坏性的径流、缩短坡面长度。
风蚀	0	不适用
浅沟侵蚀	2	在坡面上修建一条沟渠，用于将带有破坏性的径流分流至配有保护措施的排水口。
典型沟蚀	2	分流带有破坏性的径流、缩短坡面长度。
河岸、海岸线、输水渠	1	分流可能到达河岸的坡面漫流。
土质退化		
有机质耗竭	0	不适用
压实	0	不适用
下沉	0	不适用
盐或其他化学物质的浓度	0	不适用

（续）

水分过量	效果	基本原理
渗水	0	山坡排水沟可作为渗水出口
径流、洪水或积水	4	收集和输送径流到安全出口。
季节性高地下水位	0	不适用
积雪	0	不适用
水源不足		
灌溉水使用效率低	0	不适用
水分管理效率低	1	帮助收集多余的水，并将水输送到其他可能用水的地方。
水质退化		
地表水中的农药	1	这一举措将水引流到农药施用地点之外。
地下水中的农药	0	不适用
地表水中的养分	-1	这一举措可收集径流并将可能存在的有机物和溶解养分输送到地表水中。
地下水中的养分	-1	这一举措增加了渗透，可能会转移养分。
地表水中的盐分	0	这一举措可收集径流，但不影响田间带来的总盐负荷。
地下水中的盐分	0	不适用
粪肥、生物土壤中的病原体和化学物质过量	-2	收集径流并将可能存在的农药输送到地表水中。
粪肥、生物土壤中的病原体和化学物质过量	0	不适用
地表水沉积物过多	2	收集并将径流速度减缓到不具有侵蚀性的水平。
水温升高	0	沟渠收集坡面漫流但不储存坡面漫流。
石油、重金属等污染物迁移	-1	这一举措可收集径流，并将重金属输送到地表水中。
石油、重金属等污染物迁移	0	不适用
空气质量影响		
颗粒物（PM）和 PM 前体的排放	0	不适用
臭氧前体排放	0	不适用
温室气体（GHG）排放	0	不适用
不良气味	0	不适用
植物健康状况退化		
植物生产力和健康状况欠佳	1	分流径流并减少侵蚀，从而增强所需物种的健康和生长活力。
结构和成分不当	0	不适用
植物病虫害压力过大	0	不适用
野火隐患，生物量积累过多	0	不适用
鱼类和野生动物——生境不足		
食物	0	不适用
覆盖 / 遮蔽	0	不适用
水	2	排水沟中的水暂时可用。
生境连续性（空间）	0	不适用
家畜生产限制		
饲料和草料不足	0	不适用
遮蔽不足	0	不适用
水源不足	0	不适用
能源利用效率低下		
设备和设施	0	不适用
农场 / 牧场实践和田间作业	0	不适用

CPPE 实践效果：5 明显改善；4 中度至明显改善；3 中度改善；2 轻度至中度改善；1 轻度改善；0 无效果；–1 轻度恶化；–2 轻度至中度恶化；–3 中度恶化；–4 中度至严重恶化；–5 严重恶化。

工作说明书—— 国家模板

（2017年10月）

此类可交付成果适用于个别实践。其他规划实践的可交付成果参考具体的工作说明书。

设计
可交付成果

1. 能够证明符合自然资源保护局实践中相关准则并与其他计划和应用实践相匹配的设计文件。
    a. 明确的客户需求，与客户进行商讨的记录文档，以及提议的解决方法。
    b. 保护计划中确定的目的。
    c. 农场或牧场规划图上显示的安装规划实践的位置。
    d. 客户需要获得的许可证清单。
    e. 对周边环境和构筑物的影响。
    f. 符合自然资源保护局国家和州公用设施安全政策的证明（《美国国家工程手册》第503部分"安全"，A子部分"影响公用设施的工程活动"第503.0节至第503.6节）。
    g. 制订计划和规范所需的与实践相关的计算和分析，包括但不限于：
        i. 定位/校准
        ii. 水文/排水
        iii. 施工作业
        iv. 植被
        v. 环境因素
2. 书面计划和规范书，包括草图和图纸，充分说明实施本实践并获得必要许可的相应要求。
3. 适当的设计报告（《美国国家工程手册》第511部分"设计"，B子部分"文档"，第511.10节和第511.11节）。
4. 质量保证计划（《美国国家工程手册》第512部分"施工"，D子部分"质量保证活动"，第512.30节至第512.33节）。
5. 运行维护计划。
6. 证明设计符合自然资源保护局标准和规范并适用法律法规（《美国国家工程手册》第505部分《非自然资源保护局工程服务》A部分"前言"，第505.0节和第505.3节）的证明文件。

注：可根据情况添加各州的可交付成果。

安装
可交付成果

1. 与客户和承包商进行的安装前会议。
2. 验证客户是否已获得规定许可证。
3. 根据计划和规范（包括适用的布局注释）进行定桩和布局。
4. 安装检查。
    a. 实际使用的材料（《美国国家工程手册》第512部分"施工"，第C子部分"施工材料评估"，第512.20节至第512.23节；第D子部分"质量保证活动"，第512.33节）
    b. 检查记录
    c. 符合质量保证计划的文件
5. 协助客户和原设计方并实施所需的设计修改。

6. 在安装期间，就所有联邦、州、部落和地方法律、法规和自然资源保护局政策的合规性问题向客户 / 自然资源保护局提供建议。

注：可根据情况添加各州的可交付成果。

验收
可交付成果

1. 竣工文档。
   a. 实践单位
   b. "红线"图纸（《美国国家工程手册》第 512 部分《施工》，第 F 子部分"建造"，第 512.50 节至第 512.52 节）
   c. 最终量
2. 证明安装过程符合自然资源保护局实践和规范并符合许可要求的文件（《美国国家工程手册》第 505 部分《非自然资源保护局工程服务》，A 子部分"前言"，第 505.3 节）的证明文件。
3. 进度报告。

注：可根据情况添加各州的可交付成果。

参考文献

Field Office Technical Guide（eFOTG），Section IV, Conservation Practice Standard – Hillside Ditch（Code 423）.

National Engineering Manual.

National Engineering Handbook, Part 650 Engineering Field Handbook, Chapter 9 Diversions.

NRCS National Environmental Compliance Handbook.

NRCS Cultural Resources Handbook.

注：可根据情况添加各州的参考文献。

保护实践效果（网络图）

（2017年10月）

▶ 山坡排水沟

图例

缓解性实践 ┄┄
相关实践 ┈┈
#：实践效果
D：直接效果
I：间接效果
C：累积效果

路径 →

注：各项效果前用加号（+）或减号（-）限定，
（+）表示对资源增强（+）或减弱（-），
分别表示对资源减弱
而不表示其有利或不利。

开始

初期设定：地表水流破坏环坡地并有足够的土层深
度来建造地坡地沟渠系统的陡坡

《山坡排水沟》（423）

一种在下侧有一个支撑垄，以一定水平或垂直间隔、横跨斜坡
建造的沟渠，可以设置也可以不设置植被隔离带

《草地排水道》（412）
《地下出水口》（620）
《衬砌水道或出口》（468）
《边坡稳定设施》（410）
《植物篱》（601）
《关键区种植》（342）

D.7（+）改道水流

D.6（-）水分过量 - 径
流、洪水或积水

I.4（-/+）水量，（-）沉积物堆积减少了水
体中的蓄水量；（+）沉积物堆积降低了
排水口输水渠道的蓄水量

C.3（+/-）水量

D.5（-）土壤侵蚀 - 溪流海岸线或
输水渠道造成的过度堤岸侵蚀

D.4（-）土壤侵蚀 -
典型沟蚀

I.3（+）径流水质：（-）沉积物、
（-）养分、（-）有机物和（-）
病原体

C.2（+）受影水体的水质

D.3（-）土壤侵蚀 -
浅沟侵蚀

D.2（-）土壤侵蚀 -
片蚀和细沟侵蚀

I.2（+）植物健康水平、
生产力和生长活力

D.1（+）安装和
维护成本

I.1（+/-）
净收益

C.1（+/-）收入稳定性（个
人和群体）

土地复垦——滑坡治理

（453，No.及Ac.，2005年2月）

定义

保持自然环境原状，管理矿区废弃地（超负荷挖掘产生）、矿山废物或覆盖层，从而减少滑坡现象的发生。

目的

- 改善由坡身缺陷而造成的斜坡不稳情况，并降低出现坡度增高或坡面重新整合的可能性。
- 保护生命和财产安全。
- 防止过度侵蚀和沉淀现象的发生。
- 提高水质以及土地资源质量。
- 创建有利于坡面表层保护，且益于土地使用的条件。

适用条件

那些已存在原料、矿料、矿场废弃物，覆盖层或岩凿的道路，因为该区域地面不稳定，出现过移动现象或可能发生滑坡，将会对生命、财产或环境造成损害，所以不适用于在其路堤表面进行修建，如道路填土、堤坝、岩墙、堤岸和梯田。

准则

调查。调查应包括延伸至山体滑坡以外的区域，并应确定：
- 表面轮廓、横截面和地形特征。
- 地质剖面和横截面，体现了地层的状态和滑动带的细节。
- 土壤分类和特性，包括等级、密度、强度和化学特性。
- 地下水情况。
- 涉及物质材料的深度范围及体积。
- 估测预剖面和地下条件。
- 相同物质斜坡稳定的条件。
- 导致失败的外在因素（比如土地利用情况或降水因素）。

任何人员在允许滑动区域内、钻井或机械设备施工之前，必须格外小心，并仔细规划。在潮湿季节，滑坡事件经常发生，在旱季可能会相对稳定。

坡面稳定性。为防止或稳定滑坡而制订的措施，应以工程分析和工程师的判断为基础（工程师需接受土壤力学和土壤生物工程的培训，且经验丰富）。

坡面稳定性分析应考虑到所有必要条件，如土壤和承载力。天然土壤、岩石或废弃物的强度参数，应根据每个滑坡的适宜条件而定，应使用长期强度参数（C = 0 和基于残余剪切应力的内部摩擦）。坡面稳定分析方法适用于承载条件和滑动面或潜在破坏面的位置和形状。

应根据所使用的土壤强度值的不确定性程度、假设的土壤和水源状况以及所用分析的详细情况，提供适当的安全系数。

当农场、住宅区、经常通行的道路、占用的设施或重要的公共设施有可能造成生命损失或损坏时，应采取措施，包括清除易滑动的材料或任何其他控制措施，以确保安全。

包含在 NRCS《美国国家工程手册》531.26（a）部分的要求适用于地质调查和地震评估。最小地震系数和重现间隔的标准应符合国家建筑规范的要求。

水流控制。进入滑坡区的水源，应尽可能按照以下方式控制：

- 地表径流水。拦截进入滑坡区的径流水并输送至稳定的排水口。
- 直接沉淀水。在区域内修建良好的地面排水系统，密封表面裂缝，能够从一定程度上控制下渗情况的发生。可能需要进行分级整改以进行良好的地面排水。根据需要修建梯田结构和水道，保证水处理不会造成侵蚀，并采用良好的排水系统，从而减少渗漏。应保护处理区的表面从而免受侵蚀。
- 地下水。在适当情况下，应采取包括植被处理在内的设计措施，拦截造成该地区不稳定的地下水。排水系统应按照《美国国家工程手册》第 26 章第 633 部分的规定设计，该系统在设计施工后局部区域受限的前提下继续执行。

土料管理。设计应考虑以下因素，如对适当冲击负荷、强度或反支撑的影响：

- 稀土材料。
- 内部水。
- 岩石材料。
- 装载控制。在适当的情况下，考虑装载控制的备选方案，包括：从滑块的上部去除多余的材料；去除整个滑块；至少使滑坡上部脱水，并去除设施工作以外的滑块。作为规划和设计的一部分，应妥善处置挖掘滑料的地点。
- 降低坡度。滑区内的临界坡度应在实际情况下按等级划分。
- 提高内部强度。该设计在水分和压实的作用下，分析拆卸和重新压实材料的影响，还应当分析边坡植被稳定性的影响。
- 外部限制。由于效率的不断提高，斜坡运动必须受到限制，而稀土材料的操控可能达不到预期的效果，则应采用外部限制。而且外部限制的设计也用于承受倾覆，防止底部滑动，而且防止地基承载力过重而遭到破坏，所有措施应包含合理的排水规定。

植被治理。种植植被应选用适合于该地的土壤生物工程或生物边坡稳定技术，应在土壤生物工程应用中种植具有良好性能的深根草和灌木，应考虑植被的蒸腾潜力和生根深度，应分析包括土壤酸碱值、颗粒大小和养分含量等在内的条件，并运用这些信息采取适当的植被治理和植被覆盖。

组件实践。所有独立结构的安装都是滑坡处理的组成部分，应按照适用的 NRCS 保护规程标准和规范进行设计和安装。如果没有 NRCS 标准，则应使用当前工程技术设计和安装本规程。

环境。所有受干扰的地区须配备适当的水处理系统，并设立植被覆盖区，或以其他方式加以保护，以便在可行的情况下尽快控制土壤侵蚀和沉渣。如果建立永久性覆盖期的时间比预计延迟时间要长，则必须采取临时保护措施。管理好人、动物和车辆，以保护该地区。

注意事项

注意外部水质影响，例如酸性矿井水。

注意在活动受限后仍起作用的排水系统。管道应谨慎使用，因为有可能破坏或进一步错位。出于同样的原因，应避免平坦或近似平坦的斜坡。

在规划、设计和安装过程中还需考虑具备其他设计特征的视觉资源。所有受影响地区都可以重塑，只要考虑到周围的土地特征。

计划和技术规范

滑坡处理的计划和技术规范应符合本实践，并且应说明本实践的使用要求，从而达到预期目的。

运行和维护

维护计划包括定期检查额外的移动、水处理系统是否故障、植被以及其他问题。维护处理系统、地下排水系统、通路和植被覆盖，从而达到预期的目的，必须及时采取必要的维护和修理措施。

参考文献

Landslides: Investigation and Mitigation. Special Report 247. 1996. Transportation Research Board, National Research Council, National Academy Press, Washington, D.C., 673 p.

National Engineering Handbook. Chapters 16, 18, 26. USDA-NRCS.

Rural Abandoned Mine Program（RAMP）Handbook. USDA-NRCS.

保护实践概述
（2012年12月）

《土地复垦——滑坡治理》（453）

在稳定或管理现场自然材料、矿山废物废料或覆盖层时，使用滑坡治理来减少下坡运动。

实践信息

本实践适用于现场材料、矿山弃土、废物、覆盖层或岩石切割道路堤岸不稳定、移动或被认为可能以对生命、财产或环境造成损害的方式向下移动的土地施工、分级和改造。不适用于竣工路堤表面，如道路填料、大坝、堤防、堤坝和梯田。

滑坡处理旨在稳定该地区，使其恢复生产、经济活动。引流和地下排水可最大限度控制进入滑坡区的水源，采用适合现场的土壤生物工程边坡稳定技术种植植被。

运行维护要求包括定期检查、及时修理损坏的部件并进行监测，以确保这一做法持续有效。

常见相关实践

《土地复垦——滑坡治理》（453）通常与《关键区种植》（342）、《障碍物移除》（500）、《病虫害治理保护体系》（595）、《土地复垦——正在开采矿区》（544）、《土地复垦——有毒物质排放控制》（455）、《养分管理》（590）、《梯田》（600）、《地下排水沟》（606）、《地下出水口》（620）等保护实践一同使用。

保护实践的效果——全国

土壤侵蚀	效果	基本原理
片蚀和细沟侵蚀	2	建立稳固植被可减少水蚀。
风蚀	2	建立稳固植被可减少水蚀。
浅沟侵蚀	2	建立稳固植被可减少水蚀。
典型沟蚀	0	不适用
河岸、海岸线、输水渠	0	不适用
土质退化		
有机质耗竭	2	植被建植等现场改造可增加现场有机质。

（续）

土质退化	效果	基本原理
压实	0	场地改造包括重建植被等影响压实的功能。
下沉	0	不适用
盐或其他化学物质的浓度	0	某些情况下，松散的坡积物可能含有盐等物质，必须清除此类物质才能重建植被。
水分过量		
渗水	2	依靠排水稳定斜坡，减少渗漏。
径流、洪水或积水	0	不适用
季节性高地下水位	2	依靠排水稳定斜坡，减少渗漏。
积雪	0	不适用
水源不足		
灌溉水使用效率低	0	不适用
水分管理效率低	0	不适用
水质退化		
地表水中的农药	0	不适用
地下水中的农药	0	不适用
地表水中的养分	0	不适用
地下水中的养分	0	不适用
地表水中的盐分	0	不适用
地下水中的盐分	0	不适用
粪肥、生物土壤中的病原体和化学物质过量	1	由于覆盖物增加和渗透减少。
粪肥、生物土壤中的病原体和化学物质过量	0	不适用
地表水沉积物过多	4	控制侵蚀和增加覆盖物可减少径流和沉积物。
水温升高	0	不适用
石油、重金属等污染物迁移	4	增加植被可增加渗透，减少径流和侵蚀。
石油、重金属等污染物迁移	0	不适用
空气质量影响		
颗粒物（PM）和 PM 前体的排放	0	不适用
臭氧前体排放	0	不适用
温室气体（GHG）排放	0	如使用，则植被将空气中的二氧化碳转化为碳，储存在植物和土壤中。
不良气味	0	不适用
植物健康状况退化		
植物生产力和健康状况欠佳	4	为达到预期目的，应在最佳条件下选择和保存植被物种。
结构和成分不当	5	选择稳定物种的时候，确保其适用性和适合性。
植物病虫害压力过大	4	种植并管理植被，可控制不需要的植物种类。
野火隐患，生物量积累过多	0	不适用
鱼类和野生动物——生境不足		
食物	2	植被质量和数量的增加为野生动物提供了更多的食物和遮蔽物。
覆盖 / 遮蔽	2	植被质量和数量的增加为野生动物提供了更多的食物和遮蔽物。
水	2	不适用
生境连续性（空间）	0	不适用
家畜生产限制		
饲料和草料不足	0	不适用
遮蔽不足	0	不适用
水源不足	0	不适用
能源利用效率低下		
设备和设施	0	不适用
农场 / 牧场实践和田间作业	0	不适用

CPPE 实践效果：5 明显改善；4 中度至明显改善；3 中度改善；2 轻度至中度改善；1 轻度改善；0 无效果；-1 轻度恶化；-2 轻度至中度恶化；-3 中度恶化；-4 中度至严重恶化；-5 严重恶化。

工作说明书—— 国家模板

（2004年4月）

此类可交付成果适用于个别实践。其他规划实践的可交付成果参考具体的工作说明书。

设计
可交付成果

1. 能够证明符合自然资源保护局实践中相关准则并与其他计划和应用实践相匹配的设计文件。
   a. 保护计划中确定的目的。
   b. 客户需要获得的许可证清单。
   c. 符合自然资源保护局国家和州公用设施安全政策（《美国国家工程手册》第503部分《安全》，第503.00节至第503.22节）。
   d. 制订计划和规范所需的与实践相关的计算和分析，包括但不限于：
      i. 调查静荷载、地表和滑动带坡度、土壤性质和水资源
      ii. 确定与现场调查和预防/稳定滑坡的条件相一致的措施，包括水资源管理
2. 向客户提供书面计划和规范书包括草图和图纸，充分说明实施本实践并获得必要许可的相应要求。
3. 运行维护计划。
4. 证明设计符合实践和适用法律法规的文件。
5. 安装期间，根据需要所进行的设计修改。

注：可根据情况添加各州的可交付成果。

安装
可交付成果

1. 与客户进行的安装前会议。
2. 验证客户是否已获得规定许可证。
3. 根据计划和规范（包括适用的布局注释）进行定桩和布局。
4. 根据需要制订的安装指南。
5. 协助客户和原设计方并实施所需的设计修改。
6. 在安装期间，就所有联邦、州、部落和地方法律、法规和自然资源保护局政策的合规性问题向客户/自然资源保护局提供建议。
7. 证明安装过程和材料符合设计和许可要求的文件。

注：可根据情况添加各州的可交付成果。

验收
可交付成果

1. 安装记录。
   a. 实践单位
   b. 实际使用的措施和材料
   c. 图纸
   d. 最终量
2. 证明施用过程符合自然资源保护局实践和规范并符合许可要求的文件。

3. 进度报告。

注：可根据情况添加各州的可交付成果。

参考文献

NRCS Field Office Technical Guide （eFOTG）, Section IV, Conservation Practice Standard – Land Reclamation, Landslide Treatment, 453.

National Engineering Manual, Utility Safety Policy.

NRCS National Environmental Compliance Handbook.

NRCS Cultural Resources Handbook.

注：可根据情况添加各州的参考文献。

保护实践效果（网络图）

（2014年3月）

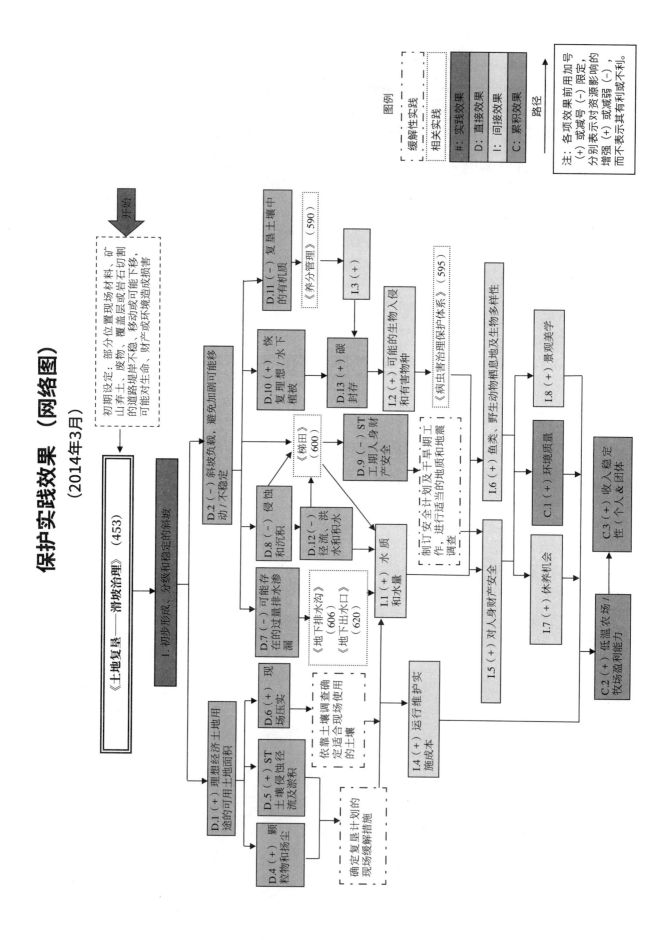

土地复垦——废弃矿区

（543，Ac.，2006年8月）

定义

矿区在采掘过程中破坏的或废弃的土地或水域资源的复垦或恢复。

目的

- 通过稳定废弃采矿区以减少侵蚀和沉积，进而促进适宜植被的恢复，提高复垦周边区域的水质或水量。
- 维持或改善景观生态视觉和功能效应。
- 保护公众健康、安全和公共福利。

适用条件

该实践适用于废弃的矿区土地，这些土地的存在往往破坏环境质量，妨碍或干扰废弃矿区及周边土地、水、空气、植物或动物资源的利用，甚至危及人类健康和安全。

准则

总准则适用于上述所有目标

制订一个符合以下条件的复垦计划。场地的容纳能力、土地的规划用途和业主对土地的保护指标。包括复垦和稳定废弃矿区的所有必要工程，以防止当地土壤、水、空气、植物和动物资源的进一步退化。

防尘。在移除和更换土壤和其他材料时控制颗粒物和扬尘的产生，在计划和说明中详述防尘的必要条例活动。

整地。合理确定保护区，保护区应含有理想的树木、灌木、草地、河流廊道、天然温泉、历史建筑或其他重要特征。

清除施工区内影响复垦工程的树木、原木、灌木、垃圾及其他碎片。及时处理这些废弃物，以免造成资源问题或者妨碍复垦活动和土地的规划用途。

去除或掩埋会对水质或植物生长产生不利影响的土壤或内含物。将含有重金属的土壤或其他物料埋藏在根区以下，或添加适当的土壤改良剂，以尽量减少这种材料的负面影响。

对边坡悬垂岩石墙的土壤进行回填之前，需将悬垂的岩石墙倾斜以形成 1/2 ～ 1 个垂直高度或更平坦的斜坡角度。在工程计划书和说明书中，应根据土地的规划用途、确定回填土方材料的厚度和密度，以便限制降雨的深度入渗，将回填土方的沉降限制在可接受的水平。

封顶覆盖层材料的移除和放置。保留、储存和保护适合用作封顶覆盖层材料的土方。控制储存区域，并禁止有害或入侵植物物种。参照保护实践《病虫害治理保护体系》（595）来控制有害物质和外来入侵植物物种。

重整的土壤必须满足指定用地至少 80% 的土地使用要求，其余地区的土壤必须适合稳定和植被重建。

将封顶覆盖层材料覆盖到分级区域并达到复垦计划书规定的深度。最终坡度必须能够适用所需的土地保护和管理措施，以将土壤流失损失控制在预计水平以内。如果土地沉降可能会妨碍土地的规划用途、地表排水或水处理，则在对复垦土地进行最终评级时必须考虑预计的土地沉降幅度。

施工过程中的侵蚀与泥沙控制。规划和实施保护措施，以便在施工期间减少侵蚀以及拦沙，将沉淀物的异地损害控制在可接受的水平。

地表径流控制。规划和实施地表径流控制工程，以控制侵蚀的发生、保证复垦场地的稳定，所选择的工程措施必须与待复垦场地的最终用地规划相一致。

定植植被。在绿化之前做好前期准备，并选择合适的时间和方法进行种植或播种，以确保存活率和生长率。在定植计划和说明中，要确定成功定植植被的标准，如最小地面 / 冠层覆盖率、存活率或林分密度。

根据保护实践《养分管理》（590）的要求，合理施用土壤改良剂或植物营养成分。如果推荐的肥料使用量超过了保护条例标准中的要求，就使用适当的减轻措施以降低土壤养分流失的风险。

根据当地的气候变化情况、土壤条件和当地的 NRCS 标准，所选植物应符合特定土地用途。在定植计划和说明中明确播种或种植的物种种类、播种或栽培率、定植苗的最低质量标准，如 PLS 或树干胸径，以及定植方法，选用存活率高的良种或定植苗。

参照当地的 NRCS 标准来进行播前整地工作，确定播种量、播种期、播种深度和播种方法。

取土区修复。如果覆盖物或填充物是取自开垦区外，要分级和修整取土区以便合理排水和重建植被来控制侵蚀。

如果封顶覆盖物取自邻近的土地，取土区的表层土必须单独堆放，并在取土区复原后重新放回以便满足其原定使用目的。

如果取土区为（基本）农田，则应按顺序先移除并保存土壤 A 层、B 层（或 B 层、C 层土壤，视具体土层状况而定），然后在取土完成后，根据原来的土层分布次序重新回填，并保证回填土层厚度，以恢复土壤的原有功能。处理取土区时，要符合保护实践《土地重建，矿山采空区土地》（544）标准中的要求。

保持或改善复垦土地景观视觉和功能效应的附加准则

根据复垦地的景观质量要求及其最终的用地规划进行土地复垦，以保持或改善复垦土地的景观质量。复垦规划应考虑邻近土地（尤其是公共暴露程度高的临近场地和为人类和野生动物提供直接或间接服务功能的临近区域）的地形及植被情况，并与之保持匹配和融合。

在可行的范围内，将弃土堆和取土区进行分级和修整使其与邻近景观地形相融合。

根据临近景观上现有的植物种类、分布、间距和密度等指定一个绿化规划。本着便于操作的原则、选择能够预防侵蚀的本地物种及其相关绿化所需材料。同时，在绿植规划中充分考虑比如绿化的视觉效果、必要的绿植空间间隙、防风林功能、公园用地、野生动物栖息地或河流的护坡廊道等情形。

保护公共健康、安全和公共福利的附加准则

复垦规划应消除会对公众造成的安全隐患，诸如侵蚀和水污染、高墙、具有公众难以脱险的有陡峭边坡的水潭、滑坡隐患和地下矿山洞。

根据待复垦场地的危险系数设计复垦的备选方案，并且备选方案应满足或超出以下保护条例的对应要求《土地复垦——滑坡治理》（453）、《土地开垦——高墙处理》（456）和《矿井和坑道关闭》（457）。

注意事项

废弃采矿区复垦提供了增加碳储量的机会，因此，有必要选择多年生的深根系禾本属植物和树木等物种，以增加复垦地的碳储量。

成功复垦的关键通常取决于对那些最适合生长植被的土壤进行合理处置。实现这一点的一个方法是针对待复垦土地和拟取土目的地制订详细的土壤调查方案并成功实施，并据此来确定相应的土壤类型及其适用（最佳植被生长）范围。

土壤渗透性往往是土地复垦的一个潜在问题。放置回填材料后，通过耕作或深挖来提高土壤渗透性，以便减少压实，促进土壤渗透和根系发育。如果覆盖材料的渗漏有可能增加排泄酸性矿水，则不要采取促进渗透的做法。

在初次复垦后，维修活动须定期进行，以确保成功。修建能够进入现场维护的稳定的进出道路，从而避免造成侵蚀问题。

复垦的采矿区能提供重要的野生动物栖息地。通过定植不同的植被类型，改善野生动物的潜在栖

息地，包括再生景观中的水源，增加边缘效应和地形多样性，尽量避免单一植被。

复垦土壤的有机质含量通常较低。使用有机土壤改良剂，如粪肥、堆肥、覆盖物或污泥农田等，来增加土壤中有机物含量，从而成功定植植被。

被遗弃的采矿区可能拥有符合国家历史景点名录（NRHP）资格的楼房或其他建筑群。在计划和决定该采取什么行动时，需要开展文化资源（第 106 部分）现场审查，并记录 NRHP 名录上的或符合相关条件的建筑物。在 NRHP 名录上的建筑群应认真考察并记录。对于存在安全隐患的此类建筑物，应根据 NRHP 法规要求（36CFR 第 800 部分），事先与国家历史保存监局（SHPO）或相关部门进行咨询，并认真记录，然后进行移除或拆毁。

尽量利用本土的而非入侵植物物种。

在离开工地之前，应考虑清洗工程中使用的所有设备。

计划和技术规范

根据本实践中的注意事项和操作与维护规范等，合理准备每个处理单元的复垦计划和说明。

其中，应至少包含以下信息：

- 待复垦地的位置。
- 待复垦地的最终评级规划。
- 表层土堆积（存放）的位置。
- 侵蚀和沉积物控制措施实施的位置。
- 有关侵蚀和泥沙控制工程的详细信息。
- 适用于复垦土地的土壤改良剂的详细信息。
- 应用于复垦地种植的植物种类及种植所需相关材料的详细信息。

运行和维护

准备运行和维护计划书，提供有关在复垦计划中确定的保护措施的具体细节。其中，至少应包括以下内容：

- 定期检查可能影响排水和土地使用的沉降区域。
- 定期检查空地、侵蚀地区、过度沉降区和植被构建失败的区域。
- 定期进行土壤测试和植被检查，以确定是否需要补充土壤改良剂。
- 道路维修。
- 排水构筑物和渠道的维护。
- 定期检查现场的有害杂草和入侵物种。
- 控制车辆交通，尽量减少对复垦区的干扰。

参考文献

Soil Survey Division Staff. 1993. Soil survey manual. Pp.90-92. Soil Conservation Service. U.S. Department of Agriculture Handbook 18.

National Cultural Resources Procedures Handbook. 2003. USDA, Natural Resources Conservation Service, Washington D.C.

National Agronomy Manual, Part501，WaterErosion. 2002. USDA Natural Resources Conservation Service, Washington D.C.

National Agronomy Manual, Part502, Wind Erosion. 2002. USDA Natural Resources Conservation Service, Washington D.C.

Revised Universal Soil Loss Equation, Ver.2（Rusle2）. 2004. USDA Natural Resources Conservation Service, Washington D.C.

Wind Erosion Equation （WEQ）Guidance Document. 2003. USDA Natural Resources Conservation Service, Washington, D.C.

Landscape Designin Mined Land Reclamation, LAN-1, 1983, National Technical Information Service, USDA NRCS Conservation Engineering Division, Washington, D.C.

Procedures to Establish Prioritiesin Landscape Architecture, TR-65, 1978, National Technical Information Service, USDA NRCS Conservation Engineering Division, Washington, D.C.

保护实践概述

（2012年12月）

《土地复垦——废弃矿区》（543）

废弃矿区复垦正在恢复过去受采矿活动而承受不利影响地区的自然资源。

实践信息

本实践适用于过去受采矿活动干扰或不利影响的土地的建设、分级和改造。采矿活动易使环境恶化，妨碍或干扰自然资源有效利用，甚至可能造成卫生安全问题。

开垦矿区旨在稳定该地区，使其恢复生产、经济活动。复垦的目标有：

- 恢复土地经济用途。
- 恢复理想的植被。
- 侵蚀控制和土壤恢复。
- 水质和水量。
- 提高观赏性。
- 改善鱼类和野生动物栖息地。
- 改善动物和人类的安全和健康。

常见相关实践

《土地复垦——废弃矿区》（543）通常与《关键区种植》（342）、《障碍物移除》（500）、《病虫害治理保护体系》（595）、《土地复垦——正在开采矿区》（544）、《土地复垦——有毒物质排放控制》（455）、《养分管理》（590）、《行车通道》（560）及《矿井和坑道关闭》（457）等保护实践一同使用。

保护实践的效果——全国

土壤侵蚀	效果	基本原理
片蚀和细沟侵蚀	4	改造扰动土地和设置植被可以减少水蚀。
风蚀	4	改造扰动土地和设置植被可以减少水蚀。
浅沟侵蚀	4	改造扰动土地和设置植被可以减少水蚀。
典型沟蚀	1	对现场冲沟进行改造加固。
河岸、海岸线、输水渠	0	不适用
土质退化		
有机质耗竭	3	土壤有机质是关键，可通过植被覆盖、土壤改良剂、粪肥、堆肥和高生物量生产植物来添加。
压实	1	植被覆盖、土壤改良剂、堆肥和耕作可解决重建区域的土壤压实问题。
下沉	0	不适用
盐或其他化学物质的浓度	4	受污染土壤将从地表移除，并通过杜绝水污染的预防措施进行掩埋。
水分过量		
渗水	0	不适用
径流、洪水或积水	3	土地重建包括分级、整形和重建植被，减少洪水、积水的可能性。
季节性高地下水位	0	不适用

（续）

水分过量	效果	基本原理
积雪	0	不适用
水源不足		
灌溉水使用效率低	0	不适用
水分管理效率低	0	不适用
水质退化		
地表水中的农药	0	不适用
地下水中的农药	0	不适用
地表水中的养分	0	不适用
地下水中的养分	0	不适用
地表水中的盐分	1	改良植被可稳定斜坡，减少盐渍土径流。
地下水中的盐分	1	这一举措可导致植物生长加快，进而吸收污染物。
粪肥、生物土壤中的病原体和化学物质过量	3	重建后的矿区径流和侵蚀减少，植被的过滤作用可降低有害病原体进入地表水的风险。
粪肥、生物土壤中的病原体和化学物质过量	0	不适用
地表水沉积物过多	4	侵蚀控制和重建植被可减少沉积物。
水温升高	0	不适用
石油、重金属等污染物迁移	0	不适用
石油、重金属等污染物迁移	1	这一举措可导致植物生长加快，进而吸收重金属。
空气质量影响		
颗粒物（PM）和 PM 前体的排放	1	植被可稳定土表，有助于防止土壤颗粒物排放。
臭氧前体排放	0	不适用
温室气体（GHG）排放	1	植被将空气中的二氧化碳转化为碳，储存在植物和土壤中。
不良气味	0	不适用
植物健康状况退化		
植物生产力和健康状况欠佳	4	为达到预期目的，应在最佳条件下选择和保存植被物种。
结构和成分不当	5	选择稳定物种的时候，确保其适用性和适合性。
植物病虫害压力过大	4	种植并管理植被，可控制不需要的植物种类。
野火隐患，生物量积累过多	0	不适用
鱼类和野生动物——生境不足		
食物	2	植被质量和数量的增加为野生动物提供食物和庇护。
覆盖 / 遮蔽	2	植被质量和数量的增加为野生动物提供食物和庇护。
水	4	不适用
生境连续性（空间）	1	重建计划根据客户的目标改善野生动物栖息地。
家畜生产限制		
饲料和草料不足	4	重建植被包括可作为家畜优质草料的物种。
遮蔽不足	0	不适用
水源不足	0	不适用
能源利用效率低下		
设备和设施	0	不适用
农场 / 牧场实践和田间作业	0	不适用

CPPE 实践效果：5 明显改善；4 中度至明显改善；3 中度改善；2 轻度至中度改善；1 轻度改善；0 无效果；−1 轻度恶化；−2 轻度至中度恶化；−3 中度恶化；−4 中度至严重恶化；−5 严重恶化。

保护实践效果（网络图）

（2014年5月）

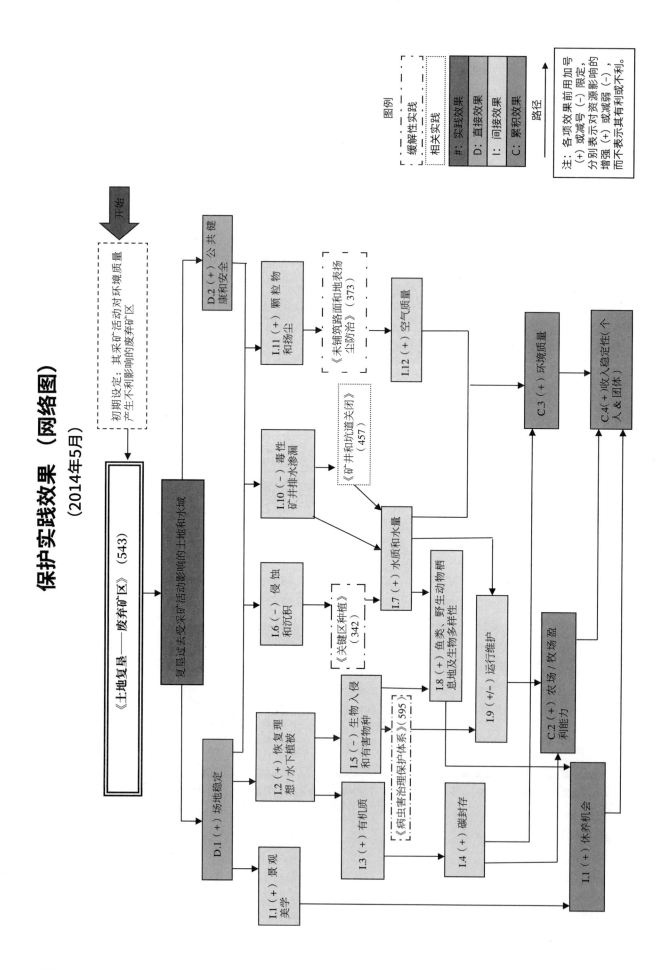

图例

缓解性实践

相关实践

#：实践效果
D：直接效果
I：间接效果
C：累积效果

路径

注：各项效果前用加号
或减号（-）限定，
（+）分别表示对资源影响的
增强（+）或减弱（-），
而不表示其有利或不利。

土地复垦——正在开采矿区

（544，Ac.，2006年8月）

定义

对正在开采的矿区进行复垦，以达到可接受的形式和规划用途。

目的

防止对开采地和开采地附近的土壤、水和空气资源产生负面影响。

将土壤质量恢复到开采前的水平。

维护或改善景观视觉和功能质量。

适用条件

本实践适用于目前正在开采的矿区土地，包括土壤材料的识别、移除、储存和更换以及植被恢复。这种标准也适用于受开采活动不利影响的附近非开采区。

准则

总准则适用于上述所有目的的总体准则

计划必须遵守所有适用的有关正在开采的和已开采土地复垦的联邦、州和地方法律和法规。适用的法律和法规包括但不限于以下内容。

- 1977 年出台的《露天开采治理与复垦法案》（SMCRA）、《美国法典》第 30 卷第 1201 节等。
- 有关开垦主要农田的联邦法规，包括《美国联邦法规》第 30 篇第 785 部分第 17 节、第 816 部分第 22 节、第 823 部分。
- 1999 年 6 月 29 日《联邦公报》第 64 卷第 124 期，星期二 / 通告，第 34770 ～ 34778 页。
- 《美国联邦法规》第 30 篇第 780 部分第 15 节——空气污染控制计划。
- 《美国联邦法规》第 30 篇第 701 部分第 5 节——定义：扬尘。

制订一个与土地能力、规划的土地使用和土地所有者的保护目标相一致的复垦计划，包括开垦以及稳定已开采区所需的标准，以防止土壤、水、空气、植物和动物资源的进一步退化。

除尘控制。 在清除和更换土壤和其他材料时，控制颗粒物和扬尘的产生。详细说明计划和技术规范中防尘控制所需的操作和活动。

场地准备。 确定恰当的保留区域，包括那些含有树木、植被、历史建筑物、河流廊道、天然泉水或其他重要特征的区域。

清除那些会干扰改造和复垦作业的树木、原木、灌木丛、垃圾和其他废物。处理这些不需要的物料，以免造成资源问题或干扰复垦活动和规划的土地使用。

土地成形和侵蚀以及泥沙控制。塑造地表以提供足够的地表排水并融入周围的地形，使用侵蚀控制措施减少片流侵蚀和细沟侵蚀将超过可接受水平的坡面长度。

使用过滤带、河岸植被缓冲带、轮廓缓冲带、沉淀池或类似的沉积物收集措施，在沉积物离开项目地点之前将其拦截。建立具有足够能力和稳定性的排水方式，将集中的径流从复垦区域输送到接收河流中，同时不会造成侵蚀。

植被种植。 一次性做好场地准备，并进行种植和播种，确保所选物种在该场地可以存活并生长。在计划和技术规范中，确定成功种植植被的标准，如地面 / 林冠盖度最低百分比、成活率或林分密度。

根据保护实践《养分管理》（590）的要求，酌情施用土壤改良剂或植物养分。如果推荐施肥量超过保护实践《养分管理》（590）中的标准，则应采取适当的缓解措施以降低土地营养成分损失的风险。

根据当地的气候潜力、土地条件和当地的自然资源保护局的标准，选择适合指定用途土地的种植物种类。在计划和技术规范中采用如托盘化装载系统或茎卡尺，以及建立方法来确定种类、播种率、定植苗的最低质量。只能使用能成活的优质种子或定植苗。

播前整地、播种密度、栽植期、深度和方法应遵照当地的自然资源保护局标准。

将土壤质量恢复到开采前水平的附加准则

为改造去除土壤物质进行重造。如果没有合适的土壤信息，请完成对拟建矿区的详细土壤调查。利用土壤调查信息确定基本农田土壤的范围和位置。

在爆破、采矿或除去木本植物和杂物之外的任何表面干扰物之前，除去适合重建的项目区域内所有的上层土壤层。

如果本地区是基本农田，则按照《美国联邦法规》第30篇第823部分制订的复垦计划进行。

对于不是基本农田的土壤，根据《美国联邦法规》第30篇第780和第816部分制订复垦计划。

根据高导电性、碳酸钙、钠或其他限制性质分离土壤，并在可行情况下对土壤进行处理。

去除覆盖材料以用作表层土。如果土地观察或化学和物理实验室分析证明，本材料或覆盖层与原始表层土的混合物适合于恢复原始的A层（表土层）和B层（底土层）土质的能力和生产力，则选定的覆盖材料可以替代或添加到A层和B层。分析覆盖层材料的pH，硫化物含量，有机质，氮、磷、钾、钠吸收率，电导率，质地和可用持水能力。如果覆盖材料被确定为适用于表层土，则应从其他材料中移除并分离，并根据表层土的放置要求进行更换。

储存土壤物质。储存土壤物质，以供复垦时用作表层土。将土壤物质堆积在不受风和水侵蚀的地方，防止产生粉尘，进行不必要的压实，以及免受有害杂草、侵入物种或其他不良物质的污染。

更换土壤物质。在铺设覆盖材料时，应在铺展表层土之前对分级区域进行处理以消除滑面并促进根部渗透。

铺表层土时，使每层土的位置和厚度与无须更换的土壤相当，且不会造成过度的压实。

重构土壤的湿容重和土壤强度，使其足以支持植物生长，其水平与无须更换的土壤中类似层的水平相当。

维护或改善景观视觉和功能质量的附加准则

根据复垦地的景观质量以及场地的最终土地使用功能，重新开垦土地，以维持或提高视觉质量。规划复垦项目，使之与相邻景观的地形和土地覆盖相一致。关注公众关注度高的区域，以及那些可以直接或间接为人类和野生生物提供利益的区域。

在可行的范围内，将弃土堆和取土场的坡度和形状与相邻的景观地形相融合。

模仿相邻景观上生长的植物种类、排列、间距和密度制订一个种植计划。在切实可行的情况下选择本地可以预防侵蚀的植物和其他植物物种进行种植，或作为取景地，或划为露天空间，或充当防风林，或充当公园和野生生物栖息地，或保护河流廊道。

注意事项

在开采之前，须制订一项保护计划。该计划可作为土地所有者与矿业公司共同制订复垦计划的指南。

储存土壤材料、通道和永久性蓄水池的位置不当可能会导致严重的侵蚀和沉淀问题。找准径流和沉淀物的位置，使其在进入河流或离开该地点前易于控制。

土壤渗透性通常是复垦土壤上的问题。通过采用耕作或深翻来提高回填材料充填后的土壤渗透性，从而减少压实，促进渗透和根系发育。如果通过覆盖材料的渗流有可能增加酸性矿山废水，则不要制订促进渗透的计划。

覆盖层材料通常对植物有毒。为了确定最佳的种植材料，须将其种植在现场或温室，以确定使用覆盖层材料的可行性。

矿区的复垦为增加碳汇提供了机会。选择深根多年生草本植物和树木等物种，以增加复垦地的固碳潜力。

维护活动需要在初步复垦后定期进行，以确保能成功复垦。应包括稳定的通道，以便在不造成侵蚀问题的情况下进入复垦地。

复垦矿区可以为野生生物提供重要的栖息地。通过建立多样化的植被类型，包括复垦景观中的水系植被，增加边缘效应和采用多样的土地形式，以提高野生生物栖息地的潜力，尽可能避免植被的单一性。

复垦土壤通常含有较少的有机物质。有机土壤改良剂如粪肥、堆肥、覆盖物或污水污泥的使用可以增加土壤有机质，从而促进植物生长。

应尽一切努力利用本地非侵入性的植物物种。在离开复垦地点之前，须清洗项目活动中使用的所有设备。

计划和技术规范

根据本实践的准则、注意事项、运行和维护部分为每个土地处理单元编制计划和技术规范。

复垦区的计划和技术规范中应至少包括以下信息：

- 复垦区的位置。
- 显示在复垦区进行最终分类的计划。
- 表层土储存位置。
- 侵蚀和沉积物控制措施位置。
- 安装侵蚀和沉积物控制措施的详细信息。
- 用于复垦地的土壤改良剂的详细信息。
- 详细说明复垦地种植的植物体的种类和布局。

运行和维护

准备制订一份运行和维护计划，该计划须包含关于复垦计划中所述的保护标准的具体细节。运行和维护计划中至少应包括以下内容：

- 定期检查复垦地中可能对排水和土地利用产生不利影响的地方。
- 定期检查场地是否有裸露点、侵蚀区域、过度沉降区域以及最初种植植被未成功的其他区域。
- 定期进行土壤测试和植被检查，以确定是否需要额外的土壤改良剂。
- 维修通道。
- 维护排水装置和渠道。
- 定期检查有害杂草和侵入物种。
- 控制车辆交通以尽量减少对复垦区域的干扰。

参考文献

Soil Survey Division Staff. 1993. Soil survey manual. Pp. 90-92. Soil Conservation Service. U.S. Department of Agriculture Handbook 18.

National Cultural Resources Procedures Handbook. 2003. USDA，Natural Resources Conservation Service，Washington D.C.

National Agronomy Manual，Part 501，Water Erosion. 2002. USDA Natural Resources Conservation Service，Washington D.C.

National Agronomy Manual，Part 502，Wind Erosion. 2002. USDA Natural Resources Conservation Service，Washington D.C.

Revised Universal Soil Loss Equation，Ver.2 （Rusle 2）. 2004. USDA Natural Resources Conservation Service，Washington D.C.

Wind Erosion Equation （WEQ）Guidance Document. 2003. USDA Natural Resources Conservation Service，Washington D.C.

Landscape Designin Mined Land Reclamation，LAN-1，1983，National Technical Information Service，USDA NRCS Conservation Engineering Division，Washington，D.C.

Procedures to Establish Prioritiesin Landscape Architecture，TR-65，1978，National Technical Information Service，USDA NRCS Conservation Engineering Division，Washington, D.C.

保护实践概述

（2012年12月）

《土地复垦——正在开采矿区》（544）

当前开采矿区土地复垦是指将正在开采的矿区土地恢复到适合土地规划用途的可接受形式。

实践信息

本实践旨在防止受采矿活动影响地区的自然资源受到永久性破坏，将土壤生产力恢复到采矿前的状态，控制侵蚀，提供采矿后土地的经济利用价值。

要进行详细调查，制订复垦当前已开采土地规划。保护和复垦规划包括确定以下因素：

- 可用表土或重建材料。
- 土壤储存和分离。
- 行车通道、所需蓄水。
- 覆盖层和弃土材料的放置和使用。
- 分析最终材料。
- 重建植被及适当恢复受干扰区所需的其他关联活动。

该规划将为现场重建中土壤材料的清除和使用提供具体指导。

常见相关实践

《土地复垦——正在开采矿区》（544）通常与《养分管理》（590）、《病虫害治理保护体系》（595）、《土地复垦——废弃矿区》（543）、《关键区种植》（342）、《障碍物移除》（500）等保护实践一同使用。

保护实践的效果——全国

土壤侵蚀	效果	基本原理
片蚀和细沟侵蚀	4	改造扰动土地和设置植被可以减少水蚀。
风蚀	4	改造扰动土地和设置植被可以减少水蚀。
浅沟侵蚀	4	改造扰动土地和设置植被可以减少水蚀。
典型沟蚀	1	对现场冲沟进行改造加固。
河岸、海岸线、输水渠	0	不适用
土质退化		
有机质耗竭	3	土壤有机质是关键，可通过植被覆盖、土壤改良剂、粪肥、堆肥和高生物量生产植物来添加。
压实	1	植被覆盖、土壤改良剂、堆肥和耕作可解决重建区域的土壤压实问题。
下沉	0	不适用
盐或其他化学物质的浓度	4	受污染土壤将从地表移除，并通过杜绝水污染的预防措施进行掩埋。
水分过量		
渗水	0	不适用
径流、洪水或积水	3	土地重建包括分级、整形和重建植被，减少洪水、积水的可能性。

（续）

水分过量	效果	基本原理
季节性高地下水位	0	不适用
积雪	0	不适用
水源不足		
灌溉水使用效率低	0	不适用
水分管理效率低	0	不适用
水质退化		
地表水中的农药	0	不适用
地下水中的农药	0	不适用
地表水中的养分	0	不适用
地下水中的养分	0	不适用
地表水中的盐分	1	改良植被可稳定斜坡，减少盐渍土径流。
地下水中的盐分	1	这一举措可导致植物生长加快，进而吸收污染物。
粪肥、生物土壤中的病原体和化学物质过量	3	重建后的矿区径流和侵蚀减少，植被的过滤作用可降低有害病原体进入地表水的风险。
粪肥、生物土壤中的病原体和化学物质过量	0	不适用
地表水沉积物过多	4	侵蚀控制和重建植被可减少沉积物。
水温升高	0	不适用
石油、重金属等污染物迁移	0	不适用
石油、重金属等污染物迁移	1	这一举措可导致植物生长加快，进而吸收重金属。
空气质量影响		
颗粒物（PM）和 PM 前体的排放	1	植被可稳定土表，有助于防止土壤颗粒物排放。
臭氧前体排放	0	不适用
温室气体（GHG）排放	1	植被将空气中的二氧化碳转化为碳，储存在植物和土壤中。
不良气味	0	不适用
植物健康状况退化		
植物生产力和健康状况欠佳	4	为达到预期目的，应在最佳条件下选择和保存植被物种。
结构和成分不当	5	选择稳定物种的时候，确保其适用性和适合性。
植物病虫害压力过大	4	种植并管理植被，可控制不需要的植物种类。
野火隐患，生物量积累过多	0	不适用
鱼类和野生动物——生境不足		
食物	2	植被质量和数量的增加为野生动物提供食物和庇护。
覆盖 / 遮蔽	2	植被质量和数量的增加为野生动物提供食物和庇护。
水	4	不适用
生境连续性（空间）	1	重建计划根据客户的目标改善野生动物栖息地。
家畜生产限制		
饲料和草料不足	4	重建植被包括可作为家畜优质草料的物种。
遮蔽不足	0	不适用
水源不足	0	不适用
能源利用效率低下		
设备和设施	0	不适用
农场 / 牧场实践和田间作业	0	不适用

　　CPPE 实践效果：5 明显改善；4 中度至明显改善；3 中度改善；2 轻度至中度改善；1 轻度改善；0 无效果；−1 轻度恶化；−2 轻度至中度恶化；−3 中度恶化；−4 中度至严重恶化；−5 严重恶化。

工作说明书—— 国家模板

（2004年4月）

此类可交付成果适用于个别实践。其他规划实践的可交付成果参考具体的工作说明书。

设计
可交付成果

1. 能够证明符合自然资源保护局实践中相关准则并与其他计划和应用实践相匹配的设计文件。
    a. 保护计划中确定的目的。
    b. 客户需要获得的许可证清单。
    c. 辅助性实践一览表。
    d. 符合自然资源保护局国家和州公用设施安全政策（《美国国家工程手册》第503部分《安全》，第503.00节至第503.22节）。
    e. 制订计划和规范所需的与实践相关的计算和分析，包括但不限于：
        i. 田地准备要求和拟保护区域
        ii. 水处理要求
        iii. 按要求提供额外设施，恢复土壤生产力，减少侵蚀和沉积，保持或改善景观的视觉质量
2. 向客户提供书面计划和规范书包括草图和图纸，充分说明实施本实践并获得必要许可的相应要求。
3. 运行维护计划。
4. 证明设计符合实践和适用法律法规的文件。
5. 安装期间，根据需要所进行的设计修改。

注：可根据情况添加各州的可交付成果。

安装
可交付成果

1. 与客户进行的安装前会议。
2. 验证客户是否已获得规定许可证。
3. 根据计划和规范（包括适用的布局注释）进行定桩和布局。
4. 根据需要制订的安装指南。
5. 协助客户和原设计方并实施所需的设计修改。
6. 在安装期间，就所有联邦、州、部落和地方法律、法规和自然资源保护局政策的合规性问题向客户 / 自然资源保护局提供建议。
7. 证明安装过程和材料符合设计和许可要求的文件。

注：可根据情况添加各州的可交付成果。

验收
可交付成果

1. 安装记录。
    a. 实践单位
    b. 实际使用的措施和材料
    c. 图纸

d. 最终量

2. 证明施用过程符合自然资源保护局实践和规范并符合许可要求的文件。

3. 进度报告。

注：可根据情况添加各州的可交付成果。

参考文献

NRCS Field Office Technical Guide （eFOTG）, Section IV, Conservation Practice Standard – Land Reclamation, Currently Mined Land, 544.

National Engineering Manual, Utility Safety Policy.

NRCS National Environmental Compliance Handbook.

NRCS Cultural Resources Handbook.

注：可根据情况添加各州的参考文献。

土地复垦——有毒物质排放控制

（455，No.，2005年5月）

定义

控制废弃煤矿或煤矿废弃物中酸性或其他有毒废水的排放。

目的

改善水质、清除杂乱残渣、减少土壤侵蚀以及恢复土地效用。

适用条件

本实践适用于因酸性或有毒排放物污染地区中的水源，包括该区域邻近的河流、湖泊、水库、湿地等。

准则

控制矿井排水的方法主要有四种：①密封矿井；②控制渗透；③"采光"；④中和与沉淀。

密封矿井。 该方法通常用于减少地下矿井进水量或促使地下矿山巷道井水上涨，以减少或防止黄铁矿物质的氧化。

在地下矿井，空气和地表水能够渗入的地方可以采取《矿井和坑道关闭》（452）中的措施。其他措施如改道或建排水沟可有效防止废水渗透，减少矿山的进水量便可解决该问题。

矿井水泛滥时，在矿井坑道修建物理屏障能够有效防止水溢出。密封矿井是通过在矿山排水道入口处采用湿封的办法，并在允许废水排放的同时使用气闸来减少酸性物质排放。这些密封材料必须能承受最大的预期静水压，并且需用砖石、混凝土、灌浆石灰石和黏土等合适的材料修建。

控制渗透。 该方法旨在减少进入土壤表层有毒物质的水量。将矿井覆盖层和底部矿渣进行分离后可重新进行改造，以形成更好的地面排水系统，并用紧实、防渗透的土壤材料铺盖以防止渗透。改道、地下出口、内衬水道和坡道稳定结构可用于控制地表径流或转移为无污染的上坡径流。所有覆盖材料都必须是上等材质。种植植被前先覆盖石灰粉，可能会提高渗透物的 pH。为了给植被提供良好的根部环境，有必要改善表层土壤。

另一种渗透控制方法旨在防止或减少地表水进入矿井深处。这种情况通常发生在地下采矿的地方，导致基岩断裂，河流直接流入深井。过去，为了防止河床灌浆后流入其他地区，这两种方法常用来控制此类渗透。

采光。 该方法包括现有地下煤矿的地表开采、有毒物质选择性的放置、当地植被再次分级和把水引向自然排水道。如果目前有可以进行经济开采的深度煤层，则该方法可能适用于露天矿井。

中和与沉淀。 处理酸性矿井排水的一种方法是使用碱性化学添加剂。通过选择合适的碱性试剂，许多金属阳离子在中和过程中，变成不溶性氢氧化物，最终得以去除。有几种碱性材料可供选择，如熟石灰 $[Ca(OH)_2]$、氢氧化钠（NaOH）和石灰石。应提供适当大小的沉降池，以供金属沉淀。若需要长期处理酸性废水，化学处理是最不可取的方式，因为其作用是长期性的，且所涉操作烦琐、维护费用过高。

被动处理是处理酸性矿井废水最常用的长期方法。垂直流湿地和缺氧石灰石排水沟是两种常用的被动系统，用于中和酸性和收集沉淀金属。这两种系统长期与高碳酸钙的石灰石混合使用，所使用的系统类型基于原矿水的化学性质，处理系统中每个部件的大小取决于设计流量。该设计可通过提供足够的滞留时间让受污染的金属离子沉淀，从而使碱性排放物得到有效处理。

注意事项

- 矿井水质及流量。
- 邻近地区的地质环境，包括岩性、断层、节理和态度等覆盖层特征。
- 地表及地下水文条件。
- 开采历史。
- 土地使用情况。
- 公布的开采历史和开采条件。
- 土壤调查。
- 地貌。
- 黄铁矿和其他硫化物的空间和地层位置。
- 高品质石灰石和其他碱性物质的适用性。
- 铺盖材料的适用性。
- 用水情况。

计划和技术规范

为了达到预期目的，有毒物质排放控制的计划和技术规范不仅应该符合本实践，还应涵盖适用于实践的要求，至少包括以下内容：

- 规划处理系统的布局，应显示所有实践位置。
- 用于中和的特定碱性试剂。
- 沉淀金属的处理、清理 / 利用的使用详情。

运行和维护

应针对每个长期被动处理系统制订具体的运行和维护计划。该计划应概述冲洗顺序、清除积聚的金属和惰性物质。

应制订监测计划以评估处理系统的效率和性能。建议系统运行一年内每月采集水样一次，一年后每季度采样一次。收集样品时应记录所有测量点的流量。

处理系统每运行半年清除一次累积的沉淀物。

参考文献

Pennsylvania Department of Environmental Protection, Bureau of Abandoned Mine Reclamation. "The Science of Acid Mine Drainage and Passive Treatment." 1999.

Kepler, D. A., and E. C. McCleary. 1994. Successive alkalinity-producing systems（SAPS）for the treatment of acidic mine drainage. pp 195-204 in Volume 1 of Proceedings of the International Land Reclamation and Mine Drainage Conference and the Third International Conference on the Abatement of Acidic Drainage, Pittsburgh, PA, April 24 – 29, 1994.

Skovran, G. A. and C. R. Clouser. 1998. Design Considerations and Construction Techniques for Successive Alkalinity Producing Systems. pp 235 – 242 in Proceedings of the American Society for Surface Mining and Reclamation Annual Conference, St. Louis, MO, May 17 – 21, 1998.

Pennsylvania's Efforts to Address Operation, Maintenance and Replacement of AMD Passive Treatment Systems. Milavec, P.A. and D.R. Seibert. Proceedings from National Association of Abandoned Mine Land Programs Conference in Park City, UT, Sept. 15-18, 2002.

保护实践概述

（2012年12月）

《土地复垦——有毒物质排放控制》（455）

有毒物质排放控制适用于减少废弃矿山或矿山废物中的酸性或其他有毒废水排放。

实践信息

本实践适用于已经开采的地区，其酸性或有毒排放物对自然资源有破坏作用。控制这些地点的有毒物质排放旨在改善水质，改善鱼类和野生动物栖息地，消除残留物和异味，通过挖掘植被潜力减少侵蚀，恢复该地区的有益用途。

控制有毒物质排放的主要方法：

- 密封矿井，减少水分渗入。
- 控制渗透，对地表进行排水和密封。
- 封锁露天开采煤层及治理受干扰区，减少有毒物质排放。
- 用碱性物质等化学物质中和处理排放水。

运行维护要求包括定期检查、及时修理损坏的部件并对其进行监测，以确保这一做法持续有效。

常见相关实践

《土地复垦——有毒物质排放控制》（455）通常与《矿井和坑道关闭》（457）、《土地复垦——废弃矿区》（543）、《水和沉积物滞留池》（638）和《牲畜用水管道》（516）等保护实践一同使用。

保护实践的效果——全国

土壤侵蚀	效果	基本原理
片蚀和细沟侵蚀	2	在土表裸露区建立植被可以减少水蚀。
风蚀	2	在土表裸露区建立植被可以减少水蚀。
浅沟侵蚀	2	在土表裸露区建立植被可以减少水蚀。
典型沟蚀	0	不适用
河岸、海岸线、输水渠	0	不适用
土质退化		
有机质耗竭	0	不适用
压实	0	不适用
下沉	0	不适用
盐或其他化学物质的浓度	2	这一举措可减少现场和场外的盐和有毒化学物质。
水分过量		
渗水	2	控制现场用水，减少渗漏。
径流、洪水或积水	1	场地改造可减少积水和径流。
季节性高地下水位	2	控制现场水源可减少地下水。
积雪	0	不适用

（续）

水源不足	效果	基本原理
灌溉水使用效率低	0	不适用
水分管理效率低	0	不适用
水质退化		
地表水中的农药	0	不适用
地下水中的农药	0	不适用
地表水中的养分	0	不适用
地下水中的养分	0	不适用
地表水中的盐分	0	不适用
地下水中的盐分	2	这一举措可减少对含污染物弃土的渗透。
粪肥、生物土壤中的病原体和化学物质过量	0	不适用
粪肥、生物土壤中的病原体和化学物质过量	0	不适用
地表水沉积物过多	0	不适用
水温升高	0	不适用
石油、重金属等污染物迁移	4	控制排放、减少渗透可减少污染水向场外流动。
石油、重金属等污染物迁移	2	这一举措可减少通过含重金属弃土的渗透。
空气质量影响		
颗粒物（PM）和 PM 前体的排放	0	不适用
臭氧前体排放	0	不适用
温室气体（GHG）排放	0	不适用
不良气味	0	不适用
植物健康状况退化		
植物生产力和健康状况欠佳	4	为达到预期目的，应在最佳条件下选择和保存植被物种。
结构和成分不当	5	选择稳定物种的时候，确保其适用性和适合性。
植物病虫害压力过大	4	种植并管理植被，可控制不需要的植物种类。
野火隐患，生物量积累过多	0	不适用
鱼类和野生动物——生境不足		
食物	2	植被质量和数量的增加为野生动物提供了更多的食物和遮蔽物。
覆盖 / 遮蔽	2	植被质量和数量的增加为野生动物提供了更多的食物和遮蔽物。
水	2	不适用
生境连续性（空间）	0	不适用
家畜生产限制		
饲料和草料不足	0	不适用
遮蔽不足	0	不适用
水源不足	0	不适用
能源利用效率低下		
设备和设施	0	不适用
农场 / 牧场实践和田间作业	0	不适用

CPPE 实践效果：5 明显改善；4 中度至明显改善；3 中度改善；2 轻度至中度改善；1 轻度改善；0 无效果；-1 轻度恶化；-2 轻度至中度恶化；-3 中度恶化；-4 中度至严重恶化；-5 严重恶化。

工作说明书—— 国家模板

（2004年4月）

此类可交付成果适用于个别实践。其他规划实践的可交付成果参考具体的工作说明书。

设计
可交付成果

1. 能够证明符合自然资源保护局实践中相关准则并与其他计划和应用实践相匹配的设计文件。
   a. 保护计划中确定的目的。
   b. 客户需要获得的许可证清单。
   c. 辅助性实践一览表。
   d. 符合自然资源保护局国家和州公用设施安全政策（《美国国家工程手册》第503部分《安全》，第503.00节至第503.22节）。
   e. 制订计划和规范所需的与实践相关的计算和分析，包括但不限于：
      i. 地质水文调查
      ii. 采矿记录与土地用途
      iii. 确定控制有毒矿井水排放的主要方法
      iv. 水量和水质
2. 向客户提供书面计划和规范书包括草图和图纸，充分说明实施本实践并获得必要许可的相应要求。
3. 运行维护计划。
4. 证明设计符合实践和适用法律法规的文件。
5. 安装期间，根据需要所进行的设计修改。

注：可根据情况添加各州的可交付成果。

安装
可交付成果

1. 与客户进行的安装前会议。
2. 验证客户是否已获得规定许可证。
3. 根据计划和规范（包括适用的布局注释）进行定桩和布局。
4. 根据需要制订的安装指南。
5. 协助客户和原设计方并实施所需的设计修改。
6. 在安装期间，就所有联邦、州、部落和地方法律、法规和自然资源保护局政策的合规性问题向客户 / 自然资源保护局提供建议。
7. 证明安装过程和材料符合设计和许可要求的文件。

注：可根据情况添加各州的可交付成果。

验收
可交付成果

1. 安装记录。
   a. 实践单位
   b. 实际使用的措施和材料

    c. 图纸

    d. 最终量

2. 证明施用过程符合自然资源保护局实践和规范并符合许可要求的文件。

3. 进度报告。

注：可根据情况添加各州的可交付成果。

参考文献

NRCS Field Office Technical Guide Section IV, Practice Standard - Land Reclamation, Toxic Discharge Control, 455.

National Engineering Manual, Utility Safety Policy.

NRCS National Environmental Compliance Handbook.

NRCS Cultural Resources Handbook.

注：可根据情况添加各州的参考文献。

障碍物移除

（500，Ac.，2010年1月）

定义

移除并清理建筑物、构件、植被、碎片及其他材料并完善的工程。

目的

安全地移除和清理无用障碍物，以便实施保护措施或协助规划土地利用。

适用条件

现有障碍物妨碍规划土地开发利用、公共安全或基础设施的任何场所。本实践不用于清除水生环境中的障碍物。

准则

按照所有联邦、州和地方法律法规来规划、设计、实施障碍物移除。

通过拆除、开挖或清除所需的其他方式移除障碍物。清除障碍物中所有的碎片，以免妨碍后续工作或者造成场内外损坏。

清理岩桩、巨石、石块、混凝土或砖石以及金属或混凝土栅栏柱等无机材料，在经批准的地点对其进行重复使用、移除或掩埋。

将木栅栏柱、木本植物和木质建筑材料等有机材料移至正规垃圾填埋场或回收中心，在经批准的地点掩埋或燃烧。如果采用燃烧手段，要实施适当的烟雾管理措施以保障公共健康和安全。

在正规垃圾填埋场或回收中心处理垃圾和非木质建筑材料。

拆除建筑物时，应确保在拆除建筑物之前，所有公用设施（如天然气和电力）已关闭并与建筑物断开连接。

在进行任何工作之前，请联系公用事业公司或国家呼叫系统确认施工现场公用事业线的位置，并在必要时安排关闭公用设施。

移除障碍物可能会使有毒材料或受污染材料暴露出来。如果在障碍物移除期间可能发现有毒材料或受污染材料，请按照计划和技术规范中合适的解决方法或处理标准采取措施。

当移除的障碍物中含有铬化砷酸铜（CCA）的木材时，请勿燃烧木材。燃烧经铬化砷酸铜处理过的木材会释放有毒气体——砷进入空气和灰烬，它们会危害人体和动物健康，这种木材应埋入正规的垃圾填埋场。

对所有受到障碍物移除影响的区域进行改造与重新分类，以便与周围的土地特征和环境相融合。任何残留在地基或地下部分的障碍物应覆盖足够的土壤，以满足规划用地的要求。压实填土区应参照现场的具体要求。

施工后尽可能快地恢复或保护受侵蚀干扰的区域。

请参照《关键区种植》（342）用于准备苗床、播种、施肥和覆盖土壤。

注意事项

移除障碍物时，材料的回收或再利用应当作废弃材料的首选方案。大多数木质碎片可以循环利用到覆盖物或其他产品中，还有许多其他材料的回收或其他环保选择。

拆除过程中会产生大量的灰尘。必要时可使用除尘技术，例如在移除地点喷洒水来抑制灰尘。

在拆除过程中，障碍物的移除会导致大面积区域受到侵蚀。必要时要制订控制侵蚀和异地沉淀的计划。

障碍物移除通常涉及在环境敏感地区工作的重型设备，确保设备维护或加油时能够最大限度地减少油气泄漏和挥发。

拆除构筑物和清除碎片可能是一项危险的工作，对移除倒下和缠结的树木来说尤其如此，这类工作应由合格人员利用适当的设备并按照适当的安全程序进行。

陈旧的建筑、构造物和树木可以为野生动物提供栖息地。在任何障碍物移除活动前都应考虑并处理风险物种潜在的利用和存在可能性。同时，也应考虑在此栖息地的鸟类和蝙蝠也可能对工人的健康和安全造成危害。

计划和技术规范

根据本实践，制订适用于实际应用的障碍物移除的计划和技术规范，本实践的计划和技术规范可以包含在其支持的实践的计划和技术规范中。计划和技术规范至少应包括以下几项：

- 显示障碍物移除地点位置的平面图。
- 处理障碍物移除材料的详情和位置。
- 施工后如何稳定现场的详情。
- 书面的施工规范说明，场地障碍物移除的具体要求。

运行和维护

为操作员准备运行和维护（O & M）计划，本实践的运行和维护可以在其支持的运行和维护中得到解决。运行和维护计划中需要处理的最低要求是：

定期检查，确保障碍排除后，现场保持稳定。

在现场处理碎片时，定期检查以确保处置场地保持稳定。

尽快修复所有问题。

参考文献

U. S. Department of Labor. Occupational Safety and Health Administration. Safety and Health Regulations for Construction, 29 CFR 1926. U. S. Washington, DC.

保护实践概述
（2012年12月）

《障碍物移除》（500）

清除障碍物是指移除不需要的、外观难看的或危险的建筑物、构筑物、植被、景观、垃圾和其他物体。

实践信息

本实践适用于处置所有妨碍保护实践或其实施，或者对使用和享用保护实践成果造成危害的物质。本实践旨在改善现场条件，以便采取保护实践措施或更有效地利用自然景观。现场地点可能是废弃矿区、建筑工地、休闲区、农场、牧场和受自然灾害影响的地区。

移除障碍物需在实践的预期年限内进行维护。

常见相关实践

《障碍物移除》（500）通常与《关键区种植》（342）、《保护层》（327）、《行车通道》（560）、《未铺筑路面和地表扬尘防治》（373）及《木质残渣处理》（384）等保护实践一起使用。

保护实践的效果——全国

土壤侵蚀	效果	基本原理
片蚀和细沟侵蚀	0	这一举措要求对受干扰区域采取适当的防侵蚀控制措施。
风蚀	0	这一举措要求对受干扰区域采取适当的防侵蚀控制措施。
浅沟侵蚀	0	这一举措要求对受干扰区域采取适当的防侵蚀控制措施。
典型沟蚀	0	不适用
河岸、海岸线、输水渠	0	不适用
土质退化		
有机质耗竭	1	移除障碍物后的绿化区域其有机组分将有所增加。
压实	-1	用于清除障碍物的机械设备往往会增加往返途径区域的压实度。
下沉	0	不适用
盐或其他化学物质的浓度	0	不适用
水分过量		
渗水	0	不适用
径流、洪水或积水	0	不适用
季节性高地下水位	0	不适用
积雪	2	这一举措可能会移除积雪障碍物。
水源不足		
灌溉水使用效率低	0	不适用
水分管理效率低	0	不适用
水质退化		
地表水中的农药	0	不适用
地下水中的农药	0	不适用
地表水中的养分	0	不适用
地下水中的养分	0	不适用
地表水中的盐分	0	不适用
地下水中的盐分	0	不适用
粪肥、生物土壤中的病原体和化学物质过量	0	不适用
粪肥、生物土壤中的病原体和化学物质过量	0	不适用
地表水沉积物过多	0	不适用
水温升高	0	不适用
石油、重金属等污染物迁移	0	不适用
石油、重金属等污染物迁移	0	不适用
空气质量影响		
颗粒物（PM）和 PM 前体的排放	0	在清除障碍物的过程中可能会产生灰尘，如果障碍物材料被点燃，还将产生烟雾。但是只要清除而非燃烧障碍物，PM 排放量就会减少。
臭氧前体排放	0	如果障碍物燃烧，将会产生氮氧化物。但是只要清除而非燃烧障碍物，氮氧化物排放量就会减少。
温室气体（GHG）排放	0	如果障碍物燃烧，将会产生二氧化碳。但是只要清除而非燃烧障碍物，二氧化碳排放量就会减少。

（续）

空气质量影响	效果	基本原理
不良气味	0	不适用
植物健康状况退化		
植物生产力和健康状况欠佳	0	不适用
结构和成分不当	0	不适用
植物病虫害压力过大	0	不适用
野火隐患，生物量积累过多	0	不适用
鱼类和野生动物——生境不足		
食物	0	不适用
覆盖 / 遮蔽	-2	清除瓦砾杂物可能会清除野生动物用于覆盖 / 遮蔽的栖息场所。
水	2	不适用
生境连续性（空间）	0	不适用
家畜生产限制		
饲料和草料不足	0	不适用
遮蔽不足	-1	这一举措可能会清除用于遮蔽栖身的构筑物。
水源不足	0	不适用
能源利用效率低下		
设备和设施	0	不适用
农场 / 牧场实践和田间作业	0	不适用

CPPE 实践效果：5 明显改善；4 中度至明显改善；3 中度改善；2 轻度至中度改善；1 轻度改善；0 无效果；–1 轻度恶化；–2 轻度至中度恶化；–3 中度恶化；–4 中度至严重恶化；–5 严重恶化。

工作说明书—— 国家模板

（2010年1月）

此类可交付成果适用于个别实践。其他规划实践的可交付成果参考具体的工作说明书。

设计
可交付成果

1. 证明符合实践中相关准则并与其他计划和应用实践相匹配的设计文件。
   a. 保护计划中确定的目的。
   b. 客户需要获得的许可证清单。
   c. 符合自然资源保护局国家和州公用设施安全政策（《美国国家工程手册》第 503 部分《安全》，第 503.00 节至第 503.22 节）。
   d. 制订计划和规范所需的与实践相关的计算和分析，包括但不限于：
      i. 清除方法
      ii. 安全问题
      iii. 处置方法
      iv. 侵蚀与泥沙控制
2. 向客户提供书面计划和规范书包括草图和图纸，充分说明实施本实践并获得必要许可的相应要求。
3. 证明设计符合实践和适用法律法规的文件［《美国国家工程手册》A 子部分第 505.03（b）（2）节］。

4. 安装期间，根据需要所进行的设计修改。

注：可根据情况添加各州的可交付成果。

安装
可交付成果

1. 与客户和承包商进行的安装前会议。

2. 验证客户是否已获得规定许可证。

3. 根据计划和规范（包括适用的布局注释）进行定桩和布局。

4. 安装检查。

    a. 所使用的实际材料和方法

    b. 检查记录

5. 协助客户和原设计方并实施所需的设计修改。

6. 在安装期间，就所有联邦、州、部落和地方法律、法规和自然资源保护局政策的合规性问题向客户 / 自然资源保护局提供建议。

7. 证明安装过程和材料符合设计和许可要求的文件［《美国国家工程手册》A 子部分第 505.03（c）（1）节］。

注：可根据情况添加各州的可交付成果。

验收
可交付成果

1. 竣工文档。

    a. 实践单位

    b. 图纸

    c. 最终量

2. 证明安装过程符合自然资源保护局实践和规范并符合许可要求的文件。

3. 进度报告。

注：可根据情况添加各州的可交付成果。

参考文献

Field Office Technical Guide （eFOTG）, Section IV, Conservation Practice Standard – Obstruction Removal, 500.

National Engineering Manual.

NRCS National Environmental Compliance Handbook.

NRCS Cultural Resources Handbook.

注：可根据情况添加各州的参考文献。

保护实践效果（网络图）

（2014年5月）

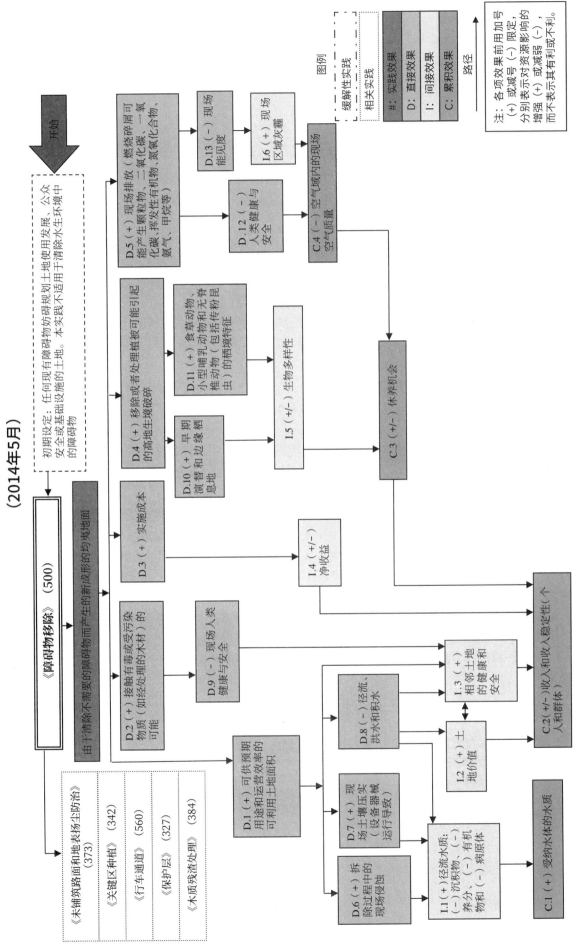

▶ 障碍物移除

图例

		#: 实践效果
		D: 直接效果
		I: 间接效果
		C: 累积效果

路径

注：各项效果前用加号（+）或减号（-）限定，分别表示对资源影响的增强（+）或减弱（-），而不表示其有利或不利。

缓解性实践
相关性实践

初期设定：任何现有障碍物妨碍规划土地使用并发展、公众安全或基础设施的土地。本实践并不适用于清除水生环境中的障碍物

平衡

《障碍物移除》（500）

《未铺筑路面和地表扬尘防治》（373）
《关键区种植》（342）
《行车通道》（560）
《保护层》（327）
《木质残渣处理》（384）

· 943 ·

精准土地治理

（462，Ac.，2014年9月）

定义

精准土地治理即改造土地表面，使之达到规划的等级。

目的

本实践旨在改善地表排水，控制土壤侵蚀。

适用条件

本实践适用于深度足够、质地适宜的土地，以便在完成精准土地治理后留下足够的根区，有计划地使用土地并采用适当的保护措施、土壤改良剂和肥料。

本实践不适用于需要《土地平整》（466）或《灌溉土地平整》（464）的地区。

准则

将精准土地治理作为整个系统的组成部分，促进水土资源的节约利用。

设计和安装必须基于充分的工程调研。如果土地治理是为了多个目的，那么它必须满足最具限制性的目的或作物的要求。

所有的治理操作都必须在建议使用的坡度范围内设计，并为排出多余的地表水做准备。如若需要其他保护实践（例如覆草排水沟、田面沟渠和过滤带）来达到规定的目的，则必须将其纳入改进计划。

坡度要求。斜坡应与流体流向一致，坡度可适当增加或减小。

禁止在规划水流方向上颠倒土地等级。小断面水平坡度允许按照地形条件酌情规划流向。出于栽培技术方面的考虑，横向坡度需确保水流控制在沟渠内，以防雨季泛滥成灾。

防止降雨径流侵蚀的坡度。设计土地等级必须能够将由降雨径流引起的侵蚀控制在保护性耕作允许的范围内。当地块之间的梯坡超过 1 英尺时，必须在地块之间留下永久的植草带或边界田埂，以减少沟蚀的可能性。

地表排水。所有精准土地治理系统都必须包括清除或以其他方式控制多余水分的计划。

设计必须提供土地标高和土地等级，以使规划中的排水设施能够正常运行。

借用计算沟渠、沟槽垫和道路等结构所需或从中获得的挖掘物和填充材料，必须将其视为精准土地治理设计的一部分，并且在平衡切割和填充以及确定借用需求时必须包括适当的码数。

注意事项

应考虑对水资源预算的影响，特别是对径流量、渗透率、深层渗透和蒸发量的影响。

应尽量减少对下游水资源短期和施工效果的影响。

土壤移动导致发现或重新分配有毒物质。

土壤移动带来的有毒物质（如盐渍土），对水和植物造成危害时，应对其进行处理。

注意对湿地水文或湿地野生动物栖息地的影响。

通过搬迁和避让所有公用设施，来解决对现有设施的潜在影响。

注意风蚀危害加深及由此引发的有毒物质沉积对土壤流失的影响。

计划和技术规范

平整土地的计划和技术规范必须符合本实践，并且必须说明应用标准达到预期目的的要求。计划和技术规范必须包括施工计划、图纸、工作表或其他有关文件,这些文件必须明确规定安装标准的要求。

运行和维护

运行和维护(O & M)计划必须与土地所有者或经营者一起审查。必须采取行动确保该计划按预期行事。该行动必须包括在需要时进行维护,以确保地表处于所要求的平整程度。该计划必须规定每年和在发生重大风暴事件后对受灾地区和相关实践进行检查,以确定维修和维护需求。

参考文献

U.S. Department of Agriculture, Natural Resources Conservation Service, Engineering Field Handbook, Chapter 1. Surveying. National Engineering Handbook, Part 650.01, Washington, DC.

U.S. Department of Agriculture, Natural Resources Conservation Service, Engineering Field Handbook, Chapter 4. Elementary Soils Engineering. National Engineering Handbook, Part 650.04, Washington, DC.

U.S. Department of Agriculture, Natural Resources Conservation Service, Irrigation Land Leveling. Section 15, Chapter 12. National Engineering Handbook, Part 623.12. Washington, DC.

U.S. Department of Agriculture, Natural Resources Conservation Service, Engineering Field Handbook, Chapter 14. Water Management (Drainage). National Engineering Handbook, Part 650.14, Washington, DC.

保护实践概述
(2014年9月)

《精准土地治理》(462)

精准土地治理指改造土地表面,使之达到规划的等级。

实践信息

实践的目的是改进地面排水,更有效地利用降水,方便安装更可行的排水系统,减少蚊虫滋生,控制侵蚀,改善水质,防止因积水对土地造成损害。

精准土地治理用于任何适合这一实践之规划用途的土地,以及本实践可行的土地。土壤必须有足够的深度,有合适的质地,有足够的根区保持以下的施工活动。

精准土地治理应作为保护计划(该计划用于更为明智地使用自然资源)的一部分进行。

在实践的预期年限内,精准土地治理需要进行维护。

常见相关实践

《精准土地治理》(462)常与《访问控制》(472)、《行车通道》(560)、《关键区种植》(342)、《引水渠》(362)、《排水管理》(554)、《边坡稳定设施》(410)、《土地清理》(460)、《养分管理》(590)、《明渠》(582)、《控水结构》(587)和《水和沉积物滞留池》(638)等保护实践一起使用。

保护实践的效果——全国

土壤侵蚀	效果	基本原理
片蚀和细沟侵蚀	0	改造地表可能会降低坡度，但也可能增加坡长。
风蚀	0	不适用
浅沟侵蚀	2	表面更均匀可以增加渗透及减少集中渗流。
典型沟蚀	4	土地治理的目的是改造和填充沟壑。
河岸、海岸线、输水渠	0	不适用
土质退化		
有机质耗竭	-2	土地治理过程改变了土壤剖面并使土壤通气。
压实	-1	在土地治理期间使用重型设备可能导致压实。缓解措施和合适的时机是实践设计的一部分。
下沉	0	不适用
盐或其他化学物质的浓度	1	光滑表面可使得渗透更加均匀。
水分过量		
渗水	2	整平表面和去除洼地。
径流、洪水或积水	2	整平表面和去除洼地可排除积水。
季节性高地下水位	2	更均匀的表面，填补坑洼，可改善排水。
积雪	0	不适用
水源不足		
灌溉水使用效率低	0	不适用
水分管理效率低	2	原因是水分布有所改善。
水质退化		
地表水中的农药	1	土地表面的改造可减少侵蚀。
地下水中的农药	1	土地表面的改造可减少深层渗漏。
地表水中的养分	1	这一举措可使地表平整，增加渗透并减少养分向地表水迁移。
地下水中的养分	2	这一举措使地表变得平整，减少了积水和养分向地下水的输送。
地表水中的盐分	0	这一举措在改变径流和径流相关的污染物方面的效果不明显。
地下水中的盐分	1	这一举措可减少积水，使渗透更均匀。
粪肥、生物土壤中的病原体和化学物质过量	0	不适用
粪肥、生物土壤中的病原体和化学物质过量	1	表面坡度均匀减少了积水和污水的过度渗透。
地表水沉积物过多	1	地表形成抗侵蚀性等级。
水温升高	0	不适用
石油、重金属等污染物迁移	1	找平凹凸土地允许使用可减少垫层、细沟和浅沟侵蚀和增加渗透的实践。
石油、重金属等污染物迁移	1	表面坡度均匀减少了积水和污水的过度渗透。
空气质量影响		
颗粒物（PM）和 PM 前体的排放	0	设备运行会暂时产生颗粒物排放和废气排放。
臭氧前体排放	0	设备运行时会产生暂时性的废气排放。
温室气体（GHG）排放	-1	土体扰动可能造成碳流失。
不良气味	0	不适用
植物健康状况退化		
植物生产力和健康状况欠佳	4	改善灌溉施用的场地改良能够提高所需物种的健康活力。
结构和成分不当	0	不适用
植物病虫害压力过大	0	不适用
野火隐患，生物量积累过多	0	不适用
鱼类和野生动物——生境不足		
食物	0	不适用
覆盖 / 遮蔽	0	不适用
水	0	不适用

（续）

鱼类和野生动物——生境不足	效果	基本原理
生境连续性（空间）	0	不适用
家畜生产限制		
饲料和草料不足	0	不适用
遮蔽不足	0	不适用
水源不足	0	不适用
能源利用效率低下		
设备和设施	0	不适用
农场／牧场实践和田间作业	0	不适用

CPPE 实践效果：5 明显改善；4 中度至明显改善；3 中度改善；2 轻度至中度改善；1 轻度改善；0 无效果；−1 轻度恶化；−2 轻度至中度恶化；−3 中度恶化；−4 中度至严重恶化；−5 严重恶化。

工作说明书——国家模板

（2014年9月）

此类可交付成果适用于个别实践。其他规划实践的可交付成果参考具体的工作说明书。

设计

可交付成果

1. 证明符合实践中相关准则并与其他计划和应用实践相匹配的设计文件。
    a. 保护计划中确定的目的。
    b. 客户需要获得的许可证清单。
    c. 符合自然资源保护局国家和州公用设施安全政策（《美国国家工程手册》第 503 部分《安全》，第 503.00 节至第 503.22 节）。
    d. 制订计划和规范所需的与实践相关的计算和分析，包括但不限于：
        i. 地表排水
        ii. 侵蚀控制
2. 向客户提供书面计划和规范书包括草图和图纸，充分说明实施本实践并获得必要许可的相应要求。
3. 运行维护计划。
4. 证明设计符合实践和适用法律法规的文件［《美国国家工程手册》A 子部分第 505.03（b）（2）节］。
5. 安装期间，根据需要所进行的设计修改。

注：可根据情况添加各州的可交付成果。

安装

可交付成果

1. 与客户和承包商进行的安装前会议。
2. 验证客户是否已获得规定许可证。
3. 根据计划和规范（包括适用的布局注释）进行定桩和布局。
4. 安装检查。
    a. 实际使用的材料

       b. 检查记录

5. 协助客户和原设计方并实施所需的设计修改。

6. 在安装期间，就所有联邦、州、部落和地方法律、法规和自然资源保护局政策的合规性问题向客户 / 自然资源保护局提供建议。

7. 证明安装过程和材料符合设计和许可要求的文件［《美国国家工程手册》A 子部分第 505.03（c）（1）节］。

注：可根据情况添加各州的可交付成果。

验收
可交付成果

1. 竣工文档。
       a. 实践单位
       b. 图纸
       c. 最终量

2. 证明安装过程符合自然资源保护局实践和规范并符合许可要求的文件。

3. 进度报告。

注：可根据情况添加各州的可交付成果。

参考文献

Field Office Technical Guide （eFOTG）, Section IV, Conservation Practice Standard - Precision Land Forming, 462.

National Engineering Manual.

NRCS National Environmental Compliance Handbook.

NRCS Cultural Resources Handbook.

注：可根据情况添加各州的参考文献。

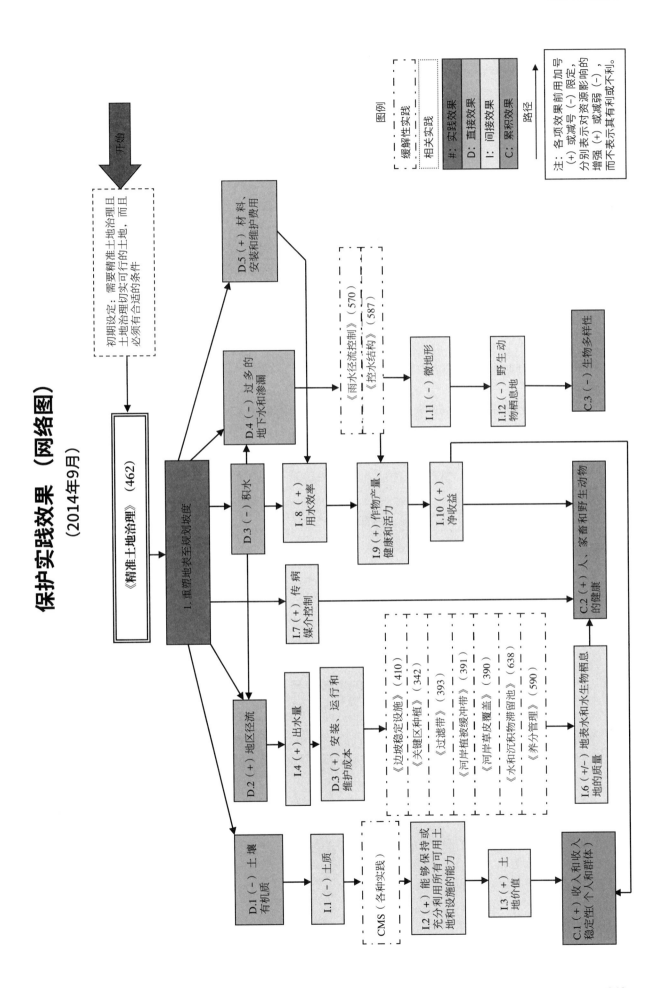

保护实践效果（网络图）
（2014年9月）

精准土地治理

图例

缓解性实践

相关实践

#：实践效果
D：直接效果
I：间接效果
C：累积效果

路径

注：各项效果前用加号
（+）或减号（-）限定，
（+）或减号（-）分别表示对资源影响的
增强（+）或减弱（-），
而不表示其有利或不利。

初期设定：需要精准土地治理且
土地治理切实可行的土地，而且
必须有合适的条件

开始

《精准土地治理》（462）

1. 重塑地表至规划坡度

D.5（+）材料，
安装和维护费用

D.4（-）过多的
地下水和渗漏

D.3（-）积水

I.8（+）
用水效率

《雨水径流控制》（570）
《控水结构》（587）

I.11（-）微地形

I.9（+）作物产量、
健康和活力

I.10（+）
净收益

I.12（-）野生动
物栖息地

C.3（-）生物多样性

I.7（+）传病
媒介控制

C.2（+）人、
家畜和野生动物
的健康

D.2（+）地区径流

I.4（+）出水量

D.3（+）安装、运行和
维护成本

《边坡稳定设施》（410）
《关键区种植》（342）
《过滤带》（393）
《河岸植被缓冲带》（391）
《河岸草皮覆盖》（390）
《水和沉积物滞留池》（638）
《养分管理》（590）

I.6（+/-）地表水和水生生物栖息
地的质量

D.1（-）土壤
有机质

I.1（-）土质

CMS（各种实践）

I.2（+）能够保持或
充分利用所有可用土
地和设施的能力

I.3（+）土
地价值

C.1（+）收入和收入
稳定性（个人和群体）

休闲用地改良

（562，Acre.，1977年10月）

定义

通过种植草、豆类、藤本植物、灌木、树木或其他植物，或选择性地降低林分密度和修剪木本植物，以改进休闲用地。

目的

提高休闲用地的使用率，增加其吸引力，以保护土壤和植物资源。

适用条件

任何供休闲区域。

注意事项

水量

- 对水量平衡的影响，特别是对径流量、渗透量、蒸腾量的影响。

水质

- 侵蚀以及径流中的沉积物、病原体和可溶性沉积物附着物运动造成的影响。重要的是，参照相同物质（沉积物、燃料、油和其他化学物质），比较建筑造成的短期变化和游憩活动造成的长期变化。
- 与植被管理和游憩活动有关的可溶性物质渗入对地下水变化的影响。

说明指南

每种类型休闲用地处理，以及植物材料和维护措施。

保护实践概述

（2012年12月）

《休闲用地改良》（562）

休闲区改良涉及种植或减少林分密度，修剪木本植物，提高区域休闲娱乐价值。

实践信息

本实践旨在增加休闲区的吸引力和实用性，并同时保护自然资源。

休闲区的改善可能包括种植草木、豆科植物、藤本植物、灌木、树木或者能够提高场地休息娱乐价值的其他植物。本实践还可能包括有选择地减少现有植被或修剪木本植物，例如乔木和灌木，

以期提高预期的休闲娱乐用途。

保护效果包括但不限于改善野生动物栖息地环境和减少野火隐患。

常见相关实践

《休闲用地改良》（562）通常与《休闲用地分级与改造》（566）、《休闲小径与人行道》（568）、《灌木管理》（314）、《乔木 / 灌木修剪》（660）、《防风林 / 防护林建造》（380）、《防风林 / 防护林改造》（650）、《访问控制》（472）、《栅栏》（382）、《关键区种植》（342）、《密集使用区保护》（561）及《草本杂草处理》（315）等保护实践一起使用。

保护实践的效果——全国

土壤侵蚀	效果	基本原理
片蚀和细沟侵蚀	1	植被的改善将减少水蚀。
风蚀	1	植被的改善将减少风蚀。
浅沟侵蚀	1	植被的改善将减少水蚀。
典型沟蚀	1	改善植被将减少径流造成的侵蚀。
河岸、海岸线、输水渠	1	改善植被将减少径流造成的侵蚀。
土质退化		
有机质耗竭	1	当改良植被和交通受控时，土壤有机质问题将减少。
压实	1	随着植被的改善和对交通的控制，与土壤压实度有关的问题将会减少。
下沉	0	不适用
盐或其他化学物质的浓度	0	种植耐盐品种将减少与盐分有关的问题。
水分过量		
渗水	0	不适用
径流、洪水或积水	1	改良植被将减少产生径流、洪水，或者休闲区积水。
季节性高地下水位	0	不适用
积雪	0	不适用
水源不足		
灌溉水使用效率低	0	不适用
水分管理效率低	0	不适用
水质退化		
地表水中的农药	1	这一举措可减少径流和侵蚀。
地下水中的农药	1	这一举措将增加土壤有机质并提高生物活性。
地表水中的养分	0	不适用
地下水中的养分	0	不适用
地表水中的盐分	0	不适用
地下水中的盐分	0	不适用
粪肥、生物土壤中的病原体和化学物质过量	0	在实践做法设计阶段规避减缓病原体生成作用。
粪肥、生物土壤中的病原体和化学物质过量	0	不适用
地表水沉积物过多	1	减少径流和侵蚀可减少对地表水中的沉积物及其浊度。
水温升高	0	乔木和灌木提供的阴凉可以调节溪流温度。
石油、重金属等污染物迁移	0	不适用
石油、重金属等污染物迁移	0	不适用
空气质量影响		
颗粒物（PM）和 PM 前体的排放	1	地被植物增加将减少颗粒物的产生。
臭氧前体排放	0	不适用

（续）

空气质量影响	效果	基本原理
温室气体（GHG）排放	2	地被植物增加将改善土壤和生物量中的碳储量，但是树木的砍伐将减少生物量中的碳储量。
不良气味	0	不适用
植物健康状况退化		
植物生产力和健康状况欠佳	1	对植物进行选择和管理，可保持植物最佳生产力和健康水平。
结构和成分不当	1	针对每处地点都应选择出适应性良好的相容物种、品种或种类。
植物病虫害压力过大	3	种植并管理植被，可控制不需要的植物种类。
野火隐患，生物量积累过多	3	减少作业活动并隔离可燃物负荷。
鱼类和野生动物——生境不足		
食物	1	所选择的植物种类与当地环境相适应，并能为野生动物提供食物来源。
覆盖 / 遮蔽	1	所选择的植物种类与当地环境相适应，并能为野生动物提供食物来源。
水	1	改善活动可包括创建野生动物水源。
生境连续性（空间）	−1	休养用途和干扰的增加会降低生境可用性。
家畜生产限制		
饲料和草料不足	0	不适用
遮蔽不足	0	不适用
水源不足	0	不适用
能源利用效率低下		
设备和设施	0	不适用
农场 / 牧场实践和田间作业	0	不适用

CPPE 实践效果：5 明显改善；4 中度至明显改善；3 中度改善；2 轻度至中度改善；1 轻度改善；0 无效果；−1 轻度恶化；−2 轻度至中度恶化；−3 中度恶化；−4 中度至严重恶化；−5 严重恶化。

工作说明书——国家模板

（2004年4月）

此类可交付成果适用于个别实践。其他规划实践的可交付成果参考具体的工作说明书。

设计

可交付成果

1. 证明符合自然资源保护局实践中相关准则并与其他计划和应用实践相匹配的设计文件。
    a. 保护计划中确定的目的。
    b. 客户需要获得的许可证清单。
    c. 制订计划和规范所需的与实践相关的计算和分析，包括但不限于：
        i. 确定要保留和建植的植被
        ii. 清除植被的时机和方法
        iii. 将野火隐患、侵蚀、径流、土壤压实和土壤位移减到可接受的水平
2. 向客户提供书面计划和规范书包括草图和图纸，充分说明实施本实践并获得必要许可的相应要求。
3. 所需运行维护工作的相关文件。
4. 证明设计符合实践和适用法律法规的文件。
5. 安装期间，根据需要所进行的设计修改。

注：可根据情况添加各州的可交付成果。

安装

可交付成果

1. 与客户进行的实施前会议。
2. 验证客户是否已获得规定许可证。
3. 根据计划和规范（包括适用的布局注释）进行定桩和布局。
4. 根据需要提供的应用指南。
5. 协助客户和原设计方并实施所需的设计修改。
6. 在安装期间，就所有联邦、州、部落和地方法律、法规和自然资源保护局政策的合规性问题向客户 / 自然资源保护局提供建议。
7. 证明施用过程和材料符合设计和许可要求的文件。

注：可根据情况添加各州的可交付成果。

验收

可交付成果

1. 实施记录。
    a. 实践单位
    b. 实际使用和应用的缓解措施
2. 证明施用过程符合自然资源保护局实践和规范并符合许可要求的文件。
3. 进度报告。

注：可根据情况添加各州的可交付成果。

参考文献

NRCS Field Office Technical Guide （eFOTG）, Section IV, Conservation Practice Standard – Recreation Area Improvement, 562.

NRCS National Forestry Handbook （NFH）, Part 636.4.

NRCS National Environmental Compliance Handbook.

NRCS Cultural Resources Handbook.

注：可根据情况添加各州的参考文献。

保护实践效果（网络图）

（2014年3月）

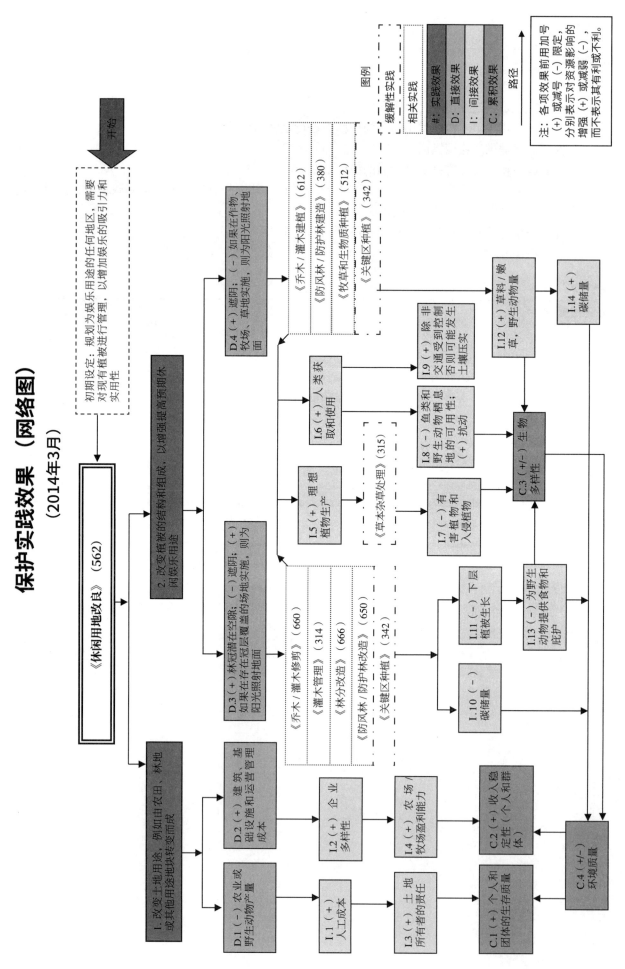

图例

- 缓解性实践
- 相关性实践
- #: 实践效果
- D: 直接效果
- I: 间接效果
- C: 累积效果
- 路径

注：各项效果前用加号（+）或减号（-）限定，（+）或减号（-）分别表示对资源影响的增强（+）或减弱（-），而不表示其有利或不利。

休闲用地分级与改造

（566，Ac.，2013年4月）

定义

休闲用地分级与改造是对地表进行改造，用于休闲开发利用。

目的

本实践可作为资源管理系统中的一部分，以实现以下一种或多种目的：

- 确保或提高休闲用地的高效利用。
- 尽量减少休闲用地对场内外资源的损害。

适用条件

本实践适用于不规则的地表、斜坡、有障碍物的土地、受地表排水影响的已规划休闲用地，以及需要进行地表规划的土地。

准则

适用于上述所有目的的总体准则

所有计划工作必须符合联邦、州、地方和部落的法律和法规。

规划的分级与改造必须有利于整个娱乐区域，并能够与总体景观和周围环境的审美相融合。

为减少场内外的不利影响，规划的分级或改造必须配备齐全。不利影响包括腐蚀加快、河岸带退化、河道和河岸损害、水文变动或其他水资源破坏、对野生动物栖息地造成不可承受的破坏、分裂或限制野生动物的活动。

分级和改造。如果只需要对土地进行改造，可以通过观察或最小量的测量来估计切割和填充。如果需要对均匀表面进行分级，则设计必须基于完整的地形或网格测量。特定用途的分级和改造，如运动场，必须按照预定用途的要求进行。切割和填充必须尽可能保持平衡。

必须将土壤压实和位移保持在最低限度。

地表排水。规划必须包括清除或以其他方式控制过量地表水的措施。

侵蚀控制。规划必须包括控制侵蚀的规定，必须在施工后尽快划分植被扰动区。如果土壤或气候条件妨碍了植被的使用，并且需要对植被进行保护，就可以使用非植被的手段，例如地膜或砾石覆盖。苗床的准备、播种、施肥和覆盖必须符合当地农田技术指导办公室中适当的保护实践标准。种植适宜在当地生长的植物，以达到预期的目的，必须优先考虑本地植物种类。如果本地植物不适宜用于计划用途或对计划用途无效，那么可以使用外来物种。

注意事项

注意住宅、公用事业、文娱区域、易受威胁和濒临灭绝的动植物、湿地或其他环境敏感地区以及具有特殊景观价值的区域毗邻的土地用途。

注意娱乐和活动的增加对地表水和地下水质量的影响。

在适用的情况下，考虑维持或改善鱼类和野生动物的栖息地环境。

在可行和适当的情况下，要及时抢救出适合植物生长的土壤，并加以储备和保护，作为最终种植覆盖材料。

计划和技术规范

娱乐土地分级和改造的计划和技术规范必须符合这一实践，并制订确保实施娱乐土地分级和改造能够达到预期目的的相关要求。计划和技术规范必须包括施工计划、图纸、工作表或其他类似文件。这些文件必须按照娱乐土地分级和改造要求进行安装，包括要使用的材料种类、数量和质量。

运行和维护

应为土地所有者或经营人制订一份运行和维护计划，并与其共同审查。

该计划应规定，每年对处理地区和相关实践进行检查，并在发生重大风暴事件后确定维修和保养需求。

参考文献

U.S. Department of Agriculture, Natural Resources Conservation Service, 2009. Specifications for Construction Contracts. National Engineering Handbook, Part 642. Washington, DC.

U.S. Department of Agriculture, Natural Resources Conservation Service, 2008. Engineering Field Handbook, Chapter 1. Surveying. National Engineering Handbook, Part 650.01, Washington, DC.

U.S. Department of Agriculture, Natural Resources Conservation Service, 1990. Engineering Field Handbook, Chapter 4. Elementary Soils Engineering. National Engineering Handbook, Part 650.04, Washington, DC.

U.S. Department of Agriculture, Natural Resources Conservation Service, 1961. Irrigation Land Leveling. Section 15, Chapter 12. National Engineering Handbook, Part 623.12. Washington, DC.

保护实践概述
（2012年12月）

《休闲用地分级与改造》（566）

休闲用地分级与改造是指对场地进行改造以便能安装或运营游乐设施。

实践信息

休闲用地分级与改造是指对土地进行改造以便有效安全地使用旅行资源或尽量减少休闲用地使用对场地内外自然资源的影响。本实践适用于地表不规则、存在斜坡、障碍物或地表排水结构，对规划休闲用途产生干扰，或需要重新设计地面以实现此类用途的情况。

用地分级与改造应确保对场地内外造成的不利影响最小。规划过程中需要考虑的因素包括减少土壤侵蚀、河岸带退化、河道和河岸破坏、水文条件变化、其他水资源破坏、野生动物栖息地外观或其他不可接受的破坏、栖境破碎，或限制野生动物活动的相关措施。实施计划中应包括控制侵蚀，以及清除或以其他方式控制过量地表水的相应措施。

在实践的预期年限内，休闲用地分级与改造需要进行维护。

常见相关实践

《休闲用地分级与改造》（566）通常与《休

闲用地改良》（562）、《小道及步道》（568）、《湿地野生动物栖息地管理》（644）、《高地野生动物栖息地管理》（645）、《访问控制》（472）以及《关键区种植》（342）等保护实践一起使用。

保护实践的效果——全国

土壤侵蚀	效果	基本原理
片蚀和细沟侵蚀	0	这一举措要求对受干扰区域采取适当的防侵蚀控制措施。
风蚀	0	这一举措要求对受干扰区域采取适当的防侵蚀控制措施。
浅沟侵蚀	0	这一举措要求对受干扰区域采取适当的防侵蚀控制措施。
典型沟蚀	4	通过分级和改造使峡谷地区变得稳定，以实现休闲用途。
河岸、海岸线、输水渠	2	通过分级和改造使河岸变得稳定，以实现休闲用途。
土质退化		
有机质耗竭	1	当改良植被和交通受控时，土壤有机质问题将减少。在施工过程中由于有机物质氧化，可能会出现更多的临时性问题。
压实	0	初始阶段由于施工设备的进场和操作增加了土壤的压实度，但随后由于植被得到改良，土壤的压实度降低。
下沉	0	不适用
盐或其他化学物质的浓度	0	不适用
水分过量		
渗水	0	不适用
径流、洪水或积水	2	整平表面和去除洼地可排除积水。
季节性高地下水位	0	不适用
积雪	0	不适用
水源不足		
灌溉水使用效率低	0	不适用
水分管理效率低	0	不适用
水质退化		
地表水中的农药	0	不适用
地下水中的农药	0	不适用
地表水中的养分	0	不适用
地下水中的养分	0	不适用
地表水中的盐分	0	不适用
地下水中的盐分	0	不适用
粪肥、生物土壤中的病原体和化学物质过量	0	不适用
粪肥、生物土壤中的病原体和化学物质过量	0	不适用
地表水沉积物过多	2	减少径流和侵蚀可减少对地表水中的沉积物及其浊度。
水温升高	0	这一举措可保护土质和水质。
石油、重金属等污染物迁移	0	不适用
石油、重金属等污染物迁移	0	不适用
空气质量影响		
颗粒物（PM）和 PM 前体的排放	0	不适用
臭氧前体排放	0	不适用
温室气体（GHG）排放	-1	土体扰动可能造成碳流失。
不良气味	0	不适用
植物健康状况退化		
植物生产力和健康状况欠佳	3	改善现场情况，从而提高理想植物的健康水平和生长活力。
结构和成分不当	0	不适用
植物病虫害压力过大	4	种植并管理植被，可控制不需要的植物种类。

（续）

植物健康状况退化	效果	基本原理
野火隐患，生物量积累过多	0	不适用
鱼类和野生动物——生境不足		
食物	-2	土地的分级和改造活动会减少甚至消除食物种类。
覆盖/遮蔽	-2	土地的分级和改造活动会减少甚至消除覆盖/遮蔽。
水	0	不适用
生境连续性（空间）	-2	休养用途和干扰的增加会降低生境可用性。
家畜生产限制		
饲料和草料不足	0	不适用
遮蔽不足	0	不适用
水源不足	0	不适用
能源利用效率低下		
设备和设施	0	不适用
农场/牧场实践和田间作业	0	不适用

CPPE 实践效果：5 明显改善；4 中度至明显改善；3 中度改善；2 轻度至中度改善；1 轻度改善；0 无效果；-1 轻度恶化；-2 轻度至中度恶化；-3 中度恶化；-4 中度至严重恶化；-5 严重恶化。

工作说明书—— 国家模板

（2013年4月）

此类可交付成果适用于个别实践。其他规划实践的可交付成果参考具体的工作说明书。

设计

可交付成果

1. 证明符合实践中相关准则并与其他计划和应用实践相匹配的设计文件。
   a. 保护计划中确定的目的。
   b. 客户需要获得的许可证清单。
   c. 符合自然资源保护局国家和州公用设施安全政策（《美国国家工程手册》第 503 部分《安全》，第 503.00 节至第 503.22 节）。
   d. 制订计划和规范所需的与实践相关的计算和分析，包括但不限于：
      i. 地表排水
      ii. 侵蚀控制
2. 向客户提供书面计划和规范书包括草图和图纸，充分说明实施本实践并获得必要许可的相应要求。
3. 运行维护计划。
4. 证明设计符合实践和适用法律法规的文件［《美国国家工程手册》A 子部分第 505.03（b）（2）节］。
5. 安装期间，根据需要所进行的设计修改。

注：可根据情况添加各州的可交付成果。

安装

可交付成果

1. 与客户和承包商进行的安装前会议。

2. 验证客户是否已获得规定许可证。

3. 根据计划和规范（包括适用的布局注释）进行定桩和布局。

4. 安装检查。

    a. 实际使用的材料

    b. 检查记录

5. 协助客户和原设计方并实施所需的设计修改。

6. 在安装期间，就所有联邦、州、部落和地方法律、法规和自然资源保护局政策的合规性问题向客户/自然资源保护局提供建议。

7. 证明安装过程和材料符合设计和许可要求的文件［《美国国家工程手册》A子部分第505.03（c）（1）节］。

注：可根据情况添加各州的可交付成果。

验收
可交付成果

1. 竣工文档。

    a. 实践单位

    b. 图纸

    c. 最终量

2. 证明安装过程符合自然资源保护局实践和规范并符合许可要求的文件。

3. 进度报告。

注：可根据情况添加各州的可交付成果。

参考文献

Field Office Technical Guide （eFOTG）, Section IV, Conservation Practice Standard - Recreation Land Grading and Shaping, 566.

National Engineering Manual.

NRCS National Environmental Compliance Handbook.

NRCS Cultural Resources Handbook.

注：可根据情况添加各州的参考文献。

保护实践效果（网络图）

（2014年3月）

《休闲用地分级与改造》（566）

图例

缓解性实践 相关实践

实践效果

#：实践效果
D：直接效果
I：间接效果
C：累积效果

路径

注：各项效果前用加号（+）或减号（-）限定，分别表示对资源影响的增强（+）或减弱（-），而不表示其有利或不利。

开始

初期设定：（1）为有效且安全使用休闲资源所需建造休闲设施的高地；（2）旨在实现对资源影响最小化的已有休闲用地

1. 对未开发区域进行分级和改造以安装休闲设施

D.1（+）材料、安装和维护费用

D.2（+）进出

D.3（+）车辆通行

D.4（+）侵蚀

D.5（+）地区径流

I.8（+）压实

I.6（+）野生动物生境破碎（高地）

I.2（+）能够保持或充分利用所有可用土地和设施的能力

I.3（+）土地价值

I.4（+）休养机会

I.5（+）休养和支持基础设施

I.11（+）洪水、积水

拦水坝和其他结构安全输送径流

《水和沉积物滞留池》（638）

I.9（+）流向受纳水体的污染物、病原物和沉积物

《关键区种植》（342）
《过滤带》（393）
《河岸植被缓冲带》（391）
《河岸草皮覆盖》（390）
《水和沉积物滞留池》（638）

C.4（-）土质

C.3（+/-）生物多样性

I.10（+/-）地表水和水生生物栖息地的质量

I.7（-）高地野生动物迁移应力

C.2（+/-）人、家畜和野生动物的健康

地表水和水生生物栖息地

I.1（+/-）净收益

C.1（+/-）收入和收入稳定性（个人和群体）

石墙梯田

（555，Ft.，2010年9月）

定义

在坡地上建造岩石挡土墙，形成和稳固台地，控制水流，抑制坡地侵蚀。

目的

稳固陡峭的坡地，最大限度减少耕作时的土壤流失。

适用条件

石墙适用于坡度陡峭、土壤深度适宜的农田，以及水土保持较弱的区域。本实践适用于坡度高达70% 的土地。该区域必须要有合适并稳定的自然排水渠或者满足条件的人造排水渠。

准则

坡度。石墙的顶部可以是水平的，或者是向排水渠倾斜。石墙顶部坡度最高不得超过 0.5%。

斜面横截面。石墙之间的斜面要沿山坡而建，其坡度设计在 1.0% ~ 3.0%，斜度为从一个石墙的顶部到另外一个石墙的底部。

地表排水。在石墙底部，利用横截面面积不小于 0.5 英尺^{2}的纵向沟渠对台地面排水。排水渠的倾斜坡度设计为 0.5% 或更低，利于稳定排水。

高度。石墙的最高高度不得超过 6 英尺。

地基宽度。地基的最低宽度为 18 英寸，石墙高度超过 2.5 英尺的，石墙每高出 0.5 英尺，地基增宽 1.5 英寸。每 1 英尺石墙的高度要在地基沿上山坡端下挖 3 英寸。

垂直间隔。将石墙和台地隔开，使相邻阶地之间的垂直间隔不超过 5 英尺。

水平间隔。将石墙和阶地隔开，使相邻阶地之间的水平间隔不小于 5 英尺。

排水渠。无论是自然形成还是人造，每个石墙必须有个安全稳定的排水渠。排水渠必须将径流输送到不会造成破坏的地方。

注意事项

在选择石墙位置和间隔时，要考虑挖掘问题。如果选择的位置和间隔开挖过多，可能导致没有足够的土壤供植物生长。

石墙建造的位置和间隔要考虑到之后石墙间斜面的挖填作业平衡。选择好位置和间隔，以尽量减少施工运土。

均衡、健康的土壤有助于保证作物的均衡生长。在进行任何建筑活动前，将上层 6 英寸的土壤储存起来，以覆盖有助于作物生长的种植区。考虑小环境内植被对野生动物和传粉者的反应和影响。

单独使用石墙可能不足以控制暴雨径流。考虑其他可能需要采取的保护措施，以提供适当的保护系统。

虽然建造石墙能显著减少陡坡种植造成的侵蚀，但这些地区的径流仍可携带沉积物、养分质和病原体。必要时，考虑排水渠排放径流的位置，并采取措施，保护过滤区域和缓冲区。

石墙的建造是一项严重的地面干扰活动，要确保在实施之前遵守所有开垦栽培资源政策。

计划和技术规范

根据本实践，对符合要求的石墙制订计划和技术规范。至少应包括：

- 石墙布局平面图。
- 石墙的典型截面图。
- 排水渠的详细资料。
- 现场具体施工规范应包含石墙安装的书面说明。可以用建筑图纸的注释形式代替独立说明。

运行和维护

为操作人员制订运行和维护计划。在书面运行和维护计划中，最低要求包括：

- 定期检查，特别是在径流事件之后。
- 必要时及时修理或更换损坏的部件。
- 清除在排水渠或出水渠处积聚的沉积物，以保持设计容量。
- 必须及时修复排水渠处被牲畜、机械或侵蚀破坏的植被。
- 保持指定的植被。遵守联邦、州和地方条例，使用化学或机械手段控制树木、灌木和不良植被。

为保护地面筑巢的鸟类，在主要筑巢季节之外进行植被的维护和控制。机器应远离陡峭的斜坡石墙，并告知设备操作员所有潜在危险。

保护实践概述
（2012年12月）

《石墙梯田》（555）

石墙是一种石头造的挡土墙，用于在坡地上形成和支持阶式梯田。

实践信息

石墙适用于适合耕作的坡地（土壤深度足以支持阶梯式挖方）。坡度最高可达50%，这意味着整个斜坡每100英尺的高度差接近50英尺。因此，本实践可在非常陡峭的耕作土地上保证可接受的稳定性。

石墙的目的是稳定陡峭的坡地，以便进行耕作，保障侵蚀程度可接受。除了侵蚀控制，本实践还可提高用水效率，带来其他有利的水文效应。

石墙需要精心的设计、布局和施工。

石墙需在实践的预期年限内进行维护。

常见相关实践

《石墙梯田》（555）通常与《保护性作物轮作》（328）、《梯田》（600）、《残留物管理》（344）、《草地排水道》（412）和《地下出水口》（620）等保护实践一起使用。

保护实践的效果——全国

土壤侵蚀	效果	基本原理
片蚀和细沟侵蚀	5	坡长缩短，因此减少了水蚀。
风蚀	0	不适用
浅沟侵蚀	5	斜坡集中渗流通道的长度缩短。
典型沟蚀	0	可减少径流中的沉积物，此类沉积物可增加沟蚀，还可降低径流峰值。
河岸、海岸线、输水渠	0	可减少径流中的沉积物，此类沉积物可增加沟蚀，还可降低径流峰值。
土质退化		
有机质耗竭	0	不适用
压实	0	不适用
下沉	0	不适用
盐或其他化学物质的浓度	0	不适用
水分过量		
渗水	1	石墙可用作排水沟。
径流、洪水或积水	0	不适用
季节性高地下水位	1	石墙可用作排水沟。
积雪	2	该障碍物可挡住建筑物和动物聚集区上风处的积雪。
水源不足		
灌溉水使用效率低	0	不适用
水分管理效率低	0	不适用
水质退化		
地表水中的农药	0	不适用
地下水中的农药	0	不适用
地表水中的养分	0	不适用
地下水中的养分	0	不适用
地表水中的盐分	1	石墙可增加水和可溶解化学物质的渗透。
地下水中的盐分	-1	石墙后下渗的水可在剖面上浸出盐分（如有）。
粪肥、生物土壤中的病原体和化学物质过量	1	石墙可增加水和相关病原体的渗透。附着在沉积物上的病原体将不会到达地表水。
粪肥、生物土壤中的病原体和化学物质过量	0	不适用
地表水沉积物过多	2	阶梯式挖方可降低坡度和侵蚀。
水温升高	0	不适用
石油、重金属等污染物迁移	0	石墙可增加水和可溶解化学物质的渗透。附着在沉积物上的病化学物质将不会到达地表水。
石油、重金属等污染物迁移	0	不适用
空气质量影响		
颗粒物（PM）和 PM 前体的排放	0	不适用
臭氧前体排放	0	不适用
温室气体（GHG）排放	0	梯田可促进植被生长，而植物可吸收空气中的二氧化碳，并将它以碳的形态保存在自身和土壤中。
不良气味	0	不适用
植物健康状况退化		
植物生产力和健康状况欠佳	1	场地改良可减少侵蚀，增进理想物种的活力和健康水平。
结构和成分不当	0	不适用
植物病虫害压力过大	0	不适用
野火隐患，生物量积累过多	0	不适用
鱼类和野生动物——生境不足		
食物	0	不适用
覆盖 / 遮蔽	0	不适用

（续）

鱼类和野生动物——生境不足	效果	基本原理
水	5	不适用
生境连续性（空间）	0	不适用
家畜生产限制		
饲料和草料不足	0	不适用
遮蔽不足	0	不适用
水源不足	0	不适用
能源利用效率低下		
设备和设施	0	不适用
农场/牧场实践和田间作业	0	不适用

CPPE 实践效果：5 明显改善；4 中度至明显改善；3 中度改善；2 轻度至中度改善；1 轻度改善；0 无效果；−1 轻度恶化；−2 轻度至中度恶化；−3 中度恶化；−4 中度至严重恶化；−5 严重恶化。

工作说明书—— 国家模板

（2010年9月）

此类可交付成果适用于个别实践。其他规划实践的可交付成果参考具体的工作说明书。

设计
可交付成果

1. 证明符合实践中相关准则并与其他计划和应用实践相匹配的设计文件。
   a. 保护计划中确定的目的。
   b. 客户需要获得的许可证清单。
   c. 符合自然资源保护局国家和州公用设施安全政策（《美国国家工程手册》第 503 部分《安全》，第 503.00 节至第 503.22 节）。
   d. 制订计划和规范所需的与实践相关的计算和分析，包括但不限于：
      i. 阶式梯田的稳定度
      ii. 排水口稳定度
2. 向客户提供书面计划和规范书包括草图和图纸，充分说明实施本实践并获得必要许可的相应要求。
3. 运行维护计划。
4. 证明设计符合实践和适用法律法规的文件（《美国国家工程手册》A 子部分第 505.3 节）。
5. 安装期间，根据需要所进行的设计修改。

注：可根据情况添加各州的可交付成果。

安装
可交付成果

1. 与客户和承包商进行的安装前会议。
2. 验证客户是否已获得规定许可证。
3. 根据计划和规范（包括适用的布局注释）进行定桩和布局。
4. 安装检查。
   a. 实际使用的材料
   b. 检查记录
5. 协助客户和原设计方并实施所需的设计修改。

6. 在安装期间，就所有联邦、州、部落和地方法律、法规和自然资源保护局政策的合规性问题向客户 / 自然资源保护局提供建议。

7. 证明安装过程和材料符合设计和许可要求的文件（《美国国家工程手册》A 子部分第 505.3 节）。

注：可根据情况添加各州的可交付成果。

验收
可交付成果

1. 竣工文档。
    a. 实践单位
    b. 图纸
    c. 最终量

2. 证明安装过程符合自然资源保护局实践和规范并符合许可要求的文件。

3. 进度报告。

注：可根据情况添加各州的可交付成果。

参考文献

Field Office Technical Guide （eFOTG）, Section IV, Conservation Practice Standard – Rock Barrier, 555.

National Engineering Manual.

NRCS National Environmental Compliance Handbook.

NRCS Cultural Resources Handbook.

注：可根据情况添加各州的参考文献。

保护实践效果（网络图）

（2014年3月）

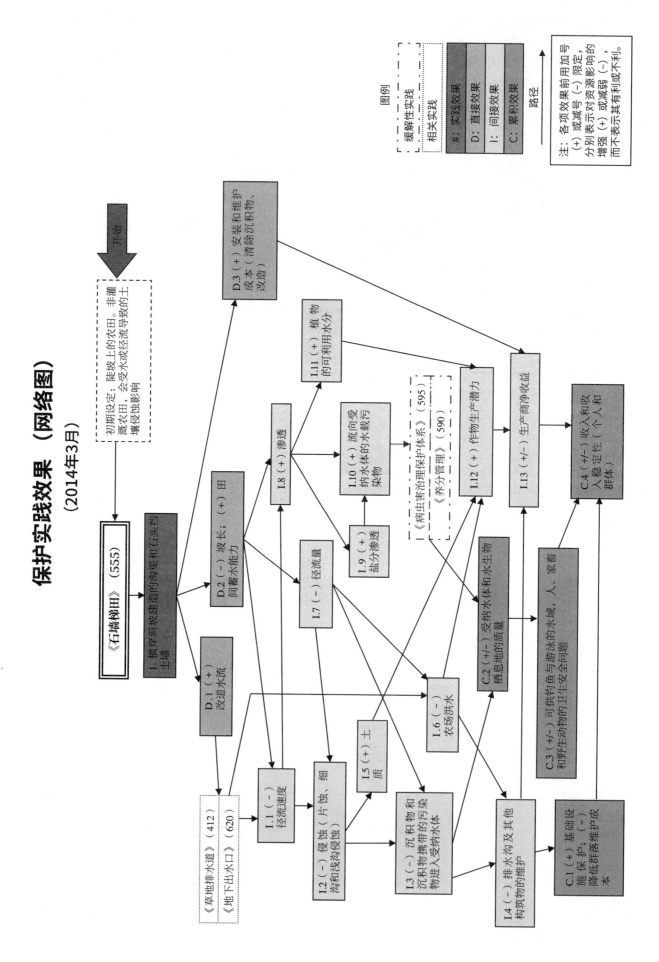

图例

缓解性实践

相关实践
#：实践效果
D：直接效果
I：间接效果
C：累积效果

路径

注：各项效果前用加号（+）或减号（-）限定，分别表示对资源影响的增强（+）或减弱（-），而不表示其有利或不利。

初期设定：陡坡上的农田。非灌溉农田，会受水或径流导致的土壤侵蚀影响

开始

《石墙梯田》（555）

1. 横穿斜坡建造的沟渠和石头挡土墙

D.1（+）改道水流

D.2（-）坡长；（+）田间蓄水能力

D.3（+）安装和维护成本（清除沉积物、改造）

I.1（-）径流速度

I.2（-）侵蚀（片蚀、细沟和浅沟侵蚀）

I.3（-）沉积物和沉积物携带的污染物进入受纳水体

I.4（-）排水沟及其他构筑物的维护

I.5（+）土质

I.6（-）农场洪水

I.7（-）径流量

I.8（+）渗透

I.9（+）盐分渗透

I.10（+）流向受纳水体的水载污染物

I.11（+）植物的可利用水分

I.12（+）作物生产潜力

I.13（+/-）生产商净收益

《草地排水道》（412）
《地下出水口》（620）

《病虫害治理保护体系》（595）
《养分管理》（590）

C.1（+）基础设施保护；保低群落维护成本

C.2（+/-）受纳水体和水生生物栖息地的质量

C.3（+/-）可供钓鱼与游泳的水域、人、家畜和野生动物的卫生安全问题

C.4（+/-）收入和收入稳定性（个人和群体）

作物行种植

（557，Ac.，2013年4月）

定义

作物行种植是指根据设计的方向、梯度和长度种植作物的系统。

目的

本实践根据作物的方向、梯度和长度种植作物，旨在提供足够的排水能力。

加强侵蚀控制

最大限度利用降雨及灌溉用水。

适用条件

作物行种植适用于：

- 作为田间地表排水系统的一部分，设计的作物行可以将径流输送至总排水道或排水支道。
- 在分级沟灌系统中充分利用水。
- 在干旱地区控制作物行梯度，以便更充分利用可用降雨。
- 控制坡地作物行长度、梯度和方向，以减少水土流失。此标准可单独实施或与其他保护措施相结合。

准则

适用于上述所有目的的总体准则

作物行种植的设计必须和现场使用的设备类型及尺寸一致。

地表排水适用附加准则

作为地面排水系统的一部分，作物行种植应：

- 符合《美国国家工程手册》第650部分《美国工程现场手册》第14章"水管理（排水）"中关于等级、深度和允许流速的相关要求。
- 促进积水从田间流入明渠。

沟灌适用准则

作为沟灌的一部分，作物行种植应：

- 符合灌溉指南在梯度和长度方面的要求。
- 促进田间灌溉用水管理。

适用于侵蚀控制和水源保护的附加准则

作为田间侵蚀控制或水源保护系统的一部分，作物行种植应：

- 符合本地区的标准保护实践［如《灌溉用水管理》（449）］，作物行种植可以优化实践。
- 如果本实践没有和其他工程实践同时实施，则应符合保护实践《梯田》（600）中的梯度和长度要求。

注意事项

作为田间资源管理系统的一部分，出于对水质和水量的考虑，根据实际情况，制订以下注意事项：

- 对水分平衡的影响，特别是对径流量、渗透量、蒸发量、蒸腾量、深层渗透量和地下水补给量的影响。

- 积雪和融雪对水分平衡的影响。
- 土壤含水量的变化可能引发植物生长和蒸腾的变化。
- 下游流量和含水层会影响其他用水途径和用户。这些影响包括养分质和农药对地表水和地下水的影响，根区下的溶解物质向地下水的移动，土壤水位控制对土壤盐分、土壤含水量或下游水的影响。
- 对下游流量的影响。
- 防止对环境、社会或经济产生不利影响，如对湿地或与水相关的野生动物栖息地的影响。
- 对田间地下水位或土壤水分的影响，以确保能够为预期的土地使用提供适当的根深。
- 发现水管理的潜在作用以节约用水。

计划和技术规范

作物行种植的计划和技术规范必须符合本实践，并且必须正确阐述相关要求，应用此标准以达到预期目的。

运行和维护

必须向土地所有者提供作物行种植系统预期用途的运行和维护计划。

参考文献

U.S. Department of Agriculture, Natural Resources Conservation Service, 2009. Specifications for Construction Contracts. National Engineering Handbook, Part 642. Washington, DC.

U.S. Department of Agriculture, Natural Resources Conservation Service, 2008. Engineering Field Handbook, Chapter 1. Surveying. National Engineering Handbook, Part 650.01, Washington, DC.

U.S. Department of Agriculture, Natural Resources Conservation Service, 1990. Engineering Field Handbook, Chapter 4. Elementary Soils Engineering. National Engineering Handbook, Part 650.04, Washington, DC.

U.S. Department of Agriculture, Natural Resources Conservation Service, 2001. Engineering Field Handbook, Chapter 14. Water Management（Drainage）. National Engineering Handbook, Part 650.14, Washington, DC.

保护实践概述
（2012年12月）

《作物行种植》（557）

作物行（垄）种植是一种基于计划的（垄向）坡度和垄长的作物行系统，用于侵蚀控制和水的管理。

实践信息

本实践的目的是按合适的垄向、坡度和垄长来排列作物行，以利于排水，减少侵蚀，控制径流，充分利用雨水和灌溉水。

作物行种植使用犁沟来减缓径流，以便更多的水分渗入土壤。如果降水量超过等高线控制径流的能力，在等高线上排列行会增加侵蚀。因此，本实践通常与其他一些实践共同用于径流超过等高种植之运载能力的情况。

地方的标准和规范通常包括当规划本实践并与其他常见的相关实践合用时的排列要求，以及当使用等高种植但无支持性的实践保护时的排列要求，还确立了偏离真实等高线、垄向坡度和垄长的容差。

在实践的预期年限内，作物行种植需要进行维护。

常见相关实践

《作物行种植》（557）通常与《草地排水道》（412）、《地下出水口》（620）、《衬砌水道或出口》（468）、《梯田》（600）和《引水渠》（362）等保护实践一起使用。

保护实践的效果——全国

土壤侵蚀	效果	基本原理
片蚀和细沟侵蚀	3	作物行可按照垄向、坡度和垄长排列，以便减少侵蚀。
风蚀	1	与盛行风向垂直，增加土壤粗糙度，从而减少跃移。
浅沟侵蚀	3	作物行可按照垄向、坡度和垄长排列，以便减少侵蚀。
典型沟蚀	0	这一举措不可用于沟壑区。
河岸、海岸线、输水渠	0	侵蚀和沉积物负荷量的减少，可产生水能／来自径流的河岸侵蚀。
土质退化		
有机质耗竭	1	侵蚀的减少，可减少沉积物中有机物质的流失。
压实	0	不适用
下沉	0	不适用
盐或其他化学物质的浓度	1	改善水分控制，可导致根区下污染物的沥出。
水分过量		
渗水	-1	作物行种植可带来更多的下渗。
径流、洪水或积水	2	正确的作物行种植可提供更佳的排水控制。
季节性高地下水位	-1	作物行种植可带来更多的下渗。
积雪	0	不适用
水源不足		
灌溉水使用效率低	4	适当坡度和垄长的作物行种植，可提高灌溉的效率。
水分管理效率低	4	适当坡度和垄长的作物行种植，可提高水的收集量。
水质退化		
地表水中的农药	1	这一举措可减少径流和侵蚀。
地下水中的农药	-1	这一举措能够增强土壤渗透。
地表水中的养分	-2	这一举措有助于消除地表径流，并因此增加了有机物和养分污染地表水的可能。
地下水中的养分	2	这一举措有助于地表径流的消除，因此减少了水和养分的渗透。
地表水中的盐分	0	这一举措可增加渗流，从而减少可溶盐分的径流，还可促进地面排水，将污染物转移出田地。
地下水中的盐分	0	渗漏增加可将可溶盐分冲入地下水。
粪肥、生物土壤中的病原体和化学物质过量	1	减缓地表水流动，可减少病原体的传播。
粪肥、生物土壤中的病原体和化学物质过量	0	不适用
地表水沉积物过多	2	坡度和水流速度的减缓，可减少侵蚀。
水温升高	0	不适用
石油、重金属等污染物迁移	0	收集的径流水可排放到地表水中。
石油、重金属等污染物迁移	0	不适用
空气质量影响		
颗粒物（PM）和 PM 前体的排放	0	不适用
臭氧前体排放	0	不适用

（续）

空气质量影响	效果	基本原理
温室气体（GHG）排放	0	提高产量和植被密度可吸收空气中的二氧化碳，并将它以碳的形态保存在自身和土壤中。
不良气味	0	不适用
植物健康状况退化		
植物生产力和健康状况欠佳	1	保留水分和减少侵蚀，有助于植物的健康，提高植物生产力。
结构和成分不当	0	不适用
植物病虫害压力过大	0	不适用
野火隐患，生物量积累过多	0	不适用
鱼类和野生动物——生境不足		
食物	0	不适用
覆盖 / 遮蔽	0	不适用
水	3	不适用
生境连续性（空间）	0	不适用
家畜生产限制		
饲料和草料不足	0	不适用
遮蔽不足	0	不适用
水源不足	0	不适用
能源利用效率低下		
设备和设施	0	不适用
农场 / 牧场实践和田间作业	0	不适用

CPPE 实践效果：5 明显改善；4 中度至明显改善；3 中度改善；2 轻度至中度改善；1 轻度改善；0 无效果；−1 轻度恶化；−2 轻度至中度恶化；−3 中度恶化；−4 中度至严重恶化；−5 严重恶化。

工作说明书—— 国家模板

（2013年4月）

此类可交付成果适用于个别实践。其他规划实践的可交付成果参考具体的工作说明书。

设计

可交付成果

1. 证明符合实践中相关准则并与其他计划和应用实践相匹配的设计文件。
    a. 保护计划中确定的目的。
    b. 客户需要获得的许可证清单。
    c. 符合自然资源保护局国家和州公用设施安全政策（《美国国家工程手册》第 503 部分《安全》，第 503.00 节至第 503.22 节）。
    d. 制订计划和规范所需的与实践相关的计算和分析，包括但不限于：
        i. 水文
        ii. 水量控制
        iii.侵蚀控制
2. 向客户提供书面计划和规范书包括草图和图纸，充分说明实施本实践并获得必要许可的相应要求。
3. 运行维护计划。
4. 证明设计符合实践和适用法律法规的文件［《美国国家工程手册》A 子部分第 505.03（b）（2）

节〕。

5. 安装期间，根据需要所进行的设计修改。

注：可根据情况添加各州的可交付成果。

安装
可交付成果

1. 与客户和承包商进行的安装前会议。

2. 验证客户是否已获得规定许可证。

3. 根据计划和规范（包括适用的布局注释）进行定桩和布局。

4. 安装检查。

  a. 实际使用的材料

  b. 检查记录

5. 协助客户和原设计方并实施所需的设计修改。

6. 在安装期间，就所有联邦、州、部落和地方法律、法规和自然资源保护局政策的合规性问题向客户/自然资源保护局提供建议。

7. 证明安装过程和材料符合设计和许可要求的文件〔《美国国家工程手册》A子部分第505.03（c）（1）节〕。

注：可根据情况添加各州的可交付成果。

验收
可交付成果

1. 竣工文档。

  a. 实践单位

  b. 图纸

  c. 最终量

2. 证明安装过程符合自然资源保护局实践和规范并符合许可要求的文件。

3. 进度报告。

注：可根据情况添加各州的可交付成果。

参考文献

Field Office Technical Guide （eFOTG）, Section IV, Conservation Practice Standard – Row Arrangement, 557.

National Engineering Manual.

NRCS National Environmental Compliance Handbook.

NRCS Cultural Resources Handbook.

注：可根据情况添加各州的参考文献。

保护实践效果（网络图）

（2014年3月）

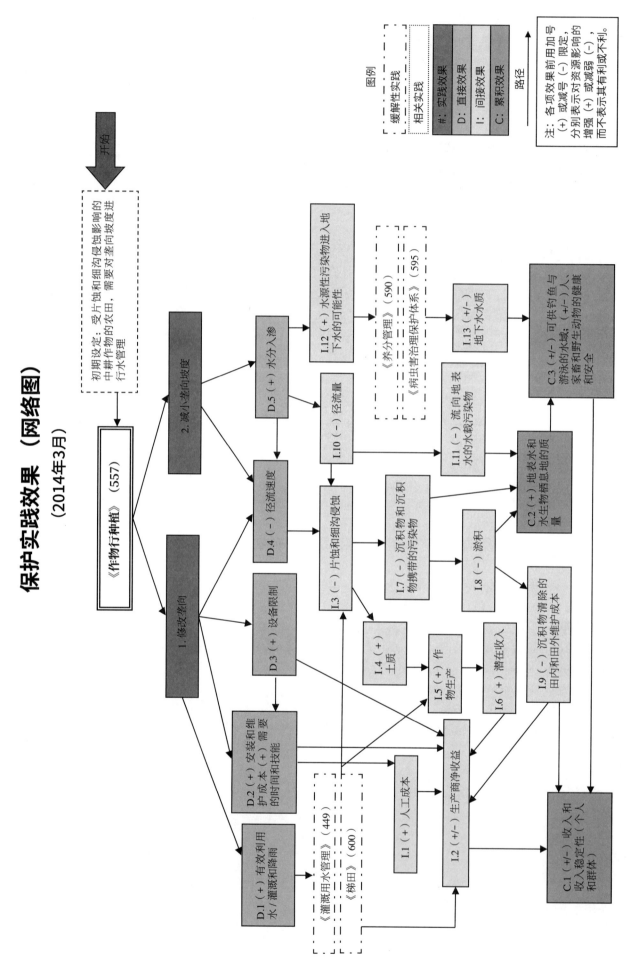

动物废物和副产物短期存储

（318，ft³., 2014年9月）

定义

为了达到短期收集和使用的目的，该临时非工程措施用来存储固体或半固体的有机农业粪便或粪肥（可堆叠的畜禽粪便、垫料、褥草、散落饲料或掺杂粪便的土壤）。

目的

实施本实践以实现以下一个或多个目标：

- 为了改善养分利用和保存方式，采用环保的方式临时堆放或存储。
- 农业经营管理在养分利用方面具有更大的灵活性。
- 保护地表水和地下水资源。
- 减少能耗。

适用条件

本实践可适用范围：综合养分管理计划（CNMP）或养分管理计划（NMP）已完善区域以及需要临时堆放或存储的区域。原因如下：

- 若受到天气情况、土壤条件或农场管理要求的限制，不适合在地面存放粪肥时，可以清理畜禽舍的设施或清除粪便。
- 若天气情况或收割条件不适合进行田间散布时，日常散布操作亦不可行。
- 由于土地面积有限，为了适当管理养分和保护水质，需要分散使用粪便养分。
- 在堆放或转移到厂外之前，需要短期堆放固体粪便。
- 为了实现保护实践《废物回收利用》（633）的目标，应将进口有机材料短期存储在农场里。

本实践不适用于人类粪便或动物尸体的短期管理。

若要在生产区长期存储，可采用保护实践《废物储存设备》（313）。

准则

总体准则

法律法规。 规划、设计及实施本实践时，须符合所有联邦、各州和当地的法律法规。

养分利用。 对于养分利用的数量、位置、检出率以及具体时间都需要符合保护实践《养分管理》（590）的各项要求。

黏稠度。 堆叠废物需要形成能够堆积和成桩的黏稠度。总固体量（粪便固体加上垫料或改良剂）应大于25%。经证实可以形成合适的成桩，那么低比例的固体废物也是可以接受的。

适用于临时堆放区的附加准则

为了把渗漏量降到最小并且满足各项条件和功能要求，应将存储垫设在特定区域。

正向排水应完全远离堆放区。保护池塘、溪流和泉水等水体免受径流的影响。

为了过滤径流中的固体物，应将至少30英尺高的植物缓冲带设在贮料堆放区的下坡面。倘若位置合适，应将粪肥贮料堆放在休耕地。

在建立堆放区之前，应在新建立的缓冲带上栽种足量的嫩芽。倘若植被生长尚不完善，可以在堆放区周围设置防沙堤（人工拦沙网或干草垛）。

维护堆放区，以免沙土和碎屑进到水域或排水道。

在存储的粪便边缘之外的扰动区播种，形成有效的植被覆盖层。

堆放区选址：

- 若选址设限并没有要求在河漫滩内，应将堆放区建在百年一遇的河漫滩上面。若在河漫滩内，应保护设施免受内涝或百年一遇的洪水灾害。
- 应当切合实际远离邻近住宅区、公路或公共区域至少 100 英尺。
- 远离水井、泉水、溪流和池塘至少 150 英尺，若水源在堆放区下坡道，应远离井、水泉、小溪和池塘至少 300 英尺。
- 远离排水系统至少 100 英尺。
- 除非使用复合衬垫，否则季节性高水位将不会高于储存的粪便底部 3 英尺的区域。
- 不设在有地下水泉、渗漏或地下管道瓦线的区域，这些地方可能受到存储粪便的污染。
- 设在具有中等高度的最大土壤饱和导水率（2 英寸 / 小时）（kSAT）的土壤上、土壤垫层上、土工膜内衬垫上或者使用相似的衬砌方法覆盖堆放区。
- 应让正向排水全面远离堆积区，让干净的雨水径流远离堆积存储区。
- 该地区不受恶劣天气条件（如过多冰雪和淤泥地）的限制。

堆积存储期。 鉴于天气、农作物、土壤、设备以及当地、各州和联邦的法规规定（不超过 180 天）的考虑，最长存储期应以符合环保安全的粪肥利用的时间要求为基准。

尺寸。 按照《综合养分管理计划》或《养分管理计划》认可的使用尺寸来设计存储粪肥的田间堆放区，根据所需的有机肥利用进度表规划尺寸。

有机肥存储区可能设在一个或多个地区，有足够的区域存储积累的粪便。为有机肥储存区选址和设计尺寸时，应考虑粪便稠度和湿度。

为了降低自燃的可能性，粪便堆积最高不超过 7 英尺。为了适当地固定覆盖物，便于清除粪便，粪堆边缘最低高度为 4 英尺。

土壤和地基。 把粪便堆积在稳固均衡的地面上。若单独压实现场土壤时，不足以承受正常设备的车辙碾压时，应另选更适合的地点或者运用保护实践《废物储存设备》（313）。

覆盖物。 若特定位置、当地条件或法规需要覆盖物时，用土工织物充填带覆盖或存储堆积的粪便。

可用材料包括能够避雨蒸腾的土工织物（防水布）、最小厚度为 6 密耳的不透明塑料袋和聚乙烯薄膜及其他防水材料。

确保覆盖物在堆积区上，小心防止撕裂。覆盖重叠至少达到 24 英寸。遭遇强风时，用重物、桩或捆绑装置固定覆盖物以防撕裂。把螺旋式固桩放在衬垫周围 2 英尺中心处。

注意事项

最大限度地疏导存储设施周围的无污染雨水径流。

在堆积区附近，应参照用水管理规划考虑覆盖物流出的雨水径流。

在堆积区建成之前，应减少养分渗透到土壤内，考虑堆肥垫层、锯屑或类似材料的扩散。

考虑监测粪便堆的温度，确保温度不会超出安全水平。

若肥料流失的土地不归生产商所有或不受生产商管辖，建议制订一个养分管理规划，以便使用肥料时既环保又广受认可。

应适当考虑环境问题、经济状况、粪便管理体制总体规划以及安全和健康等因素。

选址注意事项

为粪便储存区选址时应考虑以下因素：

- 除非有迹象表明粪便更容易在农场堆叠，那么应假定在 4：1 的休止角内堆积，高度不应高于 4 英尺。
- 粪便堆积存储设施应邻近其来源和应用耕地区。
- 邻近其他设施。
- 易于装卸粪便。
- 为了便于操作装卸设备，应留有充足的操作空间。

- 符合卫生标准。
- 为了最大可能地减少气味扩散、保留审美价值，应与盛行风以及建筑布局、地形和植被等景观要素互相兼容。

空气质量改善的相关注意事项

为了维护固体粪便堆积设施，应适当维持粪便水分含量。水分过量将增加挥发性有机物、氨以及氧化亚氮气体排放的可能性，这可能会产生厌氧环境，增加甲烷和硫化氢气体排放的可能性。水分过少将增加颗粒物质排放的可能性，及时覆盖堆积区会减少该可能性的发生。

一些织物覆盖物在减少气味扩散方面成效显著。

计划和技术规范

计划和技术规范应描述适用于本实践的各项要求，至少应包含以下工程规划、技术规范和报告：

- 堆积位置和布局的平面图。平面图展示所有堆积区的位置和通往这些区域的道路、斜坡、参照水准面、所需的切口和填料、敏感区的位置（如井、泉、小溪和河漫滩）以及水体、溪流和排水口的避让距离。
- 存储期。在存储粪便的区域，该操作和养分管理规划或作物轮作息息相关。
- 为了在边缘区操作和覆盖固桩，应酌情考虑堆积储存区的尺寸，如长度、宽度以及附加宽度。
- 粪便堆积的最大设计高度。
- 按需考虑覆盖物的类型、固定覆盖物的具体细节。
- 按需准备覆盖或装袋肥料的各项说明。
- 植被缓冲带要求。
- 管理堆积肥料的数量。
- 按照规定，为合适的选址编制土壤和地基调查结果、解释和各项报告。
- 按照规定，编制衬垫和衬层说明。
- 按照规定，在施工期间准备临时侵蚀防控措施。
- 气味控制或最低要求、病虫害控制（如蝇类控制）。
- 公共设施的位置以及通知要求。

运行和维护

制订一个符合本实践目标和安全要求的运行和维护规划。

该规划涵盖堆积肥料的合理使用情况。包括粪便搬离堆积区的要求、使用位置、时间、比率以及数量，这些都应符合总体废物管理体制规划。

包括正常存储期内，旨在对环境损害降到最低的粪便清除和处置策略。在因清除堆积肥料而受损害的区域内种上植被。

制订一个应急行动方案，应对潜在突发的粪便泄露事件，包括特定场地的应急行动方案，该方案可以将这些影响降到最小。

包括替代塑料或聚乙烯覆盖物的用法说明，这些覆盖物将会随着时间的推移腐坏分解。应按照当地法律法规处理损坏的衬层和覆盖物。

倘若在移除粪便的过程中无意清除了土壤物质，应注意维护和重建土壤垫。

将衬垫排成线时需要用土工膜，在清除堆积的肥料期间应注意避免损坏土工膜。确保土工膜各项修理工作及时完成。

每次重大风暴天气后，按需检查修理衬垫、覆盖物以及周边区域。

维护堆积区的周边区域，防止积水，以便疏导堆积区周围的雨水径流。

使用说明将记录如何将堆积肥料从一个地理区域运到另一个区域。其内容包括：

- 运输肥料的类型和数量。
- 肥料的固体百分比。

- 运输日期。
- 来源的名称、地址以及肥料运输的目的地。
- 肥料在运输到目的地时的具体状况（扩散、堆积和覆盖情况等）。

参考文献

USDA Natural Resources Conservation Service. National Engineering Handbook. Part 651. Agricultural Waste Management Field Handbook. USDA-NRCS, Washington, DC.

USDA Natural Resources Conservation Service. Soil Survey Technical Note 6, Saturated Hydraulic Conductivity： Water Movement Concepts and Class History, USDA-NRCS, Washington, DC.

保护实践概述
（2014年10月）

《动物废物和副产物短期存储》（318）

动物废物和副产物短期存储包括在收集和使用过程中的短期内，对固体或半固体有机农业废物或粪肥进行存储的临时、非构造性措施。

实践信息

动物废物和副产物短期存储的目的是以环保方式临时存储或保存有机副产物、可堆放的牲畜和家禽粪肥、草垫、垃圾、溢出饲料或与粪肥混合的土壤等天然肥料。通过在养分施用时机上的更大灵活性，短期存储提供了更好的养分利用和保护，保护了地表水和地下水资源，同时降低了能源利用。

场地条件、气候以及州或当地法律可能要求对短期存储堆料提供遮盖措施。遮盖物体可包括塑料布、土工布或土工布袋。

规划短期存储时，应考虑到环境问题、经济因素、整体废物管理系统计划以及安全和健康因素。

短期存储的设计取决于计划存储期，场地位置和地基土，联邦、州和地方的法律法规，废物量，堆料覆盖，以及安全考量。

制订运行维护计划，以明确存储粪肥的使用要求。计划中规定了粪肥施用的时机、施用量和数量。在有可能发生意外的粪肥泄漏情形时，应制订应急行动方案。

常见相关实践

《动物废物和副产物短期存储》通常与《养分管理》（590）和《废物回收利用》（633）等保护实践一起使用。

工作说明书—— 国家模板

（2014年9月）

此类可交付成果适用于个别实践。其他规划实践的可交付成果参考具体的工作说明书。

设计
可交付成果

1. 能够证明符合自然资源保护局实践中相关准则并与其他计划和应用实践相匹配的设计文件。
   a. 保护计划中确定的目的。
   b. 客户需要获得的许可证清单。
   c. 符合自然资源保护局国家和州公用设施安全政策（《美国国家工程手册》第503部分《安全》A 子部分"影响公用设施的工程活动"第 503.00 节至第 503.06 节）。
   d. 辅助性实践一览表。
   e. 制订计划和规范所需的与实践相关的计算和分析，包括但不限于：
      i. 地基土场分类
      ii. 存储期和容量
      iii. 按要求覆盖和锚固
      iv. 最大限度调用净水
      v. 环境因素（例如空气质量、地面水和地表水水质、与邻近建筑物和道路、水井和其他水源的距离）
      vi. 生物安全
2. 向客户提供书面计划和规范书包括草图和图纸，充分说明实施本实践并获得必要许可的相应要求。
3. 运行维护计划。
4. 证明设计符合实践和适用法律法规的文件（《美国国家工程手册》A 子部分第 505.3 节）。
5. 安装期间，根据需要所进行的设计修改。
   注：可根据情况添加各州的可交付成果。

安装
可交付成果

1. 与客户和承包商进行的安装前会议。
2. 验证客户是否已获得规定许可证。
3. 根据计划和规范（包括适用的布局注释）进行定桩和布局。
4. 安装检查（酌情根据检查计划开展）。
   a. 实际使用的材料
   b. 检查记录
5. 协助客户和原设计方并实施所需的设计修改。
6. 在安装期间，就所有联邦、州、部落和地方法律、法规和自然资源保护局政策的合规性问题向客户 / 自然资源保护局提供建议。
7. 证明安装过程和材料符合设计和许可要求的文件。
   注：可根据情况添加各州的可交付成果。

验收
可交付成果

1. 竣工文档。

    a. 实践单位

    b. 图纸

    c. 最终量

2. 证明安装过程符合自然资源保护局实践和规范并符合许可要求的文件（《美国国家工程手册》A 子部分第 505.3 节）。

3. 进度报告。

注：可根据情况添加各州的可交付成果。

参考文献

NRCS Field Office Technical Guide （FOTG）, Section IV, Conservation Practice Standard – Short Term Storage of Animal Waste and By Products, 318.

NRCS Agricultural Waste Management Field Handbook （AWMFH）.

NRCS National Engineering Manual （NEM）.

NRCS National Environmental Compliance Handbook.

NRCS Cultural Resources Handbook.

注：可根据情况添加各州的参考文献。

保护实践效果（网络图）

《动物废物和副产物短期存储》（318）
（2014年10月）

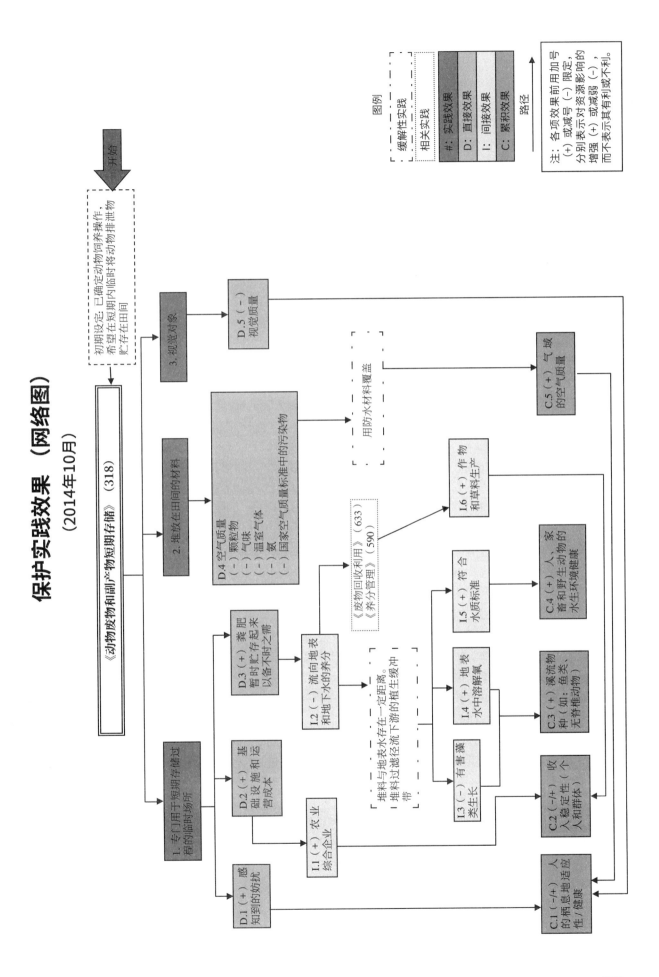

弃土处置

（572，Ac., 2010年1月）

定义

处理剩余的掘出土壤。

目标

从环保的角度处理施工中的过剩土壤，尽量减少土壤侵蚀，保护水质，符合土地利用以及对景观的要求。

适用条件

本实践适用于堆放从明渠、池塘或其他建筑场地挖掘出弃土材料的场所。

准则

符合所有联邦、州和当地的法律法规来计划设计弃土摊铺。

将弃土摊铺区尽可能设在离挖掘区域较近的地方，最大限度地减少运输距离。均匀地摊铺弃土，并远离正向排水。地面或弃土冻结或过度潮湿时，不得摊铺弃土，除非现场特定计划表明冻结或潮湿不会产生不利影响。

设计摊铺区要与景观和土地规划使用相结合。斜坡要稳定，能满足土地使用要求。收割区域的坡度为4:1的斜坡或更平坦的斜坡。

如果30天内不会在该地区种植，则摊铺后要立即种植植被。使用适合土壤、气候条件和土地的植物品种，参照保护实践《关键区种植》（342）。

如果一年内完成弃土摊铺这项工作，会不利于种植理想的物种。要立即采取临时的侵蚀防控措施，并坚持实施这些措施，直到该区域成功种植这些物种为止。

放置弃土前，要注意那些影响植被种植的物理或化学性质的弃土，并剥离表层土。播种前，使用厚度至少为6英寸的表层土或其他土壤，来覆盖弃土。

必须对已知或疑似被有毒物质污染的弃土进行检测，确定污染性和毒性。这一点尤其适用于工业或城市地区的水性沉积物。根据评估制订计划，用环保方式移除和处理这些弃土。

沿河道、运河和河岸上铺平弃土的附加准则

根据保护实践《河岸植被缓冲带》（391）和《河岸草皮覆盖》（390）规定，选择放置位置，避免河岸1号和2号区域的植被遭到破坏。

计划弃土的放置位置，使其不会危及渠道。把弃土放置好，这样它就不会立即污染渠道。

若在渠道上用弃土修筑护堤，其一侧的斜坡坡度不应超过3（水平）:1（垂直）。设计陆地坡度时，坡度不能大于4（水平）:1（垂直）。护堤高度不得高过原地面3英尺。

附近有弃土的渠道，检查渠道容量，确保渠道容量不会对上游排水产生不利影响。

计划弃土的堆放位置，保证摊铺区收集到的地表水能安全流入渠道。必要时，使用管道、渠道或其他装置输送径流。参照保护实践《边坡稳定设施》（410）进行结构设计。

为了方便维护渠道、堆放和处理弃土，应建立行车通道，以便进行维护或其他活动。参照保护实践《行车通道》（560）修建摊铺区的道路。

注意事项

弃土区可以不是废弃地区，弃土区应与景观和土地利用相结合。为了保护规划用地，应设计好弃

土区的方位、坡度和植被。

用创造思维堆放弃土来提高景观质量。弃土处理会改良景观环境，会使农业径流转向，可抵挡风雪或减弱噪声。

在摊铺区种植永久植被，可以提供优良的野生动物栖息地。优选能为野生动物提供食物和栖息地的本土物种。

在渠道一侧或两侧建造护堤会对渠道容量及其泄洪造成一定影响。规划摊铺区位置时，要考虑弃土对该渠道的水流影响。

计划和技术规范

计划和技术规范至少应包括：

- 显示摊铺区位置的平面图。
- 弃土堆放的提升厚度。
- 弃土区的最大或最小坡度。
- 弃土区的典型横截面。
- 现有地表之上的弃土的最大或最小的摊铺高度。
- 数量预估。
- 建筑说明，涵盖特定地点的弃土摊铺要求。

运行和维护

为操作人员准备运行和维护计划。书面的运行和维护计划的要求至少包括：

- 在摊铺后的 6 个月内对破坏区进行检查，并定期进行检查。
- 填满或修理摊铺区的多余细沟或沟壑。
- 必要时可在修复区重建植被。
- 必要时，修剪密集生长的植被。
- 必要时控制不良物种和有毒杂草。

参考文献

USDA Natural Resources Conservation Service. 2008. Engineering Field Handbook, Chapter 17 Construction and Construction Materials, National Engineering Handbook, 650.17.

保护实践概述

（2012年12月）

《弃土处置》（572）

弃土摊铺是处理挖掘的多余土壤的过程。

实践信息

本实践适用于可通过开挖明渠、池塘、其他保护实践或其他建筑工地获得弃土材料的场所，也可适用于从沟渠或排水沟中挖掘沉积物的场所。

施工活动产生的多余土壤将以无害环境的方式处理，以最大限度地减少土壤侵蚀、保护水质并与土地用途和景观相协调。弃土材料被放置于指定的区域内，夷平后与周围的地形融为一体。选择弃置弃土的场所时，要有利于具体场地的使用。

夷平是为了使径流不会被弃土堆放所阻碍。保持缓坡是为了提高稳定性和减少侵蚀。施工结束后，尽快恢复弃土区的植被。

弃土摊铺需在实践的预期年限内进行维护。

常见相关实践

《弃土处置》（572）通常与《明渠》（582）、《边坡稳定设施》（410）和《关键区种植》（342）等保护实践一起使用。

保护实践的效果——全国

土壤侵蚀	效果	基本原理
片蚀和细沟侵蚀	0	侵蚀与泥沙控制是本实践的一部分。
风蚀	0	侵蚀与泥沙控制是本实践的一部分。
浅沟侵蚀	0	侵蚀与泥沙控制是本实践的一部分。
典型沟蚀	0	弃土是用来平整和稳定冲沟的。
河岸、海岸线、输水渠	0	不适用
土质退化		
有机质耗竭	1	弃土的植被重建能够改善土壤有机质。
压实	-1	如果利用本实践来修建车行道、步道或其他交通区域，那么重型机械的使用和同行将会增强压实度。
下沉	0	不适用
盐或其他化学物质的浓度	0	不适用
水分过量		
渗水	0	不适用
径流、洪水或积水	0	不适用
季节性高地下水位	0	不适用
积雪	0	不适用
水源不足		
灌溉水使用效率低	0	不适用
水分管理效率低	0	不适用
水质退化		
地表水中的农药	0	不适用
地下水中的农药	0	不适用
地表水中的养分	0	不适用
地下水中的养分	0	不适用
地表水中的盐分	0	不适用
地下水中的盐分	0	不适用
粪肥、生物土壤中的病原体和化学物质过量	0	不适用
粪肥、生物土壤中的病原体和化学物质过量	0	不适用
地表水沉积物过多	2	来自弃土的沉积物不再接触水体。
水温升高	0	不适用
石油、重金属等污染物迁移	0	不适用
石油、重金属等污染物迁移	0	不适用

（续）

空气质量影响	效果	基本原理
颗粒物（PM）和 PM 前体的排放	0	不适用
臭氧前体排放	0	不适用
温室气体（GHG）排放	0	土体扰动可能造成碳流失。
不良气味	0	不适用
植物健康状况退化		
植物生产力和健康状况欠佳	2	选择适当的植物、养分改善和管理可以促进植物的生长、增强活力。
结构和成分不当	4	选择适应且适合的植物。
植物病虫害压力过大	0	不适用
野火隐患，生物量积累过多	0	不适用
鱼类和野生动物——生境不足		
食物	0	被弃土覆盖的食物能够通过重建植被来重新生长。
覆盖／遮蔽	0	被弃土覆盖的栖息地能够通过重建植被来重建。
水	0	不适用
生境连续性（空间）	0	不适用
家畜生产限制		
饲料和草料不足	1	弃土上恢复的植被可以提供额外的草料。
遮蔽不足	0	不适用
水源不足	0	不适用
能源利用效率低下		
设备和设施	0	不适用
农场／牧场实践和田间作业	0	不适用

CPPE 实践效果：5 明显改善；4 中度至明显改善；3 中度改善；2 轻度至中度改善；1 轻度改善；0 无效果；–1 轻度恶化；–2 轻度至中度恶化；–3 中度恶化；–4 中度至严重恶化；–5 严重恶化。

工作说明书——国家模板

（2010年1月）

此类可交付成果适用于个别实践。其他规划实践的可交付成果参考具体的工作说明书。

设计
可交付成果

1. 证明符合实践中相关准则并与其他计划和应用实践相匹配的设计文件。
   a. 保护计划中确定的目的。
   b. 客户需要获得的许可证清单。
   c. 符合自然资源保护局国家和州公用设施安全政策（《美国国家工程手册》第 503 部分《安全》，第 503.00 节至第 503.22 节）。
   d. 制订计划和规范所需的与实践相关的计算和分析，包括但不限于：制订计划和规范所需的与实践相关的计算和分析，包括但不限于：
      i. 分级计划
      ii. 地表排水
      iii. 侵蚀与泥沙控制
      iv. 重建植被

2. 向客户提供书面计划和规范书包括草图和图纸，充分说明实施本实践并获得必要许可的相应要求。

3. 运行维护计划。

4. 证明设计符合实践和适用法律法规的文件［《美国国家工程手册》A 子部分 505.03（b）（2）节］。

5. 安装期间，根据需要所进行的设计修改。

注：可根据情况添加各州的可交付成果。

安装
可交付成果

1. 与客户和承包商进行的安装前会议。

2. 验证客户是否已获得规定许可证。

3. 根据计划和规范（包括适用的布局注释）进行定桩和布局。

4. 安装检查。
   a. 实际使用的材料
   b. 检查记录

5. 协助客户和原设计方并实施所需的设计修改。

6. 在安装期间，就所有联邦、州、部落和地方法律、法规和自然资源保护局政策的合规性问题向客户 / 自然资源保护局提供建议。

7. 证明安装过程和材料符合设计和许可要求的文件［《美国国家工程手册》A 子部分 505.03（c）（1）节］。

注：可根据情况添加各州的可交付成果。

验收
可交付成果

1. 竣工文档。
   a. 实践单位
   b. 图纸
   c. 最终量

2. 证明安装过程符合自然资源保护局实践和规范并符合许可要求的文件。

3. 进度报告。

注：可根据情况添加各州的可交付成果。

参考文献

Field Office Technical Guide（eFOTG）, Section IV, Conservation Practice Standard - Spoil Spreading, 572.

National Engineering Manual.

NRCS National Environmental Compliance Handbook.

NRCS Cultural Resources Handbook.

注：可根据情况添加各州的参考文献。

保护实践效果（网络图）

（2014年3月）

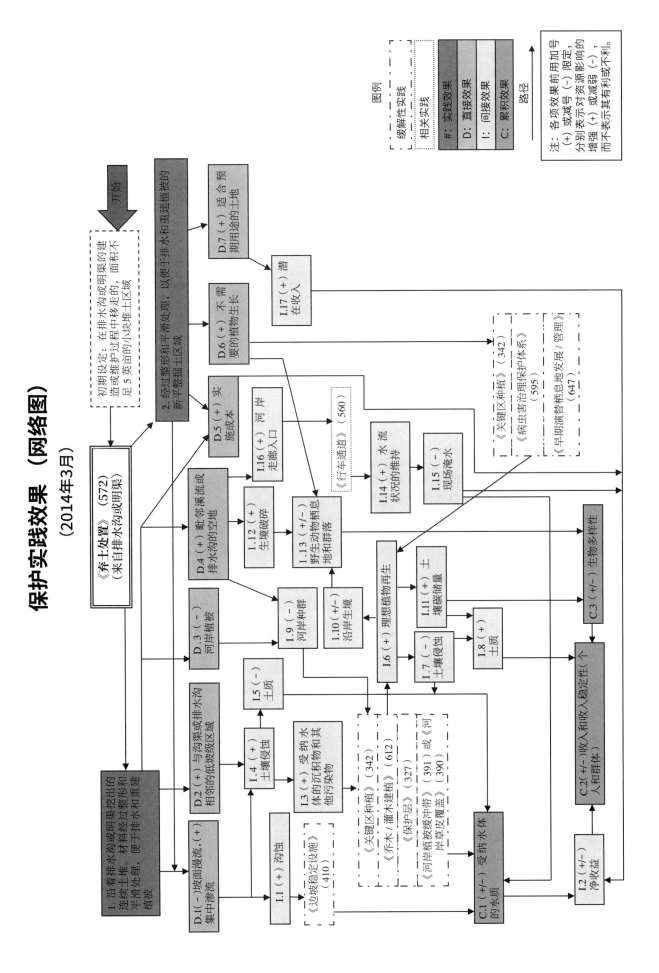

地下排水沟

（606，Ft.，2019年5月）

定义

安装在地下，用于收集输送多余水的管道。

目的

本实践用来实现下列一个或多个目标：

- 去除或分配土壤中过量的水分。
- 清除土壤剖面中的盐分和其他污染物。
- 减轻由于土壤饱和、积水、洪水导致的退化的植物状况、不良的植物生产力。

适用条件

本实践适用于浅水农耕地，以及地下排水系统能减轻土壤湿度过高造成下列一个或多个不利条件的各种土地：

- 植物健康状况、活力和生产力较低。
- 田地通行状况差。
- 根部盐分聚积。
- 有害生物引起牲畜的健康问题和精神问题。
- 农庄、建筑物和道路周围土壤湿度较大。

本实践还适用于通过排水管利用或处理进行水的分配。

准则

适用于上述所有目的的总体准则

本实践将符合所有适用的联邦、州和当地法律法规。土地所有者必须从监管机构获得所有必要的许可，或证明不需要许可。土地所有者或承包商负责定位项目区域内的所有埋藏公用设施，包括排水瓦和其他结构措施。

容量。若适用，容量标准的设计应根据下列因素制订：

- 根据国家排水指南的建议。
- 根据上覆农田灌溉水的深层渗滤量，包括浸出要求，来确定地下水产量。
- 同其他类似且已知地下排水量的地方进行比较。
- 恶劣天气状况下，对地下水流速度和地下水状况进行测量。
- 在侧向或自流地下水流中应用达西定律。
- 地表入口处基于水文分析或流量测量的统计上报情况。排水口开口尺寸与排水口进气速率。

大小。使用曼宁公式计算地下排水渠的大小，并根据管道制造商建议的粗糙度系数或州系数来计算。该尺寸应以最大设计流量为基础，并使用下列某一方式计算：

- 水力坡度线平行于地下排水管底部线，且于设计流量下在管道中流动，正常状态下，无内部压力。
- 当出现陡坡或是其他条件需要过剩的容量时，地下水管道要存有一部分水。
- 管道水流可在内部压力下流动，且水里坡度线由现场条件设定，它与地下排水管底线不同。

所有地下排水管的标称直径须等于或大于3英寸。

内部水压。通常情况下，排水管设计为在没有内部压力的情况下流动，且通常将其归类为明渠。

同时，内部水压维持或低于管道制造商建议的限度。

水平对齐。通过以下方法之一实现地下排水管道水平方向的变化：

- 使用制造配件。
- 使用接线盒或出入孔。
- 保持坡度的同时，允许挖掘机可以沿着半径上排水沟的缓和曲线运作。

位置、深度和间距。地下排水道的位置、深度和间距应根据场地条件，包括土壤、地形、地下水状况、农作物、土地利用、出水口、盐分或碱液条件，以及是否靠近湿地等情况而定。

地下排水管上最小覆盖深度不能设立在出水口附近或通过轻微凹陷的管道部分，管道部分不受霜冻或设备移动所造成的损害。

在矿质土壤中，提供最小覆盖深度为 2.0 英尺的地下排水道。

在有机土壤中，提供首轮沉降后的最小覆盖深度为 3.0 英尺。如果安装和管理控水装置以限制土壤的氧化和沉降，则最小覆盖深度可以减少到 2.5 英尺。

对于软管，填埋最大深度应基于制造商对现场条件的建议，或场地工程设计同美国自然保护局《美国国家工程手册》（标题 210），第 636 部分，52 章，"软管结构设计"中的方法一致。

计算地下排水道所有材料的最大负荷值，请按照规定的沟渠和基床条件以及抗压强度安装管道。设计荷载应以设备嵌入、回填、实时荷载的管道为基础。

设备负荷应基于最大预期设备或车辆车轮载荷。当覆盖深度超过 6 英尺时，管道上的设备负荷可以忽略不计。最小速度和等级。在细沙和淤泥沉降构不成危险的地区，设计最低等级应以场地条件和每秒不少于 0.8 英尺的速度为依据。若存在潜在沉降危险，则以不少于每秒 1.4 英尺的速度来确定最低等级。否则，采取措施以防止淤积，例如使用过滤器、收集和定期清除已修建的水井中的泥沙，或用高压喷射系统或清洗液定期清洗管道。在使用高压喷射系统之前，验证喷射系统不会损坏管道或管道嵌入物。

最大速度。除非制造商的建议进一步限制，否则应将明渠流量下多孔波纹塑料排水管的最大流速限制为每秒 12 英尺。

除非安装了特别保护装置，开口连接管（黏土或混凝土）的设计速度为限制表 1 所示的速度。

表 1 土壤质地决定的最大流速

土壤质地	速度（英尺 / 秒）
沙壤土	3.5
淤泥质壤土	5.0
粉沙质黏壤土	6.0
黏土和黏土壤土	7.0
粗沙或砾石	9.0

参考文献：《美国国家工程手册》624，第 4 章，"地下排水沟"。

地形条件要求在陡坡上放置排水管且设计速度大于表 1 所示地点，应采取特殊措施保护管道或周围土壤。

对于开口连接管高速运行的保护措施应采取以下方法：

- 将管道放入与接头开口和周围土壤兼容的过滤器的沙子和沙砾覆盖层中。
- 用无纺布土工织物包裹接头。

除非采取保护措施，否则控水装置排水时不应导致穿孔或开放式接头排水管的流速超过表 1 中的限速区间。

推力控制。如果存在以下条件，请遵循管道制造商关于推力控制或锚定的建议：

- 轴向力倾向于将管道向下移动至陡坡。
- 管道等级或水平线形突变产生的推力超过了土壤承载强度。
- 减小管道尺寸。

若生产商没有提供资料，推力轴承应按照《美国国家工程手册》，第 636 部分，第 52 章，《软管结构设计》进行设计。

出水口。提供排水口，保证足够的排水量和水质。除非为防止根部堵塞而设计了间歇性浸没出水口，否则应避免浸没出水口。对于将水排放到溪流或河道的倒置出水口，应高于正常水位，并且位于通道底部上方至少 1.0 英尺处。

接入污水坑的排水口，排放标高应位于开始抽水的高度之上。

应保护出水口免受侵蚀，防止管道破坏、树根进入、破坏性下沉以及啮齿动物或其他动物进入地下排水道。

在排水管的出水口应使用连续的硬管道，无开口接头或穿孔，并能承受预期载荷。表 2 中列举了管道出水口部分的最小长度。单壁波纹塑料管不适合安装在沟渠或渠道。

表 2 排水口管段的最小长度

管道内径（英寸）	最小截面长度（英尺）
≤ 8	10
10 ~ 12	12
15 ~ 18	16
> 18	20

出水口管道的使用和安装须符合下列要求：

- 如果排水沟岸上的植被燃烧可能会引起火灾，选择防火材料的管道。
- 至少 2/3 的硬管道应埋在沟堤中，悬臂段必须延伸到沟渠边坡的底部，否则应采取保护措施避免边坡在出水口管道下遭受侵蚀。
- 如果冰块或漂浮的碎屑可能会损坏排水管，则出水口应嵌入管道的悬臂处，免受沟渠或渠道水流的影响。
- 用于地下排水口的端墙必须具有足够的强度，其设计应避免冲刷和其他故障。
- 接入污水坑的排水口，排放标高应位于开始抽水的高度之上。

防止生物、矿物造成堵塞。某些土壤中的排水管道会因与亚铁、锰或硫化物的细菌作用而造成出水口堵塞。铁矿石可以堵塞排水口、人造（织物）过滤器。同时，锰沉积物和硫化物也会堵塞排水口。

若预计细菌活动会造成排水管堵塞，则应设计清洁排水管的接入点。

如若可能，将独立排水管的水排入明沟，以隔离局部污染区，并限制整个系统中污染物的扩散。

防止植物根系堵塞管道。当排水沟靠近多年生植物时，可能会出现问题。排水堵塞可能是由于一些喜水树木的根而造成，如柳树、棉材、榆树、软枫树、灌木、草和生长在地下排水沟附近的深根多年生作物。

使用以下一种或多种做法以减少根部入侵的发生率：

- 在根区，安装带有密封接头的连续无穿孔管段。
- 排水沟每侧喜水树木移到至少 100 英尺距离处，并且要保证排水沟与非作物树种相距 50 英尺及以上。
- 通过安装控水装置（例如具有可调节顶部的直列式堰）为排水口的间歇性浸没做准备，以限制生根深度，且该装置可以提高排水口的高度。

只有当排水口的高程升高不会对地表下水道所支持的保护系统的性能产生不利影响，并且高程升高不会对邻近地产的洪水产生不利影响时，才使用间歇淹没选项。

水质。污水系统不得与地下排水系统直接连接，也不得将动物粪便直接引入地下排水系统。

材料。地下排水管须使用塑料、沥青纤维或金属的软管，玻璃化黏土或混凝土的刚性管，或其他质量可接受材料的排水管。

管道应满足现场强度和耐久性要求。所有管道须满足或超过美国材料与试验协会（ASTM）、美国国家公路与运输协会标准（AASHTO）或美国用水工程协会（AWWA）公布的相应规范的最低要求。

地基：如果遇到松软或沉降地基，则应固定管道，防止沉降。以下方法可用于稳定沉降地基：

- 去除不稳定材料，并准备一个稳定粒状垫层或过滤材料地基。
- 在不稳定地基区，安装连续的支架用以支撑管道。
- 使用具有足够强度和刚度的管道桥接不稳定区域，以确保良好的地下排水性能。
- 将管道放置在平坦、处理过的支架上。这种方法不能用于软管（如塑料管），除非在支架和软管之间有适当的垫层。
- 使用垫层，避免将管道铺设在岩石、岩石土壤或极其坚硬的土壤上。

放置和垫层

放置和垫层要求适用于沟槽和犁式装置。

将管道放置在牢固的地基上，以确保正确对齐。

不得将管道放置在裸露的岩石上，对于直径为 6 英寸或更大的管道不得放置在大于 1.5 英寸的石头上，对于直径小于 6 英寸的管道，不得放置在大于 3/4 英寸的石头上。如果现场条件不符合此要求，则沟槽必须超挖至少 6 英寸，并用合适的垫层材料回填至地面。对于未指定沙砾包膜或压实垫层的沟槽装置，管道嵌入必须是适当的回填。从沟槽中挖出的土壤可用于回填，只要它不包含大于上述指定石块尺寸的硬物。将初始回填至导管上方至少 3 英寸处，紧凑的回填密度类似于周围的土壤材料。将回填物埋入沟槽，以提供沉降材料。

如果安装低于地下水位或存在不稳定污物，可能需要特殊设备、安装程序或垫层。如果在诸如泥浆之类的材料中进行安装，这些特殊要求也可能是必要的，以防止土壤移动到围护结构的排水管或塞子中。

直径为 8 英寸或以下的波纹塑料管的安装，应规定下列垫层方法之一：

- 在沟槽底部提供一个支撑角度为 90° 或更大的形状凹槽，用于管路支撑和对准。
- 提供至少 3 英寸厚的沙砾封套，用于支撑。
- 在管道旁和上方 3 英寸处提供压实嵌入材料。

对于直径大于 8 英寸的波纹塑料管的安装，除了使用与具有 120° 支撑角的导管适配的半圆形或梯形凹槽而不是 V 形凹槽外，应有相同的垫层要求。

对于安装在沟槽中的刚性管，除不需要凹槽或缺口外，适用相同的要求。

过滤器和过滤材料。 根据需要，在管道周围设计过滤器，以防止周围土壤物质进入管道。过滤器的需要应取决于周围土壤的特性、场地条件和管道内的水流速度。若存在下列某一条件，应适当使用过滤器：

- 当地土壤条件的地方性经验表明有此需要。
- 管道周围的土壤材料是分散的黏土、塑性指数小于 7 的淤泥或细沙。
- 土壤干旱引起开裂。
- 安装方法可能导致管道与回填材料之间的固结不足。

若规定沙子或沙砾过滤器，则应根据《美国国家工程手册》，第 633 部分，第 26 章，"沙砾过滤器级配设计"进行设计。

指定的过滤材料必须完全包裹导管，以便所有开口都覆盖至少 3 英寸的过滤材料，除非导管顶部和侧面的过滤材料被一层塑料或类似的不透水材料覆盖，以减少所需的过滤材料数量。在所有情况下，通过滤料产生的流型长度至少为 3 英寸。

若有效开口尺寸、强度、耐久性和渗透性足以防止土壤在整个系统的预期寿命期间进入排水管，则可以使用土工织物过滤材料。但当土壤淤泥含量超过 40% 时，确保该过滤材料在设计使用寿命期间不会堵塞。

包层和包层材料。 如果需要适当的管道垫层或改善流入管道的水流特性，则应在地下排水管周围使用包层。

包层材料不得含有会造成管道沉积物堆积，或包层与垫层不符合。

包层材料须由沙砾、有机或类似材料组成。采用包层分级，例如 100% 沙砾包层材料均可以通过 1.5

英寸筛网，不超过 30% 应通过 60 号筛，不超过 5% 应通过 200 号筛。

有机或其他可压缩的包层材料不得在软管的中心线以下使用。若使用有机或其他可压缩的包层材料，须为难降解的类型。

辅助装置和保护。 安装在排水管道中的任何装置的容量须不小于进入或通过装置的管线的容量。

地下水位管理结构，规定应可提升出水口位置，且允许浸没上游排水管，同时须符合保护实践《控水结构》（587）和《排水管理》（554）中的适用设计标准。用表面证据标记埋箱或参照以固定在地面上的标记或结构。

地下排水口与地下排水系统相连必须符合 NRCS 保护实践《地下出水口》（620）的适用规定。设计地表水入口的容量不大于下游排水管或管线中的最大设计流量。如果排水系统包括地下出水口，则地表水入口的容量不得大于下游排水管线中的最大设计流量。若沉积物造成损坏，应安装沉积物捕集器。

根据需要指定泄压孔，以允许过量气流流出导管并流过地面。在有稳定的泄压孔出水口的地方使用泄压孔。用栅格或其他适当方法覆盖浮雕井，以防止机器、动物、人等的意外进入和碎片。设计地下排水系统，使有一个积极的水力等级到泄水井流线。根据排水系统的流量和其他现场条件确定泄压井系统容量。减压井系统的容量须基于含水层的流量、井距和其他现场条件进行设计，并足以将水头降至理想水平，且减压井的直径不得小于 4 英寸。

接线盒、检修孔、集水盆和下沉沙坑必须便于维护。提供不小于直径 2.0 英尺或 2 处 2.0 英尺 ^{2} 的透明开口。

应保护排水系统免受出水口、表面入口或类似结构附近产生的湍流的影响。在与出现过快速水流结构相邻的排水管中，应使用连续的无孔或闭合管。

作为制造配件的替代品，接线盒应安装在 3 条或以上线连接处或两条线在不同高度连接处。埋设接线盒时，应使用坚固的盖子，且接线盒应至少有 1.5 英尺的土壤覆盖。同时，埋地箱要免受交通的影响。

如果没有和装置相连，则用与管道材料相同的紧凑型盖子或塞子或其他耐用材料，关闭所有地下排水管道。

用于承载预期载荷的水密管道，应在地下排水沟穿过灌溉渠、沟渠或其他结构的地方使用。

注意事项

在规划、设计和安装该操作时，考虑：

- 保护浅水渠、辅助装置和出水口免受冻融破坏。
- 适当地表排水，以减少地下排水系统所需的容量。
- 将排水管理实践（或便于将来排水管理的纳入）的设计用于可减少承受水域的养分负荷。
- 排水应沿海拔等高方向排水以提高排水管理结构的有效性。
- 排水系统对植物生长所需径流量、渗漏量和土壤水分有效性的影响。
- 通过现场调查确定土壤调查信息，包括预测和浅层挖掘，以确定土壤剖面水力特征、土壤纹理分层、水位深度等。
- 排水系统对邻近土地水文的影响，特别是潜在的或划定的湿地和现有的湿地地役权。
  - 渗透或剥落对比鲜明的纹理层土壤，以改善内部排水，需要用 NRCS 保护实践《深耕》（324）。
- 在干燥土壤剖面上进行安装，最大限度地减少沟槽稳定性、管道对齐和土壤进入排水沟的问题。
- 对地表水水质的影响。
- 采用临时阻流装置，降低施用粪肥时对地表水造成污染的风险。
- 如果需要去除地下排水中的硝态氮，则应结合本实践使用 NRCS 保护实践《排水管理》（554）、《人工湿地》（656）、《饱和缓冲区》（604）或《反硝化反应器》（605）。
- 在接线盒或人孔中可能存在有害气体。

计划和技术规范

根据适用的标准制订安装地下排水管的计划和规范,这些标准说明了实现其预期目的的实践要求。计划和技术规范须至少包括(适用):

排水系统的位置和平面图。

管道长度、等级、尺寸和材料类型。

装置位置、大小和高度、出水口位置、高度和所需的保护措施。

设施位置和通知要求。

运行和维护

提供运行和维护系统的具体说明,以确保按设计正常运行。运行和维护至少应解决以下问题:

- 必要的定期检查和系统组件的快速维修(例如水控装置、地下出水口、通风口、排水口、垃圾和啮齿动物防护装置)。
- 寒冷气候下排水系统的防寒防冻(如适用)措施。

参考文献

USDA NRCS. National Engineering Handbook (NEH) (Title 210), Part 624, Chapter 4, Subsurface Drainage. (https://directives.sc.egov.usda.gov/).

USDA NRCS. NEH, Part 633, Chapter 26, Gradation Design of Sand and Gravel Filters. (https://directives.sc.egov.usda.gov/).

USDA NRCS. NEH, Part 636, Chapter 52, Structural Design of Flexible Conduits. (https://directives.sc.egov.usda.gov/).

保护实践概述
(2019年5月)

《地下排水沟》(606)

地下排水沟是安装在地面以下用来收集和输送排泄水的通道,如塑料波纹管、瓦片或管道。

实践信息

地下排水沟用于改善农作物环境、减少侵蚀、改善水质、调节地下水位、收集地下水并将其应用于有益用途或清除土壤剖面中的盐分和其他污染物。

地下排水应用于地下水位高的地区,因为降低水位可以带来更大的好处。这一实践也适用于通过控制地下水和地表径流获得效益的地区。土壤必须满足一定的适宜性要求,并且必须有足够的排水口,以确保适当的排水功能。

地下排水系统的运行维护包括定期检查和及时修复系统部件(例如,控水结构、地下排水口、排空阀、排水口以及垃圾和鼠患防护罩)。在寒冷的气候中,必须提供防冻保护措施。

常见相关实践

《地下排水沟》(606)通常与《病虫害治理保护体系》(595)、《养分管理》(590)、《地表排水——干渠或侧渠》(608)、《地下出水口》(620)、《关键区种植》(342)和《排水管理》(554)等保护实践一起使用。

保护实践的效果——全国

	效果	基本原理
土壤侵蚀		
片蚀和细沟侵蚀	4	降低土壤剖面饱和度能够通过改善排水的方式来增加渗透量，从而减少径流。
风蚀	-1	改善排水可能会增加地表土壤的干燥度。
浅沟侵蚀	4	降低土壤剖面饱和度能够通过改善排水的方式来增加渗透量，从而减少径流。
典型沟蚀	1	截留水以及渗透减少可能导致沟壑形成的渗漏。
河岸、海岸线、输水渠	1	截留水以及渗透减少可能导致河岸不稳定。
土质退化		
有机质耗竭	-2	降低地下水位会加剧有机质的氧化。
压实	2	土壤更干燥时，面临的压实风险更小。
下沉	-2	地下水位的降低有利于有机质的氧化。
盐或其他化学物质的浓度	2	浸析出的盐分可以通过排水从土壤中除去。
水分过量		
渗水	4	通过排水来截留过量渗漏。
径流、洪水或积水	4	通过排水清除多余的地表水，能够减少泛洪和积水。
季节性高地下水位	1	控制地下水位——收集地下水并将其输送到适当的排水口。
积雪	0	不适用
水源不足		
灌溉水使用效率低	2	排水沟可以收集水，将其应用于有益用途或再利用，并能够改善土壤、水和空气的关系。
水分管理效率低	1	排水沟可以收集水，将其应用于有益用途或再利用，并能够改善土壤、水和空气的关系。
水质退化		
地表水中的农药	2	这一举措可减少深层渗漏，促进农药残留的好氧降解，避免直接排放到地表水中。
地下水中的农药	2	这一举措可减少深层渗漏，促进农药残留的好氧降解。
地表水中的养分	-2	收集从田间排放的富含营养物质的水，并将其释放到地表水中。
地下水中的养分	1	这一举措可从现场收集、清除水和可溶性养分。
地表水中的盐分	-2	渗透水吸收盐分，然后被收集到瓦片通道中，最后排出到地表水中。
地下水中的盐分	2	盐分和钠质土的浸析将在盐分进入地下水之前被拦截。
粪肥、生物土壤中的病原体和化学物质过量	0	由于径流减少，导致降幅有限，但任何有病原体的渗入水都将被集中到瓦片通道中。
粪肥、生物土壤中的病原体和化学物质过量	1	从土壤中浸析出的病原体将在进入地下水之前被拦截。
地表水沉积物过多	2	径流和由此产生的侵蚀将会减少。
水温升高	0	不适用
石油、重金属等污染物迁移	0	这一举措可减少径流，增渗透。渗透水吸收金属，然后被收集到瓦片通道中。
石油、重金属等污染物迁移	1	从土壤中浸析出的重金属将在进入地下水之前被拦截。
空气质量影响		
颗粒物（PM）和 PM 前体的排放	0	不适用
臭氧前体排放	0	不适用
温室气体（GHG）排放	0	不适用
不良气味	0	不适用
植物健康状况退化		
植物生产力和健康状况欠佳	2	改善排水系统有助于改善非水生植物的生长环境。如果考虑到需要水生植物，排水则会增加问题。
结构和成分不当	0	不适用
植物病虫害压力过大	0	不适用
野火隐患，生物量积累过多	0	不适用

（续）

鱼类和野生动物——生境不足	效果	基本原理
食物	0	由于土壤湿度 / 植物关系的原因，食物供应的增加或减少取决于场地上的植物种类。
覆盖 / 遮蔽	0	由于土壤湿度 / 植物关系的原因，覆盖 / 遮蔽的增加或减少取决于场地上的植物种类。
水	4	这一举措将为一些物种扩展可用的潮湿栖息地，缩小其他物种的潮湿栖息地。
生境连续性（空间）	0	不适用
家畜生产限制		
饲料和草料不足	4	若设置排水设施，提高草料产量，可提高草料品种的数量和质量。
遮蔽不足	0	不适用
水源不足	0	不适用
能源利用效率低下		
设备和设施	0	不适用
农场 / 牧场实践和田间作业	0	不适用

CPPE 实践效果：5 明显改善；4 中度至明显改善；3 中度改善；2 轻度至中度改善；1 轻度改善；0 无效果；–1 轻度恶化；–2 轻度至中度恶化；–3 中度恶化；–4 中度至严重恶化；–5 严重恶化。

工作说明书—— 国家模板

（2004年4月）

此类可交付成果适用于个别实践。其他规划实践的可交付成果参考具体的工作说明书。

设计

可交付成果

1. 证明符合实践中相关准则并与其他计划和应用实践相匹配的设计文件。
   a. 保护计划中确定的目的。
   b. 客户需要获得的许可证清单。
   c. 符合自然资源保护局国家和州公用设施安全政策（《美国国家工程手册》第 503 部分《安全》，第 503.00 节至第 503.22 节）。
   d. 制订计划和规范所需的与实践相关的计算和分析，包括但不限于：
      i. 容量
      ii. 液压装置
      iii. 材料

2. 向客户提供书面计划和规范书包括草图和图纸，充分说明实施本实践并获得必要许可的相应要求。

3. 运行维护计划。

4. 证明设计符合实践和适用法律法规的文件［《美国国家工程手册》A 子部分第 505.03（b）（2）节］。

5. 安装期间，根据需要所进行的设计修改。

注：可根据情况添加各州的可交付成果。

安装
可交付成果

1. 与客户和承包商进行的安装前会议。
2. 验证客户是否已获得规定许可证。
3. 根据计划和规范（包括适用的布局注释）进行定桩和布局。
4. 安装检查。
    a. 实际使用的材料
    b. 检查记录
5. 协助客户和原设计方并实施所需的设计修改。
6. 在安装期间，就所有联邦、州、部落和地方法律、法规和自然资源保护局政策的合规性问题向客户 / 自然资源保护局提供建议。
7. 证明安装过程和材料符合设计和许可要求的文件［《美国国家工程手册》A 子部分第 505.03（c）（1）节］。

注：可根据情况添加各州的可交付成果。

验收
可交付成果

1. 竣工文档。
    a. 实践单位
    b. 图纸
    c. 最终量
2. 证明安装过程符合自然资源保护局实践和规范并符合许可要求的文件。
3. 进度报告。

注：可根据情况添加各州的可交付成果。

参考文献

Field Office Technical Guide （eFOTG）, Section IV, Conservation Practice Standard – Subsurface Drain, 606.

National Engineering Manual.

NRCS National Environmental Compliance Handbook.

NRCS Cultural Resources Handbook.

注：可根据情况添加各州的参考文献。

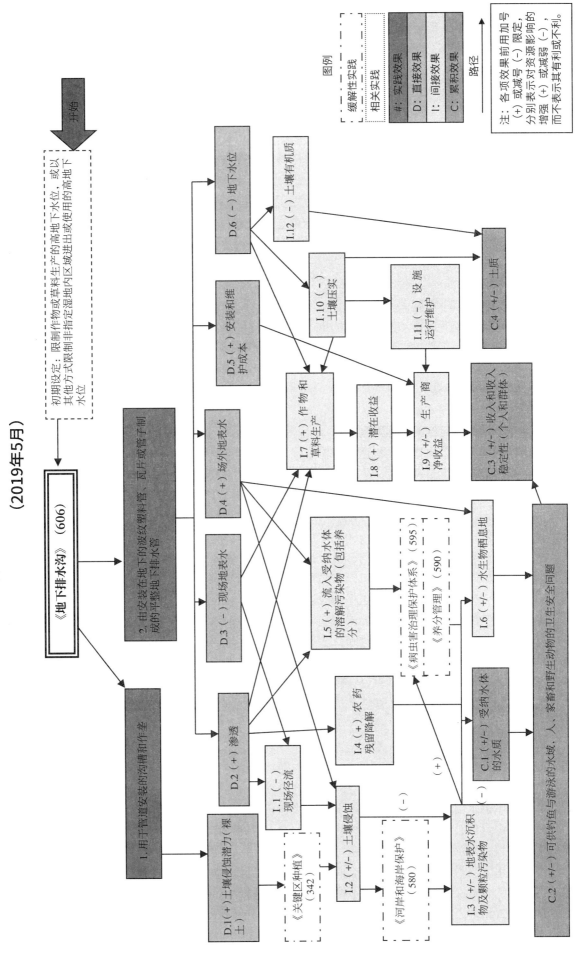

保护实践效果 (网络图)
(2019年5月)

地下排水口

（620，Ft.，2013年12月）

定义

地下排水口用于将地表水输送到相应的地下排水管道或管道系统。

目的

把来自梯田、集水池、沉沙监控池、引水渠、水道、地表排水沟，及其他类似田地或水流集中设施中的水传输到相应的出水口，且不会因侵蚀或洪泛造成危害。

适用条件

本实践适用于以下地区：

- 有必要必须对地表水进行处理的地区。
- 由于生态稳定性、地形、气候条件、土地使用情况或交通设施等问题，一些结构，例如：梯田、引水渠、集水池、沉沙监控池或类似建筑，无法使用地表排水设施，此时须使用地下排水口。

准则

适用于上述所有目的的总体准则

若该地区有火灾隐患，那么建造地下排水口应使用防火材料，所有使用到的塑料必须抗紫外线或者能够长期暴露在日光下。

地下排水口的部件，包括入水口集水箱和导水管枢纽箱，尺寸应设计合理，以保证正常维护和清洁。

地下排水口的穿孔部件的设计应重点考虑防止土壤颗粒物进入地下排水口。有关过滤器的设计标准请参照保护实践《地下排水沟》（606）。

地下排水口容量。地下排水口的容量设计要根据整个排水系统的结构以及所适用的标准要求。地下排水口可以只用于地下排水，也可以与地下其他用途管线联合作业。地下排水口的容量应满足预期目的，且不会对作物、植被或改良工程造成洪泛灾害。

地下排水口的设计应考虑到设计流程中出水口处的预期水面条件。

洪水演算技术可确定洪水持续时间、地下释放率和盆地存储量之间的关系。

地下排水口的设计应以地下水压或者重力流为标准。如果将其设计成一种压力系统，那么排水管线的所有管道和接口必须足以承受设计压力值，包括峰值压力值和真空条件下的压力值。

关于对重力流系统的设计，要使用一种限流装置（如：孔板或堰板）来限制进入导水管的水流量，或者选择尺寸足够大的导水管来防止压力流过大。

地下排水口不应设计成流入某个装置，除非该装置用于容纳多余的水流。

减压井可使过量的水流从管道逸出并流过地面，只能在有稳定的出水口的地方使用减压井。减压井周围应该有栅栏保护或者由其他适当的覆盖物覆盖，从而防止小动物和杂物进入减压井。

地下排水进水口。进水口可以是集水箱、铺砾石的进水口、穿孔隔水管或其他适当的装置。

开放式进水口必须安装一个废物过滤器。此进水口的设计要能够使废物和碎渣进入内部，并顺利穿过限流装置和导水管且不会发生堵塞。

穿孔隔水管应耐用、结构合理并能够承受老鼠和其他动物的破坏。穿孔部位应十分顺滑没有毛刺，也应有足够的容量保护隔水管不被地下排水口的限流所损坏。

在开放式和地表排水系统无法正常运行的区域使用铺砾石的进水口。设计砾石进水口时，要注意防止土壤颗粒进入导水管。

　　地下排水口导水管。导水管最小直径为 4 英寸。导水管接头在液压状态下是平滑的，并符合制造商对导水管材料和安装的选择和建议。

　　对于地下排水口的设计，我们要保证导水管中最大的负荷量不超过导水管的类型和尺寸所能承受的限度。导水管保护层的厚度可以保护地下排水口免受耕作和霜冻所带来的损害。

　　必要时应提供推力阻塞或锚固，以防止导水管移动。导水管安装的位置要求和基床的位置要求，需要以确保管道安装的完整性为前提。

　　导水管中水流的流速不得超过导管材料以及在安装条件下设计的最高速度。重力流系统中整个导水管到出水口之间的长度必须保持较高的硬度。

　　有关导水管中的设计负荷、推力轴承、其安装位置和基床位置的要求、最小和最大设计流速的标准，请参照保护实践《地下排水沟》（606）。

　　地下排水口材料。所有保护实践《地下排水沟》（606）中的指定材料都可以应用于地下排水口的建造。这些材料必须满足于特定区域中关于渗水、外部负载，以及包括真空条件在内的内部压力的要求。

　　地下排水口应使用连续导水管、瓦片导水管或皮管导水管，管道中既可以穿孔也可以不穿孔。穿孔排水管线应该在设计时注意防止土壤颗粒进入导水管。

　　出水口。出水口必须足够稳定并能够抵抗土壤侵蚀带来的危害以及水流侵蚀危害。

　　出水口必须由一连串连续的管道组成，管道要至少有 10 英尺长，管道之间没有开口结合或穿孔，并且具有承受预期负荷（包括由冰冻引起的负荷）所必需的刚度。

　　如果将端墙用于导水管中出水口的建造，我们则可以使用较短的封闭导水管。

　　所有的出水口都应有"动物看守"以防止老鼠和其他小动物进入。设计这些"动物看守"是为了防止废物残渣和体积足够大，能够阻塞导水管中水流的动物进入导水管。

　　如果地形不允许使用水平出口进行足够的导管覆盖，或者在植被覆盖的过滤带上排水是可行的，则可使用垂直出口将水排放到地面。

　　垂直出水口（减压井）上应有相应的穿孔，并且能够装备在分级颗粒物的部分当中，以便排水系统可以在未使用期间进行作业。

　　地下排水口稳定性。重塑和重新调整所有受干扰的区域，使它们与周围的土地特征和条件融为一体。对于不采取养殖举措的地区，请参阅保护实践《关键区种植》（342）以确定定植植被标准。在出水口工程动工之后，应尽快在所有受干扰的地区建立永久性植被。

注意事项

　　减压井和垂直出水口若不加井盖或口盖，就可能对人或动物造成安全隐患，并可能被区域设备损坏。应使用可见度高的标志标记出减压井和垂直出水口的位置。

　　应考虑地下排水口可能对下游水量的影响。在设计地下排水口及其相关服务结构或举措时，请考虑此举措对于长期的环境、社会和经济的影响。有关天然盆地流量限制的标准，请参阅保护实践《排水管理》（554）。

　　如果湿地可能受到影响，将通知施工者，并应用现行的自然资源保护局的湿地政策。

　　季节性水源可能对迁徙的水禽和其他野生动物有益。考虑在非种植期间在地下排水口的入口处使用水控制结构，以为野生动物提供水。有关管理野生动物季节性水源的信息，请参阅保护实践《浅水开发与管理》（646）。

　　地下排水口可以为水体提供直接导水管道，以防止来自农田的污染径流。应将所安装的地下管线和随附的结构作为保护系统的一部分，以解决营养和虫害管理、残留物管理和过滤区等问题。

　　在河岸走廊建造地下排水口会对走廊的可视化资源产生不利影响。在设计地下排水口时，需考虑河岸区域的可视化质量。

　　考虑土壤物理和化学性质对安装导水管或管道系统以输送地表水的区域的潜在影响。将土壤调查数据作为评估区域的初步规划工具。请参阅《网络土壤调查》，以获取土壤属性和质量信息。

计划和技术规范

为地下排水口的建设制订计划和技术规范，即根据此标准制订满足于此举措的要求。对于地下排水口的计划和技术规范要与此标准服务的举措和计划相一致。计划和技术规范应至少包括以下内容：

- 地下排水口布局的平面图。
- 地下排水口的主要横截面和基床要求。
- 地下排水口的剖面。
- 入水口和出水口的详细信息。
- 在需要的情况下落实播种要求。
- 规范施工，以书面形式描述地下排水口的特定区域施工要求。

运行和维护

为施工者准备运行和维护计划。书面运行和维护计划中的要求至少包括：

- 定期检查，特别是在重大径流事件发生后立即进行检查，以确保进水口、垃圾护栏、收集箱和设备清洁，并且停止使用可减少水流量的材料。
- 及时维修或更换损坏的部件。
- 修理或更换由农场设备损坏的入水口。
- 修复泄漏的和破损的或压碎的管线，以确保管道正常运行。
- 定期检查出水口和动物防护装置，以确保正常运行。
- 修复管道出水口处的侵蚀区域。
- 排水管上方要进行适当的回填维护。
- 为了保持表面材料在铺砾石的进水口的渗透性，可能需要定期冲刷或移除和更换表面土壤层。

参考文献

USDA, NRCS. National Engineering Handbook, Part 650 Engineering Field Handbook, Chapters 6, 8 & 14.

Web Soil Survey: http: //websoilsurvey.nrcs.usda.gov/app/.

保护实践概述

（2008年2月）

《地下排水口》（620）

地下排水口（UGO）是一种安装在地表下的水管，用于将径流输送到合适的出水口。

实践信息

地下排水口的作用是将过量的水从梯田、水和沉积物滞留池、引水渠、水道、地下排水沟、地面排水沟或其他地方运送到合适的出水口，避免侵蚀或洪水带来危害。

当由于稳定性问题、气候条件、土地用途、耕作、设备运输等原因，导致地表出水口不可行时，可修建地下排水口。地下排水口可作为建筑物唯一的出水口，也可与其他类型的出水口共同存在。

地下排水口的水管可以是高压管，也可以是花管（多孔管），具体取决于使用地点的设计。地下排水口的进水口可以使用多种类型的材料，但最常用的是耐用的多孔塑料立管。地下排水口的出水口应为一段 10 英尺长的耐用高压管或管头有管壁封头。连接地下排水口出口的必须是硬化过的水道，以避免被来自地下排水口的水流侵蚀。

地下排水口的进水口和出水口都必须有防护措施，避免小动物进入。出水口的动物护栏，在安装时应注意不会阻碍地下排水口排出的水流。

地下排水口可直接接受来自农田的污染径流水。地下排水口及其相关结构或实践，应作为资源管理计划的一部分进行规划，资源管理计划的目的是应对养分和害虫管理、残留物管理和过滤区域等方面的问题。

保护实践的效果——全国

土壤侵蚀	效果	基本原理
片蚀和细沟侵蚀	0	不适用
风蚀	0	不适用
浅沟侵蚀	5	消除集中渗流情况，多余水量输排至安全出水口。
典型沟蚀	4	减少或消除集中渗流情况，多余水量输排至安全出水口。
河岸、海岸线、输水渠	-1	集中渗流被加速引导向地表的溪流。
土质退化		
有机质耗竭	0	不适用
压实	0	不适用
下沉	0	不适用
盐或其他化学物质的浓度	0	不适用
水分过量		
渗水	0	这一举措可在集中渗流下渗前将之清除。
径流、洪水或积水	4	积水和洪水被输送到安全的出水口。
季节性高地下水位	0	这一举措可在集中渗流下渗前将之清除。
积雪	0	不适用
水源不足		
灌溉水使用效率低	0	不适用
水分管理效率低	0	不适用
水质退化		
地表水中的农药	-1	地下出水口可直接接收来自地表水的径流。
地下水中的农药	0	不适用
地表水中的养分	-1	地下出水口可直接接收来自地表水的径流。
地下水中的养分	0	不适用
地表水中的盐分	0	这一举措不会增加或减少土地失去的盐分量。

（续）

水质退化	效果	基本原理
地下水中的盐分	0	不适用
粪肥、生物土壤中的病原体和化学物质过量	-1	地下出水口可直接接收来自地表水被病原体污染的径流。
粪肥、生物土壤中的病原体和化学物质过量	0	不适用
地表水沉积物过多	0	相关结构中缓慢的水流可能造成沉积物的沉积。
水温升高	0	收集到地下的水将保持相对较低的温度。
石油、重金属等污染物迁移	1	侵蚀的减少，可造成黏附在沉积物上的污染物的减少，但颗粒物却又便于可溶性污染物的传播。
石油、重金属等污染物迁移	0	不适用
空气质量影响		
颗粒物（PM）和 PM 前体的排放	0	不适用
臭氧前体排放	0	不适用
温室气体（GHG）排放	0	不适用
不良气味	0	不适用
植物健康状况退化		
植物生产力和健康状况欠佳	2	清除过多的地表水，对植物的生长和活力有正面影响。
结构和成分不当	0	不适用
植物病虫害压力过大	0	不适用
野火隐患，生物量积累过多	0	不适用
鱼类和野生动物——生境不足		
食物	0	不适用
覆盖 / 遮蔽	0	不适用
水	0	不适用
生境连续性（空间）	0	不适用
家畜生产限制		
饲料和草料不足	0	不适用
遮蔽不足	0	不适用
水源不足	0	不适用
能源利用效率低下		
设备和设施	1	设备不需要穿过沟渠，耕作也不需要填充沟渠。
农场 / 牧场实践和田间作业	1	设备不需要穿过沟渠，耕作也不需要填充沟渠。

CPPE 实践效果：5 明显改善；4 中度至明显改善；3 中度改善；2 轻度至中度改善；1 轻度改善；0 无效果；-1 轻度恶化；-2 轻度至中度恶化；-3 中度恶化；-4 中度至严重恶化；-5 严重恶化。

保护实践概述

（2008年4月）

定义

地下出水口（UGO）是一种安装在地表下的水管，用于将径流输送到合适的出水口。

目的

地下出水口的作用是将过量的水从梯田、水和沉积物滞留池、引水渠、水道、地下排水沟、地面排水沟或其他地方运送到合适的出水口，避免侵蚀或洪水带来危害。

适用条件

当由于稳定性问题、气候条件、土地用途、耕作、设备运输等原因，导致地表出水口不可行时，可修建地下出水口。地下出水口可作为建筑物唯一的出水口，也可与其他类型的出水口共同存在。

地下出水口的水管可以是高压管，也可以是花管（多孔管），具体取决于使用地点的设计。地下出水口的进水口可以使用多种类型的材料，但最常用的是耐用的多孔塑料立管。地下出水口的出水口应为一段 10 英尺长的耐用高压管或管头有管壁封头。连接地下出水口出口的必须是硬化过的水道，以避免被来自地下出水口的水流侵蚀。

地下出水口的进水口和出水口都必须有防护措施，避免小动物进入。出水口的动物护栏，在安装时应注意不会阻碍地下出水口排出的水流。

保护管理体系

地下出水口可直接接受来自农田的污染径流水。地下出水口及其相关结构或实践，应作为资源管理计划的一部分进行规划，资源管理计划的目的是应对养分和害虫管理、残留物管理和过滤区域等方面的问题。

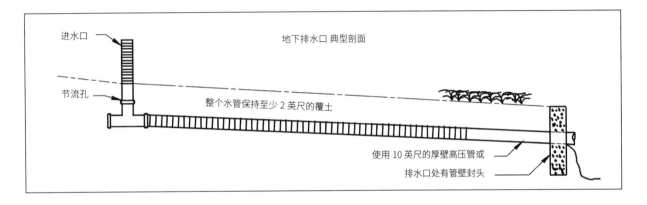

容量

地下出水口的容量应基于它所在的建筑的要求。地下出水口可作为建筑的唯一出水口使用，也可以与其他类别的出水口共同使用。

地下出水口的容量应能满足预期目的的需要，同时不会对作物、植被或改造工程造成危害。

进水口

进水口可以是汇水箱、多孔立管，或其他合适的构件。如果使用的是多孔立管，则材料必须耐用、结构合理，可抵抗啮齿类动物或其他动物的破坏。如果有失火风险，进水口可考虑使用耐火材料。

进水口必须有拦污栅，以确保垃圾或其他杂物不会无阻碍地进入进水口，到达水管内。

管道

容许的最小管径为 4 英寸。材料可以是波纹塑料、光面塑料、黏土瓦、混凝土或其他合适的管材。接头处应光滑，可使用管材制造商建议的方法和材料。

出水口

出水口必须由一段 10 英尺长（或更长）的连续闭管组成（或出水口处有管壁封头）。如果使用的是闭管，管的材料必须耐用，且能经受预计的负荷，包括结冰带来的负荷。不能将出水口设定在存在侵蚀的地方。

运行维护

进行以下运行维护工作来确保本实践的正常实施。

- 定期检查（尤其是在重大径流事件后应立即检查），以确保进水口、防污栅、汇水箱和各构件的清洁，没有可能导致水流变缓的东西。

- 及时修理或更换损坏的部件。
- 修理或更换被农业机械损坏的进水口。
- 及时修补渗漏、破损，或被压坏的地方。
- 定期检查动物防护栏，以确保出水口的正常工作。
- 修复出水口处被侵蚀的区域。
- 保持整个管道有足够的回填土。

查阅第 3 页的现场具体运行维护要求。

规范

规范表中列出了特定场地的具体要求，其他规定在工作草图表中显示，所有规范根据《自然资源保护局现场办公室技术指南》编制。参见保护实践《水和沉积物滞留池》（638）。

土地所有者 _____   场地号 _____

目的（勾选所有适用项）	
☐ 输送集中渗流径流	☐ 其他（请注明）：
☐ 减少沟蚀	
☐ 保护 / 改善水质	

直径（英寸）	达到 1 号站 ___ 到站 ___	达到 2 号站 ___ 到站 ___	达到 3 号站 ___ 到站 ___
等级（%）			
立管直径			

田地准备

添加实地具体信息，以便进行田地准备

地下出水口

添加实地具体信息，以便进行地下出水口的安装

运行维护

添加实地运行与维护具体信息

以下为地下出水口安装现场的剖面图。

比例尺 1 英寸 =_____ 英尺（NA 表示草图不按比例：网格大小 =1/2 英寸 ×1/2 英寸）。

附加规范和注释：

完工测量

地下出水口			
直径（英寸）			
等级（%）			

验收：

完成的量：_____ 号。　　　　　　　在规划图上标出完工的地方

备注 _____

校核人：_____　日期：_____

审批人：_____　日期：_____

工作说明书——国家模板

（2013年12月）

此类可交付成果适用于个别实践。其他规划实践的可交付成果参考具体的工作说明书。

设计
可交付成果

1. 证明符合实践中相关准则并与其他计划和应用实践相匹配的设计文件。
    a. 保护计划中确定的目的。
    b. 客户需要获得的许可证清单。
    c. 符合自然资源保护局国家和州公用设施安全政策（《美国国家工程手册》第503部分《安全》，第503.00节至第503.06节）。
    d. 制订计划和规范所需的与实践相关的计算和分析，包括但不限于：
        i. 进水口（类型）
        ii. 液压装置
        iii. 材料
        iv. 出水容量和稳定性
2. 计划和规范（包括图纸）显示的是安装实践的书面要求和规范，且必须获得必要的许可证，并提供给客户。
3. 运行维护计划。
4. 证明设计符合实践和适用法律法规的文件（《美国国家工程手册》A子部分第505.3节）。
5. 安装期间，根据需要所进行的设计修改。
   注：可根据情况添加各州的可交付成果。

安装
可交付成果

1. 与客户和承包商进行的安装前会议。
2. 验证客户是否已获得规定许可证。
3. 根据计划和规范（包括适用的布局注释）进行定桩和布局。
4. 安装检查。
    a. 实际使用的材料
    b. 检查记录
5. 协助客户和原设计方并实施所需的设计修改。
6. 在安装期间，就所有联邦、州、部落和地方法律、法规和自然资源保护局政策的合规性问题向客户/自然资源保护局提供建议。
7. 证明安装过程和材料符合设计和许可要求的文件（《美国国家工程手册》A子部分第505.3节）。
   注：可根据情况添加各州的可交付成果。

验收
可交付成果

1. 竣工文档。
    a. 实践单位

      b. 图纸

      c. 最终量

2. 证明安装过程符合自然资源保护局实践和规范并符合许可要求的文件。

3. 进度报告。

注：可根据情况添加各州的可交付成果。

参考文献

Field Office Technical Guide（eFOTG）, Section IV, Conservation Practice Standard – Underground Outlet, 620.

National Engineering Manual.

NRCS National Environmental Compliance Handbook.

NRCS Cultural Resources Handbook.

注：可根据情况添加各州的参考文献。

保护实践效果（网络图）

（2014年3月）

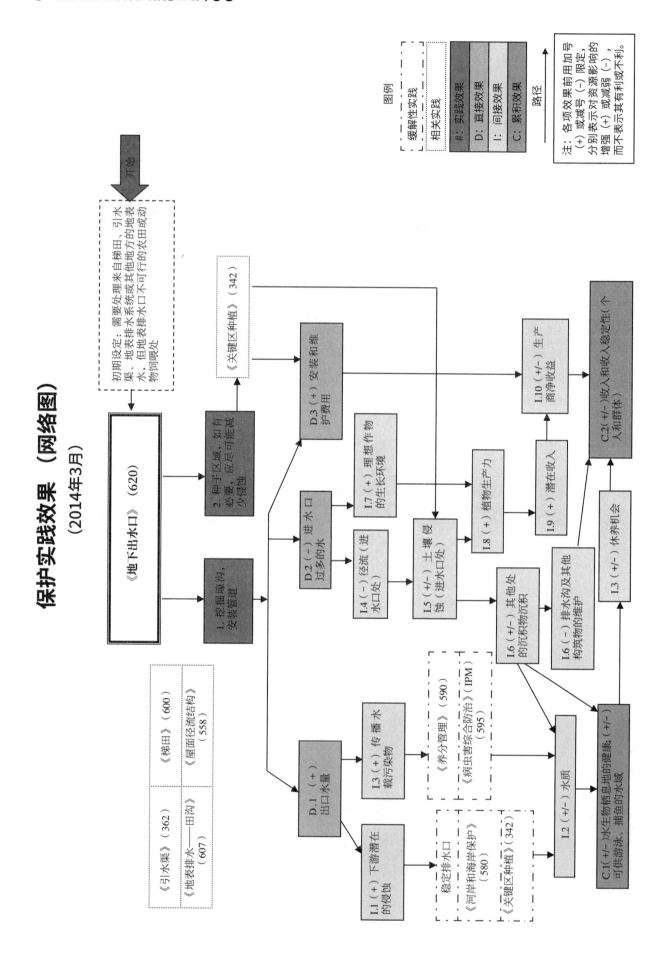

图例

- **缓解性实践**
- **相关实践**
- **实践效果**
- **D：直接效果**
- **I：间接效果**
- **C：累积效果**
- **路径**

注：各项效果前用加号（+）或减号（−）限定，分别表示对资源影响的增强（+）或减弱（−），而不表示其有利或不利。

开始

初期设定：需要处理来自梯田、引水渠、地表排水系统或其他地方的地表水，但地表排水口不可行的农田或动物饲喂处

《地下出水口》（620）

1. 挖掘壕沟，安装管道

2. 种子区域，如有必要，应尽可能减少侵蚀

《关键区种植》（342）

D.3（+）安装和维护费用

D.2（−）进水口过多的水

I.7（+）理想作物的生长环境

I.4（−）径流（进水口处）

I.5（+/−）土壤侵蚀（进水口处）

I.8（+）植物生产力

I.9（+）潜在收入

I.10（+/−）生产商净收益

I.6（+/−）其他处的沉积物沉积

I.6（−）排水沟及其他构筑物的维护

I.3（+/−）休养机会

C.2（+/−）收入和收入稳定性（个人和群体）

D.1（+）出口水量

I.3（+）传播水载污染物

《养分管理》（590）

《病虫害综合防治》（IPM）（595）

I.1（+）下游潜在的侵蚀

稳定排水口

《河岸和海岸保护》（580）

《关键区种植》（342）

I.2（+/−）水质

C.1（+/−）水生生物栖息地的健康（+/−）可供游泳、捕鱼的水域

《引水渠》（362）

《梯田》（600）

《地表排水——田沟》（607）

《屋面径流结构》（558）